普通高等教育"十三五"规划教材
全国高等医药院校规划教材

供中医学、中西医结合临床医学、针灸推拿学、中药学、
养生康复学等专业使用

中医内科学

石 岩 主编

科学出版社

北 京

内 容 简 介

本书为普通高等教育"十三五"规划教材之一。中医内科学是中医临床学科的主要课程，全书分为总论和各论两个部分。总论部分介绍了中医内科学的学科定义、发展简史、病证辨证论治基本思路和方法；各论部分介绍了54个内科常见病证。另设文献摘录和文献推介以方便学生自主学习和拓展学习空间，书后有方剂索引和中医内科病名索引便于学生快速查阅。

本书可供中医学、中西医结合临床医学、针灸推拿学、中药学、养生康复学等专业学生使用。

图书在版编目（CIP）数据

中医内科学 / 石岩主编. —北京：科学出版社，2017.6
全国高等医药院校规划教材　普通高等教育"十三五"规划教材
ISBN 978-7-03-053683-9

Ⅰ. ①中⋯　Ⅱ. ①石⋯　Ⅲ. ①中医内科学－医学院校－教材
Ⅳ. R25

中国版本图书馆 CIP 数据核字 (2017) 第 137627 号

责任编辑：曹丽英　王　鑫 / 责任校对：王　瑞
责任印制：李　彤 / 封面设计：陈　敬

科学出版社 出版
北京东黄城根北街 16 号
邮政编码：100717
http://www.sciencep.com
北京凌奇印刷有限责任公司 印刷
科学出版社发行　各地新华书店经销

*

2017 年 6 月第　一　版　　开本：787×1092 1/16
2021 年 9 月第八次印刷　　印张：23
字数：520 000
定价：59.00 元
（如有印装质量问题，我社负责调换）

《中医内科学》编委会

主　编　石　岩

副主编　黄　燕　肖　炜　刘良徛

编　委（按姓氏笔画排序）
　　　　　马晓燕　　辽宁中医药大学
　　　　　王小琴　　湖北中医药大学
　　　　　石　岩　　辽宁中医药大学
　　　　　刘小溪　　辽宁中医药大学
　　　　　刘良徛　　江西中医药大学
　　　　　刘源香　　山东中医药大学
　　　　　闫咏梅　　陕西中医药大学
　　　　　李　希　　福建省第二人民医院
　　　　　肖　炜　　南方医科大学
　　　　　杨宇峰　　辽宁中医药大学
　　　　　杨新莉　　辽宁中医药大学
　　　　　张　玮　　上海中医药大学附属龙华医院
　　　　　张　怡　　成都中医药大学
　　　　　张琳琪　　河南中医药大学
　　　　　吴秋玲　　山西中医药大学
　　　　　郑　峰　　福建省人民医院
　　　　　赵莉娟　　山西中医药大学
　　　　　钦丹萍　　浙江中医药大学
　　　　　高天舒　　辽宁中医药大学
　　　　　徐京育　　黑龙江中医药大学
　　　　　黄　燕　　广州中医药大学
　　　　　黄雪霞　　广西中医药大学
　　　　　温伟波　　云南省中医院
　　　　　谭　超　　湖南中医药大学

秘　书　杨宇峰（兼）

编写说明

本书为普通高等教育"十三五"规划教材，适合于中医学、中西医结合临床医学、针灸推拿学、中药学、养生康复学等专业的本科生及研究生使用。

中医内科学是中医临床学科的主要课程，是中医临床各科的基础。为适应高等中医药教育发展的需要，落实《国家中长期教育改革和发展规划纲要（2011—2020年）》和教育部等六部委《关于医教协同深化临床医学人才培养改革的意见》，本教材充分体现以学生为中心，以传授专业知识为核心，以培养学生全面发展为目标，贯彻新的教育理念、教育思想，吸收和借鉴历版《中医内科学》编写的宝贵经验，反映当前中医内科学的发展成果，体现中医内科学的学术水平。

本教材本着培养学生掌握中医内科基本知识、基本理论，培养学生中医临床思维能力和临床实践能力的宗旨，结合教育部颁布的《本科医学教育标准——中医学专业（暂行）》，坚持继承、创新的原则，确定教材内容；坚持科学、规范的原则，充分采用已颁布的国家和行业标准，使本教材的术语、诊疗标准等与现有标准一致，本书共引用诊断标准41项，病名及证候概念标准267个；坚持巩固经典、强化临床的原则，强化经典理论、经典方剂在临床病证中的应用。

本教材分为总论和各论两部分。总论分为三部分内容，第一部分介绍了中医内科学的学科定义，明确了学科范畴、学科性质及学科分类方法；第二部分介绍了中医内科学发展简史，让学生简要了解中医内科学的起源、奠基和发展的脉络和过程，了解各时期中医内科学的主要学术成果；第三部分介绍了中医内科病证辨证论治基本思路和方法，分别介绍了八纲辨证、外感六淫辨证、脏腑辨证、六经辨证、卫气营血辨证和三焦辨证等中医内科常见的辨证方法。各论部分介绍了54个内科常见病证。鉴于历版教材科系分类的病证各有不同，虽然对知识体系分类有一定益处，但也造成学生对一些病证的分科进行质疑，内科学的病证多以五脏为核心，又常以五脏相关为病，为了不束缚学生的思维，更好使学生建立动态思维、辨证思维，本教材未对病证进行分类。关于各种出血病证均归在血证中讲述，各器官的癌证均归在癌病中讲述。各具体病证的编写内容包括概述、病因病机、诊断与鉴别诊断、辨证论治、预防调护、临证验案等，突出因、机、证、治的主线，以便学生全面系统学习中医内科学的基本理论、基本知识和基本技能；另设文献摘录和文献推介以便学生自主学习和拓展学习空间；书后有方剂索引，便于学生快速查阅。中医病名索引、西医病名索引、参考书目索引、医家信息索引可扫描目录下方二维码查阅。

本教材编写分工，总论及消渴由石岩编写，淋证、血证由肖炜编写，感冒、咳嗽由刘良徛编写，郁证、痰饮由黄燕编写，眩晕由杨宇峰编写，痞满、泄泻、疟疾由张怡编写，癃闭、关格、虚劳由王小琴编写，癫病、狂病、不寐由谭超编写，遗精、痿证、腰痛由张琳琪编写，心悸、痴呆由徐京育编写，哮病、喘病由李希编写，胸痹、厥证、呕吐由郑峰编写，呃逆、噎膈由钦丹萍编写，肺痈、肺痨、肺痿由赵莉娟编写，水肿、胁痛、便秘由马晓燕编写，黄疸、鼓胀由张玮编写，头痛、汗证由刘源香编写，肥胖、内伤发热由温伟波编写，中风、痉证由闫咏梅编写，阳痿、颤证、痹证由黄雪霞编写，腹痛、痢疾由吴秋玲编写，肺胀、瘿病由刘小溪编写，胃痛、积聚由杨新莉编写，痫病、癌病由高天舒编写。黄燕对眩晕、痞满、泄泻、疟疾、黄疸、鼓胀、中风、痉证、心悸、痴呆、癫病、狂病、不寐、胸痹、厥证、呕吐病证进行了统稿，肖炜对癃闭、关格、虚劳、水肿、胁痛、便秘、遗精、痿证、腰痛、阳痿、颤证、痹证、肥胖、内伤发热、头痛、汗证病证进行了统稿，刘良徛对肺痈、肺痨、肺痿、哮病、喘病、肺胀、瘿病、胃痛、积聚、痫病、癌病、腹痛、痢疾、呃逆、噎膈病证进行了统稿，石岩为全书进行了统稿。湖南中医药大学知名专家程丑夫教授、谭圣娥教授为本书特意编写的《中医内科临证歌诀》可扫描目录下方二维码查阅。辽宁中医药大学研究生曹彬、宁顺宇、王金曦、付子珊、于嘉祥、沈子涵、王安娜、刘芳龄、殷芳、张月娃、朴峰仪、卢润生、王美子、周方圆、张瀚文、杜骥腾、薛谋建、王松楠、陈胡蓉、薛亚伟、沙菲、杨涛同学在编写过程中协助编委进行了校稿及服务工作，在此特别感谢。

由于我们学术水平有限，参与编写人员较多，疏漏和错误之处在所难免，敬请使用者及同道提出宝贵意见，以便进一步修订完善。

《中医内科学》编委会
2017年2月

目　录

中医内科学・总论

第一节　中医内科学的学科定义 …………………………… 002
第二节　中医内科学发展简史 ……………………………… 002
第三节　中医内科病证辨证论治基本思路和方法 ………… 004
第四节　内科临床的基本医学文件 ………………………… 026

中医内科学・各论

1　感冒 …………………………………………………… 030
2　咳嗽 …………………………………………………… 035
3　哮病 …………………………………………………… 041
4　喘病 …………………………………………………… 047
5　肺胀 …………………………………………………… 054
6　肺痈 …………………………………………………… 059
7　肺痨 …………………………………………………… 064
8　肺痿 …………………………………………………… 068
9　心悸 …………………………………………………… 072
10　胸痹（附　真心痛）………………………………… 078
11　不寐（附　健忘、多寐）…………………………… 086
12　厥证 ………………………………………………… 094
13　癫病 ………………………………………………… 100
14　狂病 ………………………………………………… 105
15　痫病 ………………………………………………… 109
16　痴呆 ………………………………………………… 115
17　胃痛（附　吐酸、嘈杂）…………………………… 121
18　痞满 ………………………………………………… 128
19　呕吐 ………………………………………………… 133
20　呃逆 ………………………………………………… 138
21　噎膈（附　反胃）…………………………………… 143
22　腹痛 ………………………………………………… 149
23　痢疾（附　噤口痢）………………………………… 154
24　泄泻 ………………………………………………… 160
25　便秘 ………………………………………………… 166
26　胁痛（附　胆胀）…………………………………… 170

27	黄疸（附 萎黄）………………………………	176
28	积聚………………………………………………	183
29	鼓胀（附 变证）………………………………	189
30	眩晕………………………………………………	195
31	头痛………………………………………………	201
32	中风………………………………………………	206
33	瘿病………………………………………………	214
34	疟疾………………………………………………	219
35	水肿………………………………………………	223
36	淋证（附 尿浊）………………………………	230
37	癃闭………………………………………………	237
38	关格………………………………………………	243
39	阳痿………………………………………………	248
40	遗精（附 早泄）………………………………	253
41	郁证………………………………………………	259
42	血证………………………………………………	265
43	痰饮………………………………………………	275
44	消渴………………………………………………	283
45	内伤发热…………………………………………	289
46	汗证………………………………………………	294
47	肥胖………………………………………………	299
48	虚劳………………………………………………	304
49	癌病………………………………………………	313
50	痹证………………………………………………	324
51	痿证………………………………………………	330
52	颤证………………………………………………	335
53	痉证………………………………………………	341
54	腰痛………………………………………………	346

附录一　方剂索引………………………………………… **352**
附录二　中医病名索引
附录三　西医病名索引
附录四　参考书目索引
附录五　医家信息索引
附录六　中医内科临证歌诀

中医内科学 总论

第一节 中医内科学的学科定义

中医内科学是运用中医学理论和中医临床思维方法,阐述内科所属病证的病因病机、辨证论治及预防康复规律的一门临床学科。

中医内科学研究的疾病范围很广,可分为外感病和内伤病两大类。外感病主要指《伤寒论》及《温病学》所涉及的伤寒、温病等病证,多以外感六淫及疫疠之气为主要病因,按照六经、卫气营血和三焦的病理变化进行证候归类和辨证论治。内伤病主要指《金匮要略》及后世内科专著所述的脏腑、经络、气血津液等病证,其病因主要以外邪、七情、饮食、劳倦等因素为主,常按照脏腑、经络、气血津液和病理变化进行证候归类和辨证论治。外感病与内伤病,既有区别又有联系,内伤疾病容易感受外邪,而外感邪气亢盛或邪气稽留、迁延日久又可导致内伤疾病的发生,或加重内伤疾病。随着时代的发展,学术的进步,内科学学科也在不断分化,原属于中医内科学范畴的外感病如伤寒、温病等热性病已成为独立的学科;内科的部分急重病则归入到了中医急诊学。

本教材主要以因、机、证、治为主线,介绍中医内科学的基础理论、常见病证的基本知识及辨证论治规律。以讨论内伤病证为主,涉及部分外感病。内科病证的分类方法很多,最早的是《内经》,按病因、病机、主症、病位进行分类,如"病机十九条"以病机、病位分类;《伤寒杂病论》则按病因病机把疾病分为伤寒和杂病两类,在此基础上又按六经分为六类,按脏腑病机将杂病进一步分类;《诸病源候论》按病因、病位、症状对各种疾病进行分类;《三因极一证方论》以病因为分类依据,把疾病归属于内因、外因、不内外因三大类;《三法六门》也按病因病机把疾病分为风、寒、暑、湿、燥、火六类。这些分类方法反映了不同医家的不同思想,也反映了他们对内科疾病本质的认识,为内科疾病的分类奠定基础,但内科学的病证多以五脏为核心,又常以五脏相关为病,为了不束缚学生的思维,更好使学生建立动态思维、辨证思维,本教材未对疾病进行分类,关于各器官的癌证均归在癌病中讲述。各具体病证的编写内容包括概述、病因病机、诊断与鉴别诊断、辨证论治、预防调护、临证验案等以便学生全面系统学习中医内科学的基本理论、基本知识和基本技能;另设文献摘录和文献推介以便学生自主学习和拓展学习空间;书后有方剂索引和中医内科病名索引便于学生快速学习。

中医内科学既是一门临床课,是中医学、针灸推拿学、中西医临床医学等专业的主要课程,也是中医基础理论联系临床实践的桥梁,是中医临床各科的基础,具有非常重要的地位。中医内科学的水平在很大程度上反映了中医临床医学的发展水平。

第二节 中医内科学发展简史

殷商时期为中医内科学的萌芽时期,春秋战国至秦汉为形成时期,晋唐宋是内科学的发展时期,金元时期,中医内科学得到了空前繁荣,明清时期,中医内科不断完善,日渐成熟。《黄帝内经》体现整体观念和辨证论治,《伤寒杂病论》创立理、法、方、药六经辨证和脏腑经络辨证论治理论体系，魏晋至金元时期充实了病因学、症状学、治疗学，《内科摘要》是第一部以"内科"命名的著作，标志着学科成形。内科疾病具有发病缓慢，初期不易察觉，受制于病人体质、情感、行为及外界环境转变等特点，研究范围包括七情六欲、七经八脉、五脏六腑等，古代医家常称内科为"杂医"、"大方脉"。

殷商时期 早在殷商的甲骨文中，已有关于疾病的记载，如"疾首"、"疾身"、"疾足"、"疾风"、"疟疾"、"蛊"等一些内科疾病的记载。殷商时期已发明汤液药酒治疗疾病。周朝对医学进行分科，有了疾医、疡医、食医、兽医分工不同的医师，其中的疾医就是最早的内科医生，可见内科在周朝，已单独成立了一个科目。

春秋战国至秦汉时期 此期出现了《脉法》、《五十二病方》、《治百病方》等医学著作，医学体系逐步形成，始于战国而成于两汉的《黄帝内经》全面总结了秦汉以前的医学成就，其中记载200多种内科病证，从病因、病机、治则、转归、传变及预后等方面加以论述，突出了中医整体观念和辨证论治的特点，对后世医学的发展产生了深远的影响。东汉时代在内科学上，有着突出的成就。汉代张仲景的《伤寒论》和《金匮要略》创立了包括理、法、方、药在内的六经和脏腑辨证论治理论体系，为中医内科学的形成奠定了基础。

晋至唐宋时期 这一时期中医内科理论和临床诊疗水平不断得到完善与提高。晋王叔和除了整理《伤寒杂病论》外，更著有《脉经》一书，把古代医书里叙述的脉象，分成24种，并将其所反映的病证排列出来，对内科疾病的诊断起到了很大的作用。在病因学方面，隋代巢元方所著《诸病源候论》是一部最早的病因证候学著作，对不少疾病的病因观察与认识已经比较深入，明确提出"寸白虫候"(绦虫病)的感染途径是饮食不当，生食猪肉；瘿病的发生与水土和情志有关。晋代葛洪所著的《肘后备急方》对尸注(结核病)、癞(麻风病)、沙虱(恙虫病)等传染病的发病也有较深刻的认识。南宋陈无择的《三因极一病证方论》在病因上首分内因、外因、不内外因三类。在症状学方面，《诸病源候论》记载的病候已达784条，对许多疾病的症状学特征描述详细、准确，如描写石淋"石淋者，淋而出石也。"描写膏淋"膏淋者，淋而有肥，状似膏"。唐代王焘《外台秘要》认识到消渴病"每发即小便至甜"的证候特征。这一时期，对伤寒、疟疾、肺痨等传染病都在症状学上有详细的论述，对中风、痹病、心痛、虚劳、脚气、水肿等内科疾病的认识水平和辨证论治均有较大的提高。在治疗方面，有些病证的治疗在当时已很先进，如晋代《肘后备急方》用青蒿治疗疟疾，用海藻、昆布治疗瘿病。唐代《备急千金要方》和《外台秘要》记载的内科病治疗方法更加丰富。《备急千金要方》肯定了《神农本草经》用常山、蜀漆治疗疟疾；《金匮要略》用白头翁治疗痢疾，并提出用苦参治疗痢疾、槟榔治疗寸白虫病、谷皮煎汤煮粥治疗脚气病等。北宋《太平圣惠方》、《圣济总录》是政府颁行的内科方书，收集整理了大量治疗内科疾病的有效方药，反映了当时的研究水平和成就。此外，宋代把内科改称为"大方脉"，另有"风科"，其中有些病证，也属于内科。

金元时期 这一时期中医学术繁荣，流派纷呈，有许多创新和发展。其中最突出的代表是刘完素、张从正、李东垣和朱丹溪，被后世称为"金元四大家"。刘完素倡火热病机学说，治疗主用寒凉；张从正力主攻邪治病，善用汗、吐、下三法；李东垣论内伤而生脾胃，治疗多用补脾升阳之法；朱丹溪创"阳常有余，阴常不足"学说，而主养阴。他们在不同方面的独到认识和治疗经验，充实和丰富了中医内科学的理论和实践，促进了中医内科学的创新和发展。

明清时期 明代薛己的《内科摘要》是首先用"内科"命名的著作。王纶在《明医杂著》中指出"外感法仲景，内伤法东垣，热病用完素，杂病用丹溪"，这是对当时内科学术思想的很好总结，反映当时内科的学术理论已成体系。王肯堂的《证治准绳》、张介宾的《景岳全书》、秦景明的《症因脉治》、李中梓的《医宗必读》等著作，对许多内科病证都有深刻的认识，如《景岳全书》的阴阳互补学说和《医宗必读》的治泻九法等，对内科的辨证论治有重要的贡献。清代以内科为主体的医学著作精彩纷呈，如《古今图书集成·医部全录》、《医宗金鉴》、《张氏医通》、《临证指南医案》、《杂病源流犀烛》、《沈氏尊生书》等。还有简明实用的《证治汇补》、《医学心悟》、《类证治裁》、《医林改错》、《血证论》等，均对中医内科学的发展起到了很大的促进作用。如王清任在《医林改错》中创立的血府逐瘀汤、补阳还五汤等系列活血化瘀方剂，被后世广为使用。温病学术的形成和发展更体现了中医内科学在这一时期的伟大成就，如叶天士创立了卫气营血辨证，吴鞠通创立了三焦辨证，丰富了辨证论治内涵，完善了中医内科热病学术体系。明清时代，对于内科，仍称"大方脉"，另有"伤寒科"也属内科。

新中国成立以后中医内科学有了更新的发展。在上世纪五、六十年代建立了新的中医内科学教材体系，《中医内科学》统编教材经过几次修订和使用，促进了中医内科学理论体系的系统化和规范化。屠呦呦的新型抗疟药——青蒿素和双氢青蒿素获2015年诺贝尔生理学或医学奖、基于络病理论的通心络胶囊治疗冠心病研究、丹参滴丸治疗冠心病研究、及中医药在白血病治疗方面的突破等都体现了中医内科学的新发展。

第三节 中医内科病证辨证论治基本思路和方法

中医内科病证诊疗的基本思路是从症状入手，抓住病机，以辨证为核心，遣方用药。审察病机、病证结合、辨证论治、防病防变是中医内科临床的基本思路和方法。辨证论治是核心，辨证，即分析、辨认疾病的证候，是认识和诊断疾病的主要过程和方法。辨，即辨认，辨别，也就是分析。证，即证候，是机体在致病原因和条件作用下，机体与环境之间、脏腑、经络、气血津液之间关系紊乱的综合表现，所以，明确某一证候，即是对疾病发展阶段中的病因、病位、邪正斗争的强弱、阴阳的偏盛偏衰等病理情况的概括。辨证的过程，是以脏腑、经络、气血津液、病因等理论为依据，对通过望、闻、问、切四诊所搜集的症状，体征等资料进行综合、归纳、分析、推理、判断、辨明其内在联系，以及各种病变相互之间的关系，从而认识疾病，作出正确的诊断。辨证和论治，是中医理、法、方、药在临床上重要的两个环节，两者相互联系，不可分割。辨证是认识疾病，论治是针对病证采取相应的治疗手段和方法。辨证是治疗的前提和依据，论治是辨证的目的和检验辨证正确与否的客观标准。

"症"是指单个的症状，中西医认识是一致的，如头痛，发热，咳嗽，心慌，恶心等。

"病"，是指病名，中医所说的病名中只有少数与西医病名是一致的，如麻疹，白喉，破伤风，哮喘，痢疾，中暑等，而大部分的叫法是不同的。由于中西医的理论体系不同，对疾病的认识是不一样的。西医对疾病的认识是建立在人体解剖学，病理生理学的基础上，临床诊断疾病的依据是病人的自觉症状、体格检查、化验检查；中医认为疾病是人体阴阳偏盛偏衰的结果，临床辨证主要依据病人的症状和体征(舌象、脉象等)，诊断时不一定要确定病名，而是要明确是什么"证"。

"证"，即证据、证候的简称，它不单纯是症状或主观感觉，而是一组症候群，也是中医对疾病的诊断。"证"是一组特定的临床表现(症状、体征等)，并包含着病因、病变部位、病变性质、正邪双方力量对比状况等方面的综合概念。"证"是从分析症状和体征着手，归纳成为比症状更能说明疾病本质的概念。

这里重点介绍与中医内科病证常见的几种辨证方法。

一、八纲辨证思路与方法

八纲辨证是运用阴阳、表里、寒热、虚实八纲，对病证进行分析、归纳，为治疗提供依据。表里辨病位的浅深；寒热辨病证的性质；虚实辨邪正的盛衰；阴阳则是统摄其他六纲的总纲。表、热、实属阳，里、寒、虚属阴。八纲的四对矛盾，是相对的，互相联系，互相转化的。临床上错综复杂的证候都可以用它作分析归纳的基本方法。八纲辨证是中医各种辨证的总纲。

八纲辨证是根据四诊取得的材料，进行综合分析，以探求疾病的性质、病变部位、病势的轻重、机体反应的强弱、正邪双方力量的对比等情况，归纳为阴、阳、表、里、寒、热、虚、实八类证候，是中医辨证的基本方法，各种辨证的总纳，也是从各种辨证方法的个性中概括出的共性，在诊断疾病过程中，起到执简驭繁，提纲挈领作用。

疾病的表现尽管极其复杂，但基本都可以归纳于八纲之中，疾病总的类别，有阴证，阳证两大类；病位的深浅，可分在表在里；阴阳的偏颇，阳盛或阴虚则为热证，阳虚或阴盛则为寒证；邪正的盛衰，邪气盛的叫实证，正气衰的叫虚证。因此，八纲辨证就是把千变万化的疾病，按照表与里、寒与热、虚与实、阴与阳这种朴素的两点论来加以分析，使病变中各个矛盾充分揭露出来，从而抓住其在表在里、为寒为热、是虚是实、属阴属阳的矛盾，这就是八纲的基本精神。

表里

表里是说明病变部位深浅和病情轻重的两纲。一般地说，皮毛、肌肤和浅表的经属表；脏腑、血脉、骨髓及体内经络属里。表证，即病在肌表，病位浅而病情轻；里证即病在脏腑，病位深而病情重。

（一）表证

表证是病位浅在肌肤的证候。一般为六淫外邪从皮毛、口鼻侵入机体后，邪留肌表，出现正气（卫气）拒邪的一系列症状，多为外感病初起阶段。表证具有起病急、病程短、病位浅和病情轻的特点。常见于外感热病的初期，如上呼吸道感染、急性传染病及其他感染性疾病的初起阶段。

主证　以发热恶寒（或恶风），头痛，舌苔薄白，脉浮为基本证候，常兼见四肢关节及全身肌肉酸痛，鼻塞，咳嗽等症状。

由于外邪有寒热之分，正气抗御外邪的能力有强弱不同，表证又分为表寒、表热、表虚、表实证。

1. 表寒证

主证　恶寒重，发热轻，头身疼痛明显，无汗，流清涕，口不渴。舌质淡红，苔薄白而润，脉浮紧。

病机　寒邪束于肌表或腠理，正邪相争，故恶寒发热，邪气侵犯体表经络，致卫气营血运行不畅，故头身肢体酸痛。正邪相争于表，故脉浮。

治则　辛温解表。

常用方剂　麻黄汤。

2. 表热证

主证　发热重，恶寒轻，头痛，咽喉疼痛，有汗，流浊涕，口渴。舌质稍红，苔薄白不润，脉浮数。

病机　邪正相争于表，故发热，恶寒。热邪犯卫，汗孔失司，则汗外泄。热伤津而口渴。热邪在表，故脉浮数。

治则　辛凉解表。

方药　银翘散。

3. 表虚证

主证　表证而恶风，恶寒有汗。舌质淡，舌苔薄白，脉浮而无力。

病机　体质素虚，卫阳不固，故恶风，汗出，脉浮而无力。
治则　调和营卫，解肌发表。
方药　桂枝汤。

4. 表实证

主证　发热、恶寒、身痛、无汗。舌质淡红，舌苔薄白，脉浮有力。
病机　邪盛正不衰、邪束肌表，正气抗邪，肌表汗孔固密，故发热恶寒而无汗，脉浮而有力。
治则　辛温解表。
方药　麻黄汤。

辨别表寒证与表热证，是以恶寒发热的轻重和舌象脉象为依据。表寒证是恶寒重发热轻，表热证是发热重恶寒轻，表寒证舌苔薄白而润，脉浮紧，表热证舌苔薄白而不润，脉浮数。此外，风寒之邪可以郁而化热，由表寒证变成表热证，外邪侵入肌表后容易入里化热，表寒证（或表热证）可以转化为里热证。

辨别表虚证与表实证，结合病人体质，以有汗无汗为依据。表实证为表证而无汗，年青体壮者多见；表虚证为表证而有汗，年老体弱或久病者多见。

（二）里证

里证是与表证相对而言，是病位深于内（脏腑、气血、骨髓等）的证候。

里证的成因，大致有三种情况：一是表证进一步发展，表邪不解，内传入里，侵犯脏腑而成；二是外邪直接入侵内脏而发病，如腹部受凉或过食生冷等原因可致里寒证；三是内伤七情、劳倦、饮食等因素，直接引起脏腑机能障碍而成，如肝病的眩晕、胁痛，心病的心悸、气短，肺病的咳嗽、气喘，脾病的腹胀、泄泻，肾病的腰痛、尿闭等。因此，里证的临床表现是复杂的，凡非表证的一切证候皆属里证。外感病中的里证还需结合病因辨证、卫气营血辨证，而内伤杂病中，则以脏腑辨证为主。里证要辨别里寒、里热、里虚、里实（在寒热、虚实辨证中讨论）。

辨别表证与里证，多依据病史的询问，病证的寒热及舌苔、脉象的变化。一般地说，新病、病程短者，多见于表证；久病、病程长者，常见于里证。发热恶寒者，为表证；发热不恶寒或但寒不热者，均属里证。表证舌苔常无变化，或仅见于舌边尖红；里证常有舌苔的异常表现。脉浮者，为表证；脉沉者，为里证。

（三）半表半里证

病邪既不在表，又未入里，介于表里之间，而出现的既不同于表证，又不同于里证的证候，称为半表半里证。

主证　寒热往来，胸胁胀满，口苦咽干，心烦，欲呕，不思饮食，目眩。舌尖红，苔黄白相兼，脉弦。
病机　邪正相争于半表半里，互有胜负，故寒热往来。邪犯半表半里，胆经受病，故胸胁胀满、口苦。胆热而肝胃不和，故心烦、目眩、欲呕、不思饮食。
治则　和解表里。
方药　小柴胡汤。

（四）表里同病（表里夹杂）

表里同病是指表证和里证在同一个时期出现，常见的有三种情况：一是初病即见表证又见里证。二是发病时仅有表证，以后由于病邪入里而见里证，但表证未解，也称为表里同病，三是本病未愈，又兼标病，如原有内伤，又感外邪，或先有外感，又伤饮食等，也属表里同病。治疗原则为表里双解。

寒热

寒热是辨别疾病性质的两纲，是用以概括机体阴阳盛衰的两类证候，一般地说，寒证是机体阳气不足或感受寒邪所表现的证候，热证是机体阳气偏盛或感受热邪所表现的证候。所谓"阳盛则热，阴盛则寒""阳虚则寒，阴虚则热"。辨别寒热是治疗时使用温热药或寒凉药的依据，所谓"寒者热之，热者寒之"。

（一）寒证

寒证是感阴寒之邪（如寒邪、湿邪）或阳虚阴盛、脏腑阳气虚弱、机能活动衰减所表现的证候，可分为表寒证和里寒证，表寒证已在表证讨论，这里所指为里寒证。

主证　畏寒、形寒肢冷，口不渴或渴喜热饮，面色白，咳白色痰，腹痛喜暖，大便稀溏，小便清长。舌质淡，苔白，脉沉迟。

病机　阳虚阴盛，病人寒化，故畏寒肢冷，脾胃寒冷，故腹痛喜暖，阳气不振而脉沉迟。

治则　温中祛寒。

方药　附子理中汤。

（二）热证

热证是感受阳热之邪（如风邪、热邪、火邪等）或阳盛阴虚、脏腑阳气亢盛和阴液亏损、机能活动亢进所表现的证候，可分为表热证和里热证，表热证已在表证讨论，这里所指为里热证。

主证　发热，不恶寒，烦躁不安，口渴喜冷饮，面红目赤，咳痰黄稠，腹痛喜凉，大便燥结，小便短赤。舌质红，苔黄，脉数。

病机　阳热偏盛，故发热喜凉，热伤津液而口渴喜饮，小便短赤，大便燥结。热盛故见脉数。

治则　清热法。

方药　白虎汤等。

（三）实热与虚热

由于感受热邪所形成的实热证，与机体阴液亏损或机能亢进所致的虚热证，其临床表现及治则都是不尽相同的。

实热证发病急，病程短。高热，怕热，大汗出。神昏谵语，甚则发狂。烦渴引饮。咳吐黄稠痰、脓痰、或咳血。大便秘结，小便短赤。面红目赤。舌红，苔黄厚。脉洪数。热邪炽盛。多由热邪引起（如感染）。治以清热泻火。

虚热证发病缓慢，病程长。低热，骨蒸潮热，盗汗，五心烦热，失眠多梦。口干，但饮不多。痰少，痰黏，或痰带血丝。大便量少，小便黄、量少。两颧绯红。舌红，少苔或无苔。脉细数。阴液亏耗，虚损内呈。多由机能亢进所致。治以滋阴清热。

（四）寒热真假

在疾病发展到寒极或热极的危重阶段，可以发现一些"寒极似热"、"热极似寒"的假象，临床上把本质是热证而表现为寒象的叫"真热假寒"，本质是寒证而表现为热象的叫"真寒假热"。这种情况往往表示疾病比较严重。如果不能抓住本质，就会被假象所迷惑，而致误诊、误治。

1. 真寒假热

如慢性消耗性疾病患者常见身热，两颧潮红，躁扰不宁，苔黑，脉浮大等，表面上看似有热象，但病人却喜热覆被，精神萎颓淡漠，蜷缩而卧，舌质淡白，苔黑而润，脉虽浮大但无力。为阴盛于内，格阳于外，其本质仍是寒证，故称"真寒假热"。治疗上要用温里回阳，引火归元。

2. 真热假寒

即内有真热而外见假寒的证候，如热性病中较重时可见表情淡漠、困倦懒言、手足发凉、脉沉细等，粗看好似寒证，但又有口鼻气热，胸腹灼热，口渴喜冷饮，大便秘结，小便短赤。舌红绛，苔黄干，脉虽沉细但数而有力。为阳热内郁不能外达，本质是热证，故称"真热假寒"，治疗上应清泻里热，疏达阳气。

一般来说，寒、热的表象属标，是一种假象；内、里的寒、热属本，是它的本质。

辨别寒证与热证，不能孤立地根据某一症状或体征判断，应对疾病的全部表现综合观察，尤其是寒热、口渴不渴、面色、四肢温凉、二便、舌象、脉象等几方面更为重要。即畏寒喜热为寒，发热、怕热喜冷为热；口淡不渴为寒，口渴喜饮为热；面色红为热；手足厥冷多为寒，四肢烦热多为热；小便清长、大便稀溏为寒，小便短赤、大便燥结为有热；舌淡苔白为寒，舌红苔黄为热等等。从寒证与热证的比较可以看出：寒证属阴盛，多与阳虚并见；热证属阳盛，常有阴液亏耗的表现。

虚实

虚实是辨别人体的正气强弱和病邪盛衰的两纲。一般而言，虚指正气不足，虚证便是正气不足所表现的证候，而实指邪气过盛，实证便是邪气过盛所表现的证候。《素问·通评虚实论》说："邪气盛则实，精气夺则虚。"若从正邪双方力量对比来看，虚证虽是正气不足，而邪气也不盛，实证虽是邪气过盛，但正气尚未衰，正邪相争剧烈的证候。辨别虚实，是治疗上采用扶正（补虚）或攻邪（泻实）的依据，所谓"虚者补之，实者泻之"。

（一）虚证

虚证的形成，或因体质素弱（先天、后天不足），或因久病伤正，或因出血、失精、大汗，或因外邪侵袭损伤正气等原因而致"精气夺则虚"。

主证　面色苍白或萎黄，精神萎靡，身疲乏力，心悸气短，形寒肢冷或五心烦热，自汗盗汗，大便溏泻，小便频数失禁，舌少苔或无苔，脉虚无力等。

临床上由于气、血、阴、阳不足可分为气虚、血虚、阴虚、阳虚，由于脏腑的不足造成的各脏腑的虚证（如肺气虚、心血虚、肝阴虚、脾气虚、肾阳虚等）。下面说明气虚、血虚、阴虚、阳虚的证候及治则。脏腑的虚证在脏腑辨证中讨论。

气虚和阳虚的共同症候是：面色白或萎黄，精神萎靡，身疲乏力，声低懒言，自汗，纳少，舌淡胖，脉无力。不同的是气虚气短，乏力，动则气急等症明显，脉虚无力。治则益气，常用四君子汤等。阳虚畏寒，形寒肢冷，小便清长，下利清谷，脉迟。治则补阳，常用肾气丸、参茸丸等。

血虚和阴虚的共同症候是：消瘦，头晕，目眩，失眠，心悸，脉细。不同的是血虚面色苍白无华或萎黄，手足麻木，口唇指甲淡白，舌质淡，脉细弱无力。治则养血，常用四物汤等。阴虚低热或潮热，颧红，五心烦热，口干，咽燥，盗汗，舌红绛，质瘦或有裂纹，无苔或少苔，脉细数。治则滋阴，常用六味地黄丸等。

从上面可以看出：气虚和阳虚，属阳气不足，故临床表现相似而都有面色白，神疲乏力，自汗等症状，但二者又有区别，气虚是虚而无"寒象"，阳虚是虚而有"寒象"——怕冷，形寒肢冷，脉迟等。血虚和阴虚属阴液不足，故临床表现相似而都有消瘦，头晕，心悸，失眠等症状，但二者又有区别，血虚是虚而无"热象"，阴虚是阴液亏损不能约束阳气而导致阳亢，故为虚而有"热象"——低热或潮热，口干，咽燥等。

（二）实证

实证的形成，或是由病人体质素壮，因外邪侵袭而暴病，或是因脏腑气血机能障碍引起体内的某些病理产物，如气滞血瘀、痰饮水湿凝聚、虫积、食滞等。

临床表现由于病邪的性质及其侵犯的脏腑不同而呈现不同证候，其特点是邪气盛，正气未衰，正邪相争处于激烈阶段。常见症状为高热，面红，烦躁，谵妄，声高气粗，腹胀满疼痛而拒按，痰涎壅盛，大便秘结，小便不利，或有瘀血肿块，水肿，食滞，虫积，舌苔厚腻，脉实有力等。

治则　泻实攻邪是治疗实证的主法，所谓"实则泻之"。泻火、通便、逐水、祛痰、理气、活血化瘀、消导和驱虫等不同的泻法用于不同病邪产生的各种实证，将在有关章节中讨论。

辨证虚证与实证可从下面几方面考虑：从发病时间上，新病、初病或病程短者多属实证，旧病、久病或病程长的多属虚证；从病因上，外感多属实证，内伤多属虚证；从体质上，年青体壮者多属实证，年老体弱者多属虚证；从临床症状与体征上，参考下面鉴别：

虚证面色白、苍白、萎黄无华、神疲乏力、声低懒言、隐痛喜按、舌淡苔白或少苔、脉虚无力。治则补虚。

实证面红、烦躁谵语、声高气粗、剧痛拒按、舌红苔黄厚腻、脉实有力。治则泻实。

阴阳

阴阳是辨别疾病性质的两纲，是八纲的总纲，即将表里、寒热、虚实再加以总的概括。《类经·阴阳类》说："人之疾病，……必有所本，或本于阴，或本于阳，病变虽多，其本则一。"指出了证候虽然复杂多变，但总不外阴阳两大类，而诊病之要也必须首先辨明其属阴属阳，因此阴阳是八纲的总纲，一般表、实、热证属于阳证，里、虚、寒证属于阴证。阴证和阳证的临床表现、病因病机、治疗等已述于表里、寒热、虚实六纲之中。但临床上阴证多指里证的虚寒证，阳证多指里证的实热证。

（一）阴证

阴证是体内阳气虚衰、阴偏盛的证候。一般而言阴证必见寒象，以身畏寒，不发热，肢冷，精神萎靡，脉沉无力或迟等为主证。由脏腑器官功能低下，机体反应衰减而形成，多见于年老体弱，或久病，呈现一派虚寒的表现。

（二）阳证

阳证是体内阳气亢盛，正气未衰的证候。一般而言阳证必见热象，以身发热，恶热，肢暖，烦躁口渴，脉数有力等为主证。由脏腑器官机能亢进而形成，多见于体壮者，新病，初病，呈现一派实热的表现。

（三）亡阴与亡阳

亡阴与亡阳，是疾病过程中两种危险证候，多在高热，大汗不止，剧烈吐泻，失血过多有阴液或阳气迅速亡失情况下出现，常见于休克病人。亡阴亡阳虽属虚证范围，但因病情特殊且病势危笃，而又区别于一般虚证。

亡阴与亡阳的临床表现，除原发疾病的各种危重症状外，均有不同程度的汗出。但亡阴之汗，汗出热而黏，兼见肌肤热，手足温，口渴喜饮，脉细数疾而按之无力等阴竭而阳极的证候；亡阳之汗，大汗淋漓，汗凉不黏，兼见畏寒倦卧，四肢厥冷，精神萎靡，脉微欲绝等阳脱而阴盛的证候。由于阴阳是互根的，阴液耗竭则阳气无所依附而散越，阳气衰竭则阴液无以化生而枯竭，所以亡阴与亡阳的临床表现，难于截然割裂，其间可迅速转化，相继出现，只是有先后主次的不同而已。

亡阴与亡阳的治疗都以扶正固脱为主。亡阴者，应益气敛阴、救阴生津，大补元气以生阴液而免致亡阳，常用方有生脉散；亡阳者，应益气固脱、回阳救逆，常用方有独参汤、参附汤等。

表里、寒热、虚实、阴阳八纲的区分并不是单纯的、彼此孤立的、静止不变的，而是错综复杂、互相联系、互相转化的。归纳起来，八纲之间存在着"相兼"、"夹杂"、"转化"的关系。

1. 相兼关系

"相兼"即指两个纲以上的症状同时出现，如外感热病初期，见有表证，还须进一步辨其兼寒或兼热，故可分为表寒证和表热证；久病多虚证，当进一步辨其属虚寒证或虚热证。相兼证的出现，不能平等看待，而是有主次和从属关系，如表寒、表热证都是以表证为主，寒或热从属于表证，治疗当以解表为主，分别用辛温解表或辛凉解表；虚寒、虚热证都是以虚证为主，寒或热也从属于虚证，治疗时当以补虚为主，分别用补阳或滋阴的方法。至于表里相兼时，以何证为主，须看具体病情而定。

2. 夹杂关系

"夹杂"即指患者同时出现性质互相对立的两纲症状，如寒热夹杂、虚实夹杂、表里夹杂（习惯上叫表里同病）。另外，在疾病发展过程中，还会出现一些假象，如真热假寒、真寒假热等。所以，在辨证过程中，要细心观察，全面分析，去伪存真，抓住本质，以免造成误诊、误治、延误病情。

3. 转化关系

"转化"即指某一纲的症状向其对立的一方转化。表里之间、寒热之间、虚实之间、阴阳之间既是相互对立的，又可在一定条件下相互转化。如外感风寒见恶寒发热、头痛等表寒证，若因病情发展或治疗不当，则病邪可由表入里，病变性质可由寒转热，最后由表寒证转化为里热证；实证可因误治、失治等原因，致病程迁延，虽邪气渐去，而正气亦伤，逐渐转化为虚证，虚证可由于正气不足，不能布化，以致产生痰饮或水湿、气滞或血瘀等实邪，而出现种种实证。转化是在一定条件下才能发生，辨证时必须随时审察病机的转变，及时诊断治疗，避免疾病向恶化方向发展，促进疾病向痊愈方向转化。

八纲辨证运用时，首先辨别表里，确定病变的部位；然后辨别寒热、虚实、分清病变性质，了解正邪双方力量对比状况；最后可以用阴阳加以总的概括。

二、外感六淫辨证思路与方法

六气是在正常情况下，风、寒、暑、湿、燥、火是自然界六种不同的气候变化，统称为"六气"。六淫是在异常情况下，如气候突变，或人体抵抗力下降，机体不能及时应变，六气就成为外感病的致病因素，即风、寒、暑、湿、燥、火六种邪气，统称为六淫病邪。

六淫引起的疾病，具有一定的季节性。如夏季多暑病；冬季多寒病；秋季多燥病，然早秋燠热，感邪多发温燥，而晚秋清凉，感邪多发为凉燥。

由于气候变化的复杂性，以及人体的个体差异，虽在同一季节里，也可感受不同的病邪而发生不同的疾病。如夏令虽多发暑病，但如素体阳虚，又贪凉饮冷，也可发生寒病。

六淫致病，既可以是单一的，更多是混合的，如风、寒、湿，三气杂至合而为痹之类。

六淫之邪侵入人体后，在一定条件下可发生转化，如寒可郁而化热，温热可以化燥等。所以，对于外感六淫病证辨证时必须根据不同的临床表现，审证求因，然后确立治法，选方用药。

风

风为六淫之首，一般外感为病，常以风为先驱，其他邪气多依附于风而侵犯人体，如风寒、风热、风温、风燥之类。

风邪的致病特点有四：

风性轻扬：易于侵犯人体的上部和肌表，故临床常见头痛，感冒等病证。如《素问·太阴阳明论》说"伤于风者，上先受之"。

风性疏泄：其侵袭人体，可使肌腠开泄，故多见恶风，自汗等症状。

风性善动：其临床表现多见动摇不定，所谓："风胜则动"（《素问·阴阳应象大论》）。如痉证的四肢抽搐，颈项强直，甚至角弓反张，即属于风。

风性善行而数变：其症多游走不定，变化迅速，如痹证中风邪偏盛的行痹，常见游走性关节肌肉疼痛等。

1. 风寒

症状　恶寒，发热，无汗，头痛身痛，鼻流清涕，咳嗽，痰稀。舌苔白润，脉浮而紧。

病机　风寒束表，肺卫不宣。

治法　疏风散寒。

方药　荆防达表汤加减。

2. 风热

症状　发热，微恶风寒，少汗或无汗，头痛，咳嗽，痰黏或痰黄，鼻流浊涕，咽痛口渴，苔薄，舌边尖红，脉浮数。

病机　风寒袭表，肺失清肃。

治法　疏风清热。

方药　桑菊饮或银翘散加减。

3. 风入经络

症状　肢体关节游走疼痛，或拘急不利，项强，口眼歪斜，甚则四肢抽搐，角弓反张，牙关紧闭，舌苔薄白，脉浮弦。

病机　风邪入络，络脉痹阻。

治法　祛风通络。

方药　防风汤，牵正散，玉真散等。

寒

寒为冬令主气，寒邪为冬令常见病因，但也可以在其他季节引起疾病。如盛夏贪凉，寒邪即可侵袭人体而发病，即前人所谓"阴暑"或"夏日伤寒"之类。

寒邪的致病特点有二：

寒为阴邪，易伤阳气：寒邪由外而入，致病又有伤寒与中寒之别。寒邪伤肌表，卫阳被遏，称为伤寒，寒邪直中脏腑，导致阴盛阳伤，称为中寒。

寒主收引，其性凝滞：所谓"收引"是指寒邪入侵经络关节而致筋脉拘急，挛缩，伸曲困难，如痹证中的痛痹；或寒邪侵袭，使毛窍收缩，腠理闭塞，从而出现恶寒、无汗、头痛等症。此即《素问·举痛论》所说"寒则气收"。所谓"凝滞"是指凝结、阻滞之义。血得温则行，得寒则凝。如寒邪入侵人体，损伤阳气，使气血凝结，阻滞不通，不通则痛，而引起胃痛、腹痛等痛证。

1. 寒邪侵表

症状　恶寒，发热，无汗，头痛项强，身痛或骨节疼痛，痛处不移，得热痛减，遇冷痛剧，筋脉拘急不利。舌苔薄白，脉浮紧。

病机　寒邪伤表，肺卫不宣。

治法　辛温发汗，散寒解表。

方药　麻黄汤加减。

2. 中寒

症状　恶寒战栗，肢体冰冷，挛痛面青，咬牙，神志迟钝，昏迷僵直，呼吸缓慢，口鼻气冷，皮肤隐紫。舌苔白滑，脉象沉伏。

病机　寒邪直中，伤及阳气。

治法　助阳破阴，温里祛寒。

方药　四逆汤加味。

暑

暑为夏令主气，系火热所化，暑邪致病有明显得季节性，暑病多发于暑季。暑邪致病特点有三：

暑为阳邪，其性炎热，善发散：暑邪致病可致人体阳气亢盛，腠理开泄，而致汗液过渡外泄，津伤气耗。

暑气通心，若暑热内犯心营，心神被扰，可出现高热昏迷，不醒人事等症。

暑多夹湿，由于盛夏时节，天暑下迫，地湿上蒸，湿热蒸腾，故常见暑热夹湿的症状。

1. 中暑

症状　头昏胀痛，胸闷，恶心欲吐，身热烦渴，短气，四肢无力，或皮肤干燥，色红而热，少汗或汗多肤冷，尿短赤，甚则突然仆倒，谵语，抽搐。舌干少津，脉细数无力。每发生于盛夏或高温作业。

病机　暑热蒙心，气阴两伤。

治法　清暑生津。

方药　人参白虎汤加减。

2. 暑热

症状　入夏时常发热，肌肤灼热，汗少，或午后热甚，口渴引饮，食少，倦怠乏力。舌苔薄白或薄黄，舌质微红，脉细数。

病机　暑热亢盛，耗气伤津。

方药　王氏清暑益气汤。

3. 暑湿

症状　身热不扬，恶风少汗，胸闷腹胀，恶心，纳少，口苦或淡，大便溏薄，肢体酸困。舌苔腻，脉浮数。

病机　暑热夹湿，郁于肌表。

治法　清暑化湿。

方药　藿香正气散加减。

湿

湿是长夏（夏秋之交）的主气。湿病多由气候潮湿，或涉水淋雨，或伤于雾露，或水中作业，久居湿地等原因，使湿邪侵袭人体而引起。

湿邪致病特点有四：

湿为阴邪，黏滞固着，不易速去：故湿邪为病，往往起病缓慢，病程较长，缠绵难愈。

湿性重浊：①"重"即沉着，重着：湿邪困遏，阻滞气机的升降出入，清阳不升，在上则头重如裹，昏蒙眩晕；在中则胸脘痞闷，胃纳不香；湿滞经络则四肢沉重，倦怠乏力。②"浊"即秽浊：湿邪伤阳，气化不利，易出现水湿浊秽的病证，症见面垢眵多，大便黏滞不爽，小便混浊，妇女带下稠浊，舌苔垢腻等。

湿性趋下："伤于湿者，下先受之"（《素问·太阴阳明论》），故湿邪为病，多见淋浊，带下，脚气，足肿等下部病证。但外湿伤人，又可与风邪相合，郁遏卫表，而致肢体酸重，肿痛。如湿毒浸淫肌肤，可出现多种皮肤病。

湿邪侵犯人体，最易伤害脾胃：因"脾恶湿"，湿盛则伤脾，故外湿与内湿有一定的联系，可以互为因果。

1. 湿困卫表

症状　身热不甚，迁延缠绵，微恶风寒，汗少而黏，头痛如裹，肢体酸重疼痛，或兼见胸膈闷胀，脘痞泛恶，口中黏腻，大便稀溏，面色淡黄，舌苔白腻，脉浮数。

病机　湿邪困表，卫气被郁。

治法　芳香化湿。

方药　藿香夏苓汤加减。

2. 湿滞经络

症状　关节酸痛重着，固定不移，或腰膝关节漫肿，转侧屈伸不利，或下肢肿胀。舌苔白滑或白腻，脉濡缓。

病机　湿邪袭络，留着关节。

治法　祛湿通络。

方药　薏苡仁汤加减。

3. 湿毒浸淫

症状　皮肤疥癣，疮疖，疱疹，脚生湿气，局部瘙痒，流黄水或见尿浊，女子带下腥臭。舌苔黄腻，脉滑数。

病机　湿毒郁表，浸淫肌肤。

治法　祛风通络。

方药　二妙丸加味。

燥

燥为秋令主气，故燥邪为病，多发生于气候干燥、湿度较低的秋季。外感燥邪有温燥和凉燥之别。

温燥，初秋有夏火之余气，燥与热合，出现类似风热的症状；凉燥，深秋有近冬之寒气，燥与寒合，出现类似风寒的症状。

燥邪既具有外感病临床表现的一般特征，又有燥邪上犯上焦肺经，耗伤津液的症状。

1. 温燥

症状　头痛发热，微恶风寒，咳嗽少痰，咯痰不畅或痰中带血，口渴喜饮，唇干咽燥，心烦，大便干结。舌红少苔，脉细数。

病机　燥邪袭肺，肺津受伤。

治法　清宣凉润。

方药　桑杏汤加减。

2. 凉燥

症状　头痛鼻塞，恶寒发热，无汗，咽干唇燥，干咳痰少，痰质清稀。舌干苔薄，脉象浮弦。

病机　凉燥束表，肺气不利。

治法　宣肺达表，化痰润燥。

方剂　杏苏散加减。

火

外感之火由直接感受温热邪气所致，火邪甚于温热，有"温为热之渐，火乃热之极"说法。而风、寒、暑、湿、燥入里皆可化火，称为"五气化火"，如四时感邪，春伤风，夏伤暑，长夏伤湿，秋伤燥，冬伤寒，蕴结不解，均可化火。

火邪的致病特点有三：

火为阳邪，发病急骤，变化较多，病势较重，表现为热证、实证，且最易耗伤阴津：可见高热面赤，口渴引饮，烦躁不寐。

火性阳热，易生风动血：如火热燔灼肝经，耗伤阴液，使筋脉失养，而致肝风内动，称热极生风，可见高热，抽搐，项强，角弓反张等症状；火热太盛，灼伤脉络，迫血妄行，可引起各种出血证，如吐血、衄血、咯血等。

火性躁动，可扰乱神明：如内陷心包可见神昏谵妄，不省人事等症；火热内扰，心神失守，可出现烦躁不安等精神失常症状。

火热炽盛

症状　高热烦躁，面目红赤，气粗，口渴饮冷，口臭，便秘，溲赤，斑疹，吐衄，或神昏谵语，直视，痉厥。舌色红绛，舌苔黄腻，或燥黄起刺，脉滑数或脉实。

病机　火热壅盛，充斥三焦。

治法　泄火解毒。

方药　黄连解毒汤加减。

三、脏腑辨证思路与方法

脏腑辨证是指以脏腑为纲，根据脏腑生理功能和病理变化辨析病证的部位、性质，以确定临床诊断，指导临床治疗的临床思维方法。是中医内科学常用的一种辨证方法。

脏腑是构成人体的一个有密切联系的整体，五脏之间有生克乘侮的关系，脏腑之间有互为表里的联系，因此，在进行脏腑辨证时一定要从整体观念出发，不仅要考虑一脏一腑的病理变化，还必须注意脏腑间的联系和影响，这样才能既把握某一脏腑病的本证，又抓住病变的全局。

五脏六腑通过经络将四肢百骸、五官九窍、皮肉筋脉等联结成一个有机整体，所以脏腑的病证，与十二经脉有着密切的关系，脏腑的病证应联系经络的循经部位，综合分析。

气血津液是由脏腑化生、输布，而脏腑又赖之以进行正常的生理活动，脏腑发生病变则可影响气血津液的化生和输布，而气血津液的病变也可影响到脏腑的功能，所以气血津液的病变不能离开脏腑的病变而孤立存在。

脏腑病证，既涉及气血津液，又与经络密切相关，虽然错综复杂，但归纳其证候性质，仍不出八纲辨证的范围，脏腑病变有八纲中阴阳表里寒热虚实的变化，八纲的变化本质上是反映脏腑的病理变化过程。

下面讲脏腑的基本病证。

肺（大肠）

（一）虚证

1. 肺气亏虚

症状　咳喘无力，少气短息，动则益甚，咳痰清稀，语声低怯，或有自汗、畏风，易于感冒，神疲体倦，面色淡白，舌淡苔白。

治法　补肺益气。
方药　补肺汤加减。

2. 肺阴亏耗

症状　干咳少痰，或痰少而黏，不易咯出，口燥咽干，形体消瘦，五心烦热，午后潮热，盗汗，颧红，或痰中带血，声音嘶哑，舌红少津。

治法　滋养肺阴。
方药　沙参麦门冬汤、百合固金汤加减。

（二）实证

1. 风寒束表
症状　恶寒发热，头痛身楚，无汗，鼻塞流涕，咳痰稀薄，苔薄白，脉浮紧。
治法　发散风寒。
方药　三拗汤或小青龙汤。

2. 风热袭肺
症状　恶风，发热汗出，鼻流浊涕，咳声洪亮，咯痰黄稠，大便干结，小便黄赤。苔薄黄，脉浮数。
治法　疏风清热肃肺。
方药　桑菊饮。

3. 风燥伤肺
症状　咳嗽痰少，或带血丝，咳时胸部隐痛，口干而渴，唇燥咽痛；或兼鼻塞，头痛，恶寒发热。舌质红，脉细数。多发于秋季。
治法　疏风清肺，润燥止咳。
方药　桑杏汤或杏苏散。

4. 痰浊阻肺
症状　咳嗽气喘，喉中痰鸣，痰多黏稠，胸胁支满疼痛，倚息不得卧。苔腻色白，脉滑。
治法　化痰降气，涤痰去壅。
方药　三子养亲汤。

5. 痰热蕴肺
症状　咳嗽气粗，痰黄质稠量多，咯吐不爽，或有腥味，或吐血痰，胸胁胀满，咳时痛著，或有身热，口干欲饮。舌苔黄而腻，脉滑数。
治法　清热化痰肃肺。
方药　清金化痰汤加减。

6. 气火犯肺
症状　咳呛气逆，咳甚咯血，面赤咽干，常感痰滞咽喉，咯之难出，胸胁胀痛，口干口苦。苔薄黄少津，脉弦数。
治法　清肺降火平肝。
方药　泻白散加减。

7. 痰瘀阻肺
症状　咳嗽痰多，色白或黄，质稠，喉间痰鸣，喘息不能平卧，胸部膨满，憋闷如塞，面色灰白而暗，心悸不宁，唇甲紫绀。舌质暗，或暗紫，苔腻或浊腻，脉结滑。
治法　涤痰祛瘀，泻肺平喘。
方药　涤痰汤合桃仁红花煎加减。

(三)兼证

1. 脾虚及肺
症状　纳呆便溏,咳嗽痰多,倦怠乏力,甚则面足浮肿。苔白,脉濡弱。
治法　培土生金。
方药　四君子汤加减。

2. 肺肾双亏
症状　咳嗽夜剧,腰腿酸软,动则气促,骨蒸潮热,盗汗遗精。舌红苔少,脉细数。
治法　滋阴养肺。
方药　生脉散。

附　大肠

1. 寒邪内蕴
症状　腹痛肠鸣,大便溏泄,溲清。苔白滑,脉缓。
治法　散寒止痛。
方药　胃苓汤合良附丸。

2. 热滞大肠
症状　口燥唇焦,大便秘结,或便腐臭,肛门灼热肿痛,小便短赤。苔黄燥,脉数。
治法　通便泻热。
方药　凉膈散加减。

3. 虚寒滑脱
症状　久痢泻泄,肛门下脱,四肢欠温。舌淡苔薄,脉细数。
治法　厚肠固涩。
方药　真人养脏汤加减。

4. 腑实热结
症状　腹痛拒按,或发热呕逆便秘,或便而不爽。苔黄,脉沉实。
治法　清热导滞。
方药　大承气汤。

心（小肠）

(一)虚证

1. 心气不足
症状　心悸,气短,精神疲惫,活动后加重,面色淡白,或有自汗,舌质淡。
治法　益气养心。
方药　养心汤加减。

2. 心血亏虚
症状　心悸,头晕,失眠多梦,健忘,面色淡白或萎黄,唇、舌色淡。
治法　养血宁心。
方药　归脾汤加减。

3. 心阴亏虚
症状　心烦心悸,失眠、多梦,或见五心烦热,午后潮热,盗汗,两颧发红,舌红少津

治法　滋养心阴。
方药　天王补心丹加减。

4. 心阳不足

症状　心悸怔忡，心胸憋闷或痛，气短，自汗，形寒畏冷，面色白，或面唇青紫，舌质淡胖或紫暗，苔白滑。

治法　温补心阳。
方药　参附汤、四逆汤加减。

（二）实证

1. 心火炽盛

症状　心悸阵作，烦热躁动不安，寐多恶噩梦，面赤目红，口干苦，喜凉饮，口舌糜烂肿痛，小便黄赤灼热。舌尖红绛，苔黄或起芒刺，脉数有力。

治法　清心泻火。
方药　朱砂安神丸或导赤散。

2. 痰迷心窍

症状　心悸，癫狂，不寐，舌质红赤或干裂，苔黄，脉滑数。其心悸为时时动悸，胸中躁动烦热；癫狂的特点为神志痴呆，语无伦次，甚则哭笑无常，如癫如狂；不寐多见噩梦纷纭，躁扰难寝；或见面赤，口渴喜冷饮，吐血，衄血，小便热赤，溲血淋痛等症。

治法　清心豁痰。
方药　黄连温胆汤或礞石滚痰丸。

3. 痰阻心脉

症状　胸中窒闷而痛，或胸痛放射至肩背，咳喘，痰多，气短，形体偏胖。苔浊腻，脉滑。

治法　通阳泄浊，豁痰宣痹。
方药　瓜蒌薤白半夏汤。

4. 心血瘀阻

症状　心悸，胸闷而痛，多为钝痛或绞痛，痛引肩背，口唇及指甲紫绀。舌质暗红，或见紫斑点，脉细涩，或结代。

治法　活血通脉。
方药　丹参饮或血府逐瘀汤。

5. 水饮凌心

症状　心悸，眩晕，呕吐，舌苔白腻，脉滑或沉紧。其心悸为悸而胸闷；眩晕多伴泛恶欲吐；呕吐皆为痰涎。兼见畏寒，痞满，肠鸣。

治法　温阳化饮。
方药　苓桂术甘汤加减。

6. 热陷心包

症状　高热烦躁，神昏谵语，直视狂乱，面赤，斑疹，口渴。舌质红绛，苔黄，脉数。

治法　清心开窍。
方药　安宫牛黄丸。

（三）兼证

1. 心脾两虚

症状　面色萎黄，食少倦怠，气短神怯，健忘，怔忡，少寐，妇女月经不调。脉细软无力，舌淡苔白。

治法 补益心脾。

方药 归脾汤加减。

2. 心肾不交

症状 虚烦不眠，夜寐梦遗，潮热盗汗，咽干，目眩，耳鸣，腰酸腿软，夜间尿多。舌红无苔，脉虚数。

治法 交通心肾。

方药 黄连阿胶汤或交泰丸。

3. 痰瘀互结

症状 心烦不寐，多梦善惊，纳呆泛恶，头晕目眩，胸脘痞满，胸中刺痛，胸痛彻背。舌质紫暗或有瘀斑，苔腻，脉滑。

治法 化痰祛瘀。

方药 温胆汤合丹参饮。

附 小肠

1. 小肠虚寒

症状 小腹隐痛喜按，肠鸣溏泻，小便频数不爽。舌苔薄白，脉细而缓。

治法 温通小肠。

方药 吴茱萸汤。

2. 小肠实热

症状 心烦口疮，咽痛耳聋，小便赤涩，或茎中痛，脐腹作胀，矢气后稍快。舌苔黄，脉滑数。

治法 清利实热。

方药 导赤散或凉膈散之类。

脾（胃）

（一）虚证

1. 中气不足

症状 腹胀纳少，食后胀甚，大便溏薄，肢体倦怠，神疲乏力，少气懒言，形体消瘦，面色萎黄，或见肥胖、浮肿，舌淡苔白。

治法 补中益气。

方药 补中益气汤加减。

2. 脾阳虚衰

症状 纳少腹胀，腹痛绵绵，喜温喜按，形寒气怯，四肢不温，面白不华或虚浮，口淡不渴，大便稀溏，或见肢体浮肿，小便短少，或见带下量多而清稀色白，舌质淡胖或有齿痕，苔白滑。

治法 温中健脾。

方药 理中汤加减。

（二）实证

1. 寒湿困脾

症状 纳呆，中脘满闷，口甜而黏，头身困重，便不实或泄泻。苔白腻，脉濡细。

治法 健脾化湿。

方药　胃苓汤加减。

2. 湿热内蕴

症状　脘胁痞胀,不思饮食,身重体困,面目身黄,皮肤发痒,小便色赤不利。苔黄而腻,脉濡数。

治法　清热利湿。

方药　茵陈蒿汤或四苓散。

(三) 兼证

1. 脾胃不和

症状　胃脘痞满,隐痛绵绵,食入难化,嗳气作呃,恶心呕吐,大便不实或便次多。苔薄白,脉细。

治法　益气运中,调和脾胃。

方药　半夏泻心汤加减。

2. 脾肾阳虚

症状　少气懒言,怯寒肢冷,自汗,大便溏泻或五更泄泻,腰膝酸软。舌淡苔薄白,脉沉细。

治法　健脾温肾。

方药　理中汤合四神丸。

3. 脾湿犯肺

症状　咳吐痰涎,胸闷气短,胃纳不佳。苔白微腻,脉滑。

治法　燥湿化痰。

方药　二陈汤或平胃散。

附　胃

1. 胃寒

症状　胃脘胀满疼痛,绵绵不止,喜热喜按,泛吐清水,呕吐呃逆。苔白滑,脉迟。

治法　温胃散寒。

方药　良附丸之类。

2. 胃热

症状　口渴思冷饮,消谷善饥,呕吐嘈杂,或食入即吐,口臭,牙龈肿痛,腐烂或出血。舌红苔黄少津,脉滑数。

治法　清胃泻火。

方药　清胃散之类。

3. 胃虚

症状　胃脘痞满,食谷不化,时作嗳气,大便不实。苔少,脉软弱。

治法　益气健脾。

方药　四君子汤。

4. 胃实

症状　食滞胃脘,脘腹胀满,大便不爽,口臭嗳腐,或呕吐。苔薄黄,脉滑。

治法　消导化滞。

方药　保和丸。

5. 胃络瘀阻

症状　脘痛如刺,固定不移,拒按,夜间痛甚,或有呕血、便血史。舌暗或有瘀斑,脉弦。

治法　活血祛瘀。

方药　丹参饮或失笑散。

肝（胆）

（一）虚证

1. 肝血虚证

症状　头晕目眩，面白无华，爪甲不荣，视物模糊或夜盲，或见肢体麻木，关节拘急不利，手足震颤，肌肉𥆧动，或见妇女月经量少，色淡，甚则闭经，舌淡。

治法　养血柔肝。

方药　归芍地黄汤加减。

2. 肝阴虚证

症状　头晕眼花，两目干涩，视力减退，面部烘热或颧红，口咽干燥，五心烦热，潮热盗汗，或见手足蠕动，或胁肋隐隐灼痛，舌红少津。

治法　养阴柔肝。

方药　一贯煎加减。

（二）实证

1. 肝郁气滞

症状　情志抑郁，胸胁或少腹胀满窜痛，善太息，或见咽部异物感，或见瘿瘤、瘰疬，或见胁下癥块。妇女可见乳房作胀疼痛，痛经，月经不调，甚则闭经。

治法　疏肝理气。

方药　柴胡疏肝散加减。

2. 肝阳上亢

症状　眩晕耳鸣，头目胀痛，面红目赤，急躁易怒，失眠多梦，腰膝酸软，头重脚轻，舌红少津。

治法　清肝泻火。

方药　龙胆泻肝汤或天麻钩藤饮加减。

3. 瘀血阻络

症状　胸胁刺痛，固定不移，或有外伤史，甚则胁下积块。舌暗有瘀斑，脉弦。

治法　活血化瘀，散结通络。

方药　血府逐瘀汤或化积丸。

4. 寒滞肝脉

症状　少腹胀痛，睾丸坠胀或阴囊收缩。舌润滑，苔白，脉沉弦或迟。

治法　温经暖肝。

方药　暖肝煎之类。

5. 肝阳妄动

症状　昏厥，痉挛，麻木，眩晕，头痛。舌体歪斜颤动。舌质红，苔薄黄，脉弦。

治法　平肝息风。

方药　羚羊钩藤汤之类。

(三)兼证

1. 肝气犯胃

症状　胸脘痞闷时痛，两胁走窜，食入不化，嗳气吐酸。苔薄黄，脉弦。

治法　泄肝和胃。

方药　四逆散合左金丸。

2. 肝脾不和

症状　不思饮食，腹胀肠鸣，便溏。苔白腻，脉弦缓。

治法　调和肝脾。

方药　逍遥散之类。

3. 肝胆不宁

症状　虚烦不眠，或噩梦惊恐，遇事易惊或善恐，短气乏力，目视不明，口苦。苔薄白，脉弦细。

治法　养肝清胆宁神。

方药　酸枣仁汤或温胆汤。

4. 肝肾阴虚

症状　面色憔悴，两颧嫩红，头眩目干，腰膝酸软，咽喉干痛，盗汗，五心烦热或大便艰涩，男子遗精，女子经水不调或带下。舌红无苔，脉细。

治法　滋阴降火。

方药　杞菊地黄丸。

5. 肝火犯肺

症状　胸胁刺痛，咳嗽阵作，咳吐鲜血，性急善怒，烦热，口苦，头眩目赤。舌红苔薄，脉弦数。

治法　清肝泻肺。

方药　黛蛤散或泻白散之类。

附　胆

1. 胆虚证

症状　头晕欲吐，易惊少寐，视物模糊。苔薄滑，脉弦细。

治法　养心神，和肝胆。

方药　酸枣仁汤。

2. 胆实证

症状　目眩耳鸣，头晕，胸满胁痛，口苦，呕吐苦水，心烦易怒，寐少梦多，或往来寒热。舌苔黄，脉弦数。

治法　清胆泻热。

方药　龙胆泻肝汤或黄连温胆汤。

肾（膀胱）

(一)虚证

1. 肾气不固

症状　面色淡白，腰膝酸软，听力减退，小便频数色清，甚则失禁，滑精早泄，尿后余沥。舌淡苔白，脉细弱。

治法　固摄肾气。

方药　大补元煎。

2. 肾阳不足

　　症状　面色白或黧黑，腰膝酸冷，形寒肢冷，尤以下肢为甚，神疲乏力，男子阳痿、早泄、精冷，女子宫寒不孕，性欲减退，或见便泻稀溏，五更泄泻，或小便频数、清长，夜尿多，舌淡，苔白。

　　治法　温补肾阳。

　　方药　金匮肾气丸或右归丸。

3. 肾阴虚证

　　症状　腰膝酸软而痛，眩晕耳鸣，齿松发脱，男子遗精、早泄，女子经少或经闭，或见崩漏，失眠，健忘，口咽干燥，五心烦热，潮热盗汗，或骨蒸发热，午后颧红，形体消瘦，小便黄少，舌红少津，少苔或无苔。

　　治法　滋养肾阴。

　　方药　六味地黄丸或左归丸。

（二）兼证

1. 肾虚土衰

　　症状　大便溏泄，完谷不化，滑泄难禁，腹胀少食，神疲形寒，肢软无力。舌淡苔薄，脉沉迟。

　　治法　补火生土。

　　方药　四神丸之类。

2. 肾水凌心

　　症状　心悸不宁，水肿，胸腹胀满，咳嗽短气，不能平卧，唇甲青紫，四肢厥冷。舌淡，苔薄，脉虚数。

　　治法　温化水气。

　　方药　真武汤之类。

附　膀胱

1. 虚证

　　症状　小便频数，淋漓不尽，或遗尿。舌淡苔润，脉沉细。

　　治法　固摄肾气。

　　方药　桑螵蛸散之类。

2. 实热

　　症状　小便短赤不利，尿色黄赤，或浑浊不清，尿时茎中热痛，甚则淋沥不畅，或见脓血砂石。舌红苔黄，脉数。

　　治法　清利湿热。

　　方药　八正散之类。

四、六经辨证思路与方法

　　六经辨证，以六经（太阳经、阳明经、少阳经、太阴经、少阴经、厥阴经）为纲，将外感病演变过程中所表现的各种证候，总结归纳为三阳病（太阳病、阳明病、少阳病），三阴病（太阴病、少阴病、厥阴病）六类，分别从邪正盛衰、病变部位、病势进退及其相互传变等方面阐述外感病各阶段的病变特点。凡是抗病能力强、病势亢盛的，为三阳病证；抗病力衰减，病势虚弱的，为三阴病证。

六经病证，是经络、脏腑病理变化的反映。其中三阳病证以六腑的病变为基础；三阴病证以五脏的病变为基础。所以说六经病证基本上概括了脏腑和十二经的病变。运用六经辨证，不仅仅局限于外感病的诊治，对内伤杂病的论治，也同样具有指导意义。

（一）太阳病证

太阳病证，是指邪自外入或病由内发，致使太阳经脉及其所属脏腑功能失常所出现的临床证候。太阳，是阳气旺盛之经，主一身之表，簇摄营卫，为一身之藩篱，包括足太阳膀胱经和手太阳小肠经。外邪侵袭人体，大多从太阳而入，卫气奋起抗邪，正邪相争，太阳经气不利，营卫失调而发病；病由内发者，系在一定条件下，疾病由阴转阳，或由表出里。由于病人体质和病邪传变的不同，同是太阳经证，却又有中风与伤寒的区别。

1. 太阳经证

太阳经证，是指太阳经受外邪侵袭，邪在肌表，经气不利而出现的临床证候。可分为太阳中风证和太阳伤寒证。

(1) 太阳中风证

太阳中风证，是指风邪袭于肌表，卫气不固，营阴不能内守而外泄出现的一种临床证候。临床上亦称之为表虚证。

症状　发热，汗出，恶风，头痛，脉浮缓，有时可见鼻鸣干呕。

病机　寒邪束表，营卫不和。

治法　调和营卫。

方药　桂枝汤类。

(2) 太阳伤寒证

症状　发热，恶寒，头项强痛，体痛，无汗而喘，脉浮紧。

病机　寒邪袭表，邪正相争。

治法　辛温解表。

方药　麻黄汤类。

2. 太阳腑证

太阳腑证，是指太阳经邪不解，内传入腑所表现出的临床证候。

(1) 太阳蓄水证

症状　小便不利，小腹胀满，发热烦渴，渴欲饮水，水入即吐，脉浮或浮数。

病机　膀胱气化不利。

治法　解表利水。

方药　五苓散类。

(2) 太阳蓄血证

症状　少腹急结，硬满疼痛，如狂或发狂，小便自利或不利，或大便色黑，舌紫或有瘀斑，脉沉涩或沉结。

病机　外邪侵袭太阳，入里化热，营血被灼。

治法　破血逐瘀。

方药　桃核承气汤为主。

（二）阳明病证

为外感病的极期阶段，以身热汗出，不恶寒，反恶热为基本特征。病位主要在肠胃，病性属里、热、实。根据邪热入里是否与肠中积滞互结，而分为阳明经证和阳明腑证。

1. 阳明经证

  症状 身大热，大汗出，大渴引饮，脉洪大；或见手足厥冷，喘促气粗，心烦谵语、舌质红、苔黄腻。

  病机 邪入阳明，燥热亢盛。

  治法 清热泻火。

  方药 白虎汤类。

2. 阳明腑证

  症状 日晡潮热、手足汗出，脐腹胀满疼痛，大便秘结，或腹中转矢气，甚者谵语，狂乱，不得眠，舌苔多厚黄干燥，边尖起芒刺，甚至焦黑燥裂。脉沉迟而实，或滑数。

  病机 热结大肠。

  治法 泻热通腑。

  方药 承气汤类。

（三）少阳病证

  少阳病证，是指人体受外邪侵袭，邪正分争于半表半里之间，少阳枢机不利所表现出的临床证候。少阳病从其病位来看，是已离太阳之表，而又未入阳明之里，正是半表半里之间，因而在其病变的机转上属于半表半里的热证。可由太阳病不解内传，或病邪直犯少阳，或三阴病阳气来复，转入少阳而发病。

  症状 往来寒热，胸胁苦满，嘿嘿不欲饮食，心烦喜呕，口苦，咽干，目眩。苔薄白、脉弦。

  病机 邪犯少阳，邪正交争于半表半里。

  治法 和解少阳。

  方药 小柴胡汤类。

（四）太阴病证

  症状 腹满而吐，食不下，自利，口不渴，时腹自痛。或舌苔白腻，脉沉缓而弱。

  病机 脾胃虚寒，寒湿内聚。

  治法 温中散寒。

  方药 理中汤类。

（五）少阴病证

1. 少阴寒化证

  症状 无热恶寒，脉微细，但欲寐，四肢厥冷，下利清谷，呕不能食，或食入即吐；或脉微欲绝，反不恶寒，甚至面赤。

  病机 阴寒内胜。

  治法 回阳救逆。

  方药 四逆汤类。

2. 少阴热化征

  症状 心烦不寐，口燥咽干，小便短赤。舌红，脉细数。

  病机 阴虚火旺。

  治法 滋阴清热。

  方药 黄连阿胶汤类。

(六)厥阴病证

症状　消渴，气上冲心，心中疼热，饥不欲食，食则吐蛔。
病机　上热下寒，寒热错杂，气机逆乱，厥热胜复。
治法　温清并用。
方药　乌梅丸为主。

五、卫气营血辨证思路与方法

卫气营血辨证是将外感温热病在其病程发展过程中所表现出的证候，进行分析，归纳，概括为卫、气、营、血四个不同阶段的证候类型，用以说明其病位深浅、病情轻重，以及各阶段的病理变化及其传变规律，为临床治疗提供依据。

卫分证是温病的初期阶段，为温热病邪侵袭肌表，卫气功能失调所表现出来的证候。主要表现为发热、微恶风寒、脉浮数。属八纲证候中的表热证。

气分证是指温热病邪内入脏腑，为正盛邪实，正邪剧争，阳热炽盛的里证。其特点是病变范围广泛，凡温热病邪不在卫分，又未入营血，皆属于气分范围。以热盛阳明多见。证候特点——发热不恶寒，口渴，苔黄。传入途径有二：一是从卫分传入；二是温热病邪直入气分。

营分证是指温热之邪，内陷心营，以实质性损害为主要病机变化。是以营热伤阴，心神被扰的病变为主，其病位在心和心包。

血分证是温热病发展到最后阶段，温热之邪，已入血分，以动血耗血，瘀热内阻为主要病机变化。

1. 卫分证
症状　发热，微恶风寒，头痛，无汗或少汗，咳嗽，口微渴。舌边尖红，苔薄白，脉浮数。
病机　邪郁卫表，肺失宣降，正气抗邪，邪正相争。
治法　辛凉解表。
方药　银翘散。

2. 气分证
(1) 卫传入气 (热邪伤肺)
证候　大热，大汗，大渴，喜冷饮，面赤，心烦，舌红苔黄燥，脉洪大。
病机　邪正剧争，里热蒸津，热炽津伤。
治法　清热生津。
方药　白虎汤。

(2) 热邪直中 (热结阳明)
证候　日晡潮热，大便燥结，腹满硬痛，拒按，舌苔黄燥，脉沉实。
病机　热结肠道，津液耗伤。
治法　峻下热结。
方药　大承气汤。

3. 营分证
证候　身热夜甚，口干不欲饮，心烦不寐，或神昏谵语，斑疹隐隐，舌红绛，脉细数。
病机　热入营分，耗伤营阴。
治法　清营解毒，透热养阴。
方药　清营汤。

4. 血分证
症状　身热，躁扰不安，神昏谵语，吐血，衄血，便血，尿血，斑疹密布，舌质深绛，脉数。

病机　动血耗血，瘀热内阻。
　　治法　凉血散瘀。
　　方药　犀角地黄丸。

六、三焦辨证思路与方法

　　吴鞠通根据温病发生、发展的一般规律及症状变化的特点，以上焦、中焦、下焦为纲，对温病过程中的各种临床表现进行综合分析和概括，以区分病程阶段、识别病情传变、明确病变部位、归纳证候类型、分析病机特点、确立治疗原则并推测预后转归的辨证方法。三焦辨证的创立，使温病辨证在前人基础上又有了进一步的发展。

　　三焦辨证反映了邪气侵犯人体后发展变化的三个不同阶段，据病邪种类，大致可分上焦温热、上焦湿热、中焦温热、中焦湿热、下焦温热、下焦湿热等证候。

　　上焦温热即温邪侵犯上焦至于肺与心包的证候。温邪袭肺，外则卫气郁闭，内则肺气不宣，临床表现为发热，微恶风寒，头痛，口渴，咳嗽，苔薄白，脉浮数。这一证候多见于温病初期，属表证。若表邪入里，邪热壅肺，肺气闭郁，则表现为身热汗出，口渴，咳嗽，气喘，苔黄，脉数等。肺经之邪不解，邪热内陷，致心窍阻闭，则为逆传心包，见舌质红绛，神昏谵语，或昏聩不语，舌謇肢厥等症。这一证候虽属上焦，见于温病初期，但病情危重。

　　上焦湿热即湿热侵犯上焦，病位在肺与皮毛的证候，为湿温病的初期阶段。见恶寒重，发热轻，或午后发热，头重如裹，肢体困重，胸闷无汗，口黏不渴，舌苔白腻，脉濡缓等症。由于湿与脾胃关系密切，故上焦湿热常兼见湿困脾胃之胸闷，不思饮食，肠鸣便溏等症。若湿热郁蒸，酿成痰浊，蒙蔽心包，则以表情淡漠，神识痴呆，时昏时醒为特点。

　　中焦温热即温邪传入中焦，病及手足阳明的病变。阳明主燥，邪入阳明多从燥化而成里热燥实证。若邪热在胃，多为无形之热。由于胃经热盛，熏蒸于外，而见发热，不恶寒，反恶热，面目红赤，汗出，口渴，气粗，苔黄燥，脉浮洪等。若邪入大肠，多为有形热结，腑气不通，症见午后热盛，大便秘结，小便不畅，语声重浊，苔黄黑焦燥，脉沉有力等。

　　中焦湿热为湿热病邪犯及中焦脾胃的证候。脾主运化并主四肢肌肉，胃主受纳，脾胃受邪，症见身热，有汗不解，午后热盛，胸脘痞闷，恶心欲吐，身重肢倦，苔腻，脉濡等。因患者体质有异，湿与热相合轻重有别。素体阳虚、湿邪偏盛者，多表现为湿重于热；素体阳盛、热邪偏胜者，多表现为热重于湿；也有湿郁热蒸、湿热并重之证。

　　下焦温热为温病末期，病变累及肝肾的概称。肾主藏精，为元阴之本，邪热久留不去，肾阴耗损，可见身热颧红，口燥咽干，脉虚神倦等。肝为风木之脏，赖肾水以滋养，若肾阴被耗，则水不涵木，肝失所养而致虚风内动，症见手足蠕动，甚或痉挛，神倦肢厥，心中悸动不安，舌绛苔少，脉虚弱等。应指出的是，就三焦划分人体部位而言，肝并不属下焦，但肝肾阴虚、虚风内动多见于温病末期，在温病辨证中统属于下焦证候。

　　下焦湿热以湿热蕴结膀胱，气化失职，湿阻大肠，腑气不通为主要病理变化。症见小便不利，渴不多饮，或大便不通，小腹硬满，头胀昏沉，苔灰白黄腻，脉濡数。

第四节　内科临床的基本医学文件

　　从事中医内科临床工作，必须掌握临床基本医学文件的起草和书写，这个医学文件主要指的就是病历，它是中医理论与临床实践相结合过程中医生的思维与诊疗行为的原始记录，它详细记载了整个疾病过程中病情演变，治疗方案及效果，各项检查、各级医师诊疗及会诊意见等内容，是正确进行辨证论治和推测疾病预后转归的重要依据，是医疗、教学、科研和卫生保健等工作不可缺少的宝贵资料，又可作为业务考核和行政、司法机关的重要参考资料。

中医病历书写的一般要求(卫生部、国家中医药管理局制定的《中医病历书写基本规范》)：

(1) 病历是指医务人员在医疗活动过程中形成的文字、符号、图表、影像、切片等资料的总和，包括门(急)诊病历和住院病历。

(2) 中医病历书写是指医务人员通过望、闻、问、切及查体、辅助检查、诊断、治疗、护理等医疗活动获得有关资料，并进行归纳、分析、整理形成医疗活动记录的行为。

(3) 病历书写应当客观、真实、准确、及时、完整、规范。

(4) 病历书写应当使用蓝黑墨水、碳素墨水，需复写的病历资料可以使用蓝或黑色油水的圆珠笔。计算机打印的病历应当符合病历保存的要求。

(5) 病历书写应当使用中文，通用的外文缩写和无正式中文译名的症状、体征、疾病名称等可以使用外文。

(6) 病历书写应规范使用医学术语，中医术语的使用依照相关标准、规范执行。要求文字工整，字迹清晰，表述准确，语句通顺，标点正确。

(7) 病历书写过程中出现错字时，应当用双线划在错字上，保留原记录清楚、可辨，并注明修改时间，修改人签名。不得采用刮、黏、涂等方法掩盖或去除原来的字迹。

上级医务人员有审查修改下级医务人员书写的病历的责任。

(8) 病历应当按照规定的内容书写，并由相应医务人员签名。

实习医务人员、试用期医务人员书写的病历，应当经过本医疗机构注册的医务人员审阅、修改并签名。

进修医务人员由医疗机构根据其胜任本专业工作实际情况认定后书写病历。

(9) 病历书写一律使用阿拉伯数字日期和时间，采用24小时制记录。

(10) 病历书写中涉及的诊断，包括中医诊断和西医诊断，其中中医诊断包括疾病诊断与证候诊断。

中医治疗应当遵循辨证论治的原则。

(11) 对需取得患者书面同意方可进行的医疗活动，应当由患者本人签署知情同意书。患者不具备完全民事行为能力时，应当由其法定代理人签字；患者因病签字时，应当由其授权的人员签字；为抢救患者，在法定代理人或被授权人及时签字的情况下，可由医疗机构负责人或者授权负责人签字。

因实施保护性医疗措施不宜向患者说明情况的，应当将有关情况告知患者近亲属，由患者近亲属签署知情同意书，并及时记录。患者无近亲属的或者患者近亲属无法签署同意书的，由患者的法定代理人或者关系人签署同意书。

(石　岩)

中医内科学 各论

1 感冒

感冒是由感受触冒风邪或时行疫毒，邪犯卫表引起的，以鼻塞、流涕、喷嚏、咳嗽、头痛、恶寒、发热、全身不适等为主要临床表现的病证。本病四季均可发生，尤以春、冬两季为多。病情尚轻者多为感受当令之气，称为伤风、冒风、冒寒；病情重者多为感受非时之邪，称为重伤风。在一个时期内广泛流行、病情相类似者，称为时行感冒。

感冒的病因病机及症状早在《内经》已有论述，认为其病因与外感风邪有关，外感风邪、肺卫不和是主要病机。《素问·骨空论》说："风者百病之始也……风从外入，令人振寒，汗出头痛，身重恶寒"。汉·张仲景《伤寒论·辨太阳病脉证并治》篇论述太阳病时，以桂枝汤治表虚证，以麻黄汤治表实证，提示感冒风寒有轻重的不同，这为感冒的辨证治疗奠定了基础。感冒病名出自宋·赵佶《太平惠民和剂局方》："大抵感冒，古人不敢轻发汗者，止由麻黄能开腠理"。元·朱丹溪在《丹溪心法·中寒二》提及本病病位在肺，治疗应分立辛温、辛凉两大法则。及至明清，多将感冒与伤风互称，并对虚人感冒也有进一步的认识，提出扶正达邪的治疗原则。隋·巢元方在《诸病源候论·时气病诸候》描述"时行病者，春时应暖而反寒，夏时应热而反冷，秋时应凉而反热，冬时应寒而反温，非其时而有其气。是以一岁之中，病无长少，率相近似者，此则时行之气也"，认识到有的感冒具有较强的流行性、传染性。至清代，随着温热病学说的兴起与发展，不少医家认识到本病之发生与感受时行之气相关，清·林佩琴在《类证治裁·伤风》中明确提出了"时行感冒"之名。清·徐灵胎《医学源流论·伤风难治论》指出感冒乃属触冒时气所致。

西医学中的感冒、流行性感冒及其他上呼吸道感染而表现为感冒症状者，可参照本节内容辨证施治。

一、病因病机

（一）病因

1. 外感风邪

风为六淫之首，流动于四时之中，故外感为病，常以风为先导。正如《临证指南医案·风》所说："盖六气之中，惟风能全兼五气。如兼寒则曰风寒，兼暑则曰暑风，兼湿则曰风湿，兼燥曰风燥，兼火曰风火。盖因风能鼓荡此五气而伤人，故曰百病之长也。"因四时六气各有偏盛，故风邪常与当令之气相合伤人，而表现为不同证型。如深秋冬令季节，风与寒合，多为风寒证。春夏温暖之时，风与热合，多见风热证。夏秋之交，暑多夹湿，每又表现为风暑夹湿证候。但一般以风寒、风热证为多见，暑湿证次之。至于梅雨季节之夹湿、秋季兼燥等，亦每可见之。

2. 感受时行疫毒

四时六气失常，非其时而有其气，伤人致病者，一般较感受当令之气为重。而非时之气夹时行疫毒伤人，则病情重而多变，往往相互传染，造成广泛流行，且不限于季节性。正如《诸病源候论·时气病诸候》所说："夫时气病者，此皆因岁时不和，温凉失节，人感乖戾之气而生病者，多相染易"。

（二）病机

感冒的基本病机是外邪侵袭，肺卫不和。外邪侵袭人体是否发病，关键在于卫气之强弱，同时与感邪的轻重有关。《灵枢·百病始生》曰："风雨寒热不得虚，邪不能独伤人"，若正不胜邪，邪犯卫表，即可致病。如气候突变，冷热失常，六淫病邪猖獗，卫外之气失于调节应变，则每见本病发病率升高。或因生活起居不当，寒温失调，以及劳累过度，以致腠理不密，营卫失和，外邪侵袭为病。

感冒的病位主要在上焦肺卫。外邪侵犯肺卫的途径有二，或从口鼻而入，或从皮毛内侵。风性轻扬，为病多犯上焦，故《素问·太阴阳明论》篇说："伤于风者，上先受之"。肺处胸中，位于上焦，主呼吸，气道为出入升降的通路，喉为其系，开窍于鼻，外合皮毛，职司卫外，为人身之藩篱，故外邪从口鼻、皮毛入侵，肺卫首当其冲，感邪之后，随即出现卫表不和及上焦肺系症状。因病邪在外、在表，故尤以卫表不和为主。

由于感受四时之气的不同和禀赋素质的差异，感冒临床证候表现有风寒、风热及挟湿、挟暑、挟燥、挟虚的不同。

二、诊断与鉴别诊断

（一）诊断依据

(1) 临证以卫表及鼻咽症状为主，可见鼻塞、流涕、喷嚏、咽痒、咽痛、周身酸楚、恶风或恶寒，或有发热等。若风邪挟暑、挟湿、挟燥，还可兼见相关症状。

(2) 时行感冒多呈流行性，在同一时期发病人数剧增，且症状相似，多突然起病，恶寒发热，多为高热，周身酸痛，疲乏无力，病情一般较普通感冒为重。

(3) 病程一般3~7天。普通感冒一般不传变，时行感冒少数可传变入里，变生他病。

(4) 四季皆可发病，而以冬、春两季为多。

（二）鉴别诊断

1. 风温早期

本病与诸多温病早期症状相类似，尤其是风热感冒与风温初起颇为相似。但风温病势急骤，寒战发热甚至高热，汗出后热虽暂降，但脉数不静，身热旋即复起，咳嗽胸痛，头痛较剧，甚至出现神志昏迷、惊厥、谵妄等传变入里的证候。而感冒发热一般不高或不发热，病势轻，不传变，服解表药后，多能汗出身凉脉静，病程短，预后良好。

2. 鼻渊

感冒与鼻渊均可见鼻塞流涕、头痛等症状。鼻渊多流浊涕腥臭，眉额胀痛，一般外无表证，且病程漫长，反复发作；而感冒鼻流清涕，多有外感表证，病程短暂，治疗后症状很快消失。

三、辨证论治

（一）辨证要点

1. 辨风寒风热

风寒感冒者，症见恶寒重，发热轻，头身疼痛，鼻塞流清涕，口不渴，咽不痛不肿，咽痒，苔白，脉浮紧为特征；风热感冒者，以发热重，恶寒轻，有汗，口渴，鼻塞流涕黄稠，咽痛或红肿，苔白少津或薄黄，脉浮数为特征。

2. 辨兼挟证

挟湿者，多见于梅雨季节，以身热不扬，头胀如裹，骨节重痛，胸闷，口淡或黏为特征；挟暑者，多见于长夏，以身热汗出，心烦口渴，小便短赤，舌苔黄腻为特征；挟燥者，多见于秋季，以身热头痛，鼻燥咽干，咳嗽无痰或少痰，口渴，舌红为特征；挟虚者，阳气虚易受风寒，阴虚易受风热、燥热，痰湿偏盛者易受外湿，在病程中又可见寒与热的转化及错杂。

3. 辨普通感冒与时行感冒

普通感冒病情较轻，全身症状不重，少有传变。在气候变化时发病率可以升高，但无明显流行性特点。若感冒1周以上不愈，发热不退或反见加重，应考虑感冒继发它病，传变入里。时行感冒病情较重，发病急，常突然恶寒，甚则寒战、高热，周身酸痛，全身症状明显，且可化热入里，变生它病，继发或合并它病，具有广泛的传染性、流行性。

4. 辨虚人感冒

体虚之人，卫外不固，感受外邪，常缠绵难愈，或反复不已。其病邪属性仍不外四时六淫。但阳气虚者，感邪多从寒化，且易感受风寒之邪；阴血虚者，感邪易从热化、燥化，且易感受燥热之邪。临床表现肺卫不和与正虚症状并见。

（二）治疗原则

感冒，邪在肺卫，治疗上应因势利导，从表而解，遵《素问·阴阳应象大论》"其在皮者，汗而发之"之义，采用解表达邪的治疗原则。风寒治以辛温发汗，风热治以辛凉清解，暑湿夹杂者又当清暑祛湿解表。虚体感邪应扶正与解表并施，不可专行发散，重伤肺气，在疏散药物中酌加补正之品。

（三）分证论治

1. 风寒束表

症状 恶寒重，发热轻，无汗，头痛，肢节酸疼，鼻塞声重，时流清涕，喉痒，咳嗽，痰吐稀薄色白，口不渴或渴喜热饮，舌苔薄白而润，脉浮或浮紧。

分析 恶寒发热，无汗为风寒之邪外束肌表，卫阳被郁；头痛，肢节酸痛为清阳不展，络脉失和；鼻塞流涕，咽痒咳嗽为风寒上受，肺气不宣所致；口不渴或喜热饮是寒为阴邪之故；苔薄白而润，脉浮紧，俱为表寒之象。

治法 辛温解表。

方药 荆防败毒散加减。

方中荆芥、防风辛温散寒；柴胡解表退热；川芎活血散风以治头痛；桔梗、前胡、枳壳、茯苓、甘草宣肺理气，化痰止咳；羌活、独活祛风散寒，兼能除湿，为治肢体酸痛之要药。

若表寒加重，头身疼痛，憎寒发热，无汗者，酌配麻黄、桂枝以增强发表散寒之功用；便溏、苔白腻者，加苍术、厚朴、半夏；头痛甚者，配白芷、藁本散寒止痛；身热较甚者，加柴胡、薄荷疏表解肌。

2. 风热犯表

症状 身热较著，微恶风，汗泄不畅，头胀痛，咳嗽，痰黏或黄，咽燥，或咽喉乳蛾红肿疼痛，鼻塞，流黄浊涕，口渴欲饮，舌苔薄白微黄，舌边尖红，脉浮数。

分析 身热，微恶风，汗出不畅为风热犯表，热郁肌腠，卫表失和；头胀痛为风热上扰；咽喉肿痛，咽燥口渴，鼻流浊涕为风热之邪熏蒸清道；咳嗽，咳痰黄黏稠为风热犯肺，肺失清肃；苔白微黄，脉浮数为风热侵袭肺卫之征。

治法　辛凉解表。

方药　银翘散加减。

方中银花、连翘辛凉透表；薄荷、荆芥、淡豆豉疏风解表，透热外出；桔梗、牛蒡子、甘草宣肺祛痰，利咽散结；竹叶、芦根甘凉轻清，清热生津以止渴。

若风热上壅，头胀痛较甚者，加桑叶、菊花以清利头目；咳嗽痰多者，加贝母、前胡、杏仁化痰止咳；咳痰黄稠者，加黄芩、知母、瓜蒌皮清化痰热；热毒壅阻咽喉，乳蛾红肿疼痛者，加一枝黄花、马勃、玄参清热解毒利咽；时行热毒症状明显，配大青叶、蒲公英等清热解毒；若肺热素盛，风寒外束，热为寒遏，烦热恶寒，少汗，咳逆气急，痰稠，声哑，可用石膏、麻黄内清肺热，外散表寒；如风热化燥伤津，或秋令感受温燥致病，伴有咳呛痰少，口、咽、唇、鼻干燥，苔薄质红少津者，可酌配南沙参、天花粉、梨皮清肺润燥，不宜再伍辛温之品。

3. 暑湿袭表

症状　身热，微恶风，汗少，肢体酸重或疼痛，头昏重胀痛，咳嗽痰黏，鼻流浊涕，心烦口渴，或口中黏腻，渴不多饮，胸闷，泛恶，腹胀，大便或溏，小便短赤，舌苔薄黄而腻，脉濡数。

分析　夏季感冒，感受当令之暑邪，暑多挟湿。身热，微恶风，汗少，肢体酸痛为暑湿伤表，表卫不和；头昏重胀痛为风暑挟湿上犯清窍；咳嗽痰黏，鼻流浊涕为暑湿犯肺，肺气不清，窍道不利；心烦口渴，小便短赤为暑热内扰，热灼津伤；胸闷泛恶腹胀，大便或溏，口中黏腻，渴不多饮为湿热中阻，气机不展；舌苔黄腻，脉濡数为暑热挟湿之象。

治法　清暑祛湿解表。

方药　新加香薷饮加减。

方中银花、连翘清解暑热，香薷发汗解表，厚朴、扁豆化湿和中。

若暑热偏盛者，加黄连、青蒿，酌配鲜荷叶、鲜芦根清暑泄热；湿困卫表者，加豆蔻、藿香、佩兰芳化宣表；里湿偏盛，口中黏腻，胸闷脘痞，泛恶，腹胀，便溏者，加苍术、白蔻仁、半夏、陈皮和中化湿；小便短赤者，加六一散、赤茯苓清热利湿。

4. 气虚证

症状　恶寒较甚，发热，无汗，身楚倦怠，咳嗽，咳痰无力，气短懒言，舌淡苔白，脉浮而无力。

分析　恶寒发热，无汗为老年人或体虚久病者，气虚卫表不固，风寒之邪外束肌表，卫阳被郁所致；身楚酸痛为清阳不展，络脉失和；倦怠乏力，气短懒言，咯痰无力为素体气虚体弱；舌质淡，脉浮无力为气虚，邪在卫表之象。

治法　益气解表。

方药　参苏饮加减。

方中人参多用党参代替，茯苓、甘草补气以祛邪；苏叶、葛根、前胡疏风解表；半夏、枳壳、桔梗宣理肺气，化痰止咳；陈皮、木香理气和中。

若气虚较甚，可加黄芪，也可用补中益气汤加苏叶等益气升阳解表；若表虚自汗，易伤风邪者，可常服玉屏风散以益气固表，以防感冒；若见恶寒重，发热轻，四肢欠温，语音低微，舌质淡胖，脉沉细无力，为阳虚外感，当温阳解表，用再造散或麻黄附子细辛汤加减。

5. 阴虚证

症状　身热，微恶风，少汗，头晕，心烦，手足心热，干咳少痰，口干，舌红少苔，脉细数。

分析　身热，微恶风为素体阴虚，感受风热之邪；头晕心烦，手足心热为虚火上扰，心神不安；干咳少痰为肺阴不足，气失宣肃；口干为阴虚津少，津不上乘；舌红少苔，脉细数为阴虚内热之象。

治法　滋阴解表。

方药　加减葳蕤汤加减。

方中玉竹滋阴生津，以资汗源；甘草、大枣甘润和中；豆豉、薄荷、葱白、桔梗疏表散邪；白薇清热和阴。

若阴伤较重，口渴咽干明显者，加沙参、麦冬；若产后或月经淋漓，失血过多等出血病后，症见头痛身热，微寒无汗，面色不华，唇甲色淡，心悸头晕，舌淡苔白，脉浮细或无力，属血虚感冒，治当养血解表，宜选葱白七味饮治疗。

四、预防调护

本病在季节变化之时及流行季节需积极防治。冬春风寒当令季节，平素体质虚弱易患感冒者，可服玉屏风散增强免疫力。在流行季节，应尽量少去人口密集的公共场所，戴口罩，勤洗手，防止交叉感染。生活上慎起居，适寒温，冬春尤当注意防寒保暖，盛夏亦不可贪凉露宿，不可过度劳累，调畅情志，避免精神紧张和忧虑。注意锻炼身体，增强体质，以御外邪。

治疗期间应认真护理，加强观察，注意煎药及服药要求，煎药宜于轻煎，不可过煮，乘温热服，服后避风覆被取汗，或吃热稀饭、米汤以助药力，得汗为病邪外达之象，无汗是邪尚未祛。出汗后尤应避风保暖，以防复感。并应多饮开水，适当休息。对时感重症及老年、婴幼儿、体虚者，须加强观察，注意病情变化。

五、临证验案

邓某，女，41岁。

初诊　感冒两日，鼻塞声重，流涕，咽痛咳嗽，痰吐不爽，发热不高，身痛不适。舌苔正常，脉浮数。

辨证　风热外受，自表及肺，上呼吸道感染之症状均现。

治法　即用辛凉解表清肺法治之。

处方　炙前胡5g，白苇根15g，金银花6g，炙白前5g，白茅根15g，金银藤6g，炙苏子5g，苦桔梗5g，牛蒡子6g，轻马勃（黛蛤散6g同布包）5g，炒杏仁6g，冬桑叶18g，薄荷梗5g，青连翘10g，嫩桑枝18g，凤凰衣10g，粉甘草3g。

按　患者服药二剂后热退咳止，咽痛身痛均痊，尚余鼻塞流涕，嘱服银翘解毒丸不必再服汤药。此类病型属外感风热，当以辛凉解表法治之，取方化裁银翘散合普济消毒饮，施师每用此方治上呼吸道感染，风热咳嗽，数剂即效。

（中国中医研究院．现代著名老中医名著重刊丛书第一辑—施今墨临床经验集．人民卫生出版社．2005）

六、文献摘录

1.《伤寒论·太阳病脉证并治》："太阳中风，阳浮而阴弱。阳浮者，热自发；阴弱者，汗自出。啬啬恶寒，淅淅恶风，翕翕发热，鼻鸣干呕者，桂枝汤主之。"

2.《类证治裁·伤风》："其症恶风有汗，脉浮，头痛，鼻塞声重，咳嗽痰多，或憎寒发热。惟其人卫气有疏密，感冒有浅深，故见症有轻重。……凡体实者，春夏治以辛凉，秋冬治以辛温，解其肌表，风从汗解。体虚者，固其卫气，兼解风邪。……如初起风兼寒，宜辛温发表。郁久成热，又宜辛凉疏解。忌初用寒凉，致外邪不得疏散，郁热不得发越，重伤肺气也。"

3.《证治汇补·伤风》："如虚人伤风，屡感屡发，形气病气俱虚者，又当补中，而佐以和解。倘专泥发散，恐脾气益虚，腠理益疏，邪乘虚人，病反增剧也。"

4.《医学心悟·论汗法》："汗者，散也。……风寒初客于人也，头痛发热而恶寒，鼻塞声重而体痛，此皮毛受病，法当汗之。……凡一切阳虚者，皆宜补中发汗。一切阴虚者，皆宜养阴发汗。"

七、文献推介

1. 李建生，余学庆.普通感冒中医诊疗指南(2015版)[J].中医杂志.2016，57(8)：716-720.
2. 李建生，王至婉，李素云等.普通感冒中医证候诊断标准(2013版)[J].中医杂志.2014，55(4)：350-351.
3. 龙玲，李点，姚欣艳等.熊继柏教授辨治感冒经验[J].中华中医药杂志，2014，29(7)：2253-2255.

（编者：刘良徛）

2 咳嗽

咳嗽是由肺失宣降，肺气上逆引起的，以发出咳声，或咯吐痰液为主要临床表现的病证。历代将有声无痰称为咳，有痰无声称为嗽。一般多为痰声并见，难以截然分开，故以咳嗽并称。

咳嗽病名最早见于《内经》，该书对咳嗽的成因、症状、证候分类、病理转归及治疗等问题作了较系统的论述。如《素问·宣明五气论》"五气所病……肺为咳"，指出咳嗽的病位在肺。《素问·咳论》指出咳嗽系由"皮毛先受邪气，邪气以从其合也"，除了外邪犯肺可诱发咳嗽，脏腑功能失调，病及于肺，均能导致咳嗽，"五脏六腑，皆令人咳，非独肺也"。该篇依据咳嗽的不同表现，将其分为肺、肝、心、脾、肾、胃、大肠、小肠、胆、膀胱、三焦诸咳，从而确立了以脏腑分类的方法，为后世医家对咳嗽病证的研究奠定了理论基础。隋·巢元方《诸病源候论·咳嗽候》有十咳之称，虽然体现了辨证思想，但名目繁多，临床难以掌握。明·张介宾执简驭繁，将咳嗽分为外感、内伤两大类，《景岳全书·咳嗽》指出："咳嗽一证，窃见诸家立论太繁，皆不得其要，多致后人临证莫知所从，所以治难得效。以余观之，则咳嗽之要，止惟二证。何为二证？一曰外感，一曰内伤而尽之矣。……但于二者之中当辨阴阳，当分虚实耳"。至此，咳嗽的辨证分类渐趋成熟，切合临床实用。关于咳嗽的治法方药历代均有论述，如汉·张仲景治虚火咳逆的麦门冬汤，至今仍为临床应用。后世在张仲景的基础上，对咳嗽的治法方药提出了许多新的见解。如《景岳全书·咳嗽》提出外感咳嗽宜辛温发散为主，内伤咳嗽宜甘平养阴为主的治疗原则，丰富了辨证论治的内容。清·喻昌《医门法律》论述了燥的病机及其伤肺为病而致咳嗽的证治，创立温润、凉润治咳之法；针对新久咳嗽治疗中常见的问题，提出六条治咳之禁，对后世颇多启迪，至今对临床仍有参考价值。

咳嗽既是独立性的病证，又是肺系多种疾病的一个症状。西医学中的急、慢性支气管炎、慢性咳嗽、上呼吸道感染、支气管扩张、肺炎等以咳嗽为主症时，可参考本节辨证施治。

一、病因病机

（一）病因

1. 外感

六淫外邪，侵袭肺系。多因肺的卫外功能减退或失调，以致在天气冷热失常、气候突变的情况下，六淫外邪从口鼻或皮毛侵入，侵袭肺系，或因吸入烟尘、异味气体，肺气被郁，肺失宣降，导致咳嗽。《河间六书·咳嗽论》谓："寒、暑、燥、湿、风、火六气，皆令人咳。"由于四时主气不同，因而人体所感受的致病外邪亦有区别。风为六淫之首，其他外邪多随风邪侵袭人体，所以外感咳嗽常以风为先导，挟有寒、热、燥等邪，表现为风寒、风热、风燥相合为病，张景岳曾倡"六气皆令人咳，风寒为主"之说，认为风邪挟寒者居多。

2. 内伤

总由脏腑功能失调，内邪干肺所致。可分其他脏腑病变涉及于肺和肺脏自病两端。正如《医学三字经·咳嗽》所说："是咳嗽不止于肺而亦不离乎肺也"。它脏及肺的咳嗽，可因情志刺激，肝失调达，气郁化火，气火循经上逆犯肺所致；或由饮食不当，嗜烟好酒，熏灼肺胃；过食肥厚辛辣，或脾失健运，痰浊内生，上干于肺致咳。因肺脏自病者常由肺系多种疾病迁延不愈，肺脏虚弱，阴伤气耗，肺的主气功能失常，肃降无权，而致气逆为咳。

（二）病机

咳嗽的基本病机为肺失宣降，肺气上逆。因肺主气，司呼吸，上连气道、喉咙，开窍于鼻，外合皮毛，内为五脏华盖，其气贯百脉而通他脏，不耐寒热，称为"娇脏"，易受内外之邪侵袭而为病。肺脏为了祛邪外达，以致肺气上逆，冲激声门而发为咳嗽。诚如《医学心悟·卷三》所说："肺体属金，譬若钟然，钟非叩不鸣，风寒暑湿燥火六淫之邪，自外击之则鸣，劳欲情志，饮食炙煿之火，自内攻之则亦鸣"。《医学三字经·咳嗽》亦说："肺为脏腑之华盖，呼之则虚，吸之则满，只受得本脏之正气，受不得外来之客气，客气干之则呛而咳矣；只受得脏腑之清气，受不得脏腑之病气，病气干之，亦呛而咳矣"。提示咳嗽是内外病邪犯肺，肺脏祛邪外达的一种病理反应。

虽然五脏六腑皆令人咳，但主要病位在肺，与肝、脾、肾关系最为密切。他脏及肺者，多因实致虚。如肝火犯肺者，每见气火灼伤肺津，炼液为痰。痰湿犯肺者，多因湿困中焦，脾失健运，水谷不能化为精微上输以养肺，反而聚生痰浊，上干于肺，久延则肺脾气虚，气不化津，痰浊更易滋生，此即"脾为生痰之源，肺为贮痰之器"的道理。甚则病及于肾，以致肺虚不能主气，肾虚不能纳气，由咳致喘。如痰湿蕴肺，遇外感引触，痰从热化，则易耗伤肺阴。肺脏自病者，多由虚致实。如肺阴不足每致阴虚火炎，灼津为痰；肺气亏虚，气不化津，津聚成痰，甚则痰从寒化为饮。

外感咳嗽属于邪实，为外邪犯肺，肺气壅遏不畅所致。因于风寒者，肺气失宣，津液凝滞；因于风热者，肺气不清，热蒸液聚为痰；因于风燥者，燥邪灼津生痰，肺气失于润降，则发为咳嗽。若外邪未能及时解散，还可发生演变转化，如风寒久郁化热，风热灼津化燥，肺热蒸液成痰等。内伤咳嗽多属邪实与正虚并见。

外感咳嗽与内伤咳嗽可相互影响为病。外感咳嗽如迁延失治，邪伤肺气，更易反复感邪，而致咳嗽屡作，肺脏益伤，逐渐转为内伤咳嗽。肺脏有病，卫外不强，易受外邪引发或加重，在气候转冷时尤为明显。久则肺脏虚弱，阴伤气耗，由实转虚。内伤咳嗽反复发作，积年累月，可使肺、脾、肾俱虚，影响气血之运行、津液之输布而变生他证。

二、诊断与鉴别诊断

（一）诊断依据

(1) 临床以咳逆有声或伴喉痒咯痰为主要表现。

(2) 外感咳嗽多起病急，病程短，常伴恶寒发热等表证；内伤咳嗽多为久病，常反复发作，病程较长，常伴其他脏腑失调的症状。

（二）鉴别诊断

1. 哮病

哮病虽然也会兼见咳嗽，但哮病主要表现为喉中哮鸣有声，呼吸气促困难，甚则喘息不能平卧，发作与缓解均迅速，呈反复性发作，常因气候突变、饮食不当、情志失调、劳累等因素诱发，发作前多有鼻痒、喷嚏、胸闷、情绪不宁等先兆。

2. 喘病

喘病也可兼有咳嗽症状，但主要以呼吸困难、甚至张口抬肩、鼻翼煽动、不能平卧为特征。咳嗽日久不愈，可转变为喘证。

3. 肺痨

肺痨的主症为咳嗽、咯血、潮热、盗汗、身体逐渐消瘦等，是由于体质虚弱、气血不足、痨虫侵肺所致，本病是具有传染性的慢性虚损疾患。

4. 肺胀

肺胀是多种肺系疾病反复迁延而致，除咳嗽症状外，并有胸部膨满，喘咳上气，烦躁心慌，甚则肢体浮肿，面色晦暗等。病情缠绵，日久不愈。

5. 肺痈

肺痈以咳吐大量腥臭脓血痰为特征，多伴有咳嗽、胸痛、发热等症。病机为热壅血瘀、蕴毒化脓而成痈。根据病理演变过程，可分为初期、成痈期、溃脓期、恢复期。

三、辨证论治

（一）辨证要点

1. 辨外感内伤

外感咳嗽，多为新病，起病急，病程短，常伴恶寒、发热、头痛等肺卫表证。内伤咳嗽，多为久病，常反复发作，病程长，可伴他脏见症。

2. 辨证候虚实

外感咳嗽以风寒、风热、风燥为主，一般均属邪实。而内伤咳嗽多为虚实夹杂，本虚标实，其中痰湿、痰热、肝火多为邪实正虚；肺阴亏耗咳嗽则属正虚，或虚中夹实。应分清标本主次缓急。

3. 辨咳嗽特点

包括时间、节律、性质、声音以及加重的有关因素。

咳嗽时作，白天多于夜间，咳而急剧，声重，或咽痒则咳作者，多为外感风寒、风热或风燥引起；若咳声嘶哑，病势急而病程短者，为外感风寒、风热或风燥，病势缓而病程长者为阴虚或气虚；咳声粗浊者，多为风热或痰热伤津所致；早晨咳嗽，阵发加剧，咳嗽连声重浊，痰出咳减者，多为痰湿或痰热咳嗽；午后、黄昏咳嗽加重，或夜间有单声咳嗽，咳声轻微短促者，多属肺燥阴虚；夜卧咳嗽较剧，持续不已，少气或伴气喘者，为久咳致喘的虚寒证；咳而声低气怯者属虚，洪亮有力者属实；饮食肥甘、生冷加重者多属痰湿；情志郁怒加重者因于气火；劳累、受凉后加重者多为痰湿、虚寒。

4. 辨咳痰特点

包括痰的色、质、量、味。

咳而少痰者多属燥热、气火、阴虚；痰多者常属湿痰、痰热、虚寒；痰白而稀薄者属风、属寒；痰黄而稠者属热；痰白质黏者属阴虚、燥热；痰白清稀透明呈泡沫样的属虚、属寒；咳吐血痰者，多为肺热或阴虚；如脓血相兼者，为痰热瘀结成痈之候；咳嗽，咳吐粉红色泡沫痰，咳而气喘，呼吸困难者，多属心肺阳虚，气不主血；咳痰有热腥味或腥臭气者为痰热，味甜者属痰湿，味咸者属肾虚。

（二）治疗原则

咳嗽的治疗应分清邪正虚实。外感咳嗽，多为实证，应祛邪利肺，按病邪性质分风寒、风热、风燥论治。内伤咳嗽，多属邪实正虚。标实为主者，治以祛邪止咳；本虚为主者，治以扶正补虚，并按本虚标实的主次酌情兼顾。同时，除直接治肺外，还应从整体出发，注意治脾、治肝、治肾等。

（三）分证论治

1. 外感咳嗽

(1) 风寒袭肺

症状　咳嗽声重，气急，咽痒，咯痰稀薄色白，常伴鼻塞，流清涕，头痛，肢体酸楚，恶寒、发热，无汗等表证，舌苔薄白，脉浮或浮紧。

分析　咳嗽声重，气急为风寒袭肺，肺气壅塞，不得宣通；鼻塞流涕，咽喉作痒为风寒上受，肺窍不利；咯痰稀薄色白为寒邪郁肺，气不布津，凝聚为痰；头痛身楚，恶寒发热，无汗为风寒外束肌腠；苔薄白，脉浮或浮紧为风寒在表之征。

治法　疏风散寒，宣肺止咳。

方药　三拗汤合止嗽散加减。

前方用麻黄、杏仁、甘草，重在宣肺散寒，适用于初起风寒闭肺。后方用紫菀、百部润肺止咳；荆芥、桔梗、甘草、陈皮祛风宣肺，化痰利咽；白前降气祛痰，适用于外感咳嗽迁延不愈，表邪未净，或愈而复发，喉痒而咯痰不畅者。两方合用，尤宜于风寒外束肌表，内郁肺气之咳嗽。

若夹痰浊，咳而痰黏，胸闷，苔腻，加半夏、厚朴、茯苓以燥湿化痰；表寒未解，里有郁热，热为寒遏，咳嗽音哑，气急似喘，痰黏稠，口渴，心烦，或有身热，加生石膏、桑白皮、黄芩以解表清里。

(2) 风热犯肺

症状　咳嗽频剧，气粗或咳声嘶哑，喉燥咽痛，咯痰不爽，痰黏稠或稠黄，咳时汗出，常伴鼻流黄涕，口渴，头痛，身楚，恶风，身热等表证，舌苔薄黄，脉浮数或浮滑。

分析　咳嗽频剧，气粗或咳声音哑为风热犯肺，肺失清肃；口渴，喉燥咽痛为肺热伤津；咯痰不爽，痰稠黏色黄为肺热内郁，蒸液成痰；鼻流黄涕，头痛，汗出，身楚，恶风，身热为风热犯表，卫表不和；舌苔薄黄、脉浮数为风热在表之征。

治法　疏风清热，宣肺止咳。

方药　桑菊饮加减。

方中桑叶、菊花、薄荷、连翘辛凉解表而清风热；桔梗、杏仁、甘草、芦根宣肺止咳，清热生津。

若肺热内盛，身热较著，恶风不显，口渴喜饮，加黄芩、知母清肺泄热；热邪上壅，咽痛，配射干、挂金灯、赤芍清热利咽；热伤肺津，咽燥口干，舌质红，加南沙参、天花粉清热生津；夏令挟暑湿者，加六一散、鲜荷叶清解暑热。

(3) 温燥伤肺

症状　干咳，连声作呛，喉痒，咽喉干痛，唇鼻干燥，无痰或痰少而粘连成丝，不易咯出，或痰中带有血丝，口干，初起或伴鼻塞、头痛、微寒、身热等表证，舌苔薄白或薄黄，质红干而少津，脉浮数或小数。

分析　干咳作呛为风燥伤肺，肺失清润；咽喉唇鼻干燥，痰黏不易咯出为燥热灼津；痰中夹血为燥热伤肺，肺络受损。本证多发于秋季，乃燥邪与风热并见的温燥证，故见风燥外客，卫气不和的表证；舌质干红少津，脉浮数为燥热之征。

治法　疏风清肺，润燥止咳。

方药　桑杏汤加减。

方中桑叶、豆豉疏风解表，杏仁、象贝母化痰止咳，南沙参、梨皮、山栀生津润燥清热。

若津伤较甚，配麦冬、玉竹滋养肺阴；热重者酌加石膏、知母清肺泄热；肺络受损，痰中夹血，配白茅根清热止血。

另有凉燥证，乃燥证与风寒并见，表现干咳少痰或无痰，咽干鼻燥，兼有恶寒发热，头痛无汗，舌苔薄白而干等症，用药当以温而不燥，润而不凉为原则，方取杏苏散加减。若恶寒甚，无汗，可配荆芥、防风以散寒解表。

2. 内伤咳嗽

(1) 痰湿蕴肺

症状 咳嗽反复发作，咳声重浊，痰多，因痰而嗽，痰出咳平，痰黏腻或稠厚成块，色白或带灰色，每于早晨或食后则咳甚痰多，进甘甜油腻食物加重，胸闷，脘痞，呕恶，食少，体倦，大便时溏，舌苔白腻，脉濡滑。

分析 咳嗽痰多，咳声重浊，痰白黏腻或稠厚为脾湿生痰，上渍于肺，壅遏肺气；胸闷脘痞，呕恶为脾运不健，食甘甜肥腻物品而助湿生痰，湿痰中阻；食少，神倦，大便时溏为脾气虚弱；舌苔白腻，脉濡滑，为痰湿内盛之征。

治法 健脾燥湿，化痰止咳。

方药 二陈汤合三子养亲汤加减。

前方用半夏、茯苓燥湿化痰；陈皮、甘草理气和中。亦可加苍术、厚朴，加强燥湿化痰作用。适用于咳而痰多稠厚，胸闷，脘痞，苔腻之证。后方用苏子、白芥子、莱菔子降气化痰止咳，适用于痰浊壅肺，咳逆痰涌，胸满气急，苔浊腻之证。

若寒痰较重，痰黏白如沫，怕冷，加干姜、细辛温肺化痰；久病脾虚，神倦，酌加党参、白术、炙甘草益气健脾。病情平稳后可服六君子汤调理。

(2) 痰热壅肺

症状 咳嗽气息粗促，或喉中有痰声，痰多、质黏厚或稠黄，咯吐不爽，或有热腥味，或吐血痰，胸胁胀满，咳时引痛，面赤，或有身热，口干欲饮，舌苔薄黄腻，质红，脉滑数。

分析 咳嗽气息粗促，痰多质黏稠、色黄、咯吐不爽为痰热壅阻肺气，肺失清肃；痰有腥味为痰热郁蒸；胸胁胀痛，咳时引痛，或咯吐血痰为热伤肺络；身热，口干欲饮为肺热内郁；苔薄黄腻、质红，脉滑数，均为痰热之征。

治法 清热肃肺，豁痰止咳。

方药 清金化痰汤加减。

方中桑白皮、黄芩、山栀、知母清泄肺热；贝母、瓜蒌、桔梗清肺止咳；麦冬、橘红、茯苓、甘草养阴化痰。

若痰热郁蒸，痰黄如脓或腥臭，酌加鱼腥草、金荞麦、冬瓜子、薏仁等清热化痰；胸满咳逆，痰涌，便秘，配葶苈子、大黄、芒硝泻肺通腑逐痰；痰热伤津，口干，舌红少津，配南沙参、天冬、天花粉养阴生津。

(3) 肝火犯肺

症状 上气咳逆阵作，咳时面赤，咽干口苦，常感痰滞咽喉，咯之难出，量少质黏，或痰如絮条，胸胁胀痛，咳时引痛，症状可随情绪波动而增减，舌苔薄黄少津，脉弦数。

分析 气逆作咳，咳则连声为肝失调达，肝气郁结化火，上逆侮肺，肺失肃降；咳时面红，口苦咽干为肝火上炎；痰黏或成絮条，难以咯吐为木火刑金，炼液成痰，肺热津亏；胸胁胀痛，咳引胁痛乃胁肋为肝经循行之区域，肝肺络气不和所致；舌苔薄黄少津，脉弦数，皆为肝火肺热之征。

治法 清肺平肝，顺气降火。

方药 加减泻白散合黛蛤散加减。

前方用桑白皮、地骨皮、知母、黄芩、甘草清热泻火；桔梗、青皮、陈皮化痰顺气。后方用青黛、海蛤壳清肝化痰。二方相合，使气火下降，肺气得以清肃，咳逆自平。还可酌加山栀、丹皮清肝泻火；苏子、竹茹、枇杷叶化痰降气。

若胸闷气逆，加枳壳、旋覆花利气降逆；胸痛配郁金、丝瓜络理气和络；痰黏难咯，加海浮石、贝母清热豁痰；火郁伤津，咽干口燥，咳嗽日久不减，酌加北沙参、麦冬、天花粉、诃子养阴生津敛肺。

(4) 肺阴亏虚

症状　干咳，咳声短促，痰少黏白，或痰中带血丝，或声音逐渐嘶哑，口干咽燥，或午后潮热颧红，手足心热，夜寐盗汗，起病缓慢，日渐消瘦，神疲，舌红少苔，脉细数。

分析　干咳、咳声短促为肺阴亏虚，虚热内灼，肺失润降；痰少黏白或见夹血为虚火灼津为痰，肺损络伤；咳声逐渐嘶哑，口干咽燥为阴虚肺燥，津液不能濡润上承；午后潮热，手足心热，颧红，夜寐盗汗为阴虚火旺；形瘦神疲为阴精不能充养而致；舌红少苔，脉细数，为阴虚内热之征。

治法　滋阴润肺，化痰止咳。

方药　沙参麦冬汤加减。

方中沙参、麦冬、花粉、玉竹、百合滋养肺阴；桑叶清散肺热；扁豆、甘草甘缓和中。可加川贝母、甜杏仁润肺化痰；桑白皮、地骨皮清肺泻火。

如咳而气促，加五味子、诃子以敛肺气；阴虚潮热，酌加功劳叶、银柴胡、青蒿、鳖甲、胡黄连以清虚热；阴虚盗汗，加乌梅、瘪桃干、浮小麦收敛止涩；肺热灼津，咯吐黄痰，加海蛤粉、知母、黄芩清热化痰；热伤血络，痰中带血，加丹皮、山栀、藕节清热止血。

四、预防调护

对于咳嗽的预防，首应注意气候变化，防寒保暖，饮食不宜肥甘滋腻、辛辣及过咸之品，嗜酒及吸烟等不良习惯尤当戒除，避免有害气体伤肺。适当参加体育锻炼，提高机体卫外功能。平素易感冒者，可予玉屏风散服用。

五、临证验案

祁某，男，65岁。

初诊　1965年9月11日。四天来，咳嗽痰多，黄白相兼，咽红微感不适，大便偏干，小便多。脉滑数，舌正苔薄黄腻。

诊断　为气管炎，中医属痰湿化燥。

治法　清燥化痰，宣通肺气。处方：

处方　冬瓜仁三钱，杏仁二钱，苡仁四钱，苇根五钱，茯苓皮二钱，法半夏二钱，橘红一钱，浙贝母一钱半，桑白皮一钱半，炒苏子一钱，莱菔子(炒)一钱，白芥子(炒)一钱，枇杷叶(炙)二钱。二剂。

二诊　9月13日：脉微滑数，舌如前。痰湿已减，郁热未清，宜继续清燥化痰。

处方　玉竹二钱，麦冬二钱，花粉二钱，化橘红一钱，浙贝母二钱，紫菀一钱，白前一钱，莱菔子(炒)一钱，白芥子(炒)一钱，枇杷叶(炙去毛)二钱。二剂。

三诊　9月15日：咳减痰稀。脉沉滑，舌淡红苔白腻。燥气已平，惟饮邪上逆，肺失肃降，治宜宣肺化痰。

处方　茯苓三钱，法半夏二钱，广皮一钱，炙甘草五分，北五味子(打)五分，北细辛五分，白干姜(另包，温水泡10分钟，洗去灰，再入煎)四分，紫菀一钱，冬花一钱，小麦(炒香)二钱，姜制南星一钱，大枣(劈)三枚。二剂，一剂二煎，头煎用水200毫升，煎取80毫升，二煎再加水200毫升，煎取80毫升，两煎混合，分二次温服。

四诊　9月17日：咳平痰利，咽红消失。六脉缓和，舌正苔微秽腻。内饮已降，肺气已平，停药观察，以饮食调理。

按　本例气管炎属痰湿化燥，先以清燥化痰之品，燥气得平，后因饮邪上逆，故转用二陈汤加姜、辛、味等，温化痰饮，内饮随降。

(中国中医研究院.现代著名老中医名著重刊丛书第一辑——蒲辅周医疗经验.人民卫生出版社.2005)

六、文献摘录

1.《河间六书·咳嗽论》："咳谓无痰而有声，肺气伤而不清也。嗽是无声而有痰，脾湿动而为痰也。咳嗽，谓有痰而有声，盖因伤于肺气，动于脾湿，故咳而嗽也。"

2.《景岳全书·咳嗽》："外感之邪多有余，若实中有虚，则宜兼补以散之。内伤之病多不足，若虚中夹实，亦当兼清以润之。"

3.《医学入门·咳嗽》："新咳有痰者外感，随时解散，无痰者便是火热，只宜清之。久咳有痰者燥脾化痰，无痰者清金降火。盖外感久则郁热，内伤久则火炎，俱宜开郁润燥。……苟不治本而浪用兜铃、粟壳涩剂，反致缠绵。"

4.《医宗必读·咳嗽》："大抵治表者，药不宜静，静则流连不解，变生他病，故忌寒凉收敛。治内者，药不宜动，动则虚火不宁，燥痒愈甚，故忌辛香燥热。"

5.《医学心悟·咳嗽》："凡治咳嗽，贵在初起得法为善。经云：微寒微咳，咳嗽之因属风寒者十居其九。故初治必须发散，而又不可以过散，不散则邪不去，过散则肺气必虚，皆令缠绵难愈。……久咳不已，必须补脾土以生肺金。此诚格致之言也。"

七、文献推介

1. 李建生，余学庆.急性气管支气管炎中医诊疗指南(2015版)[J].中医杂志，2016，57(9)：806-810.

2. 中华中医药学会内科分会肺系病专业委员会.咳嗽中医诊疗专家共识意见(2011版)[J].中医杂志，2011，52(10)：896-899.

3. 晁恩祥.关于咳嗽的中医证治及对风咳的讨论意见[A].中华中医药学会内科肺系病专业委员会，世界中医药学会联合会呼吸病分会.中华中医药学会内科肺系病专业委员会、世界中医药学会联合会呼吸病分会学术研讨会论文汇编[C].广西中医药学会内科肺系病专业委员会、世界中医药学会联合会呼吸病分会：2008：1-6.

（编者：刘良徛）

3 哮病

哮病是由痰气交阻引起的，以喉中哮鸣有声，呼吸困难，甚者喘息不得平卧为主要临床表现的病证。

《内经》虽无哮病之名，但在许多篇章里，都有有关哮病症状、病因病机的记载。如《素问·阴阳别论》所说之"阴争于内，阳扰于外，魄汗未藏，四逆而起，起则熏肺，使人喘鸣。"即包括哮病症状在内。东汉·张仲景在《金匮要略·肺痿肺痈咳嗽上气病脉证并治》中曰："咳而上气，喉中水鸡声，射干麻黄汤主之。"又在《金匮要略·痰饮咳嗽病脉证并治》篇中指出："膈上病痰，满喘咳吐，发则寒热，背痛腰疼，目泣自出，其人振振身瞤剧，必有伏饮"。不仅具体描述了本病发作时的典型症状，提出了治疗方药，而且从病理上将其归属于痰饮病中的"伏饮"，堪称后世顽痰伏肺为哮病夙根的渊薮。此后还有哮吼、鼽鼾等形象性的命名。元·朱丹溪首创哮喘病名，在《丹溪心法·哮喘十四》一书中作为专篇论述，并认为"哮喘必用薄滋味，专主于痰"，提出"未发以扶正气为主，既发以攻邪气为急"的治疗原则。明·虞抟《医学正传》则进一步对哮与喘作了明确的区别，指出"哮以声响言，喘以气息言"。

西医学中的支气管哮喘、嗜酸性粒细胞增多症引起的哮喘，属于本病范畴。以肺系或其他疾病引起的气喘症状为主要表现的肺炎、喘息性支气管炎、肺气肿等亦可参考本节辨证施治。

一、病因病机

（一）病因

1. 外邪侵袭

外感风寒或风热之邪，未能及时表散，邪蕴于肺，壅阻肺气，气不布津，聚液生痰。如《临证指南医案·哮》："宿哮……沉痼之病，……寒入背腧，内合肺系，宿邪阻气阻痰。"其他如吸入风媒花粉、烟尘、异味气体等，影响肺气的宣发，以致津液凝痰，亦为哮病的常见病因。

2. 饮食不当

过食生冷，寒饮内停，或嗜食酸咸甘肥，积痰蒸热，或进食海膻发物，以致脾失健运，痰浊内生，上干于肺，壅阻肺气，亦可导致哮病。《医碥·喘哮》指出："哮者……得之食味酸咸太过，渗透气管，痰入结聚，一遇风寒，气郁痰壅即发。"故古有"食哮"、"鱼腥哮"、"卤哮"、"糖哮"、"醋哮"等名。

3. 情志失调

愤怒忧思，引起气机郁滞，肝失条达，气逆上冲于肺，引起伏痰。《症因脉治·哮病》："痰饮留伏，结成窠臼，潜伏于内，偶有七情之犯，饮食之伤，或外有时令之风寒，束其肌表，则哮喘之症作矣。"

4. 体虚病后

体质不强，有因家族禀赋而病哮者，如《临证指南医案·哮》指出有"幼稚天哮"。部分哮病患者因幼年患麻疹、顿咳，或反复感冒、咳嗽日久等病，以致肺气亏虚，气不化津，痰饮内生；或病后阴虚火旺，热蒸液聚，痰热胶固而病哮。体质不强多以肾虚为主，而病后所致者多以肺虚为主。

（二）病机

哮病的基本病机为痰阻气道，肺失宣降。病变脏腑在肺、脾、肾、肝、心，以肺为主。病理因素以痰为主，痰的产生主要由于肺不能散布津液，脾不能运输精微，肾不能蒸化水液，以致津液凝聚成痰，伏藏于肺，成为发病的"夙根"，多因气候、饮食、情志、劳累等诱发，这些诱因每多相互关联，其中尤以气候为主。

哮病发作时的基本病机为"伏痰"遇感引触，痰随气升，气因痰阻，相互搏结，壅塞气道，肺管狭窄，通畅不利，肺气宣降失常，引动停积之痰，而致痰鸣如吼，气息喘促。《证治汇补·哮病》说："哮即痰喘之久而常发者，因内有壅塞之气，外有非时之感，膈有胶固之痰，三者相合，闭拒气道，搏击有声，发为哮病。"《医学实在易·哮证》也认为哮病为邪气与伏痰"狼狈相因，窒塞关隘，不容呼吸，而呼吸正气，转触其痰，鼾鼾有声。"由此可知，哮病发作时的主要病机为痰阻气闭，以邪实为主。由于病因不同，体质差异，又有寒哮、热哮之分。哮因寒诱发，素体阳虚，痰从寒化，属寒痰为患则发为冷哮；若因热邪诱发，素体阳盛，痰从热化，属痰热为患则发为热哮。或由痰热内郁，风寒外束，则为寒包火证。寒痰内郁化热，寒哮亦可转化为热哮。若哮病反复发作，寒痰伤及脾肾之阳，痰热伤及肺肾之阴，则可从实转虚。

哮病为本虚标实之病，肺脾肾虚为本属虚，痰浊为标属实。因痰浊而导致肺、脾、肾虚衰；肺、脾、肾虚衰又促使痰浊生成，使伏痰益固，且正虚降低了机体抗御诱因的能力。本虚与标实互为因果，相互影响，故本病难以速愈和根治。发作时以标实为主，表现为痰鸣气喘；在缓解期以肺、脾、肾等脏器虚弱之候为主，表现为短气、疲乏，常有轻度哮证。若哮病大发作，或发作呈持续状态，邪实与正虚错综并见，肺肾两虚而痰浊又复壅盛，严重者因不能治理调节心血的运行，命门之火不能上济于心，则心阳亦同时受累，甚至发生"喘脱"危证。

二、诊断与鉴别诊断

(一) 诊断依据

(1) 发作时喉中哮鸣有声，呼吸困难，甚则张口抬肩，不能平卧，或口唇指甲紫绀，呈反复发作。
(2) 两肺可闻及哮鸣音，或伴有湿啰音。
(3) 有过敏史或家族史。
(4) 常因气候突变、饮食不当、情志失调、劳累等因素诱发，发作期多有鼻痒、喷嚏、咳嗽、胸闷等先兆。

(二) 鉴别诊断

1. 喘证

哮病和喘病都有呼吸急促、困难的表现，哮必兼喘，而喘未必兼哮。哮指声响言，以发作时喉中哮鸣有声为主要临床特征，是一种反复发作的独立性疾病；喘指气息言，以呼吸气促困难为主要临床特征，是多种急慢性疾病的一个症状。

2. 支饮

支饮虽然也有痰鸣气喘的症状，但多系部分慢性咳嗽经久不愈，逐渐加重而成，病势时轻时重，发作与间歇界限不清，咳和喘重于哮鸣，与哮病间歇发作，突然发病，迅速缓解，哮吼声重而咳轻，或不咳，两者有显著的不同。

三、辨证论治

(一) 辨证要点

1. 辨病势

哮病特点呈发作性，发无定时，以夜间多见。发时痰鸣有声，呼吸困难，不能平卧。至于病势的轻重，发作频度的稀密，发作时间的长短，则随人而异，各有不同。发作短者仅几分钟，或几小时，甚者持续数天。一般来说，发作和缓解均迅速，多为突然而起，亦可有先兆症状，如鼻喉作痒，喷嚏，鼻流清涕，呼吸不畅，胸中不适，嗳气，呕吐，情绪不宁等。继则咽塞胸闷，微咳干呛，以至呼吸困难，呼气延长，喉中哮鸣有声，痰黏量少，咯吐不利，甚者张口抬肩，目胀睛突，不能平卧，端坐俯伏较舒，烦躁不安，面色苍白，唇甲青紫，额汗淋漓，或伴有寒热。若能将大量黏痰畅利地咳出，则窒闷之势得以渐减，呼吸渐感通畅，痰鸣气憋随之缓解，似如常人，或感疲劳，纳差。若病程日久，反复发作，导致身体虚弱，可常有轻度哮病，在大发作时甚至持续难平。

2. 辨虚实

辨证总属邪实正虚，已发作的以邪实为主，未发作的以正虚为主。邪实当分属性的不同；正虚应审其阴阳之偏虚；区别脏腑之所属，了解肺、脾、肾的主次。

(二) 治疗原则

发时治标，平时治本是本病治疗的首要原则。发作时攻邪，治标需分寒热，寒痰宜温化宣肺，热痰当清化肃肺、风邪当疏风宣肺、降气平喘，表证明显者兼以解表；平时治本当分阴阳，阳气虚者应予温补、阴虚者则以滋养，分别采用补肺、健脾、益肾等法，以冀减轻、减少或控制其发作。

至于正虚邪实、寒热虚实者，又当兼以治之。

（三）分证论治

1. 发作期

(1) 冷哮

症状 喉中哮鸣如水鸡声，呼吸急促，喘憋气逆，胸膈满闷如塞，咳不甚，咯痰量少，痰色白、稀薄而有泡沫，或呈黏沫状，口不渴或渴喜热饮，形寒怕冷，天冷或受寒易发，面色青晦，舌苔白滑，脉弦紧或浮紧。

分析 喉中哮鸣如水鸡声，呼吸急促为寒痰伏肺，遇寒触发，痰升气阻，壅塞气道，肺失升降；胸膈满闷如塞，咳不甚，咯痰量少为肺气闭郁，不得宣畅；痰色白、稀薄而有泡沫，或呈黏沫状为痰从寒化饮；口不渴或渴喜热饮为病因于寒，内无郁热；形寒怕冷，面色青晦为阴盛于内，阳气不得宣达；天冷或受寒易发为外寒引动伏饮；舌苔白滑，脉弦紧或浮紧，皆为寒盛之象。

治法 宣肺散寒，化痰平喘。

方药 射干麻黄汤加减。

麻黄、射干宣肺平喘，化痰利咽；细辛、半夏温肺化饮降逆；紫菀、款冬化痰止咳；五味子收敛肺气；大枣、甘草和中。

若表寒里饮，寒象较甚者，可用小青龙汤；痰涌气逆，不得平卧，加葶苈子、苏子泻肺降逆，并酌加杏仁、白前、橘皮等化痰利气；咳逆上气，汗多，加白果以敛肺；若病久，阴盛阳虚，发作频繁，发时喉中痰鸣如鼾，声低，气短不足以息，咳痰清稀，面色苍白，汗出肢冷，舌苔淡白，脉沉细者，当标本同治，温阳补虚，降气化痰，用苏子降气汤，酌配党参、胡桃肉、紫石英、沉香之类，阳虚明显者，伍以附子、补骨脂等。

(2) 热哮

症状 喉中痰鸣如吼，喘而气粗息涌，胸高胁胀，咳呛阵作，咯痰色黄或白，黏浊稠厚，咯吐不利，口渴喜饮，汗出，面赤，口苦，或有身热，舌苔黄腻、质红，脉滑数或弦滑。

分析 喉中痰鸣如吼，喘而气粗息涌，胸高胁胀，咳呛阵作为痰热壅肺，肺失清肃，肺气上逆，阻塞气道；咯痰色黄或白，黏浊稠厚，咯吐不利为热蒸液聚生痰，痰热交结于肺；口渴喜饮为病因于热，肺无伏寒；汗出，面赤，口苦，或有身热为痰火郁蒸；舌苔黄腻、质红，脉滑数或弦滑，皆为痰热内盛之象。

治法 清热宣肺，化痰定喘。

方药 定喘汤加减。

麻黄宣肺平喘；黄芩、桑白皮清热肃肺；杏仁、半夏、款冬、苏子化痰降逆；白果敛肺，并防麻黄过于耗散；甘草调和诸药。

表寒外束，肺热内郁，加石膏配麻黄解表清里；肺气壅实，痰鸣息涌，不得平卧，加葶苈子、广地龙泻肺平喘；肺热壅盛，痰吐稠黄，加海蛤壳、射干、知母、鱼腥草以清热化痰；寒邪外束，肺热内盛，可选小青龙加石膏汤加减。

(3) 风哮

症状 哮喘反复发作，时发时止，发时喉中哮鸣，呼吸急促，不能平卧，止时有如常人，咳嗽痰少或无痰，伴鼻痒、咽痒、喷嚏；或恶风，汗出，舌淡或舌红少津，脉浮或弦细。

分析 哮喘反复发作，时发时止，发时喉中哮鸣为风邪犯肺，冲击声门；呼吸急促，不能平卧，止时有如常人，咳嗽痰少或无痰为肺气郁闭，升降失司；鼻痒、咽痒、喷嚏或恶风，汗出为风邪外袭，官窍不利；舌淡或舌红少津，脉浮或弦细为风邪犯肺之象。

治法 疏风宣肺，降气平喘。

方药 黄龙舒喘汤加减。

麻黄辛温，疏风散寒，宣肺平喘，地龙咸寒泄降，息风止痉平喘，苏子降气化痰，蝉蜕宣肺解痉，白果敛肺定喘，石菖蒲化痰开窍理气。白芍、五味子酸收，制约麻黄等辛散，又能敛气。

痰壅喘急，不能平卧，加用葶苈子、猪牙皂泻肺涤痰，必要时可暂予控涎丹泻肺祛痰；若风邪较重者，加苏叶、防风、苍耳草、地龙等祛风化痰。

(4) 痰哮

症状 喘咳胸满，不能平卧；痰浊壅盛，喉如曳锯，痰黏难咯，寒热症状不突出；舌苔厚浊，脉滑实。

分析 喘咳胸满，不能平卧为肺气郁闭，升降失司；痰浊壅盛，喉如曳锯，痰黏难咯为痰浊伏肺；无明显寒热倾向，面色青黯多无热象。舌苔厚浊，脉滑实，皆为痰浊壅盛之象。

治法 豁痰开窍，降气平喘。

方药 三子养亲汤加减。

芥子温肺利气涤痰；苏子降气化痰，止咳平喘；莱菔子行气祛痰；麻黄宣肺平喘；杏仁、僵蚕祛风化痰；厚朴、半夏、陈皮降气化痰；茯苓健脾化痰。

以食滞脘满为主，则重用莱菔子，酌加枳实、白术、神曲等以助化食行滞；如以气滞气逆为主，则重用苏子，酌加厚朴、杏仁、沉香等以助行气降逆；如以寒痰凝滞为主，则重用白芥子，酌加干姜、细辛等以助温化寒痰。

附 喘脱危证

症状 哮病反复久发，喘息鼻煽，张口抬肩，气息短促，烦躁，昏蒙，面青，四肢厥冷，汗出如油，脉细数不清，或浮大无根，舌质青黯，苔腻或滑。

分析 哮病反复久发，喘息鼻煽，张口抬肩，气息短促为肺肾气虚，肺不主气，肾不纳气；烦躁，昏蒙为正气欲脱，神明散乱；汗出如油，脉浮大无根为阴液耗伤，阴虚欲脱。面青，四肢厥冷，舌质青黯，苔腻或滑，脉细数不清为阳虚不温。

治法 补肺纳肾，扶正固脱。

方药 回阳急救汤合生脉饮加减。

人参、附子甘草益气回阳；山萸肉、五味子、麦冬固阴救脱；龙骨、牡蛎敛汗固脱；冬虫夏草、蛤蚧纳气归肾。

阳虚甚，气息微弱，汗出肢冷，舌淡紫，脉沉细，加肉桂、干姜回阳固脱；气息急促，心烦内热，汗出黏手，口干舌红，脉沉细数，加生地、玉竹养阴救脱，人参改用西洋参。

2. 缓解期

(1) 肺脾气虚

症状 气短声低，喉中时有轻度哮鸣，痰多质稀，色白，自汗，怕风，常易感冒，倦怠无力，食少便溏，舌质淡，苔白，脉细弱。

分析 自汗，怕风，常易感冒，为卫气虚弱，不能充实腠理，外邪易侵所致；气短声低，喉中时有轻度哮鸣，痰多质稀，色白为肺虚不能主气，气不化津，痰饮蕴肺，肺气上逆；食少便溏为脾虚健运无权；倦怠无力为中气不足。舌质淡，苔白，脉细弱为气虚之象。

治法 健脾益气，补土生金。

方药 六君子汤加减。

党参、白术健脾益气；山药、苡仁、茯苓甘淡补脾；法半夏、橘皮燥湿化痰；五味子敛肺气；

甘草补气调中。

表虚自汗，加炙黄芪、浮小麦、大枣；怕冷、畏风、易感冒，可加桂枝、白芍、附子；痰多者加前胡、杏仁。

(2) 肺肾两虚

症状　短气息促，动则为甚，吸气不利，脑转耳鸣，腰酸腿软，不耐劳累；或五心烦热，颧红，口干，舌质红少苔，脉细数；或畏寒肢冷，面色苍白，舌苔淡白、质胖，脉沉细。

分析　短气息促，动则为甚是由于哮病久发，精气亏乏，肺肾摄纳失常，气不归元所致；脑转耳鸣，腰酸腿软，不耐劳累，为精气亏乏，不能充养；五心烦热，口干，舌红少苔，为阴虚之症；畏寒肢冷，舌淡胖，为阳虚之象。

治法　补肺益肾。

方药　生脉地黄汤合金水六君煎加减。

熟地黄、山茱萸、胡桃肉补肾纳气；人参、麦冬、五味子补益肺之气阴；茯苓、甘草益气健脾；半夏、陈皮理气化痰。

肺气虚明显，加黄芪、白术；肺阴虚明显，加沙参、百合；肾阳虚明显，加补骨脂、淫羊藿、鹿角片、制附子、肉桂；肾阴虚明显，加生地黄、天冬。另可常服紫河车粉、蛤蚧粉补益肾精。

四、预防调护

预防方面，注重夙根的形成及诱因的作用，故应注意气候影响，做好防寒保暖，防止外邪诱发。避免接触刺激性气体及易致过敏的灰尘、花粉、食物、药物和其他可疑异物。宜戒烟酒，饮食宜清淡而富营养，忌生冷、肥甘、辛辣、海膻发物等，以免伤脾生痰。防止过度疲劳和情志刺激。鼓励患者根据个人身体情况，选择太极拳、内养功、八段锦、散步或慢跑、呼吸体操等方法长期锻炼，增强体质，预防感冒。在调摄方面，哮病发作时，尚应密切观察哮鸣、喘息、咳嗽、咯痰等病情的变化，哮鸣咳嗽痰多、痰声辘辘或痰黏难咯者，用拍背、雾化吸入等法，助痰排出。对喘息哮鸣，心中悸动者，应限制活动，防止喘脱。

五、临证验案

靳某，男，48岁。

初诊　2005年11月29日初诊。气喘胸憋1年，反复发作，加重1个月，初诊时依赖多种西药控制病情，仍每日发作伴呼吸困难。患者1年前发现喉间哮鸣音伴呼吸困难，来我院呼吸科就诊，查肺功示：小气道通气障碍，舒张试验阳性。诊为"支气管哮喘"。给予普米克都保及奥克斯都保各2吸，早晚各1次治疗，用药后能咯出大量稀白痰或少量块痰。用药半年无大发作。但仍每日发作喘憋，自觉胸闷明显，呼吸不畅，不咳嗽。近1月胸憋喘鸣发作加重，气喘如牛，发作时伴咳嗽、流涕、喷嚏或咯黄痰。咽痒剧烈，口干明显，不能做剧烈运动，生活质量明显下降。完全依赖上述药物控制病情，且药量逐渐增加。大便偏干欠畅。幼时有荨麻疹病史，过敏性鼻炎史半年。咽无充血，扁桃体无肿大。查体双肺可闻及少量哮鸣音。舌体胖大质淡红，舌苔薄白腻，脉象弦细。

诊断　风哮（支气管哮喘）。此为风邪犯肺，痰湿内阻，气道挛急。急则治其标，缓则治其本，风证当疏风。

治则　疏风宣肺，化痰止喘，缓急利咽。

处方　炙麻黄6g，杏仁10g，紫菀15g，苏子叶各10g，炙枇杷叶10g，前胡10g，五味子10g，地龙10g，蝉蜕8g，牛蒡子10g，金荞麦15g，橘红10g，鱼腥草25g，黄芩10g，瓜蒌15g。7剂，水煎服。

复诊　服药7剂，胸憋明显减轻，咽痒减轻，口干减轻，咳嗽随之减轻。咳痰渐利，胸闷及呼吸不畅基本消失。黄痰及块痰明显减少。仅晨起有小发作感，今晨不喷药能自行缓解，已停用西替利嗪3天。患者遵上法加减调服中药3个月，期间西药逐渐减量至停药病情明显好转，平素已无明显喘憋，2006年3月发现对家中宠物狗过敏，分开后症状全无，病愈。

按 分析本案，在热哮、寒哮、痰哮等证型之外，风哮在临床中也很多见，其临床特点当有挛急突发，常有过敏因素或有过敏性鼻炎，见有咽痒、鼻痒、气道挛急等症状，常无明显的寒、热、痰的表现，受风、异味加重(诱因)。患者服药后好转的最大特点气道通畅感(患者尚感西药不满意)，因此中药疏风解痉，宣肺降气，化痰平喘，调理气机在本案中是重点。支气管哮喘患者反复发作喘憋不愈属风哮者，从风论治，确有良效。

(晁恩祥.老中医方药心得丛书·晁恩祥临证方药心得.科学出版社.2012)

六、文献摘录

1.《诸病源候论·上气喉中如水鸡鸣候》："肺病令人上气，兼胸膈喘满，气行壅滞，喘息不调，致咽喉有声，如水鸡之鸣也。"

2.《医学统旨》："大抵哮喘，未发以扶正为主，已发以攻邪气为主。亦有痰气壅盛壮实者，可用吐法。大便秘结，服定喘药不效，而用利导之药而安者。必须使薄滋味，不可纯用凉药，亦不可多服砒毒劫药，倘若受伤，追悔何及。"

3.《景岳全书·喘促》："喘有夙根，遇寒即发，或遇劳即发者，亦名哮喘。未发时以扶正气为主，既发时以攻邪气为主，扶正气须辨阴阳，阴虚者补其阴，阳虚者补其阳。攻邪气者，或于温补中宜量加消散。此等证候，当眷眷以元气为念，必使元气渐充，庶可望其渐愈，若攻之太过，未有不致日甚而危者。"

4.《医宗必读·喘》："喘者，促促气急，喝喝痰声，张口抬肩，摇身撷肚。短气者，呼吸虽急，而不能接续，似喘而无痰声，亦不能抬肩，但肺壅而不能下。哮者与喘相类，但不似喘开口出气之多，而有呀呷之音，……三证极当详辨。"

5.《时方妙用·哮证》："哮喘之病，寒邪伏于肺俞，痰窠结于肺膜，内外相应，一遇风寒暑湿燥火六气之伤即发，伤酒伤食亦发，动怒动气亦发，劳役房劳亦发。"

七、文献推介

1. 中华中医药学会肺系病分会.支气管哮喘中医诊疗专家共识(2012).中医杂志，2013，7(7)：627-629.
2. 李建生，王至婉.支气管哮喘中医证候诊断标准(2016版)[J].中医杂志，2016，57(22)：1978-1980.
3. 复旦大学附属华山医院.哮病(支气管哮喘)中医诊疗方案(2017年版)[Z].国家中医药管理局办公室关于印发中风病(脑梗死)等92个病种中医临床路径和中医诊疗方案(2017年版)的通知 国中医药办医政发〔2017〕9号.

（编者：李希　责任副主编：刘良徛）

4 喘病

喘病是由肺气上逆，宣降失职，或气无所主，肾失摄纳引起的，以呼吸困难，甚至张口抬肩，鼻翼煽动，不能平卧为主要临床表现的病证。喘病轻者仅表现为呼吸困难，不能平卧；重者稍动则喘息不已，甚则张口抬肩，鼻翼煽动；严重者，喘促持续不解，烦躁不安，面青唇紫，肢冷，汗出如珠，脉浮大无根，发为喘脱。

喘病的名称最早见于《黄帝内经》，如《灵枢·五阅五使》曰："肺病者，喘息鼻张。"《黄帝内经》还提出喘病病因除了外感，也有内伤，病机亦有虚实之别。如《素问·举痛论》曰："劳则喘息汗出"，强调内伤亦可导致喘病；《素问·调经论》曰："气有余而喘咳上气"，强调实而致喘；《灵枢·胀论》云"肺胀者，虚满而喘咳"，强调虚而致喘。《灵枢·五邪》曰："邪在肺，则病皮肤痛，寒热，上气喘，汗出，喘动肩背。"《素问·痹论》云："心痹者，脉不通，烦则心下鼓，暴上气而喘。"《素问·经脉别论》云："有所坠恐，喘出于肝。"提出肺为主病之脏，可涉及肾、心、肝、脾等脏，并描述了喘病的症状表现。汉·张仲景《金匮要略·肺痿肺痈咳嗽上气病脉证治》中所言"上气"即是指气喘、肩息、不能平卧的证候，辨证分虚实两大类，并列方治疗。金元时期的医家在前人的理论基础之上对喘病病因的认识更加深刻。金·刘河间论喘因于火热，提出"病寒则气衰而息微，病热则气甚而息粗……故寒则息迟气微，热则息数气粗而为喘也。"元·朱丹溪则认识到七情、饱食、体虚等皆可成为内伤致喘之因，如元·朱丹溪《丹溪心法·喘病》曰："七情之所感伤，饱食动作，脏气不和，呼吸之息，不得宣畅而为喘急。亦有脾肾俱虚，体弱之人，皆能发喘。"明·张景岳也认为喘病应归纳为虚实两大类，如明·张景岳《景岳全书·喘促》曰："实喘者有邪，邪气实也；虚喘者无邪，元气虚也。"理清了喘病的辨证纲领。清·叶天士《临证指南医案·喘》曰："在肺为实，在肾为虚"，清·林佩琴《类证治裁·喘证》曰："喘由外感者治肺，由内伤者治肾。"均认为肺肾两脏主司呼吸的功能失常为喘病的病机重点，对指导临床实践具有重要意义。

喘病涉及多种急慢性疾病，不仅是肺系疾病的主要症候之一，且可因其他脏腑病变影响及肺所致。因此必要时当结合辨病，与有关病篇互参，以便全面分析疾病的特点，并掌握其不同的预后转归。西医学中的肺炎、喘息性支气管炎、肺气肿、肺源性心脏病、心源性哮喘等病，发生呼吸困难时，与喘病的临床表现相似，均可参照本节辨证施治。

一、病因病机

（一）病因

1. 外邪侵袭

常因重感风寒，邪袭于肺，外闭皮毛，内遏肺气，肺卫为邪所伤，肺气不得宣畅，气机壅阻，上逆作喘。若表邪未解，内已化热，或肺热素盛，寒邪外束，热不得泄，则热为寒郁，肺失宣降，亦气逆作喘。若因风热犯肺，失于疏散，邪热壅肺；或热蒸液聚成痰，痰热壅阻肺气，升降失常，发为喘逆。如《景岳全书·喘促》说："实喘之证，以邪实在肺也，非风寒则火邪耳。"

2. 饮食不当

恣食肥甘厚味，饮食生冷，或因嗜酒伤中，脾运失健，水谷不归正化，反而聚湿生痰；痰浊上干，壅阻肺气，升降不利，发为喘促。若痰浊久郁化热，或肺火素盛，痰受热蒸，则痰火交阻于肺，痰壅火迫，肺气不降，上逆为喘。若湿痰转从寒化，可见寒饮伏肺，常因外邪袭表犯肺，引动伏饮，壅阻气道，发为喘促。《仁斋直指方》说："惟夫邪气伏藏，痰涎浮涌，呼不得呼，吸不得吸，于是上气喘促。"即是指痰涎壅盛的喘病而言。痰浊内蕴，常因外感诱发，可致痰浊与风寒、邪热等内外合邪为患。

3. 情志失调

情志不遂，忧思气结，肺气痹阻，气机不利，或郁怒伤肝，肝气上逆于肺，肺气不得肃降，升多降少，气逆而喘。正如《医学入门·喘》所说："惊忧气郁，惕惕闷闷，引息鼻张气喘，呼吸急促而无痰声者"即属此类。

4. 劳欲久病

慢性咳嗽、肺痨等肺系病证，久病肺弱，气失所主，气阴亏耗，不能下荫于肾，肾元亏虚，肾不纳气而短气喘促，故《证治准绳·喘》说："肺虚则少气而喘"。或劳欲伤肾，精气内夺，肾之真元伤损，根本不固，不能助肺纳气。气失摄纳，上出于肺，出多入少，逆气上奔为喘。正如《医贯·喘》所言："真元损耗，喘出于肺气之上奔……乃气不归元也。"若肾阳衰弱，肾不主水，水邪泛滥，干肺凌心，肺气上逆，心阳不振，亦可致喘，表现虚中夹实之候。此外，如中气虚弱，肺气失于充养，亦可因气虚而喘。

（二）病机

喘病的基本病机是肺气上逆，宣降失职，或气无所主，肾失摄纳。其发病部位主要在肺和肾，涉及肝脾。《素问·五藏生成》说："诸气者，皆属于肺。"因肺为气之主，司呼吸，外合皮毛，内为五脏华盖，为气机出入升降之枢纽。肺的宣肃功能正常，则吐浊吸清，呼吸调匀。肾主摄纳，有助于肺气肃降，故有"肺为气之主，肾为气之根"之说。若外邪侵袭，或他脏病气上犯，皆可使肺失宣降，肺气胀满，呼吸不利而致喘；若肺虚，气失所主，亦可少气不足以息，而为喘。肾为气之根，与肺同司气体之出纳，故肾元不固，摄纳失常则气不归元，阴阳不相接续，亦可气逆于肺而为喘。若脾经痰浊上干以及中气虚弱，土不生金，肺气不足；或肝气上逆乘肺，升多降少，均可致肺气上逆而为喘。

喘病的病理性质有虚实之分。实喘在肺，为外邪、痰浊、肝郁气逆，邪壅肺气，宣降不利所致；虚喘责之肺、肾两脏，因阳气不足、阴精亏耗，而致肺肾出纳失常，且尤以气虚为主。故清·叶天士在《临证指南医案·喘》中有"在肺为实，在肾为虚"之说。实喘病久伤正，由肺及肾，或虚喘复感外邪，或夹痰浊，则病情虚实错杂，每多表现为邪气壅阻于上，肾气亏虚于下的上盛下虚证候。

若实喘邪气闭肺，喘息上气，胸闷如窒，呼吸窘迫，身热不得卧，脉急数者；虚喘见足冷头汗，如油如珠，喘息鼻煽，摇身撷肚，张口抬肩，胸前高起，面赤躁扰，直视便溏，脉浮大急促无根者，为下虚上盛，阴阳离决，孤阳浮越，冲气上逆之危脱证候。喘病的严重阶段，不但肺肾俱虚，在孤阳欲脱之时，每多影响到心。心脉上通于肺，肺气治理调节心血的运行，宗气贯心肺而行呼吸；肾脉上络于心，心肾相互既济，心阳根于命门之火，故心脏阳气的盛衰，与先天肾气及后天呼吸之气皆有密切关系。肺肾俱虚之时，心气、心阳衰惫，鼓动血脉无力，血行瘀滞，面色、唇舌、指甲青紫，甚至出现喘汗致脱，亡阴、亡阳的危重局面，必须及时救治，慎加处理。

二、诊断与鉴别诊断

（一）诊断依据

(1) 以喘促不宁，呼吸困难，甚至张口抬肩，鼻翼煽动，不能平卧，或口唇青紫为主要临床表现。
(2) 多有慢性咳嗽、胸痹等心、肺疾病史。
(3) 发病多有外感六淫、情志刺激等诱因。

（二）鉴别诊断

1. 气短

喘病与气短同为呼吸异常，但喘病是以呼吸困难，张口抬肩，鼻翼煽动，甚至不能平卧为特征，实证气粗声高，虚证气弱声低；短气亦即少气，主要表现呼吸浅促，或短气不足以息，似喘而无声，亦不抬肩但卧为快。如《证治汇补·喘病》说："若夫少气不足以息，呼吸不相接续，出多入少，名曰气短。气短者，气微力弱，非若喘证之气粗奔迫也。"可见气短不若喘病呼吸困难之甚。但气短进一步加重，亦可呈虚喘表现。

2. 哮证

哮与喘都表现为呼吸困难，但哮指声响言，呼吸困难而兼喉中哮鸣；喘指气息言，为呼吸气促困难而无喉中哮鸣，可见于多种急、慢性疾病中。一般来说，哮必兼喘，而喘未必见哮。

3. 肺痿

肺痿系肺气受损，津液耗伤，肺叶痿弱不用，以咳嗽、气短、咳吐浊唾涎沫为特征，晚期可表现为喘促、呼吸困难。喘病日久也可致肺叶痿弱不用而成肺痿。

三、辨证论治

（一）辨证要点

1. 辨虚实

喘病辨证首当审其虚实。正如《景岳全书·喘促》所说"气喘之病，最为危候，治失其要，鲜不误人，欲辨之者，亦惟二证而已，所谓二证者，一曰实喘，一曰虚喘也。"实喘者呼吸深长有余，呼出为快，气粗声高，伴有痰鸣咳嗽，脉数有力，病势多急。虚喘呼吸短促难续，深吸为快，气怯声低，少有痰鸣咳嗽，脉象微弱或浮大中空，病势徐缓，时轻时重，遇劳则甚。

2. 辨寒热

喘病还应注意寒热的转化。如实喘中的风寒壅肺证，风寒失于表散，入里化热，可出现表寒肺热、痰浊阻肺证，若痰郁化热，或痰阻气壅，血行瘀滞，又可呈现痰热郁肺，或痰瘀阻肺证。

3. 辨外感内伤

实喘又当辨外感内伤，外感起病急，病程短，多有表证；内伤病程久，反复发作，无表证。虚喘应辨病辨脏器，肺虚者劳作后气短不足以息，喘息较轻，常伴有面色㿠白，自汗易感冒；肾虚者静息时亦有气喘，动则更甚，伴有面色苍白、颧红，怕冷，腰酸膝软；心气、心阳衰弱时，喘息持续不已，伴有紫绀，心悸，浮肿，脉结代。

（二）治疗原则

诊治当注意辨别虚、实之别。实证治疗上可用散寒、清热、宣肺、止咳、祛痰、平喘、健脾、化浊、温阳、泻肺、利水等法。虚证治疗上又可用养阴益气、调补肺肾等法。

（三）分证论治

1. 实喘

(1) 风寒闭肺

症状　喘息，呼吸气促，胸部胀闷，伴见咳嗽，痰多稀薄色白质黏，头痛，鼻塞，流清涕，恶寒，或有发热，口不渴，无汗，舌苔薄白而滑，脉浮紧。

分析　喘息，呼吸气促，胸部胀闷为风寒客肺，邪实气壅，肺气不利；痰多质稀色白为寒邪伤肺，津聚成痰；恶寒，鼻塞，流清涕，头痛，发热，无汗等表寒证为风寒束表，皮毛闭塞。舌苔薄白而滑，脉浮紧为风寒在表之象。

治法　宣肺散寒，止咳平喘。

方药　麻黄汤加减。

方中麻黄、桂枝宣肺散寒解表；杏仁、甘草化痰利气。

若寒饮内伏，复感外寒引发者，可用小青龙汤解表蠲饮，止咳平喘；表寒里热证明显者，可用麻杏石甘汤宣肺泄热，止咳平喘。

(2) 表寒肺热

症状　喘逆上气，胸胀或痛，息粗，鼻煽，咳而不爽，吐痰稠黏，伴形寒，身热，烦闷，身痛，有汗或无汗，口渴，苔薄白或罩黄，舌边红，脉浮数或滑。

分析　喘逆上气，胸胀或痛，息粗，鼻煽，咳痰稠黏不爽为寒邪束表，肺有郁热，或表寒未解，内已化热，热郁于肺，肺气上逆所致；身热，烦闷，汗出为里热内盛；形寒，身痛，无汗为寒邪束表。

苔薄白或黄，舌边红，脉浮数为表寒肺热夹杂之象。

治法 解表清里，化痰平喘。

方药 麻杏石甘汤加减。

方中麻黄宣肺解表；石膏清泄里热；杏仁、甘草降气化痰。

若表寒重加桂枝解表散寒；痰热重，痰黄黏稠量多，加瓜蒌、贝母清化痰热；痰鸣息涌加葶苈子、射干泻肺消痰。

(3) 痰热壅肺

症状 喘咳气涌，胸闷烦热，痰多质黏色黄，或痰中带血，面红咽干，渴喜冷饮，尿赤便秘，舌质红，苔黄或黄腻，脉滑数。

分析 喘咳气涌，胸闷烦热，痰多质黏色黄为邪热壅肺，蒸液成痰，肃降无权；痰中带血为热伤肺络；面红咽干，渴喜冷饮等症为痰热郁蒸；尿赤，便秘为里热壅盛。舌质红，苔黄或黄腻，脉滑数为痰热之象。

治法 清热化痰，肃肺平喘。

方药 清气化痰丸加减。

方中黄芩清泄肺热；陈皮、枳实理气降逆，调畅气机；瓜蒌清热化痰；茯苓、半夏、胆南星燥湿化痰；杏仁化痰止咳。

若身热甚者，可加石膏、知母以清肺热；如喘甚痰多，黏稠色黄，可加海蛤粉、枇杷叶以清化痰热；痰涌便秘，喘不能卧者，加葶苈子、大黄、芒硝涤痰通腑。

(4) 痰浊阻肺

症状 喘息胸闷，咳嗽痰多，质黏腻色黄，咯吐不利，或脘闷，呕恶，纳呆，口黏不渴，舌质淡，苔厚腻色白，脉滑。

分析 喘息胸闷，咳嗽痰多，质黏腻色黄，咯吐不利为中阳不运，积湿成痰，痰浊壅肺，肺气失降；脘闷，呕恶，纳呆，口黏不渴为痰湿蕴中，肺胃不和。舌质淡，苔厚腻色白，脉滑亦为痰湿之象。

治法 祛痰降逆，宣肺平喘。

方药 二陈汤合三子养亲汤加减。

方中法半夏、陈皮、茯苓化痰；紫苏子、白芥子、莱菔子、甘草化痰下气平喘。

若痰浊夹瘀，喘促气逆，喉间痰鸣，面唇青紫，舌质紫暗，可用涤痰汤加桃仁、红花、赤芍，或配用桂枝茯苓丸涤痰祛瘀；若痰色转黄，舌苔亦黄者，加石膏、黄芩、枇杷叶以清热化痰。

(5) 肝气犯肺

症状 每遇情志刺激而诱发，突然呼吸短促，胸闷发憋，咽中如窒，但喉中痰鸣不著，平素多忧思抑郁，或失眠、心悸，或不思饮食，大便不爽，或心烦易怒，面红目赤，舌质淡或红，苔薄白或薄黄，脉弦或弦而数。

分析 呼吸短促，咽中如窒为郁怒伤肝，肝气冲逆犯肺，肺气不降；胸闷发憋为肝肺络气不和；失眠、心悸，不思饮食，大便不爽，心烦易怒，面红目赤等症为心肝气郁，肝郁化火的表现。脉弦为肝郁之象。

治法 开郁降气平喘。

方药 五磨饮子加减。

方中沉香、木香、槟榔、乌药、枳壳等开郁降气平喘。

若肝郁化火，烦躁易怒，面红目赤，舌质红，脉数者，加龙胆草、黄芩、夏枯草、栀子以清肝泻火；若气滞腹胀，大便秘结者，可加大黄以降气通腑；伴舌质暗，有瘀斑或瘀点者，可加赤芍、郁金、当归以活血化瘀。

在本证治疗中，宜劝慰病人心情开朗，配合治疗。

(6) 水凌心肺

症状 喘咳气逆，倚息难以平卧，伴咯痰稀白，心悸，面目肢体浮肿，小便量少，怯寒肢冷，或面色晦暗，唇甲青紫，舌淡胖或胖暗或有瘀斑、瘀点，舌下青筋显露，苔白滑，脉沉细。

分析 喘咳气逆，倚息难以平卧，伴咯痰稀白，心悸为肾阳衰弱，阳虚气化失职，水气上逆，射肺凌心，肺失宣降，心失所养；面目肢体浮肿，小便量少为心肾阳虚，气不化水，水湿泛滥，膀胱气化不利；舌淡胖，苔白滑为水湿停聚之象；面色晦暗，唇甲青紫，舌有瘀斑、瘀点，舌下青筋显露，脉沉细或带涩等为水阻气滞，血脉瘀滞的表现。

治法 温肾利水，泻肺平喘。

方药 真武汤合葶苈大枣泻肺汤加减。

方中附子温肾壮阳；茯苓、白术健脾燥湿；葶苈子入肺泻气，开结利水；芍药利小便；生姜温散水气；大枣顾护脾胃。

若因痰饮凌心，心阳不振，血脉瘀阻而见面唇、爪甲青紫及舌胖暗青紫者，酌加泽兰、益母草以活血化瘀。

2. 虚喘

(1) 肺气虚

症状 喘促短气，气怯声低，咳声低弱，咯痰稀薄，自汗畏风，或呛咳少痰质黏，烦热口干，咽喉不利，舌质淡红或有苔剥，脉细数。

分析 喘促短气，气怯声低为肺虚气失所主；咳声低弱为肺气不足；咳痰稀薄为气不化津；自汗畏风为肺虚卫外不固；舌质淡红，脉软弱为肺气虚弱之象；咳呛痰少质黏，烦热而渴，咽喉不利为肺阴不足，虚火上炎。舌有苔剥，脉细数为阴虚火旺之象。

治法 补肺益气养阴。

方药 生脉散合补肺汤加减。

方中党参、黄芪补肺益气；麦冬、熟地补阴；五味子收敛肺气；紫菀、桑白皮化痰清利肺气。

若咯痰稀薄，时觉形寒，为肺虚有寒，可加干姜、紫苏叶、款冬花以温肺化痰定喘；若食少便溏，腹中气坠者，为中气虚弱，肺脾同病，可用补中益气汤加减以补脾养肺、益气升陷。

(2) 肾气虚

症状 喘促日久，动则喘甚，呼多吸少，气不得续，形瘦神惫，跗肿，面青唇紫，肢冷汗出，舌淡苔白，脉微细或沉弱；或见喘咳，面红烦躁，口咽干燥，足冷，汗出如油，舌红少津，脉细数。

分析 动则气喘，呼多吸少，气不得续为久病肺虚及肾，气失摄纳；形瘦神惫为肾虚精气耗损；汗出为肾阳既衰，卫外之阳不固；肢冷，面青唇紫为阳气不能温养于外；跗肿为阳虚气不化水；舌淡苔白，脉微细或沉弱为肾阳衰弱之象；喘咳，面红烦躁，口咽干燥，足冷，汗出如油，舌红少津，脉细数等戴阳之象是真阴衰竭，孤阳上越，气失摄纳的表现。

治法 补肾纳气。

方药 金匮肾气丸合参蛤散加减。

方中干地黄、山萸肉、淮山补肾填精；附子、桂枝温肾助阳；茯苓健脾益肾；泽泻、丹皮降相火而制虚阳浮动；配人参、蛤蚧补肺肾之气。

若肾阴虚者，不宜辛燥，宜用七味都气丸合生脉散加减以滋阴纳气；若喘咳痰多胸闷，动则尤甚，腰膝酸软，此为痰气壅实于上，肾气亏虚于下，为"上实下虚"之候，用苏子降气汤加减；若面唇爪甲青紫，舌质暗，舌下青筋显露者，可酌加桃仁、红花、泽兰、丹参。

(3) 喘脱危证

症状 喘逆剧甚，张口抬肩，鼻煽气促，端坐不能平卧，稍动则咳喘欲绝，或有痰鸣，心慌动悸，烦躁不安，面青唇紫，汗出如珠，肢冷，脉浮大无根，或见歇止，或模糊不清。

分析 喘逆剧甚，张口抬肩，鼻煽气促，端坐不能平卧为肺气欲绝，心肾阳衰；心慌动悸，烦躁不安，面青唇紫，汗出如珠，脉浮大无根，或见歇止，或模糊不清为阳气衰竭之象。

治法 扶阳固脱，镇摄肾气。

方药 参附汤送服黑锡丹，配合蛤蚧粉。

方中人参、附子扶阳固脱；配黑锡丹镇摄肾气；蛤蚧（粉）温肾阳。

若阳虚甚，气息微弱，汗出肢冷，舌淡，脉沉细加附子、干姜；阴虚甚，气息急促，心烦内热，汗出黏手，口干舌红，脉沉细数，加麦冬、玉竹，人参改用西洋参；神昧不清，加丹参、远志、菖蒲安神祛痰开窍；浮肿加茯苓、炙蟾皮、万年青根强心利水。

四、预防调护

对于本病的预防，平素应适寒温，顺应气候变化，尤其在季节交替之时，注意增减衣服，避免外邪入侵；调节饮食，宜清淡，有营养，忌肥甘厚味、辛辣香燥，戒烟酒，使脾胃健运，痰湿无从化生；调畅情志，保持情绪稳定和乐观，忌嗔、郁、忧、怒等，保证机体气机调畅，气血调和。已病则应注意早期治疗，力求根治，防止久病伤肾，引起虚喘而难以治愈；引导教育患者加强锻炼，增强体质，如体疗、气功等，以固根本，提高机体的抗病能力，活动量以达身出微汗为度。

五、临证验案

刘某，男，70岁。

初诊 慢性咳喘病史20年，每年冬春季节易发，多因受寒而诱发，症状逐年加重。此次发病于三天前。因感冒后至咳喘加重，咳嗽痰多，痰白黄相兼，不易咳出，口干苦，气喘气短，胸部憋闷，胃纳一般，腹胀，大便干，舌质暗红，苔腻稍黄，脉弦滑。

辨证 痰热阻肺，肺气失宣之喘证。

治法 宣肺化痰，降气止咳平喘。

处方 炙麻黄10g，杏仁10g，紫菀15g，厚朴10g，橘红10g，半夏10g，茯苓10g，甘草6g，苏子10g，莱菔子10g，白芥子10g，黄芩15g，白芍10g。

5剂，水煎服，日一剂，分早晚。

复诊 服药第二剂后，大便通畅，自觉咳喘减轻，症状好转，服完5剂后，咳喘基本缓解，续予健脾理气，调补肺肾巩固疗效。

按 晁恩祥教授认为苏子、白芥子、莱菔子，三者有辛润之功，理气消胀之力颇强。三者既能消痰利肺，又能通便，降肺胃之气，痰多腹胀便难者，最为适宜。

（晁恩祥.老中医方药心得丛书·晁恩祥临证方药心得.科学出版社.2012）

六、文献摘录

1.《济生方·喘》："将理失宜，六淫所伤，七情所感，或因坠堕惊恐，度水跌仆，饱食过伤，动作用力，遂使脏气不和，荣卫失其常度，不能随阴阳出入以成息，促迫于肺，不得宣通而为喘也。"

2.《慎斋遗书·喘》："喘证虽寒热之不同，要旨其本在肾，其标在肺，所以上逆，其原在胃，宜降气开郁，热则清之，寒则温之，久病敛之，初病发之，甚则从其性以导之，乃治喘之大法也。"

3.《证治汇补·喘病》："若夫少气不足以息，呼吸不相接续，出多入少，名曰气短。气短者，气微力弱，非若喘证之气粗奔迫也。"

4.《临证指南医案·喘》："若由外邪壅遏而致者,邪散则喘亦止,后不复发,此喘证之实者也;若因根本有亏,肾虚气逆,浊阴上冲而喘者,此不过一、二日之间,势必危笃,用药亦难奏效,此喘证之属虚者也。"

5.《罗氏会约医镜·论喘、促、哮三证》:"三证相似,而实不同。须清析方可调治。喘者,气急声高,张口抬肩,摇身撷肚,惟呼出一息为快。……促者,即经之所谓短气者,呼吸虽急,而不能接续,似喘而无声,亦不抬肩,劳动则甚,此肾经元气虚也……。哮者,其症似喘,但不如喘出气之多,而有呀呷之音……"

七、文献推介

1. 喘病的诊断依据、证候分类、疗效评定——中华人民共和国中医药行业标准《中医内科病证诊断疗效标准》(ZY/T001.1-94)[J]. 辽宁中医药大学学报,2015,17(3):67.
2. 王琦,张文娟,杨建宇等. 喘病诊疗指南 [J]. 中国中医药现代远程教育,2011,9(12):110-112.
3. 周仲瑛. 暴喘辨治心法 [J]. 中医文献杂志,1995,(4):23-24.

(编者:李希 责任副主编:刘良徛)

5 肺胀

肺胀是由多种慢性咳喘气逆疾患反复发作迁延不愈,导致肺气胀满,不能敛降引起的,以胸部膨满,憋闷如塞,喘息上气,咳嗽痰多,烦躁,心悸,甚则面色晦暗,唇甲紫绀,肢体浮肿为主要临床表现的病证。具有病程缠绵,时轻时重,经久难愈,严重者可出现神昏、痉厥、出血、喘脱等危重证候。

肺胀病名首见于《灵枢》。《灵枢·胀论》说:"肺胀者,虚满而喘咳。"《灵枢·经脉》又说:"肺手太阴之脉,……是动则病肺胀满膨膨而喘咳"。汉·张仲景《金匮要略·肺痿肺痈咳嗽上气病脉证治》指出本病的主症为"咳而上气,此为肺胀,其人喘,目如脱状。"书中所载治疗肺胀之越婢加半夏汤、小青龙加石膏汤等方至今仍被临床所沿用。此外在《金匮要略·痰饮咳嗽病脉证并治》中所述之支饮,症见"咳逆倚息,短气不得卧,其形如肿。"亦属肺胀范畴。隋·巢元方《诸病源候论·咳逆短气候》记载,肺胀的发病机理是由于"肺虚为微寒所伤则咳嗽,嗽则气还于肺间则肺胀,肺胀则气逆,而肺本虚,气为不足,复为邪所乘,壅痞不能宣畅,故咳逆,短乏气也。"可见肺胀的主要病因为久病肺虚。后世医籍多将本病附载于肺痿、肺痈之后,有时亦散见于痰饮、喘促、咳嗽等门,在认识上不断有所充实发展。如元·朱丹溪《丹溪心法·咳嗽》说:"肺胀而咳,或左或右不得眠,此痰夹瘀血碍气而病。"提示肺胀的发生与痰瘀互结,阻碍肺气有关。清·张璐《张氏医通·肺痿》说:"盖肺胀实证居多",而清·李用粹《证治汇补·咳嗽》认为肺胀的辨证施治当分虚实两端:"又有气散而胀者,宜补肺,气逆而胀者,宜降气,当参虚实而施治。"对肺胀的临床辨治有一定的参考价值。

西医学中的慢性阻塞性肺部疾病,如慢性支气管炎合并肺气肿、支气管哮喘合并阻塞性肺气肿、慢性肺源性心脏病、老年性肺气肿等均属本病范畴,肺性脑病则常见于肺胀的危重变证,可参考本节辨证施治。

一、病因病机

(一)病因

1. 久病肺虚

如内伤久咳、支饮、喘哮、肺痿等慢性咳喘气逆疾患,迁延失治,痰浊潴留,壅阻肺气,气之出纳失常，还于肺间，日久导致肺虚，成为发病的基础。

2. 感受外邪

肺虚久病，卫外不固，六淫外邪每易乘袭，诱使本病发作，病情日益加重。

（二）病机

肺胀的基本病机为多种慢性咳喘气逆疾患反复发作迁延不愈，日久肺虚，痰阻气壅，还于肺间，而致肺气胀满，不能敛降，日久引起五脏功能失调，气血津液运行敷布障碍，痰浊、水饮、瘀血互为影响，每因感受外邪诱发，发为肺胀。总属本虚标实，以肺气亏虚为本，痰浊、水饮、血瘀互结为标，病位在肺，可累及他脏。

因肺主气，开窍于鼻，外合皮毛，主表，故外邪从口鼻、皮毛入侵，每多首先犯肺，导致肺气宣降不利，上逆而为咳，升降失常则为喘。久则肺虚，肺之主气功能失常。若肺病及脾，子盗母气，脾失健运，则可导致肺脾两虚。肺为气之主，肾为气之根，肺伤及肾，肾气衰惫，摄纳无权则气短不续，动则益甚。心脉上通于肺，肺气辅佐心脏运行血脉，心阳根于命门真火，故肺虚治节失职，或肾阳不振，均可病及于心，导致心之阳气虚衰，甚则可以出现喘脱等危候。

病理因素主要为痰浊、水饮与血瘀互为影响，兼见同病。痰的产生，病初由肺气郁滞，脾失健运，津液不归正化而成，渐因肺虚不能化津，脾虚不能转输，肾虚不能蒸化，痰浊愈益潴留，喘咳持续难已。瘀血的产生，主要由痰浊内阻，气滞血瘀；或心之阳气虚损，血失推动、脉失温煦所致。痰浊、水饮、血瘀三者之间又互相影响和转化。如痰从寒化则成饮；饮溢肌表则为水；痰浊久留，肺气郁滞，心脉失畅则血郁为瘀；瘀阻血脉，"血不利则为水"。但一般早期以痰浊为主，渐而痰瘀并见，终至痰浊、血瘀、水饮错杂为患。由于痰浊、水饮、瘀血内阻，肺、脾、肾虚弱，五脏功能失调，机体防御机能低下，故最易复感外邪，诱使病情发作和加剧。若复感风寒，则可成为寒饮停肺之证。感受风热或痰郁化热，可表现为痰热郁肺证。如痰浊壅盛，或痰热内扰，闭阻气道，蒙蔽清窍，则可发生烦躁、嗜睡、昏迷等变证。若痰热内郁，热动肝风，可见肉瞤、震颤，甚则抽搐，或因动血而致出血。病情进一步发展可阴损及阳，出现肢冷、汗出、脉微弱等元阳欲脱现象。

病理性质多属标实本虚，但有偏实、偏虚的不同，且多以标实为急。外感诱发时则偏于邪实，平时偏于本虚。早期由肺而及脾、肾，多属气虚；晚期以肺、肾、心为主，气虚及阳，或阴阳两虚。正虚与邪实每多互为因果。如阳虚卫外不固，易感外邪，痰饮难蠲；阴虚则外邪、痰浊易从热化，故虚实诸候常夹杂出现，每致愈发愈频，甚则持续不已。

二、诊断与鉴别诊断

（一）诊断依据

(1) 临床表现为胸部膨满，憋闷如塞，喘息上气，咳嗽痰多，烦躁，心悸，甚则面色晦暗，唇甲紫绀，肢体浮肿；严重者可出现喘脱，神昏，谵语，出血等。

(2) 有慢性咳喘气逆疾患病史，反复发作，迁延难愈，多见于老年人。

(3) 常因外感而诱发，其他如饮食、劳倦、情绪等亦可诱发加重。

（二）鉴别诊断

1. 哮病

哮病是一种发作性的痰鸣气喘疾患，常突然发病，经治疗或可自行缓解，以夜间发作多见。肺胀为多种慢性咳喘气逆疾病长期反复发作、迁延不愈发展而来，以胸部膨满、憋闷如塞，喘息上气，咳嗽痰多等为临床特征，二者有明显区别。哮病长期反复发作，可发展为肺胀。

2. 喘病

喘病以喘促、呼吸困难为临床表现，可见于哮病、肺胀、胸痹等多种急、慢性疾病过程中。肺胀为多种慢性咳喘气逆疾病长期反复发作、迁延不愈而成，临床除喘促、呼吸困难外，尚具有胸部胀满、憋闷如塞、咳嗽痰多等特征，喘促仅是肺胀的一个症状。

三、辨证论治

（一）辨证要点

1. 辨虚实

辨证总属标实本虚，但有偏实、偏虚的不同，因此应分清其标本虚实的主次。一般感邪时偏于邪实，平时偏于本虚。偏实者须分清寒邪、痰浊、痰热、水饮、瘀血等的偏盛。偏虚者当区别气（阳）虚、阴虚的性质，肺与他脏病变的主次。早期以气虚为主，病在肺、脾、肾；后期气虚及阳，甚则可见阴阳两虚，病变以肺、肾、心为主。

2. 辨标本

肺胀兼感外邪，以致症状加重，当急则治其标，解表宣散，化痰逐饮，利气降逆，辨其何者为主，分别施治。标证得解后，仍当缓图治本。如果标急本虚均较明显，亦可标本同治。

（二）治疗原则

治疗应抓住治标、治本两个方面，祛邪与扶正共施，依其标本缓急，有所侧重。感邪时偏于标实，平时偏于本虚。扶正与祛邪并施，且有所侧重。标实者，根据病邪的性质，分别采取祛邪宣肺、降气化痰、利水消肿、活血化瘀、甚或开窍、息风、止血等法。各种病理因素相间为患者，又当数法同用。本虚者，当以补养心肺、益肾健脾为主。正气欲脱时则应扶正固脱，救阴回阳。虚实夹杂者，应扶正与祛邪共施。

（三）分证论治

1. 寒饮停肺

症状　恶寒发热，身痛无汗，咳逆气促，膨膨胀满，气逆不得平卧，痰稀泡沫量多，口干不欲饮，苔白滑，脉浮紧。

分析　恶寒发热，身痛无汗，咳逆喘促为素有脾肾阳虚，水饮内停，复感风寒，寒饮相搏，上射于肺；痰稀而有白色泡沫，膨膨胀满，气逆不得平卧为寒饮射肺，气滞于胸，肺气上逆；口干而不欲饮为脾失转输，饮留胃中，津失上承；苔白而滑，脉浮紧皆为寒饮停肺之征。

治法　温肺散寒，涤痰降逆。

方药　小青龙汤加减。

方中麻黄、桂枝解表宣肺平喘，芍药与桂枝相伍调和营卫，干姜、细辛、半夏散寒降逆蠲饮，配伍五味子收敛止咳，甘草调和诸药。

若兼肺肾气虚者，呼吸浅短难续，甚则张口抬肩，动则尤甚，倚息不能平卧，可加人参、黄芪、蛤蚧、沉香、紫石英等补肺纳肾；面色青暗，唇甲青紫，舌紫暗者，加桃仁、红花、丹参、当归等活血化瘀。

2. 痰浊阻肺

症状　胸膺满闷，短气喘息，憋闷如塞，咳嗽痰多，色白黏腻或呈泡沫，畏风自汗，脘痞纳少，倦怠乏力，舌淡，苔薄腻或浊腻，脉滑。

分析 胸满，短气而喘息，憋闷如塞为肺虚脾弱，痰浊内生，上逆干肺，肺失肃降；畏风自汗为肺气虚弱，卫表不固；脘痞纳少，倦怠乏力为肺病及脾，脾气虚弱，健运失常；舌淡，苔腻，脉滑为痰浊阻肺之征。

治法 化痰降气，健脾益肺。

方药 苏子降气汤合三子养亲汤加减。

二方均能降气化痰平喘，但苏子降气汤偏温，以上盛兼有下虚，寒痰喘咳为宜。方中苏子降气消痰，止咳平喘；陈皮、半夏、白芥子燥湿化痰，降逆散结；厚朴降气平喘；党参、白术、茯苓健脾益气；当归养血行血；生姜散寒宣肺；甘草调和诸药。三子养亲汤侧重降气，以痰浊壅盛，肺实喘满，痰多黏腻为宜。方中白芥子豁浊痰；苏子降肺气；莱菔子导气滞。

若痰多，胸满不能平卧，加葶苈子泻肺祛痰平喘；肺脾气虚，易出汗，短气乏力，痰量不多，酌加黄芪、防风健脾益气，补肺固表。

3. 痰热郁肺

症状 咳逆，喘息气粗，胸满，烦躁，痰黄或白，黏稠难咯，或伴发热，微恶寒，口渴欲饮，溲赤，便干，舌红，苔黄或黄腻，脉数或滑数。

分析 咳逆，喘息气粗为外感风热，或风寒化热，内有痰湿，痰热相合，郁遏肺气，肺失肃降；烦躁、胸闷胀满、痰黄或白，咳痰黏稠为痰热内盛，壅塞肺气；发热，微恶寒为复感外邪，风热犯肺；口渴欲饮，便干为痰热内盛，耗伤阴液；舌红，苔黄，脉滑数为痰热之征。

治法 清肺化痰，降逆平喘。

方药 越婢加半夏汤加减。

方中麻黄、石膏辛凉配伍，辛能宣肺散邪，凉能清泄内热；半夏、生姜化痰散饮以降逆；甘草、大枣扶正祛邪。

若痰热内盛，胸满气逆，痰似胶不易咯出者，加鱼腥草、黄芩、瓜蒌壳、贝母、桑白皮、海蛤粉等清热化痰利肺，或改用桑白皮汤；若胸满痰涌，喉中痰鸣，喘息不得平卧者，加射干、葶苈子泻肺平喘；若痰热闭肺，腑气不通，腹满便秘者，加大黄、芒硝通腑泄热降肺气；若咯痰黄稠带腥味者，酌加鱼腥草、蒲公英、野菊花、金荞麦根等清热解毒，以防内痈形成；痰热伤津，口干舌燥者，加天花粉、知母、芦根、麦冬等生津润燥。

4. 痰蒙清窍

症状 神志恍惚，表情淡漠，谵妄，烦躁不安，撮空理线，嗜睡，甚则昏迷，或伴肢体瞤动，抽搐，咳逆喘促，咯痰不爽，苔白腻或黄腻，舌质暗红或淡紫，脉细滑数。

分析 神志恍惚，表情淡漠，谵妄，烦躁不安为痰浊壅盛，阻塞气道，上蒙清窍；肢体瞤动、抽搐为痰浊内壅，气机不利，引动肝风；咳逆喘促为肺虚痰蕴，肺气上逆；舌质暗红或淡紫，脉细滑数为痰蒙清窍之征。

治法 涤痰，开窍，息风。

方药 涤痰汤加减。

本方可涤痰开窍，息风止痉，用于痰迷心窍，风痰内盛，神识昏蒙或嗜睡，痰多，肢体瞤动者。半夏、茯苓、橘红、胆星涤痰息风；竹茹、枳实清热化痰利膈；菖蒲、远志、郁金开窍化痰降浊。另可配服至宝丹或安宫牛黄丸以清心开窍。

若痰热内盛，身热，烦躁，谵语，神昏，苔黄舌红者，加葶苈子、天竺黄、竹沥；肝风内动，抽搐，加钩藤、全蝎，另服羚羊角粉；血瘀明显，唇甲紫绀，加丹参、红花、桃仁活血通脉；如皮肤黏膜出血，咯血，便血色鲜者，配清热凉血止血药，如水牛角、生地、丹皮、紫珠草等。

5. 阳虚水泛

症状　心悸，喘咳，面浮，下肢浮肿，甚则一身悉肿，腹部胀满有水，脘痞，纳差，尿少，怕冷，面唇青紫，苔白滑，舌胖质暗，脉沉细。

分析　心悸，喘咳，咯痰清稀为肺脾肾阳气衰微，气不化水，水饮上凌心肺；面浮，肢体浮肿，尿少为肺脾肾阳虚，不能化气行水，水饮泛滥，膀胱气化失职；脘痞，纳差为脾脾虚衰，健运失职；怕冷，面唇青紫为肺脾肾阳虚，寒水内盛，温煦失职；苔白滑，舌胖质暗，脉沉细为阳虚水泛之征。

治法　温肾健脾，化饮利水。

方药　真武汤合五苓散加减。

前方温阳利水，用于脾肾阳虚之水肿；后方通阳化气利水，配合真武汤可加强利尿消肿的作用。附子、桂枝温肾通阳；茯苓、白术、猪苓、泽泻、生姜健脾利水；赤芍活血化瘀。

若水肿势剧，上凌心肺，心悸喘满，倚息不得卧者，加沉香、黑白丑、川椒目、葶苈子、万年青根行气逐水；血瘀甚，紫绀明显，加泽兰、红花、丹参、益母草、北五加皮化瘀行水。待水饮消除后，可参照肺肾气虚证论治。

6. 肺肾气虚

症状　呼吸浅短难续，声低气怯，甚则张口抬肩，倚息不能平卧，咳嗽，痰白如沫，咯吐不利，胸闷心慌，形寒汗出，或腰膝酸软，小便清长，或尿有余沥，舌淡或黯紫，脉沉细数无力，或有结代。

分析　呼吸浅短难续，声低气怯，甚则张口抬肩，倚息不能平卧，咳嗽，痰白如沫，咯吐不利为肺虚则清肃失司，肾虚则纳气无能，清气难入，浊气难出；腰膝酸软为肾气不足，不能濡养；小便清长，尿有余沥为肾气不足，膀胱气化失司；舌质淡，苔白润，脉沉细数无力为肺肾气虚之征。

治法　补肺纳肾，降气平喘。

方药　人参蛤蚧散合八珍汤加减。

方中人参、炙黄芪、白术、茯苓、炙甘草健脾益气；蛤蚧补肺纳肾；熟地、当归、川芎、桃仁养血补心活血，贝母化痰。

肾不纳气者，加五味子、补骨脂补肾纳气。肺肾气虚者，用补肺汤合生脉饮。

四、预防调护

防止反复感冒、内伤咳嗽迁延发展成为慢性咳喘，是预防形成本病的关键。同时应重视原发病的治疗。既病之后，更应注意保暖，秋冬季节，气候变化之际，尤需避免感受外邪。一经发病，立即治疗，以免加重。平时常服扶正固本方药增强正气，提高抗病能力，禁忌烟酒及恣食辛辣、生冷、咸、甜之味。有水肿者应进低盐或无盐饮食。

五、临证验案

秦某，男，55岁。

初诊　咳喘5年，冬夏易发，此次于10月复发，迁延两月，经用青、链霉素，平喘止咳药等，减不足言，上月因外感而加重，乃予入院。症见气急咳喘，不能平卧，胸膈满闷，喉间有水鸡声，痰多色黄，咯吐不易，汗多怕冷，大便溏薄，舌苔薄黄，脉细滑数。

辨证施治　先从痰浊阻肺，肾不纳气论治，予三拗汤、三子养亲汤、二陈汤加南沙参、熟地、沉香、脐带，同服黑锡丹，并呼吸吸氧，配用氨茶碱等经治9天，病情尚无好转，喘甚时头汗较多，痰黄如脓，舌质红，舌苔黄，中后光脱，脉细滑数（110次／分）。此属痰热伤阴，拟麻杏石甘汤加味，用麻黄3克，杏仁6克，石膏30克，甘草3克，黄芩10克，桑白皮10克，川贝10克，苏子10克，蛤粉12克，射干3克，竹茹5克。药后喘急缓而头汗少，越日能停止输氧。上方加鱼腥草、芦根，又经4天，脉静(90次／分)，喘递减。仍服上方，1周后喘平。但咳痰稠黄难咯，口咽干，舌红少津，脉细滑。阴虚之象已露，转予养阴清化痰热，药用南北沙参、天冬、五味子、白芍、蛤蚧、知母、贝母、白前、杏仁、苏子、生甘草、瓜蒌皮。经治半月，病情得解，继予六味地黄汤加味，巩固后出院。

按 本例始起虽因感寒而作，并见汗多怕冷、便溏、动则喘甚等肾不纳气之症，但痰多色黄，舌苔薄黄，脉数等症，提示病有化热趋势，故投以温化寒痰、补肾纳气等法效均不显，后改予清化痰热，方合效机，终投滋养肾阴而使病情稳定。

(周仲瑛.周仲瑛临床经验辑要.中国医药科技出版社.1998)

六、文献摘录

1.《金匮要略·肺痿肺痈咳嗽上气病脉证治》："上气喘而躁者，属肺胀，欲作风水，发汗则愈。"

2.《诸病源候论·上气鸣息候》："肺主于气，邪乘于肺则肺胀，胀则肺管不利，不利则气道涩，故上气喘逆，鸣息不通。"

3.《圣济总录·肺胀》："其证气胀满，膨膨而咳喘。"

4.《寿世保元·痰喘》："肺胀喘满，膈高气急，两胁煽动，陷下作坑，两鼻窍张，闷乱嗽渴，声嗄不鸣，痰涎壅塞……"

5.《证治汇补·咳嗽》："肺胀者，动则喘满，气急息重，或左或右，不得眠者是也。如痰夹瘀血碍气，宜养血以流动乎气，降火以清利其痰，用四物汤加桃仁、枳壳、陈皮、瓜蒌、竹沥。又风寒郁于肺中，不得发越，喘嗽胀闷者，宜发汗以祛邪，利肺以顺气，用麻黄越婢加半夏汤。有停水不化，肺气不得下降者，其症水入即吐，宜四苓散加葶苈、桔梗、桑皮、石膏。有肾虚水枯，肺金不敢下降而胀者，其症干咳烦冤，宜六味丸加麦冬、五味。"

七、文献推介

1.慢性阻塞性肺疾病中医证候诊断标准(2011版)[J].中医杂志，2012，53(2)：177-178.

2.李建生，李素云，余学庆.慢性阻塞性肺疾病中医诊疗指南(2011版)[J].中医杂志，2012，53(1)：80-84.

3.国家中医药管理局慢性阻塞性肺疾病肺气虚证重点研究室，安徽省中医肺系病专业委员会.慢性阻塞性肺疾病肺气虚证候演变规律及其兼夹证专家共识[J].中华中医药杂志，2014，29(4)：1179-1180.

（编者：刘小溪　责任副主编：刘良徛）

6 肺痈

肺痈是由邪热郁肺，热壅血瘀引起的，肺叶生疮，发生脓疡，以咳嗽、胸痛、发热、咯吐腥臭浊痰，甚则脓血相兼为主要临床表现的病证，属内痈之一。

汉·张仲景著述的《金匮要略》首先提出肺痈病名，且列有专篇进行论述。《金匮要略·肺痿肺痈咳嗽上气病脉证治》有"咳而胸满振寒，脉数，咽干不渴，时出浊唾腥臭，久久吐脓如米粥者，为肺痈"的记载，并认为本病起因于外感，风热伤肺，以致气血凝滞，而成痈脓。在治疗上，对未成脓者，治以泻肺，用葶苈大枣泻肺汤；对成脓者，治以排脓，用桔梗汤。并提出"始萌可救，脓成则死"的预后判断，以强调早期治疗的重要性。后世医家又不断补充完善。如唐·孙思邈《备急千金要方》用苇茎汤清热排脓，活血消痈，成为后世治疗本病的要方。明·陈实功《外科正宗·肺痈论》根据本病病机演变及证候表现，将肺痈分为不同阶段，提出初起在表者散风清肺，已有里热者降火抑阴，成脓者排脓，脓溃正虚者补肺健脾等治疗原则，对后世分期论治影响较大。清·林佩琴《类证治裁·肺痿肺痈》认为"肺痈由热蒸肺窍，至咳吐臭痰，胸胁刺痛，呼吸不利，治在利气疏痰，降火排脓"，对指导临床实践具有一定的意义。

西医学中的多种原因引起的肺组织化脓症，如肺脓肿、化脓性肺炎、肺坏疽以及支气管扩张、支气管囊肿、肺结核空洞等伴化脓感染而表现肺痈证候者，均可参照本节辨证施治。

一、病因病机

（一）病因

1. 外因

外感风热毒邪，或外感风寒，未得及时表散，内蕴不解，郁而化热，在肺经痰热素盛或正气内虚的基础上，自口鼻或皮毛侵犯于肺，肺脏受邪热熏灼，肺气失于清肃，肺络阻滞，以致热壅血瘀，蕴毒化脓而成痈。如《张氏医通·肺痈》言："肺痈者由感受风寒，未经发越，停留胸中，蕴发为热。"

2. 内因

先天肺经痰热素盛或原有肺系其他痼疾；或中毒、溺水、昏迷不醒，导致正虚无力去邪，均是发病的内在原因。痰热素盛，复感外邪，内外合邪，则更易发病。《医宗金鉴外科心法要诀·肺痈》即曾指出："此症系肺脏蓄热，复伤风邪，郁久成痈。"

（二）病机

本病的发生是在肺经痰热素盛或正气内虚的基础上，外感风热毒邪，内外合邪所致。主要病机为邪热郁肺，蒸液成痰，痰热壅阻肺络，血滞为瘀，而致痰热与瘀血互结，蕴酿成痈，血败肉腐化脓，肺络损伤，脓疡内溃外泄。其病位在肺，病理性质属实热证。成痈化脓的病理基础在于热壅血瘀，溃脓期是病情顺和逆的转折点，后期可出现气阴两伤。

根据病情的发展，其病理演变分为初期、成痈期、溃脓期、恢复期四个阶段。初期因风热（寒）之邪侵犯卫表，内郁于肺，或内外合邪，肺卫同病，郁热内蒸，热伤肺气，肺失清肃，出现恶寒、发热、咳嗽等肺卫表证；成痈期为邪热犯肺，蒸液成痰，气分热毒浸淫及血、热伤血脉，血为之凝滞，热盛血瘀，蕴酿成痈，表现高热、振寒、咳嗽、气急、胸痛等痰瘀热毒蕴肺的证候；溃脓期为痰热与瘀血壅阻肺络，血败肉腐化脓，肺损络伤，脓疡溃破，排出大量腥臭脓痰或脓血痰；恢复期为脓疡内溃外泄之后，邪毒渐尽，病情趋向好转，但因肺体损伤，故可见邪去正虚，阴伤气耗的病理过程，继则正气逐渐恢复，痈疡渐告愈合。

若本病早期确诊，及时治疗，预后可。若溃后脓毒不尽，邪恋正虚，则病情迁延，日久不愈，而转成慢性。溃脓期溃后大量咯血，出现血块阻塞气道，或气随血脱，若脓溃流入胸腔，可形成脓胸，预后较差。

二、诊断与鉴别诊断

（一）诊断依据

(1) 恶寒或寒战，高热，咳嗽胸痛，咯吐黏浊痰，继则咳痰增多，咯脓痰或脓血相兼。随着脓血的大量排出，身热下降，症状减轻，病情好转，经数周逐渐恢复。若脓毒不净，则持续咳嗽，咳吐脓痰，低热盗汗，形体消瘦，转入慢性过程。

(2) 有感受外邪的病史，且往往有原肺系其他痼疾，或有中毒、溺水、昏迷不醒等病史。

（二）鉴别诊断

1. 风温

风温初起多表现为发热、恶寒、咳嗽、气急、胸痛等，但经正确及时的治疗，一般邪在气分而解，多在一周内身热下降，病情向愈。如病经一周，身热不退或更盛，或退而复升，咯吐浊痰，喉中腥味明显，应考虑有肺痈的可能，必要时通过胸部影像等检查以明确诊断。

2. 肺痿

肺痿为阴津亏损，虚热灼津，或肺气虚冷，以致肺叶痿弱不用，病程长而发病缓，形体多虚，肌肉消瘦，咳唾涎沫，脉数虚。与肺痈同为肺中有热，但实虚有别。另一方面，若肺痈久延不愈，误治失治，痰热壅结上焦，熏灼肺阴，也可转成肺痿。

三、辨证论治

（一）辨证要点

1. 辨病期

根据病程的不同阶段和临床表现，辨证可分为初期、成痈期、溃脓期、恢复期四个阶段。

通过了解痰的量、色、质、味的变化及临床表现，辨其病程所属：初期痰白或黄，量少，质黏，无特殊气味，出现恶寒、发热、咳嗽等肺卫表证；成痈期痰呈黄绿色，量多，质黏稠，有腥臭，出现高热、振寒、咳嗽、气急、胸痛等痰热瘀毒蕴肺的证候；溃脓期表现为排出大量腥臭脓痰或脓血痰，质如米粥，气味腥臭异常，恢复期痰色较黄，量减少，其质清稀，臭味渐轻，若正气逐渐恢复，痈疡渐告愈合。若溃后脓毒不尽，邪恋正虚，则病情迁延。

2. 辨顺逆

溃脓期是病情顺和逆的转折点。顺证为溃后声音清朗，脓血稀而渐少，臭味转淡，饮食知味，胸胁少痛，身体不热，脉象缓滑。逆证为溃后音哑无力，脓血如败卤，腥味异常，气喘鼻煽，胸痛，食少，身热不退，颧红，指甲青紫，脉弦涩或弦急，为肺叶腐败之恶候。

（二）治疗原则

治疗总以清热解毒，消痈排脓为基本原则，根据疾病不同时期各有侧重。脓未成应着重清热消痈；脓已成应排脓解毒。要重视"有脓必排"的原则，在溃脓期，脓液是否能畅利排出，是治疗成败的关键。必要时配合体位引流。补肺重在清养，肺痈病久，正气受损，脓液瘀血为人体精气阴血所化，大量排出，更伤正气，治当补肺扶正，但本病为热毒所伤，正损以阴伤气耗为主，补肺应重在清养，不可滥用温补，以免伤阴助热，加重病情。

（三）分证论治

1. 初期

症状　发热微恶寒，咳嗽，咯黏液痰或黏液脓性痰，痰量由少渐多，胸痛，咳时尤甚，呼吸不利，口干鼻燥，舌苔薄黄或薄白，脉浮数而滑。

分析　发热微恶寒为风热袭表，卫表不和；咳嗽，咯痰，胸痛为肺失宣降；口干鼻燥为肺热上受；舌苔薄黄或薄白，脉浮数而滑为风热犯表之证。

治法　疏散风热，清肺散邪。

方药　银翘散加减。

金银花、连翘、竹叶、芦根以疏风清热；桔梗、甘草、牛蒡子轻宣肺气，化痰止咳；荆芥、豆豉、薄荷疏风解表，透热外出。

内热转甚，身热较重，咯痰黄，口渴者加生石膏、炒黄芩以清肺热，酌加鱼腥草增强清热解毒之力；咳甚痰多加杏仁、川贝母、前胡、桑白皮、枇杷叶肃肺化痰；胸痛，呼吸不利，加瓜蒌皮、广郁金以利气宽胸。

2. 成痈期

症状　身热转甚，时时振寒，继则壮热不寒，汗出烦躁，咳嗽气急，胸满作痛，转侧不利，咳吐浊痰，呈黄绿色，自觉喉间有腥味，口干咽燥，舌苔黄腻，脉滑数。

分析　振寒，壮热，汗出，烦躁为邪热蕴肺，热毒炽盛，正邪交争；咳嗽气急为热毒壅肺，肺气上逆；黄绿色浊痰，喉间有腥味为痰热瘀血蕴酿成痈；口干咽燥为热邪灼津耗液；舌苔黄腻，脉滑数为痰热之象。

治法　清热解毒，化瘀消痈。

方药　苇茎汤合如金解毒散加减。

芦根性甘寒轻浮，善清肺热；冬瓜仁清热化痰，利湿排脓，能清上澈下，肃降肺气；佐以薏苡仁上清肺热而排脓，下利膀胱而渗湿，桃仁祛瘀散结，润肺滑肠，与冬瓜仁配合可泻湿热从大便而解，桔梗宣肺祛痰，黄芩、黄连、黄柏、山栀子清热解毒泻火。

热毒内盛者，加金银花、连翘、鱼腥草、鹿衔草、蒲公英等以清热解毒。痰热郁肺，咯痰黄稠，可加桑白皮、瓜蒌、射干、海蛤壳以清化痰热。便秘者，加大黄、枳实以荡涤积热。

3. 溃脓期

症状　咯吐大量脓血痰，或如米粥，腥臭异常，有时咯血，胸中烦满而痛，甚则气喘不能卧，身热，面赤，烦渴喜饮，舌质红，苔黄腻，脉滑数或数实。

分析　咯吐大量腥臭脓血痰为热壅血瘀，血败肉腐，成脓外泄；咯血为热毒壅结，损伤肺络；胸中烦满而痛，气喘为脓毒壅肺，肺气不利；身热，面赤，烦渴喜饮为热毒内盛；舌质红，苔黄腻，脉滑数或数实为痰热内毒之象。

治法　排脓解毒。

方药　加味桔梗汤加减。

桔梗宣肺祛痰，排脓散结，用量宜大；银花、生甘草清热解毒；贝母、薏苡仁、橘红化痰散结排脓；葶苈子泻肺除壅；白芨去腐逐瘀，凉血止血。

可另加黄芩、鱼腥草、野荞麦根、败酱草、蒲公英，以增强清热解毒排脓之功。脓出不畅者，加用皂角以透脓，亦可口服竹沥液。气虚无力排脓者，可加生黄芪以扶正托脓。咯血者，加白茅根、藕节、丹参、侧柏叶等凉血止血。

4. 恢复期

症状　身热渐退，咳嗽减轻，咯吐脓血渐少，臭味亦减，痰液转为清稀，精神渐振，食欲改善，或见胸胁隐痛，难以久卧，气短乏力，自汗，盗汗，低热，午后潮热心烦，口干咽燥，面色不华，形瘦神疲，舌质红或淡红，苔薄，脉细或细弱无力。

分析　身热退，咳嗽减轻，咯吐脓血渐少，臭味亦减，痰液转为清稀为邪毒已去；胸胁隐痛，难以久卧为肺络受损，溃处未敛；气短乏力，自汗为肺气亏虚；盗汗，低热，午后潮热，口干咽燥，心烦为阴伤内热；面色不华，形瘦神疲为正气虚弱；舌质红或淡红，苔薄，脉细或细弱无力为气阴两伤之象。

治法　益气养阴清肺。

方药　沙参麦冬汤合竹叶石膏汤加减。

沙参、麦冬、太子参益气养阴；石膏清肺泄热；半夏祛痰消痈；加桔梗、薏苡仁、冬瓜仁排脓消痈；加白芨祛腐消痈止血。

若溃处不敛者，可加阿胶、白芨。脾虚食少便溏者，配白术、山药、茯苓以补益脾气。如有低热，可酌配功劳叶、青蒿、白薇、地骨皮。若邪恋正虚，咯痰腥臭脓浊，反复迁延，日久不净，当扶正祛邪，治以益气养阴，排脓解毒，酌加鱼腥草、败酱草、野荞麦根等清热解毒消痈。

四、预防调护

凡属肺虚或原有其他慢性疾患，肺卫不固，易感外邪者，当注意寒温适度，起居有节，以防受邪致病，并禁烟酒及辛辣食物，以免燥热伤肺。本病初期，一旦确诊，应及早治疗，力求在未成脓前得到消散，或减轻病情。

对于肺痈患者的护理，应做到安静卧床休息，每天观察记录体温、脉象的变化，咳嗽情况，咯痰的色、质、量、味，注意室温的调节，做好防寒保温。饮食宜清淡，多食蔬菜，高热者可予半流质饮食。多吃水果，如橘子、梨、枇杷、萝卜等，均有润肺生津化痰的作用。每天可用薏米煨粥食之，并取鲜芦根煎汤代茶。忌油腻厚味及一切辛辣刺激海腥之物，如辣椒、韭菜、海虾等。严禁烟酒。

五、临证验案

冯某，男，59岁。

初诊　初患咳嗽，胸际不畅，未以为意，近日咳嗽加剧，且有微咳，痰浊而多，味臭，有时带血，胸胁震痛，稍有寒热，眠食不佳，小便深黄，大便干燥。舌苔黄厚，脉滑数。

辨证　外感风寒，未得发热，蕴热成痈。

治法　排毒解毒，涤痰清热为主。

方药　鲜苇根24g，桑白皮6g，鲜茅根24g，旋覆花（用布包）6g，代赭石12g，地骨皮6g，薏苡仁18g，橘红5g，桃仁6g，冬瓜子（打）18g，陈橘络5g，炒杏仁6g，北沙参10g，桔梗6g，仙鹤草18g，甘草5g。

二诊　服药5剂寒热渐退，喘平嗽轻，痰减仍臭，已不带血，眠食略佳，二便正常，尚觉气短，胸闷，仍遵原法。

鲜苇根24g，瓜蒌18g，鲜茅根24g，薤白10g，旋覆花（用布包）6g，代赭石12g，炙白前5g，炙紫菀5g，法半夏10g，炙百部5g，炙橘红5g，枇杷叶6g，薏苡仁18g，炒桃仁6g，冬瓜子（打）24g，炒杏仁6g，北沙参10g，桔梗5g，甘草5g。

三诊　服药6剂诸证均减，惟较气短身倦现虚弱，此乃病邪乍退，正气未复之故。

北沙参10g，枇杷叶6g，茯苓10g，南沙参10g，法半夏10g，茯神10g，桔梗6g，炒白术10g，三七末（分2次冲服）3g，炒枳壳5g，化橘红5g，白芨末（分2次冲服）3g，冬虫夏草10g，甘草5g。

按　肺脓肿一证，多涉风寒咳嗽之后郁热而发，治应排脓为主，不论已成未成。皆当涤荡痰垢，无使壅塞，则余症自愈。处方先以千金苇茎汤、桔梗汤和泻白散加减以排解脓毒，涤痰清热，益气止血，逐去有形之秽浊，免使肺组织再行腐败。继用六君子汤加味，养肺补虚，以竟全功。

（祝谌予，翟济生，施如瑜等．施今墨临床经验集．人民卫生出版社．1982）

六、文献摘录

1.《金匮要略·肺痿肺痈咳嗽上气病》："风伤皮毛，热伤血脉；风舍于肺，其人则咳，口干喘满，咽燥不渴，多唾浊沫，时时振寒。热之所过，血为之凝滞，蓄结痈脓，吐如米粥，始萌可救，脓成则死。"

2.《张氏医通·肺痈》："肺痈溃后，脓痰渐稀，气息渐减，忽然臭痰复盛，此余毒未净，内气复发……但虽屡发而势渐轻可，可许收功，若屡发而痰秽转甚，脉形转疾者终成不起也。"

3.《医门法律·肺痿肺痈门》："凡治肺痈病，以清肺热，救肺气，俾其肺叶不致焦腐，其生乃全。故清一分肺热，即存一分肺气，而清热必须涤其壅塞，分杀其势于大肠，令秽浊脓血日渐下移为妙。"

4.《杂病源流犀烛·肺病源流》："凡患肺痈，手掌皮粗，气急脉数，颧红鼻煽，不能饮食者，皆不治。"

七、文献推介

1. 肺痈的诊断依据、证候分类、疗效评定——中华人民共和国中医药行业标准《中医内科病证诊断疗效标准》(ZY/T001.1-94)[J]. 辽宁中医药大学学报, 2013, 15(1)：162.
2. 朱良春, 魏长春, 叶景华等. 肺脓疡证治 [J]. 中医杂志, 1987, (7)：11-15.
3. 叶景华. 肺脓肿的中医药治疗 [J]. 中国农村医学, 1987, (10)：30-31.

（编者：赵莉娟　责任副主编：刘良倚）

7 肺痨

肺痨是由痨虫侵蚀肺脏，人体正气虚弱引起的，以咳嗽、咯血、潮热、盗汗及身体逐渐消瘦为主要临床表现的具有传染性的慢性消耗性病证。

肺痨之疾，历代医家命名甚多，概言之有以其具有传染性而命名的，如"尸注"、"虫疰"、"劳疰"、"传尸"、"鬼疰"等；有根据症状特点而命名者，如"骨蒸"、"劳嗽"、"痨瘵"等；因病损在肺较常见，故一般多称肺痨。对肺痨的论述，早在《内经》中即生动地描述了肺痨的主症及其慢性消耗表现，如《素问·玉机真脏论》云："大骨枯槁，大肉陷下，胸中气满，喘息不便，内痛引肩项，身热，脱肉破䐃，……肩髓内消。"《灵枢·玉版》云："咳，脱形，身热，脉小以疾。"汉·华佗《中藏经·传尸》认识到本病具有传染的特点。唐宋时期，确立了本病的病因、病位、病机和治则，唐·王焘在《外台秘要·卷第十六》提出"生肺虫，在肺为病"，认识到肺痨是由特殊的"肺虫"引起的。元·朱丹溪《丹溪心法》强调"痨瘵主乎阴虚"，认为肺痨病机特点为"火盛金衰"，突出了阴虚是其基本病理特点，并确立了滋阴降火的治疗大法。元·葛可久所著的《十药神书》是我国现存的第一部治疗肺痨专著，载录了治痨十方。明·李梴的《医学入门》归纳了肺痨常见的咳嗽、咯血、潮热、盗汗、遗精、腹泻等六大主症，为临床提供了诊断依据。明·虞抟《医学正传》提出了"杀虫"和"补虚"是肺痨的两大治疗原则，至此使肺痨的病因、病机、症状、治则、治法、方药已趋于完善。

西医学中的肺结核属本病范畴，可参照本节辨证施治。

一、病因病机

（一）病因

1. 痨虫传染

痨虫传染是发病的唯一外因，痨虫具有传染性，最易侵入肺脏，损伤肺阴，故朱丹溪概括痨瘵的病理为"主乎阴虚"。如《三因极一病证方论·痨瘵诸证》中明确指出："诸证虽有不同，其根多有虫。"

2. 正气虚弱

正气虚弱，成为痨虫入侵引起发病的主要内因，"正气存内，邪不可干"。正气强弱不仅是发病的关键，也是肺痨传变、转归的决定性因素。如正气较强，则能抗御痨虫，使病变局限于肺部，而逐渐趋于好转。如正气虚弱，则往往由一脏之虚而发展成多脏亏虚，病变由轻转重。小儿发育不良，先天素质不强，妇人产后失于调养，气血不足，皆易致"痨虫"乘虚入侵致病。正如《外台秘要·灸骨蒸法图》言："婴孺之流，传注更苦。"后天酒色过度，耗伤精血，病后失养，如麻疹、哮喘等病后或外感咳嗽延久不愈损伤正气，皆为痨虫致病的重要内因。《古今医鉴·痨瘵门》说："凡人平素保养元气，爱惜精血，瘵不可得而传，惟夫纵欲多淫，苦不自觉，精血内耗，邪气外乘。"

更有生活贫困，营养不良致正气不足而染病者。

（二）病机

本病的发生，是由于正气不足，感染痨虫，侵蚀肺脏所致的具有传染性的一种慢性虚弱性疾患。其病位在肺，基本病机为阴虚，与脾肾两脏的关系最为密切，同时也可涉及心肝。

由于痨虫从口鼻吸入，直接侵蚀肺脏，损伤肺阴，故本病初起病变在肺，以阴虚为主。继可导致阴虚火旺，肺肾两虚，相火内炽；或阴伤及气，肺脾同病，甚则阴损及阳，故后期多发展为肺脾肾三脏同病，气阴两虚，或阴阳两虚之候。

病程长短不一，轻者及时治疗，很快痊愈，重者失治误治，病程长，可能变生他证。此外，除肺脏病变外，痨虫尚可四处蔓延，引起肺外病变。例如痨虫入侵骨髓，可发生"巴骨流痰"。

二、诊断与鉴别诊断

（一）诊断依据

(1) 以咳嗽、咯血、潮热、盗汗、倦怠乏力、身体明显消瘦为特征的临床表现，上述诸症可间作，也可相继发生或兼见并存。

(2) 常有与肺痨患者的长期接触史，或流动人口，居无定所者。

（二）鉴别诊断

1. 肺痿

肺痿是多种慢性肺部疾患（包括肺痈、肺痨、日久咳嗽）后期的转归，临床以咳吐浊唾涎沫为主症，不具传染性。若肺痨晚期导致肺叶痿弱不用，即已转属肺痿。

2. 肺痈

肺痈是肺叶生疮，形成脓疡，临床以咳嗽、发热、胸痛、咯吐腥臭浊痰，甚则脓血相兼为主要特征的一种疾病，为实热证，属急性病，病程较短。

三、辨证论治

（一）辨证要点

1. 辨病变部位

病变初期在肺，以阴虚火旺者常肺肾两虚，以气阴耗伤者多肺脾同病；久延病重，由气及阳，阴阳两虚者属肺脾肾三脏皆损，并涉及心肝。

2. 辨顺证逆证

顺证为元气未衰，胃气未伤，虚能受补，无大热，低热轻，无咯血，无短气不续，脉来有根，凡顺证一般均较易治。逆证为胃气大伤，虚不受补，大热，低热不退，大量咯血，大骨枯槁，大肉陷下，喘，骨枯发焦；潮热持续不解；胃气大伤；大量咯血，反复发作，短气不续，动则大汗，声音低微，虚不受补，唇色紫，脉浮大无根，或细而数疾等。凡逆证均较难治。

（二）治疗原则

治疗以补虚培元和治痨杀虫是肺痨的基本治疗原则。《医学正传·劳极》所说："治之之法，一则杀其虫，以绝其根本，一则补虚，以复其真元。"根据肺痨"主乎阴虚"的病理特点，治疗以滋阴润肺为主，火旺者兼以降火，若合并气虚、阳虚见症者，则当同时兼顾；同时重视补脾助肺，培土生金；其三是虚中多夹实，治疗宜兼顾，禁用燥烈、苦寒、升散、攻伐等易耗气伤阴的药。

三、分证论治

1. 肺阴亏虚

症状 干咳，咳声短促，或咯少量黏痰，或痰中带血丝或血点，色鲜红，胸部隐闷痛，午后手足心热，皮肤干灼，口干咽燥，或有轻微盗汗，舌边尖红苔薄，脉细或兼数。

分析 干咳痰少为阴虚肺燥，肺失滋润；痰中带血丝或血点，色鲜红，胸部隐闷痛为肺络损伤；手足心热，皮肤干灼，口干咽燥为阴虚生内热；舌边尖红苔薄，脉细或兼数皆为阴虚之象。

治法 滋阴润肺。

方药 月华丸加减。

沙参、麦冬、天冬、生地、熟地滋阴润肺；百部、川贝母润肺止咳；阿胶、三七止血和营；桑叶、菊花清肃肺热；山药、茯苓甘淡健脾益气，培土生金，以资生化之源。可加百合、玉竹滋补肺阴。

若咳嗽频而痰少质黏者，可酌加甜杏仁、贝母、海蛤壳、竹茹以润肺化痰止咳；痰中带血较多者，宜加白及、仙鹤草、白茅根、藕节等以凉血止血；若低热不退，可配银柴胡、地骨皮、功劳叶、胡黄连等以清退虚热，兼以杀虫；若久咳不已，声音嘶哑者，于前方中加诃子皮、木蝴蝶、凤凰衣等以养肺利咽，开音止咳。

2. 虚火灼肺

症状 呛咳气急，痰少质黏，或吐稠黄痰，量多，时时咯血，血色鲜红，午后潮热，骨蒸，五心烦热，颧红，盗汗量多，口渴，心烦，失眠，性情急躁易怒，或胸胁掣痛，男子可见遗精，女子月经不调，形体日渐消瘦，舌红而干，苔薄黄或剥，脉细数。

分析 呛咳气急，痰少质黏，或吐稠黄痰为肺阴虚生内热，热邪灼津炼液为痰；时时咯血为肺络灼伤；潮热，骨蒸为肺病及肾，水亏火旺；盗汗为营阴外泄；胸胁掣痛为肝肺络脉不和；心烦，失眠，易怒为心肝火炎；梦遗失精为相火偏旺；月经不调为冲任失养；形体日渐消瘦为阴精耗伤；舌红而干，苔薄黄或剥，脉细数均为阴虚燥热之象。

治法 滋阴降火。

方药 百合固金汤合秦艽鳖甲散加减。

百合、麦冬、玄参、生地滋阴润肺生津；当归、白芍、熟地养血柔肝；桔梗、贝母、甘草清热化痰止咳；秦艽、青蒿、柴胡（用银柴胡）、地骨皮退热除蒸；鳖甲、知母、乌梅、当归滋阴清热。另加百部、白及止血杀虫。

若火旺较甚，热象明显者，当增入胡黄连、黄芩苦寒泻火、坚阴清热；咯血较著者，加丹皮、藕节、紫珠草、醋制大黄等，或配合十灰散以凉血止血。

3. 气阴两虚

症状 咳嗽无力，气短声低，咯痰清稀色白，偶或夹血，或咯血，血色淡红，午后潮热，伴有畏风、怕冷，自汗与盗汗并见，纳少神疲，便溏，面色㿠白，颧红，舌质光淡、边有齿印，苔薄，脉细弱而数。

分析 咳嗽无力，气短声低，咯痰清稀色白为阴伤气耗，肺失清肃，肺脾气虚，气不化津成痰；偶或夹血，或咯血为肺络损伤；畏风、怕冷，自汗为气虚；盗汗为阴虚；纳少神疲，便溏为脾气虚；面色㿠白，颧红，舌质光淡、边有齿印，苔薄，脉细弱而数为气阴两虚。

治法 益气养阴。

方药 保真汤或参苓白术散加减。

太子参、黄芪、白术、茯苓补益肺脾之气；麦冬、天冬、生地黄、五味子滋养润肺之阴；当归、白芍、熟地滋补阴血；陈皮理气运脾；知母、黄柏、地骨皮、柴胡滋阴清热。并可加百部、冬虫夏草、白及以补肺杀虫。

若骨蒸盗汗者，酌加鳖甲、牡蛎、五味子、地骨皮、银柴胡等以益阴除蒸敛汗。

4. 阴阳两虚

症状 咳逆喘息少气，咯痰色白，或夹血丝，血色暗淡，潮热，自汗，盗汗，声嘶或失音，面浮肢肿，心慌，唇紫，肢冷，形寒，或见五更泄泻，口舌生糜，大肉尽脱，男子滑精、阳痿，女子经少、经闭，舌质光淡隐紫，少津，脉微细而数，或虚大无力。

分析 咳逆喘息为肺虚气逆；声嘶或失音为气道失润；面浮肢肿，五更泄泻为脾肾两虚；心慌，唇紫为病变及心；口舌生糜为虚火上炎；形寒自汗为卫表虚；潮热，盗汗为阴伤；大肉尽脱为精气虚竭，无以充养形体；女子经少、经闭为冲任乏源；滑精、阳痿为命门火衰；舌质光淡隐紫，少津，脉微细而数，或虚大无力，为阴阳交亏之象。

治法 滋阴补阳。

方药 补天大造丸加减。

人参、黄芪、白术、山药、茯苓补益肺脾之气；枸杞子、熟地、白芍、龟甲培补肺肾之阴；鹿角胶、紫河车、当归滋补精血以助阳气；酸枣仁、远志宁心安神。

另可加百合、麦冬、阿胶、山茱萸滋补肺肾；若肾虚气逆喘息者，配冬虫夏草、蛤蚧、紫石英、诃子摄纳肾气；阳虚血瘀，唇紫肢肿者，加红花、泽兰、益母草、北五加皮温阳化瘀行水。

四、预防调护

肺痨的发生主要取决于患者正气的盛衰、病情的轻重和治疗是否及时。若诊断及时，早期治疗，可逐渐康复；若误诊失治，邪气壅盛，或耐药药损，病情可加重，甚至恶化，由肺虚渐及脾、肾、心、肝，由阴及气及阳，形成五脏皆损。故早期诊断，及时做相关检查，避免误诊漏诊，非常关键。在药物治疗的同时，肺痨患者还应注意饮食、摄生等综合治疗，这对于病情缓解和康复都具有重要作用。平素保养元气，爱惜精血，增强正气是防止传染的重要措施。

五、临证验案

宋某，男，27岁。

初诊 咳嗽已半年，音哑近4个月。现症：咳嗽不多，音哑喉痛，食欲不振，腹痛便溏，日渐消瘦。舌苔白垢，脉象滑细。

辨证立法 久嗽不愈，伤及声带，遂致发音嘶哑。肺与大肠相表里，肺气不宣，则腹痛便溏。脾胃不强，则消化无力，食欲减退，营养缺少，身体消瘦。幸无潮热、夜间盗汗之象，阴分未见大伤，尚冀恢复可期。拟清肺健脾以治。

处方 炙白前5g，炙紫菀5g，半夏曲10g，炙百部5g，化橘红5g，枇杷叶6g，炒杏仁6g，野于术5g，土杭芍10g，焦苡仁6g，紫川朴5g，云茯苓10g，冬桑叶6g，苦桔梗（生炒各半）6g，凤凰衣6g，诃子肉（生煨各半）10g，粉甘草（生炙各半）3g。

二诊 服药2剂，大便好转，日只一次，食欲渐增，咳嗽甚少，喉痛减轻，音哑如旧，仍遵前法治之。前方去桑叶，加南北沙参各6g，炒苍术6g。

三诊 前方服4剂，大便已正常，食欲增强，精神甚好，咳嗽不多，音哑虽未见效，但喉间已不发紧。

处方 诃子肉（生煨各半）10g，苦桔梗（生炒各半）6g，粉甘草（生炙各半）3g，炙白前5g，化橘红5g，黛蛤散（马勃5g同布包）6g，炙百部5g，炒紫菀5g，炒苍术6g，云茯苓10g，白杏仁6g，炒白术6g，紫川朴5g，凤凰衣5g，土杭芍10g。

方服4剂，现症尚余音哑未见显效外，它症均消失，拟专用诃子亮音丸治之。

（祝谌予等.施今墨临床经验集.人民卫生出版社.1982）

六、文献摘录

1.《外台秘要·骨蒸方》:"骨蒸之候,男子因五劳七伤,或因肺痈之后……因兹渐渐瘦损。初著盗汗,盗汗以后即寒热往来,寒热往来之后即渐加咳,咳后面色白,两颊微赤如胭脂色,团团如钱许大,左卧即右出,唇口非常鲜赤。"

2.《十药神书》:"万病莫若痨证,最为难治。盖痨之起,因人之壮年气血充聚,精液充满之际,不能保养性命,惟以酒色是贪,日夜耽嗜,无有休息,以致耗散真元,虚败精液,则呕血吐痰,以致骨蒸体热,肾虚精竭,面白颊红,口燥咽干,遗精白浊,盗汗,饮食艰难,气力全无,谓之火旺金衰,重则半年而毙,轻则一载而亡。医者不穷其本,或投之以大寒之剂,或疗之以大热之药。殊不知大寒则愈虚其中,大热则愈竭其内,所以世之治痨者,万无一人葛师用药治痨,如羿之射,无中不的。十药次弟之法具后,学人详审之,毋惑焉。"

3.《医宗必读·虚劳》:"大抵虚痨之证,疑难不少,如补脾保肺,法当兼行,然脾喜温燥,肺喜清润,保肺则碍脾,补脾则碍肺,惟燥热而盛,能食而不泻者,润肺当急,而补脾之药亦不可缺也。倘虚羸而甚,食少泻多,虽咳嗽不宁,但以补脾为急,而清润之品宜戒矣。脾有生肺之能,肺无扶脾之力,故补脾之药,尤要于保肺也。"

4.《理虚元鉴·阴虚之症统于肺》:"就阴虚成痨之统于肺者言之,约有数种,曰痨嗽,曰吐血,曰骨蒸,极则成尸疰。其症有兼嗽者;有竟从痨嗽起,而兼吐血者;有竟从吐血起,而兼痨嗽者;有久而成尸疰者;有始终只一症,而或痊或毙者。凡此种种,悉宰于肺治。所以然者,阴虚痨症,虽有五劳、七伤之异名,而要之以肺为极则。故未见骨蒸、痨嗽、吐血者,预宜清金保肺;已见骨蒸、痨嗽、吐血者,急宜清金保肺;曾经骨蒸、痨嗽、吐血而愈者,终身不可忘护肺。此阴虚之治,所当悉统于肺也。"

七、文献推介

1. 肺痨的诊断依据、证候分类、疗效评定——中华人民共和国中医药行业标准《中医内科病证诊断疗效标准》(ZY/T001.1-94)[J].辽宁中医药大学学报,2013,15(2):70.

2. 周仲瑛.肺痨十问[J].江苏中医杂志,1985.(3):34-36.

3. 邓铁涛.论中医诊治传染病[J].河南中医,2006,26(1):1-3.

(编者:赵莉娟 责任副主编:刘良徛)

8 肺痿

肺痿是由肺叶痿弱不用引起的,以咳吐浊唾涎沫为主要临床表现的病证,具有慢性虚损性疾患特点。

肺痿病名,最早见于汉·张仲景的《金匮要略》:"寸口脉数,其人咳,口中反有浊唾涎沫者何?师曰:为肺痿之病。"《金匮要略·肺痿肺痈咳嗽上气病脉证治》将肺痿列为专篇,对肺痿的主症特征、病因、病机、辨证均做了较为系统的介绍。明·陈实功《外科正宗·肺痈论》中说:"久嗽劳伤,咳吐痰血,寒热往来,形体消削,咯吐瘀脓,声哑咽痛,其候传为肺痿"。清·李用粹《证治汇补·咳嗽》:"久嗽肺虚,寒热往来,皮毛枯燥,声音不清,或嗽血线,口中有浊唾涎沫,脉数而虚,为肺痿之病",均已认识到久咳、肺痈、肺痨等日久可转化为肺痿。清·张璐《张氏医通·肺痿》将其治疗要点概括为:"缓而图之,生胃津,润肺燥,下逆气,开积痰,止浊唾,补真气……散火热"七个方面。清·沈金鳌《杂病源流犀烛·肺病源流》进一步对肺痿的用药忌宜等作了补充,他说:"其症之发,必寒热往来,自汗,气急,烦闷多唾,或带红线脓血,宜急治之,切忌升散辛燥温热。大约此症总以养肺、养气、养血、清金、降火为主。"可谓要言不烦。

西医学中的间质性肺炎、肺间质纤维化，均可参照本节辨证施治。

一、病因病机

（一）病因

1. 久病、误治损伤肺津

肺痨、肺痈、消渴及热病之后，肺津大伤，肺失濡养；或因医者误治，滥用汗、吐、下等治法，重亡津液，肺津大亏，肺失濡养，发为肺痿。正如《金匮要略·肺痿肺痈咳嗽上气病脉证治第七》言："肺痿之病，从何得之？师曰：或从汗出，或从呕吐，或从消渴，小便利数，或从便难，又被快药下利，重亡津液，故得之。"

2. 久病损伤肺气

久咳、冷哮、久喘等，肺气日耗，渐而伤阳，肺中虚冷，气不化津，肺失濡养，日渐枯萎。《金匮要略心典·肺痿肺痈咳嗽上气病脉证治》："盖肺为娇脏，热则气烁，故不用而痿。冷则气沮，故亦不用而痿也。遗尿、小便数者，肺金不用而气化无权，斯膀胱无制而津液不藏也。"指出肺主气化，为水之上源，若肺气虚冷，不能温化、固摄津液，由气虚导致津亏，肺失濡养，亦可渐致肺叶枯萎不用。

（二）病机

本病的基本病机为肺脏虚损，津液大伤，以致肺叶枯萎。病位在肺，但与脾、胃、肾等脏密切相关。由于久病热灼伤肺，或误治津伤，致肺津大伤，肺失濡养，肺叶不用，变生涎沫；或久病肺脏虚损，肺气日耗，渐而伤阳，肺中虚冷，气不化津，以致肺叶枯萎。

病理性质有肺燥津伤（虚热）和肺阳气虚（虚寒）之不同。虚热肺痿一为本脏自病所转归，一由失治误治或他脏之病所致。热在上焦，阴虚生内热，肺燥津枯，肺失清肃，脾胃上输津液转从热化，煎熬成涎沫，或脾阴胃液耗伤，不能上输于肺，肺失濡养，致肺叶枯萎。虚寒肺痿为大病以后，耗伤肺之阳气，致肺气虚冷，气不化津，不能温化布散脾胃上输之津液，肺失所养，反聚为涎沫。虚寒肺痿，可由寒郁化热，转为虚热之证。肺痿如治疗正确，调理得当，病情稳定，或可痊愈，反之则预后不良。

二、诊断与鉴别诊断

（一）诊断依据

(1) 以咳吐浊唾涎沫为主症。唾呈细沫稠黏，或白如雪，或带白丝，咳嗽，或不咳，气短，或动则气喘。虚热者痰黏稠易咯血，虚冷者痰清稀多见。

(2) 有内伤久咳，痰热、肺痨、肺痈久嗽，冷哮久延等病史。

（二）鉴别诊断

1. 肺痈

两者均可见咳嗽咳痰，肺痈以咳则胸痛，咳吐腥臭脓血痰为主症，发病急，病程短。而肺痿以咳吐浊唾涎沫为主，可有浊痰但不臭，且发病缓，病程长。肺痈失治久延，可以转为肺痿。

2. 肺痨

两者均有咳嗽咳痰，而肺痨主症为咳嗽、咳血、潮热、盗汗等，肺痿以咳吐浊唾涎沫为主症。肺痨后期可以转为肺痿重症。

三、辨证论治

（一）辨证要点

本病应辨虚寒虚热。虚热证易火逆上气，常伴咳逆喘息；虚寒证为肺中虚冷，上不制下，小便频数或遗尿。虚热肺痿日久，阴损及阳，可见气阴两虚，或出现寒热夹杂现象。

（二）治疗原则

治疗总以补肺生津为原则。虚热者以生津清热，虚寒者以温肺益气。早期忌用升散辛燥温热之品，以免助火伤津；亦忌苦寒滋腻，慎用祛痰峻剂，宜缓图取效。治疗时应重视调补脾胃，脾胃为后天之本，肺金之母，培土有助于生金。阴虚者宜补胃津以润燥，使胃津能上输以养肺；气虚者宜补脾气以温养肺体，使脾能转输精气以上承。因肾为气之根，司摄纳，补肾可以助肺纳气。此外有瘀血征象者，应使用活血化瘀法，但禁用破血之品。

（三）分证论治

1. 肺燥津伤

症状 咳吐浊唾涎沫，其质较黏稠，或咳痰带血，咳声不扬，甚则音嗄，气急喘促，口渴咽燥，午后潮热，形体消瘦，皮毛干枯，舌红而干，脉虚数。

分析 气急喘促为肺阴亏耗，虚火内炽，肺失宣肃；咳吐浊唾涎沫为热邪灼津为痰，其质较黏稠，咳声不扬，甚则音嗄，口渴咽燥，咳痰带血为燥热伤津，灼伤肺络；形体消瘦，皮毛干枯为阴液枯竭无力充养肌肤；舌红而干，脉虚数为肺燥津伤。

治法 滋阴清热，润肺生津。

方药 麦门冬汤合清燥救肺汤加减。

常用太子参、甘草、大枣、粳米益气生津，甘缓补中；桑叶、石膏清泄肺经燥热；阿胶、麦冬、胡麻仁滋肺养阴；杏仁、枇杷叶、半夏化痰止咳，下气降逆。

若咳吐浊黏痰，口干欲饮，酌加知母、川贝母、天花粉清热化痰；津伤甚者加沙参；潮热者，加银柴胡，地骨皮以清虚热，退骨蒸；火盛出现虚烦、呛咳、呕逆者，则去大枣，加竹茹、竹叶清热和胃降逆。

2. 肺阳气虚

症状 咯吐涎沫，其质清稀量多，短气不足以息，头眩，神疲乏力，食少，形寒，小便数，或遗尿，舌质淡，脉虚弱。

分析 咯吐涎沫，其质清稀量多为肺之阳气虚寒，气不化津，津反为涎；短气不足以息为肺气虚；神疲乏力，食少为肺虚及脾；头眩为清阳不升；小便数，或遗尿为上虚不能治下，膀胱失约；舌质淡，脉虚弱为阳气虚弱。

治法 温肺益气。

方药 甘草干姜汤加减。

常用甘草、干姜温肺脾；人参、大枣、白术、茯苓甘温补脾，益气生津。

肺虚唾沫多而尿频者，加煨智仁；肾虚不能纳气，喘息，短气者加钟乳石、五味子。

四、预防调护

积极治疗原发病，如喘咳、肺痈、肺痨等，加强锻炼，增强体质，提高机体的抗病能力。戒烟，减少对呼吸道的刺激，减轻咳嗽的发作。避免过食黏腻肥甘之品，以免助痰生湿，加重病情。

改善环境卫生，消灭烟尘等空气污染，对预防咳嗽有重要意义。

五、临证验案

范某，女，57 岁，罗山县尤店人。

初诊 1981 年 2 月 3 日。

病史 近年来咳嗽，气喘不续，午后面部潮热，口干咽燥，喜饮水，夜睡时脊背正中有冷束感，盗汗，纳减，日趋消瘦。勉强支持，拖延未治，以致咳嗽频作，咳唾涎沫稀而量多，日咳盈碗，有时痰中夹带血丝。经 X 线检查，确诊为"肺结核伴肺不张"。

主症 除上症外，面色苍白，两目下陷，精神疲惫，语声低弱，头晕心慌，畏寒。舌质淡，少苔，脉细弱结代。

此为气血被夺，阴损及阳。急宜补气养血，救阴扶阳。投以炙甘草汤加味。

处方 炙甘草 15 克，阿胶 15 克，党参 15 克，生地 20 克，桂枝 10 克，麦冬 12 克，火麻仁 12 克，生姜 12 克，大枣 6 枚，藕节 5 个（打碎），血余炭 10 克，其中阿胶以蒲黄炒成胶珠，用药汤冲服。5 剂。

二诊 咯血渐止，余症仍在。系乃气血大伤，难以速补，阴阳俱虚，岂能立见回春。宗上方加沙参 12 克。续服 5 剂。

三诊 气血得补，阴阳相济，头晕、心慌好转，精神较前振作，咳唾涎沫减少，舌质淡，脉沉细结代。宗前方减藕节、血余炭，再进 5 剂。

四诊 半月后，诸症大减，殊收良功。

患者因有肺结核，配合抗痨之西药，治疗 4 个月。其间，多次来诊，若见咳唾涎沫量多时，以干姜易生姜加白术，意在温补脾肺，使气能化津。或痰中带血丝，减桂枝，加藕节、血余炭。或感气力不及，加黄芪、山药，求培土生金之效。总之，不离炙甘草汤为主方，权衡变化，随症加减，先后经半年治疗，服药数十贴，X 线检查肺不张已愈，肺结核亦逐步好转。

(河南省卫生厅编. 河南省老中医经验集锦. 河南科学技术出版社.1983)

六、文献摘录

1.《医门法律·肺痈肺痿门》："肺痿者，其积渐已非一日，其寒热不止一端，总由胃中津液不输于肺，肺失所养，转枯转燥，然后成之。盖肺金之生水，精华四布者，全借胃土津液之富。上供罔缺，但胃中津液暗伤之窦最多。医者粗率，不知爱护，或腠理素疏，无故而大发其汗。或中气素馁，频吐以倒倾其囊。或瘅成消中，饮水而渴不解，泉竭自中，或肠枯便秘，强利以求其快，漏卮难继。只此上供之津液，坐耗歧途。于是肺火日炽，肺热日深，肺中小管日窒，咳声以渐不扬，胸中脂膜日干，咳痰难于上出，行动数武，气即喘鸣，冲击连声，痰始一应。《金匮》治法，非不彰明，然混在肺痈一门，况难解其精意。大要缓而图之，生胃津，润肺燥，下逆气，开积痰，止浊唾，补真气以通肺之小管，散火热以复肺之清肃。"

2.《医述·肺痿肺痈门》："肺痿之形象，与肺痈似是而实非。肺痿发在病虚之后；肺痈发在无病之初也。肺痿咳白血而吐涎沫；肺痈咳臭脓而胸胁痛。肺痿人肌瘦而神倦；肺痈人体实而强壮也。肺痿病久始洒寒而潮热；肺痈初发则毛耸而恶风也。肺痿脉芤数而无神；肺痈脉浮数而有力也。种种脉证，不同如是。大约从外因而成肺痈者，急宜调治，肺虽伤而尚可补救；从内因而成肺痿者，多方补补，肺已枯而百法难疗。"

3.《金匮要略心典·肺痿肺痈咳嗽上气病脉证并治》："痿，萎也。如草木之枯而不荣。"

4.《证治汇补·胸膈门》："久嗽肺虚，寒热往来，皮毛枯燥，声音不清，或嗽血线，口中有浊唾涎沫，脉数而虚，为肺痿之病。因津液重亡，火炎金燥，如草木亢旱而枝叶萎落也。治宜养血润肺，养气清金，初用二地二冬汤以滋阴，后用门冬清肺饮以收功。"

七、文献推介

1. 刘良徛，张元兵，江久等. 肺痿诊疗专家共识意见（江西省）. 江西中医药，2017，48(2)：12-15.

2. 庞立健，王琳琳，吕晓东．论肺纤维化（肺痿）与肺脾肾三脏的关系 [J]．辽宁中医杂志，2008，35(2)：211-212．

3. 苗青，张燕萍，张文江．肺间质纤维化的中医治疗 [J]．中国临床医生，2003，31(2)：58-59．

4. 卫生部中日友好医院．肺痿病（肺纤维化）中医诊疗方案(2017年版)[Z]．国家中医药管理局办公室关于印发中风病（脑梗死）等92个病种中医临床路径和中医诊疗方案(2017年版)的通知 国中医药办医政发〔2017〕9号．

（编者：赵莉娟　责任副主编：刘良徛）

9 心悸

　　心悸是由心之气血阴阳亏虚或痰饮瘀血阻滞导致心失所养而引起的，以自觉心中悸动、惊惕不安、不能自主为主要临床表现的病证。发作时常伴有胸闷不适、气短乏力、心烦失眠、健忘、头晕、耳鸣等症，甚则喘促、汗出肢冷，或见晕厥。常见数、促、结、代、缓、迟等脉象变化。根据病情，轻者为惊悸，较重者为怔忡。

　　追溯《说文解字》释"悸"为"心动也"。在《内经》虽没有心悸之病名，但已出现类似心悸的临床证候的描述。如"其动应衣"，系指心脏跳动剧烈，其动应手。《素问·至真要大论》："心澹澹大动……病本于心。"《灵枢·经脉》："气不足则善恐，心惕惕如人将捕之。"此外，还有大量的脉象描述，如《素问·三部九候论》："参伍不调者病"，最早记载了脉律不齐是本病的表现。心悸首见汉·张仲景《伤寒论》及《金匮要略》两部著作中，提出了"心下悸"、"心动悸"、"心中悸"及"惊悸"等病名。唐·孙思邈在《千金要方·心藏脉论》提出因虚致悸的认识："阳气外击，阴气内伤，伤则寒，寒则虚，虚则惊，掣心悸，定心汤主之。"宋·严用和《济生方·惊悸怔忡健忘门》中首次提出了怔忡之名，"夫怔忡者，此心血不足也。"至此惊悸、怔忡之名正式确立。元·朱丹溪又提出了血虚致病的理论，认为惊悸与怔忡均由血虚所致，并强调了痰的致病作用。《丹溪心法·惊悸怔忡》说："惊悸者血虚，惊悸有时，以朱砂安神丸"；"怔忡者血虚。怔忡无时，血少者多；有思虑便动，属虚；时作时止者，痰因火动"；"肥人属痰，寻常者多是痰"。明·虞抟《医学正传·怔忡惊悸健忘证》对惊悸，怔忡两者的区别作了具体叙述："怔忡者，心中惕惕然动摇而不得安静，无时而作者是也；惊悸者，蓦然而跳跃惊动而有欲厥之状，有时而作者是也。"明·张仲景《景岳全书·怔忡惊恐》认为怔忡由劳损所致，描述怔忡："在上则浮撼于胸臆，在下则振动于脐旁。虚微动亦微，虚甚动亦甚"，在治疗上则提出："凡患此者速宜节欲节劳，切戒酒色。凡治此者速宜养气养精，滋培根本。"清·王清任对瘀血导致的心悸作了补充，并在《医林改错·血府逐瘀汤所治症目》曰："心跳心忙，用归脾安神等方不效，用此方百发百中。"清·唐容川《血证论·怔忡》亦说："凡思虑过度及失血家去血过多者，乃有此虚证，否则多挟痰瘀，宜细辨之。"

　　西医学中的各种原因引起的心律失常，心功能不全及植物神经功能紊乱等属于本病范畴，以心悸为主要表现者均可参考本节辨证施治。

一、病因病机

（一）病因

1. 体虚劳倦

　　禀赋不足，素体亏虚，或脾胃虚弱，化源不足，或久病失养，劳欲过度，或各种失血，造成气血阴阳亏虚,以致心失所养,发为心悸。如《丹溪心法·惊悸怔忡》所言:"人之所主者心,心之所养者血,心血一虚,神气不守,此惊悸之所肇端也。"

2. 七情所伤

平素心虚胆怯之人,如遇惊恐、悲哀过极等七情扰动,触犯心神,不能自主而发心悸,《济生方·惊悸论治》指出:"惊悸者,心虚胆怯之所致也。"或忧思不解,心气郁结,生痰动火,痰火扰心,心神失宁而发心悸;或大怒伤肝,大恐伤肾,怒则气逆,恐则精却,阴虚于下,火逆于上,亦可动撼心神而发惊悸。

3. 感受外邪

风寒湿三气杂至,合而为痹。痹证日久,复感外邪,内舍于心,邪阻心脉;或风、寒、湿、热等外邪,内侵于心,耗伤气阴,引起心悸怔忡之证;温病、疫证日久,邪毒灼伤营阴,心神失养,或邪毒传心扰神,亦可引起心悸之症,如春温、风湿、暑湿、白喉、梅毒等病,往往伴发心悸。《素问·痹论》所云:"脉痹不已,复感于邪,内舍于心。"

4. 药食不当

药物过量,可耗伤心气,甚则损伤心志,引起心悸。近代使用洋地黄、奎尼丁、肾上腺素、阿托品等药过量,或用药失当如补液过快、过多,耗伤心气,损伤心阴,造成了气血阴阳紊乱引起心悸,脉结代;或饮食不节,嗜食膏粱厚味,均可生痰蕴热化火,痰火上扰心神诱发心悸。正如《不居集·怔忡惊悸健忘善怒善恐不眠》所谓:"心者,身之主,神之舍也。心血不足,多为痰火扰动。"

(二) 病机

心悸的基本病机是气血阴阳亏虚,心失所养,或邪扰心神,心神不宁。本病病位在心,涉及脾、肾、肺,可并见全身多个脏腑功能紊乱。其病理变化主要有虚实两方面,虚者为气、血、阴、阳亏损,使心失所养,而致心悸;实者为邪热、痰火、瘀血、水饮等病邪,扰乱心神,而致心悸。心悸的病机转化决定于邪热、痰火、瘀血、水饮等病邪与人体正气相争的消长变化,虚实之间可以互相夹杂或转化。实证日久,正气亏耗,可兼见气、血、阴、阳之亏损,而虚证则又往往兼见实象。如阴虚可致火旺,阳虚易夹水饮、痰湿,气虚亦易伴血瘀,痰火互结易伤阴,瘀血可兼痰浊。

心悸变证早期为气滞血瘀、血脉瘀阻或痰湿阻络,痰饮渍心常伴有胸闷、心痛憋气、头昏欲呕等症状。若心肾阳虚则可见心悸,喘促水肿,起卧不安,甚者迫坐,脉疾数而微之危证。若心悸加重,正气虚衰,元气败脱则见颜面苍白,大汗淋漓,四肢厥冷,喘促欲脱,甚则遗溺,脉微细欲绝,神识淡漠厥脱之危候。若阴阳离绝可兼见脉搏过数、过迟、频发结代,面色苍白、口唇发绀,意识突然丧失,或时清时昧等,或并发抽搐、昏厥等症。心悸的病机较为复杂,可因外邪、气滞、痰饮、瘀血、脏器虚衰等致病,在病机转化中又可因宿疾变化使病情加重,故辨清虚实兼夹、所在脏腑,才能作出相应的有效处理。

二、诊断与鉴别诊断

(一) 诊断依据

(1) 以心悸为主要症状,病人自觉心中跳动,惊慌不安,不能自主。

(2) 有胸闷不舒,易激动,心烦,气短,眩晕不宁,中老年伴心胸疼痛,甚而喘促、汗出肢冷,或晕厥。

(3) 情志刺激、惊恐、紧张、劳倦过度、饮酒饱食等诱发。

(4) 脉象对诊断本病及类型有特征性、决定性的意义。常见脉象见结、代、促、疾、数、涩、缓、迟脉等。

(二) 鉴别诊断

1. 惊悸与怔忡

惊悸发病与情志因素有关，如惊恐、恼怒。其特点是时作时止，呈阵发性，病情发病迅速，全身情况较好，病情轻，可自行缓解，不发时如常人，多为实证；怔忡发病由内因引起，多由久病体虚，心脏受损所致，持续心悸，自觉心中惕惕，稍劳即发，发病缓慢，全身情况较差，病情较重，活动加重，可见脏腑虚损症状，多为虚证，或虚中夹实。惊悸日久可发展为怔忡，怔忡患者又易受外惊所扰，而使病情加重。

2. 心悸与奔豚

奔豚发作之时，亦觉心胸躁动不安。《难经·五十六难》云："发于小腹，上至心下，若豚状或上或下无时。"称之为肾积。《金匮要略·奔豚气病脉证治》云："奔豚病从小腹起，上冲咽喉，发作欲死，复还止，皆从惊恐得之。"其鉴别要点在于心悸为心中剧烈跳动，发自于心；奔豚乃上下冲逆，发自小腹。

3. 心下悸、心下痞

心下指胃脘，心下悸指胃脘处惕惕然跳动；心下痞指胃脘满闷不舒，按之柔软不痛的症状。鉴别要点在于心下悸与心下痞病位皆在胃，而心悸病位在心。

三、辨证论治

(一) 辨证要点

1. 辨虚实

心悸辨证首先应辨虚实，虚证要辨别脏腑气血阴阳何者偏虚，实证者分清水饮、瘀血、痰火何邪为主。气短，神疲乏力，自汗出，易感冒属气虚；心悸，头晕，面色无华属血虚；心悸，盗汗，口干潮热属阴虚；心悸，肢冷，畏寒气喘属阳虚。心悸，唇暗，舌有瘀斑，脉结代属血瘀；心悸，胸闷烦躁，口苦便秘属痰火；心悸，舌苔水滑，或肢肿而浮，尿少属水饮。虚实夹杂者还要分清孰虚孰实。

2. 辨脉象

辨脉象变化。心悸常伴有脉律失常，临证要细细体会。数脉一息六至，疾脉一息七至，极脉一息八至，脱脉一息九至，可以断定为过速型心悸；缓脉一息不至四至，迟脉一息三至，损脉一息二至，败脉一息一至，夺精脉二息一至，可以断定为过缓型心悸；涩脉的特点是细而迟，往来难，或脉来中止，参伍不调，促脉的特征是数时一至，止无定数；结脉是缓而时一止，止无定数，或脉来见代，几至一止，不能自还，良久复动，或见乍数乍疏，忽强忽弱，几来又止，据此可以断定为节律不齐型心悸。阳盛则促，数脉、促脉多为热象；脉虽数、促沉细、微细伴面浮肢肿，动则气短，形寒肢冷，舌淡为虚寒之证。阴盛则结，脉象迟、结、代，多属虚寒，其中结脉表示气血凝滞，代脉表示元气虚衰，脏器衰微。若脉迟、结、代而有力，伴口干舌红为阳损及阴致阴阳两虚。

(二) 治疗原则

心悸虚证是由脏腑气血阴阳亏虚，心神失养所致，虚者当补，随证而分别采用补气、养血、滋阴、温阳诸法，以求气血调畅，阴平阳秘，促进脏腑功能的恢复。心悸病的邪实，多由痰火扰心，水饮上凌，或心血瘀阻，气血运行不畅所致。当祛其邪，故祛痰，化饮，清火，行瘀。由于心悸的主症特点是心神不宁，因此在用药时无论虚证，实证均可酌加宁心安神药。虚证配养心安神药，实证选用重镇安神药。虚实兼挟者，应分清主次，缓急而治之，灵活应用益气养血，滋阴温阳，化痰涤饮，行气化瘀，养心安神，重镇安神之法。病机复杂，若出现心阳暴脱、抽搐等危候应采取中西医结合抢救措施。

（三）分证论治

1. 心虚胆怯

症状　心悸，善惊易恐，坐卧不安，多梦易醒，恶闻声响，食少纳呆，舌淡红，苔白薄，脉细数。

分析　心悸是惊则气乱，心神不能自主所致；善惊易恐，坐卧不安，多梦而易醒因心不藏神，心中惕惕所致；恶闻声响因胆虚则易惊而气乱所致；脉象动数或虚弦为心神不安，气血逆乱之象。本型病情较轻者，时发时止；重者怔忡不宁、心慌神乱、不能自主。

治法　镇静定志，养心安神。

方药　安神定志丸加减。

方中龙齿、朱砂重镇安神；远志、石菖蒲入心开窍，祛痰定惊；茯神养心安神；茯苓、人参益气养心，助宁心除痰。

若心气虚者加黄芪；气虚挟湿重用白术加泽泻、茯苓。

2. 心血亏虚

症状　心悸，气短，头晕目眩，失眠健忘，面色不华，倦怠无力，舌质淡红，脉象细弱。

分析　心悸为心失所养所致；头晕为脑失所荣所致；心主血脉，其华在面，面色少华因血虚所致；气短，倦怠无力因血亏气虚所致；失眠健忘因血虚心神失养所致；舌为心之苗窍，舌质淡红，脉象细弱为心主血脉，心血不足之征。

治法　补血养心，益气安神。

方药　归脾汤加减。

方中当归、龙眼肉补养心血；黄芪、人参、白术、炙甘草益气以生血；茯神、远志、酸枣仁宁心安神；木香行气，使补而不滞。

若心动悸，脉结代明显者，可用炙甘草汤；如热病后期，损及心阴，而致心悸者，可用生脉散。

3. 阴虚火旺

症状　心悸，易惊，心烦失眠，口干，五心烦热，盗汗，思虑劳心则症状加重，常伴耳鸣腰酸，头晕目眩，急躁易怒，舌红少津，脉细数。

分析　心悸易惊为心阴亏虚，心失所养所致；心烦，不寐，五心烦热为心阴亏虚，心火内生所致；盗汗为虚火迫津外泄所致；口干微热为虚火耗津所致；耳鸣腰酸，头晕目眩为肝肾阴虚，不能上充头目所致；肝阳上亢，急躁易怒为水不涵木所致；舌红少津，脉细数，为阴虚有热之象。

治法　滋阴清火，养心安神。

方药　天王补心丹合朱砂安神丸加减。

方中重用甘寒之生地黄，入心能养血，入肾能滋阴，故能滋阴养血，壮水以制虚火；玄参、天冬、麦冬有甘寒滋润以清虚火之效；丹参、当归补血养血；人参、茯苓益心气而安神；酸枣仁、五味子酸以收敛心气而安心神；柏子仁、远志养心安神；朱砂、黄连清泻心火，桔梗载药上行。诸药合用有泻心火，养心阴，宁心神的功效。

天王补心丹以生地配天冬、麦冬、酸枣仁使阴血得补，虚火自降，心神可安，属滋阴养神之剂；朱砂安神丸以朱砂配黄连，重镇安神，清心降火，清实火，安心神，属镇静安神之剂。

若心阴耗伤，致心火独亢，引动肝肾相火内扰，病人可遗泄频作，耗伤肾阴，选用黄连、莲子心等清心火，知母、黄柏、栀子泻相火，或知柏地黄丸。

4. 心阳亏虚

症状　心悸不安，胸闷气短，动则尤甚，面色苍白，形寒肢冷，舌质淡白，脉象虚弱或沉细而数。

分析　心悸不安为久病体虚，损伤心阳，心失温养所致；胸闷气短为胸中阳气不足所致；形寒肢冷，面色苍白为心阳虚衰，血液运行迟缓，肢体失于温煦所致；舌质淡白，脉象虚弱或沉细而数，均为心阳不足，鼓动无力之征。

治法　温补心阳，安神定悸。

方药　桂枝甘草龙骨牡蛎汤合参附汤加减。

方中桂枝、炙甘草温补心阳；生龙骨、生牡蛎安神定悸；人参、附子温阳利水。病情严重，汗出肢冷，面青唇紫，喘憋不能平卧者，重用人参、附子。

若心中空虚而悸，脉沉迟，形寒肢冷尤甚，此为心肾阳气皆虚，阴寒内盛，可用麻黄附子细辛汤加党参、炙甘草治之。

5. 痰火扰心

症状　心悸，时发时止，受惊易作，心胸痞闷胀满，心烦多梦，口干苦，大便秘结，小便短赤，舌红，苔黄腻，脉弦滑。

分析　心悸气短为痰入心中，阻滞心气所致；胸闷烦躁为痰火内蕴，灼伤心气，阻遏气机所致；烦躁失眠，噩梦纷纭为痰火上扰心神所致；口苦咽干为痰郁化火所致；痰多，苔腻，脉弦滑，均为内有痰火之象。

治法　清热化痰，宁心安神。

方药　黄连温胆汤加减。

方中以黄连清心降火除烦；半夏燥湿化痰，降逆和胃；竹茹清胆和胃，止呕除烦；枳实、陈皮理气化痰，使气顺则痰自消；茯苓健脾渗湿，以杜生痰之源；甘草、生姜、大枣和中，调和诸药。

若痰火壅结，腑气不畅，大便秘结宜加全瓜蒌、生大黄；若火郁伤阴，症见舌红少津，可酌加天冬、麦冬、天花粉、玉竹养阴生津；失眠者，加琥珀粉、远志。

6. 心血瘀阻

症状　心悸怔忡，短气喘息，胸闷不舒，心痛时作，或形寒肢冷，舌质黯红或有瘀点、瘀斑，脉涩或结代。

分析　心悸不安为心主血脉，心血瘀阻，心失所养所致；胸闷不舒为血瘀气滞，心阳被遏所致；心痛时作为心络挛急所致；唇甲青紫为脉络瘀阻所致；舌质紫黯或有瘀斑，脉涩或结代，均为瘀血蓄积，心阳阻遏之征。

治法　活血化瘀，理气通络。

方药　桃仁红花煎加减。

方中桃仁、红花、川芎、丹参、赤芍、活血化瘀；延胡索、香附、青皮理气通脉；生地、当归养血和血，诸药合用，使瘀血去，心脉通畅，心悸诸症自愈。

若胸闷不舒，善太息，每遇情志诱发者，加柴胡、枳壳；若乏力气短，动则尤甚者，加黄芪、党参、黄精；若心悸头晕乏力，面色不华，兼血虚者，加熟地黄、何首乌、枸杞子；若胸满闷痛，苔浊腻者，加瓜蒌、薤白、半夏；若胸痛甚者，加乳香、没药、蒲黄。若阳虚寒凝致瘀者，可加桂枝、附子、干姜；若夹有痰浊，胸闷痛，苔浊腻，加瓜蒌、薤白、半夏；若胸痛较甚者，加乳香、没药、三七粉等活血止痛药。瘀血明显者，可合用血府逐瘀汤。

7. 水气凌心

症状　心悸，气急，眩晕，胸脘痞满，形寒肢冷，小便短少，或下肢浮肿，渴不欲饮，伴恶心吐涎，舌苔白滑，脉象弦滑。

分析 心悸为阳虚不能化水，水邪内停，上凌于心所致；形寒肢冷为阳气不能达于四肢，不能充于肌表所致；眩晕为饮阻于中，清阳不升所致；胸脘痞满为气机不利所致；渴不欲饮，小便短少或下肢浮肿为气化不利，水饮内停所致；恶心吐涎为饮邪上逆所致；舌苔白滑，脉象弦滑，亦为水饮内停之象。

治法 振奋心阳，化气行水，宁心安神。

方药 苓桂术甘汤加减。

方中茯苓淡渗利水；桂枝、甘草通阳化气；白术健脾祛湿。四药合用，温阳健脾以助化饮，淡渗利湿以平冲逆。

若兼见纳呆食少，加谷麦芽，神曲，山楂，鸡内金；若水饮上逆，恶心呕吐，加半夏、陈皮、生姜；若尿少肢肿，加泽泻、猪苓、茯苓、防己、葶苈子、大腹皮、车前子；兼见瘀血者，加当归，川芎、刘寄奴、泽兰叶、益母草。若肾阳虚衰，不能制水，水气凌心，症见心悸，咳喘，不能平卧，尿少浮肿，可用真武汤。

四、预防调护

未病先防就是在疾病发生前，做好各种预防工作，以防止疾病的发生。患者应当调摄精神，加强锻炼，起居有节，颐养正气，增强机体抗邪能力，同时应注意防止病邪的侵害。未病先防，是最理想的积极措施，但如果疾病已经发生，应争取早期诊断早期治疗，掌握心悸病的发生、发展、变化规律，使疾病早日痊愈。

水饮凌心、心血瘀阻，嘱卧床休息；心气阳虚者忌过食生冷；痰浊、瘀血者忌过食肥甘；心气阴虚者忌辛辣炙；水饮凌心者少食盐，食高营养易消化的食物。

五、临证验案

高某，男，50岁。

初诊 2013年6月6日。心悸两年余，胸闷气短，头晕头痛，寐可，大便略溏，面色痿白，四末不温，舌淡苔白，脉结代无力，律常不齐，时而三五不调，时而略数、促。

病史 2013年6月4日彩超：双房、左室轻度增大，二、三尖瓣轻度返流。动态心电图：房颤，频发室早，ST段改变。

辨证 久病气血两虚，损及阴阳，心阳不足，鼓动无力，胸阳不振，故见胸闷气短。阴血亏虚，心神失养，故见心悸。阳气不足，温煦失司，故四末不温。气血阴阳俱虚，不能上荣头面，不荣则痛，故见面色无华，头晕头痛。阴血不能充盈于脉，阳气不能鼓动血脉流行，故见脉结代无力。

治法 补阳气，益阴血。

处方 生地25g，炙甘草20g，生晒参15g，桂枝15g，炒酸枣仁20g，柏子仁20g，煅龙骨35g，煅牡蛎35g，五味子15g，茯苓20g，黄芪35g。7剂。日1剂水煎，早晚分服。

二诊 2013年6月13日。心悸减轻，但脉仍结代。上方加当归15g，川芎15g，石菖蒲15g，黄芪加5g，7剂。

三诊 2013年6月20日。心悸大减，气短乏力转轻，脉沉略迟偶结。上方加薤白15g，桂枝加5g，7剂。

四诊 2013年6月27日。诸症减轻，偶寐差，脉沉。上方加蜜远志10g，7剂。服上方7剂后，又加减服用30余剂，诸症消失，后制丸药调治1月以巩固疗效。

按 心阴阳气血俱虚，心失所养，故发心动悸。阴血亏虚，不能充盈于脉；阳气不足，不能鼓动血脉流行，脉来不能自续，故见脉结代。阴阳气血俱虚证，症候复杂多变，临证时必须分清阴阳气血中何者偏重，按照病机的轻重缓急而灵活配伍，不可拘于古方。本案以气虚为重，故补气为主，滋阴为辅，兼以助阳之品。方中人参，黄芪为君药，大补元气。炙甘草助君药甘温益气，并能调和于参、芪之间，三药相配能补一身上下表里之气；生地滋阴养血；桂枝温补心阳，并能温经通脉，三药共为臣药。酸枣仁、柏子仁养心安神，酸枣仁偏于补心血，柏子仁偏于补心气；茯苓宁心安神；龙骨、牡蛎镇心安神，其性收涩，并能收敛欲散之神。五味子既能补五脏之气，又具酸收之性，与人参配伍能收敛欲耗之气，六药共为佐药。二诊时，脉仍结代，故加大量黄芪用量以补气；加石菖蒲助桂枝以温通心阳；当归以养血活血，川芎行气活血，使之补而不滞。三诊时，其脉沉略迟偶结，可见阳气未复，故加大桂枝用量，加薤白以增强其温通心阳之力。四诊时，脉未见结代，但寐略差，故加蜜远志以养心安神。如此加减调理两月余，使阳气得复，阴血得充，心悸始安。

（段富津．国医大师临床研究——段富津医案精编．科学出版社．2016）

六、文献摘录

1.《素问·举痛论篇》："惊则心无所倚，神无所归，虑无所定，故气乱矣。"

2.《诸病源候论·风惊悸候》："风惊悸者，由体虚心气不足，心之府为风邪所乘，或恐惧忧迫，令心气虚，亦受于风邪，风邪搏于心，则惊不自安，惊已，则悸动不定。"

3.《诸病源候论·虚劳惊悸候》："心藏神而主血脉，虚劳损伤血脉，致令心气不足，因为邪气所乘，则使惊而悸动不定。"

4.《三因极一病证方论·惊悸证治》："夫惊悸与怔忡，二证不同。惊悸，则因事有所大惊，或闻虚响，或见异相，登高涉险，梦寐不祥，惊忤心神，气与涎郁，遂使惊悸，名曰心惊胆寒，在心胆经，属不内外因，其脉必动。怔忡，则因汲汲富贵，戚戚贫贱，欠思所爱，遽失所重，触事不意，气郁涎聚，遂致怔忡，在心脾经，意思所主，属内所因。或冒寒暑湿，塞闭诸经，令人忽忽若有所失，恐恐如人将捕，中脘怔忡，此乃外邪，非因心病。"

5.《伤寒明理论·悸》："其气虚者，由阳气内弱，心下空虚，正气内动而悸也。"

七、文献推介

1. 心悸的诊断依据、证候分类、疗效评定——中华人民共和国中医药行业标准《中医内科病证诊断疗效标准》(ZY/T001.1-94)[J].辽宁中医药大学学报，2016，8(18)：7.

2. 穆志明，樊娟娟．心悸、惊悸的中西医研究进展[J]．中西医结合心脑血管病杂志，2012，10(9)：1110-1112.

（编者：徐京育　责任副主编：黄燕）

10 胸痹

胸痹是由心脉痹阻引起的，以胸部闷痛，其则胸痛彻背，喘息不得卧为主要临床表现的病证。轻者仅感胸闷如窒，呼吸欠畅，重者则有胸痛，严重者心痛彻背，背痛彻心。

胸痹在《内经》中称为心痛，《灵枢·五邪》篇指出："邪在心，则病心痛。"《素问·脏气法时论》亦云："心病者，胸中痛，胁支满，胁下痛，膺背肩胛间痛，两臂内痛。"《内经》根据心痛的轻重缓急，又分别提出"厥心痛"、"真心痛"、"卒心痛"等不同名称，《素问·缪刺论》有"卒心痛"、"厥心痛"之称。《灵枢·厥病》进一步将厥心痛分为"肾心痛"、"胃心痛"、"脾心痛"、"肝心痛"、"肺心痛"五类。"真心痛"即心痛严重，并迅速造成死亡者，"手足青至节，心痛甚，旦发夕死，夕发旦死"的心痛重证。汉·张仲景《金匮要略》正式提出"胸痹"的名称，并进行了专门的论述。《金匮要略·胸痹心痛短气病脉证治》篇说："胸痹之病，喘息咳唾，胸背痛，短气，寸口脉沉而迟，关上小紧数""胸痹不得卧，心痛彻背"，且把病因病机归纳为"阳微阴弦"，即上焦阳气不足，下焦阴寒气盛，认为本病乃本虚标实之证。特别还提出"胸痹缓急"，心痛有时缓，有时急，但重在急。在治疗上，根据不同证候，制定了瓜蒌薤白白酒汤等9张方剂，以取温通散寒、宣痹化湿之效，体现了辨证论治的特点，至今仍有效地指导着临床实践。宋金元时代有关胸痹的论述及治疗方法也十分丰富。如宋·赵佶《圣济总录·胸痹门》有"胸痹者，胸痹痛之类也，……胸脊两乳间刺痛，甚则引背胛，或彻背脊。"的症状记载。宋·王怀隐等《太平圣惠方》将心痛、胸痹并列。在"治卒心痛诸方"、"治久心痛诸方"、"治胸痹诸方"等篇中，收集治疗本病的方剂甚丰，观其制方，芳香、温通、辛散之品，每与益气、养血、滋阴、温阳之品相互为用，标本兼顾，丰富了胸痹的治疗内容。宋代《太平惠民和剂局方·治诸气方》中提出了"苏合香丸"治疗卒心痛，至今仍广泛应用于临床。明清时期，对心痛胸痹的认识有了进一步的提高。主要是对心痛与胃脘痛的混淆进行了明确的区分。如清·叶天士《临证指南医案·心痛》曰："心痛、胃脘痛确是二病……亦有因胃痛及心痛者。"说明心痛确有表现为胃痛者，临床亦不可忽视。后世医家总结了前人的经验，提出了活血化瘀的治疗方法，如明·王肯堂《证治准绳·诸痛门》提出用大剂桃仁、红花、降香、失笑散等治疗死血心痛，清·陈念祖《时方歌括》以丹参饮治心腹诸痛，清·王清任《医林改错》以血府逐瘀汤治胸痹心痛等，至今沿用不衰，为治疗胸痹开辟了广阔的途径。

西医学中的冠状动脉粥样硬化性心脏病（心绞痛、心肌梗死）属本病范畴，其他如心包炎、主动脉瓣狭窄、二尖瓣脱垂综合征、病毒性心肌炎、心肌病、慢性阻塞性肺气肿、慢性胃炎等，出现胸闷、心痛彻背、短气、喘不得卧等症状者，亦可参照本节内容辨证施治。

一、病因病机

（一）病因

1. 寒邪内侵

素体阳虚，加之工作劳累，致使胸阳不展，阴寒之邪乘虚而入，寒主收引，既抑遏阳气，所谓暴寒折阳，又使血行瘀滞，发为本病。《素问·调经论》曰："寒气积于胸中而不泻，不泻则温气去，寒独留，则血凝泣，凝则脉不通。"《类证治裁·胸痹》曰："胸痹，胸中阳微不运，久则阴乘阳位，而为痹结也。"

2. 饮食失调

饮食不节，如过食肥甘厚味，或嗜酒饮料成癖，以致脾胃损伤，运化失健，聚湿生痰，上犯心胸清旷之区，阻遏胸阳，胸阳失展，气机不畅，心脉闭阻，而成胸痹。如痰浊留恋日久，痰阻血瘀，亦成本病证。

3. 情志失节

怒为肝志，过怒伤肝，肝气内郁，失于疏泄而气滞，久之而致血瘀，甚则气郁化火，灼津成痰；或肝郁横逆犯脾，脾土受抑，升降受阻，运化呆滞，聚湿生痰。忧思伤脾，脾运失健，津液不布，遂聚为痰。无论气滞、血瘀或痰阻，均使血行失畅，脉道壅滞，使胸阳痹阻，气机不畅，心脉挛急或闭塞而发本病。《杂病源流犀烛·心病源流》曰："总之七情之由作心痛，七情失调可致气血耗逆，心脉失畅，痹阻不通而发心痛。"

4. 劳倦内伤

劳倦伤脾，脾虚转输失能，气血生化乏源，无以濡养心脉，拘急而痛。积劳伤阳，心肾阳微，鼓动无力，胸阳失展，阴寒内侵，血行涩滞，而发胸痹。

5. 年迈体虚

年老体虚，久病体衰，或先天不足，房劳过度，久而伤肾。年过半百，肾气自半，精血渐衰。肾为先天之本，肾阳对人体五脏六腑起温煦生化作用，肾阴起滋养柔润作用。如肾阳虚衰，则不能鼓舞五脏之阳，可致心气不足或心阳不振，血脉失于温运，痹阻不畅，发为胸痹；肾阴亏虚，则不能濡养五脏之阴，水不涵木，又不能上济于心，因而心肝火旺，心阴耗伤，心脉失于濡养，而致胸痹；心阴不足，心火燔炽，下汲肾水，又可进一步耗伤肾阴；心肾阳虚，阴寒痰饮乘于阳位，阻滞心脉。凡此均可在本虚的基础上形成标实，导致寒凝、血瘀、气滞、痰浊，而使胸阳失运，心脉阻滞，发生胸痹。

（二）病机

胸痹的基本病机为心脉痹阻，病位在心，与肝、脾、肾等脏关系密切。心主血脉，心气心阳充足，气血运行通畅。心气不能推动血脉，则血行瘀滞；肝疏泄失职，气郁血滞；脾失健运，聚湿生痰，气血乏源；肾阴亏损，心血失荣，肾阳虚衰，君火失用，心肾不交，久之均可引起心脉痹阻，胸阳失旷而发胸痹。其临床主要表现为本虚标实，虚实夹杂。标实有血瘀、寒凝、痰浊、气滞，本虚有气阴两虚及心肾阴阳两虚，且常常相兼为病，形成气滞血瘀、寒凝气滞、痰瘀交阻等证。

胸痹有"缓急"之分，发展趋势由标及本，由轻转剧，轻者多为胸阳不振，阴寒之邪上乘，阻滞气机，临床表现胸中气塞，短气，重者则为痰瘀交阻，壅塞胸中，气机痹阻，临床可表现不同程度的急危证候，甚者不得卧，心痛彻背。同时亦有缓作与急发之异，缓作者，渐进而作，日积月累，始则偶感心胸不舒，继而心痹痛作，发作日频，甚则心胸后背牵引作痛；急作者，素无不舒之感，或许久不发，因感寒、劳倦、七情所伤等诱因而猝然心痛欲窒。本病多在中年以后发生，如治疗及时得当，可获较长时间稳定缓解，如反复发作，则病情较为顽固。若失治或调理失宜，病情进一步发展，可见心胸猝然大痛，出现真心痛危候，甚则可"旦发夕死，夕发旦死"。

胸痹病机转化可因实致虚，亦可因虚致实。痰踞心胸，胸阳痹阻，病延日久，每可耗气伤阳，向心气不足或阴阳并损证转化；阴寒凝结，气失温煦，非唯暴寒折阳，日久寒邪伤人阳气，亦可向心阳虚衰转化；瘀阻脉络，血行滞涩，瘀血不去，新血不生，留瘀日久，心气痹阻，心阳不振。此三者皆因实致虚。心气不足，鼓动不力，易致气滞血瘀；心肾阴虚，水亏火炎，炼液为痰；心阳虚衰，阳虚外寒，寒痰凝络。此三者皆由虚而致实。

本病病程较长，易反复发作。如病情进一步发展，可出现下述变证：若瘀血闭阻心脉，则见心胸猝然大痛（真心痛）；若心阳阻遏，心气不足，鼓动无力，则出现心动悸，脉结代；若心肾阳衰，水邪泛滥，凌心射肺则可见咳喘，肢肿（水肿）等证。

二、诊断与鉴别诊断

（一）诊断依据

(1) 以心前区疼痛、憋闷、短气为主症。表现为胸骨后胸膺部发作性疼痛，常为绞痛、刺痛或隐痛；疼痛可放射于左肩背、左臂内侧、颈、咽喉等部位，时作时止，反复发作；疼痛一般持续数十秒至十余分钟，一般不超过30分钟，休息或服药后可缓解。多伴有心悸怔忡、短气乏力、呼吸不畅，甚则喘促、面色苍白、自汗等。临床以气虚、阳虚、阴虚、血瘀、气滞、痰浊的病机为多，可见相应的舌象、脉象。

(2) 中年以上人群多见，常因劳累过度、七情过激、气候变化、狂饮饱食等因素而诱发。部分无明显诱因或安静时发病。

（二）鉴别诊断

1. 悬饮

悬饮之胸痛多表现为胸胁攻冲胀痛，持续不解，且疼痛随呼吸、咳唾、体位变化而加重，常伴有咯痰、喘息等呼吸系统症状，多有呼吸系统疾病史。胸痹之胸痛，疼痛呈发作性，持续时间短暂，可痛引左肩背和左臂内侧,常于劳累、饱餐、受寒、情绪变化时突然发作,休息或服用药物后可缓解。

2. 胃脘痛

胃脘痛的疼痛部位在上腹胃脘部,局部可有压痛,以胀痛、灼痛为主,持续时间较长,常因饮食不当而诱发,多伴有泛酸嗳气、恶心呕吐、纳呆等症状。胸痹之不典型者亦表现为胃脘部疼痛,但多伴有心悸怔忡、短气乏力等症状,休息或服用药物后可缓解。

3. 真心痛

真心痛之胸痛剧烈,甚则疼痛持续不解,休息或服用药物后不能缓解,常伴有汗出肢冷、面白唇紫、手足青至节、脉微欲绝或结代等危重症状。胸痹之胸痛,疼痛较轻,持续时间短暂,休息或服用药物后可缓解。

三、辨证论治

(一)辨证要点

1. 辨标本虚实

胸痹总属本虚标实之证,辨证首先辨别虚实,分清标本。标实应区别气滞、痰浊、血瘀、寒凝的不同,本虚又应区别阴阳气血亏虚的不同。标实者:闷重而痛轻,兼见胸胁胀满,善太息,憋气,苔薄白,脉弦者,多属气滞;胸部窒闷而痛,伴唾吐痰涎,苔腻,脉弦滑或弦数者,多属痰浊;胸痛如绞,遇寒则发,或得冷加剧,伴畏寒肢冷,舌淡苔白,脉细,为寒凝心脉所致;刺痛固定不移,痛有定处,夜间多发,舌紫暗或有瘀斑,脉结代或涩,多由心脉瘀滞所致。本虚者:心胸隐痛而闷,因劳累而发,伴心慌、气短、乏力,舌淡胖嫩,边有齿痕,脉沉细或结代者,多属心气不足;若绞痛兼见胸闷气短,四肢厥冷,神倦自汗,脉沉细,则为心阳不振;隐痛时作时止,缠绵不休,动则多发,伴口干,舌淡红而少苔,脉沉细而数,则属气阴两虚表现。

2. 辨病情轻重

疼痛持续时间短暂,瞬息即逝者多轻;持续时间长,反复发作者多重;若持续数小时甚至数日不休者常为重症或危候。疼痛遇劳发作,休息或服药后能缓解者为顺症;服药后难以缓解者常为危候。一般疼痛发作次数多少与病情轻重程度呈正比,但亦有发作次数不多而病情较重的情况,尤其在安静或睡眠时发作疼痛者病情较重,必须结合临床表现,具体分析判断。

(二)治疗原则

先治其标,后治其本,先从祛邪入手,然后予以扶正,必要时根据虚实标本主次,兼顾同治。本虚宜补,针对气虚、阳虚、阴虚、血虚之证而分别给予益气、温阳、滋阴、补血治疗;标实当泻,针对气滞、血瘀、寒凝、痰浊之证而分别给予理气、活血、温通、化痰治疗。

(三)分证论治

1. 心血瘀阻

症状 胸部刺痛,固定不移,入夜为甚,甚则心痛彻背,背痛彻心,或痛引肩背,伴有胸闷心悸,时作时止,日久不愈,可因暴怒、劳累而加重,舌质紫暗,或有瘀斑,苔薄,脉弦涩或结、代。

分析 胸部刺痛、固定不移为血阻于心脉,络脉不通,不通则痛所致;入夜加重则因血属阴,夜亦属阴之故;胸闷心悸,时作时止,日久不愈为心脉瘀阻,心失所养所致;恼怒而致心胸痛加剧为肝气郁结,气滞加重血瘀所致;舌质紫黯,或有瘀斑,脉弦涩,或结、代为瘀血内停,气机阻滞之征。

治法　活血化瘀，通脉止痛。

方药　血府逐瘀汤加减。

方中川芎、桃仁、红花、赤芍活血化瘀，和营通脉；柴胡、桔梗、枳壳、牛膝调畅气机，行气活血；当归、生地补养阴血；常加降香、郁金理气止痛。

瘀血痹阻重证，胸痛剧烈，可加乳香、没药、丹参等，加强活血理气之功；若血瘀气滞并重，胸闷痛甚者，可加沉香、檀香、荜茇等辛香理气止痛之药；若寒凝血瘀或阳虚血瘀者，伴畏寒肢冷，脉沉细或沉迟，可加桂枝或肉桂、细辛、高良姜、薤白等温通散寒之品，或人参、附子等益气温阳之品；若气虚血瘀者，伴气短乏力，自汗，脉细弱或结代，当益气活血，用人参养荣汤合桃红四物汤加减，重用人参、黄芪等益气祛瘀之品；若猝然心痛发作，可含化复方丹参滴丸、速效救心丸等活血化瘀、芳香止痛之品。

2. 气滞心脉

症状　心胸满闷，隐痛阵发，痛有定处，时欲太息，遇情志不遂时容易诱发或加重，或兼有脘腹胀闷，得嗳气或矢气则舒，苔薄或薄腻，脉细弦。

分析　心胸满闷疼痛，隐痛阵作，善太息为肝失疏泄，经气不利所致；脘腹胀闷，得嗳气或矢气则舒为情志不遂，肝气横逆，木郁克土；痛有定处为血行不畅；苔薄或薄腻，脉细弦为气滞心脉之征。

治法　疏肝理气，活血通络。

方药　柴胡疏肝散加减。

方中柴胡、枳壳疏肝理气；香附、陈皮理气解郁；川芎、赤芍，活血通脉。

胸闷心痛明显，为气滞血瘀之象，可合用失笑散，以增强活血行瘀、散结止痛之作用；气郁日久化热，心烦易怒，口干便秘，舌红苔黄，脉弦数者，用丹栀逍遥散，以疏肝清热。

3. 痰阻心脉

症状　胸闷痛如窒，痛引肩背，倦怠，气短，肢体沉重，痰多，形体肥胖，遇阴雨天而易发作或加重，伴有纳呆便溏，咯吐痰涎，舌体胖大且边有齿痕，苔浊腻或白滑，脉滑。

分析　胸闷痛如窒为痰阻心脉，胸阳失展，气机不畅所致；痛引肩背为痰浊盘踞，心之络脉阻滞；疲乏，气短，肢体沉重，痰多，纳呆便溏，形体肥胖为脾气亏虚而痰浊内阻；阴雨天湿邪重，故发作加重；舌体胖大且边有齿痕，苔浊腻或白滑，脉滑，为脾虚痰浊之征。

治法　通阳泄浊，豁痰宣痹。

方药　瓜蒌薤白半夏汤合涤痰汤加减。

方中栝蒌、薤白化痰通阳，行气止痛；半夏、胆南星燥湿化痰；竹茹清化痰热；人参、茯苓、甘草健脾益气；石菖蒲、陈皮、枳实理气宽胸。

痰浊郁而化热者，用黄连温胆汤加郁金，以清化痰热而理气活血；如痰热兼有郁火者，加海浮石、海蛤壳、黑山栀、天竺黄、竹沥化痰火之胶结，大便干结加桃仁、大黄。痰浊与瘀血往往同时并见，因此通阳豁痰和活血化瘀法亦经常并用，但必须根据两者的偏重而有所侧重。

4. 寒滞心脉

症状　心痛如绞，感寒痛甚，心痛彻背，喘不得卧，伴形寒，甚则四肢不温，冷汗自出，胸闷气短，心悸，面色苍白，苔薄白，脉沉紧或沉细。

分析　心痛如绞，感寒痛甚，心痛彻背，喘不得卧为阴寒凝滞，胸阳阻遏，气机不畅，阳气不能通达，络脉拘急；胸闷，气短，心悸为素体阳虚，寒从中生，胸阳痹阻，胸阳不展；面色苍白，四肢不温，冷汗自出为阳虚生寒，不达四末；舌苔薄白，脉沉紧或沉细为阴寒凝滞，阳气不运之征。

治法　辛温散寒，宣通心阳。

方药　枳实薤白桂枝汤合当归四逆汤加减。

方中桂枝、细辛温散寒邪，通阳止痛；薤白、瓜蒌化痰通阳，行气止痛；当归、芍药、甘草养血活血；枳实、厚朴理气通脉；大枣养脾和营。

阴寒极盛之胸痹重症，表现胸痛剧烈，痛无休止，伴身寒肢冷，气短喘息，脉沉紧或沉微者，当用温通散寒之法，予乌头赤石脂丸加荜茇、高良姜、细辛等；若痛剧而四肢不温，冷汗自出，即刻舌下含化苏合香丸或麝香保心丸，芳香化浊，理气温通开窍。

5. 气阴两虚

症状　胸闷隐痛，时作时休，心悸气短，动则尤甚，伴倦怠乏力，声息低微，心烦，头晕，口干，手足心热，舌质嫩红或苔少，脉细数或结、代。

分析　胸闷隐痛，时作时止因气虚无以运血，阴虚络脉不利，血行不畅，气血瘀滞所致；心悸气短，动则尤甚，倦怠乏力，声息低微为心气亏虚；心烦，头晕，口干，手足心热为心阴不足；舌质嫩红或苔少，脉细数或结、代为心气不足，阴血亏耗，营络瘀阻之征。

治法　益气养阴，活血通脉。

方药　生脉散合人参养荣汤加减。

方中人参、黄芪、炙甘草大补元气，通经利脉；肉桂温通心阳；麦冬、玉竹滋养心阴；五味子收敛心气；丹参、当归养血活血。

兼有气滞血瘀者，可加川芎、郁金以行气活血；兼见痰浊之象者可合用茯苓、白术、白蔻仁以健脾化痰；兼见纳呆、失眠等心脾两虚者，可并用茯苓、茯神、远志、半夏曲健脾和胃，柏子仁、酸枣仁收敛心气，养心安神。

6. 心肾阴虚

症状　心痛憋闷或灼痛，时作时止，心悸盗汗，虚烦不寐，腰膝酸软，头晕耳鸣，面部烘热，出汗，口干便秘，舌红少津，苔薄或剥，脉细数或促、代。

分析　心痛憋闷或灼痛，时作时止为阴虚血滞，瘀滞痹阻所致；心悸心烦，不寐，盗汗，腰膝酸软，耳鸣为肾阴虚，五脏失养，虚热内生；头晕为水不涵木，阴虚阳亢；面部烘热，汗多为肝肾阴虚，虚火偏旺；舌红少津，苔薄或剥，脉细数或促、代为阴虚内热，瘀血阻络之征。

治法　滋阴清火，养心和络。

方药　天王补心丹合炙甘草汤加减。

方中生地、玄参、天冬、麦冬滋水养阴，以降虚火；人参、炙甘草、茯苓益助心气；柏子仁、酸枣仁养心安神；五味子酸敛心气而安心神；远志交通心肾，养心神；丹参、当归身、芍药、阿胶滋养心血而通心脉。

阴不敛阳，虚火内扰心神，虚烦不寐，舌尖红少津者，可用酸枣仁汤，清热除烦以养血安神；若兼见风阳上扰，加用珍珠母、灵磁石、石决明、琥珀等重镇潜阳之品。若不效，再予黄连阿胶汤，滋阴清火，宁心安神；若心肾阴虚，兼见头晕目眩，腰酸膝软，遗精盗汗，心悸不宁，口燥咽干，用左归饮以滋阴补肾，填精益髓。

7. 心肾阳虚

症状　胸闷痛，气短，遇寒加重，心悸、自汗，腰酸，乏力，畏寒肢冷，动则气喘，不能平卧，面浮足肿，舌质淡胖，边有齿痕，苔白或腻，脉沉细迟。

分析　胸闷痛，气短，遇寒加重为心肾阳虚，胸阳不运，气机不畅，血行瘀滞所致；心悸、汗出，腰酸，乏力，畏寒肢冷，唇甲淡白为心肾阳虚，阴寒凝聚；动则气喘，不能平卧，面浮足肿为心肾阳虚，开阖失常，水饮凌心射肺；舌质淡胖，边有齿痕，苔白或腻，脉沉细迟为心肾阳虚，瘀血阻络之征。

治法 温补阳气，振奋心阳。

方药 参附汤合右归丸加减。

方中人参大补元气，附子温补真阳，肉桂振奋心阳，炙甘草益气复脉，熟地、山萸肉、仙灵脾、补骨脂温养肾气。

伴有寒凝血瘀标实症状者适当兼顾。若肾阳虚衰，不能制水，水饮上凌心肺，症见水肿、喘促、心悸，用真武汤加黄芪、汉防己、猪苓、车前子温肾阳而化水饮；若阳虚欲脱厥逆者，用四逆加人参汤，温阳益气，回阳救逆。

四、预防调护

注意怡情养性，避免暴喜暴怒及忧思悲恐等精神刺激，保持心情平静愉快；注意生活起居，防寒保暖。尤其在立冬等节气前后应避免寒冷刺激。居处保持安静、通风，寒温适宜；注意饮食有节。戒烟限酒，不可过食肥甘厚味刺激性食物，宜清淡低盐，食勿过饱。多吃水果及富含纤维素食物，保持大便通畅；注意劳逸结合，坚持适当运动。发作期患者应立即卧床休息，缓解期要注意适当休息，保证充足的睡眠；加强护理及监护。发病时应加强巡视，密切观察舌、脉、体温、呼吸、血压及精神情志变化，必要时给予吸氧，心电监护及保持静脉通道通畅，并做好抢救准备。

五、临证验案

阎某，女，55岁。

初诊 2013年3月13日。患者以心前区疼痛4年来诊。患者4年前曾因心绞痛急性发作于当地市医院行冠状动脉造影显示回旋支中段严重狭窄90%，给予植入支架一枚。术后患者胸痛胸闷症状如前，遂来就诊。辅助检查：心电图ST-T低压改变，窦性心动过缓，心脏彩超示：左室舒张功能减低（中度）。刻下症：心前区时有刺痛半年。气短，步行2层楼就出现胸闷、憋气、腮帮酸困的症状，休息后可缓解，伴有乏力、畏寒、少气懒言，大便稀，心烦失眠，噩梦多，面暗无华。舌质暗苔薄根黄腻，舌下瘀络，脉沉短滑，寸弱。辨证：胸阳不振，气陷血瘀，痰气互结。治法：通阳散结，祛痰宽胸，化瘀升陷。处方：以史载祥教授协定升陷祛瘀汤合栝蒌薤白白酒汤加减治疗：生黄芪30g，桔梗10g，柴胡6g，升麻6g，山萸肉15g，知母10g，三棱10g，莪术20g，益母草15g，党参15g，葶苈子30g，大枣7枚，赤石脂30g、全瓜蒌20g、薤白10g、半夏15g、黄酒150ml泡、煎10帖水煎服。

二诊 2013年3月22日。患者服药后症状缓解明显。胸痛3次，运动耐量提高。脉沉短滑，苔薄白腻。效不更方，原方巩固：上方加附子10g，全瓜蒌加至40g，薤白加至20g，生黄芪加至40g，升麻加至10g，柴胡加至10g。15帖水煎服。

三诊 2013年4月3日。症状继续好转。胸痛未再发作，偶尔心烦，脉细短，舌质暗，苔薄腻，舌下瘀络。效不更方，原方加水蛭粉3g，续服60剂。后期服用脉血康胶囊配伍通心络胶囊善后巩固疗效。

近日随访：患者病情显著好转，目前可以行走1000米以上而不出现胸闷胸痛症状。

按 胸痹、心痛的病名，始于《黄帝内经》。《素问·痹论》云："心痹者，脉不通，烦则心下鼓，暴上气而喘。"又曰："痛者寒气多也，有寒故痛也。"汉张仲景《金匮要略》中提出"胸痹"的名称，归纳病机为"阳微阴弦"，即上焦阳气不足，下焦阴寒气盛，认为乃本虚标实之证。治疗上温通散寒方有栝蒌薤白白酒汤。栝蒌薤白白酒汤证原文"胸痹之病，喘息咳唾，胸背痛，短气，寸口脉沉而迟，关上小紧数，栝蒌薤白白酒汤主之。"经方治疗胸痹心痛，仍然稍显通行之力有余，而补益之功不足，治疗"阴弦"的内容大于治疗"阳微"的病机。另外随着后世医学的进步与发展，经方对于胸痹心痛的另一个重要的病机——血瘀的治疗力度也略显不足，合用升陷祛瘀汤。升陷祛瘀汤是以黄芪为主，因黄芪既善补气，又善升气，且其质轻松，中含氧气，与胸中大气有同气相求之妙用，惟其性稍热，故以知母之凉润者济之；柴胡为少阳之药，能引大气之陷者自左上升；升麻为阳明之药，能引大气之陷者自右上升；桔梗为药中之舟楫，能载诸药之力上达胸中，故用之为向导也。至其气分虚极者，酌加党参，所以培气之本也；或更加黄芪，所以防气之涣也。至若少腹下坠或更作疼，其人之大气直陷至九渊，必需升麻之大力者以升提之，故又加升麻二钱，三棱、莪术祛瘀消癥，赤石脂《纲目》："补心血，生肌肉，厚肠胃，除水湿，收脱肛。"葶苈之苦，先泻肺中之水气，佐大枣恐苦甚伤胃，二药合葶苈破水泻肺，大枣护脾通津，乃泻肺而不伤脾之法，保全母气以为向后复长肺叶之根本。可在栝蒌薤白白酒汤通阳散结，祛痰宽胸的基础上，益气活血，升阳举陷使大气得以充足，瘀血得除去，故胸中气血通行，而胸痹可除。

（支架术后心绞痛验案．史载祥工作室，马永存整理）

六、文献摘录

1.《素问·痹论》："心痹者，脉不通，烦则心下鼓，暴上气而喘。"
2.《难经·六十难》："心之病，有厥痛，有真痛，何谓也？……其五脏气相干，名厥心痛。……其痛甚，但在心，手足青者，即名真心痛。其真心痛者，旦发夕死，夕发旦死。"
3.《金匮要略·胸痹心痛短气病脉证治》："胸痹，心中痞气，气结在胸，胸满，胁下逆抢心，枳实薤白桂枝汤主之，人参汤亦主之。""心痛彻背，背痛彻心，乌头赤石脂丸主之。""胸痹之病，喘息咳唾，胸背痛，短气，寸口脉沉而迟，关上紧数，栝蒌薤白白酒汤主之。""胸痹，不得卧，心痛彻背者，栝蒌薤白半夏汤主之。"
4.《诸病源候论·久心痛候》："心为诸脏主，其正经不可伤，伤之而痛者，则朝发夕死，夕发朝死，不暇展治。其久心痛者，是心之支别络，为风邪冷热所乘痛也，故成疹，不死，发作有时，经久不瘥也。"
5.《太平圣惠方·治心痹诸方》："夫思虑烦多则损心，心虚故邪虚之，邪积而不去，则时害饮食，心中幅幅如满，蕴蕴而痛，是谓心痹。"
6.《玉机微义·心痛》："然亦有病久气血虚损及素劳作羸弱之人患心痛者，皆虚痛也。"
7.《类证治裁·胸痹》："胸痹，胸中阳微不运，久则阴乘阳位而为痹结也，其症胸满喘息，短气不利，痛引心背。由胸中阳气不舒，浊阴得以上逆，而阻其升降，甚则气结咳唾，胸痛彻背。夫诸阳受气于胸中，必胸次空旷，而后清气转运，布息展舒。胸痹之脉，阳微阴弦，阳微知在上焦，阴弦则为心痛，以《金匮》、《千金》均以通阳主治也。"

七、文献推介

1. 中华中医药学会．胸痹心痛中医诊疗指南 [J]．中国中医药现代远程教育，2011，9(23)：106-107.
2. 陈可冀，赵福海，蒋跃荣．慢性稳定型心绞痛的中西医结合治疗进展 [J]．中国实用内科杂志，2011，31(7)：481-482.
3. 胸痹心痛的诊断依据、证候分类、疗效评定——中华人民共和国中医药行业标准《中医内科病证诊断疗效标准》(ZY/T001.1-94)[J]．辽宁中医药大学学报，2016，18(7)：32.

附 真心痛

真心痛是胸痹进一步发展的严重病证，其特点为剧烈而持久的胸骨后疼痛，伴心悸、水肿、肢冷、喘促、汗出、面色苍白等症状，甚至危及生命。如《灵枢·厥病》谓："真心痛，手足青至节，心痛甚，旦发夕死，夕发旦死。"其病因病机与年老体衰、阳气不足、七情内伤、气滞血瘀、过食肥甘或劳倦伤脾、痰浊化生、寒邪侵袭、血脉凝滞等因素有关。其发病是本虚为基础，标实突出。如寒凝气滞，血瘀痰浊，闭阻心脉，心脉不通，出现胸痹心痛，严重者心脉突然闭塞，气血运行中断，可见心胸猝然大痛，而发为真心痛（急性心肌梗死）。若心气不足，运血无力，心脉瘀阻，心血亏虚，气血运行不利，可见心动悸，脉结代（心律失常）；若心肾阳虚，水邪泛滥，水饮凌心射肺，可出现心悸、水肿、喘促（心力衰竭），或亡阳厥脱，亡阴厥脱（心源性休克），或阴阳俱脱，甚至阴阳离决。总之，本病其位在心，其本在肾，总的病机为本虚标实，而在急性期则以标实为主。

真心痛最为突出的症状是心痛，其疼痛剧烈难忍，疼痛范围广，持续时间长，患者常伴有恐惧、濒死感。因此，在发作期必须选用有速效止痛作用的药物，以迅速缓解心痛症状。疼痛缓解后予以辨证施治，常以补气活血、温阳通脉为法。

心痛发作时应用宽胸气雾剂口腔喷雾给药，或舌下含化麝香保心丸，复方丹参滴丸，或速效救心丸等缓解疼痛，并卧床休息，给氧，保持情绪稳定，大便通畅等。

分证论治

1. 气虚血瘀

症状　心胸刺痛，胸部闷窒，动则加重，伴短气乏力，汗出心悸，舌体胖大，边有齿痕，舌质黯淡或有瘀点瘀斑，舌苔薄白，脉弦细无力。

治法　益气活血，通脉止痛。

方药　保元汤合血府逐瘀汤加减。

方中人参、黄芪补益心气；失笑散、桃仁、红花、川芎活血化瘀；赤芍、当归、丹参养血活血；柴胡、枳壳、桔梗行气豁痰宽胸；甘草调和诸药。

瘀重刺痛明显，加莪术、延胡索，另吞三七粉；口干，舌红，加麦冬、生地养阴；舌淡肢冷，加肉桂、仙灵脾温阳；痰热内蕴，加黄连、瓜蒌、法半夏。

2. 寒滞心脉

症状　胸痛彻背，胸闷气短，心悸不宁，神疲乏力，形寒肢冷，舌质淡黯，舌苔白腻，脉沉无力，迟缓或结代。

治法　温补心阳，散寒通脉。

方药　当归四逆汤加减。

方中当归补血活血；芍药养血和营；桂枝、附子温经散寒；细辛散寒，除痹止痛；人参、甘草益气健脾；通草、三七、丹参通行血脉。

寒象明显，加干姜、蜀椒、荜茇、高良姜；气滞加白檀香；痛剧急予苏合香丸之类。

3. 心阳虚脱

症状　心胸绞痛，胸中憋闷或有窒息感，喘促不宁，心慌，面色苍白，大汗淋漓，烦躁不安或表情淡漠，重则神识昏迷，四肢厥冷，口开目合，手撒尿遗，脉疾数无力或脉微欲绝。

治法　回阳救逆，益气固脱。

方药　四逆加人参汤加减。

方中红参大补元气；附子、肉桂温阳；山萸肉、龙骨、牡蛎固脱；玉竹、炙甘草养阴益气。

阴竭阳亡，合生脉散，并可急用独参汤灌胃或参附注射液静脉推注。

（编者：郑峰　责任副主编：黄燕）

11 不寐

不寐是由心神失养或心神不安引起的，以经常不能获得正常睡眠为特征，以睡眠时间、睡眠深度不足以致不能消除疲劳、恢复体力和精力为主要临床表现的病证。轻者入睡困难，或寐而不酣，时寐时醒，或醒后不能再寐，重者彻夜不寐。

《灵枢·大惑论第八十》中无"不寐"病名，但有"目不瞑"、"不得眠"、"不得卧"的相关论述，《难经·论脏腑》始称"不寐"。其病因病机早在《素问·逆调论篇第三十四》就有论述，主要有四种，一是其他病证的直接影响，如咳喘、呕吐、腹满等，使人不得卧；二是气血阴阳失其调和，使人不能寐；三是邪气客于脏腑，卫气行于阳，不能入阴所得；四是"胃不和则卧不安"，是指"阳明逆不得从其道"，"逆气不得卧，而息有音者"，后世医家延伸为凡脾胃不和，痰湿、食滞内扰，以致寐寝不安者均属此。先秦·扁鹊在《难经·论脏腑》中认为不寐的病机是"血气衰，肌肉不滑，荣卫之道涩，故昼日不能精，夜不得寐也"。汉·张仲景认为少阴热化伤阴所致阴虚火旺，虚烦不得眠为肝血不足，虚热扰及心神所致。汉·张仲景在《伤寒论·辨少阴病脉证并治第十一》中记载了用黄连阿胶汤及酸枣仁汤治疗不寐。唐·孙思邈于《千金翼方·卷一》中提出用丹砂、琥珀等重镇安神和温胆汤治疗"大病后虚烦不眠"，至今仍有临床应用价值。明·张景岳在《景岳全书·不寐》中对不寐的病因病机做了精辟分析，分为有邪、无邪两大类，认为"有邪者多实证，无邪者皆虚证""寐本乎阴，神其主也，神安则寐，神不安则不寐。其所以不安者，一由邪气之扰，一由营气之不足耳。"明·李中梓在《医宗必读·不得卧》将不寐的病因概括为五个方面："一曰气虚，一曰阴虚，一曰痰滞，一曰水停，一曰胃不和。"

西医学中的神经官能症、更年期综合征、慢性消化不良等以不寐为主要临床表现时可参考本病内容辨证施治。由于其他疾病而影响睡眠者，不属本节讨论范围。

一、病因病机

（一）病因

1. 情志失调

情志不遂，肝气郁结，肝郁化火，邪火扰动心神，心神不安而不寐。或由五志过极，心火炽盛，扰动心神而不寐。或由喜笑无度，过于激动，心神涣散，神魂不安而不寐。或由暴受惊恐，心虚胆怯，决断无权，心神不安而不寐。或由思虑太过，损伤心脾，心血暗耗，神不守舍，脾虚生化乏源，营血亏虚，不能奉养心神，心失所养而不寐，即《能寐吟》曰："大惊不寐，大忧不寐，大喜不寐。"

2. 劳逸失调

劳倦太过，伤脾，或过逸少动，脾虚气弱，皆可导致脾运失职，气血不足，不能上奉于心，心神失养而不寐。如《景岳全书·不寐》中提到："劳倦、思虑太过者，必致血液耗亡，神魂无主，所以不眠。"

3. 饮食不节

脾胃受损，宿食停滞，壅遏于中，胃气失和，阳气浮越于外而卧寐不安，如《张氏医通·不得卧》云："脉滑数有力不得卧者，中有宿滞痰火，此为胃不和则卧不安也。"或由过食肥甘厚味，酿生痰热，痰热上扰心神而不寐。或由饮食不节，伤及脾胃，脾运失健，气血生化不足，心血不足，心失所养而不寐。

4. 病后体虚

病后血虚，年迈血少，产后失血等，引起气血不足，心失所养，心神不安而不寐。或由素体阴虚，房劳过度，肾阴耗伤，心肾不交，心火独亢，扰动心神，心神不安而不寐。正如《景岳全书·不寐》所说："无邪而不寐者，必营气之不足也，营主血，血虚则无以养心，心虚则神不守舍。""真阴精血不足，阴阳不交，而神有不安其室耳。"

（二）病机

不寐的基本病机是心神失养或心神不安。情志所伤，劳逸失调，饮食失节，久病体虚导致心脾胃肝胆肾脏腑机能紊乱，气血失和，阴阳失调，血不养心，导致心失所养；或由肝郁、心火、痰热、胃失和降等导致心神不安。人之寤寐，皆由心神控制，而营卫阴阳的正常运作是保证心神调解寤寐的基础。故各种因素导致心神失养或心神不安，神不守舍，不能由动转静，皆可导致不寐。其病理变化，总属阳盛阴衰，阴阳失交。一为阴虚不能纳阳，一为阳盛不能入于阴。

不寐的病变脏腑在心，与肝（胆）、脾（胃）、肾密切相关。因心主神明，神安则寐，神不安则不寐。脾胃为后天之本，阴阳气血生化之源，运化水谷精微，上奉于心，则心神得养；受藏于肝，则肝体柔和；统摄于脾，则生化不息；调节有度，化而为精，内藏于肾，肾精上承于心，心火下交于肾，则神志安宁，夜寐安静。脾胃虚弱，运化失职，则气血不足，神失所养，心神不安；暴饮暴食，食积胃脘，胃气不和，亦致不寐。肝郁化火，心神被扰，或心虚胆怯，神魂不安，均可致不寐。肾阴亏虚，水火不济，心肾不交，君相火旺，心神不安则不寐。

不寐的病理性质有虚实之分。因火（肝火、心火）、因痰（痰热）、因食（饮食积滞，胃气不和）导致心神不安者以实证为主。因心脾两虚，气血不足，或心胆气虚，决断无权，或心肾不交，水火不济导致心神失养者多属虚证。阴虚火旺，心肾不交，君相火旺导致虚火扰心，或暴受惊恐，心虚胆怯导致心神不安多属本虚标实证。久病可见虚实兼夹证，或为瘀血所致，故清·王清任用血府逐瘀汤治疗。

不寐失治误治可发生病机转化。如肝郁化火证加重，火热伤阴耗气，由实转虚；心脾两虚者，饮食不当，更伤脾胃，使气血愈虚，食积内停，虚实夹杂；心肾不交者，温燥太过，阴虚火旺，可进一步发展为心火独亢，肾水更虚之证。

二、诊断与鉴别诊断

（一）诊断依据

(1) 经常不能获得正常睡眠，轻者入睡困难，或睡而易醒，醒后不能再睡，重者彻夜难眠，连续4周以上。

(2) 常伴有多梦、心烦、头昏头痛、心悸健忘、神疲乏力等症状。

(3) 无妨碍睡眠的其他器质性病变和诱因。

(4) 本病常有情志失调、饮食不节、劳逸失调、病后体虚等病史。

（二）鉴别诊断

不寐应与一时性失眠、生理性少寐、他病痛苦引起的失眠相鉴别。不寐是指单纯以失眠为主症，表现为经常不能获得正常睡眠，以至于不能恢复体力和精力，影响日常工作和学习。一时性失眠是因环境、个体、情绪因素等所引起的暂时性的失眠，不属于本节范畴。老年人少寐早醒，则属于生理性少寐。若因其他躯体疾病痛苦所导致的失眠，当以祛除病因、治疗原发病为主。

三、辨证论治

（一）辨证要点

1. 辨虚实

不寐辨证首分虚实。虚证多因阴血不足，心失所养等所致，临床特点为体质瘦弱，面色无华，神疲懒言，心悸健忘，多因脾失健运，肝失藏血，肾失藏精所致。实证因火、因痰、因食，邪扰心神等所致，临床特点为心烦易怒，口苦咽干，便秘溲赤，多因心火亢盛或肝郁化火所致；或心烦不寐，胸闷脘痞，泛恶嗳气，厌食吞酸，头重目眩则因食滞痰热，胃腑不和所致。

2. 辨脏腑

不寐的主要病位在心。心神失养或心神不安均可致不寐，肝、胆、脾、胃、肾的阴阳气血失调，可影响心神亦致不寐。如急躁易怒而不寐，多为肝火内扰；嗳腐吞酸，脘胀苔腻而不寐，多为胃腑宿食，痰浊痰热内盛；虚烦不寐，触事易惊，多梦易醒，多为心胆气虚；面色少华，肢倦神疲而不寐，多为脾虚不运，心神失养；心烦心悸，头晕健忘而不寐，多为阴虚火旺，心肾不交等。

（二）治疗原则

不寐在治疗上应以补虚泻实，平衡阴阳为原则，通过调和脏腑最终达到宁心安神的目的。虚者宜补其不足；实者宜泻其有余；虚实夹杂者，应补泻兼顾，在泻实补虚的基础上，安神定志，如养血安神，镇惊安神，清心安神，配合心理调适，消除紧张情绪，保持精神舒畅。

（三）分证论治

1. 实证

(1) 心火炽盛

症状 心烦不寐，躁扰不宁，怔忡，口干舌燥，小便短赤，口舌生疮，舌尖红，苔薄黄，脉数有力或细数。

分析 心烦不寐，躁扰不宁，怔忡为五志过极，心火内炽，扰动心神；口干舌燥为火热伤津；小便短赤为热移膀胱；口舌生疮为心火上炎；舌尖红，苔薄黄，脉数有力或细数均为心火炽盛之征。

治法 清心泻火，宁心安神。

方药 朱砂安神丸加减。

方中朱砂性寒可胜热，重镇安神；黄连清心泻火除烦；生地、当归滋阴养血，养阴以配阳。可加山栀、连翘，加强本方清心泻火之功。本方宜改丸为汤，朱砂冲服用量宜少。

若胸中懊憹，胸闷泛恶者，加淡豆豉、竹茹，宣通胸中郁火；若便秘溲赤者，加大黄、淡竹叶、琥珀粉，引火下行，以安心神。

(2) 肝郁化火

症状 急躁易怒，不寐多梦，甚至彻夜不眠，伴有头晕头胀，目赤耳鸣，口干而苦，不思饮食，便秘溲赤，舌红苔黄，脉弦而数。

分析 不寐多梦，甚则彻夜不眠是因情志恼怒郁闷，肝失条达，气郁化火，上扰于心；性情急躁易怒为肝郁化火，肝火偏盛；伴头晕头胀，目赤耳鸣系肝火上扰清窍；口干口苦，便秘尿赤为肝火偏盛，伤阴耗液；不思饮食为肝郁乘脾；舌红苔黄，脉弦而数为肝郁化火，肝火炽盛之象。

治法 清肝泻火，镇心安神。

方药 龙胆泻肝汤加减。

方用龙胆草、黄芩、栀子清肝泻火，木通、车前子利小便而清热；柴胡疏肝解郁；当归、生地养血滋阴柔肝，柴、归、地相配系疏肝与柔肝并举；甘草和中。

若胸闷胁胀，善太息者，加香附、郁金、绿萼梅以疏肝解郁；若头晕目眩，头痛如裂，不寐躁怒、大便秘结者，可使用当归龙荟丸；若烦躁易怒者，可加朱砂、生龙骨、生牡蛎镇心安神。

(3) 痰热内扰

症状 心烦不寐，胸闷脘痞，泛恶，嗳气，厌食吞酸，伴有头重目眩，口干口苦，舌红，苔黄腻，脉滑数。

分析 心烦不寐，胸闷脘痞为痰浊宿食壅遏于中，积而生热，痰热扰心；泛恶嗳气，厌食吞酸为痰食中阻，气机不畅，胃失和降；伴头重目眩为痰浊上扰，蒙蔽清阳；口干口苦，胸脘满闷诸症，均系痰热内扰之候；舌红，苔黄腻，脉滑数为痰热中阻之象。

治法 清化痰热，和中安神。

方药 黄连温胆汤加减。

方中半夏、陈皮、竹茹化痰降逆；茯苓健脾化痰；枳实理气和胃降逆；黄连清心降火。

若饮食停滞，胃中不和，嗳腐吞酸，脘腹胀痛者加神曲、山楂、莱菔子；若心悸动甚，惊惕不安者，加珍珠母、朱砂以镇惊安神；若伴胸闷嗳气，脘腹胀满，大便不爽，苔腻脉滑者可加用半夏秫米汤调和脾胃，交通阴阳；若实热顽痰内扰，经久不寐，或彻夜不寐，大便秘结者，可用礞石滚痰丸降火泻热，逐痰安神。一般不选用五味子、酸枣仁、夜交藤之类养心安神药物，因其酸收敛邪，不利于化痰清热。

2. 虚证

(1) 心脾两虚

症状　不易入睡，多梦易醒，心悸健忘，神疲食少，四肢倦怠，腹胀便溏，头晕目眩，面色少华，舌淡苔薄，脉细无力。

分析　不易入睡，多梦易醒为脾虚血亏，心神失养，神不守舍；心悸健忘为血虚神失所养；神疲食少，四肢倦怠，腹胀便溏为脾虚运化失职，形神失养；头晕目眩，面色少华为气血亏虚，不能上荣；舌质淡，脉细无力为气虚血少之象。

治法　补益心脾，养心安神。

方药　归脾汤加减。

方用人参、白术、黄芪、甘草益气健脾；当归补血；远志、酸枣仁、茯神、龙眼肉补心益脾，安神定志；木香行气健脾。全方具有气血双补，重在补气；心脾同治，重在补脾；补中有行，补而不滞的特点。

若心血不足者，加熟地、芍药、阿胶以养心血；若不寐较重者，加五味子、柏子仁有助养心宁神，或加夜交藤、合欢花、龙骨、牡蛎以镇心安神；若脘闷纳呆，苔腻者，加法半夏、陈皮、茯苓、厚朴以健脾理气化痰；若产后虚烦不寐，形体消瘦，面色㿠白，易疲劳，舌淡，脉细弱者，或老人夜寐早醒而无虚烦之证者，多属气血不足，治宜养血安神，可用归脾汤合酸枣仁汤。

(2) 心肾不交

症状　心烦不寐，入睡困难，心悸多梦，头晕耳鸣，健忘，腰膝酸软，潮热盗汗，五心烦热，咽干少津，男子遗精，女子月经不调，舌红少苔，脉细数。

分析　心烦不寐，入睡困难，心悸多梦为肝肾阴虚，心阴不足，心肝火旺，虚火扰神，心神不安；头晕、耳鸣、健忘为肾精亏耗，髓海空虚，清窍失养；腰膝酸软为肾虚腰膝失养；潮热盗汗，五心烦热，咽干少津为阴虚火旺，津液耗伤；男子遗精，女子月经不调为肾阴亏虚，虚火扰动精室，或冲任失养；舌红少苔，脉细数为阴虚火旺之象。

治法　滋阴降火，清心安神。

方药　六味地黄丸合黄连阿胶汤加减。

六味地黄丸三阴并补，补肾阴为主，方中重用熟地黄，加上山萸肉、山药合称为"三补"，共同滋养肝脾肾，但熟地黄的用量重，是山萸肉与山药两味之和，故以补肾阴为主，补其不足以治本。配伍泽泻、丹皮、茯苓称为"三泻"，渗湿浊，清虚热，平其偏胜以治标。六味合用，三补三泻，补重于泻，是以补为主。黄连阿胶汤为为滋阴和阳的良方，方中黄连、黄芩直折心火；芍药、阿胶、鸡子黄滋养阴血。两方共奏滋阴降火之效。

若心烦心悸，梦遗失精者，可加肉桂引火归元，与黄连共用即为交泰丸以交通心肾，则心神可安；若盗汗者，可加麻黄根、浮小麦、煅龙骨、煅牡蛎。

(3) 心胆气虚

症状　虚烦不寐，多梦易醒，触事易惊，终日惕惕，胆怯心悸，伴有气短自汗，倦怠乏力，小便清长，舌淡，脉弦细。

分析 虚烦不寐,多梦易醒,触事易惊为心胆虚怯所致,心失所养则神不安,胆气不足则志不宁;终日惕惕,胆怯心悸为心胆气虚,神魂不安;伴气短自汗,倦怠乏力,小便清长,舌淡,脉弦细均为心胆气虚之象。

治法 益气镇惊,安神定志。

方药 安神定志丸加减。

安神定志丸重于镇惊安神,益心胆之气而定惊,宁心安神。方中人参益心胆之气;茯苓、茯神、远志化痰宁心;龙齿、石菖蒲镇惊开窍宁神。

若心悸甚,惊惕不安者,加生龙骨、生牡蛎、朱砂。

(4) 心肝血虚

症状 虚烦不寐,心悸不安,多梦健忘,伴胸闷,两胁隐痛,善太息,纳呆腹胀,面、舌、爪甲色淡白,头晕目眩,咽干口燥,舌红,脉弦细。

分析 魂不守舍为肝血不足;虚烦不寐、心悸不安、多梦健忘为心血不足,心失所养,加之血为阴液,阴液不足则生内热,虚热内扰;肝气不舒,血不养络,则两胁隐痛,胸闷,善太息;肝不疏土,则纳呆腹胀;血虚清窍失于荣养,故面、舌、爪甲色淡白,头晕目眩;阴津不足则咽干口燥;舌红,脉弦细乃心肝血虚,虚热内扰之象。

治法 养血安神,清热除烦。

方药 酸枣仁汤加减。

酸枣仁汤具有养血清热除烦之功,方中酸枣仁甘酸性平,入心肝胆经,既能益心之营血以安心神,又能收敛肝之阴血以通心气,一药两用,起到养肝、安神、宁心之效,陈士铎就盛赞枣仁为"安心上不寐之圣药";知母清热除烦;川芎调血安神;茯苓化痰宁心。诸药相伍,标本兼治,共奏养血安神、清热除烦之效。

若肝不疏土,胸闷,善太息,纳呆腹胀者,加柴胡、陈皮、山药、白术;若心肝血虚,惊悸汗出者,则重用人参,加白芍、当归、黄芪。

四、预防调护

防治本病应养成良好的生活习惯,建立规律的作息制度,如按时睡觉,晚餐清淡,不宜过饱,睡前不饮浓茶、咖啡和抽烟等,不经常熬夜。注意睡眠环境的安宁,床铺要舒适,卧室光线要柔和,并减少噪声,祛除各种影响睡眠的外在因素。加强体育锻炼,增强体质,促进身心健康等。本病因属心神病变,故尤应重视精神调摄。积极进行心理情志调整,做到喜恶有节,克服过度的紧张、兴奋、焦虑、抑郁、惊恐、愤怒等不良情绪,保持精神舒畅,尽量以放松的、顺其自然的心态对待失眠。

五、临证验案

李某,男,70岁。

初诊 2009年3月13日。1年前开始出现睡眠不深,总在朦胧状态,易醒,每夜4~5次,醒后不能再次入睡,醒后不解乏,因近来加重来诊。目前除上述症状外,伴有至夜身热,胃脘不舒,痞满嗳气,大便不干,黏腻不畅,脉弦缓滑稍大,面赤舌可,苔黄厚腻。西医诊断:冠心病心绞痛。

中医诊断 不寐。

辨证 痰热蕴阻。

治法 清利痰热。

处方 黄连温胆汤加味。

黄连12g、黄芩12g、半夏18g、胆南星10g、天竺黄12g、枳实9g、石菖蒲9g、竹茹8g、瓜蒌30g、橘红10g、茯苓15g。14剂,水煎服,日1剂。

二诊 2009年3月27日。仍睡眠不深，每夜醒3～4次，醒后能再次入睡，醒后不解乏，至夜身热减轻，胃脘不舒、痞满嗳气症状减轻，大便仍黏腻不畅，面赤减，脉舌同前，上方21剂。服法同前。

三诊 2009年4月23日。睡眠已可，饮食正常，食后胃尚微满，大便黏腻减轻，仍欠畅，舌红，苔薄腻微黄，脉滑数，已不大，上方加焦三仙各12g，14剂，日1剂。服法同前。后家人告知诸症已愈。

按 《素问·逆调论》："胃不和则卧不安。"胃不和，原因颇多，虚实寒热皆可，均可影响心神而卧不安。《灵枢·大惑论》："夫卫气者，昼日常行于阳，夜行于阴，故阳气尽则卧，阴气尽则寤。"本例湿热蕴阻，升降失司，心火不能下潜，肾水不得上润，水火不能相济，阴阳不得相交，故寐不安。一诊时，脉弦者主气郁，滑为痰，缓而大者乃为纵脉，纵主热，景岳云："缓而滑大者多实热。"同时征之于舌苔黄厚腻，故诊断为痰热蕴阻，胃气不降而上逆则卧不安。予黄连温胆汤化裁，清热燥湿，化痰和胃，再加入黄芩、天竺黄、瓜蒌则涤痰之力更强，其中半夏重用18g，取半夏秫米汤意，以交通阴阳。二诊症状稍减，但舌脉同前，且大便不利，为湿热尚在之象，故守方继服。三诊睡眠已完全好转，仍有胃部不适，脉已不大，为热减，仍滑数表示余邪未净，则继续原法则，加焦三仙以助胃消导积滞善后。依脉辨证，脉不变则说明证未变，反复用药未见全效，实为蒸煮范式，为未到火候而已，此案依脉缓滑纵数，辨证为痰热蕴阻，而坚持应用黄连温胆汤，终获痊愈。总之，李老应用黄连温胆汤治疗不寐的主要指征是脉濡滑数纵。用此方时，常加用天竺黄、黄芩、瓜蒌，且半夏重用，以交通阴阳，半夏何以能交通阴阳？实因其化痰降逆、复其升降之功。痰除胃和，升降之功复，水火既济，阴阳相交，故治胃不和之卧不安，正所谓阴阳谓之交泰。

（姚乃礼，王思成，徐春波. 当代名老中医典型医案集·李士懋医案. 人民卫生出版社. 2009）

六、文献摘录

1.《古今医统大全·不得卧》："痰火扰乱，心神不宁，思虑过伤，火炽痰郁而致不眠者多矣。有因肾水不足，真阴不升而心阳独亢，亦不得眠。有脾倦火郁，夜卧遂不疏散，每至五更随气上升而发躁，便不成寐，此宜快脾发郁，清痰抑火之法也。"

2.《景岳全书·不寐》："无邪而不寐者，……宜以养营、养气为主治""有邪而不寐者，去其邪而神自安也。"

3.《症因脉治·不得卧》："心血虚不得卧之症，心烦躁乱，夜卧惊起，口燥舌干，五心烦热。此心血不足，心火太旺之证也。……心血虚不得卧之因，曲运神机，心血耗尽，阳火旺于阴中，则神明内扰，而心神不宁，不得卧之症作矣。……心血虚不得卧之治，阴虚则阳必旺，故心血不足，皆是火症，宜壮水之主，以制阳光。治宜滋阴降火，用归芍天地煎、黄连安神丸，虚人，天王补心丹。"

4.《医效秘传·不得眠》："夜以阴为主，阴气盛则目闭而安卧，若阴虚为阳所胜，则终夜烦扰而不眠也。心藏神，大汗后则阳气虚，故不眠。心主血，大下后则阴气弱，故不眠。热病邪热盛，神不清，故不眠。新瘥后，阴气未复，故不眠。若汗出鼻干而不得眠，又为邪入表也。"

七、文献推介

1. 中医中医科学院失眠症中医临床实践指南课题组. 失眠症中医临床实践指南(WHO/WPO)[J]. 世界睡眠医学杂志，2016，3(1)：8-25.

2. 科技部"十一五"国家科技支撑计划重点课题心理疾患防治研究与示范项目研究课题组，汪卫东，李涛等. 基于个体化的失眠症中医临床实践指南[J]. 世界睡眠医学杂志，2016，3(2)：65-79.

3. 不寐的诊断依据、证候分类、疗效评定——中华人民共和国中医药行业标准《中医内科病证诊断疗效标准》(ZY/T001.1-94)[J]. 辽宁中医药大学学报，2016，18(8)：247.

附 健忘

健忘是由脑失所养或邪扰清窍导致的以记忆力减退，遇事善忘为主要临床表现的病证。亦称"喜忘"、"善忘"。

健忘多与心脾亏虚，肾精不足有关，亦有因气血逆乱，痰浊、瘀血上扰所致。心主血，脾生血，肾主精髓，思虑过度，劳伤心脾，则阴血暗损；房事不节，则精亏髓减，脑失所养，皆令人健忘。高年神衰，亦有因血虚、精少而健忘。气血逆乱，痰浊上扰，久病入络，瘀血阻窍，邪扰清窍亦可引起健忘，如《素问·调经论》说："血并于下，气并于上，乱而喜忘"；《丹溪心法·健忘》则认为"健忘精神短少者多，亦有痰者"。

健忘病性本虚标实，虚多实少。如思虑过度，阴血损耗，劳伤心脾，化生无源，心脑失养；或久病损伤精血，脑髓不充；或年迈气血亏虚，肾精亏虚，心脑失养均可导致健忘。实证则见于情志不遂，痰浊上蒙所致。其病位在心脑，但与脾肾关系密切。

本篇所讨论的健忘是指后天失养，脑力渐致衰弱者。先天不足，生性愚钝的健忘不属于此范围。西医学的神经衰弱、神经官能症、脑动脉硬化等疾病出现健忘症状者，都可以参照本病辨证施治。现将健忘的主要证治分述如下：

1. 心脾不足

症状　健忘不寐，精神疲倦，食少心悸，舌淡，脉细。

治法　补益心脾。

方药　归脾汤加减。

方用人参、白术、黄芪、甘草益气健脾；当归补血；远志、酸枣仁、茯神、龙眼肉补心益脾，安神定志；木香行气健脾，全方具有补益心脾、养心安神的作用。

2. 肾精亏耗

症状　健忘，腰酸腿软，头晕耳鸣，遗精早泄，五心烦热，舌红，脉细数。

治法　补肾填精。

方药　河车大造丸加减。

紫河车大补精血；龟板、熟地、杜仲、牛膝添精补髓；人参益气生津；天冬、麦冬养阴；黄柏清相火；酸枣仁、五味子养心安神；石菖蒲开窍醒神。若兼肾阳虚者加鹿角胶、肉苁蓉、巴戟天，以阴阳同补，填精补脑。

3. 痰浊阻滞

症状　健忘，头晕，胸闷，呕恶，苔黄腻，脉滑。

治法　化痰宁心。

方药　温胆汤加减。

方中半夏、苍术、竹茹、枳实健脾化痰泄浊，白术、茯苓、甘草健脾益气，加石菖蒲、郁金开窍解郁。

4. 肝郁气滞

症状　健忘心悸，胸闷胁胀，易怒，喜太息，苔薄白，脉弦。

治法　疏肝解郁，通络开窍。

方药　柴胡疏肝散加减。

方中柴胡、枳壳疏肝理气；香附、陈皮理气解郁，川芎、赤芍活血通脉。全方具有疏肝养肝，理气活血解郁的作用，加郁金、石菖蒲解郁开窍。

5. 血瘀痹阻

症状　遇事善忘，心悸胸闷，伴言语迟缓，神思不敏，表现呆钝，面唇色暗，舌质紫暗，有瘀点瘀斑，脉细涩或结代。

治法　活血化瘀。

方药　血府逐瘀汤加减。

方中桃仁、红花、当归、生地、赤芍、川芎、牛膝养血活血；柴胡、枳壳、桔梗行气豁痰宽胸以助血行；甘草益气护正。

附　多寐

多寐是由阳气困滞不振或阳气虚弱所导致的，以不分昼夜，时时欲睡，呼之即醒，醒后复睡为临床表现的病证，亦称"嗜睡"。

多寐的基本病机是湿、浊、痰、瘀困滞阳气，心阳不振；或阳虚气弱，心神失荣。本病病位在心、脾，与肾关系密切。李东垣在《脾胃论·卷上》指出："脾胃之虚，怠惰嗜卧。"《丹溪心法·中湿》指出："脾胃受湿，沉困无力，怠惰好卧。"指出脾胃亏虚和脾胃受湿均可导致多寐。病变过程中各种病理机制相互影响，如脾气虚弱，运化失司，水津停聚而成痰浊，痰浊、瘀血内阻，又可进一步耗伤气血，损伤阳气，以致心阳不足，脾气虚弱，虚实夹杂，病性本虚标实。本虚主要是心、脾、肾阳气虚弱，心窍失荣；标实则为湿邪、痰浊、瘀血等蒙塞心窍。

西医学中的发作性嗜睡病、神经官能症、某些精神类疾病以多寐为主要临床表现时，可参考本节辨证施治。现将多寐的主要证治分述如下：

1. 湿盛困脾

症状　头重如裹，昏蒙嗜睡，肢体沉重，偶伴浮肿，胸闷脘痞，纳呆，泛恶，舌苔腻，脉濡滑。

治法　燥湿健脾，醒神开窍。

方药　平胃散加减。

方中苍术燥湿健脾；藿香芳香化浊；橘皮理气和中；厚朴、生姜宽中理脾祛湿；石菖蒲醒脾化湿，提神开窍。

2. 瘀血阻滞

症状　神倦嗜睡，头晕头痛，病程较久，或有外伤史，舌质紫暗或有瘀点瘀斑，脉涩或结代。

治法　活血通络，醒神开窍。

方药　通窍活血汤加减。

方中赤芍、川芎、桃仁、红花活血化瘀；生姜、黄酒温通以助行血；老葱、麝香开窍醒神；红枣顾护正气。

3. 脾气虚弱

症状　嗜睡多卧，倦怠乏力，食后尤甚，伴纳呆，便溏，面色萎黄，舌淡，苔薄白，脉虚弱。

治法　健脾益气。

方药　香砂六君子汤加减。

方中党参、茯苓、白术、甘草益气健脾；半夏、陈皮化痰和中；木香、砂仁芳香理气醒脾醒神。

4. 脾肾阳虚

症状　倦怠嗜卧，精神疲乏懒言，畏寒肢冷，面色㿠白，健忘，舌淡，苔薄，脉沉细无力。

治法　温补脾肾。

方药　附子理中汤加减。

方中附子、干姜温补脾肾之阳；人参、白术、甘草大补元气。

（编者：谭超　责任副主编：黄燕）

12　厥证

厥证是由阴阳失调，气机逆乱所引起的，以突然昏倒，不省人事，四肢厥冷为主要临床表现的病证。病情轻者，一般在短时间内苏醒，病情重者，昏厥时间较长，严重者甚至一厥不复而导致死亡。

《内经》论厥，主要有二种情况：第一种，以暴死为厥，即突然昏倒，不省人事。如《素问·厥论》指出："厥……或令人暴不知人，或至半日，远至一日乃知人者……"《素问·大奇论》亦认为："暴厥者，不知与人言。"第二种，以四末逆冷为厥，即指肢体和手足逆冷。如《素问·厥论》曰："阳气衰于下，则为寒厥……寒厥之为寒也，必从五指而上于膝……"汉·张仲景在《伤寒论》、《金匮要略》中，主要继承前述《内经》中论厥的第二种观点，即以手足逆冷为厥的主要表现，而且以外感发厥为主。在《伤寒论》中，很多条文提到厥、厥逆，如《伤寒论·辨厥阴病脉证并治》有"伤寒脉微而厥，至七八日肤冷，其人躁无暂安时者，此为脏厥"，创四逆汤、通脉四逆汤、当归四逆汤等名方。隋·巢元方《诸病源候论·中恶病诸候（凡十四论）》对尸厥的表现进行了描述："其状如死，犹微有息而不恒，脉尚动而形无知也"，并认为其病机是"阴阳离居，营卫不通，真气厥乱，客邪乘之"。元·张子和《儒门事亲》论述厥证，不仅有手足逆冷之厥，还记载有昏不知人之厥，并将昏厥分为尸厥、痰厥、酒厥、气厥、风厥等证。如《儒门事亲·指风痹痿厥近世差玄说》指出："厥之为状，手足膝下或寒或热也……厥亦令人腹暴满不知人者，或一二日稍知人者，或卒然闷乱无知觉者……有涎如拽锯，声在喉咽中为痰厥，手足搐搦者为风厥，因醉而得之为酒厥，暴怒得之为气厥。"明·李梴《医学入门·外感寒暑》进一步明确区分外感发厥与内伤杂病厥证。明·张景岳《景岳全书·厥逆》总结明代以前对厥证的认识，提出以虚实论治厥证，符合临床实际。此后医家对厥证的理论不断充实、完善和系统化，提出了气、血、痰、食、暑、尸、酒、蛔等厥，并以此作为辨证的重要依据，指导临床治疗。

本节厥证所讨论的范围是以内伤杂病中具有突然发生的一时性昏倒、不省人事为主症，伴有四肢逆冷的病证。至于外感病中以手足逆冷为主，不一定伴有神志改变的发厥，不属本节之讨论范围。暑厥系由感受暑热之邪而发病，本节亦不作讨论。西医学中的多种原因所致之晕厥，如癔病、高血压脑病、脑血管痉挛、低血糖、出血性或心源性休克等，可参考本节进行辨证施治。

一、病因病机

（一）病因

1. 情志内伤

情志内伤在本病证主要是指恼怒惊骇恐吓的情志变动。精神刺激是厥证的主要诱因。在通常情况下，情志是人体生理活动的一部分，然而突遇剧烈的情志变动，超过了生理活动所能调节的范围，就会引起脏腑的功能失调而发病。"怒则气上""惊则气乱""恐则气下"等即可致气逆上冲或清阳不升，而清窍失灵发生昏仆致厥。

2. 体虚劳倦

素体虚弱，久病劳倦者，阴阳气血暗耗，元气亏虚，以致脑髓失养，而致昏厥。

3. 失津亡血

如因大汗吐下，气随液耗，津液大亏，或因创伤出血，或血证失血过多，以致气随血脱，阳随阴消，神明失主而致厥。

4. 饮食不节

嗜食酒酪肥甘，脾胃受伤，运化失常，以致聚湿生痰，痰浊阻滞，气机不畅，气滞痰阻，如痰浊一时上壅，清阳被阻，则发为昏厥。

（二）病机

厥证的总病机是阴阳失调，基本病机是气机逆乱。气机逆乱，升降乖戾，气血阴阳不相顺接而发为厥证。正如《景岳全书·厥逆》所说："厥者尽也，逆者乱也，即气血败乱之谓也。"情志失调，易影响气机运行，轻则气郁，重则气逆，逆而不顺则气厥。气盛有余之人，骤遇恼怒惊骇，气机上冲逆乱，清窍壅塞而发为气厥实证；素体元气虚弱之人，陡遇恐吓，清阳不升，神明失养，而发为气厥虚证。气为阳，血为阴，气血阴阳相随，互为资生，互为依存，气血的病变互相影响。素体肝阳偏亢，遇暴怒伤肝，肝阳上亢，肝气上逆，血随气升，气血逆乱，闭阻于上，发为血厥实证；大量失血，血脱则气无以附，气血不能上达清窍，神明失养，昏不知人，则发为血厥虚证。由于情志过极、饮食不节以致脾胃受损，运化失司，聚湿生痰，气机升降失调运行逆乱，或痰随气升，上扰神明，则发为痰厥。

由于体质和病机转化的不同，病理性质有虚实之别。凡气盛有余，气逆上冲，血随气逆，或夹痰浊壅滞于上，以致清窍闭塞，不知人事，为厥之实证；气虚不足，清阳不升，气陷于下，或大量出血，气随血脱，血不上达，气血一时不相顺接，以致神明失养，不知人事，为厥之虚证。

病变所属脏腑主要在于心、肝而涉及脾、肾。心为神明之主，肝主疏泄条达，心病则神明失用，肝病则气郁气逆，乃致昏厥。但脾胃为气机升降之枢，肾为元气之根，脾病清阳不升，肾虚精气不能上注，亦可与心肝同病而致厥。

厥证之病理转归主要有三：一是阴阳气血相失，进而阴阳离决，发展为一厥不复之死证。二是阴阳气血失常，或为气血上逆，或为中气下陷，或气血痰浊内闭，气机逆乱而阴阳尚未离决，此类厥证之生死，取决于正气来复与否及治疗措施是否及时、得当。若正气来复，治疗得当，则气复返而生，反之，气不复返而死。三是表现为各种证候之间的转化。如气厥和血厥之实证，常转化为气滞血瘀之证；失血致厥的血厥虚证，严重者转化为气随血脱之脱证等。

厥证的预后，主要取决于正气的强弱，病情的轻重，以及抢救治疗是否及时、得当。发病之后，若呼吸比较平稳，脉象有根，表示正气尚强，预后良好。反之，若气息微弱，或见昏聩不语，或手冷过肘，足冷过膝，或脉象沉伏如一线游丝，或如屋漏，或散乱无根，多属危候，预后不良。

二、诊断与鉴别诊断

（一）诊断依据

(1) 临床表现为突然昏仆，不省人事，或伴四肢逆冷。

(2) 发病之前，常有先兆症状，如头晕、视物模糊、面色苍白、出汗等，而后突然发生昏仆，不知人事，移时苏醒，发病时常伴有恶心、汗出，或伴有四肢逆冷，醒后感头晕、疲乏、口干，但无失语、瘫痪等后遗症。

(3) 发病前有无明显的精神刺激情绪波动的因素，或有大失血病史，或有暴饮暴食史，或有素体痰盛宿疾。

(4) 应了解既往有无类似病证发生。

（二）鉴别诊断

1. 眩晕

眩晕有头晕目眩，视物旋转不定，甚则不能站立，耳鸣，但无神志异常的表现。与厥证突然昏倒，不省人事有别。

2. 中风

中风以中老年人为多见，常有上盛下虚的表现。其中脏腑者，以突然昏仆，并伴有口眼㖞斜、肢体偏瘫等为主要临床表现，伴有神昏时间较长，苏醒后有偏瘫、口眼㖞斜及失语等后遗症。厥证可发生于任何年龄，昏倒时间较短，醒后无后遗症。但血厥之实证重者可发展为中风。

3. 痫病

痫病常有先天因素，以青少年为多见。病情重者，虽亦为突然昏仆，不省人事，但发作时间短暂，且发作时常伴有怪叫之声、四肢抽搐、口吐涎沫、两目上视、小便失禁等。常反复发作，难以根治，每次症状均相类似，苏醒缓解后可如常人。厥证之昏倒，仅表现为四肢厥冷，无怪叫、吐沫、抽搐等症。

4. 昏迷

为多种疾病发展到一定阶段所出现的危重证候。一般来说发生较为缓慢，有一个昏迷前的临床过程，先轻后重，由烦躁、嗜睡、谵语渐次发展，一旦昏迷后，持续时间一般较长，预后不良，苏醒后原发病仍然存在。厥证常为突然发生，且昏倒时间较短，常因情志刺激、饮食不节、劳倦过度、亡血失津等导致发病。

三、辨证论治

（一）辨证要点

1. 辨病因

发病前有无强烈的精神刺激，既往有无类似病证发生，以"惊"为主多气厥实证，以"怒"为主多血厥实证，以"恐"为主多气厥虚证，若素体多病，元气不充，过度疲劳，则易为气厥虚证，有大出血者易为血厥虚证，素来痰盛者有助于痰厥的辨识。

2. 辨虚实

厥证不外虚实二证，实证者表现为突然昏仆，面红气粗，声高息促，口噤握拳，或夹痰涎壅盛，舌红苔黄腻，脉洪大有力。虚证者表现眩晕昏厥，面色苍白，声低息微，口开手撒，或汗出肢冷，舌胖或淡，脉细弱无力。

3. 辨气血

气厥实证与血厥实证两者易于混淆。气厥实者，乃肝气升发太过所致，体质壮实之人，肝气上逆，由惊恐而发，表现为突然昏仆，呼吸气粗，口噤握拳，头晕头痛，舌红苔黄，脉沉而弦；血厥实者，乃肝阳上亢，阳气暴张，血随气升，气血并走于上，表现为突然昏仆，牙关紧闭，四肢厥冷，面赤唇紫，或鼻衄，舌质暗红，脉弦有力。

（二）治疗原则

厥证乃危急之候，发作时急回厥醒神。实证当开窍、化痰、辟秽而醒神。虚证当益气、回阳、救逆而醒神。不能妄用辛香走窜开窍之品。经上述应急处理，神志清醒后应根据其不同的病因病机，辨证论治，以图根本。

三、分证论治

（一）气厥

1. 实证

症状　由情志异常、精神刺激而发作，突然昏倒，不省人事，或四肢厥冷，口噤握拳，呼吸气粗，舌苔薄白，脉沉弦或伏。

分析　突然昏倒，不省人事为情志刺激过甚，致肝气不疏，气机上逆，壅塞心胸，阻闭清窍所致；四肢厥冷为气机逆乱，阳气不达四末；口噤拳握因肝气逆则致气血不能荣筋所致；呼吸气粗为气机逆乱，肺失宣降；苔薄白为气机逆乱，尚未化火，舌红苔黄为气机逆乱，化火；

脉沉弦或伏为气逆不顺之征。

治法　顺气，开窍，降逆。

方药　通关散合五磨饮子加减。

通关散以皂角辛温开窍，细辛走窜宣散，合用以通诸窍。用沉香、乌药降气调肝，槟榔、枳实、木香行气破滞，檀香、丁香、藿香理气宽胸。

若肝阳偏亢，头晕而痛，面赤躁扰者，可加钩藤、石决明、磁石等平肝潜阳；若兼有痰热，症见喉中痰鸣，痰壅气塞者，可加胆南星、橘红燥湿化痰，贝母、竹沥等涤痰清热；若醒后哭笑无常，睡眠不宁者，可加茯神、远志、酸枣仁等安神宁志。

精神刺激常可导致本证反复发作，平素可服逍遥散、柴胡疏肝散等以调和肝脾，理气解郁，防止复发。

2. 虚证

症状　发病前有明显的情绪紧张、恐惧、疼痛或站立过久等诱发因素，发作时眩晕昏仆，面色苍白，呼吸微弱，汗出肢冷，舌淡，脉细微。

分析　眩晕昏仆，面色苍白为元气素虚，骤遇惊恐，恐则气下，清阳不升所致；呼吸微弱为气虚气陷；汗出肢冷为气虚不能摄津，气虚不运；舌淡脉细微，为气虚之征。

治法　益气，回阳，醒神。

方药　急用生脉注射液或参附注射液静脉推注以图急救，继服四味回阳饮加味。

用生脉注射液益气养阴，复脉固脱；或参附注射液回阳救逆，益气固脱；苏醒后用四味回阳饮加味补气温阳，用于正气大虚而致昏厥者。方中人参大补元气，附子、炮姜温里回阳救逆，甘草调中缓急。

若汗出多者，加黄芪、白术、煅龙骨、煅牡蛎，加强益气功效，更能固涩止汗；若心悸不宁者，加远志、柏子仁、酸枣仁等养心安神；若纳谷不香，食欲不振者，加白术、茯苓、陈皮健脾和胃。

本证有反复发作的倾向，平时可服用香砂六君子丸、归脾丸等药物，健脾和中，益气养血。

(二) 血厥

1. 实证

症状　多因急躁恼怒而发，突然昏倒，不省人事，牙关紧闭，面赤唇紫，舌黯红，脉弦有力。

分析　突然昏仆，不省人事为暴怒伤肝，怒而气上，血随气升，气血并走于上，清窍壅塞所致；牙关紧闭为肝气暴张，筋肉强直之征；面赤唇紫为气血上冲头面；舌现黯红，脉弦而有力为肝气有余之征。

治法　平肝潜阳，理气通瘀。

方药　羚角钩藤汤或通瘀煎加减。

前方以平肝潜阳息风为主，适用于肝阳上亢肝气厥逆上冲之头痛、眩晕。后方活血顺气，适用于气滞血瘀，经脉不利之血厥。

发作时可先吞服羚羊角粉，继用钩藤、桑叶、菊花、泽泻、生石决明平肝息风，乌药、青皮、香附、当归理气通瘀。

若急躁易怒，肝热甚者，加菊花、夏枯草、龙胆草清肝泻火；若兼见阴虚不足，眩晕头痛者，加生地、枸杞、珍珠母育阴潜阳。

2. 虚证

症状　常因失血过多，突然昏厥，面色苍白，口唇无华，四肢震颤，自汗肢冷，目陷口张，呼吸微弱，舌质淡，脉芤或细数无力。

分析 突然昏厥、面色苍白、口唇不华为血虚，血不荣于面所致；四肢震颤为血不养筋；自汗肢冷为气随血脱，卫表不固；目陷为血亏，口张为气乏，呼吸微弱亦为血亏气乏之征；舌淡，脉芤或细数无力为血脱之征。

治法 补养气血。

方药 用独参汤或当归补血汤灌服，继服人参养荣汤。

前方益气固脱，后方补益气血。独参汤重用人参，大补元气，所谓"有形之血不能速生，无形之气所当急固"。缓解后继用人参养荣汤补养气血，方中人参、黄芪益气，当归、熟地养血，白芍、五味子敛阴，白术、茯苓、远志、甘草健脾安神，肉桂温养气血，生姜、大枣和中补益，陈皮行气。

若自汗肤冷，呼吸微弱者，加附子、干姜温阳；若口干少津者，加麦冬、玉竹、沙参养阴；若心悸少寐者，加龙眼肉、酸枣仁养心安神。

（三）痰厥

症状 素有咳喘宿痰，多湿多痰，恼怒或剧烈咳嗽后突然昏厥，喉有痰声，或呕吐涎沫，呼吸气粗，舌苔白腻，脉沉滑。

分析 呕吐涎沫为素体脾虚痰湿盛，逢恼怒而气逆，痰随气升，上闭清窍，痰气上逆所致；呼吸气粗因痰气壅塞胸中；舌苔白腻、脉滑为痰浊内阻之征。

治法 行气豁痰。

方药 导痰汤加减。

方中陈皮、枳实理气降逆；半夏、胆南星、茯苓燥湿祛痰；苏子、白芥子化痰降气。

若痰湿化热，口干便秘，舌苔黄腻，脉滑数者，加黄芩、栀子、竹茹、瓜蒌仁清痰热。

四、预防调护

避免强烈的精神和环境刺激，也应避免过度疲劳。同时加强锻炼，注意营养，增强体质。一旦发病，要加强护理，密切观察病情的发展变化，采取相应措施救治。患者苏醒后，要消除其紧张情绪，针对不同的病因予以不同的饮食调养。严禁烟酒及辛辣香燥之品，以免助热生痰，加重病情。平时可在辨证的基础上服用调整脏腑功能、调和气血的方药，如逍遥散等方。

五、临证验案

高某，女，19岁，工人。患者于两月前发高烧，经西药治疗高烧已退，但见咳嗽、气喘、胸闷、憋气等症，夜间尤重。憋闷重时，发作性晕倒，意识不清，但无抽搐症状。曾经神经内科多次检查，均未发现异常。经人介绍，求先生诊治。

初诊 1986年3月6日。患者右侧上下肢不定时麻木，甚或不能活动。睡眠不深，口干，右侧头痛，近两月来发作性晕倒六七次。舌苔黄腻，脉沉迟有力。辨证：热盛灼津，液结为痰，痰迷清窍，阻塞经络。

处方 明天麻、茯苓、黄芩各6克，南星、橘红、半夏、白芥子各9克，防风、羌活、甘草各3克，竹沥膏（冲）30克。水煎服。

二诊 1986年3月18日。上方三剂后，头痛、口干、麻木等症明显减轻，舌质红、苔薄腻，脉弦大稍数。处方：明天麻、黄芩、白芥子、橘红、甘草各6克，生地15克，玄参12克，竹沥膏（冲）30克，桑枝各30克，白芍9克，生姜2片。水煎服。

三诊 1986年3月27日。上方三剂，未再晕倒，肢体麻木消失，仍时见前额及右侧头部疼痛，午后及夜间痛频，右鼻孔有阻塞感。舌红、苔薄黄，左脉濡，尺弱，右脉弦细。处方：柴胡、黄芩各6克，青蒿、鹅不食草、夏枯草、桑椹子、麦冬各9克，全蝎、僵蚕、蔓荆子、甘草各3克。水煎服。

四诊 1986年4月4日。上方三剂，头痛及右鼻阻塞感均明显减轻，为巩固疗效。处方如下：麦冬、鹅不食草、生地各9克,生石膏15克,桑白皮、山栀子、黄芩、甘草各6克,薄荷3克。水煎服。

上方三剂,诸症消失,一切恢复正常。

按 本病发于高烧之后,显然是热炽灼津,液结成痰。痰壅胸肺,故胸闷咳喘;喘憋重时,清阳不升,神识不清而晕倒。津液已结为痰,失其濡润之性故口干;有时阻碍真气的运行而上下肢麻木。睡眠不深,右侧头痛,发作性晕倒,都可归之于前述痰病的范围。脉象与舌苔,亦皆属实热之象。初诊先生拟治痰通剂二陈汤加味,加入南星清经络之痰,黄芩、竹沥清热润燥,少加羌、防,是因脉象弦迟有力,肝胆之气不舒,羌、防有升发散郁之性,与二陈相配伍,升中有降,降中求升。

二诊时脉仍弦,但由迟转数。黄腻苔转薄之后,显出舌质正红,是肝郁之象已见缓解,而阴虚之象突出,故去半夏南星之燥,加生地、玄参、白芍以养阴,仍用通血脉祛风止晕之天麻,再加清热祛风通络之桑枝,以治头痛臂麻。

三诊时麻木消失,故去桑枝,但头痛仍未彻底消除,且午后夜间较频,考虑到痰火入络,故以柴胡、青蒿、黄芩、夏枯草散肝火之结,以桑椹养肝肾之阴,全蝎、僵蚕搜络祛痰。右鼻孔有阻塞感,须兼清肺窍,故又加麦冬、鹅不食草以养阴通肺窍。四诊时诸症消失,仍用前方加减则是为了巩固疗效。

(韦企平.中国百年百名中医临床家丛书·李克绍.中国中医药出版社.2001)

六、文献摘录

1.《灵枢·五乱》:"乱于臂胫,则为四厥;乱于头,则为厥逆,头重眩仆。"

2.《卫生宝鉴·厥逆》:"病人寒热而厥,面色不泽,冒昧,两手忽无脉,或一手无脉,此是将有好汗。""杂病厥冷,手足冷或身微热,脉皆沉细微弱而烦躁者,治用四逆汤加葱白。"

3.《丹溪心法·厥》:"厥逆也,手足因气血逆而冷也。""尸厥……忽然手足逆冷……精神不守或错言妄语,牙紧口噤或昏不知人,头旋晕倒。""痰厥者,乃寒痰迷闷,四肢逆冷。"

4.《景岳全书·杂证谟》:"气厥之证有二,以气盛气虚皆能厥也。气虚卒倒者,必其形气索然,色清白,身微冷,脉微弱,此气脱证也。……气实而厥者,其形气愤然勃然,脉沉弦而滑,胸胀喘满,此气逆证也。""血厥之证有二,以血脱血逆皆能厥也。血脱者,如大崩大吐,或产后血脱,则气亦随之而脱,故致卒仆暴死。……血逆者,即经所云血之与气并走于上之谓。"

5.《证治汇补·厥》:"人身气血,灌注经脉,刻刻流行,绵绵不绝,凡一昼夜,当五十营于身,或外因六淫,内因七情,气、血、痰、食皆能阻歇运行之机,致阴阳二气不相接续,而厥作焉。"

6.《石室秘录·厥证》:"人有忽然厥,口不能言,眼闭手撒,喉中作鼾声,痰气甚盛,有一日即死者,有二三日而死者,此厥多犯神明,然亦因素有痰气而发也。"

7.《张氏医通·厥》:"今人多不知厥证,而皆指为中风也。夫中风者,病多经络之受伤;厥逆者,直因精气之内夺。表里虚实,病情当辨,名义不正,无怪其以风治厥也。"

七、文献推介

1.常静玲,柳金英,周莉等.脑梗死中医诊疗指南临床应用评价研究[J].中华中医药杂志,2016,31(2):549-552.

(编者:郑峰 责任副主编:黄燕)

13 癫病

癫病是由痰气郁结,气血凝滞等引起脏气不平,阴阳失调,神机逆乱,精神异常,以精神抑郁、表情淡漠、沉默痴呆、喃喃自语、出言无序、静而少动多喜为主要临床表现的一种常见多发的精神失常病证。

病名首见于《内经》。关于本病的病因病机，《素问·脉解》说："阳尽在上，而阴气从下，下虚上实，故狂癫疾也"，指出了火邪扰心和阴阳失调而发生癫病、狂病。《灵枢·癫狂》记载了本病发作早期的临床表现："癫疾始生，先不乐，头重痛，视举，目赤，甚作极，已而烦心"。关于本病的治疗，《内经》中指出，为了观察病情变化，"治癫疾者常与之居"的护理方法，至今也有实际意义。秦·扁鹊于《难经》详述并区分了癫与狂的不同临床表现，《难经·五十九难》说："癫疾始发，意不乐，僵仆直视"。汉·张仲景在《金匮要略·五脏风寒积聚病》中责之"血气少"、"阴气衰者为癫"。金·刘完素于《素问玄机原病式·火类》认为"心热甚则多喜而为癫"。元·朱丹溪在《丹溪心法·癫狂》中明确提出其发病与"痰"有密切关系，并针对"痰"的病机，从痰论治，提出治当"镇心神，开痰结。……如心经蓄热，当清心除热，如痰迷心窍，当下痰宁心"。明·王肯堂在《证治准绳·癫狂痫总论》中对本病症状有详尽描述："癫者或狂或愚，或歌或笑，或悲或泣，如醉如痴，言语有头无尾，秽洁不知，积年累月不愈"。清·王清任于《医林改错·癫狂梦醒汤》指出"癫狂……乃气血凝滞脑气"，从而开创了用活血化瘀法治疗癫病及狂病的先河。

西医学中的精神分裂症及情感障碍中的抑郁症，其临床表现与本节类似者，可参考本节辨证施治。

一、病因病机

（一）病因

1. 情志所伤

若郁愤恼怒不解，肝失疏泄，胆气不平，心胆失调，气机失调，扰动心神，心神惑乱而致癫；或肝郁不解，木气太过，克伐脾土，水湿失职，痰湿内生，阻塞心窍；若暴怒不止，则气机痹阻，血行滞涩，日久为瘀，或瘀痰互结，阻滞升降之机，终致阴阳失司而致癫。若思虑太过，所愿不遂，心脾受伤，思则气结，心气受抑，脾气不发，则痰气郁结，上扰清窍，以致蒙蔽心神，神志逆乱而致癫。思虑太过，心血内耗，脾失化源，心脾两虚，血不荣心，或药物所伤，中州受损，中阳虚衰，神明失养而致癫。正如《证治要诀·癫狂》中指出："癫狂由七情所郁，遂生痰涎，迷塞心窍。"

2. 饮食不节

嗜食膏粱肥甘厚味，脾胃运化失职，聚湿生痰，痰气郁结，蒙蔽神窍，或与瘀血互结，痹阻心窍皆可发为本病。又或饮食摄入不足，气血生化乏源，以致心血不足亦可发为本病。如《医学正传·癫狂痫证》中说："大抵狂为痰火实盛，癫为心血不足。"

3. 先天不足

先天遗传即胎儿在母腹中有所大惊，胎气被扰，升降失司，阴阳失平，致使先天不足，脑神虚损，生后一有所触，则气机逆乱，神机错乱引发本病。

（二）病机

癫病的基本病机是痰气郁结，气血凝滞等引起脏气不平，阴阳失调，神机逆乱，精神异常。

癫病病位在心脑，与肝、胆、脾关系密切，久而伤肾。因脑为元神之府，神机之源。而心为五脏六腑之大主，主神明，统领魂魄意志，忧动于心则肺应，思动于心则脾应，怒动于心则肝应，恐动于心则肾应。七情内伤，饮食失节，禀赋不足等导致肝气郁结，肝失条达，气机郁滞，气滞湿停，凝聚为痰；肝郁乘脾，脾失健运，输布失司，聚液成痰，痰气郁结，阻于心窍则精神抑郁，表情淡漠，沉默痴呆，出言无序，进而痰迷心窍则喃喃自语，多疑多虑，喜怒无常，秽浊不分；癫病日久，脾失健运，生化乏源，气血两虚，心神失养则神思恍惚，魂梦颠倒，心悸易惊，善悲欲哭；气血俱虚，神明失养，灵机混乱则言语无序，幻觉、妄闻、妄见。病久气滞血瘀，凝滞脑气，兼见血瘀证候。本初起多实证，日久则虚实夹杂。癫病病理以痰气为主，属阴多静，初起痰气郁结多属实证，病久心脾亏虚，气血不足则属虚证。本病病理因素有气滞、痰浊、瘀血，又以气滞、气郁为先，继而生痰，日久致瘀。癫病痰气郁而化火，可转化为狂证。

二、诊断与鉴别诊断

（一）诊断依据

(1) 以精神抑郁，表情淡漠，沉默痴呆，喃喃自语，出言无序，静而少动多喜为主要临床表现。
(2) 多因精神刺激而发病，病情的轻重及反复亦常与情志有关。平素性格内向，或有郁证、或有失眠、或有近期情绪不稳等均易发本病。
(3) 家族中有罹患本病或类似疾病的病史，或脑外伤史。
(4) 须排除因药物、中毒、温病原因所致的精神失常。

（二）鉴别诊断

1. 郁病

癫病与郁病二者发病均与五志过极，七情内伤有关；临床表现均以精神抑郁，易怒善哭为特征。郁病临床表现多种多样，心情抑郁，情绪不宁，胸胁胀闷，急躁易怒，心悸失眠，或咽中如有异物梗阻等自我感觉异常为主，或悲伤欲哭，数欠伸，像如神灵所作，但同一患者每次发作多为同样几种症状的重复，且神志清楚，有自制能力，不会自伤或伤及他人，不发作时一如常人。癫病多语或不语，发作时神明逆乱，神志不清，一般无自控力。

2. 痴呆

癫病与痴呆症状表现均有神情呆滞，表情淡漠，多疑善虑，但痴呆以智能低下为突出表现，以神情呆滞、愚笨迟钝为主要证候特征，其部分症状可自制，其基本病机是髓减脑消，神机失用，或痰浊瘀血，阻痹脑脉。

三、辨证论治

（一）辨证要点

1. 辨虚实

早期或初病因气郁、痰阻、血瘀所致，多以精神兴奋、烦躁为主要表现，多为实证，痰结不深，病情尚轻；病久则因心脾亏虚，气血不足，以精神抑郁、悲愁为主要表现，多属虚证或虚实夹杂证，此时正气渐衰，痰浊日重，病深难复。

2. 辨病性

分清气滞、痰阻、气虚、脾虚、血虚等。精神抑郁，哭笑无常，多喜太息，胸胁胀闷，此属气滞；神情呆滞，沉默痴呆，胸闷痞满，此属痰阻；情感淡漠，昏昏愦愦，气短无力，此属气虚；沉默少动，善悲欲哭，肢体困乏，此属脾虚；神思恍惚，多疑善忘，心悸易惊，此属血虚。

（二）治疗原则

本病以调整阴阳为总的治疗原则，初期针对气痰瘀的病理因素，理气解郁，豁痰开窍，化瘀通窍；后期则补益心脾，调整阴阳。此外，移情易性不但是防病治病的需要，也是防止反复与发生意外不可忽视的重要措施。

（三）分证论治

1. 痰气郁结

症状 精神抑郁，表情淡漠，沉默痴呆，出言无序，或喃喃自语，多疑多虑，喜怒无常，秽浊不分，不思饮食，舌红，苔腻而白，脉弦滑。

分析 精神抑郁，表情淡漠，沉默痴呆，出言无序为思虑太过，所求不得，肝郁乘脾，脾运失健，聚液成痰，蒙蔽心窍神明；喃喃自语，多疑多虑，喜怒无常，秽浊不分为痰迷心窍；不思饮食为痰浊困脾，脾失健运；舌红，苔腻而白，脉弦滑为痰气郁结之象。

治法 理气解郁，化痰醒神。

方药 逍遥散合顺气导痰汤加减。

前方疏肝理气、解郁散结，方中柴胡、薄荷舒肝解郁，当归、白芍养血柔肝，白术、茯苓、甘草，益气健脾；后方涤痰开窍，用二陈汤理气调中，燥湿祛痰，加枳壳、南星即导痰汤祛风涤痰；加枳实、木香、香附理气化痰，取气降痰也降之意。

若痰浊较甚者，可用控涎丹，本方祛痰饮而不伤正；若痰浊壅盛，胸膈满闷，口多痰涎，脉滑大有力，形体壮实者，可暂用三圣散取吐，劫夺痰涎，因药性猛悍，当慎用；若痰迷神窍，神思迷惘，表情呆钝，言语错乱，目瞪不瞬，舌苔白腻，为痰迷心窍，治宜理气豁痰，宣窍散结，先以苏合香丸，芳香开窍，继以四七汤加胆南星、郁金、远志、石菖蒲之类，以行气化痰，解郁开窍醒神；若病久痰气郁结兼见面黯，舌紫，脉沉涩可加桃仁、红花、芍药、泽兰等活血化瘀；若痰郁化热，痰热交蒸，干扰心神，不寐易惊，烦躁不安，舌红苔黄，脉滑数者宜清化痰热，可用黄连温胆汤加白金丸清心火，软顽痰，去恶血，痰血去则心窍开而病已。

2. 心脾两虚

症状 神思恍惚，魂梦颠倒，心悸易惊，善悲欲哭，面色㿠白，肢体困乏，饮食锐减，言语无序，幻觉、妄闻、妄见，舌淡苔腻，脉沉细无力。

分析 神思恍惚，魂梦颠倒，心悸易惊，善悲欲哭为癫病日久，脾失健运，生化乏源，心血内亏，继而气血两虚，心神失养；面色㿠白，肢体困乏，饮食锐减为脾虚血亏，血少气衰，健运失职；言语无序，幻觉、妄闻、妄见为气血俱虚，神明失养，灵机混乱；舌淡，苔薄白，脉沉细无力为心脾两亏，气血俱衰之象。

治法 健脾养心，调畅气机。

方药 养心汤送服越鞠丸加减。

养心汤健脾养心安神，即以人参、黄芪、甘草补脾；川芎、当归养心血；茯苓、远志、柏子仁、酸枣仁、五味子宁心安神；更有肉桂引诸药入心经，以奏养心安神之功。越鞠丸以香附、川芎、苍术、栀子、神曲，解诸郁结，调节气机，使气畅血通，郁解神复，取其"气血流通即是补"之义。

心气耗伤，营血内亏，悲伤欲哭，心神恍惚者，可合甘麦大枣汤；气阴两虚者，加太子参、麦冬，益气养阴；神思恍惚、心悸易惊者，加龙齿、磁石、珍珠母重镇安神。

四、预防调护

本病除药物治疗外，调摄护理也很重要。如情志、起居、食饮、劳逸等的调摄，护理工作也要加强，防止意外。病人不宜从事高空作业及驾驶、操纵机械等危险性大的工作。平素要保持心情开朗，防止恶言、讥讽扰乱情志，要给予关心照顾。

五、临证验案

曹某，女，22岁，河南省上蔡县护士。

初诊 1975年12月。患者素体壮实，性格欠开朗。约三周前因工作差错及口角，心中郁闷，数夜不眠，遂致烦躁惊惕，语无伦次，在某医院诊为精神分裂症。就诊时自诉头晕脑胀，胸中烦热，口鼻焮热；家属代诉生活不能自理，小便短黄，睡眠差，甚至彻夜不眠。检查：神态呆滞，情绪低落，淡漠寡言，对答迟钝，口苦口臭。舌质暗红、苔白厚腻，脉弦数。

辨证 气郁化火，心肝火盛，痰热内闭。

治法 镇心安神，清热除痰，用朱砂安神丸加减。

处方 辰砂七分(冲)，黄连二钱，麦冬四钱，竹黄四钱，胆星三钱，郁金三钱，赤芍四钱，丹参四钱，白蒺藜四钱。三剂，每日一剂。

二诊 服药后情绪较佳，睡眠仍差。头晕头痛减轻，仍感前额痛，后脑麻痹，溺黄，舌苔白厚微黄，脉弦细数。为痰热内闭未清，心肝之火仍盛，故仍以上方为基础，加菖蒲开窍涤痰，龙骨镇静安神，并以白芍易赤芍，以加强平肝阳，养阴血之效。三剂，每日一剂。

三诊 精神好转，情绪较前开朗，言语对答正常，惟记忆力及睡眠仍差，口干，头晕胀，胃纳、二便正常，舌脉同前。药已中病，仍宗前法，照一诊处方三剂。

四诊 睡眠渐佳，但入睡后多梦，觉时有头胀，口涸，咽干，时有灼热感，二便自调。舌苔不黄、微薄白，脉仍弦细略数。宗上方再进四剂，因热势稍折，仍改用白芍易赤芍，着重平肝阳，养阴血。

五诊 睡眠渐佳，神志恢复正常，二便自调，惟感眉心痛，口干涸，舌白，脉弦细。热势虽减，但阴血已伤，拟祛邪与扶正并用。处方：辰砂七分(冲)，川连二钱，当归三钱，熟地五钱，麦冬四钱，白芍五钱，郁金三钱，白蒺藜四钱，远志钱半，胆星二钱。四剂，每日一剂。本方即朱砂安神丸去炙甘草之甘滞，有镇心安神、清热养血之效，加入麦冬清心，白芍养阴，郁金、蒺藜祛风解郁，远志、胆星开窍除痰。

六诊 精神佳，头痛减，胃纳、二便均好，睡眠尚可，但睡后仍时有梦呓惊惕，苔白，脉弦缓。此乃痰热方泄，心火已折，恐其死灰复燃，再进清心平肝之剂。处方：麦冬三钱，丹参三钱，钩藤四钱，菊花四钱，白蒺藜四钱，甘草一钱半。五剂，每日一剂。

七诊 病者觉如释重负，神清，病已渐瘥，惟偶有头痛，仍有夜梦，下肢重坠感，二便调，舌胖苔白，脉弦缓。再进上方，去花粉，加郁金、辰砂清心安神，连进四剂，神气清爽，调养旬余，诸症悉平。

按 癫病是属于神志异常的疾病，多由情志所伤太过，积忧久郁，气滞津聚，结而成痰，痰气上逆，蒙蔽神志不能自主所致。病多属实，病机为气郁痰结，治在心、肝、肾三经。治则为镇静安神，解郁除痰，如有痰气久郁化火，兼以清心肝之火，如病延日久或体质虚弱，血气不充，无以濡养心神，当数实中有虚，又宜兼补心脾之气或兼养心肝之血。

(老中医经验选·关济民医案. 人民卫生出版社.1979)

六、文献摘录

1.《素问·脉要精微论》："衣被不敛，言语善恶，不避亲疏者，此神明之乱也。"
2.《丹溪心法·癫狂》："癫属阴，狂属阳，癫多喜而狂多怒，脉虚者可治，实则死。大率多因痰结于心胸间，治当镇心神，开痰结。"
3.《医学正传·癫狂痫证》："大抵狂为痰火实盛，癫为心血不足，多为求高远不得志者有之。……癫则宜乎安神养血，兼降痰火。"
4.《医家四要·病机约论》："癫疾始发，志意不乐，甚则精神痴呆，言语无伦，而睡于平时，乃邪并于阴也。……盖癫之为病，多因谋为不遂而得。"

七、文献推介

1. 赵永厚，赵玉萍，柴剑波. 论神志病中医诊查法的特色与优势[J]. 中医杂志，2013，54(20)：1739-1741.

（编者：谭超　责任副主编：黄燕）

14 狂病

狂病是由痰火瘀血，迷乱心窍，阴阳失调，形神失控引起的，以精神亢奋，狂躁刚暴，喧扰不宁，毁物打骂，动而多怒为主要临床表现的一种常见多发的精神失常病证。

病名最早见于《内经》，《内经》对本病有较深入的论述。关于本病的病因病机，《内经》归纳为"火热扰心，阳气亢奋。"《素问·至真要大论》说："诸躁狂越，皆属于火。"《素问·病能论》又说："有病狂怒者，此病安生？岐伯曰：生于阳也。帝曰：阳何以使人狂？岐伯曰：阳气者，因暴折而难决，故善怒也。"《灵枢·癫狂》记载了本病发作早期的临床表现："狂始发，少卧，不饥，自高贤也，自辨智也，自尊贵也，善骂詈，日夜不休。"《素问·阳明脉解》又说："病甚则弃衣而走，登高而歌，或至不食数日，逾垣上屋。"关于本病的治疗，《内经》中提出用生铁落饮治疗狂病以达重镇安神功效。《灵枢·癫狂》对于针灸治疗本病有详细论述，首创"于背腧以手按之立快"点穴法治狂病。秦·扁鹊在《难经》中总结为"重阳者狂"，认为本病的发病与阳气亢奋有关。汉·张仲景于《金匮要略·五脏风寒积聚病》篇指出："邪哭使魂魄不安者，血气少也。血气少者，属于心，心气虚者，其人则畏，合目欲眠，梦远行而精神离散，魂魄妄行，阴气衰者为癫，阳气衰者为狂。"认为本病发病与魂魄不安者，血气少，心气虚，阴阳失调有关。金元时期认为本病的发病与心肝火旺，肾虚火旺，痰火扰神有关。金·刘完素在《素问玄机原病式·火类》中说："肝实则多怒而为狂"，又在《河间六书·狂越》中说："心火旺，肾阳衰，乃失志而狂越"。元·朱丹溪在《丹溪心法》中认为本病发病与"痰"有密切关系，并针对"痰"的病机，提出"狂病宜大吐下除之"。明·张景岳于《景岳全书·杂证谟》谓："狂病多因于火。"并在《景岳全书·癫狂痴呆》中认为治狂"当以治火为先，而或痰或气，察其甚而兼治之"，方用抽薪饮、黄连解毒汤、三补丸等。清·王清任提出："气血凝滞脑气，与脏腑气不接"，开创了瘀血导致本病的理论，并创制癫狂梦醒汤以活血化瘀方药为主治疗狂病。

西医学中的精神分裂症与情感障碍中的躁狂症等，出现与本病类似的临床表现时，可参考本节辨证施治。

一、病因病机

（一）病因

1. 情志内伤

情志过激，尤其是勃然大怒，引动肝火上升，冲心犯脑，神明失其主宰。或突遭惊恐，触动心火，上扰清灵，神无所主，神志逆乱，躁扰不宁而发为本病。或肝火内盛，灼血为瘀，瘀血痹阻于神明之主（心）、元神之府（脑），则神机失用，而发为本病。《灵枢·癫狂》中说："狂始生……得之忧饥，……得之大恐，……得之有所大喜。"《景岳全书·癫狂痴呆》中提到："凡狂病多因于火，此或以谋为失志，或以思虑郁结，屈无所伸，怒无所泄，以致肝胆气逆"，都是指情志而言。

2. 饮食不节

过食肥甘、膏粱厚味之品，酿成痰浊，复因心火暴张，痰随火升，扰乱心窍，神明无主；或贪杯好饮，里湿素盛，郁而化热，充斥胃肠，腑热上冲，扰动元神而发病。

3. 先天不足

因家族遗传，禀赋异常；或胎儿在母腹中有所大惊，因惊致虚，则脏气不平，升降失调，阴阳失和，神机紊乱。出生后有所感触，或遭遇情志刺激则阴阳失调，神机逆乱而引发本病。

(二)病机

狂病的基本病机是痰火瘀血,迷乱心窍,阴阳失调,神机错乱,形神失控。狂病发病以痰火瘀血、迷乱心窍为标,阴阳失调,神机错乱,形神失控为本。

其病位在心脑,与肝胆脾肾有密切关系。饮食不节,脾失健运,输布失司,聚液成痰,郁而化热,痰热内生。七情内伤导致肝气郁滞,甚则五志化火,鼓动痰火,痰火扰乱神明,神机错乱则突然狂乱无知,骂詈叫号,不避亲疏;狂久不愈,痰瘀互结,神窍阻塞,神明无由出入则躁扰不宁,多言,恼怒不休,妄见妄闻,妄思离奇;久病不已,阴伤气耗,则见疲惫,形瘦面红而垢,口干便结之象。

其病性初起多以实证为主,如痰火扰心;继则火热灼血为瘀,炼液为痰而多见痰结血瘀、瘀血阻窍;日久而多本虚标实,如火盛伤阴耗气,心肾不交等。本病病理因素有气、火、痰、瘀,四者常相互兼夹、相互影响,以气郁为先,气郁化火,继而生痰,日久成瘀。

二、诊断与鉴别诊断

(一)诊断依据

(1) 本病以精神错乱,哭笑无常,动而多怒,喧扰不宁,躁妄骂詈,不避亲疏,逾垣上屋,登高而歌,弃衣而走,甚至持刀杀人为其临床证候特征。

(2) 多有家族史或脑外伤史;患者发病前多有明显的七情内伤史。

(3) 不同年龄、不同性别均可发病,但以青壮年女性为多。

(二)鉴别诊断

1. 癫病

两者均属性格行为异常的精神疾病。癫病是因痰气郁结,神机逆乱,以静而多喜为主,以精神抑郁,表情淡漠,沉默痴呆,语无伦次,或喃喃自语,静而少动为主症,病性属阴;狂病是因痰火壅盛,神机错乱,精神亢奋,狂躁刚暴,喧扰不宁,毁物打骂,动而多怒为主症,病性属阳。

2. 蓄血发狂

两者均有精神失常,躁动狂乱的表现。蓄血发狂为瘀热交阻所致,多见于伤寒热病,具有少腹硬满、小便自利、大便黑亮如漆等特征;狂病多因痰火壅盛所致,加之人事佛意,突然喜怒无常、狂乱奔走,骂詈叫号为主症。

三、辨证论治

(一)辨证要点

1. 辨新久

狂证初起,起病急,病程短,多以狂暴无知、情绪高涨为主要表现;治不得法则久病迁延不愈,可致心神昏乱日重。

2. 辨虚实

狂病早期或初起多由火郁、痰壅、腑实所致,病性以实为主;久病则心肾阴伤,水不济火,以致阴虚火旺,或瘀血阻窍兼气阴两虚等证,病性以虚或虚中夹实为主。

(二)治疗原则

狂病的治疗原则,应降(泄)火、豁痰、活血、开窍以治标,调整阴阳,恢复神机以治本,同时，加强护理，防止意外也是不可忽视的原则。

(三) 分证论治

1. 痰火扰神

症状 平素性急易怒，头痛失眠，两目怒视，面红目赤，烦躁，遇较大精神刺激，突然狂乱无知，骂詈号叫，不避亲疏，逾垣上屋，或毁物伤人，气力逾常，不食不眠，小便黄，大便干，舌质红绛，苔黄腻或黄燥而垢，脉弦大或滑数。

分析 平素急躁易怒，头痛失眠，两目怒视，面红目赤为五志过极化火，鼓动阳明痰火，上扰清窍；突然狂乱无知，骂詈号叫，不避亲疏为痰火扰乱神明，神机错乱，逾垣上屋，登高而歌，弃衣而走，打人毁物，气力逾常，四肢为诸阳之本，阳盛则四肢实；不食不眠为气火有余之象；舌质红绛，苔黄腻或黄燥而垢，脉弦大滑数为痰火壅盛之象。

治法 清心泻火，涤痰醒神。

方药 生铁落饮加减。

方以生铁落、朱砂平肝重镇，降逆泻火；钩藤除心热，平肝风而泻火；胆南星、贝母、橘红、茯苓涤痰化浊；石菖蒲、远志、茯神、朱砂开窍宁心复神；天冬、麦冬、玄参、连翘养阴清热解毒；丹参活血化瘀。

若大便秘结者，加大黄、枳实泄热通腑。若痰火壅盛而舌苔黄腻垢者，用礞石滚痰丸逐痰泻火，再用安宫牛黄丸清心开窍；若肝胆火盛者，可用当归龙荟丸泻肝清火；若神志较清，可用温胆汤合朱砂安神丸清热化痰，养阴清热，镇心安神。

2. 痰热瘀结

症状 狂病经久不愈，面色暗滞而秽垢，躁扰不安，多言，恼怒不休，甚至登高而歌，弃衣而走，妄见妄闻，妄思离奇，头痛，心悸而烦，舌质紫暗有瘀斑，少苔或薄黄而苔干，脉弦细或细涩。

分析 狂病日久不愈，躁扰不宁，多言，恼怒不休，甚则登高而歌，弃衣而走，妄见妄闻，妄思离奇，为痰瘀互结，神窍为之阻塞，神明无由出入；面色晦滞而秽垢，头痛，心悸而烦，舌质紫暗有瘀斑，少苔或薄黄而苔干脉弦细或细涩为痰热瘀结之象。

治法 豁痰化瘀，调畅气血。

方药 癫狂梦醒汤加减。

方以桃仁、赤芍活血化瘀；柴胡、香附、青皮疏肝理气，气行则血行；陈皮、半夏燥湿化痰；苏子、桑白皮、大腹皮降气化痰宽中；木通降心火，清肺热，通利九窍血脉关节；甘草调和诸药。诸药相合共奏豁痰化瘀利窍之功。

若少腹急结，小便自利，神志如狂，甚则烦躁谵语，至夜发热；以及血瘀经闭，痛经，脉沉实而涩者，可用桃核承气汤逐瘀泻热；若痰涎、瘀血较盛者，可加服白金丸，以白矾消痰涎，郁金行气解郁，凉血破瘀；若头痛明显者，加川芎、延胡索活血化瘀，通络止痛。

3. 火盛伤阴

症状 狂病久延不愈，时作时止，其势较缓，呼之能自制，但有疲惫之象，多言善惊，夜不安寐，时而烦郁焦躁，形瘦面红而垢，口干便结，舌红少苔或无苔，有剥裂，脉细数。

分析 狂病久延不愈，时作时止，其势较缓，呼之能自制为胃肠积热，心肝之火势已渐挫，但有疲惫之象因久病不已，正气被耗；夜不安寐，时而烦郁焦躁系虚火扰神，心神不安；形瘦面红而垢，口干便结，舌红少苔或无苔，有剥裂，脉细数为阴虚火旺，阴液耗伤。

治法 滋阴降火，安神定志。

方药 二阴煎合琥珀养心丹加减。

前方滋阴降火，安神宁心，以生地、麦冬、玄参养阴清热；黄连、木通、竹叶清心泻火安神；茯神、酸枣仁、甘草养心安神定志。后方滋养肾阴，镇惊安神，生地滋养心阴以制火；人参补益心气以宁心；黄连、灯心草泻热清心安神；琥珀、龙齿、朱砂、金箔重镇安神；茯神、枣仁、柏子仁养心安神定志；远志交通心肾；当归养血荣心；菖蒲开心气以通窍。

若痰火未平，舌苔黄腻，舌质红者，加胆南星、天竺黄清热化痰；心火亢盛，加朱砂安神丸；夜寐欠安，加孔圣枕中丹。

四、预防调护

狂病预防、调摄的关键在调情志，加强妇幼保健工作，以及积极治疗情志为患之疾。护理着重在于配合治疗，防止意外，早日康复。

五、临证验案

常某，女，28岁。

初诊 2005年9月9日。其家长诉此女患躁狂症8年，现每日靠镇静药控制症状。时感心烦，胡言乱语，躁扰不寐，大便较秘，恶热，多汗，伴月经后期，舌苔薄黄腻，脉滑数。

辨证 痰火扰神。

治法 泻火，涤痰，醒神。

主方：生铁落饮。

处方 煅磁石30g，麦冬20g，天冬20g，炙远志15g，茯神15g，玄参15g，丹参15g，胆南星6g，橘红10g，浙贝20g，石菖蒲15g，连翘15g，钩藤10g，生大黄6g，西红花3g，甘草6g。10剂，水煎服。

二诊 2005年09月21日。诉烦躁已减，仍恶热，多汗，舌苔薄黄，脉滑数。拟原方加味再进10剂。

处方 煅磁石30g，麦冬20g，天冬20g，炙远志15g，茯神15g，玄参15g，丹参15g，胆南星6g，橘红10g，浙贝20g，石菖蒲15g，连翘15g，钩藤10g，生石膏20g，滑石15g，寒水石15g，西红花2g，生龙骨30g，生牡蛎30g，生大黄6g。10剂，水煎服。

三诊 2005年09月30日。诉烦躁明显减轻，恶热、多汗亦减，伴咽红，便秘，舌苔薄黄，脉细。拟二诊方再进10剂。

四诊 2005年10月12日。诉烦躁大减，余无其他不适，舌红，苔薄黄，脉细滑。拟原方加减再进10剂。

处方 煅磁石30g，麦冬20g，天冬20g，炙远志15g，茯神15g，玄参15g，丹参15g，胆南星6g，橘红10g，浙贝20g，石菖蒲15g，连翘15g，钩藤10g，生石膏20g，西红花2g，甘草6g。10剂，水煎服。

五诊 2005年10月21日。诉神志较前明显好转，面微感潮红，微恶热，舌苔薄黄，脉滑。拟四诊方再进10剂。

六诊 2005年11月11日。躁狂已基本控制，诉别无不适，舌苔薄白，脉细滑。见其症状较为稳定，改拟生铁落饮丸料1剂。

麦冬60g，天冬50g，炙远志60g，茯神50g，玄参40g，丹参60g，胆南星60g，橘红50g，浙贝100g，石菖蒲60g，连翘40g，代赭石50g，西红花30g，生大黄30g。碾末蜜丸如黄豆大，早、晚各服30丸。

按 《素问·至真要大论》云："诸躁狂越，皆属于火。"狂病多因痰火壅盛，神志错乱所致。其治法以降火豁痰治标，以调整阴阳、恢复神机为本。《张氏医通·神之门》云："上焦实者，从高抑之，生铁落饮。"故本案取生铁落饮加大黄，并合风引汤中之三石龙牡，一清泻实火，二涤痰镇神。痰火除，神志清，则狂证平。

（李点.熊继柏医案精华.人民卫生出版社.2014）

六、文献摘录

1.《灵枢·癫狂》："狂始生，先自悲也，喜忘若怒善恐者，得之忧饥……狂始发，少卧不饥，自高贤也，自辩智也，自尊贵也，善骂詈，日夜不休……狂言、惊、善笑、为歌乐、妄行不休者，得之大恐……狂，目妄见，耳妄闻。善呼者，少气之所生也……狂者多食，善见鬼神，善笑而不发于外者，得之有所大喜。"

2.《医学正传·癫狂痫证》："大抵狂为痰火实盛，癫为心血不足。"

3.《医方考·癫狂》："初病者，宜泻其实，久病者，宜安其神。"

4.《证治准绳·癫狂痫总论》："狂者病之发时猖狂刚暴，如伤寒阳明大实发狂，骂詈不避亲疏，甚则登高而歌，弃衣而走。"

5.《张氏医通·神志门》："狂之为病，皆由阳物过极，故猖狂刚暴，若有邪附，妄为不避水火，骂詈不避亲疏，或言未尝见之事，非力所能，病反能也""上焦实者，从高抑之，生铁落饮；阳明实则脉浮，大承气汤去厚朴加当归、铁落饮，以大利为度；在上者，因而越之，来苏膏或戴人三圣散涌吐，其病立安，后用洗心散、凉膈散调之。"

七、文献推介

1. 赵永厚，赵玉萍，柴剑波. 论神志病中医诊查法的特色与优势 [J]. 中医杂志，2013，54(20)：1739-1741.

（编者：谭超　责任副主编：黄燕）

15 痫病

痫病是由先天或后天因素使脏腑功能失调，气机逆乱，元神失控所引起的，以突然意识丧失、甚则仆倒、不省人事、强直抽搐、口吐涎沫、两目上视或口中怪叫、移时苏醒、一如常人为主要临床表现的病证。亦称"癫痫"，俗称"羊痫风"。发作前可伴眩晕、胸闷等先兆，发作后常有疲倦乏力等症状。

痫病首见于《内经》，《素问·奇病论》曰"人生而有病癫疾者……病名为胎病，此得之在母腹中时，其母有所大惊，气上而不下，精气并居，故令子发为癫疾也。"《灵枢·癫狂》曰："癫疾始作，先反僵，因而脊痛……。"不但明确了先天因素在本病发生中的作用，而且还注意到癫疾在抽搐之初，先有肌肉僵直，发作后常有脊背疼痛的临床表现。后世医家多认为本病系各种因素导致"脏气不平"、"痰浊壅塞"所致。如宋·陈无择《三因极一病证方论·癫痫方论》指出："癫痫病，皆由惊动，使脏气不平，郁而生涎，闭塞诸经，厥而乃成。或在母胎中受惊，或少小感风寒暑湿，或饮食不节，逆于脏气。"指出多种因素导致脏气不平，阴阳失调，神乱而病。元·朱丹溪《丹溪心法·痫》指出"无非痰涎壅塞，迷闷心窍。"强调痰迷心窍引发。对于痫病的临床表现，历代也有确切的描述，如隋·巢元方《诸病源候论·癫狂候》指出："痫者，卒发仆地，吐涎沫，口㖞，目急，手足缭戾，无所觉知，良久乃苏。"明·龚信《古今医鉴·五痫》提出痫病的特点："发则卒然倒仆，口眼相引，手足抽搐，脊背强直，口吐涎沫，声类畜叫，食顷乃苏。"关于治疗方法，历代医家多主张癫痫发作时，先行针刺，若频繁发作，则醒后急用汤药调治，着重治标；神志转清，抽搐停止，处于发作休止期，可配制丸药常服，调和气血，息风除痰，以防痫病再发。清·李用粹在《证治汇补·痫病》提出阳痫、阴痫的分证方法及相应治则治法。清·叶天士在《临证指南医案·癫痫》按语中说："痫之实者，用五痫丸以攻风，控涎丸以劫痰，龙荟丸以泻火；虚者，当补助气血，调摄阴阳，养营汤、河车丸之类主之。"清·王清任则认为痫病的发生与元气虚，"不能上转入脑髓"，和脑髓瘀血有关，并创龙马子自来丹、黄芪赤风汤治之。

根据痫病的临床表现，西医学中的癫痫无论原发性或继发性，均可参考本节内容辨证施治。

一、病因病机

(一)病因

1. 禀赋不足

痫病之始于幼年者多见,与先天因素有密切关系,所谓"病从胎气而得之"。若母体突受惊恐,一则导致气机逆乱,一则导致精伤而肾亏,所谓"恐则精却"。母体精气之耗伤,必使胎儿发育异常,出生后遂易发生痫病。或妊娠期间,服药不当,损及胎儿,尤易成为发病的潜在因素。《慎斋遗书·羊癫风》云:"羊癫风,系先天之元阴不足,以致肝邪克土伤心故也。"

2. 饮食不节

过食肥甘厚味,损伤脾胃,脾失健运,聚湿生痰,痰浊内蕴,积痰内伏,一遇诱因,痰浊或随气逆,或随火炎,或随风动,蒙蔽元神清窍,发为本病。

3. 情志失调

主要责之于惊恐。《素问·举痛论》说:"恐则气下","惊则气乱"。突受大惊大恐,气机逆乱,痰浊随气上逆,蒙蔽清窍,或因肝肾阴亏,阴不敛阳,肝阳亢盛,化热生风,风火夹痰,上蒙清窍,元神失控,发为痫病。小儿脏腑娇嫩,元气未充,神气怯弱,或素蕴风痰,更易因惊恐而发生本病,正如《景岳全书·癫狂痴呆》云:"盖小儿神气尚弱;惊则肝胆夺气而神不守舍,舍空则正气不能主,而痰邪足以乱之。"

4. 脑部外伤

由于跌仆撞击,或出生时难产,致脑窍受损,瘀血阻络,经脉不畅,脑神失养,使神志逆乱,昏不知人,遂发痫病。正如《读医随笔·证治类》指出:"癫痫之病,其伤在血……杂然凝滞于血脉,血脉通心,故发昏闷,而又有抽掣叫呼者,皆心肝气为血困之象。"

(二)病机

本病主要为先天或后天因素造成脏腑功能失调,阴阳失衡,痰浊阻滞,气机逆乱,风火痰瘀闭塞清窍而发病,其基本病机为气机逆乱,元神失控。病理因素为风、火、痰、瘀,总以痰为主,每由风、火触动,痰瘀内阻,蒙蔽清窍而发病。痫病之痰,具有随风气而聚散和胶固难化两大特点,因而痫病久发难愈,反复不止。至于发作时间的久暂,间歇期的长短,则与气机顺逆和痰浊内聚程度有密切关系。

痫病病位在脑,与心肝脾肾等脏密切相关。病理性质虚实夹杂。早期以实为主,主要表现为风痰闭阻,或痰火阻窍,或痰瘀互结。后期因病情迁延,正气损伤,多为虚实夹杂,除风、火、痰、瘀表现外,常还有虚证证候,如脾虚不运、心脾两虚、肝肾阴虚等。幼年即发病者,多为先天禀赋不足,病性多属虚或虚中夹实。痫病发作期多实或实中夹虚,休止期多虚或虚中夹实。休止期正虚邪恋,风火痰瘀等邪气暂时安静,脏腑功能未能恢复,随时可能再次发作。

痫病的病机转化决定于正气的盛衰及痰邪深浅。发病初期,风痰闭阻,或痰火炽盛,或痰瘀阻窍等以实证为主,因正气尚足,痰浊尚浅,易于康复;若日久不愈,损伤正气,首伤心脾,继损肝肾,加以痰瘀凝结胶固,表现虚实夹杂,则治愈较难,甚至神情呆滞,智力减退。

二、诊断与鉴别诊断

(一)诊断依据

(1) 任何年龄、性别均可发病,但多在儿童期、青春期或青年期发病,多有家族史,或产伤史,或脑部外伤史,老年人可有中风史,每因惊恐、劳累、情志过极等诱发。

(2) 典型大发作时突然昏倒，不省人事，两目上视，四肢抽搐，口吐涎沫，或有异常叫声等，醒后如常人；小发作时仅有突然呆木无知，两眼瞪视，呼之不应，或头部下垂，面色苍白，短时间即醒，恢复正常；局限性发作可见多种形式，如口、眼、手等局部抽搐而无突然昏倒，或凝视，或语言障碍，或无意识动作等，多数在数秒至数分钟即止。

(3) 发作前可有眩晕、胸闷、叹息等先兆症状，发作后常伴疲乏无力。

(4) 反复发作，发无定时，发作持续时间长短不等，多数在数秒至数分钟即止，少数持续数小时以上，苏醒后对发作时情况全然不知。

(二) 鉴别诊断

1. 中风

痫病典型发作与中风均有突然仆倒，昏不知人等，但痫病有反复发作史，发时口吐涎沫，两目上视，四肢抽搐，或作怪叫声，可自行苏醒，无半身不遂、口眼歪斜等症，而中风病则仆地无声，昏迷持续时间长，醒后常有半身不遂等后遗症。

2. 厥证

厥证除突然仆倒，昏不知人主症外，还有面色苍白，四肢厥冷，或见口噤，握拳，手指拘急，而无口吐涎沫，两目上视，四肢抽搐和病作怪叫之见症，临床上不难区别。

3. 痉证

两者都具有四肢抽搐等症状，但痫病仅见发作之时，兼有口吐涎沫，病作怪叫，醒后如常人。而痉证多见持续发作，伴有角弓反张，身体强直，经治疗恢复后，或仍有原发疾病的存在。

三、辨证论治

(一) 辨证要点

1. 辨虚实

发作期多实或实中夹虚，休止期多虚或虚中夹实。实者当辨风、火、痰、瘀之别。来势急骤，神昏卒倒，不省人事，口噤牙紧，颈项强直，四肢抽搐者，病性属风；发作时口吐涎沫，气粗痰鸣，呆木无知，发作后或有情志错乱，幻听，错觉，或有梦游者，病情属痰；有卒倒啼叫，面赤身热，口流血沫，平素或发作后有大便秘结，口臭苔黄者，病性属热；发作时面色潮红、紫红，继则青紫，口唇紫绀，或有颅脑外伤、产伤等病史者，病性属瘀。虚者则当区分脾虚不运、心脾两虚、肝肾阴虚等不同。

2. 辨轻重

判断本病之轻重要注意两个方面，一是病发持续时间之长短，一般持续时间长则病重，短则病轻；二是发作间隔时间之久暂，即间隔时间短暂则病重，间隔时间长久则病轻。其临床表现的轻重与痰浊之浅深和正气之盛衰密切相关。

3. 发作时辨阴痫、阳痫

痫病发作时有阴痫、阳痫之分。发作时牙关紧闭，伴面红、痰鸣气粗、舌红脉数有力者多为阳痫；面色晦暗或萎黄、肢冷、口无怪叫或叫声低微者多为阴痫。阳痫发作多属实，阴痫发作多虚。

(二) 治疗原则

痫病临床表现复杂，治疗首当分清标本虚实，轻重缓急。发作期急以开窍醒神定痫以治其标，治宜清泻肝火，豁痰息风，开窍定痫；休止期病缓补虚祛邪以治其本，治宜健脾化痰，滋补肝肾，养心安神等。

(三)分证论治

1. 发作期

(1) 阳痫

症状 突然昏仆,不省人事,面色潮红、紫红,继之转为青紫或苍白,口唇发绀,两目上视,牙关紧闭,四肢抽搐,口吐涎沫,或喉中痰鸣,或发怪叫,甚则二便自遗,移时苏醒如常人。病发前多有眩晕、头痛而胀、胸闷乏力、喜伸欠等先兆症状;平素情绪急躁,心烦失眠,口苦咽干,便秘尿黄,舌质红,苔白腻或黄腻,脉弦数或弦滑。

分析 突然昏仆,不省人事,面色潮红、紫红转青紫或苍白,口唇发绀为肝风痰火,上蒙清窍,气血逆乱;两目上视,牙关紧闭,四肢抽搐,喉中痰鸣,口吐涎沫,并发出怪叫等为肝风挟痰,窜扰筋脉;反复发作而醒后如常人为风痰聚散无常;舌质红属热,苔腻主湿盛,苔黄为内蕴痰热;其脉弦滑为风痰内盛之征,弦数为痰热之候。

治法 急以开窍醒神,继以泻热涤痰息风。

方药 黄连解毒汤合定痫丸加减。

发作时急以针刺人中、十宣、合谷等穴以醒神开窍,继之灌服汤药。

前方黄芩、黄连、黄柏、栀子泻上、中、下三焦之火;后方取贝母、胆南星苦寒性降,用以清化热痰,贝母甘润,苦燥而不伤阴,半夏、茯苓、陈皮、生姜相合燥湿化痰,兼以健脾开胃,以加强祛痰之力;天麻、全蝎、僵蚕相合偏温,长于息风止痉;琥珀偏凉,质重而镇心;石菖蒲辛温芳香,与远志相合,能增强化痰开窍之功;琥珀、石决明、牡蛎重潜安神。诸药相配,寒热相宜,燥中有润。二方合用,共奏清热息风、涤痰开窍之功,适用于风火夹痰上扰清窍之阳痫发作。

若热甚者可选用安宫牛黄丸清热化痰、开窍醒神,或紫雪丹清热息风止痉;大便秘结加生大黄、芒硝、枳实、厚朴等泻下通便。

(2) 阴痫

症状 突然昏仆,不省人事,面色晦暗青灰而黄,手足清冷,双眼半开半合,僵卧拘急,或抽搐时作,口吐涎沫,一般口不啼叫,或声音微小,醒后周身疲乏,或如常人,或仅表现为一过性呆木无知,不闻不见,不动不语,数秒至数分钟即可恢复,恢复后对上述症状全然不知,但一日十余次或数十次频作,平素神疲乏力,恶心泛呕,胸闷咳痰,纳差便溏等症,舌质淡,苔白腻,脉多沉细或沉迟。

分析 发痫时面色晦暗萎黄,手足清冷多因阳痫病久,频繁发作,使正气日衰,痰结不化,脾肾先后受损,一则气血生化乏源,再则命火不足,气化力薄,水寒上泛,双眼半开半阖,神志昏聩因肝风挟痰,蒙蔽神明;僵卧拘急或颤动抽搐时发因血不养筋,筋脉失养,虚风暗煽;口吐涎沫乃内伏痰湿壅盛随气逆而涌出;口不啼叫或声音微小,是虽有积痰阻窍,而正不胜邪所致;呆木无知是神明失灵之象;舌质淡,苔白而厚腻,脉沉迟细,均属阳虚痰湿内盛之征。

治法 开窍醒神,温阳除痰,顺气定痫。

方药 五生饮合二陈汤加减。

针刺人中、十宣穴,继而灌服五生饮合二陈汤加减。

五生饮温阳散寒化痰,二陈汤理气化痰,二方合用,共奏温阳、除痰、顺气、定痫之功,适用于阳痫日久不愈,正气损伤,脾肾虚损,阳虚痰湿内盛之阴痫发作。白附子、川乌辛温散寒,祛痰除湿;茯苓、白术健脾化痰;陈皮、半夏、白豆蔻、砂仁燥湿理气化痰;石菖蒲、远志化痰开窍;全蝎、僵蚕搜风止痉;生黑豆补肾利湿。

若有恶心欲呕者,加生姜、苏梗、竹茹降逆止呕;胸闷痰多者,加瓜蒌、枳实、胆南星以化痰宽胸;纳差便溏者,加党参、炮姜、诃子健脾止泻。

若痫病重症，持续不省人事，频频抽搐，偏阳衰者，伴面色苍白，汗出肢冷，鼻鼾息微，脉微欲绝者，可辅以参附注射液静脉滴注；偏阴竭者，伴面红身热，躁动不安，息粗痰鸣，呕吐频频者，可辅以参麦注射液静脉滴注，抽搐甚者，可予紫雪丹，或配合针灸疗法，促其苏醒。

2. 休止期

(1) 肝火痰热

症状　发作时昏仆抽搐，吐涎，或有吼叫，二便自遗，平日急躁易怒，心烦失眠，咳痰不爽，口苦咽干，便秘溲黄，发病后，症情加重，彻夜难眠，目赤，舌红，苔黄腻，脉弦滑而数。

分析　情绪急躁为肝气不疏，肝郁化火所致；心烦失眠为火扰心神所致；口苦口干，咯痰不爽为肝火偏旺，火动生风，煎熬津液，结而为痰所致；便秘为热灼肠液，尿黄为热邪下注；舌质红，苔黄或黄腻，脉弦滑数为肝火痰热之象。发作时多为阳痫。

治法　清肝泻火，化痰宁心。

方药　龙胆泻肝汤合涤痰汤加减。

前方以清肝泻火，调气开窍为主，用于火热炽盛者；后方涤痰开窍见长，用于痰浊闭窍者。方以龙胆草、青黛、芦荟直入肝经而泻肝火；大黄、黄芩、栀子通泄上中下三焦之火，尤以大黄推陈致新，降逆而不留邪，以化痰散结；配以木香、麝香走窜，通窍而调气，使清热之力益彰；又恐苦寒太过，以当归和血养肝。枳实、茯苓、橘红、人参健脾益气化痰。

若有肝火动风之势者，加天麻、石决明、钩藤、地龙、全蝎，以平肝息风。痰火壅盛，大便秘结者，加大黄、芒硝以祛痰泻火通腑。彻夜难寐者，加柏子仁、酸枣仁宁心定志。

(2) 脾虚痰盛

症状　平素神疲乏力，少气懒言，胸脘痞闷，纳差，眩晕、便溏。发作时面色晦滞或白，四肢清冷，蜷卧拘急，呕吐涎沫，叫声低怯，舌质淡，苔白腻，脉濡滑或弦细滑。

分析　本证以脾失健运，生化不足，心失所养为基本病机。平素倦怠乏力为脾虚生化乏源，气血不足；胸闷，纳差为脾虚不运，聚湿生痰，痰湿内蕴，气机不畅；眩晕、便溏为升降失司，清气不升，浊气不降；舌质淡，苔白腻，脉弦细濡滑，均为脾虚痰盛之征。发作时多为阴痫。

治法　健脾化痰。

方药　六君子汤加减。

本方具有补气健脾、祛湿化痰之功，适用于痫病休止期之脾虚痰湿内盛者。党参、茯苓、白术、炙甘草健脾益气助运；陈皮、半夏、竹茹理气化痰降逆；白豆蔻、砂仁醒脾化湿；石菖蒲、远志、琥珀化痰开窍，宁心安神。

若痰浊盛而恶心呕吐痰涎者，加胆南星、瓜蒌、旋覆花化痰降浊；便溏者，加薏苡仁、炒扁豆、炮姜等健脾止泻；脘腹饱胀，饮食难下者，加神曲、谷芽、麦芽以消食和胃；兼见气血两虚者，合归脾汤加减；若精神不振，久而不复，当大补精血，益气养神，宜常服河车大造丸。

(3) 瘀阻脑络

症状　平素头晕头痛，经久不愈，痛有定处，痛如锥刺，常伴单侧肢体抽搐，或一侧面部抽动，颜面口唇青紫，舌质暗红或有瘀斑，舌苔薄白，脉涩或弦。多继发于颅脑外伤、产伤、颅内感染性疾患后，或先天脑发育不全。

分析　平素头晕头痛，为痫病经久不愈，久病入络，或头部外伤，瘀阻脑络，不通则痛；单侧肢体抽搐，或一侧面部抽动，为瘀阻脑络，筋脉失养；痛处固定不移，痛如锥刺为瘀血阻塞脉络；舌紫暗，有瘀斑、瘀点，脉弦细或细涩为瘀血内阻之征。

治法　活血化瘀，息风通络。

方药　通窍活血汤加减。

本方活血化瘀，醒脑通窍，适用于瘀阻头巅，头痛头晕，肢体抽动等症。赤芍、川芎、桃仁、红花活血化瘀；麝香、老葱通阳开窍，活血通络；地龙、僵蚕、全蝎息风定痫。

若痰涎偏胜者，加半夏、胆南星、竹茹。

(4) 肝肾阴虚

症状 痫病频发之后，神思恍惚，面色晦暗，头晕目眩，伴两目干涩，耳轮焦枯不泽，健忘失眠，腰膝酸软，大便干燥，舌红，苔薄白或薄黄少津，脉沉细数。

分析 痫病频发，日久不愈，神思恍惚，面色晦暗，健忘失眠为气血先虚，肝肾俱亏，肾精不足，髓海失养所致；两目干涩为肝血不足所致；头晕目眩为血虚肝旺所致；肾开窍于耳，主腰膝，耳轮焦枯不泽，腰膝酸软为肾精虚亏所致；大便干燥为阴亏大肠失其濡润所致；舌质红，苔薄少津，脉细数或弦数，均为精血不足之象。

治法 滋养肝肾。

方药 大补元煎加减。

本方能滋补肝肾，养阴填精适用于痫病日久不愈，肝肾阴精亏虚者。熟地、枸杞子、山茱萸、杜仲补益肝肾，滋阴养血；人参、炙甘草、山药、大枣补气健脾；鹿角胶、龟板胶填精益髓；牡蛎、鳖甲滋阴潜阳安神；石菖蒲、远志宣窍安神。

若神思恍惚，持续时间长者，可合酸枣仁汤加阿胶、龙眼肉养心安神；恐惧焦虑忧郁者，可合甘麦大枣汤以缓急安神；若水不制火，心肾不交者，合交泰丸加减以清心除烦；大便干燥者，加玄参、肉苁蓉、火麻仁以养阴润肠通便。在休止期，投以滋补肝肾之品，既可育阴潜阳息风，又可柔筋，对防止痫病的频发有一定作用。

四、预防调护

痫病的预防有二：一是对已知的致病因素和诱发因素的预防，以及采取增强体质的有关措施。最重要的是保持精神愉快，情绪乐观，避免精神刺激，怡养性情。生活宜规律，起居有节。适当参加文娱活动和体育锻炼，不可过劳，保证充足的睡眠。对病程长、体质差的患者，适当加强营养也很重要。二是加强休止期的治疗，防止痫病频繁发作，延长发作的间歇时间，也是预防的重要方面。痫病患者，不宜驾车、骑车，不宜高空、水上作业等，以免发生意外。孕妇应加强保健，避免胎元受损。

本病的护理工作非常重要。对病情观察要认真仔细，重视神志的变化、持续的时间和证候表现以及舌象、脉象、饮食、睡眠和二便的情况，为辨证论治提供可靠的资料。对频繁发作者，要加强床挡等保护装置，以免翻坠下床。有义齿者均应取下，并用裹纱布的压舌板放入病人口中，防止咬伤唇舌。对痫病日久又频繁发作的重症患者，于发作时特别应注意保持呼吸道的通畅，以免发生窒息死亡。饮食宜清淡，多吃蔬菜，或选用山药、苡米、赤豆、绿豆、小米煮粥，可收健脾化湿之功效。忌过冷过热、辛温刺激的食物，以减少痰湿的滋生。

五、临证验案

方某，男，33岁

初诊 3月22日。今年2月2日突然发作抽搐，继则神志不清，口吐白沫，五六天后始苏醒，但不知身在何处，心悸头昏，夜有盗汗，不寐，肝区作痛，胃纳一般，苔根黑垢，脉濡而涩。予宁心为治（某医院诊断为癫痫症）。

处方 丹参12g，茯神12g，炙甘草9g，淮小麦30g，石菖蒲4.5g，桂枝4.5g，煅龙骨9g，煅牡蛎9g，陈胆星4.5g，生铁落60g，大枣7枚。5剂。

复诊 4月3日。上方服10剂后,盗汗解,能入寐,神志亦平稳,至今未发作,纳佳便调。惟感脘腹胀,苔根黑转灰。原方加减:丹参12g,炙甘草9g,淮小麦30g,降香3g,神曲12g,鸡内金9g,茯神12g,石菖蒲4.5g,玫瑰花4.5g,大枣3枚。7剂。

三诊 4月17日.4月3日方又服14剂,眠已安,神志平静,腹胀已解,灰苔亦除。再续下方:丹参12g,北沙参9g,炙甘草9g,淮小麦30g,降香3g,神曲12g,茯神12g,石菖蒲4.5g,大枣5枚。7剂。

按 患者从起病到就诊,为时虽仅一个半月,但痫厥之作五六日始苏,可见其病程虽短而病情实凶,可谓危重之证。据脉症所见,属虚实夹杂之候。心悸失眠,头昏盗汗,乃心血不足,血不养心所致;血虚肝失所养,肝失疏泄,故肝区作痛;血虚化风,气郁夹痰,上蒙清窍,故抽搐神昏,口吐白沫。初诊以甘麦大枣汤、桂枝龙牡汤加生铁落以滋养镇摄,加胆星、菖蒲、丹参、茯神以涤痰宁心。此方治虚不碍实,去实不妨虚,寓疏化于镇摄滋养之中。10剂而痫证控制,余证亦有好转。续方去桂枝、龙、牡之镇摄,加神曲、鸡内金之疏化,降香之芳香降浊,以解其腹胀。用药与病机相合,故见效甚速。

(何任,何若苹整理.中国百年百名中医临床家丛书·国医大师卷.中国中医药出版社.2013)

六、文献摘录

1.《备急千金要方·惊痫第三》:"凡小儿之痫有三种,有风痫,有惊痫,有食痫。然风痫、惊痫时时有耳,十儿之中未有一二是风惊者。凡是先寒后热发者,皆是食痫也。凡小儿所以得风痫者,缘衣暖汗出,风因入也。风痫者,初得之时,先屈指如数,乃发作者,此风痫也。惊痫者,起于惊怖,大啼乃发作者,此惊痫也。"

2.《寿世保元·痫证》:"盖痫病之原,得之惊,或在母腹之时,或在有生之后,必因惊恐而致疾。盖恐则气下,惊则气乱,恐气归肾,惊气归心,并于心肾,则肝肾俱虚,肝虚则生风,脾虚则生痰,畜极而通,其发也暴,故令风痰上涌而痫作矣。"

3.《证治准绳·癫狂痫总论》:"痫病发则昏不知人,眩仆倒地,不省高下,甚则抽掣,目上视,或口眼喎斜,或口作六畜之声。"

4.《证治准绳·痫》:"痫病与卒中、痉病相同,但痫病仆时口中作声,将醒时吐涎沫,醒后又复发,有连日发者,有一日三四发者。中风、中寒、中暑之类须仆时无声,醒时无涎沫,醒后不复再发。痉病虽亦时发时止,然身强直反张如弓,不如痫之身软,或如猪犬牛羊之鸣也。"

5.《刘惠民医案选·癫痫》:"本病机理可概括为脏腑机能失调,阴阳升降失职,以致风、痰、火、气四者交织杂,但以脏腑病变为主,与肝、脾、心、肾关联密切。如肝肾阴虚,水不涵木,木旺化火,热极生风,肝风内动,出现肢体抽搐,角弓反张。若脾虚不能运化,津液水湿积聚成痰,痰迷心窍,则出现神不守舍,意识丧失。"

七、文献推介

1. 尹靖云. 熄风定痫汤治疗卒中后迟发型风痰闭阻型癫痫临床研究[J]. 现代中西医结合杂志, 2012, 21(9): 953.

2. 梁宏正. 梁剑波治疗痫证经验[J]. 中医杂志, 1992, 33(9): 19-20.

(编者:高天舒　责任副主编:刘良徛)

16 痴呆

痴呆是由髓减脑消,神机失用引起的,以呆傻愚笨、善忘等为主要临床表现的神志异常病证。轻者可见神情淡漠,寡言少语,近事善忘,迟钝等症,重者常表现为远事也忘,终日不语,或闭户独处,或口中喃喃,或言辞颠倒,举动不经,或忽笑忽哭,或不欲食,数日不知饥饿等。

中医古代文献中,有关本病的专论较少。晋·皇甫谧《针灸甲乙经》以"呆痴"命名。唐·孙思邈《华佗神医密传》中首载"痴呆"病名。明·张景岳《景岳全书·杂证谟》中设有"癫狂痴呆"专论，详细论述病因、病机及证候等，指出"痴呆证凡平素无痰而或以郁结，或以不遂，或以思虑，或以疑惑，或以惊恐而渐至痴呆。言辞颠倒，举动不经，或多汗，或善愁，其证则千奇万怪，无所不至；脉必或弦、或数、或大、或小，变易不常。"清·陈士铎《石室秘录》曰："痰气最盛，呆气最深"，并认为"治呆无奇法，治痰即治呆也"。清·叶天士在《临证指南医案·中风》指出："中风初起，神呆遗溺，老人厥中显然。"明确中风可以引起痴呆。

西医学中的先天性痴呆、脑血管性痴呆、中毒性脑病、阿尔茨海默病，以及精神病后期，不伴有意识障碍情况下出现痴呆表现者可参照本节辨证施治。痴呆既是一个独立的病，又继发于其他疾病，成为该病某阶段的表现。

一、病因病机

（一）病因

1. 年迈体虚，肝肾不足

老年病痴呆者，多因年高阴气自半，肝肾亏虚，精气不足，不能生髓，髓海空虚，髓减脑消，神机失用而成痴呆。正如《医林改错·脑髓说》曰："高年无记性者，脑髓空。"

2. 禀赋不充，脑髓空虚

《灵枢·本神》云："故生之来谓之精，两精相搏谓之神。"说明自幼痴呆者大多与先天禀赋不足有关；也有临产时产伤，伤及脑髓，血瘀清窍而致病。

3. 情志所伤，痰瘀痹阻

七情所伤，肝郁气滞，则血涩不行，气滞血瘀痰结，蒙蔽清窍，脑脉不通，或日久化火，上扰神明，则性情变化无常。《景岳全书》记载："呆痴证，平素无痰，而或以郁结，或以不遂，或以思虑，或以惊恐而渐痴呆。"

4. 久病耗损，积损正伤

中风、眩晕等疾病日久，或失治误治，一是心、肝、肾、脾之阴阳、精、气血亏损不足，脑髓失养；二是久病入络，脑脉瘀阻，脑气与脏气不得相接所致。《杂病源流犀烛·中风源流》指出"有中风后善忘"之论。

（二）病机

痴呆的基本病机为髓减脑消，神机失用。病位在脑，与心肝脾肾功能失调密切相关。病理性质属本虚标实，以虚为多见。其虚在阴精、气血亏虚，肝肾不足，以脑髓不健为主；虚在脾胃者，多生痰湿，闭阻清窍；标实为其气、火、痰、瘀内阻于脑。还有产伤血瘀所致者，瘀久则耗伤气血，终成虚实夹杂之证。本病多发于老年人，进程缓慢。

本病的病理因素为痰、瘀、火，火为心肝火旺或痰郁化火，上扰神明；痰为痰浊中阻，蒙蔽清窍；瘀为瘀血阻痹，脑脉不通。本病在病机上常发生转化：一是气滞、痰浊、血瘀之间可以相互转化，或相兼为病，致痰瘀互结，病情缠绵难愈；二是气滞、痰浊、血瘀可以化热，致肝火上扰、痰热炽盛、血瘀化热，耗伤肝肾之阴，水不涵木，阴虚阳亢，化火生风，上扰清窍，使痴呆加重；三是虚实之间相互转化。实证的痰浊、瘀血日久，损及心脾，则气血不足；或伤及肝肾，则阴精不足，脑髓失养，转化为痴呆的虚证。虚证日久，气血不足，脏腑受累，血运不畅，或积湿为痰，留滞为瘀，则见虚中夹实之证。故本病临床以虚实夹杂证多见。

二、诊断与鉴别诊断

（一）诊断依据

(1) 记忆力障碍是本病的首发症状，先表现为近记忆力减退，进而表现为远记忆力减退。
(2) 认知功能障碍、判断能力和计算能力减退，可伴有人格障碍和性情改变。
(3) 一般起病不明显，发展缓慢，渐进加重，病程较长。患者可有中风、头晕、外伤等病史。

（二）鉴别诊断

1. 郁病

痴呆的神志异常与郁病的脏躁相鉴别。脏躁多发于青中年女性，不发作时可如常人，不伴智能、人格的变化，生活可以自理。表现为情志抑郁，情绪不宁，悲伤欲哭，胸胁胀痛，易烦躁，或咽中有异物，病机为情志不舒，气机郁滞。痴呆多见于老年人，无性别差异，病程迁延，心神失常症状不能自行缓解，可伴有记忆力、计算力减退甚至人格情感的改变。

2. 癫证

癫证是气血痰邪蒙蔽心窍，心神被扰，神机逆乱所致的精神异常的疾病，以沉默寡言，情感淡漠，语无伦次，静而多喜为特征，多见于成年人。痴呆属于智能活动障碍，生活、社会交往能力下降，以神情呆滞，愚笨迟钝为主要表现的神志异常疾病，以老年人多见，痴呆的部分症状可以自制，治疗后会有不同程度的恢复。但重症痴呆与癫证在表现上有许多相似之处，临床难以区别。

3. 健忘

健忘是以记忆力减退，遇事健忘为主症的一种病症。其特点为知道前事，却易遗忘，不伴智能减退。病机为心脾不足，肾精亏虚。而痴呆以神情呆滞，或神志恍惚，告知不晓为主要表现。其特点为不知前事而遗忘，呆傻愚笨，生活、社会交往能力下降等。健忘可以是痴呆的早期临床表现，这时可不予鉴别，健忘病久可转为痴呆。

三、辨证论治

（一）辨证要点

1. 辨先天后天

先天多与胎孕受损，禀赋不足，脑髓失充等有关；后天因素可因产时受伤，损及脑髓，瘀血阻脑而致病；老年得病多责之脾肾两虚，髓海空虚，或情志不遂，头部外伤，中毒，他病（痫病、中风），气血瘀滞，痰湿内停，灵窍被阻；或年老肾亏，精血不足，髓海空虚，脑神失养等所致。

2. 辨虚实

本病以虚实夹杂者多见，故应辨明虚实主次缓急。虚证为先天禀赋不足，精血亏虚所致，表现为神气不足、面色失荣、形体枯瘦、言行迟弱等。辨证当分气血、肾精亏虚；实证为情志失调，痰浊阻窍，瘀阻脑府所致，表现为智能减退、反应迟钝，兼见痰浊、瘀血、风火等表现。

3. 辨脏腑

本病的病位主要在脑，与肾肝脾心相关。病在脑与肾可见年老体衰、头晕目眩、记忆认知能力减退、神情呆滞、齿枯发焦、腰膝酸软、步履艰难等；病在脑与肝肾可见双目无神、筋惕肉瞤、毛甲无华等；病在脑与脾肾可见食少纳呆，气短懒言，口涎外溢，四肢不温，五更泄泻等；病在脑与心肾可见失眠多梦，五心烦热等。

（二）治疗原则

痴呆的治疗原则是补虚泻实。补虚者应以补益虚损为主，重在脾肾。凡禀赋不足，气血亏虚，脑神失养或见脾虚之证，重培补先天、后天，以寄脑髓得充，化源得滋，调补精、血、气，充髓养脑，可应用血肉有情之品。泻实者应以祛邪开窍为主，辅以调畅情志。凡气滞、痰浊、血瘀阻窍者，治疗应重在开郁化痰。气郁则开，而痰滞当消。或开郁逐痰，或健脾化痰，或清心涤痰，或泻火祛痰，或痰瘀同治，以寄气充血活，窍开神醒。此外，移情易性，智力和功能训练与锻炼等亦不可轻视。

（三）分证论治

1. 髓海亏虚

症状 自幼年起病，多有发育畸形，如囟门迟闭，头颅偏小，嘴凸眼裂窄，舌大，吐词不清。成人逐渐发展，可见神情呆滞，反应迟钝，词不达意，生活不能自理，舌瘦色淡，苔薄白，脉沉细弱。

分析 发育畸形迟缓为肾虚不能壮骨所致；灵机记性功能衰退为脑髓不健所致；老年愚笨痴呆为肾精亏虚，髓海失养所致；舌瘦色淡，苔薄白，脉沉细弱为精亏之象。

治法 补肾益髓，填精养神。

方药 七福饮加减。

方中重用熟地以滋阴补肾，合当归养血补肝，人参、白术、炙甘草益气健脾，用以强壮后天之本，远志、杏仁宣窍化痰。

若填补脑髓之力不足者，应选加鹿角胶、龟板胶、阿胶等血肉有情之品。若兼言行不经，心烦溲赤，舌红少苔，脉细而弦数者是由于肾精不足，水不制火所致心火妄亢，可用六味地黄汤加丹参、莲子心、菖蒲等清心宣窍。

2. 脾肾两虚

症状 年老表情呆滞，行动迟缓，记忆力减退，言语迟钝，说话颠倒，行为幼稚，喜独居，悲喜无常。可兼耳鸣耳聋，听力减退，发枯齿脱，腰脊酸痛，短气无力，肌肉萎缩，食少纳呆，步履艰难，舌体胖大，苔薄白，脉沉细无力。

分析 本证以老年痴呆或未老先衰而见痴呆，因脾肾亏虚，元阳不足，气血衰少，髓海空虚，神机失养，可见记忆减退，失算失认，词不达意；耳鸣耳聋，腰脊酸痛，短气无力，肌肉萎缩，食少纳呆；舌体胖大，苔薄白，脉沉细无力，为脾肾两虚之象。

治法 补肾健脾，益气生精。

方药 还少丹加减。

方中熟地、枸杞、山萸肉滋阴补肾；肉苁蓉、巴戟天、茴香助命门之火补肾气；杜仲、怀牛膝、楮实子补益肝肾。更用茯苓、山药、大枣、人参益气健脾而补后天；菖蒲、远志、五味子交通心肾而安神。

若颧红盗汗、耳鸣如蝉、舌红少苔、脉细者，可用知柏地黄丸加丹参、莲子心、菖蒲、滋补肝肾，清心宣窍；若肌肉萎缩、乏力短气、懒言少动者，可加紫河车、黄芪、阿胶、首乌补气养血。

3. 痰浊犯头

症状 终日无语，或喃喃自语，不饮不食，精神抑郁，表情呆钝，可兼头重如裹，纳呆呕恶，脘腹胀痛，痞满不适，哭笑无常，呆若木鸡，智力衰退，口多涎沫，舌质胖大有齿痕，苔腻，脉细滑。

分析 终日无语，或喃喃自语，精神抑郁，表情呆钝，呆若木鸡为痰浊蔽阻所致；头重如裹，纳呆呕恶，脘腹胀痛，痞满不适为痰积于胸中所致；苦笑无常为痰火扰动心神，舌胖脉细滑，亦系气虚痰盛之征。

治法　豁痰开窍，健脾化浊。
方药　涤痰汤加减。

方中人参、甘草培补中气；半夏、茯苓、橘红健脾化痰；南星、菖蒲辅半夏以宣窍祛痰；枳实、竹茹降逆和胃。

若脾虚明显者，加党参、白术、麦芽、砂仁等；若痰多者，重用陈皮、半夏、南星、并加莱菔子、全瓜蒌、浙贝母；若痰浊化热者，加瓜蒌、栀子、黄芩、天竺黄；若肝郁化火，灼伤肝血心液者，则心烦躁动，言语颠三倒四，歌笑不休，甚至反喜污秽，或喜食炭，宜用转呆丹加味；若证见眩晕或头痛，失眠或嗜睡，或肢体麻木，肢体无力僵直，脉弦滑者，可用半夏白术天麻汤。

4. 瘀血犯头

症状　多有产伤及外伤病史。神情淡漠，反应迟钝，善忘善恐，寡言少语；或妄思离奇。兼次症：肌肤甲错，面色黧黑，唇甲紫暗，双目暗晦，口干不欲饮，舌质暗，或有瘀点瘀斑，脉细涩。

分析　神情淡漠，反应迟钝，善忘善恐，寡言少语，妄思离奇为瘀阻脑络，神机失运所致；口干不欲饮为瘀血内阻，津液不能上承；肌肤甲错，面色黧黑，唇甲紫暗，双目暗晦为瘀久不消，津液营血不能滋养；舌质暗，或有瘀点瘀斑，脉细涩皆为血瘀之征。

治法　活血化瘀，通窍醒脑。
方药　通窍活血汤加减。

方中桃仁、红花、赤芍、川芎活血化瘀为主药，葱白、生姜合菖蒲、郁金可以通阳宣窍。

若配丸剂当用麝香，以加强活血通窍之功。若久病气血不足者，加当归、生地、党参、黄芪补血益气或补阳还五汤加减。若气滞血瘀为主者，应用血府逐瘀汤加减；若瘀血日久，阴血亏虚者，加熟地、阿胶、鳖甲、制首乌、女贞子；若久病血瘀化热，常致肝胃火逆，证见头痛、呕恶等症者，应加钩藤、菊花、夏枯草、竹茹一类清肝和胃之品；若久病入络者，加蜈蚣、僵蚕、水蛭、地龙等虫类药以疏通经络；痰瘀互结，见头重、口流黏涎，色质紫暗或有瘀斑，苔厚腻，加半夏、橘红、枳实、杏仁、胆南星。

四、预防调护

先天性痴呆一般不易根治，老年人痴呆若能进行积极治疗，精神症状可有明显好转。因外伤或中毒引起本病者，经治疗可得到不同程度的改善。由精神暴怒引起者，一般多可获愈。医护人员应帮助病人正确认识和对待疾病，解除情志因素。精神调摄，智能训练，调节饮食起居既是预防措施，又是治疗的重要环节。对轻症患者进行耐心细致的训练和教育，合理安排生活，使之逐渐掌握一定的生活及工作技能，从而使智能得到发展。重症患者要注意生活照顾。行动不便者，防止因大小便自遗及长期卧床引起的褥疮、感染。行动自如者，要防止跌倒而发生骨折，或外出走失。

五、临证验案

郑某，男 63 岁，退休工人。

初诊　2006 年 8 月 5 日。该患者 3 年前发生脑梗死，右半身不遂，曾住院治疗 1 月余，好转出院。生活可自理，但行动缓慢，语言不利，渐渐远期记忆消失，且呈进行性记忆力减退，起初近事易忘，发展到远事也忘，1 年来认知能力减退，从不认远亲至不认家人，不能正确判断是否在家里，不能正确回答问题，表情淡漠。

诊见　近 1 月病情又加重，大小便不自知，舌苔薄白，舌质紫黯有瘀斑，脉弦细弱。CT 检查：局灶性脑萎缩。缺血性积分量表 8 分。

中医诊断　痴呆

辨证　肾精不足，血瘀阻窍。

治法 益精填髓，化瘀通窍。

处方 经验方人参益智汤加减。人参 20g，川芎 15g，红花 15g，赤芍 15g，桃仁 15g，郁金 15g，菖蒲 20g，益智仁 20g，山萸肉 20g，肉苁蓉 15g，香附 10g。20 剂，水煎服，日 1 剂，分两次服。

二诊 2006 年 8 月 27 日。药后病情无明显好转，喜怒无常，郁闷不舒，记忆力减退，二便不知，脉弦，苔薄黄腻，质紫红。仍宗前法，加重活血化瘀之剂，以疏通血脉。

处方 三棱、莪术、丹参、川芎、赤芍各 20g，红花、桃仁各 15g，路路通、地龙、菖蒲、香附、郁金各 20g。20 剂，服法同前。

三诊 2006 年 9 月 30 日。药后病情有所好转，主要表现为二便时能呼叫家人，饮食也有一定的自知力，但有时烦躁，大便干。舌苔薄白，舌质紫红，有瘀斑，脉弦。

前方去地龙，加柴胡 15g，珍珠母 30g，瓜蒌 20g。30 剂，服法同前。

四诊 2006 年 11 月 1 日。药后病情逐渐稳定，能与家人对答，二便有自控能力，舌脉无明显变化。

按 老年脑血管性痴呆中医称为"癫疾""呆痴""呆病"等。王清任在《医林改错》中明确提出了病所在脑，说："灵机记忆在脑不在心。"认为"高年无记性者，脑髓渐空。"，类似于西医学的脑萎缩。他创制的"癫狂梦醒汤"至今常用于治疗老年性痴呆，尤其是血管性痴呆。本例以活血化瘀、醒脑开窍法治疗，先予以理气活血化瘀之剂，用后见效不够明显，遂用活血破瘀之剂三棱、莪术而渐见效，说明重症宜用重药。对因血脉瘀阻，致使脑窍不通者，当用活血化瘀重剂，配合开窍之剂也十分重要。

脑为轻灵之脏，"脑髓纯者灵，杂者顿"。似娇胜娇，一有怫郁，使神不外达，而致痴致呆。人至老年，肾气肾精亏虚，脏腑功能虚衰，阳气虚衰，津液失于气化蒸腾而为痰浊，阴精亏虚，阴虚火动，炼液为痰。如《医贯》云："肾虚而不能治水，则水不归源，如水逆行，洪水泛滥而为痰。"若痰浊上犯头部，蒙蔽清阳，则可见"痰迷心窍"之头痛、眩晕、嗜睡、神痴癫狂等症。陈士铎《辨证录》更言："……痰积于胸中，盘踞于心外，使神明不清，而成呆病矣。"《石室秘录》进一步指出"痰气最盛，呆气最深"。

另外，医之过也可以导致此病的发生，张山雷在治中风时曾指出："又有龙脑、麝香芳香走窜……扰乱神志，逼痰入络，酿成癫痫，不可妄试。"痰积日久，阻碍气机升降，气血运行不畅，则成血瘀。《医林改错》曾指出："凡有血瘀也令人善忘。"认为本病是由于"气血凝滞脑气，与脏腑之气不相接"而致。唐容川《血证论》又指出："凡心有血瘀，亦令人健忘，血在上则浊闭而不明矣。"

（李延，吴限.当代国家级名老中医学术研究经验丛书·李延学术经验集·李延.中国中医药出版社.2014）

六、文献摘录

1.《素问·脉要精微论篇》："头者，神明之府。头倾视深，精神将夺也。"

2.《类经·藏象论》："心为一身之君主，禀虚灵而含造化，具一瑶以应万机，藏腑百骸，惟所是命，聪明智慧，莫不由之。"

3.《寿世保元·健忘》："夫健忘者……益主于心脾二经。心之官则思，脾之官亦主思，此由忧思过度，伤心则血耗散，神不守舍；伤脾则胃气衰惫，而疾愈深。"

4.《辨证录·呆病门》："人有老年而健忘者，近事多不记忆，虽人述其前事，犹若茫然，此真健忘之极也。"

5.《景岳全书·杂病谟》："痴呆证，凡平素无痰……而渐至痴呆。言辞颠倒，举动不经，或多汗，或善愁，其证则千奇万怪，无所不至；脉必或弦、或数、或大、或小，变易不常。""但察其形体强壮，饮食不减，别无虚脱等症，则悉宜服蛮煎治之，最稳最妙。""然此证有可愈者，有不可愈者，亦在乎胃气、元气之强弱，待时而复，非可急也。凡此诸证，若以大惊猝恐，一时偶伤心胆而致失神昏乱者，此当以速扶正气为主，宜七福饮或大补元煎主之。"

七、文献推介

1.刘娟，杨立，张洪.中医药治疗阿尔兹海默病的研究进展[J].世界中医药，2016，11(5)：932-935.

（编者：徐京育　责任副主编：黄燕）

17 胃痛

胃痛是由胃气郁滞引起的，以上腹胃脘部近心窝处疼痛为主要临床表现的病证，又称胃脘痛。

《内经》最早记载"胃脘痛"之名，并初步阐述了胃脘痛的病因病机、临床表现和治疗。《灵枢·邪气脏腑病形》篇有"胃病者，腹䐜胀，胃脘当心而痛，上支两胁，膈咽不通，饮食不下，取之三里也"等描述。阐明了本病的主要病变部位、临床表现及治疗。此外，《素问·六元正纪大论》说："木郁之发……民病胃脘当心而痛。"进一步说明了胃痛的发生与木郁(肝郁)为病，横逆犯胃有关。但由于《内经》中很多篇章中都有"胃脘当心而痛"的记载，致使许多古代文献所记载的心痛、心下痛等，也包括了胃痛，混淆了心痛与胃痛两者的概念。宋代之后医家对胃痛与心痛混谈提出质疑，如宋·陈言《三因极一病证方论·九痛叙论》曰："夫心痛者，在《方论》有九痛，《内经》则曰举痛，一曰卒痛，种种不同，以其痛在中脘，故总而言曰心痛，其实非心痛也。"直至金元时代，元·李杲《兰室秘藏》首立"胃脘痛"一门，使胃痛成为独立的病证。此后，明清时代进一步理清了心痛与胃痛的区别，对胃痛病因病机的认识不断深入，治疗方法更加丰富。如明·王肯堂《证治准绳·心痛胃脘痛》曰："或问丹溪言心痛即胃脘痛，然乎？曰：心与胃各一脏，其病形不同，因胃脘痛处在心下，故有当心而痛之名，岂胃脘痛即心痛者哉！"清·高世栻《医学真传·心腹痛》指出了要从辨证的角度去理解和运用"通则不痛"之法，书中说："夫通者不痛，理也。但通之之法，各有不同。调气以和血，调血以和气，通也；下逆者使之上行，中结者使之旁达，亦通也；虚者助之使通，寒者温之使通，无非通之之法也。若必以下泻为通，则妄矣！"为后世胃痛的辨治拓展了思路。

西医学中的胃炎、消化性溃疡、胃痉挛等疾病以上腹胃脘部疼痛为主要症状者，属于本病范畴，可参考本节辨证施治。

一、病因病机

(一)病因

1. 寒邪客胃

外感寒邪，内客于胃，寒性凝滞，致胃气郁滞而胃痛暴作。《素问·举痛论》说："寒气客于肠胃之间，膜原之下，血不能散，小络急引，故痛。"中阳素虚者，适逢冬春季节，外寒触动内寒，亦可发病。

2. 饮食伤胃

饮食不节是胃痛最常见的病因。胃为水谷之海，主要功能是受纳和腐熟水谷。饮食过量，胃纳过盛，脾运不及，久则宿食内停，气机阻滞，发为胃痛。《素问·痹论》指出："饮食自倍，肠胃乃伤。"过食肥甘厚味，或辛辣无度，或饮酒如浆，则蕴湿生热，湿热中阻，胃气郁滞，故胃热而痛。过食生冷，寒积胃脘，则胃寒而痛。《医学正传·胃脘痛》曰："致病之由，多由纵恣口腹，喜好辛酸，恣饮热酒……复餐寒凉生冷，朝伤暮损，日积月深……故胃脘疼痛。"

3. 情志失调

肝为刚脏，性喜条达而主疏泄，有疏土而助消化之功。恼怒伤肝，肝失疏泄，肝气郁结，横逆犯胃，胃气郁滞，不通则痛。《杂病源流犀烛·胃病》曰："胃痛，邪干胃脘病也……唯肝气相乘为尤甚，以木性暴，且正克也。"肝郁日久化火，郁火乘胃，肝胃郁热，胃气郁滞，胃脘灼热而痛。气滞日久，血行不畅，血脉凝涩，瘀血内结，故胃脘刺痛，其病势缠绵难愈。如《增评柳选四家医案·脘腹痛门》所说："肝胃气痛，痛久则气血瘀凝。"脾主运化而与胃相表里，忧思伤脾，思则气结，胃气不得宣通，故郁而作痛。脾弱肝旺，木贼土虚，胃腑受克，胃气郁滞，不通则痛。

4. 体虚久病

素体脾胃虚弱，或劳倦过度，或饥饱失常，或久病脾胃受损，均能引起脾阳不足，中焦虚寒，胃失温养而作痛；或胃阴不足，胃失濡养而作痛。此外，亦有过服寒凉、温燥药物，损伤脾胃而作痛者。

（二）病机

胃痛的基本病机为胃气郁滞，不通则痛。胃主受纳、腐熟水谷，其气以和降为顺，不宜郁滞。凡诸种原因导致胃气失于和降，或宿食内停，或气滞血瘀等皆可导致胃气郁滞而发生胃痛，正所谓"不通则痛"。

本病的病变部位在胃，与肝脾关系密切。肝属木，为刚脏，喜条达而主疏泄，有疏土而助消化之功。肝与胃是木土乘克的关系，故肝气郁结，易于横逆犯胃，胃失和降，胃气郁滞而作痛。另外，肝气久郁，既可化火伤阴，又能导致瘀血内结，病情至此，则胃痛加重，每每缠绵难愈。脾与胃同居中焦，互为表里。脾为太阴湿土，以升为顺，胃为阳明燥土，以降为和，二者燥湿相济，升降相因，在生理上相辅相成，病理上互相影响。故脾病多涉于胃，胃病亦可及于脾。

本病的病性有寒热、虚实、气血之分，但六者皆可从虚实两个方面进行概括。其中寒邪犯胃、肝气犯胃、饮食停滞、肝胃郁热、湿热中阻及瘀血内阻等属实证范畴。胃痛初期多属实证，若久痛不愈，或反复发作，脾胃受损，可由实转虚。如因寒而痛，寒邪伤阳，脾阳不足，胃失温养，致虚寒胃痛；因热而痛，热邪伤阴，胃阴不足，胃失濡养，致阴虚胃痛。虚证胃痛日久，临床往往表现虚实兼夹，如脾胃虚弱，健运无权，常常夹有湿邪、食积，易受寒邪。从寒热来看，因寒而痛者，日久不愈，可以化热；因热而痛者，复因生冷过度，亦可形成寒热错杂之证。从气血来看，气滞日久，必见血瘀；瘀血内结，必然阻遏气机，二者可互为因果。

本病的病理因素主要有气滞、寒凝、热郁、湿阻、血瘀等，其中尤以气滞为主。

胃痛日久，可以衍生变证，如胃热炽盛，迫血妄行，或瘀血阻滞，血不循经，而出现呕血之证，脾胃虚寒，脾不统血，而见便血之证。若大量出血，可致气随血脱，危及生命。若中阳不振，水饮不归正化，可形成饮停于胃之证。若胃痛日久，痰瘀互结，壅塞胃脘，形成癥积，触之有块，形体迅速消瘦，脘痛难忍，甚则呕吐物如赤豆汁，其预后极差，亦属危证。

总之，胃痛以气机郁滞为基础，日久易出现虚实兼夹、寒热错杂、气滞血瘀等病理变化，甚至可以导致危重病证的发生。

二、诊断与鉴别诊断

（一）诊断依据

(1) 上腹胃脘部近心窝处发生疼痛为特征，有胀痛、刺痛、隐痛、剧痛等不同的性质。
(2) 常伴脘腹胀满，嗳腐吞酸，恶心呕吐，纳差等症。
(3) 发病特点：以中青年多见，多有反复发作史，常因饮食不节、情志不舒、寒温失宜等诱发或加重。

（二）鉴别诊断

1. 真心痛

真心痛老年人多见。其痛可及胸骨下，出现胃脘痛的表现，但典型的真心痛为左侧胸膺部疼痛,每突然发作,疼痛剧烈,或痛如锥刺,或心胸闷痛窒塞,难以忍受。常伴心悸气短、汗出肢冷、唇甲青紫等症状。疼痛可以向左侧肩背或左臂内侧放射,病情严重者则如《灵枢·厥论》篇所描述:"真心痛,手足青至节,心痛甚,旦发夕死,夕发旦死。"其部位症状及其预后与胃痛有明显区别。

2. 胁痛

胁痛是以两胁疼痛为主症,肝气犯胃的胃痛有时亦可攻痛连胁,但仍以胃脘部疼痛为主症。

3. 腹痛

腹痛是以胃脘部以下,耻骨毛际以上部位疼痛为主症。胃痛是以上腹胃脘部近心窝处疼痛为主症,两者疼痛部位有别。但胃处腹中,与肠相连,因而胃痛可以影响及腹,而腹痛亦可牵连于胃,可从其疼痛的主要部位和起病原因加以辨别。

三、辨证论治

(一)辨证要点

1. 辨虚实

实者多痛剧,固定不移,拒按,脉盛;虚者多痛势徐缓,痛处不定,喜按,脉虚。

2. 辨寒热

胃痛遇寒则痛甚,得温则痛减,为寒证;胃脘灼痛,痛势急迫,遇热则痛甚,得寒则痛减,为热证。

3. 辨气血

一般初病在气,久病在血。气滞者,多见胀痛,痛无定处,或攻窜两胁,嗳气频频,疼痛与情志因素显著相关。血瘀者,疼痛部位固定不移,痛如针刺,舌质紫暗或有瘀斑,脉涩,或兼见呕血、便血。

各证往往不是单独出现或一成不变的,而是互相转化和兼杂,如寒热错杂、虚中夹实、气血同病等。

(二)治疗原则

治疗以理气和胃止痛为主,审证求因,辨证施治。邪盛以祛邪为急,正虚以扶正为先,虚实夹杂者,则当扶正祛邪并举。古有"通则不痛"之说,但决不能局限于狭义的"通"法,要从广义的角度去理解和运用"通"法。如属于胃寒者,散寒即所谓通;属于食停者,消食即所谓通;属于气滞者,理气即所谓通;属于热郁者,泄热即所谓通;属于血瘀者,化瘀即所谓通;属于阴虚者,益胃养阴即所谓通;属于阳弱者,温运脾阳即所谓通,只有结合具体病机而采取相应治法,才能善用"通"法。

(三)分证论治

1. 寒邪犯胃

症状 胃痛暴作,病势较剧,恶寒喜暖,得温痛减,遇寒加重,口不渴,或喜热饮,苔薄白,脉弦紧。

分析 胃痛暴作为寒邪客胃,胃阳被遏,气机阻滞所致;寒性凝滞收引,故病势较剧;寒邪得温则散,遇阴则凝,故恶寒喜暖,得温痛减,遇寒加重;口不渴为胃无热邪;热能胜寒,故喜热饮;苔薄白属寒,脉弦主痛、紧主寒。

治法 温胃散寒,理气止痛。

方药 良附丸加味。

高良姜,温胃散寒;香附,理气止痛。

若轻者局部温熨，或服生姜汤即可；若寒甚者可加吴茱萸、荜茇、陈皮等加强散寒理气之力。若兼见形寒身热等风寒表证者，可加香苏散以疏散风寒。若痛而脘闷不食，嗳气或呕吐者，兼挟积滞，可加枳实、神曲、鸡内金等以消食导滞。

2. 食滞胃肠

症状　胃脘胀痛拒按，嗳腐吞酸，或呕吐不消化食物，吐后痛减，不思饮食，大便不爽，得矢气及便后稍舒，舌苔厚腻，脉滑。

分析　胃脘胀痛拒按为食积于胃，气机阻滞所致；嗳腐吞酸，或呕吐不消化食物为食滞胃肠，胃失和降，胃气上逆所致；吐则宿食上越，矢气及得便则腐浊下排，故吐后痛减，得矢气及便后稍舒；不思饮食为食滞于中，受纳失常所致；大便不爽为胃中饮食停滞，大肠传导失常所致；舌苔厚腻，脉滑均为食滞胃肠之象。

治法　消食导滞，和胃止痛。

方药　保和丸加减。

神曲、山楂、莱菔子消食导滞；半夏、茯苓、陈皮和胃化湿；连翘散结清热。

若脘腹胀甚者，可加枳实、厚朴、槟榔行气消滞；若服上药不效，胃脘痛胀而便闭者，可合用小承气汤以通腑行气；若胃痛急剧而拒按，大便秘结，舌苔黄燥者，为食积化热成燥，则合用大承气汤以泄热解燥，通腑荡积。

3. 湿热中阻

症状　胃脘疼痛而有热感，口干口苦，渴不欲饮，脘痞腹胀，纳呆恶心，小便色黄，大便不畅，舌苔黄腻，脉滑数。

分析　胃脘疼痛而有热感为湿热中阻，胃气郁滞所致；口干口苦为湿热熏蒸，热郁于内所致；渴不欲饮为热中兼湿；脘痞腹胀，纳呆恶心为湿热阻于中焦，脾胃升降失常所致；小便黄为湿热下注膀胱；大便不畅为湿热内盛，大肠传导失司；舌苔黄腻，脉滑数均为湿热中阻之象。

治法　清化湿热，理气和胃。

方药　清中汤加减。

黄连、栀子清热燥湿；制半夏、茯苓、草豆蔻健脾祛湿和胃；陈皮、甘草理气和中。

若湿偏重者加苍术、藿香燥湿醒脾；若热偏重者加蒲公英、黄芩清胃泄热；若呕恶者，加竹茹以清热和胃降逆。

4. 肝气犯胃

症状　胃脘胀痛，攻撑作痛，痛连两胁，胸闷嗳气，大便不畅，得嗳气、矢气则舒，遇烦恼郁怒则痛作或痛甚，舌苔薄白，脉弦。

分析　胃脘胀痛，攻撑作痛，痛连两胁，为肝气郁结，横逆犯胃；胸闷嗳气为气机不利，胃气上逆；大便不畅为气滞肠道，大肠传导失司；嗳气、矢气则上下气机暂得畅达，故嗳气、矢气则舒；如情志不和，则肝郁更甚，故每因烦恼郁怒而痛作或痛甚；舌苔薄白，脉弦为肝气郁滞之象。

治法　疏肝理气，和胃止痛。

方药　柴胡疏肝散加减。

柴胡、芍药、川芎、香附疏肝解郁；陈皮、枳壳、甘草理气和中。

如胃痛较甚者，可加川楝子、延胡索以加强理气止痛；若嗳气频繁者，可加沉香、旋覆花以顺气降逆；泛吐酸水者，加左金丸或煅瓦楞子、乌贼骨制酸止痛；若痛势急迫，嘈杂吐酸，口干口苦，舌红苔黄，脉弦或数者，乃肝胃郁热证，改用化肝煎或丹栀逍遥散合左金丸以疏肝泄热和胃。

5. 瘀血内阻

症状　胃脘疼痛，痛有定处而拒按，多为刺痛，食后痛甚，入夜尤甚，或见吐血黑便，舌质紫黯或有瘀斑，脉涩。

分析　胃脘疼痛，痛有定处而拒按，刺痛，入夜尤甚为瘀血阻胃；食与瘀并，故食后痛甚；吐血黑便为瘀血内停，血不循经所致。舌质紫黯或有瘀斑，脉涩均为瘀血内阻之象。

治法　活血化瘀，和胃止痛。

方药　失笑散合丹参饮加减。

蒲黄、五灵脂、丹参活血化瘀止痛；檀香、砂仁理气和胃。

若痛甚，加理气活血药而无效时，脉络壅滞，营阴不和者，可加白芍、甘草以和营缓急止痛；若见呕血黑便者，可参考"血证"论治，酌情选用三七粉、白及、云南白药、大黄等。

6.脾胃虚寒

症状　胃痛隐隐，喜温喜按，空腹痛甚，得食痛减，劳累或受凉后发作或加重，泛吐清水，神疲乏力，手足不温，大便溏薄，舌淡苔白，脉虚弱或迟缓。

分析　胃痛隐隐，喜温喜按为脾胃虚寒，胃失温养；胃虚得食，借饮食之暖以温通血脉，故得食痛减，空腹痛甚；劳则气耗，寒则伤阳，故劳累或受凉后发作或加重；泛吐清水为脾虚中寒，水不运化而上逆；神疲乏力，手足不温，大便溏薄为脾胃虚寒；舌淡苔白，脉虚弱或迟缓均为脾胃虚寒之象。

治法　温中健脾，和胃止痛。

方药　黄芪建中汤加减。

黄芪补中益气；桂枝、生姜温胃散寒；饴糖、芍药、炙甘草、大枣缓急止痛。

若泛吐酸水者，去饴糖，加吴茱萸、黄连、煅瓦楞子制酸止痛；若泛吐清水较多者，宜加干姜、半夏、陈皮、茯苓以温胃化饮，或合苓桂术甘汤；若寒胜而痛甚者，可合大建中汤建立中气，或理中丸以温中散寒，中阳得运，则寒邪自散，诸证悉除。

7.胃阴亏虚

症状　胃脘隐隐灼痛，心烦嘈杂，似饥而不欲食，口燥咽干，大便干结，舌红少津，苔少或光剥无苔，脉细数。

分析　胃脘隐隐灼痛为胃痛日久，郁热伤阴，胃失濡养所致；心烦嘈杂为虚热上扰；似饥而不欲食为胃阴亏虚，不能消谷；口燥咽干为阴虚津少，无以上承；大便干结为胃阴亏虚，无以下溉，肠道失润所致；舌红少津，苔少或光剥无苔，脉细数均为阴虚内热之象。

治法　养阴益胃，和中止痛。

方药　一贯煎合芍药甘草汤加减。

沙参、麦冬、生地、枸杞子养阴益胃；当归养血活血；川楝子理气止痛；芍药、甘草缓急止痛。

若痛甚者，可加香橼、佛手、绿萼梅等理气而不伤阴；若嘈杂反酸者，可合左金丸以制酸和胃。若便秘者，可加麻子仁、瓜蒌仁以润肠通便。

四、预防调护

本病发病，多与饮食不节、情志不遂有关，故在预防上要重视饮食与精神的调摄。要养成良好的饮食习惯，忌暴饮暴食，饥饱失常；忌过食生冷、辛辣炙煿之品；忌过用苦寒、燥热的药物。

病后应少食多餐，以清淡易消化的食物为宜，避免进食浓茶、咖啡和辛辣食物，必要时进流食或半流食。同时保持乐观的情绪，并注意保暖，避免受寒着凉。

五、临证验案

释某，男，15岁。

初诊 2006年3月24日。胃脘疼痛、不适多年，时有胃胀、泛酸，大便2~3日一行，形瘦，舌质偏红，苔黄，脉小滑兼数。诊为胃痛（慢性胃炎）：湿热中阻证。治以清热化湿，理气和中。方拟连苏饮、左金丸、小陷胸加枳实汤、香苏饮、橘皮竹茹汤复法合方调治。

药用 藿、苏叶各10g，法半夏10g，黄连3g，厚朴5g，炒黄芩10g，全瓜蒌15g，炒枳实15g，陈皮6g，竹茹6g，生姜衣3g，制香附10g，吴茱萸3g，炒六曲10g。水煎服，日1剂。

二诊 2006年4月14日。胃脘胀痛近平，食少不多，大便偏干，2~3天一次，苔黄，质暗红，脉小弦滑。3月24日方加太子参10g，生白术10g，砂仁3g，去竹茹、生姜衣，改全瓜蒌20g，14剂。

三诊 2006年5月17日。胃脘痛胀未发，食纳略多，面容略有增胖，大便2~3日一次，脉虚弦滑。

处方 潞党参10g，太子参10g，生白术10g，茯苓10g，炙草3g，炒枳实15g，全瓜蒌20g，法夏10g，厚朴5g，藿苏梗各10g，黄连3g，陈皮6g，炒六曲10g。水煎服，14剂。

四诊 2006年6月2日。胃脘痛胀未发，食纳略多，大便1~2天一次，成条，苔薄，质淡红，脉小弦。5月17日方加砂仁3g，炒谷麦芽各10g，炙鸡金10g，7剂。

按 患者为方外之人，常年素食，后天失养，脾之化源不足，脾虚湿停，蕴久化热，湿热中阻，胃气郁滞，则胃痛不适。土壅木郁，肝胃郁热则胃脘胀满，泛酸时作。脾弱气滞，腑气不畅，则大便秘结。苔黄，质偏红，脉小滑兼数均为湿热中阻之象，故治以清热化湿，理气和中。方中连苏饮，清热化湿，理气和中；左金丸清肝和胃泄热；小陷胸加枳实汤清热化湿开痞；香苏饮理气疏肝和胃；橘皮竹茹汤和中降逆。药后胃脘痛胀即除，转从健脾益气、清化湿热治疗，标本兼治，故二诊去降逆和胃之竹茹、生姜，加入四君子汤，病情进一步好转，食欲增加。后转用枳实消痞丸，令消不伤正，补不碍满，以复脾胃纳运之职。

本案初诊以湿热中阻、肝胃气滞郁热之标实证为主，故治以清热化湿，理气和中，病得以改善。但患者形体消瘦，常年素食，后天失养，提示存在脾胃气虚的病理表现，故二诊加参、术、苓、草等补益脾胃之品，与清热化湿、理气和中药物组成消补兼施之方，服药50剂，多年之胃脘胀痛之疾霍然而去，食欲增加，大便通畅，形体也有增胖。

(贺兴东，翁维良，姚乃礼，当代名老中医典型医案集.人民卫生出版社.2009)

六、文献摘录

1.《素问玄机原病式·吐酸》："酸者肝木之味也。由火盛制金，不能平木，则肝木自甚，故为酸也。如饮食热则易于酸矣。或言吐酸为寒者误也。又如酒之味苦而性热，……烦渴呕吐，皆热证也；其吐必酸，为热明矣。"

2.《景岳全书·心腹痛》："痛有虚实……辨之之法，但当察其可按者为虚，拒按者为实，久痛者多虚，暴痛者多实；得食稍可者为虚，胀满畏食者为实；痛徐而缓，莫得其处者多虚，痛剧而坚，一定不移者为实；痛在肠脏中，有物有滞者多实，痛在腔胁经络，不于中脏而牵连腰背，无胀无滞者多虚。"

3.《医宗必读·心腹诸痛》："胃属湿土，列处中焦，为水谷之海，五脏六腑十二经脉，皆受气于此，壮者邪不能干，弱者着而为病。偏寒偏热，水停食积，皆与真气相搏而痛。"

4.《临证指南医案·胃脘痛》："夫痛则不通，通字须究气血阴阳，便是看诊要旨矣。""初病在经，久痛入络，以经主气，络主血，则可知其治气治血之当然也。凡气既久阻，血亦应病，循行之脉络自痹，而辛香理气，辛柔和血之法，实为对待必然之理。"

七、文献推介

1. 中国中医科学院西苑医院.胃脘痛（慢性胃炎）中医诊疗方案(2017年版)[Z].国家中医药管理局办公室关于印发中风病（脑梗死）等92个病种中医临床路径和中医诊疗方案(2017年版)的通知 国中医药办医政发〔2017〕9号.

2. 张声生，李乾构，唐旭东等.慢性萎缩性胃炎中医诊疗共识意见[J].中医杂志，2010，51(8)：749-753.

3. 李军祥. 胃痛中医诊疗专家共识意见 [J]. 中医杂志, 2016, 57(1): 87-90.

附 吐酸

吐酸, 又称"泛酸"或"吞酸", 是指胃中酸水随胃气上逆而出现的病证。轻者为吞酸, 指自觉酸水上泛至咽, 旋即吞咽而下。重者为吐酸, 指胃中酸水上逆, 从口吐出。泛酸统指胃酸上泛之证。本病常与胃痛兼见, 但亦可单独出现。清·高鼓峰《四明心法》曰: "凡为吞酸尽属肝木, 曲直作酸也。河间主热, 东垣主寒, 毕竟东垣是言其因, 河间言其化其。盖寒则阳气不舒, 气不舒则郁而为热, 热则酸矣; 然亦有不因寒而酸者, 尽是木气郁甚, 熏蒸湿土而成也, 或吞或吐也。又有饮食太过, 胃脘膜塞, 脾气不运而酸者, 是佛郁之极, 湿热蒸变, 如酒缸太甚则酸也。然总体是木气所致。"可知吐酸一证的发生与肝气郁结最为密切, 同时亦与胃气不和有关。本证有寒热之分, 临床以热证多见, 属热者, 多由肝气郁久化热, 肝火犯胃所致; 因寒者, 多因脾胃虚弱, 土虚木乘, 湿阻中焦, 胃气上逆而成。

1. 热证

症状 吐酸兼有心烦易怒, 口苦, 咽干, 舌红, 苔黄, 脉多弦数。

分析 吐酸为肝郁化火, 横逆犯胃, 胃气上逆所致; 心烦易怒, 口苦, 咽干为肝火内盛; 舌红, 苔黄, 脉多弦数均为肝火内盛之象。

治法 清泄肝火, 和胃降逆。

方药 左金丸加味。

黄连、吴茱萸、黄芩、山栀子清肝泄热; 乌贼骨、煅瓦楞子制酸。

2. 寒证

症状 吐酸兼有脘腹胀闷, 喜温喜按, 苔白, 脉多弦缓。

分析 吐酸为肝郁犯胃, 久则脾胃虚寒, 胃气上逆所致; 脾胃虚寒, 故脘腹胀闷, 喜温喜按; 苔白, 脉弦缓为肝郁脾虚之象。

治法 温中散寒, 和胃制酸。

方药 香砂六君子汤加减。

党参、白术、云苓健脾益气; 木香、砂仁行气和胃; 法半夏、陈皮和胃降逆; 干姜、吴茱萸温中散寒; 甘草调和诸药。若发于食后, 纳少苔厚者, 加神曲、麦芽等以消食和胃; 若湿浊留恋, 苔白腻而不化者, 加藿香、佩兰、蔻仁以芳香化浊, 或合平胃散。

附 嘈杂

嘈杂, 是指胃中空虚, 似饥非饥, 似痛非痛, 似辣非辣, 脘部懊恼, 莫可名状, 时作时止的病证, 俗称饥嘈或心嘈。明·张景岳《景岳全书·嘈杂》: "其为病也, 则腹中空空, 若无一物, 似饥非饥, 似辣非辣, 似痛非痛, 而胸膈懊恼。莫可名状, 或得食而暂止, 或食已而复嘈, 或兼恶心, 而渐见胃脘作痛。"临床常与胃痛、吞酸等并见, 亦可单独出现。其证常有胃热、胃虚、血虚之不同。

1. 胃热证

症状 嘈杂而兼胸闷痰多, 心烦少寐, 口渴喜冷, 口臭, 舌质红, 苔黄或黄腻, 脉滑数。

分析 嘈杂为痰热内扰所致; 心烦少寐为热扰心神; 口渴喜冷, 口臭为胃热所致; 胸闷痰多为痰盛; 舌质红, 苔黄或黄腻, 脉滑数均为痰热内盛之象。

治法 和中清热。

方药 温胆汤加减。

法半夏燥湿化痰降逆, 陈皮理气燥湿, 竹茹清热化痰降逆, 枳实行气导滞, 生姜和胃降逆,甘草调和诸药，加黄连、栀子清泄胃热。

2. 胃虚证

症状 嘈杂时作时止，口淡无味，食后脘胀，体倦乏力，不思饮食，舌质淡，脉虚。

分析 嘈杂时作时止为胃气亏虚所致；口淡无味，食后脘胀，体倦乏力，不思饮食均为脾胃虚弱。舌质淡，脉虚均为脾胃虚弱之象。

治法 健脾和胃。

方药 四君子汤加味。

党参益气补中，白术健脾燥湿，茯苓渗湿健脾，甘草和胃健脾，加山药补脾养胃，蔻仁温中行气。

3. 血虚证

症状 嘈杂而兼面白唇淡，头晕心悸，舌质淡，脉细弱。

分析 嘈杂为脾胃虚弱所致；面白唇淡，头晕心悸为脾胃虚弱，气血亏虚，不能荣养所致。舌质淡，脉细弱脾胃虚弱、气血亏虚之象。

治法 补益心脾。

方药 归脾汤加减。

黄芪、党参补气健脾，当归、龙眼肉养血和营，木香健脾理气，茯神、远志、枣仁养心安神，生姜、大枣、甘草和胃健脾，以资化源。

（编者：杨新莉 责任副主编：刘良徛）

18 痞满

痞满是由中焦气机阻滞，脾胃升降失司引起的，以自觉脘腹痞塞，满闷不舒，按之柔软，压之不痛，触之无形为主要临床表现的病证。

痞满在《内经》称为"痞"、"痞塞"、"痞隔"等，认为其病因与饮食不节、起居不适和寒气为患等有关。汉·张仲景《伤寒论》首次提出了痞的病名，指出该病病机是正虚邪陷，升降失调，并拟定了寒热并用，辛开苦降的治疗大法，其所创半夏泻心汤、生姜泻心汤、甘草泻心汤、大黄黄连泻心汤等，一直为后世医家所习用。除此之外，在汉·张仲景《金匮要略·痰饮咳嗽病脉证并治第十二》中创制小半夏加茯苓汤治疗"膈间有水"所致心下痞，至今仍有效指导临床实践。隋·巢元方《诸病源候论·诸痞候》提出"诸痞"之名，指出痞满病位在"腹内"，病机为营卫不和，阴阳隔绝，脏腑痞塞而不宣。金·李东垣倡脾胃内伤之说，于《兰室秘藏·心腹痞门》中所载的辛开苦降，消补兼施的消痞丸、枳实消痞丸更是沿用至今。明·张景岳《景岳全书·痞满》将痞满分为虚实两端，言有邪有滞为实，无物无滞为虚，实者可消可散，虚者宜大加温补。此虚实辨证对后世痞满诊治颇有指导意义。

西医学中的慢性胃炎、胃神经官能症、胃下垂、功能性消化疾患等疾病属于本病范畴。以胃脘部痞塞，满闷不舒为主要表现的其他疾病亦可参照本节辨证施治。

一、病因病机

（一）病因

1. 感受外邪

表邪入里，或治疗不当，误下伤脾，邪气内陷结于胃脘，中焦气机升降失司，胃气郁滞，遂成痞满。如《诸病源候论·痞噎病》云："夫八痞者，荣卫不和，阴阳隔绝，而风邪外入，与卫气相搏，血气壅塞不通而成痞也。"

2. 饮食不节

暴饮暴食，或恣食生冷辛辣，或偏嗜肥甘厚味，或嗜浓茶烈酒，损伤脾胃，以致纳运失常，食滞胃脘，痰湿中阻，气机升降失职，胃气壅塞，而生痞满。

3. 情志失调

抑郁恼怒，情志不遂，气机郁滞，肝失疏泄，横犯脾胃，升降失常，致胃气壅遏而发为痞满。如《景岳全书·痞满》云："怒气暴伤，肝气未平而痞。"

4. 体虚久病

素体脾胃虚弱，中气不足，或久病损及脾胃，或过用苦寒泻下之品，损伤脾胃，脾胃虚弱，纳运失职，升降失调，胃气壅塞，发为痞满。如《类证治裁·痞满论治》云："脾虚失运，食少虚痞。"

（二）病机

痞满的基本病机为中焦气机阻滞，脾胃升降失司。脾胃同居中焦，脾主升清，胃主降浊，在肝主疏泄的调节下，清升浊降，则脾胃气机顺畅。外邪入里、饮食不节、情志内伤等导致脾胃运纳失职，清阳不升，浊阴不降，中焦气机阻滞，升降失司出现痞满，或致中焦运化、升降无力而出现痞满。

病位在胃，与肝、脾密切相关。脾主运化，共司饮食水谷的消化、吸收与输布。脾主升清，胃主降浊，清升浊降则气机调畅。若为病邪所阻，或为脾胃之虚，均可导致气机升降失常而发生痞满。肝主疏泄，调节脾胃气机，肝气条达，则脾升胃降，气机顺畅。若肝气郁结，克脾犯胃，升降失常，中焦气机不利，发为痞满。

痞满的病理性质有虚实之分。痞满初期，多为实证，如因饮食、药物等实邪阻胃，导致脾胃运纳失职，痰湿内生，中焦气机阻滞，升降失司，出现痞满；如因情志失调，肝郁气滞，逆犯脾胃，可致气机郁滞而成痞；如食滞、气郁、痰湿日久化热，湿热内蕴，困阻脾胃而成痞。其病理因素以气滞、痰湿为主。实痞日久，正气耗伤，损伤脾胃，或素体脾胃虚弱者，均可导致中焦运化无力而成气虚之痞；湿热、郁热邪气日久伤阴，胃失濡养，和降失司，而成阴虚之痞。痞满虚实常常互为因果，脾胃虚弱，易致实邪侵扰；实邪内阻，也可进一步损伤脾胃，导致虚实并见，各种病邪及病机之间，亦可相互转化、影响，而成虚实夹杂、寒热错杂之证。此外，痞满日久不愈，气血运行不畅，脉络瘀滞，血络损伤可见吐血、黑便，而生胃痛、积聚、噎膈等变证。

二、诊断与鉴别诊断

（一）诊断依据

(1) 以脘腹痞塞，满闷不舒为主要临床表现，并有按之柔软，压之不痛，视之无胀大之形的特点。
(2) 常有饮食减少，得食则胀，嗳气则舒等伴随症状。
(3) 本病常有饮食不节、药物不当、情志失调、感受外邪等病史。

（二）鉴别诊断

1. 胃痛

两者病位均在胃脘部，可相兼出现。胃痛以疼痛为主，压之可痛；痞满则以痞塞满闷为要，压之不痛，两者差别明显。

2. 鼓胀

两者均有胀满的症状。但鼓胀以腹部胀大如鼓，皮色苍黄，脉络显露为主症，发于大腹，按之皮肤绷急；痞满则以自觉满闷不舒，外无胀形为特征，病在胃脘，按之柔软。

3. 胸痹

胸痹以胸闷、胸痛、短气为主症,偶兼脘腹不舒,是心脉痹阻所致。而痞满以脘腹满闷不舒为主症,多兼食纳减少,偶有胸膈不适,但无胸痛表现。

三、辨证论治

(一) 辨证要点

1. 辨虚实

外邪入里,饮食停滞,痰湿中阻,湿热内蕴,气机郁结等所生之痞满,皆为实痞,实痞满而能食,食后痞甚,饥时可缓,按之满甚,可伴便秘,舌苔厚腻,脉实有力;脾胃气虚,运化无力,或胃阴不足,失于濡养所致之痞,则为虚痞,虚痞饥饱均满,喜揉喜按,食少纳呆,大便稀溏,脉虚无力。

2. 辨寒热

痞满缠绵,得热则缓,遇寒则甚,口淡不渴,舌淡苔白,脉沉迟者,多属寒;痞满势急,渴喜冷饮,口苦便秘,舌红苔黄,脉数者,多属热。

(二) 治疗原则

痞满的基本病机是中焦气机不利,脾胃升降失职,故调理脾胃升降,理气除满消痞为本病的基本治疗原则。根据其虚实分治,实证治以清热消痞、消食导滞、祛湿化痰、疏肝解郁等法;虚证治以益气健脾、升清降浊等法。应该强调指出的是,痞满多呈慢性经过,病程迁延,反复发作,虚实相兼,寒热错杂者尤为多见,且随着病情的发展及治疗用药,虚实寒热之间会不断发生消长与转化,故治疗上又以攻补兼施、寒热并用、扶正祛邪为常用之法,不可拘泥于一法一方。

(三) 分证论治

1. 实痞

(1) 饮食停滞

症状　脘腹满闷而胀,食后尤甚,拒按,嗳腐吞酸,呕吐厌食,或大便不调,矢气频作,便下味臭如败卵,苔厚腻,脉滑。

分析　痞胀厌食是饮食停滞,胃脘失和;嗳腐吞酸,呕吐是纳运失常,水谷不腐,胃气上逆;胀满拒按,大便不调,矢气频作是食积内停,阻滞气机;苔厚腻,脉滑多为食积邪实内阻之象。

治法　消食和胃,行气消痞。

方药　保和丸加减。

方中山楂、神曲、莱菔子消食导滞,行气除胀;半夏、陈皮理气和胃化湿;茯苓健脾利湿,连翘清热散结;全方共奏消食和胃,行气消痞之效。

若食积较重,可加谷芽、麦芽、鸡内金;胀满明显可加枳实、厚朴、槟榔以理气除满;若食积化热,大便秘结者,可加大黄、枳实以清热导滞通便;若脾虚食积,大便溏薄者,可加白术、白扁豆,或改用枳实消痞丸以健脾助运,和胃除满。

(2) 痰湿阻滞

症状　脘腹痞满,闷塞不舒,胸膈满闷,身重困倦,头晕目眩,呕恶纳呆,口淡不渴,小便不利,舌体胖大,苔白厚腻,脉沉滑。

分析　脘腹胸膈痞闷为痰湿困阻,脾失健运,气机不畅;呕恶纳呆是湿邪困脾,胃失和降;口淡不渴,小便不利为痰湿困脾,津液失布;身重困倦,头晕目眩为湿邪困脾,上蒙清窍;舌胖大,苔厚腻，脉沉滑多为痰湿阻滞之象。

治法　燥湿化痰，理气宽中。

方药　二陈平胃散加减。

方中苍术、半夏燥湿化痰；厚朴、陈皮宽中理气；茯苓、甘草健脾和胃。

若气逆不降，噫气不止者，可加旋覆花、代赭石以化痰降逆；若胸膈满闷较甚者，可加薤白、石菖蒲、枳实、瓜蒌皮以理气宽中；若咯痰黄稠，心烦口干者，可加黄芩、栀子或改用黄连温胆汤以清热化痰；兼脾胃虚弱者加用党参、白术以健脾和胃。

(3) 湿热中阻

症状　脘腹痞闷，或嘈杂不适，恶心呕吐，口干不欲饮，口苦，纳少，大便干结或黏滞不畅，舌红苔黄腻，脉滑数。

分析　脘腹痞闷，嘈杂不适为湿热内蕴，困阻脾胃，气机不利；恶心呕吐为湿热中阻，胃气上逆；口干口苦为湿热上蒸；纳食减少是湿热蕴脾，脾失健运；大便干结或黏滞不畅是湿热壅滞肠腑，大肠传导失司；舌红，苔黄腻，脉滑数多为湿热内蕴之象。

治法　清热化湿，和胃消痞。

方药　泻心汤合连朴饮加减。

两方合用，清热除湿，散结消痞之力强，适于湿热中阻之痞满。方中大黄泻热散结；黄连、黄芩苦寒清热；厚朴理气除痞；石菖蒲芳香化湿，醒脾开胃；法半夏燥湿和胃；芦根清热除烦止呕；栀子、淡豆豉清热开郁除烦。

若恶心呕吐明显者，加竹茹、生姜、旋覆花降逆止呕；若嘈杂不适者，合用左金丸；若便溏者，去大黄，加白扁豆、陈皮化湿和胃；若寒热错杂者，可选用半夏泻心汤辛开苦降，和胃消痞。

(4) 肝胃不和

症状　脘腹痞闷不舒，胸胁胀满，心烦易怒，喜太息，恶心嗳气，大便不爽，或吐苦水，常因情志因素而加重，舌淡红，苔薄白，脉弦。

分析　脘腹痞闷为肝气犯胃，胃气郁滞；胸胁胀满，心烦易怒，善太息为肝气郁滞，气机不畅；恶心嗳气，呕吐苦水为胆胃不和，气逆于上；大便不爽是脾运失常，气机阻滞；舌淡红，苔薄白，脉弦为肝气郁滞之象。

治法　疏肝解郁，和胃消痞。

方药　越鞠丸合枳术丸加减。

前方为治六郁痞满之剂，后方消补兼施，长于健脾消痞。方中香附、川芎疏肝理气，活血解郁；苍术、神曲燥湿健脾，消食除痞；栀子泻火解郁；枳实行气消痞；白术健脾燥湿，荷叶升养胃气。

若气郁较甚，胀满明显者，可加柴胡、郁金、厚朴，或用五磨饮子理气导滞消痞；若气郁化火，嘈杂泛酸，口苦咽干者，可加黄芩、川楝子，或合左金丸；若呕恶明显者，加制半夏、生姜和胃止呕。

2. 虚痞

(1) 脾胃气虚

症状　脘腹痞闷，时轻时重，喜温喜按，食少不饥，身倦乏力，少气懒言，大便溏薄，舌质淡，苔薄白，脉细弱。

分析　脘腹痞闷，喜温喜按为脾胃气虚，运化无力，升降失常；食少不饥、便溏是脾气虚弱，脾失健运；少气乏力为气虚；舌淡，脉细弱多为脾胃虚弱之象。

治法　健脾益气，升清降浊。

方药　补中益气汤加减。

人参、黄芪、白术、炙甘草补中益气；升麻、柴胡升举清阳；当归养血和营，陈皮理气消痞。

若胀满较甚,可加木香、砂仁、枳实以理气消痞,或选用香砂六君子汤以消补兼施;若脾阳虚弱,畏寒怕冷者,加干姜、制附子,或合理中丸以温中健脾;若湿浊内盛,苔厚腻者,加茯苓、法半夏、建曲。

(2) 胃阴亏虚

症状　脘腹痞闷,嘈杂不适,饥不欲食,恶心嗳气,口燥咽干,大便干结,舌红苔少,脉细数。

分析　痞闷嘈杂、饥不欲食为胃阴亏虚,失于濡润,和降失司;恶心嗳气为胃气上逆;口燥咽干,大便干结为胃阴亏虚,津不上承,肠道液亏;舌红苔少,脉细数多为胃阴亏虚之象。

治法　养阴益胃,调中消痞。

方药　益胃汤加减。

生地、麦冬为君,养阴清热,生津润燥;北沙参、玉竹为臣,养阴生津,增强益胃养阴之力;冰糖为使,濡养肺胃,调和诸药。

若阴伤重者,加石斛、天花粉生津;若腹胀较著者,加枳壳、厚朴花理气消胀;若食积者加谷芽、麦芽消食导滞;若便秘者加火麻仁、芒硝润肠通便。

四、预防调护

患者当节制饮食,饮食宜清淡易消化,忌肥甘厚味、辛辣醇酒及生冷粗硬之品。注意精神调摄,保持乐观开朗,心情舒畅,避免忧思恼怒及情绪紧张。适寒温,注意腹部保暖。劳逸结合,病情加重时注意休息,平时适当锻炼,增强体质。

五、临证验案

金某,男,27岁。

初诊　2006年6月7日。患者1年前因饮食不当(油腻腥荤),出现恶心、腹泻。胃镜检查示:慢性浅表性胃炎。后服疏肝健脾中药,未见明显好转。自诉晨起恶心、嗳气,口干口苦,胃脘胀气痞闷,且不随进食而改变,伴头重如蒙,痰多易咯、色白,无泛酸、呕吐,无胃痛,夜寐不安,易早醒,精神欠振,二便正常,舌尖红、苔薄白而不润,脉弦数。

辨证　水饮内停证。

治拟温通胃阳,降气化痰。予以小半夏茯苓汤化裁。

处方　姜半夏30g,茯苓15g,生姜5片,姜黄连4.5g,吴茱萸3g,旋覆花9g(包),代赭石30g(先煎),川厚朴9g,枳实9g,公丁香2.4g。14剂。水煎服,每日一剂。

二诊　晨起恶心、嗳气已好转,痰少,面色渐华,舌红、苔薄。再取前法,以竟全功。

处方　姜半夏,白芥子,莱菔子,枳壳,桔梗,川厚朴,姜川黄连,淡吴茱萸,干姜,桂枝,泽泻,猪苓,茯苓,白术。14剂。水煎服,每日一剂。

三诊　服药后泛恶嗳气等症俱减。

按　患者虽有口干苦、嗳气纳差等肝胃不和症状,然长服疏肝和胃之剂,症情却好转不显,故应考虑有其他原因。患者自感泛恶不适,胃脘痞闷有水声,头重如蒙,咯痰白沫,临床表现与小半夏茯苓汤证"卒呕吐,心下痞,膈间有水眩悸"的描述相似,故应考虑乃胃阳不振、浊阴潜踞、水饮积滞胃腑所致。法当温通胃阳,降气化痰。故投以小半夏茯苓汤化裁。方中半夏、生姜温化寒凝,降逆止呕;茯苓益气健脾,利水渗湿;公丁香温肾助阳以暖脾土;旋覆花、代赭石降逆和胃;川厚朴、枳实行气宽中,消食化痰;黄连、吴茱萸寒热配对,有燥湿和胃、开散郁结之功。二诊加五苓散以祛湿。诸药配合,治病求本,饮去则胃脘诸症好转。

(徐江雁.国医大师验案良方·脾胃卷.颜德馨.学苑出版社.2010)

六、文献摘录

1.《素问·至真要大论篇》:"太阳之复,厥气上行,……心胃生寒,胸膈不利,心痛痞满。"
2.《伤寒论·辨太阳病脉证并治》:"脉浮而紧,而复下之,紧反入里,则作痞。按之自濡,但气痞耳。"
3.《景岳全书·痞满》:"痞者,痞塞不开之谓;满者,胀满不行之谓。盖满则近胀,而痞则不必胀也。所以痞满一证,大有疑辨,则在虚实二字。凡有邪有滞而痞者,实痞也;无物无滞而痞者,虚痞也。有胀有痛而满者,实满也;无胀无痛而满者,虚满也。实痞、实满者可散可消,虚痞、虚满者,非大加温补不可。"
4.《证治汇补·痞满》:"大抵心下痞闷,必是脾胃受亏,浊气挟痰,不能运化为患。初宜舒郁化痰降火,二陈、越鞠、芩连之类;久之固中气,参、术、苓、草之类,佐以他药。有痰治痰,有火清火,郁则兼化。若妄用克伐,祸不旋踵。又痞同湿治,惟宜上下分消其气,如果有内实之证,庶可疏导。"

七、文献推介

1. 吴嘉瑞,张冰.颜正华辨治痞满经验探析[J].中国中医药信息杂志,2012,19(10):86-87.
2. 陈治水.功能性消化不良的中西医结合诊疗共识意见(2010)[J].中国中西医结合杂志,2011,31(11):1545-1549.
3. 张声生,李乾构,汪红兵.消化不良中医诊疗共识意见(2009)[J].中国中西医结合杂志,2010,30(5):533-537.
4. 张声生,汪红兵,李乾构.功能性消化不良中医诊疗规范(草案)[J].中国中西医结合消化杂志,2002,25(4):194.

(编者:张怡 责任副主编:黄燕)

19 呕吐

呕吐是由胃失和降,气逆于上引起的,以胃中之物从口中吐出为主要临床表现的病证。一般以有物有声谓之呕,有物无声谓之吐,无物有声谓之干呕,临床呕与吐常同时发生,故合称为呕吐。

《内经》对呕吐发生的原因论述甚详。如《素问·举痛论》曰:"寒气客于肠胃,厥逆上出,故痛而呕也。"《素问·至真要大论》曰:"诸呕吐酸,……皆属于热。""少阳之胜,热客于胃,呕酸善饥。""燥湿所胜,民病喜呕,呕有苦。""太阴之复,湿变乃举,体重中满,食饮不化……呕而密默,唾吐清液。"说明外感六淫之邪,均可引起呕吐,且因感邪之异,而有呕酸、呕苦之别。《素问·脉解》曰:"所谓食则呕者,物满而溢,故呕也。"指出了饮食停滞,胃气上逆,故发生呕吐。《灵枢·四时气》曰:"邪在胆,逆在胃,胆液泄,则口苦,胃气逆,则呕苦。"认为呕吐可由肝胆之气犯胃而引起。汉·张仲景在《金匮要略》中,对呕吐的脉证治疗阐述甚详,制定了行之有效的方剂,如小半夏汤、吴茱萸汤、小柴胡汤等,并且认识到呕吐有时是人体排出胃中有害物质的保护性反应。治疗不应止呕,当因势利导,驱邪外出。如《金匮要略·呕吐哕下利病脉证治》曰:"夫呕家有痈脓,不可治呕,脓尽自愈。"隋·巢元方《诸病源候论·呕吐候》指出:"呕吐之病者,由脾胃有邪,谷气不治所为也,胃受邪,气逆则呕。"说明呕吐的发生是由于胃气上逆所致。唐·孙思邈《备急千金要方·呕吐哕逆》推崇生姜的止呕作用,指出:"凡呕者,多食生姜,此是呕家圣药。"宋·严用和《济生方·呕吐》云:"若脾胃无所伤,则无呕吐之患。"阐述了脾胃之气的虚实与升降和呕吐的关系。金·刘元素《素问玄机原病式·喘呕》指出:"凡呕吐者,火性上炎也,无问表里,通宜凉膈散。"元·朱震亨《丹溪心法·呕吐》曰:"大抵呕吐以半夏、橘皮、生姜为主。"明·张景岳将呕吐分为虚实两大类,《景岳全书·呕吐》云"呕吐一证,当详辨虚实,实者有邪,去其邪则愈;虚者无邪,则全由胃气之虚也,补其虚则呕吐可止。"这一分类方法提纲挈领,对后世影响很大。此外，清·吴瑭《温病条辨·中焦篇》针对呕吐病机也提出了："胃阳不伤不吐。"

西医学中的神经性呕吐、急性胃炎、胃黏膜脱垂症、幽门痉挛、幽门梗阻、贲门痉挛、十二指肠壅积症等疾病属于本病范畴。其他如肠梗阻、急性胰腺炎、急性胆囊炎、尿毒症、心源性呕吐、颅脑疾病以及一些急性传染病早期，当以呕吐为主要表现时，亦可参考本节辨证施治。

一、病因病机

（一）病因

1. 外邪犯胃

感受风、寒、暑、湿、燥、火六淫之邪，或秽浊之气，侵犯胃腑，胃失和降之常，水谷随逆气上出，发生呕吐。正如《古今医统大全·呕吐哕》所言："无病之人，卒然而呕吐，定是邪客胃府。在长夏，暑邪所干；在秋冬，风寒所犯。"由于季节的不同，感受的病邪亦会不同，但一般以受寒者居多。

2. 饮食不节

饮食过量，暴饮暴食，多食生冷、醇酒辛辣、肥甘及不洁之品，皆可伤胃滞脾，每易引起食滞不化，胃失和降，上逆而为呕吐。如《重订严氏济生方·呕吐论治》所曰："饮食失节，温凉不调，或喜餐腥脍乳酪，或贪食生冷肥腻，露卧湿处，当风取凉，动扰于胃，胃既病矣，则脾气停滞，清浊不分，中焦为之痞塞，遂成呕吐之患焉。"

3. 情志失调

恼怒伤肝，肝失条达，横逆犯胃，胃气上逆；忧思伤脾，脾失健运，食滞不化，胃气不降，均可发生呕吐。亦可因脾胃素虚，运化无力，水谷停留，偶因气恼，食随气逆，导致呕吐。《景岳全书·呕吐》云："气逆作呕者，多因郁怒，致动肝气，胃受肝邪，所以作呕。"

4. 病后体虚

脾胃素虚，或病后体弱，劳倦过度，耗伤中气，胃虚不能盛受水谷，脾虚不能化生精微，食滞胃中，胃失和降，上逆成呕。《古今医统大全·呕吐哕》谓："久病吐者，胃气虚不纳谷也。"

（二）病机

呕吐的发病机理为胃失和降，胃气上逆。其病理表现不外虚实两类，实证因外邪、食滞、痰饮、肝气等邪气犯胃，以致胃失和降，气逆作呕；虚证为脾胃虚弱，运化失常，不能和降。其中又有气虚、阳虚、阴虚之别。一般初病多实，若呕吐日久，损伤脾胃，脾胃虚弱，可由实转虚。亦有脾胃素虚，复因饮食所伤，而出现虚实夹杂之证。

病变脏腑主要在胃，还与肝、脾有密切关系。若脾阳素虚，水谷不化，痰饮内生，阻碍气机，升降失常，胃气上逆，则形成痰饮内阻证；肝气郁结，横逆犯胃，胃气上逆，则形成肝气犯胃证；患病日久，脾伤失运，致脾气亏虚，纳运无力，胃虚气逆，则成脾胃气虚证；久则气虚及阳，致脾胃阳虚证；胃阴不足，胃失濡降，则为胃阴耗伤证。

暴病呕吐一般多属邪实，预后良好。而痰饮与肝气犯胃之呕吐，每易复发。久病呕吐，多属正虚，故虚证或虚实夹杂者，病程较长，且易反复发作，较为难治。若呕吐不止，饮食难进，易变生他证，预后不良。如久病、大病之中，出现呕吐，食不能入，面色㿠白，肢厥，脉微细欲绝，此为阴损及阳，脾胃之气衰败，真阳欲脱之危证。

二、诊断与鉴别诊断

（一）诊断依据

(1) 以食物、痰涎等从胃中上涌，经口而出为主症。

(2) 常伴胃脘胀闷，不思饮食，嗳气有腐臭味等症。
(3) 多由感受外邪、饮食不节(洁)、情志不遂等因素而诱发，或有服用药物、误食毒物史。

(二)鉴别诊断

1. 反胃
呕吐与反胃，均为胃部病变；病机都为胃失和降，气逆于上。反胃往往表现为朝食暮吐，暮食朝吐，吐出物多为未消化之宿食，吐后即感到舒适。呕吐往往吐无定时，或轻或重，吐出物为食物或痰涎清水，呕吐量或多或少。

2. 噎膈
噎膈之吐大多于进食时发生，伴梗阻不畅，呈进行性加剧，初期哽噎不畅，但尚能进食，继而勉强半流质或流质饮食，甚则汤水不进，食入即吐，病情深重，病程较长，预后不良。呕吐之证，大多病情较轻，病程较短，若无严重疾病，预后较好。

三、辨证论治

(一)辨证要点

1. 辨虚实
应首辨虚实。如《景岳全书·呕吐》指出："呕吐一证，最当详辨虚实。"实证多由感受外邪、饮食停滞所致，发病较急，病程较短，呕吐量多，呕吐物多有酸臭味。虚证多属内伤，有气虚、阳虚、阴虚之别，呕吐物不多，常伴有精神萎靡，倦怠乏力，脉弱无力等症。

2. 辨呕吐物
根据呕吐物的性状及气味，也可以帮助鉴别。若呕吐物酸腐量多，气味难闻者，多属饮食停滞，食积肉腐；若呕吐出苦水、黄水者，多由胆热犯胃，胃失和降；若呕吐物为酸水、绿水者，多因肝热犯胃，胃气上逆；若呕吐物为浊痰涎沫者，多属痰饮中阻，气逆犯胃；若呕吐清水，量少，多因胃气亏虚，运化失职。

(二)治疗原则

本病的基本治则是和胃降逆止呕。应分虚实进行辨证论治。实证重在祛邪，分别施以解表、消食、化痰、理气之法，辅以和胃降逆之品；虚证重在扶正，分别施以益气、温阳、养阴之法，辅以降逆止呕之药；虚实夹杂者宜攻补兼施。

(三)分证论治

1. 实证

(1) 寒邪犯胃

症状　突然呕吐，胸脘满闷，发热恶寒，头身疼痛，舌苔白腻，脉濡缓。

分析　突然呕吐为寒邪犯胃，扰动胃腑，浊气上逆；胸脘满闷为湿阻中焦，气机不利；发热恶寒，头身疼痛为邪束肌表；舌苔白腻，脉濡缓为寒湿犯胃之征。

治法　散寒解表，化湿和中。

方药　藿香正气散加减。

方中藿香、紫苏、白芷芳香化浊，散寒疏表；大腹皮、厚朴理气除满；半夏、陈皮和胃降逆止呕；白术、茯苓化湿健脾；生姜和胃止呕。

伴见脘痞嗳腐，饮食停滞者，可去白术，加鸡内金、神曲以消食导滞；如风寒偏重，症见寒热无汗,头痛身楚,加荆芥、防风、羌活祛风寒,解表邪;兼气机阻滞,脘闷腹胀者,可酌加木香、枳壳行气消胀。

(2) 食滞胃肠

症状 呕吐酸腐,脘腹胀满,嗳气厌食,大便或溏或结,舌苔厚腻,脉滑实。

分析 呕吐酸腐为食滞内阻,浊气上逆所致;脘腹胀满,嗳气厌食为脾失健运,气机受阻;大便或溏或结为食滞于中,升降失常,传导失司;舌苔厚腻,脉象滑实为食滞内停之征。

治法 消食化滞,和胃降逆。

方药 保和丸加减。

方中山楂、神曲、莱菔子消食和胃;陈皮、半夏、茯苓理气降逆,和中止呕;连翘散结清热。

若因肉食而吐者,重用山楂;因米食而吐者,加谷芽;因面食而吐者,重用莱菔子,加麦芽;因酒食而吐者,重用神曲,加蔻仁、葛花;因食鱼、蟹而吐者,加苏叶、生姜;因豆制品而吐者,加生萝卜汁;若食物中毒呕吐者,用烧盐方探吐,防止腐败毒物被吸收。

(3) 痰饮停胃

症状 呕吐清水痰涎,脘闷不食,头眩心悸,舌苔白腻,脉滑。

分析 呕吐清水痰涎,脘闷不食为脾不运化,痰饮内停,胃气上逆所致;头眩为水饮上犯,清阳之气不展,心悸为水气凌心所致;舌苔白腻,脉滑为痰饮停留之征。

治法 温化痰饮,和胃降逆。

方药 小半夏汤合苓桂术甘汤加减。

方中半夏化痰饮和胃止呕;生姜温胃散寒而止呕;茯苓、白术、甘草健脾化湿;桂枝温化痰饮。

脘腹胀满,舌苔厚腻者,可去白术,加苍术、厚朴以行气除满;脘闷不食者加白蔻仁、砂仁化浊开胃;胸膈烦闷,口苦,失眠,恶心呕吐者,可去桂枝,加黄连、陈皮化痰泄热,和胃止呕。

(4) 肝气犯胃

症状 呕吐吞酸,嗳气频繁,胸胁胀痛,舌质红,苔薄腻,脉弦。

分析 呕吐吞酸,嗳气频繁为肝气不舒,横逆犯胃,胃失和降所致;胸胁满痛为气机郁滞,肝脉不舒所致;舌边红,苔薄腻,脉弦为气滞肝旺之征。

治法 疏肝理气,和胃降逆。

方药 四七汤加减。

方中苏叶、厚朴理气宽中;半夏、生姜、茯苓、大枣和胃降逆止呕。

若胸胁胀满疼痛较甚,加川楝子、郁金、香附、柴胡疏肝解郁;如呕吐酸水,心烦口渴,宜清肝和胃,辛开苦降,可酌加左金丸及山栀、黄芩等;若兼见胸胁刺痛,或呕吐不止,诸药无效,舌有瘀斑者,可酌加桃仁、红花等活血化瘀。

2. 虚证

(1) 脾胃气虚

症状 食欲不振,食入难化,恶心呕吐,常吐涎沫,脘部痞闷,大便不畅,舌苔白滑,脉象虚弦。

分析 食欲不振,食入难化为脾胃气虚,纳运无力所致;恶心呕吐为胃虚气逆所致;脘部痞闷为食滞胃脘;常吐涎沫为气滞痰饮内停,大便不畅为肠腑通降失和,传导失职;舌苔白滑,脉虚弦为胃虚痰盛之征。

治法 健脾益气,和胃降逆。

方药 香砂六君子汤加减。

方中党参、茯苓、白术、甘草健脾益气;半夏祛痰降逆,和胃止呕;陈皮、木香、砂仁理气降逆。

若呕吐频作,噫气脘痞,可酌加旋覆花、代赭石以镇逆止呕;若呕吐清水较多,脘冷肢凉者,可加附子、肉桂、吴茱萸以温中降逆止呕。

(2) 脾胃阳虚

症状 饮食稍多即吐,时作时止,面色㿠白,倦怠乏力,喜暖恶寒,四肢不温,口干而不欲饮,大便溏薄,舌质淡,脉濡弱。

分析 饮食稍多即吐,时作时止为脾不主运化,胃不主受纳,脾胃阳虚,无力腐熟和运化水谷所致;面色㿠白,倦怠乏力为水谷精微化生不足,气血亏虚;喜暖恶寒,四肢不温为中焦虚寒,阳虚失于温煦;口干而不欲饮为脾胃阳虚,气不化津;大便溏薄为脾阳亏虚,运化失常;舌质淡,脉濡弱为脾阳不足之征。

治法 温中健脾,和胃降逆。

方药 理中汤加减。

方中人参、白术健脾和胃;干姜、甘草甘温和中。

若呕吐甚者,加砂仁、半夏等理气降逆止呕;若呕吐清水不止,可加吴茱萸、生姜以温中降逆止呕;若久呕不止,呕吐之物完谷不化,汗出肢冷,腰膝酸软,舌质淡胖,脉沉细,可加制附子、肉桂等温补脾肾之阳。

(3) 胃阴亏虚

症状 呕吐反复发作,或时作干呕,似饥而不欲食,口燥咽干,舌红少津,脉象细数。

分析 呕吐反复发作,时作干呕为胃热不清,耗伤胃阴,以致胃失和降所致;似饥而不欲食为胃阴亏虚,胃失濡润,受纳无权;口燥咽干为津液耗伤,不能上承;舌红少津,脉象细数乃胃阴不足之征。

治法 滋养胃阴,降逆止呕。

方药 麦门冬汤加减。

方中人参、麦冬、粳米、甘草滋养胃阴;半夏降逆止呕;大枣益气和中。

若呕吐较剧者,可加竹茹、枇杷叶以和降胃气;若口干,舌红,热甚者,加黄连清热止呕;大便干结者,加瓜蒌仁、火麻仁、白蜜以润肠通便;伴倦怠乏力,纳差舌淡,加太子参、山药益气健脾。

四、预防调护

起居有常,生活有节,避免风寒暑湿秽浊之邪的入侵。同时保持心情舒畅,避免精神刺激,对肝气犯胃者,尤当注意。饮食方面也应注意调理。脾胃素虚患者,饮食不宜过多,同时勿食生冷瓜果等,禁服寒凉药物。若胃中有热者,忌食肥甘厚腻、辛辣香燥、醇酒等物品,禁服温燥药物,戒烟。对呕吐不止的病人,应卧床休息,密切观察病情变化。服药时,尽量选择刺激性气味小的,否则随服随吐,更伤胃气。服药方法,应少量频服为佳,以减少胃的负担。根据病人情况,以热饮为宜,并可加入少量生姜或姜汁,以免格拒难下,逆而复出。

五、临证验案

王某,男,12岁

初诊 1999年09月20日。患者家属代诉,反复呕吐发作5~6年。纳食后易吐,伴有嗳气呃逆,食欲不振,面色不容,形体瘦小,精神欠佳,大小便尚可。舌质淡红,脉弦平。多年来曾服用多种中西药治疗,均未能缓解。故自外地进京求治。方师辨之,该患儿病程迁延日久,脾胃之气皆虚,胃阳不足,浊阴上逆,而致呕吐。施以吴茱萸汤化裁,温中降逆止呕。处方如下:炒吴茱萸3g,大枣4个,生姜2片,砂仁(后下)3g,太子参6g,薄荷3g,法半夏3g,焦神曲6g,8剂,水煎服,日一剂。

复诊 1999.10.11。家属诉呕吐已止。但诉食纳欠佳，面色不荣，二便尚可。舌洁，脉平。方师认为阳虚寒呕虽止，但脾胃虚弱犹存，应健脾和胃，鼓舞中焦之气，遂拟四君子汤化裁。处方如下：法半夏 5g，陈皮 5g，茯苓 10g，白术 10g，炒谷芽 10g，藿香 5g，大枣 4 个，莱菔子 5g，焦三仙各 5g，炙甘草 5g，8 剂，水煎服，日一剂。

按 脾胃为后天之本，皆因为胃司受纳，脾司运化，脾阳升清，胃气降浊，共调中焦升降之机，使生化之源不断。方师认为该患儿纳后易吐，迁延 5-6 年之久，实为自幼脾胃禀赋不足，后天调养欠佳，导致脾胃气虚，气损及阳，致中阳不振，胃阳不足，无以腐熟之力，而使胃中浊阴上泛，食后易吐，迁延数年，纳谷失常，精微无以化生，荣养机体，则患儿面色不容，形体瘦小，精神欠佳。虽经治疗，但药未中的，久呕不愈。呕吐证有寒热虚实之别，方师辨此证为虚呕，属中阳不足，升降失调所致。方师采用《伤寒论》243 条："食谷欲呕者属阳明也，吴茱萸汤主之。"温胃降逆止呕方中薄荷使用，则是使方药补而不滞，疏肝以和胃气。方师一向重视"保胃气，存津液"，培补后天。该患儿在呕吐之后，方师施以健脾和胃的四君子汤化裁，培补中元，以养后天。该病证的施治，体现了方师辨证准确，善用经方，药少力专的特点。

（方和谦．中国现代百名中医临床家丛书方和谦．中国中医药出版社．2008）

六、文献摘录

1.《三因极一病证方论·呕吐叙论》："病者胃中寒，心下澹澹，四肢厥冷，食即呕吐，名曰寒呕。或因伤食多，致伤胃气，或因病曾经汗下，至胃气虚冷之所为也。"

2.《外台秘要·许仁则疗呕吐方》："呕吐病有两种，一者积热在胃，呕逆不下食，一者积冷在胃，亦呕逆不下食，二事正反，须细察之。必其食饮寝处将息伤热，又素无冷病，年壮力强，肌肉充满，此则是积热在胃，致此呕逆。如将息饮食寝处不热，又素有冷病，年衰力弱，肤肉瘦悴，此则积冷在胃，生此呕逆。""积热在胃，呕逆不下食，宜合生芦根五味饮。"

3.《证治汇补·呕吐》："有内伤饮食，填塞太阴，新谷入胃，气不宣通而吐者。有久病气虚，胃气衰微，闻食则呕者。有胃中有热，食入即吐者。有胃中有寒，食久方吐者。有风邪在胃，翻翻不定，郁成酸水，全不入食者。有暑邪犯胃，心烦口渴，腹痛泄泻而呕者。有胃中有脓，腥臊熏臭而呕者。有胃中有虫，作痛吐水，得食暂止者。有胃中停水，心下怔忡，口渴欲饮，水入即吐者。有胃中有痰，恶心头眩，中脘躁扰，食入即吐者。"

4.《金匮要略·呕吐哕下利病脉证治》："呕而胸满者，茱萸汤主之。""呕而肠鸣，心下痞者，半夏泻心汤主之。""诸呕吐，谷不得下者，小半夏汤主之。""呕而发热者，小柴胡汤主之。""胃反呕吐者，大半夏汤主之。""胃反，吐而渴欲水者，茯苓泽泻汤主之。"

5.《寿世保元·呕吐》："有外感寒邪者，有内伤饮食者，有气逆者，三者皆从藿香正气散加减治之；有胃热者，清热保中汤；有胃寒者，附子理中汤；有呕哕痰涎者，加减二陈汤；有水寒停胃者，茯苓半夏汤；有久病胃虚者，比和饮。医者宜审而治之也。"

七、文献推介

1. 中华中医药学会．呕吐诊疗指南．中国中医药现代远程教育 [J].2011，9(14)：126-127.

2. 王建波．隗继武名老中医辨治功能性呕吐经验探析 [A]．中国中药杂志 2015 专集：基层医疗机构从业人员科技论文写作培训会议论文集 [C].2016：1.

3. 陈焯平．林丽珠教授治疗化疗后呕吐的经验 [A]．中华中医药学会．发挥中医优势，注重转化医学——2013 年全国中医肿瘤学术年会论文汇编 [C]．中华中医药学会．2013：3.

（编者：郑峰　责任副主编：黄燕）

20 呃逆

呃逆是由胃气上逆动膈引起的，以气逆上冲喉间，呃呃连声，且声短而频令人不能自制为主要临床表现的病证。

《内经》无呃逆之名，其记载的"哕"即指本病，元·朱丹溪在《格致余论·呃逆论》中始称"呃逆"，明·张景岳在《景岳全书·呃逆》中将呃逆病名的定义作了更清晰的表述，并沿用至今。在病因病机上，《内经》已认识本病的主要病机为胃气上逆，还认识到呃逆发病与寒气及胃、肺有关。汉·张仲景在《金匮要略·呕吐哕下利病脉证治》中更认识到虚热也是发病的病因之一，而明·秦景明《症因脉治·呃逆论》把本病分外感、内伤两类，丰富了呃逆病因病机的认识。在治疗上，《内经》提出了三种非药物的简易疗法，如《灵枢·杂病》说："哕，以草刺鼻，嚏，嚏而已；无息，而疾迎引之，立已；大惊之，亦可已。"汉·张仲景在《金匮要略·呕吐哕下利病脉证治》中将呃逆分为三种，实证采用利法，寒证采用橘皮汤，虚热采用橘皮竹茹汤进行治疗，这为后世寒热虚实辨证分类奠定了基础。而清·李用粹在《证治汇补·呃逆》对本病提出了更系统性的治疗法则："治当降气化痰和胃为主，随其所感而用药。气逆者，疏导之；食滞者，消化之；痰滞者，涌吐之；热郁者，清下之；血瘀者，破导之；若汗吐下后，服凉药过多者，当温补；阴火上冲者，当平补；虚而夹热者，当凉补。"这些治疗措施至今对临证仍有指导意义。

西医学中以膈肌痉挛为主要临床表现的疾病属本病范畴，可参考本节辨证施治。

一、病因病机

（一）病因

1.饮食不节

进食过快，贪食生冷，过服寒凉之剂，寒气蕴胃，并循手太阴之脉上动于膈，或过食辛热煎炒，醇酒厚味，过用温补之剂，燥热内生，腑气不行，胃气上逆动膈，发为呃逆。正如《景岳全书·呃逆》指出："皆其胃中有火，所以上冲为呃。"

2.情志不遂

恼怒伤肝，肝气不利，横逆犯胃，胃气上逆动膈；或抑郁伤肝，肝郁克脾，或忧思伤脾，脾失健运，湿聚成痰，或痰饮内伏，复因恼怒气逆，胃气挟痰上逆动膈，或肝郁化火，损阴耗液，日久转化为胃阴亏虚，可发为呃逆。《证治准绳·呃逆》有因："暴怒气逆痰厥"而发生呃逆的记载，指出与情志相关。

3.年高久病

年高体弱，或大病久病，正气未复，或吐下太过，虚损误攻，均可耗伤中气，或损及胃阴，胃失和降，发生呃逆，甚则病深及肾，肾气失于摄纳，冲气上乘，上逆动膈，均可发生呃逆。

（二）病机

呃逆的基本病机是胃失和降、胃气上逆动膈。有标本虚实之分，疾病初期或急性起病，多见标实，证多为寒凝、火郁、气滞、痰阻，胃失和降；大病久病所作或呃逆日久，每由本虚所致，脾肾虚弱，或胃阴耗损等正虚气逆所致；但亦有虚实夹杂并见者。病机转化决定于病邪性质和正气强弱。

本病病位在膈，病变的关键脏腑在胃，与肝、脾、肾、肺相关。胃中寒蕴或燥热伤胃，甚至阳明腑实，腑气不顺，均可致胃失和降，气逆动膈，属寒者，呃声沉缓有力，得热则减，遇寒更甚；属热者，胃火上逆，呃声洪亮有力，口臭烦渴，多喜冷饮；胃阴不足，呃声短促，口干便结。而肝失疏泄，或脾气虚弱，脾运失职，湿聚痰生，甚至气滞血瘀，也可影响胃之和降；气郁者，呃逆连声，常因情志不畅而诱发或加重；脾虚者，呃声低长无力，大便溏薄；肾气不足，肾失摄纳，也可影响胃失和降，导致浊气上冲，呃声难续。此外，肺气失于宣通，在发病过程中也起了一定的作用，手太阴肺之经脉还循胃口，上膈，属肺。肺胃之气均以降为顺，肺处膈上，其主肃降，胃居膈下，以降为顺，肺之宣肃影响胃气和降，当各种病因影响肺胃时，可使胃失和降，膈间气机不利，逆气上冲于喉间而致呃逆，《内经》取嚏使肺及膈间之气疏通，以助胃气复降的治法，就是针对此机制。

二、诊断与鉴别诊断

（一）诊断依据

1. 呃逆以喉间呃呃连声，声短而频，令人不能自止为主症。
2. 常伴有胸膈痞闷，胃脘不适，情绪不安等症状。
3. 多有饮食不当、情志不遂、受凉或年高久病等诱发因素。

（二）鉴别诊断

1. 干呕

两者均属胃气上逆的表现，干呕为呕吐有声无物而呕吐涎沫之病证。呃逆则以气逆上冲喉间呃呃连声，且声短而频令人不能自制的病证。

2. 嗳气

两者均为胃气上逆，嗳气为胃气阻郁，气逆而上，发出沉缓的嗳气声，为有声无物之证，其特点是声长而沉缓，多可自控，可伴酸腐气味，食后多发，预后一般良好。呃逆则是胃气上逆动膈，气逆上冲喉间发出呃呃之声，为有声无物之证，其特点是呃呃连声，声短而频，令人不能自制为表现，呃逆若出现于危重阶段，多属难治，预后不良。

三、辨证论治

（一）辨证要点

1. 辨病情轻重

呃逆有轻重之分，若一时性气逆而作，无明显兼证者，属轻证；若呃逆反复或持续发作，兼证明显，或出现在大病久病危重阶段，属重证；轻者多不需治疗，重者则需治疗。若年高正虚，大病久病危重阶段，呃声低微不得续，饮食难进，脉细沉弱，为元气衰败、胃气将绝之象，预后不佳。

2. 辨寒热虚实

呃声沉缓有力，得寒则甚，得热则减，舌淡苔薄，多属寒证；呃声洪亮，口干便结，舌红苔厚，多为热证；呃逆声低，时断时续，气短乏力，脉虚弱者，多属虚证；呃逆声高，连续发作，声频有力，脉实者，多属实证。

（二）治疗原则

呃逆一证，总由胃气上逆动膈而成，故基本治疗原则为理气和胃、降逆止呃，并根据病情的轻重、病性的寒热虚实，分别施以祛寒、清热、补虚、泻实之法，对于危重病证中出现的呃逆，在此基础上，辅以降逆平呃之品，以利膈间气机，当急救胃气。

（三）分证论治

1. 胃中寒冷

症状　呃声沉缓有力，胸膈及胃脘不舒，得热则减，遇寒更甚，食欲减少，口淡不渴，舌淡苔白润，脉迟缓。

分析 呃声沉缓有力为胃气上冲喉间所致；胸膈及胃脘不舒为寒阻中焦，肺胃之气失降，气机不利，胃气上逆动膈引起；得热则减，遇寒愈甚，食少，口淡不渴为寒气遇热则散，遇寒则凝益甚之征；舌淡苔白润，脉象迟缓，均属胃中有寒之象。

治法 温中散寒，降逆止呃。

方药 丁香散加减。

方中丁香、柿蒂降逆止呃，高良姜、甘草温中散寒。

若寒气较重，胸脘胀痛者，加吴茱萸、肉桂、乌药散寒降逆；若寒凝食滞，脘闷嗳腐者，可加厚朴、枳实、莱菔子、槟榔、陈皮、茯苓等以行气化痰导滞；脘腹痞满者，加枳壳、厚朴、陈皮以行气消痞；若呃逆频作，气逆甚者，加刀豆子、柿蒂、旋覆花、代赭石以理气降逆；若外寒致呃者，可加紫苏、生姜。

2. 胃火上逆

症状 呃声洪亮，冲逆而出，口臭烦渴，多喜冷饮，脘腹满闷，便结尿赤，舌红苔黄，脉滑数。

分析 呃声洪亮为胃火上逆，气冲动膈导致；口臭烦渴而喜冷饮，便结尿赤为胃热伤津，肠间燥结引起；舌红苔黄，脉滑数，皆为胃热内盛之征。

治法 清胃泄热，降逆止呃。

方药 竹叶石膏汤加减。

方中竹叶、石膏清泻胃火，沙参、麦冬养胃生津，半夏和胃降逆，粳米，甘草调养胃气。

若腑气不通，痞满便秘者，可用小承气汤通腑泄热，使腑气通，胃气降，呃逆自止；若胸膈烦热，大便秘结，可用凉膈散以攻下泻热；若呃逆较重，可加竹茹、丁香、柿蒂以助降逆止呃之力。

3. 气机郁滞

症状 呃逆连声，常因情志不畅而诱发或加重，伴有胸胁满闷，脘腹胀满，胃纳减少，肠鸣矢气，舌苔薄白，脉弦。

分析 呃逆胸闷为情志抑郁，肝失调达，肝气上乘肺胃，胃气上冲引起，并常因情志不畅而诱发或加重；脘腹部胁肋胀满是由于脘为胃所属，胁为肝分野，肝胃不和，气机不畅所致；胃纳减少是为土郁克木，脾运失司，肠鸣矢气为气多流窜，下趋肠道之征；舌苔薄白，脉弦皆为气滞之象。

治法 顺气解郁，和胃降逆。

方药 五磨饮子加减。

方中木香、乌药解郁顺气，枳实、沉香、槟榔宽中行气。

呃逆明显，可加丁香、代赭石降逆止呃；肝郁明显者，加川楝子、郁金疏肝解郁；若心烦口苦，气郁化热者，加栀子、黄连泄肝和胃；若气逆痰阻，昏眩恶心者，可用旋覆代赭汤、二陈汤化裁以顺气降逆，化痰和胃；若久呃不止，气滞日久成瘀，胸胁刺痛，可用血府逐瘀汤加减以活血化瘀。

4. 脾胃阳虚

症状 呃声低长无力，气不得续，脘腹不舒，泛吐清水，食少困倦，大便溏薄，面色㿠白，手足不温，舌淡苔薄白，脉细弱。

分析 呃声低长无力，气不得续，食少困倦，大便溏薄，面色㿠白为脾胃虚弱，升降失常，化生不足所致；手足不温为脾胃阳虚，阳气不布引起之征，若病久肾阳亏虚，肾不纳气，则腰膝酸软，呃声断续而病转严重；舌淡苔薄白，脉细弱，为阳衰气弱之象。

治法 温补脾胃，和中降逆。

方药 理中丸加减。

方中人参、白术、甘草甘温益气，干姜温中散寒。

方中可加吴茱萸、丁香温胃平呃，内寒重者，可加附子、肉桂温肾散寒；若呃声难续，气短乏力，中气大亏者，可用补中益气汤以益中气；若脾虚失运，食少便溏者，可加参苓白术散以健脾胃；若病久及肾，肾失摄纳，腰膝酸软，呃声难续者，可分肾阴虚、肾阳虚而用金匮肾气丸、七味都气丸。

5. 胃阴不足

症状　呃声短促而不连续，口干舌燥，烦躁不安，大便干结，舌质红而干或有裂纹，脉象细数。

分析　呃声短促为胃阴不足，胃失濡养，胃气上逆导致；口干咽燥，大便干结为胃失濡养引起；烦躁不安是为阴虚内热之征；舌质红干或有裂纹，脉细数，为津液亏耗之象。

治法　养胃生津，降逆止呃。

方药　益胃汤合橘皮竹茹汤加减。

益胃汤方中沙参、麦冬、生地、玉竹滋养胃阴，甘寒生津；冰糖为使，濡养肺胃，调和诸药。橘皮竹茹汤方中橘皮、竹茹和胃降逆，人参、大枣、炙甘草补中益胃，生姜和胃治呃。

呃逆较甚，加枇杷叶、柿蒂以增和胃降逆之功；若口干咽燥，阴虚火旺者，可加石斛、芦根以养阴清热。

四、预防调护

预防方面，应保持精神舒畅，避免暴怒过喜等情志波动刺激；注意寒温适宜，避免外邪侵袭；饮食宜清淡，避免饥饱无常。调护方面，发作时应进食易消化食物，忌生冷、辛辣、肥腻之食。

五、临证验案

董某，女，69岁。

初诊　1985年9月9日。患者年初即呃逆，喉间呃呃连声，昼夜不止，两胁胀满，脘腹不舒，纳食欠佳。前医曾用丁香柿蒂散加减治之，服药多帖亦未能除。时止时发，夜坐不得卧，寝食俱劣。舌淡红，苔薄白，脉沉弦。

证属肝郁气滞，胃失和降，气逆上冲。应疏肝解郁，降逆和胃。

处方　旋覆花12g，代赭石15g，厚朴花12g，法半夏10g，沉香曲10g，云茯苓12g，广陈皮12g，川楝子12g，刺蒺藜10g，嫩小草10g，大刀豆30g，四花皮10g，炒谷、麦芽各10g。

二诊　服药物7剂，呃逆大减，能安然入寐，饮食亦与日俱增，脉势和缓，胸胁脘腹仍时有作胀。再依原法出入，上方去茯苓、陈皮、嫩小草、炒谷麦芽，加郁金、炒枳壳、生姜、大枣。

三诊　服药3剂，诸恙悉平。嘱原方药再进3剂，以善其后。

（董建华等．中国现代名中医医案精华·李振华医案．北京出版社．1990）

六、文献摘录

1.《灵枢·杂病》："谷入于胃，胃气上注于肺，今有故寒气与新谷气，俱还入于胃，新故相乱，真邪相攻，气并相逆，复出于胃，故为哕。"

2.《丹溪心法·咳逆》："咳逆为病，古谓之哕，近谓之呃，乃胃寒所生，寒气自逆而呃。"

3.《景岳全书·呃逆》："呃之大要，亦为三者而已，则一曰寒呃，二曰热呃，三曰虚脱之呃。寒呃可温可散，寒去则气自舒也；热呃可清可降，火静则气自平也；惟虚脱之呃，则诚危殆之证。"

4.《证治汇补·呃逆》："火呃，呃声大响，乍发乍止，燥渴便难，脉数有力；寒呃，朝宽暮急，连续不已，手足清冷，脉迟无力；痰呃，呼吸不利，呃有痰声，脉滑有力；虚呃，气不接续，呃气转大，脉虚无力；瘀呃，心胸刺痛，水下即呃，脉空沉涩。"

5.《症因脉治·呃逆论》："是《内经》之哕，即今之呃也。诸家谓干呕为咳逆，或因呕而伤胃气以致呃，因咳而吊动胃气以致呃方可，若以干呕即是呃逆，咳逆即是呃逆，大谬矣。有外感，有内伤。"

6.《类证治裁·呃逆》："呃逆皆是寒热错杂，二气相搏，故治之亦多寒热相兼之剂，如丁香、柿蒂并投之类。"

七、文献推介

1. 李鲜，肖准．呃逆从肺论治[J].中国中医基础医学杂志，2015，21(4)：438-439.

（编者：钦丹萍　责任副主编：刘良徛）

21 噎膈

噎膈是由痰气交阻、瘀血内停于食管、或各种因素导致食管狭窄引起的，以吞咽食物哽噎不顺，甚则食物不能下咽，食入即吐为主要临床表现的病证。噎即噎塞，指吞咽之时哽咽不顺；膈为格拒，指饮食不下。噎虽可单独出现，而又每为膈的前驱，故往往以噎膈并称。

噎膈病名，首见膈之名，见于《内经》，唐宋以后始将"噎膈"并称。噎膈的病因，在《素问·阴阳别论篇》及《素问·通评虚实论》中分别提出其发病与热结津伤及情志因素相关，如《素问·阴阳别论篇》云："三阳结，谓之膈。"《素问·通评虚实论篇》云："膈塞闭绝，上下不通，则暴忧之病也。"随后历代医家在临床实践中不断补充，如宋·严用和《济生方·噎膈》提出寒温、饮食失调之病因，明·张介宾《景岳全书·噎膈》又提出噎膈的发生与酒色过度有关。在病机上，有强调本虚致病，如元·朱震亨《局方发挥·噎膈》提出血耗致噎膈之论，《景岳全书·噎膈》认为阳气衰弱可致噎膈，至清代已充分认识到一些标实与噎膈更有直接相关性，如清·李用粹《证治汇补·噎膈》认为噎膈由气滞、痰凝、血瘀、火炎、食积所致，并强调"七情之变"往往是致病的源头，而清·叶天士《临证指南医案·噎膈反胃》中，除肯定瘀血、顽痰、逆气阻隔胃气是噎膈的发病病机外，还指出对"脘管窄隘"的认识，至此在噎膈病机的认识上已渐至完善。关于噎膈的治疗，有从虚治之，如清·李用粹《证治汇补·噎膈》提出"润养津血，降火散结"的治疗大法；明·张介宾《景岳全书·噎膈》中注重从脾肾治疗；更有从实入手，如清·李用粹《证治汇补·噎膈》提出"化痰行瘀"的治法，这些理论对指导临床实践均具有重要意义。

西医学中的食道癌、贲门痉挛、贲门炎、食管憩室、慢性食道炎、食道狭窄、食道贲门失迟缓症等以噎膈为主要临床表现的疾病均属本病范畴，可参照本节内容辨证施治。

一、病因病机

（一）病因

1. 七情内伤

平素情志失调，尤以忧思恼怒多见。忧思伤脾，脾伤气结，水湿失运，滋生痰浊；恼怒伤肝，肝伤气郁，血行不畅，瘀血内停，以致痰瘀交阻于食管、贲门而成噎膈。正如《医宗必读·反胃噎膈》说："大抵气血亏损，复因悲思忧恚，则脾胃受伤，血液渐耗，郁气生痰，痰则塞而不通，气则上而不下，妨碍道路，饮食难进，噎塞所由成也。"

2. 饮食不节

平素嗜酒，喜食肥甘，过喜辛辣，恣食霉物，湿热内生，酿成痰浊，阻于食管、贲门，或津伤血燥，失于濡润，以致咽下干涩而成噎膈。如《灵枢·四时气》指出："饮食不下，膈塞不通，邪在胃脘。"

3. 年高久病

年高肾虚或久病虚劳，精血渐枯，气运渐弱，津气失布，痰气瘀阻而成噎膈。正如《景岳全书·噎膈》说："正以命门无火，气不化精，所以凝结于下而治节不行……即噎膈之属是也。"

（二）病机

噎膈的基本病机与气结、痰阻、血瘀相关，痰气交阻、瘀血内停阻隔于食道、贲门而致发病。病位在食道、贲门，为胃所主。病变脏腑涉及肝、脾、肾三脏，三脏通过经络与食道、胃相联，七情内伤、饮食不节、年高久病致肝、脾、肾三脏功能失常，脾伤失运，湿聚成痰；肝伤气郁，血瘀内停，日久可化火伤阴，或出现肾虚不足，阴虚不能濡养咽嗌，阳虚不能温运脾土，以致气滞、痰阻、血瘀，阻于食道、胃脘而成噎膈。

本病属本虚标实之病，起病初期，以标实为主，由痰气交阻于食道、贲门，故进食梗塞不顺，久之瘀血内结，以致痰、气、瘀交结，阻隔胃气，通降失调，食物难进，食后复出。病情进一步发展则气郁化火，或痰瘀生热，伤阴耗液，病由标实转为正虚为主，病情也由轻转重，阴津日益枯槁，胃津亏耗，或损及肾阴，或阴损及阳，脾胃阳气衰败，精气并耗，脾之生化告竭，不能输化津液，痰气瘀结更甚，形成虚实夹杂之候，此时食入即吐，水饮也难以咽下，形体日渐羸瘦，肢体浮肿，面容憔悴，最终大肉尽脱，形销骨立，终成不治。

当病情停留在噎证不向膈证发展，多表现为哽噎不顺的痰气交阻证，当病情进展为膈证，出现胸膈阻塞，饮食难下，渐至阴津枯槁，阴损及阳，脾胃阳气衰败，预后极差。

二、诊断与鉴别诊断

（一）诊断依据

(1) 初起进食时有停滞感，继则咽下哽噎，甚至食不得入或食入即吐。常伴有胃脘不适，胸膈疼痛，甚则形体消瘦、肌肤甲错、精神疲惫等。起病缓慢，常表现为由噎至膈的病变过程。

(2) 常有饮食、情志等因素诱发，多发于中老年男性。发病在局部地区有聚集现象。

（二）鉴别诊断

1. 反胃

两者均有食入吐出的症状。反胃多属阳虚有寒，为幽门不放，食滞胃中，表现为食尚能入，但经久复出，朝食暮吐，暮食朝吐，可伴胃脘疼痛；噎膈多属气、痰、瘀交结或津液枯槁，食停食道，为食道、贲门阻隔，症状特点是吞咽困难，食噎不下，胸口阻塞，食物不下或食入即吐，常伴胸膈疼痛。

2. 梅核气

两者均有咽中梗塞不舒的症状。噎膈属有形之物瘀阻于食道、贲门，表现为吞咽困难及食物不下。梅核气属痰气窒塞于咽喉之间，为无形之气，表现为咽部异物感为主，无吞咽困难及食物不下的症状，一般无呕吐。

3. 呕吐

均有呕吐症状。呕吐无吞咽困难和进食梗阻症状；噎膈表现为饮食难下，食入即吐，食管、胃口有噎塞梗阻感，并且呈进行性加重。

三、辨证论治

（一）辨证要点

1. 辨病情轻重

本病早期轻症仅有进食梗塞不顺，全身症状不明显，病情严重则进食困难加重，食入即吐，水饮难下，渐至形销骨立等。

2. 辨标本主次

临床应辨标本主次，标实当辨气结、痰阻、血瘀三者之不同，本虚多责之于阴津枯槁为主，发展至后期可见气虚阳微之证。

（二）治疗原则

本病的治疗应辨本虚标实的程度，给予合理处理。起病初期重在标实，当辨气结、痰阻、血瘀之偏重，而择理气、化痰、消瘀、降火之法；病至后期重在本虚，当识阴津枯槁或气虚阳微之征候，而以滋阴润燥，或补气温阳为主。

（三）分证论治

1. 痰气互结

症状 吞咽梗阻，胸膈痞闷，甚则疼痛，症状可随情志舒畅抑郁出现轻重改变，可伴嗳气呃逆，呕吐痰涎，口干咽燥，舌质偏红，苔薄腻，脉弦滑。

分析 吞咽梗阻，胸膈痞闷，甚则疼痛为痰气交阻，停于食道导致；症状轻重随情绪变化转变，为气结之表现；嗳气呃逆，呕吐痰涎为气结不舒，脾不健运，胃失和降引起；口燥咽干为气结津液不能上承，或化热伤津之征；舌质偏红，苔薄腻，脉弦滑，为气结痰阻，兼有郁热伤津之象。

治法 开郁化痰，润燥降气。

方药 启膈散加减。

方中丹参、郁金、砂仁壳化瘀开郁利气；沙参、贝母润燥化痰；茯苓健脾和中；荷叶、杵头糠升清降浊。

若嗳气呕吐明显者，可加旋覆花、代赭石，以增降逆之力；若呕吐痰涎者，加半夏、陈皮，以加强和胃化痰之功；若口干咽燥，气郁化火者，加山豆根、栀子以增清热解毒之力；若为阴津不足，可加麦冬、玄参、花粉生津润燥；若胃失和降，泛吐痰涎者，加半夏、陈皮、旋覆花以和胃降逆；若肝火犯胃，脘胁疼痛，呕吐酸水，口苦嘈杂，加左金丸疏肝和胃。

2. 瘀血内阻

症状 胸膈疼痛，饮食难下，甚至滴水难进，咽之即吐，甚或吐出物为赤色，形体消瘦，肌肤枯燥，面色晦暗，大便干结，坚如羊屎，舌质紫暗，脉细涩。

分析 胸膈疼痛，食不得下，食入即吐，甚至滴水难进为瘀血内结，阻于食道、贲门导致；大便干结，坚如羊屎为阴亏血少，肠失润泽引起；吐出物色赤为瘀血阻络，或化热伤络，血渗脉外所致；形体消瘦，肌肤枯燥为病久不食，化源告竭之征；面色晦暗，舌质紫暗，脉细涩，为血亏瘀结之象。

治法 滋阴养血，破血行瘀。

方药 通幽汤加减。

方中生地黄、熟地黄、当归滋阴养血；桃仁、红花破结行瘀；升麻升清以降浊，槟榔下坠而破气滞；炙甘草调和诸药。

若胸膈疼痛，可加血府逐瘀汤活血破瘀；若呕吐频繁，可加莱菔子、生姜汁行气止呕；若呕吐物色赤，可另服云南白药化瘀止血。

3. 津亏热结

症状 吞咽梗塞而痛，水饮可下，食物难进，入而复出，心烦口干，胃脘灼热，形体消瘦，肌肤枯燥，大便干结，舌质红干，或有裂纹，脉细数。

分析 吞咽梗塞而痛为胃津亏耗，食道失于濡润导致；心烦口干，胃脘灼热，大便干结为胃肠津亏热结引起；形体消瘦，肌肤枯燥为胃不受纳，无以化生精微之征；舌质红干，或有裂纹，脉细数，均属津亏热结之象。

  治法 滋阴养血，润燥生津。

  方药 五汁安中饮合沙参麦冬汤加减。

  五汁安中饮方中梨汁、藕汁、牛乳养胃生津，生姜汁和胃降逆，韭汁活血行瘀。沙参麦冬汤方中选取沙参、麦冬、玉竹、滋养津液，桑叶、天花粉养阴泄热，生扁豆、生甘草益气培中、甘缓和胃，并可加石斛、生地、熟地等，双补胃肾之阴，以增加疗效。用法宜少量多次，频频呷服，不可操之过急，以免泥胃不化。

  若大便干结，可加火麻仁、全瓜蒌、郁李仁润肠通便；若食物难进，入而复出，可用竹叶石膏汤加大黄泻热存阴。

  4. 气虚阳微

  症状 病久饮食不下，面色㿠白，体虚羸弱，形寒气短，面浮足肿，泛吐清涎，腹胀便溏，舌淡苔白，脉细弱。

  分析 饮食不下、泛吐清涎为病久阴损及阳，脾肾阳气衰微，饮食无以受纳运化，浊气上逆所致；面色㿠白，体虚羸弱，形寒气短，面浮足肿，腹胀便溏为阳虚无以化津之征；舌淡苔白，脉细弱，亦属气微阳虚之象。

  治法 温补脾肾。

  方药 补气运脾汤合右归丸加减。

  温脾用补气运脾汤，温肾用右归丸。补气运脾汤用人参、黄芪、白术、茯苓补气益脾，陈皮、半夏、砂仁、大枣、生姜、甘草和胃温脾降逆。右归丸以熟地、山茱萸、当归、枸杞滋肾阴，又用肉桂、附子、杜仲等温肾阳，为阴中求阳之法。

  若胃虚气逆，泛吐清涎，可加吴茱萸、丁香、白蔻仁温胃降逆。

四、预防调护

  预防方面，改变不良饮食习惯，保持愉快心情。在饮食上，避免进食过快、过烫，不要过于嗜好辛辣、变质、霉变或腌制食物，戒烟酒；加强水源管理，防止污染，以减少水中亚硝酸盐含量；调护方面，应多吃新鲜蔬菜水果，宜进食营养丰富的食物，包括牛奶、肉汁、蜂蜜、梨汁等流质饮食，顾护胃气。同时，注意情志调护，避免抑郁焦虑。

五、医案选读

  华某，男，62岁，华东电子厂退休干部。

  初诊 1997年1月5日。

  主诉 胸骨后不适1月余。

  病史 患者近因1月来食甘甜之品后常感胸骨后不适，时有咽酸，无吞咽困难，饮食不减，甚则微咳，无痰，舌质微红，苔薄，脉细。1月3日查胃镜示食管炎症，内见线型溃疡，情绪紧张，求诊于徐老。

  临床分析 据证而论，病属"噎证"，病久阴不足，气滞血瘀，气滞久则郁热。拟法养阴理气泄热，通降咽管。

  处方 麦冬20g，石斛15g，木蝴蝶6g，白残花15g，厚朴花6g，法半夏6g，威灵仙10g，蒲公英15g，煅瓦楞子30g，茯苓15g，丹参10g，枳壳10g。每日1剂，2次煎服。

  二诊 1月19日。服药两周，症状基本消失，仅有1次胸骨后不适，片刻即缓，不咳嗽，大便正常，治从原法。原方加太子参10g。

  三诊 2月9日。食管炎症，经疏润结合调治，目前症状不著，二旬之内子夜有两次反流症状，约15分钟，稍咳嗽，舌苔薄白而干，脉小弦，治从原法。

处方　麦冬15g，石斛10g，厚朴花10g，法半夏10g，橘皮络各6g，威灵仙10g，鹅管石15g，炒枳壳10g，木蝴蝶6g，石见穿15g。

以此方加减，配以藕粉调服，坚持治疗，至10月19日复查食管黏膜正常，浅表性胃炎，症状不著。

按　此例是一较为难治的病例，食管溃疡，长期不愈，易引起"食管癌"，然用西医治疗，主要是针对反流、制酸，对溃疡本身的治疗针对性不强，徐老充分估计了该病的复杂性，潜心研究，运用自己丰富的临床经验，认为该病当以疏润结合为大法，为了让药汁直达病所，故而采用藕粉调服，卧位服药并适当辗侧，主要起到两方面的作用，一是吸附于病所，二是药性直接发挥。

(徐丹华等主编.国医大师徐景藩临证百案按.人民卫生出版社.2014)

六、文献摘录

1.《济生方·噎膈》："倘或寒温失宜，食饮乖度，七情伤感，气神俱扰，使阳气先结，阴气后乱，阴阳不和，脏腑生病，结于胸膈，则成膈。气流于咽嗌，则成五噎。"

2.《景岳全书·噎膈》："噎膈一证，必以忧愁思虑，积劳积郁，或酒色过度，损伤而成。""少年少见此证，而惟中衰耗伤者多有之。""凡治噎膈之法，当以脾肾为主。盖脾主运化，而脾之大络布于胸膈；肾主津液，而肾之气化主乎二阴。故上焦之噎膈，其责在脾；下焦之闭结，其责在肾。治脾者宜从温养，治肾者宜从滋润，舍此二法，他无捷径矣。"

3.《金匮翼·膈噎》："噎膈之病，有虚有实。实者，或痰或血，附着胃脘，与气相搏，翳膜外裹，或复吐出，膈气暂宽，旋复如初。虚者，津枯不泽，气少不充，胃脘干瘪，食涩不下，虚者荣养，实者疏瀹，不可不辨也。"

4.《临证指南医案·噎膈反胃》："脉弦而小涩，食入脘痛格拒，必吐清涎，然后再纳，视色苍，眼筋红黄，昔肥今瘦，云是郁怒之伤，少火皆变壮火，气滞痰聚日拥，清阳莫展，脘管窄隘，不能食物，噎膈渐至矣，法当苦以降之，辛以通之，佐以利痰清膈，莫以豆蔻沉香劫津可也。"

5.《证治汇补·噎膈》："膈有拒格意，因忧郁失志，及膏粱浓味，醇酒淫欲而动脾胃肝肾之火，致令血液衰耗，胃脘枯槁，气郁成火，液凝为痰，痰火固结，妨碍道路，饮食难进，噎膈所由成也。"

附　反胃

反胃是指由中焦虚寒，饮食入胃，停留不化，逆而向上引起的，以饮食入胃，宿谷不化，经过良久，复由反出为主要临床表现的一类病证。

汉代张仲景首先提出病名，其在《金匮要略·呕吐哕下利病》中称为"胃反"，并指出其临床表现特点是"朝食暮吐，暮食朝吐，宿谷不化"，宋代《太平圣惠方·第四十卷》则称为"反胃"，后世也多以反胃名之。

在本病的病因上，《景岳全书·反胃》指出："或以酷饮无度，伤于酒湿；或以纵食生冷，败其真阳；或因七情忧郁，竭其中气。总之，无非内伤之甚，致损胃气而然。"在病机上，《圣济总录·呕吐门》提出："食久反出，是无火也"。因此，本病多因饮食不当，饥饱不常，或嗜食生冷，损及脾阳，或忧愁思虑，有伤脾胃，以致中焦虚寒，不能消化谷食，饮食停留，终至呕吐而出。如反胃日久，可导致肾阳亦虚，所谓下焦火衰，釜底无薪，不能腐熟水谷，则病情更为严重。

在治疗方面，《金匮要略·呕吐哕下利病》提出："胃反呕吐者，大半夏汤主之"、"胃反，吐而渴欲饮水者，茯苓泽泻汤主之"，故本病的治疗原则为温中健脾，降逆和胃。若反复呕吐，津气并虚，可加益气养阴之品，日久不愈，肾阳亦虚者，宜用温补肾阳之法。

根据反胃的临床表现，西医学中的胃溃疡、十二指肠溃疡、胃憩室、十二指肠憩室、急性胃炎、慢性胃炎、胃黏膜脱垂、十二指肠淤积、胃恶性肿瘤、幽门梗阻、幽门痉挛等疾病，表现为朝食暮吐、暮食朝吐、宿谷不化者，均可参考本节辨证施治。

一、辨证论治

1. 脾胃虚寒

症状 食后脘腹胀满，朝食暮吐，暮食朝吐，宿谷不化，吐后则舒，神疲乏力，面色少华，手足不温，大便溏泄。舌淡苔白滑，脉细缓无力。

分析 食后脘腹胀满，吐出宿谷，即觉舒适为中焦虚寒，宿食不化所致；神疲乏力，面色少华为脾虚失运，生化之源不足之征；舌淡苔薄，脉细缓无力，均为脾胃虚寒之象。

治法 温中健脾，降气和胃。

方药 丁香透膈散加减。

方中人参、白术、炙甘草健脾益气；丁香、半夏、木香、香附降气和胃；砂仁、白豆蔻、神曲、麦芽醒脾化食。

胃虚气逆，呕吐甚者，可加旋覆花、代赭石等以镇逆止呕；如面色㿠白，四肢清冷，舌淡白、脉沉细者，为久吐累及肾阳虚弱，用附子理中丸加吴茱萸、丁香、肉桂之类以助益火之源，温运脾阳；如唇干口燥，大便不行，舌红脉细者，为久吐伤津，胃液不足，气阴耗伤，可去丁香、砂仁、蔻仁，酌加沙参、麦冬养胃润燥，或可用大半夏汤以益气生津，降逆止吐。

二、预防调护

预防方面，注意饮食寒热适宜，戒烟酒刺激之品；避免忧愁思虑，注意情志调节，保持心情舒畅。调护方面，宜进食营养丰富易于消化的食物避免粗硬食物，酌情选择食物种类，包括面条、粥等半流质饮食，或包括牛奶、肉汁、蜂蜜、梨汁等流质饮食，以利胃气和降。

三、临证验案

天津陈某，年五十六岁，得反胃吐食证，半年不愈。初因夏日多食瓜果致伤脾胃，廉于饮食，后又因处境不顺心多抑郁，致成反胃之证。食后消化力甚弱，停滞胃中不下行，渐觉恶心，久之，则觉有气自下上冲，即将饮食吐出。屡经医诊视，服暖胃降气之药稍愈，仍然反复，迁延已年余矣。身体羸弱，脉弦长，按之不实，左右皆然。此证之饮食不能消化，固由于脾胃虚寒，然脾胃虚寒者，食后恒易作泄泻，此则食不下行而作呕吐者，因有其冲气上冲，并迫其胃气上逆也。当以温补脾胃之药为主，而以降胃镇冲之药辅之。

生怀山药一两，白术三钱（炒），干姜三钱，生鸡内金三钱（黄色的捣），生赭石六钱（轧细），炙甘草二钱。共煎汤一大盅，温服。

将药煎服后，觉饮食下行不复呕吐，翌日头午，大便下两次，再诊其脉不若从前之弦长，知其下元气化不固，不任赭石之镇降也。遂去赭石，加赤石脂五钱（用头煎和次煎之汤，分两次送服）、苏子二钱，日煎服一剂，连服十剂霍然全愈。盖赤石脂为末送服，可代赭石以降胃镇冲，而又有固涩下焦之力，故服后不复滑泻也。

（叶勇等．张锡纯经典医案赏析．中国医药科技出版社．2015）

四、文献摘录

1.《金匮要略·呕吐哕下利病脉证治》："趺阳脉浮而涩，浮则为虚，涩则伤脾，脾伤则不磨，朝食暮吐，暮食朝吐，宿谷不化，名曰胃反。"

2.《太平圣惠方·第四十七卷》："夫反胃者，为食物呕吐，胃不受食，言胃口翻也。"

3.《景岳全书·反胃》："或以酷饮无度，伤于酒湿；或以纵食生冷，败其真阳；或因七情忧郁，竭其中气。总之，无非内伤之甚，致损胃气而然。"

4.《景岳全书·反胃》："治反胃之法,当辨其新久及所致之因,或以酷饮无度,伤于酒湿,或以纵食生冷,败其真阳;或因七情忧郁,竭其中气,总之,无非内伤之甚,致损胃气而然。若寒在上焦,则多为恶心,或泛泛欲吐者,此胃脘之阳虚也。若寒在中焦,则食入不化,每食至中脘,或少顷或半日复出者,此胃中之阳虚也。若寒在下焦,则朝食暮吐,或暮食朝吐,乃以食入幽门,丙火不能传化,故久而复出,此命门之阳虚也。故凡治此者,必宜以扶助正气,健脾养胃为主。但新病者胃气犹未尽坏,若果饮食未消,则当兼去其滞;若有逆气未调,则当兼解其郁;若病稍久,或素体禀弱之辈,则当专用温补,不可标本杂进,妄行峻利,开导,消食,化痰等剂,以致重伤胃气,必致不起也。"

5.《医贯·噎膈论》："翻胃者,饮食倍常,尽入于胃矣。但朝食暮吐,暮食朝吐,或一两时而吐。或积至一日一夜,腹中胀闷不可忍而复吐,原物酸臭不化,此已入胃而反出。"

(编者:钦丹萍 责任副主编:刘良徛)

22 腹痛

腹痛是由脏腑气机郁滞,经脉痹阻,或经脉失养引起的,以胃脘以下、耻骨毛际以上部位发生疼痛为主要临床表现的病证。

《内经》最早提出腹痛的病名,《素问·气交变大论》说:"岁土太过,雨湿流行,肾水受邪,民病腹痛。"并提出腹痛是由寒热之邪引起,《素问·举痛论》曰:"寒气客于肠胃之间,膜原之下,血不得散,小络急引故痛。"又曰:"热气留于小肠,肠中痛,瘅热焦渴,则坚干不得出,故痛而闭不通矣。"汉·张仲景《金匮要略·腹满寒疝宿食病脉证治》对腹痛的辨证论治作了较为全面的论述。"病者腹满,按之不痛为虚,痛者为实,可下之。舌黄未下者,下之黄自去。"对"腹中寒气,雷鸣切痛,胸胁逆满、呕吐。"的脾胃虚寒、水湿内停证及"心胸中大寒痛,呕不能饮食,腹中寒,上冲皮起,出见有头足,上下痛而不可触近。"的寒邪攻冲证分别提出,以附子粳米汤及大建中汤治疗,开创了腹痛证治的先河。隋·巢元方《诸病源候论·腹痛病诸候(凡四论)》始将腹痛独立辨证,对其病因、证候详细表述。如"凡腹急痛,此里之有病。"以及"由腑脏虚,寒冷之气客于肠胃膜原之间,结聚不散,正气与邪气交争,相击故痛。"宋·杨士瀛《仁斋直指方论·脾胃》对不同腹痛提出鉴别,"气、血、痰、水、食积、风冷诸证之痛,每每停聚而不散,惟虫痛则乍作乍止,来去无定,又有呕吐清沫之可验焉。"元·李东垣在《医学发明·泄可去闭葶苈大黄之属》强调"痛则不通"的病理学说,并在治疗原则上提出"痛随利减,当通其经络,则疼痛去矣。"对后世产生很大影响。明·龚信《古今医鉴·心痛》曰:"是寒则温之,是热则清之,是痰则化之,是血则散之,是虫则杀之,临证不可惑也。"对腹痛提出不同的治疗原则。清代王清任、唐容川对腹痛有进一步的认识,清·唐容川在《血证论·腹痛》中曰:"血家腹痛,多是瘀血。"王清任指出瘀血在中焦,可用血府逐瘀汤,瘀血在下焦,应以膈下逐瘀汤治疗。

西医学中的肠易激综合征、消化不良、急慢性胰腺炎、胃肠痉挛、不完全性肠梗阻、肠粘连、肠系膜和腹膜病变、泌尿系结石等以腹痛为主要临床表现的疾病,均属于本病范畴,可参考本节辨证施治。

一、病因病机

(一)病因

1.外感时邪

外感风、寒、暑、湿、热之邪,均可使邪滞腹中,气机阻滞,不通则痛,引起腹痛。如伤于风寒,寒凝气滞,经脉受阻,或寒邪不解,郁而化热,或暑热湿热壅滞于中,以致肠道传导阻滞,腑气不通而见腹痛。

2. 饮食不节

暴饮暴食，食滞内停；或误食馊腐不洁之物，或过食肥甘厚腻辛辣之品，酿生湿热，蓄结肠胃；或过食生冷，寒湿内停，脾阳受损，皆可伤及脾胃，影响脾胃之健运，气机失于调畅，腑气通降不利，发生腹痛。《素问·痹论》曰："饮食自倍，肠胃乃伤。"说明饮食不节是导致腹痛的重要因素。另外，饥饱不调，损伤脾胃，气血生化不足，脏腑经脉失于濡养，亦可致腹痛。

3. 情志失调

情志怫郁，恼怒伤肝，肝失条达，气机阻滞而腹痛；或忧思伤脾，肝郁克脾，肝脾不和，气机不利而腹痛；或气滞日久，血行不畅，瘀血内生，气血瘀滞，不通则痛，发生腹痛。《证治汇补·腹痛》曰："暴触怒气，则两胁先痛而后入腹。"足见肝气内犯脾胃是腹痛的病因之一。

4. 阳气素虚

素体脾阳亏虚，或过服寒凉之物，损伤脾阳，虚寒中生，气血不足，不能温养脏腑，遂致腹痛；或病久肾阳不足，相火失于温煦，脏腑虚寒，经脉失养，导致腹痛。《诸病源候论·腹病诸候》："久腹痛者，脏腑虚而有寒，客于腹内，连滞不歇，发作有时。"说明阳气素虚，脏腑虚寒，其腹痛久延不愈。

此外，跌仆外伤或腹部手术后，可因脉络瘀阻，气滞血瘀，引起腹痛。

(二) 病机

腹痛的基本病机为脏腑气机阻滞，气血运行不畅，经脉痹阻，"不通则痛"；或脏腑经脉失养，不荣则痛。

腹中有肝、胆、脾、肾、大小肠、膀胱、胞宫等脏腑，是足三阴、足少阳、手足阳明、冲、任、带等经脉循行之处。上述诸病因，皆可导致腹中脏腑气机郁滞，经脉痹阻，不通则痛，或脏腑经脉失养，不荣则痛而发生腹痛。

腹痛的病理因素主要有寒凝、火郁、食积、气滞、血瘀五个方面。病理性质不外寒、热、虚、实四方面，且可互相转化。寒证是因寒邪凝滞于腹中脏腑经脉，气机郁滞而成；热证是由六淫化热入里，湿热交阻，使肠道气机传导阻滞，腑气不通而痛；实证为邪气阻滞，不通则痛；虚证为阳气素虚，脏腑虚寒，气血不足，不能温养脏腑而痛。四者往往相互错杂，或寒热夹杂，或虚实互见，或为虚寒，或为实热，亦可互为因果，互相转化。如寒痛缠绵发作，可以寒郁化热；热痛日久，失治误治，复感寒邪，可成为寒热夹杂之证；素体脾虚不运，加之饮食不节，食滞内停，可成虚中夹实之证；气滞影响血脉运行可导致血瘀，血瘀则可影响气机通畅而致气滞。

若急性暴痛，治不及时，或治不得当，气血逆乱，可致厥脱之证；若湿热蕴结肠胃，蛔虫内扰，或术后气滞血瘀，可造成腑气不通，腹痛拒按之阳明腑实证；气滞血瘀日久，还可变生积聚。

二、诊断与鉴别诊断

(一) 诊断依据

(1) 以胃脘以下、耻骨毛际以上部位疼痛为特征。
(2) 常伴有恶心呕吐、泄泻或便秘、纳呆等兼症。
(3) 病性属急性发作，亦有久痛反复发作者。

(二) 鉴别诊断

1. 胃痛

胃痛部位在心下胃脘处，常伴有恶心、呕吐、嗳气等上消化道症状；腹痛部位在胃脘以下，可伴有便秘、泄泻、腹胀等症状。胃处腹中，与肠相连，腹痛常伴有胃痛的症状，胃痛亦时有腹痛的表现。当两症同时出现时，须辨明以何者为主。

2. 与其他内科疾病中的腹痛

许多内科疾病常见腹痛的表现，但均以其本病特征为主。如痢疾之腹痛，伴有里急后重，下痢赤白脓血；积聚之腹痛，以腹中包块为特征；霍乱之腹痛，伴有吐泻交作；鼓胀之腹痛，以腹部外形胀大为特征。

3. 外科腹痛

内科腹痛疼痛一般不剧烈，压痛不明显，痛无定处，一般无发热或常先发热后腹痛；外科腹痛多先腹痛后发热，疼痛剧烈且拒按，痛有定处，压痛明显，伴肌紧张和反跳痛。

4. 妇科腹痛

妇科腹痛多在小腹，与经、带、胎、产有关，如痛经、先兆流产、宫外孕、输卵管破裂等，应及时进行妇科相关检查，以明确诊断。

三、辨证论治

（一）辨证要点

1. 辨腹痛的性质

腹痛拘急，疼痛暴作，痛无间断，坚满急痛，遇冷痛剧，得热则减者，为寒痛；腹痛急迫，痛处有热感，或伴有便秘，得凉痛减者，为热痛；腹痛时轻时重，痛处不定，攻冲作痛，伴胸胁不舒，腹胀，嗳气或矢气则胀痛减轻者，属气滞痛；腹部刺痛，痛无休止，痛处不移，痛处拒按，夜间加剧，伴面色晦暗者，为血瘀痛；因饮食不慎，脘腹胀痛，嗳腐吞酸，嗳气频作，嗳气后腹痛稍减，痛甚欲便，便后痛减者，为伤食痛。暴痛多实，伴腹胀，呕逆，拒按等；久痛多虚，痛势绵绵，喜揉喜按。

2. 辨腹痛的部位

腹痛在胁腹、两侧少腹部多属肝经病证；大腹疼痛，多为脾胃病证；脐腹痛多属大小肠病证或虫积；脐以下小腹痛多属肾、膀胱及胞宫病证。

（二）治疗原则

腹痛多以"通"字立法，临证根据寒热虚实，在气在血，确立相应治法。如《医学真传·心腹痛》说："夫通则不痛，理也，但通之之法，各有不同。调气以和血，调血以和气，通也；下逆者使之上行，中结者使之旁达，亦通也。虚者，助之使通，寒者，温之使通，无非通之之法也。若必以下泄为通，则妄矣。"在通法的基础上，结合审证求因，标本兼治，用药不可过于香燥，应中病即止。属实证者，重在祛邪疏导；如属虚证，应温中补虚，益气养血，不可滥施攻下。对于久痛入络，绵绵不愈之腹痛，可采取辛润活血通络之法。

（三）分证论治

1. 寒邪内阻

症状 腹痛拘急，急迫剧烈，得温痛减，遇寒痛甚，恶寒身冷，手足不温，口淡不渴，形寒肢冷，大便清稀或秘结，小便清长，舌苔白，脉沉紧。

分析 腹痛拘急，急迫剧烈，得温痛减，遇冷痛甚，恶寒身冷，手足不温为寒邪入侵，阳气不运，气血被阻；口淡不渴，是无里热的表现；大便清稀为中阳不足，运化不健；大便秘结为寒邪内阻，凝滞于肠；小便清利，舌苔白，脉沉紧，皆为里寒之象。

治法 温里散寒，理气止痛。

方药 良附丸合正气天香散加减。

方中高良姜、干姜、紫苏温中散寒；乌药、香附、陈皮理气止痛。

若夏日感受暑湿，见恶心呕吐，胸闷纳呆，身重倦怠，舌苔白腻者，可加藿香、苍术、厚朴、豆蔻、半夏以温中散寒，运脾化湿；若腹中雷鸣切痛，胸胁逆满呕吐者，属寒气上逆，用附子粳米汤温中降逆；若腹中冷痛，手足逆冷，而且身体疼痛，为内外皆寒者，宜乌头桂枝汤以散内外之寒；若少腹拘急冷痛，苔白，脉沉紧，为下焦受寒，厥阴之气失于疏泄者，宜暖肝煎以温肝散寒；若寒实积聚，腹痛拘急，大便不通者，用大黄附子汤温散寒积。还可辨证选用附子理中汤、乌梅丸、温脾汤等。

2. 湿热壅滞

症状 腹痛拒按，胀满不舒，烦渴引饮，大便秘结或溏滞不爽，身热汗出，小便短赤，舌质红，苔黄燥或黄腻，脉滑数。

分析 腹痛拒按，胀满不舒为湿热内结，气机壅滞，腑气不通，不通则痛；烦渴引饮为湿热之邪耗伤津液；大便秘结或溏滞不爽为大肠传导功能失司；身热为湿热交蒸所致；汗出为热迫津液外出；小便短赤，舌质红，苔黄燥或黄腻，脉滑数，皆为实热之象。

治法 泄热通腑，行气导滞。

方药 大承气汤加减。

大黄苦寒泄热，攻下燥屎；芒硝咸寒润燥，软坚散结；厚朴、枳实破气导滞，消痞除满。

若燥热不甚，湿热偏重，大便不爽者，可去芒硝，加栀子、黄芩；若痛引两胁者，可加郁金、柴胡；若少阳阳明合病，腹痛剧烈，寒热往来，恶心呕吐，大便秘结者，改用大柴胡汤表里双解。

3. 饮食积滞

症状 脘腹胀满，疼痛拒按，嗳腐吞酸，厌食呕恶，痛则欲泻，泻后痛减，或大便秘结，舌苔厚腻，脉滑。

分析 脘腹胀满，疼痛拒按为宿食之有形之邪停滞肠，气机不通；嗳腐吞酸，厌食呕恶为宿食不化，浊气上逆；痛则欲泻为食滞中阻，升降失司，运化无权；泻后痛减为泻后宿食减；大便秘结为宿食燥结，郁而化热，腑气不行；舌苔厚腻，脉滑，为食积之象。

治法 消食导滞，理气止痛。

方药 枳实导滞丸加减。

大黄、枳实、神曲消食导滞；黄芩、黄连、泽泻清热化湿；白术、茯苓健脾和胃。还可加木香、莱菔子、槟榔以助消食理气之力。

若腹痛胀满甚者，加厚朴、木香行气消胀；兼大便自利，恶心呕吐者，去大黄，加陈皮、半夏、苍术理气燥湿，降逆止呕；若属寒食积滞者，去黄连、黄芩，加干姜以温中散寒。若食滞不重，腹痛较轻者，可用保和丸消食导滞。

4. 气机郁滞

症状 脘腹胀痛，痛无定处，或痛引少腹，或痛窜两胁，得嗳气或矢气则舒，遇忧思恼怒则剧，舌苔薄白，脉弦。

分析 脘腹胀痛，痛无定处为肝气郁结，气机不畅，因气属无形，走窜游移；痛引少腹，或痛窜两胁乃胁腹、两侧少腹部属肝经循行部位；嗳气或矢气后则舒为气机稍得通畅；遇忧思恼怒则剧为气郁更甚；苔薄白，脉弦乃气滞之象。

治法 疏肝解郁，理气止痛。

方药 柴胡疏肝散加减。

柴胡、枳壳、香附、陈皮疏肝理气；芍药、甘草缓急止痛；川芎行气活血。

若气滞较重，胸胁胀痛者，加郁金、川楝子；若痛引少腹睾丸者，加橘核、荔枝核；若肝郁日久化热者，加丹皮、栀子、川楝子清肝泄热；若腹痛肠鸣，气滞腹泻者，可用痛泻要方；若少腹绞痛，阴囊寒疝者，可用天台乌药散理气散寒。

5. 瘀血内停

症状 腹痛较剧，痛如针刺，痛处固定，甚至腹部包块，经久不愈，或见大便色黑，舌质紫黯，脉细涩。

分析 腹痛较剧，痛如针刺为瘀血内停，气机阻滞，脉络壅滞不通；痛处固定因血属有形；腹部见包块为日久积聚不散而成；大便色黑为瘀停于肠；舌质紫黯，脉细涩，均为瘀血之象。

治法 活血化瘀，和络止痛。

方药 少腹逐瘀汤加减。

当归、川芎、赤芍养血活血；蒲黄、五灵脂、延胡索、没药化瘀止痛；小茴香、肉桂、干姜温经止痛。可加香附、乌药、青皮理气止痛，桃仁、红花增强活血化瘀作用。

若腹部术后疼痛，或外伤致痛者，可加泽兰、红花、三七；若瘀血日久发热者，可加丹参、丹皮、王不留行；若兼有寒象，腹痛喜温，胁下积块，疼痛拒按者，可用膈下逐瘀汤；若下焦蓄血，大便色黑者，可用桃核承气汤。

6. 中虚脏寒

症状 腹痛绵绵，时作时止，喜温喜按，饥饿劳累后加重，得食休息后减轻，形寒肢冷，神疲乏力，面色无华，气短懒言，胃纳不佳，大便溏薄，舌质淡，苔薄白，脉沉细。

分析 腹痛绵绵为中阳虚衰，气血不足，失于温养；腹痛时作时止因病属正虚，而非邪实；喜温喜按为中虚脏寒，而寒得温而散，气得按则行；饥饿劳累后伤正助邪则痛加重，得食休息后正气恢复则痛减轻；形寒肢冷为脾阳虚健运无权，肌肉筋脉失其温养；神疲乏力，面色无华为气血不足；气短懒言为中气不足；胃纳不佳为脾胃虚寒，受纳运化失常；大便溏薄为脾虚生湿下渗肠间，舌质淡，苔薄白，脉沉细，皆为虚寒之象。

治法 温中补虚，缓急止痛。

方药 小建中汤加减。

桂枝、饴糖、生姜、大枣温中补虚；芍药、炙甘草缓急止痛；还可加党参、白术、茯苓助健脾益气，附子助温运中阳。

若血气虚弱，腹中拘急冷痛，困倦，短气，纳少，自汗者，酌加当归、黄芪调补气血；若脐中冷痛，连及少腹者，加川椒、荜澄茄温肾散寒止痛；若腹中大寒，呕吐肢冷者，可用大建中汤温中散寒；若腹痛下痢，脉微肢冷，脾肾阳虚者，可用附子理中汤；若大肠虚寒，积冷便秘者，可用温脾汤；若中气大虚，少气懒言者，可用补中益气汤。还可辨证选用当归四逆汤、黄芪建中汤等。

四、预防调护

腹痛多与饮食失调相关，平素应饮食有节，忌暴饮暴食，忌过食生冷、不洁之物，应少食辛辣、油腻之品。要养成良好的饮食习惯，饭前洗手，细嚼慢咽。并要做到起居有常，劳逸结合，顺应四时变化。腹痛患者宜解除思想顾虑，疼痛剧烈者宜卧床休息，进食富有营养的食物。虚寒者宜进热食，热证宜进温食，食积腹痛者宜暂禁食或少食。医生须密切注意患者的面色、腹痛部位、性质、程度、时间、二便及其伴随症状，并须密切观察。如患者出现腹痛剧烈、拒按、冷汗淋漓、四肢不温、呕吐不止等症状，须警惕出现厥脱证，应立即处理，以免贻误病情。

五、临证验案

陈某，女，51岁。

初诊 1984年11月23日。诉今年7月13日突然发生上腹部疼痛，经当地医院尿检，淀粉酶明显增高，诊断为急性胰腺炎收住院治疗。住院十余日，未愈出院。当时发现白细胞下降，继续在门诊观察治疗。因多次检查血、尿淀粉酶未下降，故来福州诊治。症见左侧腹部胀痛，纳食不甘，二便正常，面色不华，声音低微，脉沉细，舌淡苔薄白。尿淀粉酶2250u/ml。辨证属脾气虚弱，健运失职。治以益气健脾，加强运化。处方：麦谷芽各30g，党参15g，淮山药15g，茯苓10g，陈皮6g，甘草5g。三剂。

二诊 12月1日。药后精神好转，腹痛消失，纳食增进，尿淀粉酶降至570u/ml。继以原方调治，前后服药二十余剂，临床症状消失，携方返里，继续调治。

按 本例以麦芽、谷芽为主药，性皆甘平无毒，是"五谷为养"的上品，且又孕育蓬勃生发之机，可以借二芽生发之气，合党参、薯蓣、黄芩、甘草、陈皮鼓动人体之胃气，达到健运和生化的目的。可以促进脾胃功能，恢复大肠的传导功能，从而治愈本病。

（董建华. 中医现代名中医医案精华. 北京出版社.1990）

六、文献摘录

1.《医学入门·杂病分类》："大腹痛，多食积外邪；脐腹痛，多积热痰火；小腹痛，多瘀血及痰与溺涩；脐下卒大痛，人中黑者，中恶客忤，不治。"

2.《临证指南医案·腹痛》："腹处乎中，痛因非一，须知其无形及有形之为患，而主治之机宜，已得其要矣。所谓无形为患者，如寒凝火郁，气阻营虚，及夏秋暑湿痧秽之类是也。所谓有形为患者，如蓄血、食滞、癥瘕、蛔蛲、内疝，及平素偏好成积之类是也。"

3.《灵枢·邪气脏腑病形》："大肠病者，肠中切痛而鸣濯濯，冬日重感于寒即泄，当脐而痛……小肠病者，小腹痛，腰脊控睾而痛，时窘之后……膀胱病者，小腹偏肿而痛，以手按之，即欲小便而不得。"

4.《诸病源候论·腹痛诸候》："久腹痛者，脏腑虚而有寒，连滞不歇，发作有时，发则肠鸣而腹绞痛，谓之寒中。是冷搏于阴经，另阳气不足，阴气有余也。寒中久痛不瘥，冷入于大肠，则变下利。"

5.《寿世保元·腹痛》："治之皆当辨其寒热虚实。随其所得之证施治，若外邪者散之，内积者逐之，寒者温之，热者清之，虚者补之，实者泻之，泻则调之，闭则通之，血则消之，气则顺之，虫则追之，积则消之，加之健理脾胃，调养气血，斯治之要也。"

6.《医学正传·腹痛》："浊气在上者涌之，清气在下者提之，寒者温之，热者清之，虚者培之，实者泻之，结者散之，留者行之，此治法之大要也。"

七、文献推介

1. 张声生，李乾构，魏玮等. 肠易激综合征中医诊疗共识意见[J]. 中华中医药杂志,2010,25(7):1062-1065.

2. 杨国红，王晓，李春颖. 中药四联疗法分期辨证优化治疗急性胰腺炎[J]. 中国实验方剂学杂志,2013,19(14):301-303.

3. 张声生，李乾构，李慧臻等. 急性胰腺炎中医诊疗专家共识意见[J]. 中华中医药杂志,2013,28(6):1826-1831.

（编者：吴秋玲 责任副主编：刘良徛）

23 痢疾

痢疾是由邪蕴肠腑，气血壅滞，肠道传导失司，脂络受伤引起的，以大便次数增多，腹痛，里急后重，痢下赤白脓血为主要临床表现的病证。本病或具有传染性，多发于夏秋季节。

《内经》称本病为"肠澼"、"赤沃"，对其病因及临床特点作了简要的论述，指出感受外邪和饮食不节是两个致病的重要因素。《素问·至真要大论》曰："少阴之胜……呕逆躁烦，腹满痛溏泄，传为赤沃。"春秋战国·扁鹊《难经·五十七难》称之为"大瘕泄"，指出"大瘕泄者，里急后重，数而圊而不能便。"汉·张仲景在《伤寒论》、《金匮要略》中将痢疾与泄泻统称为"下利"，其治疗痢疾的有效方剂白头翁汤等一直为后世沿用。隋·巢元方《诸病源候论·痢病诸候》中有赤白痢、脓血痢、休息痢、蛊注痢等二十一候。唐·孙思邈《千金要方·脾脏下》称本病为"滞下"。宋·严用和《济生方·痢疾论治》谓："今之所谓痢疾者，古所谓滞下是也"，正式启用"痢疾"之病名，一直沿用至今。元·朱丹溪《丹溪心法·痢病》指出："时疫作痢，一方一家，上下相染相似"，进一步阐明痢疾具有流行性、传染性，并认为痢疾的病因以"湿热为本"，提出"通因通用"的治痢原则。明清以后，对痢疾的认识更加深入，如《河间六书·滞下》："夫痢者，五脏蓄毒，解而不散，或感冷物，或冒寒者……又伤冷热等食，或服暖药过极，郁化成痢。"明·张景岳《景岳全书·痢疾》中提到："凡里急后重者，病在广肠最下之处，而其病本则不在广肠而在脾肾。"《医宗必读·痢疾》："是知在脾者病浅，在肾者病深。肾为胃关，开窍于二阴，未有久痢而肾不损者，故治痢不知补肾，非其治也。"

西医学中的急、慢性细菌性痢疾，阿米巴痢疾均属于本病范畴。以腹痛、里急后重、痢下赤白脓血为主要临床表现的部分炎症性肠病、溃疡性结肠炎、克隆氏病、过敏性结肠炎、肠癌等亦可参考本节辨证施治。

一、病因病机

(一) 病因

1. 外感时邪疫毒

本病多由感受时邪疫毒而发病。若感受湿热之邪，湿热郁蒸，肠胃气机阻滞，导致湿热痢的发生；或感受疫毒之邪，疫毒弥漫，气血阻滞；或暑湿、疫毒相搏结，化为脓血而成湿热痢或疫毒痢；或寒湿伤中，肠胃不和，气血阻滞，发为寒湿痢。正如《景岳全书·痢疾》曰："痢疾之病，多病于夏秋之交……皆谓炎暑之行，相火司令，酷热之毒蓄积为痢。"

2. 饮食不节

误食不洁之物，或嗜食肥甘厚味，酿生湿热；或过食生冷瓜果，损伤脾胃，脾虚不运，水湿内停，寒湿内生。寒湿或湿热、食积之邪内蕴，肠中气机阻滞，气血壅滞，与肠中腐浊相搏结化为脓血，而成痢疾。

(二) 病机

痢疾的基本病机为邪蕴肠腑，气血壅滞，传导失司，脂络受伤，腐败化为脓血。

本病病位在肠，与脾胃密切相关，日久及肾。病理因素以湿热疫毒为主，病理性质有寒热虚实之分。急性暴痢多因湿热、寒湿、疫毒之邪内蕴肠腑，腑气壅滞，气滞血阻，气血与邪气相搏结，肠道脂络受伤，腐败化为脓血而致痢下赤白黏冻；气机阻滞，腑气不通，故见腹痛，里急后重。本病初期多为实证，外感湿热或饮食不节，湿热内蕴，气血与之搏结，肠道传导失司，脂络受伤，则成湿热痢；疫毒内侵，毒盛于里，熏灼肠道，耗伤气血，下痢鲜紫脓血，壮热口渴，发为疫毒痢；外感寒凉或内食生冷，中阳受阻，脾虚不运，寒湿内蕴，邪留肠中，气滞血瘀，与肠中腐浊之气搏结，化为脓血，而成寒湿痢。

下痢日久，可由实转虚或虚实夹杂，寒热并见，发展为久痢。疫毒之邪热盛伤津，或湿热内郁不清，伤及阴血，亦有素体阴虚又感邪者，可形成阴虚痢；若脾胃素虚，感受寒湿之邪，或热痢过服寒凉药物，损伤脾肾之阳，易患虚寒痢；若湿热、疫毒之气上攻于胃，或久痢伤正，胃虚气逆，则胃不纳食，形成噤口痢；如痢疾失治迁延，正虚邪恋，或治疗不当，收涩太早，关门留寇，可发展为时发时止的休息痢。

痢疾的预后与转归，古人常以下痢的色、量等情况判断。下痢有粪者轻，无粪者重，痢色如鱼脑，如猪肝，如赤豆汁，下痢纯血或如屋漏者重。同时应根据其临床表现，分别病情轻重，判断病者预后，特别注意观察其邪毒炽盛情况，胃气有无衰败，阴津是否涸竭，阳气虚脱与否。一般来说，能食者轻，不能食者重。本病虽在肠，但肠与胃密切相连，如噤口不食，表现为入口即吐的噤口痢，实属危象。下痢兼见发热不休，口渴烦躁，气急息粗，甚或神昏谵语，虽见下痢次数减少，而反见腹胀如鼓者，常见于疫毒痢及湿热痢邪毒炽盛，热入营血，邪陷心肝之重证，如不及时救治，可发展为内闭外脱证。

二、诊断与鉴别诊断

（一）诊断依据

(1) 下痢脓血黏液，腹痛，里急后重，大便次数增多。
(2) 急性痢疾起病急骤，可伴有恶寒发热；慢性痢疾则反复发作，迁延不愈。
(3) 常见于夏秋季节，多有饮食不洁史，多具有传染性。

（二）鉴别诊断

泄泻

两者均多发于夏秋季节，病变部位皆在胃肠，皆可由外感时邪或饮食不节而发病，都有大便次数增多的症状。二者的不同之处是，痢疾之大便次数虽多而量少，排赤白脓血便，腹痛伴里急后重感明显，其病机为邪蕴肠腑，气血壅滞，传导失司，脂络受伤；而泄泻之大便溏薄，粪便清稀，或如水样，或完谷不化，而无赤白脓血便，腹痛多伴腹胀肠鸣，无里急后重感。泄泻的病机为脾失健运、湿邪内盛。泻、痢两病，在一定条件下可相互转化，或先泻后痢，或先痢而后转泻。一般认为先泻后痢病情加重，先痢后泻为病情减轻。

三、辨证论治

（一）辨证要点

1. 辨虚实

暴痢起病急，病程短，腹痛胀满，痛而拒按，痛时窘迫欲便，便后里急后重暂时减轻者为实；久痢发病缓，病程长，腹痛绵绵，痛而喜按，便后里急后重不减，坠胀甚者为虚，反复发作之休息痢，常为虚中夹实。

2. 辨寒热

大便排出脓血，色鲜红，甚至紫黑，浓厚黏稠腥臭，腹痛，里急后重感明显，口渴喜冷，口臭，小便黄或短赤，舌红苔黄腻，脉滑数者属热；大便排出赤白清稀，白多赤少，清淡无臭，腹痛喜按，里急后重感不明显，面白肢冷形寒，舌淡苔白，脉沉细者属寒。

3. 辨气血

下痢白多赤少，湿邪伤及气分；赤多白少，或以血为主者，热邪伤及血分。

（二）治疗原则

热痢清之，寒痢温之，初痢实则通之，久痢虚则补之，寒热交错者清温并用，虚实夹杂者攻补兼施。赤痢重用血药，白痢重用气药。痢疾初起以实证、热证多见，宜清热化湿解毒。久痢多虚证、寒证,宜温中补虚,调补脾胃,兼以清肠收涩固脱。如下痢兼有表证者,宜合解表剂,外疏内通;夹食滞可配合消导药消除积滞。刘河间提出的"调气则后重自除,行血则便脓自愈"的调气和血之法,可用于痢疾的多个证型。在掌握扶正祛邪的辨证治疗过程中,始终应注意顾护胃气。此外,对于古今医家提出的有关治疗痢疾之禁忌,如忌过早补涩,忌峻下攻伐,忌分利小便等,均可供临床用药之时,结合具体病情,参考借鉴。

(三) 分证论治

1. 湿热痢

症状 腹痛阵作,痛而拒按,里急后重,痢下赤白脓血,肛门灼热,小便短赤,舌苔黄腻,脉滑数。

分析 腹痛、痛而拒按、里急后重为湿热之邪壅滞肠中,气机不畅,肠道失司;痢下赤白脓血为湿热熏灼肠道,脂络受伤,气血瘀滞;肛门灼热、小便短赤为湿热下注;舌苔黄腻,脉滑数为湿热内蕴之征。

治法 清肠化湿,调气行血。

方药 芍药汤加减。

黄芩、黄连清热解毒、清热燥湿;大黄引热毒之邪下行;芍药、当归、甘草调和营血,缓急止痛;木香、槟榔顺气下行,荡涤湿热;肉桂佐黄芩、黄连之苦寒,并治腹痛。

若痢下赤多白少,口渴喜冷饮,属热重于湿者,加白头翁、秦皮、黄柏清热解毒;若瘀热较重,痢下鲜红者,加地榆、丹皮、苦参凉血行瘀;若痢下白多赤少,舌苔白腻,属湿重于热者,可去当归,加苍术、茯苓、厚朴、陈皮等健脾燥湿;若兼饮食积滞,嗳腐吞酸,腹部胀满者,加莱菔子、神曲、山楂等消食化滞。若食积化热,痢下不爽,腹痛拒按者,可用枳实导滞丸行气导滞,泻热止痢;痢疾初起,若兼见表证,恶寒发热、头身痛者,可用解表法,用荆防败毒散,解表举陷,逆流挽舟;如表邪未解,里热已盛,症见身热汗出,脉象急促者,则用葛根芩连汤表里双解。

2. 疫毒痢

症状 起病急骤,痢下鲜紫脓血,腹痛剧烈,里急后重感明显,壮热口渴,恶心呕吐,头痛烦躁,甚者神昏惊厥,或面白肢冷,舌质红绛,苔黄燥,脉滑数。

分析 起病急骤是因疫毒之邪伤人最速;痢下鲜紫脓血为疫毒熏灼肠道,耗伤气血;腹痛剧烈,里急后重感明显为疫毒之邪阻滞气机,腑气不通;壮热口渴为热盛于里伤津;恶心呕吐为疫毒之邪阻滞气机,浊气上逆;头痛为毒邪上攻清窍;烦躁为毒邪内扰心营;神昏为热毒蒙蔽清窍,惊厥为热盛动风;面白肢冷为邪毒内盛,阴涸阳亡,舌质红绛,苔黄燥,脉滑数,皆为疫毒内盛之征。

治法 清热解毒,凉血止痢。

方药 白头翁汤合芍药汤加减。

以白头翁凉血解毒为君药,用量宜大,配合黄连、黄柏、秦皮清热解毒化湿;当归活血调营;木香、槟榔行气;芍药、甘草缓急止痛。可加金银花、牡丹皮、赤芍增强清热凉血解毒作用。

若热极风动,痉厥抽搐者,加羚羊角、钩藤、石决明以息风镇痉。若见神昏谵语,甚则痉厥,舌质红,苔黄燥,脉细数者,属热毒深入心营,用犀角地黄汤、紫雪丹以清营凉血,开窍止痉;若暴痢致脱,症见面色苍白,汗出肢冷,唇舌紫黯,尿少,脉微欲绝者,应急服独参汤或参附汤,加用参附注射液益气固脱。

3. 寒湿痢

症状 痢下赤白黏冻,白多赤少,或为纯白冻,伴有腹痛,里急后重,饮食乏味,脘腹胀闷,头身困重,舌质淡,苔白腻,脉濡缓。

分析 下痢腹痛,里急后重为寒湿之邪留着肠中,气机阻滞,传导失司;痢下赤白黏冻,白多赤少，或为纯白冻为寒湿伤于气分；饮食乏味，脘腹胀闷为寒湿中阻，运化失常，头身困重为寒湿困脾，健运失司，舌质淡，苔白腻，脉濡缓，皆为寒湿内盛之征。

治法　温中燥湿，调气和血。

方药　胃苓汤加减。

苍术、白术、厚朴健脾燥湿；桂枝、茯苓温化寒湿；陈皮理气除满；泽泻、猪苓利湿；芍药、当归调和营血；木香、槟榔、炮姜行气散寒。

暑天感受寒湿之邪而下痢者，可用藿香正气散加减，以祛暑散寒，化湿止痢。

4. 阴虚痢

症状　痢下赤白脓血，或下鲜血黏稠，脐腹灼痛，虚坐努责，食少，心烦口干，舌红绛，苔少，或舌光红乏津，脉细数。

分析　素体阴虚，或久痢伤阴，遂成阴虚痢；痢下赤白脓血，或下鲜血黏稠为邪滞肠间，阴血不足；脐腹灼痛为阴亏热灼；虚坐努责为营阴不足；食少、口干为胃阴亏虚；心烦为阴虚火旺内扰；舌红绛，苔少，或舌光红乏津，脉细数，皆为阴血耗伤之征。

治法　养阴和营，清肠化湿。

方药　驻车丸加减。

黄连苦寒以清肠止痢；阿胶、当归养阴和血；少佐以干姜制黄连苦寒太过。可加芍药、甘草酸甘化阴，和营止痛。

若虚热灼津而见口渴、尿少、舌干者，可加沙参、石斛以养阴生津；如痢下血多者，可加丹皮、旱莲草凉血止血；若湿热未清，有口苦、肛门灼热者，可加白头翁、秦皮清解湿热。

5. 虚寒痢

症状　痢下稀薄，带有白冻，甚则滑脱不禁，腹部隐痛，食少神疲，四肢不温，腰膝酸软，舌淡苔薄白，脉沉细而弱。

分析　痢下稀薄、带有白冻为久痢脾虚中寒，寒湿留滞肠中；腹部隐痛为寒湿正盛，肠中失于温养；食少神疲、四肢不温为胃虚气弱，脾阳不振；滑脱不禁、腰膝酸软为脾肾阳虚、关门不固；舌淡苔薄白，脉沉细而弱，皆为虚寒之征。

治法　温补脾肾，涩肠固脱。

方药　桃花汤合真人养脏汤加减。

桃花汤中赤石脂为君药，性温涩肠固脱；干姜温中祛寒；粳米养胃和中。真人养脏汤中罂粟壳、肉豆蔻、诃子暖脾温中，涩肠止泻；人参、白术益气健脾；肉桂温肾暖脾；当归、白芍养血和血；木香理气醒脾；炙甘草缓急止痛。二方合用，温补、收涩、固脱之力尤强。

若痢久脾虚气陷，导致少气脱肛，可加黄芪、柴胡、升麻、党参以补中益气，升清举陷。

6. 休息痢

症状　下痢时发时止，迁延不愈，食少，倦怠嗜卧，常因饮食不当、受凉、劳累而诱发，发时大便次数增多，夹有赤白黏冻，舌质淡，苔腻，脉濡软或虚数。

分析　下痢时发时止，迁延不愈为病久正伤，邪恋肠腑，寒热错杂，肠胃传导不利；食少、倦怠嗜卧为脾胃虚弱，中阳失于健运；常因饮食不当、受凉、劳累而诱发，发时大便次数增多，夹有赤白黏冻为湿热留恋不去，余邪未净。苔腻为湿邪未去，脉濡软或虚数，为湿热未尽，正气虚弱之征。

治法　温中清肠，调气化滞。

方药　连理汤加减。

人参、白术、干姜、甘草温中健脾；黄连清除肠中湿热余邪；加茯苓健脾祛湿；枳实、木香、槟榔行气化滞；当归养血和血。

若久痢兼见肾阳虚衰，关门不固者，宜加肉桂、熟附子、吴茱萸、五味子、肉豆蔻以温肾暖脾，固肠止痢。若脾阳虚极，肠中寒积不化，遇寒即发，症见下痢白冻，倦怠少食，舌淡苔白，脉沉者，用温脾汤加减以温中散寒，消积导滞；若下痢时作，大便清稀，心中烦热，饥不欲食，四肢不温，属寒热错杂者，可用乌梅丸加减。

四、预防调护

注意饮食卫生，特别是在夏秋季节，不过食生冷和肥甘厚味，禁食不洁和腐烂变质食物。对于具有传染性的细菌性及阿米巴痢疾，应采取积极有效的预防措施，以控制痢疾的传播和流行，如搞好水、粪的管理，饮食管理，消灭苍蝇、蟑螂等。在痢疾流行季节，可适当食用大蒜瓣，每次1~3瓣，每日2~3次；或将大蒜瓣放入菜肴之中食用；亦可食用马齿苋、绿豆，煎汤饮用，对防止肠道感染有较好作用。痢疾患者，须适当禁食，待病情稳定后，予清淡饮食为宜，忌食油腻荤腥之品，以免加重病情。疫毒痢，须积极抢救，分秒必争。休息痢在缓解期应注意调理脾胃功能，防止病情复发。

五、临证验案

方某，男，10岁。8月，昌化。暑热夹湿，湿热互蕴，薄于阳明而成痢，窃据少阳而为疟，寒热交作，头痛胸闷，腹痛滞下不畅，舌苔厚，脉弦滑而数。

拟少阳阳明并治。柴胡六分，煨葛根八分，炒黄芩一钱二分，上川连四分，炒苡仁三钱，淡竹叶二钱半，青蒿二钱，山楂炭三钱，飞滑石四钱（包），酒芍一钱半，炙青皮一钱，藕节三个，鲜莲子肉三钱。

二诊　前方服后，寒热已解，胸闷见宽，惟腹痛滞下虽减未除，舌苔黄腻转薄，脉来滑数，再予化湿清热。山楂炭三钱，广木香一钱，炒川连四分，陈皮一钱半，炒枳壳一钱，淡竹叶二钱，炒白芍一钱半，黄芩炭一钱，炒谷芽三钱，鲜莲子肉三钱。

按　暑多夹湿，伤于气分。暑为阳邪，湿为阴浊，两者相并，邪在少阳则寒热纷争，邪入阳明经腹痛滞下，疟痢并见，故治用柴葛芩连和解枢机，清理肠道，为少阳阳明同治之法也。

（李学铭.中国百年百名中医临床家丛书 -- 叶熙春.中国中医药出版社.2004）

六、文献摘录

1.《济生方·痢疾》："今之所谓痢疾者，古所谓滞下是也。盖尝推原其故，胃者脾之腑，为水谷之海，营卫充焉。夫人饮食起居失脐宜，运动劳役过度，则脾胃不充，大肠虚弱，而风冷暑湿之邪，得以乘间而入，故为痢疾。"

2.《仁斋直指方·痢病证治》："痢出于积滞。积，物积也。滞，气滞也。物积欲出，气滞而不与之出，故下坠里急，乍起乍出，日夜凡百余度。不论色之赤白，脉之大小，皆通利之，以无积不成痢也。"

3.《医宗必读·痢疾》："是知在脾者病浅，在肾者病深。肾为胃关，开窍于二阴，未有久痢而肾不损者，故治痢不知补肾，非其治也。"

4.《类证治裁·痢症》："症由胃腑湿蒸热壅，致气血凝结，夹糟粕积滞，进入大小肠，倾刮脂液，化脓血下注。"

5.《类证治裁·痢症论治》："痢多发于秋，即《内经》之肠澼也……白伤气分，赤伤血分，赤白相间，气血俱伤。伤气分也调气，四七汤、木香化滞汤；伤血分则和血，四物地榆汤或理阴煎加减。易老所谓调气则后重除，和血则便脓愈也。"

七、文献推介

1. 张声生.溃疡性结肠炎中医诊疗共识意见[J].中华中医药杂志.2010,25(6):891-892.

2.沈洪,朱磊,张露.溃疡性结肠炎中医药疗效评价策略[J].中医杂志.2016,57(2):127-129.

3.谢晶日,孙涛,张冰.溃疡性结肠炎的中医药治疗进展及相关优势探讨[J].中医杂志.2016,43(2):425-427.

4.张声生.中医诊疗溃疡性结肠炎的经验体会[A].中华中医药学会内科分会.2008中华中医药学会内科分会中医内科学科建设研讨会论文汇编[C].中华中医药学会内科分会:2008:3.

附 噤口痢

如湿热、疫毒之气上攻于胃，或久病伤正，胃虚气逆，噤口不食，表现为入口即吐的噤口痢，实属危象。噤口痢有虚有实。实者宜用开噤散苦辛通降，泄热和胃。若汤剂不受，可先用玉枢丹磨汁少量与服。虚证宜健脾和胃，方用六君子汤加石菖蒲、姜汁以醒脾开胃。若下痢无度，饮食不进，肢冷脉微，为病情危重，急用独参汤或参附汤或参附注射液以益气回阳固脱。

（编者：吴秋玲 责任副主编：刘良徛）

24 泄泻

泄泻是由脾胃运化功能失职，湿邪内盛引起的，以排便次数增多，粪质稀溏，甚至泻出如水样为主要临床表现的病证。泄者，泄漏之意，粪质稀溏，病势较缓；泻者，倾泻之意，粪质清稀如水，病势较急，两者临床上难以截然区分，总称为泄泻。本病一年四季均可发生，但以夏秋季较为常见。

本病首载于《内经》，有"濡泄"、"洞泄"、"飧泄"、"注下"、"鹜溏"及"溏糜"等名称，并对其病因病机有较为全面的论述，认为泄泻与风、寒、湿、热以及饮食、起居、情志等均有关系。如《素问·阴阳应象大论》曰："清气在下，则生飧泄"，"湿盛则濡泄。"汉唐以前，泄与痢混称，《难经·五十七难》从脏腑角度提出"五泄"，其中"胃泄"、"脾泄"、"大肠泄"属泄泻，"小肠泄"、"大瘕泄"属痢疾。汉·张仲景在《金匮要略》中将泄泻与痢疾统称为下利。至隋·巢元方《诸病源候论》首次明确将泄与痢分论之，宋代以后统称为泄泻。宋·陈无择《三因极一病证方论》中认为不仅外邪可导致泄泻，情志失调亦可引起泄泻。明·张景岳《景岳全书·泄泻》曰："凡泄泻之病，多由水谷不分，故以利水为上策。""泄泻之本，无不由脾胃。"提出分利之法治疗泄泻的原则，并指出其病位主要在脾胃。明·李中梓《医宗必读》对泄泻的治法进一步概括，提出了著名的治泻九法，即淡渗、升提、清凉、疏利、甘缓、酸收、燥脾、温肾、固涩，在治疗上有了较大发展。清·叶天士《临证指南医案》提出以甘养胃，以酸制肝，创泻木安土之法。

西医学中的急慢性肠炎、胃肠功能紊乱、腹泻型肠易激综合征等疾病属于本病范畴，以腹泻为主要临床表现的其他疾病，如吸收不良综合征、肠道肿瘤、肠结核等亦可参考本节辨证施治。

一、病因病机

（一）病因

1.感受外邪

外感暑、湿、寒、热之邪均可引起泄泻，其中以湿邪为主。湿邪易困脾土，影响脾胃运化，致使脾胃升降失常，清浊不分而发生泄泻。如《素问·生气通天论》云："因于露风，乃生寒热，是以春伤于风，邪气留连，乃为洞泄。"

2.饮食不节

饮食过量，宿食内停；或过嗜肥甘厚腻，湿热内蕴；或过食生冷，寒邪伤中，或误食不洁，损伤脾胃，致脾胃运化失职，升降失调，清浊不分而发为泄泻。如《景岳全书·泄泻》云："若饮食失节，起居不时，以致脾胃受伤，则水反为湿，谷反为滞，精华之气不能输化，乃致合污下降而泻痢作矣。"

3. 情志失调

情志不舒，肝气郁结，木不疏土；或忧思伤脾，土虚木乘，均可致肝脾不和，传化失常，发为泄泻。如《景岳全书·泄泻》云："凡遇怒气便作泄泻者，必先以怒时夹食。"

4. 劳倦伤脾

长期饮食失调，劳倦内伤，久病缠绵，均可导致脾胃虚弱，中阳不健，运化无权，不能受纳水谷和运化精微，清气下陷，水谷糟粕混杂而下，遂成泄泻。

5. 病后体虚

久病失治，脾胃受损，或禀赋不足，素体脾胃虚弱，受纳和运化无力，湿滞内生，混杂而下，遂成泄泻；久病之后，损伤肾阳，或年老体弱，命门火衰，火不暖土，脾失温煦，运化失常，而致泄泻。

(二) 病机

泄泻的基本病机为脾胃运化功能失常，湿困脾土，肠道功能失司。内因以脾虚为主，脾主运化水谷，喜燥恶湿，脾虚则运化失职，清浊不分，发为泄泻；外因以湿邪为主，湿为阴邪，易困脾土，损伤脾胃，致运化失常，所谓"湿盛则濡泄"，故湿邪为其主要病理因素。但可夹寒、夹热、夹滞。

泄泻的病变脏腑主要在脾胃，与大、小肠，与肝、肾密切相关。脾主运化，胃主受纳，大小肠司泌浊、传导，若脾胃纳运失职，小肠无以分清浊，大肠无法传化，则水反为湿，谷反为滞，合污而下，发生泄泻；肝主疏泄，协调脾胃升降，若肝失疏泄，气机郁滞，易致脾失健运，发为肝脾不和之泄泻；肾主命门之火，暖脾助运，腐熟水谷，若肾阳虚衰，失于温煦，则脾失健运，水湿内停，发为泄泻。

本病病理性质有虚实之分。急性暴泻多以湿盛为主，因湿盛伤脾，或食滞胃肠，壅滞中焦，脾失健运，水谷清浊不分所致，病属实证；慢性久泻多以脾虚为主，因素体脾虚不运，或肝木克脾，或肾火不暖脾土，水谷不化，湿浊内生，混杂而下，发为泄泻，病属虚证或虚实夹杂证。虚实之间，往往相互转化，如暴泻失治或停药过早，可致迁延或反复发作，病由实转虚，而成久泻；久泻脾虚，易感湿邪，或饮食所伤，亦可成急性发作，表现为虚中夹实之证。

急性泄泻，及时治疗，多数短期可治愈，少数病人，暴泻不止，损气伤津耗液，可转为惊、厥、闭、脱等危证。急性泄泻因失治误治，迁延日久，由实转虚，可转为慢性泄泻。泄泻日久脾病及肾，肾阳亏虚，脾失温煦，不能腐熟水谷，可致命门火衰之五更泻。

二、诊断与鉴别诊断

(一) 诊断依据

(1) 以粪质清稀为诊断的主要依据。或大便次数增多，粪质清稀，甚则如水样；或次数不多，粪质清稀；或泻下完谷不化。常先有腹胀、腹痛，旋即泄泻。

(2) 暴泻起病急，泻下急迫而量多；久泻起病缓，泻下势缓而量少，且有反复发作病史。

(3) 常由感受外邪、饮食不节、情志不调等因素诱发。

(二) 鉴别诊断

1. 痢疾

二者均表现为便次增多，但泄泻以排便次数增多、粪便稀溏，甚至泻出如水样为主症；痢疾以腹痛，里急后重，便下赤白黏液为主症。泄泻亦可有腹痛，但多与肠鸣腹胀同时出现，其痛便后即减,而痢疾之腹痛是与里急后重同时出现,其痛便后不减。

2. 霍乱

两者均有大便稀薄。但霍乱是一种呕吐与泄泻同时并作的病证,其发病特点是起病急,变化快,病情凶险;起病时突然腹痛,继则吐泻交作,亦有少数病例不见腹痛而专为吐泻者;所泻之物多为夹有大便的黄色粪水,或如米泔而不甚臭秽,常伴恶寒、发热,部分病人在吐泻之后,津液耗伤,筋失濡养而发生转筋、腹中绞痛;若吐泻剧烈,则见面色苍白、目眶凹陷、指螺皱瘪、汗出肢冷等阴竭阳亡之危象。而泄泻仅以排便异常为主要表现,粪质稀溏,便次频多,其发生有急有缓,且不伴有呕吐。

三、辨证论治

(一)辨证要点

1. 辨暴泻、久泻

暴泻者,起病急骤,病程短,泻下次数频多,以湿盛为主;久泻者,起病较缓,病程较长,一般呈间歇性发作,以脾虚为主。

2. 辨虚实

暴泻下注,腹痛拒按,泻后痛减者,多属实,其中大便清稀如水样,气腥臭,属寒湿;大便稀溏,色黄褐,气味臭秽,属湿热;大便溏垢,腹痛肠鸣,臭如败卵,属食滞。慢性久泻,腹痛不甚且喜按,多属虚,其中大便时溏时泻,面黄肢倦,属脾虚;每因情志郁怒而诱发,伴胸胁胀闷、嗳气少食,属肝郁脾虚;五更泄泻,完谷不化,伴腰膝酸冷,属肾阳虚。

3. 辨寒热

粪质清稀,或完谷不化者多属寒。粪质黄褐,气味臭秽,泻下急迫,肛门灼热者多属热。

4. 辨兼夹症

外感泄泻,多夹表证,当进一步辨其属于寒湿、湿热与暑湿。寒湿泄泻,泻多鹜溏,舌苔白腻,脉象濡缓;湿热泄泻,泻多酱黄色,舌苔黄腻,脉象濡数;暑湿泄泻,多发于夏暑炎热之时,除泄泻外,尚有胸脘痞闷,舌苔厚腻。食滞胃肠之泄泻,以腹痛肠鸣,粪便臭如败卵,泻后痛减为特点;肝气乘脾之泄泻,以胸胁胀闷,嗳气食少,每因情志郁怒而增剧为特点;脾胃虚弱之泄泻,以大便时溏时泻,夹有水谷不化,稍进油腻之物,则大便次数增多,面黄肢倦为特点;肾阳虚衰之泄泻,多发于黎明之前,以腹痛肠鸣,泻后则安,形寒肢冷,腰膝酸软为特点。

泄泻病变过程较为复杂,临床往往出现虚实夹杂,寒热互见,故而辨证时,应全面分析。

(二)治疗原则

泄泻的基本病机为脾胃受损,湿困脾土,故其治疗原则为运脾化湿。急性暴泻以湿盛为主,应着重化湿,参以淡渗利湿;同时根据寒湿、湿热不同,分别采用温化寒湿、清化湿热之法,结合健运脾胃。慢性久泻以脾虚为主,当以健运脾气为要,佐以化湿利湿;若夹有肝郁者,宜配合抑肝扶脾;肾阳虚衰者,宜补火暖土。

(三)分证论治

1. 暴泻

(1) 肠道寒湿

症状 泻下清稀,甚则如水样,肠鸣腹痛,脘闷食少,若兼外感风寒,则伴见恶寒发热,头疼身痛,舌苔薄白或白腻,脉濡缓。

分析　泻下清稀,甚如水样为寒湿内侵,脾失健运,清浊不分;肠鸣腹痛为寒湿内盛,胃肠气机阻滞;脘闷食少为寒湿困脾,脾失健运;恶寒发热,头疼身痛为风寒束表,卫表不和;苔白腻,脉濡缓多为寒湿内盛之象。

治法　解表散寒,芳香化湿。

方药　藿香正气散加减。

藿香辛温散寒,芳香化湿;白术、茯苓、陈皮、半夏健脾燥湿;厚朴、大腹皮行气除满;紫苏、白芷、桔梗解表散寒,疏利气机;甘草调和诸药,并协姜、枣以和中。

若表寒重者,可加荆芥、防风增加疏风散寒之力;若外感寒湿,饮食生冷,腹痛,泻下清稀者,可服纯阳正气丸;若湿邪偏重,胸闷腹胀,小便不利,可用胃苓汤健脾利湿,淡渗分利。

(2) 大肠湿热

症状　泄泻腹痛,泻下急迫,或泻而不爽,粪色黄褐而臭,肛门灼热,烦热口渴,小便短黄,舌质红,苔黄腻,脉濡滑或滑数。

分析　泄泻腹痛,为湿热伤中,气机失调,传导失常;泻下急迫,肛门灼热为火热急迫,肠中热结;粪色黄褐而臭,泻而不爽为湿热下注,阻滞肠道;烦热口渴,小便短黄多为湿热内蕴;舌苔黄腻,脉濡滑或滑数多为湿热内蕴之象。

治法　清热利湿。

方药　葛根芩连汤加减。

葛根解肌清热,升清止泻;黄芩、黄连苦寒清热燥湿;甘草甘缓和中,调和诸药。

若见发热头痛,脉浮等风热表证,可加金银花、连翘、薄荷;若湿邪偏重而见胸脘满闷,口不渴,苔微黄厚腻,脉濡缓者,可加藿香、茯苓、厚朴、猪苓、泽泻等或合平胃散;若在夏暑期间,症见发热头重,烦渴自汗,小便短赤,脉濡数,可用新加香薷饮合六一散以解暑清热,利湿止泻。

(3) 食滞胃肠

症状　腹痛肠鸣,泻下稀便,臭如败卵,或夹有不消化食物,泻后痛减,脘腹痞满,嗳腐酸臭,不思饮食,苔浊腻,脉滑。

分析　腹痛肠鸣,泻后痛减为宿食内停,气机受阻,传导失常;泻下不消化食物,臭如败卵为肠中腐物积滞;脘腹痞满,不思饮食,嗳腐酸臭为宿食不化,升降失职,浊阴不降;苔浊腻,脉滑多为宿食内停之象。

治法　消食导滞。

方药　保和丸加减。

神曲、山楂、莱菔子消食化积;半夏、陈皮理气和胃;茯苓健脾祛湿,和中止泻;连翘散结消积,清食郁之热。

若食积化热,可加黄芩、黄连清热燥湿止泻;若脾虚较重,可加白术、扁豆健脾祛湿;若食滞较重,生湿蕴热,泻而不畅者,据"通因通用"的原则,可用枳实导滞丸通腑导滞。

2. 久泻

(1) 脾胃虚弱

症状　大便时泻时溏,迁延反复,饮食减少,食后脘闷不舒,稍进油腻食物,则大便次数增多,伴四肢乏力,神疲倦怠,面色萎黄,舌淡苔白,脉细弱。

分析　大便溏泄,大便次数增多为脾胃气虚,运化无权,清浊不分;饮食减少,食后脘闷不舒为脾胃气虚,纳运无力;四肢乏力,神疲倦怠,面色萎黄为脾失健运,气血生化不足,肢体肌肤失于濡养;舌淡苔白,脉细弱多为脾胃气虚之象。

治法　健脾益气,化湿止泻。

方药　参苓白术散加减。

人参、白术、山药、莲子肉、扁豆、甘草益气健脾；薏苡仁、茯苓健脾渗湿止泻；砂仁调气行滞；桔梗宣肺利气，载药上行。

若脾阳虚衰，阴寒内盛，症见脘腹冷痛，喜温喜按，四肢不温，大便清稀，气腥秽者，可用附子理中汤以温中散寒；若久泻不止，中气下陷，症见食少短气，肛门坠胀，甚则脱肛者，可用补中益气汤以益气健脾，升阳止泻；若泄泻日久，脾虚夹湿，症见肠鸣辘辘，便带黏液，苔腻者，可用升阳益胃汤以升清阳，化湿浊；若泄泻日久伤阴，症见便溏而黏，口渴舌干，形瘦乏力，舌红苔少，脉细数者，可用人参乌梅汤。

(2) 肝郁脾虚

症状　平时多有胸胁胀闷，嗳气食少，每因抑郁恼怒或情绪紧张之时发生腹痛腹泻，腹中雷鸣，攻窜作痛，矢气频作，舌淡红苔薄白，脉细弦。

分析　腹痛即泻，腹中雷鸣，攻窜作痛为肝失条达，气机不利，横逆犯脾，脾失健运；胸胁胀闷为肝失疏泄，气机不畅；嗳气食少为肝气乘脾，脾气不运；舌淡红，脉弦细多为肝郁脾虚之象。

治法　抑肝扶脾。

方药　痛泻要方加减。

白术补脾燥湿；白芍柔肝缓急止痛；陈皮理气和胃；防风升清止泻。

若肝郁气滞较重而见脘腹胀满疼痛，嗳气频频者，可加柴胡、枳壳、香附、郁金疏肝理气止痛；若脾虚明显，神疲食少者，加黄芪、党参、扁豆益气健脾；若久泻不止，加乌梅、五倍子、石榴皮收涩止泻。

(3) 肾阳虚衰

症状　泄泻多在黎明之前，脐腹作痛，肠鸣即泻，完谷不化，泻后即安，腹痛喜暖，形寒肢冷，腰膝酸软，舌淡苔白，脉沉细。

分析　五更泄泻，完谷不化为命门火衰，火不暖土，脾失健运，清浊不分；腹痛喜暖为阳虚寒盛，阴寒凝聚，不通则痛；泻后即安是泻后则腑气通，阴寒随泻而去；形寒肢冷，腰膝酸软为肾阳虚弱，机体失于温煦；舌淡苔白，脉沉细多为肾阳衰虚之象。

治法　温肾健脾，固涩止泻。

方药　四神丸加减。

补骨脂温阳补肾；吴茱萸、肉豆蔻温中散寒；五味子涩肠止泻。

若肾阳虚衰，脐腹冷痛明显，加附子、肉桂等温肾之品；若年老体弱，久泻不止，中气下陷者，加黄芪、党参、白术益气升阳健脾；若滑脱不禁者，可合桃花汤或真人养脏汤固涩止泻；若寒热错杂者，可改用乌梅丸加减。

四、预防调护

加强锻炼，增强体质，使脾气旺盛，则不易受邪；饮食有节，以清淡、富营养、易消化食物为主，避免进食生冷不洁、腐败变质、荤腥油腻之物；平素养成良好卫生习惯，起居有常，调畅情志，保持乐观情绪，谨防风寒湿邪侵袭。急性腹泻，予流质饮食或半流质饮食；泄泻耗伤胃气者，予淡盐汤、饭汤、米粥以养胃气。虚寒泄泻，予淡姜汤饮用，注意腹部保暖，以振奋脾气，调和胃气；重度泄泻者，应防止津液亏虚，及时补充体液。泄泻痊愈后还应注意饮食调养、精神调养和体育锻炼，防止复发。

五、临证验案

李某，女，62 岁。

初诊　2013 年 4 月 12 日。

主诉　间断性泄泻 10 余年。

病史　患者于 10 年前因饮食不当出现腹泻，大便日行 4～5 次，经多方诊治症状时轻时重，每因饮食不当或情志不畅时则腹泻加重。现症见：便溏，大便日行 5～6 次，甚者 10 余次，纳差，少进食则觉腹胀，睡眠差，乏力。舌质淡，舌边尖红，舌体胖大，边有齿痕，苔白腻，脉弦滑。

中医诊断　泄泻（脾胃虚弱）。

西医诊断　肠易激综合征。

治法　健脾和胃，渗湿止泻。

方药　参苓白术散加减。

党参，黄芪，白术，茯神，炒薏苡仁，陈皮，炒山药，木香，砂仁，炒扁豆，芡实，莲子，桔梗，诃子，甘草。7 剂水煎服。

嘱　忌食生冷食物，保持心情舒畅。

二诊　2013 年 4 月 19 日。大便较前稍好转，时有腹胀，纳差，按上方加神曲 12g 消食和胃。7 剂水煎服。

三诊　2013 年 5 月 17 日，服药后，大便日行 2～3 次，时有皮肤瘙痒，按上方加防风 5g 以祛风胜湿剂，7 剂水煎服。

按　胃主受纳腐熟水谷，脾主运化水谷精微，脾健胃和则纳运正常。若饮食不节，损伤脾胃，则水反为湿，谷反为滞，清浊不分，精微与糟粕混杂而下，并走大肠，发为泄泻。若遇情志不畅，则肝气郁结，横逆犯脾，致运化失常，升降失司，"清气在下，则生飧泄"。患者年逾六旬，泄泻反复发作 10 年，脾胃屡伤，脾阳不振，一遇饮食不当或情志不畅即腹泻加重。脾胃虚弱，胃不受纳则纳差厌食，脾不运化则食后腹胀，气血乏源则乏力纳差。舌脉乃一派脾虚湿滞之象。本案患者年老体虚，又病程迁延，脾胃极度虚弱，宜以扶正为先。方以参苓白术散为基础，加黄芪益气，陈皮、木香理气和胃，芡实、诃子固肠止泻。全方补中有行，利中有敛，补不壅滞，行不耗散，敛不留邪，药性平和，温而不燥，共奏健脾补气、渗湿止泻之功。由于本病常因饮食和情志因素诱发，故特别强调调护的重要性，嘱患者清淡饮食，忌食辛辣油腻等刺激之品，保持情绪稳定，注意情志自我调节，只有这样，才能有效预防复发。

（李郑生，郭淑云．国医大师临床研究·李振华临证经验集．科学出版社．2014）

六、文献摘录

1.《素问·阴阳应象大论篇》："清气在下，则生飧泄。"

2.《伤寒论·辨太阳病脉证并治下》："伤寒服汤药，下利不止，心下痞硬。服泻心汤已，复以他药下之，利不止，医以理中与之，利益甚。理中者，理中焦，此利在下焦，赤石脂禹余粮汤主之，复不止者，当利其小便。"

3.《临证指南医案·泄泻》："泄泻，注下症也。经云：湿多成五泄，曰飧，曰溏，曰鹜，曰濡，曰滑。飧泄之完谷不化，湿兼风也；溏泄之肠垢污积，湿兼热也；鹜溏之澄清溺白，湿兼寒也；濡泄之身重软弱，湿自胜也；滑泄之久下不能禁固，湿胜气脱也。"

4.《时病论·食泻》："食泻者，即胃泻也。缘于脾为湿困，不能健运，阳明胃腑，失其消化，是以食积太仓，遂成便泻。"

5.《医学入门·泄泻》："凡泻皆兼湿，初宜分理中焦，渗利下焦，久则升提，必滑脱不禁，然后用药涩之，其间有风胜兼以解表，寒胜兼以温中，滑脱涩住，虚弱补益，食积消导，湿则淡渗，陷则升举，随证变用，又不拘于次序，与痢大同。且补虚不可纯用甘温，太甘则生湿，清热亦不可太苦，苦则伤脾，每兼淡剂利窍为妙。"

七、文献推介

1. 中国中西医结合学会消化系统疾病专业委员会．肠易激综合征中西医结合诊疗共识意见 [J]．中国中西医结合杂志,2011,31(5):587-590.
2. 吴皓萌，徐志伟，敖海清．国医大师治疗慢性泄泻用药规律研究 [J]．中医杂志,2013,54(7):564-569.
3. 中华中医药学会脾胃病分会．肠易激综合征中医诊疗共识意见 [J]．中华中医药杂志,2010,25(7):789-791.

（编者：张怡　责任副主编：黄燕）

25 便秘

便秘是由大肠传导功能失常引起的，以大便秘结，排便周期延长，或周期不长，但粪质干结，排出艰难，或粪质不硬，欲大便而艰涩不畅为主要临床表现的病证。

《内经》有"大便难"、"后不利"的描述。汉·张仲景《伤寒论》称之为"阳结"、"阴结"、"脾约"。宋·朱肱《类证活人书》提出"大便秘"的病名。至清·沈金鳌《杂病源流犀烛》明确提出了"便秘"的名称。《内经》认为便秘与脾胃受寒，肠中有热和肾有关。张仲景对便秘已有了较全面的认识，提出寒、热、虚、实不同的发病机制，设立了承气汤、麻子仁丸、厚朴三物汤以及蜜煎导和猪胆汁、醋"灌谷道内"诸法，是最早应用外导法和灌肠疗法的记载。宋·赵佶《圣济总录·大便秘涩》将本病的证治分类概括为寒、热、虚、实四个方面，提出了"冷秘"、"热秘"的分类，沿用至今。金元时期，刘元素首倡实秘、虚秘之别，这种虚实分类法，经后世不断充实和发展，成为临床论治便秘的纲领。张景岳则以阳结、阴结概之，有火为阳结，无火为阴结，进一步阐明了两者的病机与治则。

西医学中的功能性便秘属于本病的范畴，同时肠激惹综合征、肠炎恢复期之便秘、药物性便秘、内分泌及代谢性疾病的便秘，以及神经系统疾病所致的排便困难等，亦可参照本节内容辨证施治。

一、病因病机

（一）病因

1. 饮食不节

过食辛辣肥甘，嗜饮酒浆，致肠胃积热，热结津伤，大便干结；或恣食寒凉生冷，致阴寒凝滞，大肠传导失司，引发便秘。

2. 情志失调

忧愁思虑过度，或久郁多怒，每致肝脾气结，气机郁滞，通降失常，传导失职，而致大便秘结。

3. 年老久病

素体虚弱，或病后、产后及年老体虚之人，气血阴阳亏虚，气虚则大肠传导无力，血虚则肠道失于荣养，阴虚则肠道失于濡润，阳虚则肠道失于温煦，均可导致便秘。

（二）病机

便秘的基本病机属大肠传导失常，病位在大肠，同时与肺、脾、胃、肝、肾等脏腑功能失调有关。如胃肠积热，伤津耗液，则肠失濡润；脾肺气虚，则大肠传送无力；肺热过盛，热移于肠，热盛伤津，则肠道失润；肝气郁结，疏泄失职，气机壅滞，或气郁化火伤津，则腑失通利；肾阴不足，则肠道失润；肾阳不足，则肠失温煦，阴寒凝滞，皆可影响大肠的传导，而发为本病。

便秘的病性可概括为虚、实两方面。燥热内结者，属热秘；气机郁滞者，属气秘；阴寒积滞者，为冷秘。热秘、气秘、冷秘属实证，气血阴阳亏虚的便秘，属虚证。而虚实之间，常又相互转化或兼夹。

如热秘久延不愈，津液渐耗，肠道失润，则由实转虚。气机郁滞，久而化火，则气滞与热结并存。气血阴阳不足者，每因饮食所伤或情志刺激，则虚实相兼。阳气虚衰与阴寒凝结可以互为因果。久病年老，或见气血双亏、气阴不足、阴阳俱虚之证。

本病的预后，单纯性便秘，审因辨证施治，则其愈较易，预后较佳。若属它病兼便秘者，则需观察病情的新久轻重，结合它病施治。

二、诊断与鉴别诊断

（一）诊断依据

1. 大便排出困难，排便时间或排便间隔时间延长，或周期不长，但粪质干结，排出艰难，或粪质不硬，欲大便而艰涩不畅。
2. 可兼有腹胀、腹痛、口臭、纳差及神疲乏力、头眩心悸等症。
3. 常有饮食不节、情志内伤、久病体虚等病史。

（二）鉴别诊断

1. 肠结

两者皆为大便秘结不通。但肠结多为急病，因大肠通降受阻所致，表现为腹部疼痛拒按，大便完全不通，且无矢气和肠鸣音，严重者可吐出粪便。便秘多为慢性久病，因大肠传导失常所致，表现为腹部胀满，大便干结艰行，有矢气和肠鸣音，或有恶心欲吐，食纳减少。

三、辨证论治

（一）辨证要点

便秘当分虚实论治，实者当辨热秘、气秘和冷秘，虚者当审气虚、血虚、阴虚和阳虚之别。

（二）治疗原则

便秘以通下为治疗原则，但决不可单纯用泻下药，应针对虚实不同而治。实秘以祛邪为主，据热、冷、气秘之不同，分别施以泻热、温通、理气之法；虚秘以扶正为先，予以益气温阳、滋阴养血之法，在辨证的基础上，需佐以行气导滞，润肠通便之品，标本兼治。临床常有虚实互见，寒热错杂者，当分清虚实主次，兼顾治疗。

（三）分证论治

1. 实秘

(1) 热秘

症状　大便干结，腹胀或痛，口干口臭，面红心烦，小便短赤，舌红，苔黄燥，脉滑数。

分析　大便干结为肠胃积热，耗伤津液，肠道失润；腹胀或痛，口干口臭为腑气不通，浊气上逆；面红心烦，小便短赤为里热证；舌红，苔黄燥，脉滑数为里热津伤之象。

治法　泻热导滞，润肠通便。

方药　麻子仁丸加减。

方中大黄、枳实、厚朴通腑泻热；麻子仁、杏仁、白蜜润肠通便；芍药养阴和营。

若津液已伤，大便燥结，可加生地、玄参、麦冬、郁李仁、柏子仁等滋阴润肠；若肺热气逆，咳喘便秘者，可加瓜蒌仁、杏仁、芦根、鱼腥草清肺润肠以通便；若郁怒伤肝，肝火伤津，口干苦，易怒目赤者，加野菊花、龙胆草、夏枯草、黄芩清肝泻热以通便。

(2) 气秘

症状　大便干结，或不甚干结，欲便不得出，或便而不爽，腹中胀满，肠鸣矢气，嗳气频作，纳食减少，胸胁满闷，舌苔薄腻，脉弦。

分析　大便干结，或不甚干结，欲便不得出，或便而不爽，腹中胀满，为肝脾气结，大肠传导失职；胸胁满闷为肝郁气滞；肠鸣矢气，嗳气频作，纳食减少为腑气不通，脾胃失和；舌苔薄腻，脉弦为气郁夹湿之象。

治法　顺气导滞，润肠通便。

方药　六磨汤加减。

方中木香调气，乌药顺气，沉香降气，三药合用，气味辛通，解郁行气；大黄、槟榔、枳实攻积导滞。

若肝气郁结，胁腹胀痛者，可加柴胡、白芍、厚朴、香附、莱菔子以助理气之功；若气郁化火，便秘口苦，舌红苔黄者，可加黄芩、栀子、龙胆草清肝泻火；若气逆呕恶者，可加半夏、陈皮、竹茹、代赭石；若忧思郁结，抑郁寡言者，合用逍遥散疏肝解郁。

(3) 冷秘

症状　大便艰涩，腹中胀满，或腹痛拘急，喜温恶寒，四肢不温，或呃逆呕吐，舌苔白腻，脉弦紧。

分析　大便艰涩，腹中胀满，或腹痛拘急为阴寒凝滞，大肠传导失职；喜温恶寒，四肢不温为寒遏阳气，失于温煦；呃逆呕吐为寒蕴中焦，胃失和降；舌苔白腻，脉弦紧为阴寒凝滞之象。

治法　温里散寒，通便止痛。

方药　温脾汤加减。

附子温里散寒，大黄荡涤积滞；人参、干姜、甘草温中益气。

若腹胀腹痛明显，可加枳实、厚朴、木香以助行气导滞之力；若腹部冷痛，手足不温，加高良姜、小茴香、乌药、细辛以增散寒之功；若大便干结者，加火麻仁、杏仁、当归、肉苁蓉润肠通便。

2. 虚秘

(1) 气虚秘

症状　大便并不干硬，虽有便意，临厕努挣乏力，挣则汗出短气，便后乏力，面白神疲，肢倦懒言，舌淡苔白，脉弱。

分析　大便并不干硬，虽有便意，临厕努挣乏力，挣则汗出短气，便后乏力为脾肺气虚，大肠传送无力；面白神疲，肢倦懒言，舌淡苔白，脉弱为脾气亏虚之象。

治法　健脾益肺，润肠通便。

方药　黄芪汤加减。

方中黄芪补脾肺之气；麻仁、白蜜润肠通便；陈皮理气。

若乏力汗出，气息低微，懒言少动者，可加白术、党参或红参以助补气之功；若排便困难，腹部坠胀者，合用补中益气汤补中升阳；若脘腹痞满，舌苔白腻者，可加茯苓、砂仁、白扁豆、薏苡仁健脾祛湿；若肢倦腰酸者，可合用大补元煎补肾益气。

(2) 血虚秘

症状　大便干结，面色无华，头晕目眩，心悸气短，口唇色淡，舌淡苔白，脉细弱。

分析　大便干结为血虚津亏，肠道失荣；面色无华，头晕目眩，口唇色淡为血虚不荣；心悸气短为血虚气弱，心失所养；舌淡苔白，脉细弱为气血亏虚之象。

治法　养血滋阴，润燥通便。

方药　润肠丸加减。

当归、生地滋阴养血；麻仁、桃仁润肠通便；枳壳行气导滞。

若面白眩晕,血虚甚者,加黄芪、熟地、阿胶、制首乌、枸杞子、白芍养血润肠;若阴血已复,便仍干燥,可配以五仁丸润肠通便。

(3) 阴虚秘

症状 大便干结,或如羊屎,潮热盗汗,心烦少眠,腰膝酸软,头晕耳鸣,两颧红赤,舌红少苔,脉细数。

分析 大便干结,或如羊屎为阴津不足,肠失濡润;潮热盗汗,心烦少眠,头晕耳鸣,两颧红赤为阴虚火旺;腰膝酸软为肾阴不足,腰府失养;舌红少苔,脉细数为阴虚火旺之象。

治法 滋阴增液,润肠通便。

方药 增液汤加减。

方中玄参、麦冬、生地滋阴生津,润肠通便。

若大便干结,燥如羊屎,加火麻仁、柏子仁、当归、沙参、瓜蒌仁、枳壳、厚朴等滋阴润肠,行气通便;若口干颧红,心烦少眠,潮热盗汗者,可合用清骨散滋阴清热;若胃阴不足,纳呆呕恶,口干口渴者,可用益胃汤加减;若肾阴不足,腰膝酸软者,可用六味地黄丸加减;若阴亏燥结,大便干硬难解者,可用增液承气汤增水行舟。

(4) 阳虚秘

症状 大便艰涩,排出困难,畏寒肢冷,或腹中冷痛,或腰膝酸冷,小便清长,面色㿠白,舌淡苔白,脉沉迟。

分析 大便艰涩,排出困难为阳虚寒盛,大肠传送无力;畏寒肢冷为阳气亏虚,温煦无权;腹中冷痛为阴寒凝结,气机不畅;腰膝酸冷,小便清长,面色㿠白为肾阳不足,温养固摄失职;舌淡苔白,脉沉迟为阳虚之象。

治法 温补肾阳,润肠通便。

方药 济川煎加减。

方中肉苁蓉、牛膝温补肾阳,当归养血润肠;升麻、泽泻升清降浊;枳壳行气通腑。

若寒凝气滞,腹痛较甚,加肉桂、木香、白芍、厚朴温中行气,缓急止痛;若大便干结,加火麻仁、郁李仁、瓜蒌仁等润肠通便;若脾阳不足,中焦虚寒,可用附子理中丸加减;若肾阳不足,可选用金匮肾气丸或右归丸加减。对于年老体弱、便结较甚,服药不应之患者,为防止过度用力努挣,诱发痔疮便血、心脑疾病,可配合应用中药保留灌肠或清洁灌肠等。

四、预防调护

注意饮食、生活调摄。多吃粗纤维的食物及果蔬,避免过食辛辣、寒凉或饮酒无度。养成每日定时排便习惯。保持心情舒畅,加强身体锻炼,特别是腹肌的锻炼,有利于胃肠功能的改善。可采用食饵疗法,如黑芝麻、胡桃肉、松子仁、桑葚子、蜂蜜、香蕉等。

五、临证验案

陈某,男,17岁。

腹胀便秘半月余。

初诊 2004年6月7日:腹胀,无明显疼痛,偶有排气,无恶心呕吐,伴泛酸、嗳气,食少纳呆,口干,乏力,喜冷饮,夜眠不足但质量尚可,小便正常。因中考学习繁忙,半月未排便,自觉腹胀难忍,做钡透视:肠内积气较多,未见液平面。予2瓶甘露醇灌肠,排便出,症状略缓解,然此后又无排便,且腹胀加重。经常不吃早餐,喜辛辣饮食,经常吃方便面喝碳酸饮料。察其:体格偏瘦,营养状态欠佳。舌薄质淡绛,苔白,脉沉弦。

诊断 脾约型便秘。治法:消食健脾,活血行气。方拟:回溪汤加减。

处方 桃仁15g、当归15g、厚朴15g、槟榔15g、莱菔子15g、火麻仁15g、郁李仁5g、酒军5g、沉香5g、神曲15g、麦芽15g、扁豆15g、桑椹子20g、草决明20g，6剂，水煎服，日1剂。嘱其调情志，忌油腻、方便面及碳酸饮料。

复诊 服药后，症状减轻。察其：舌瘦，质淡绛，苔薄白，脉沉弦。上方去桃仁、沉香、神曲、麦芽及扁豆，加香附15g、肉苁蓉10g，6剂，水煎服，日1剂。

按 该患排便困难半月未行，患者舌脉虽无明显热象，但肠内燥结已成，口干喜冷饮。肠内郁滞日久，耗气伤津，加之于用甘露醇灌肠，本为强力脱水之剂，更伤津液，使燥结愈甚。李玉奇采用解郁通腑，润肠通便的方法进行疏导，而不采用大承气汤之类峻下恐伤其正。方中桃仁、火麻仁、郁李仁润肠通便，滑利肠道；厚朴、槟榔、莱菔子、沉香行腑中气滞，调畅三焦，推动糟粕下行；当归、酒军既活血散结除郁，又可润燥滑肠，方用酒军，重在活血化瘀，而取其缓泄之作用；桑椹子补肝益肾以滋液，草决明清肝热以通便；神曲、麦芽、扁豆消化食滞，健脾和胃，防其疏导太过以伤正。大肠腑气不通，急下本意是为存阴，故遣方用药更不可选用耗液伤津之品，以犯虚虚实实之戒。

（贺兴东．当代名老中医典型医案集·李玉琦医案．人民卫生出版社．2014）

六、文献摘录

1.《素问·举痛论》："热气留于小肠，肠中痛，瘅热焦渴，则坚干不得出，故痛而闭不通矣。"

2.《素问·厥论》："太阴之厥，则腹满䐜胀，后不利。"

3.《圣济总录·大便秘涩》："大便秘涩，盖非一证，皆荣卫不调，阴阳之气相持也。若风气壅滞，肠胃干涩，是谓风秘；胃蕴客热，口糜体黄，是谓热秘；下焦虚冷，窘迫后重，是谓冷秘。或肾虚小水过多，大肠枯竭，渴而多秘者，亡津液也。或胃燥结，时作寒热者，中有宿食也。"

4.《素问病机气宜保命集·泻痢论》："凡脏腑之秘，不可一例治疗，有虚秘，有实秘。胃实而秘者，能饮食，小便赤……胃虚而秘者，不能饮食，小便清利。"

5.《证治汇补·秘结》："如少阴不得大便以辛润之，太阴不得大便以苦泄之，阳结者清之，阴结者温之，气滞者疏导之，津少者滋润之。大抵以养血清热为先，急攻通下为次。"

七、文献推介

1. 便秘的诊断依据、证候分类、疗效评定——中华人民共和国中医药行业标准《中医内科病证诊断疗效标准》(ZY/T001.1-94)[J]. 辽宁中医药大学学报,2013,15(4):210.

2. 中华中医药学会脾胃病分会. 慢性便秘中医诊疗共识意见 [J]. 北京中医药, 2011,30(1):3-7.

3. 中华中医药学会. 功能性便秘诊疗指南 [J]. 中国中医药现代远程教育,2011,9(17):127-128.

4. 中华中医药学会脾胃病分会. 肠易激综合征中医诊疗共识意见 [J]. 中华中医药杂志,2010,27(7):1062-1065.

（编者：马晓燕　责任副主编：肖炜）

26 胁痛

胁痛是由胁络失和引起的，以一侧或两侧胁肋部疼痛为主要临床表现的病证。胁，指侧胸部，为腋以下至第十二肋骨部的总称。

本病早在《内经》已有记载，认为胁痛的发生与善怒、寒邪、肝热、恶血等有关，病位主要责之肝胆。其后，历代医家丰富发展了《内经》对胁痛的病因认识。宋·严用和《济生方·胁痛评治》认为胁痛的病因主要是由于情志不遂所致。明·张景岳《景岳全书·胁痛》中进一步指出，胁痛的病因与情志、饮食、房劳等关系最为紧切，将病因分为外感与内伤两大类，并提出以内伤者多见。

清·李用粹《证治汇补·胁痛》对胁痛的病因进行了较为全面系统地描述，如"因暴怒伤触，悲哀气结，饮食过度，风冷外侵，跌仆伤形……或痰积流注，或瘀血相搏，皆能为痛。至于湿热郁火，劳役房色而病者，间亦有之"，对其治疗提出"治宜伐肝泻火为要，不可骤用补气之剂，虽因于气虚者，亦宜补泻兼施"，对临床具有较高的指导价值。

西医学中的急慢性胆囊炎、胆石病、急慢性肝炎、胆道蛔虫、肋间神经痛等，凡上述疾病中以胁痛为主要表现者，均可参考本节辨证施治。

一、病因病机

(一) 病因

1. 情志不遂

若因情志所伤，或暴怒，或抑郁，皆可致肝失条达，疏泄不利，气阻胁络，不通则痛，发为胁痛。若气郁日久，血行不畅，瘀阻胁络，亦致胁痛。如《金匮翼·胁痛统论》云："肝郁胁痛者，悲哀恼怒，郁伤肝气。"

2. 跌仆损伤

若因跌仆外伤，或因强力负重，致使胁络受伤，瘀血停留，阻塞胁络，亦发为胁痛，或跌仆闪挫，恶血不化，均可致瘀血阻滞胁络，不通则痛，而成胁痛。《金匮翼·胁痛统论》谓："污血胁痛者，凡跌仆损伤，污血必归胁下故也。"

3. 饮食不节

饮食不节，过食肥甘，辛辣嗜酒，损伤脾胃，积湿生热，湿热郁于肝胆，肝胆失于疏泄，发为胁痛。正如《景岳全书·胁痛》曰："以饮食劳倦而胁痛者，此脾胃之所传也。"

4. 劳欲久病

久病耗伤，劳欲过度，使精血亏虚，肝阴不足，胁络失养，不荣则痛。《景岳全书·胁痛》指出："凡房劳过度，肾虚羸弱之人，多有胁肋间隐隐作痛，此肝肾精虚。"

5. 外感湿热

湿热之邪外袭，郁结少阳，枢机不利，肝胆失于疏泄，亦可导致胁痛。《素问·缪刺论》曰："邪客于足少阳之络，令人胁痛不得息。"

(二) 病机

胁痛的基本病机为胁络失和，其病机变化可归结为"不通则痛"与"不荣则痛"两类。因肝郁气滞、瘀阻胁络、湿热蕴结所导致的胁痛属实证，是为"不通则痛"；阴血不足，胁络失养所导致的胁痛则为虚证，属"不荣则痛"。

胁痛的病变脏腑主要在肝胆，且与脾胃及肾有关。因肝居胁下，其经脉布两胁，胆附于肝，其脉亦循于胁，故胁痛之病，当主要责之肝胆。脾胃居于中焦，纳运水谷，调理升降，若因饮食所伤，脾失健运，湿热内生，郁遏肝胆，疏泄不畅，可发为胁痛。反之，肝郁失疏，横逆乘脾犯胃，亦可致肝郁脾虚，肝胃不和。肝肾同源，精血互化，若因肝肾阴虚，精亏血少，胁络失于濡养，则胁肋隐隐作痛。

胁痛的病理性质有虚实之分。其病理因素，不外乎气滞、血瘀、湿热，三者又以气滞为主。气滞、血瘀、湿热三者可以相互兼夹，虚实之间可以相互转化。一般胁痛初病在气，由肝郁气滞，气阻胁络而致。气为血帅，气行则血行，故气滞日久，血行不畅，其病变由气滞转为血瘀，或气滞血瘀并见。湿热蕴结，肝胆失疏，气阻胁络，以致气滞湿热兼夹。气滞日久，易于化火伤阴；或湿热久羁，耗伤阴津，皆可致肝阴不足，胁络失养，而转为虚证或虚实夹杂证。若肝阴不足，病延日久，久病入络，可致虚中夹瘀，故临床常见虚实夹杂之证。

二、诊断与鉴别诊断

（一）诊断依据

1. 一侧或两侧胁肋部疼痛为主要表现。疼痛的性质可以表现为胀痛、灼痛、刺痛、隐痛、钝痛、窜痛等。
2. 部分病人可伴见胸闷、腹胀、嗳气呃逆、急躁易怒、口苦纳呆、厌食恶心等症。
3. 常有饮食不节、情志内伤、感受外湿、劳欲久病等病史。

（二）鉴别诊断

1. 悬饮

悬饮因饮停胸胁，络气不和亦可见胁肋疼痛，但其表现为胸胁咳唾引痛，伴见咳嗽、咯痰、或发热，咳嗽、呼吸或转侧时疼痛加重，患侧肋间饱满，叩诊呈浊音，一般不难鉴别。

2. 胸痛

胸痛中的肝郁气滞证，与胁痛中的肝气郁结证病机基本相同。但胁痛以一侧或两侧胁肋部胀痛或窜痛为主，伴有口苦、目眩等症；而胸痛以胸部胀痛为主，可涉及肋胁部，伴有口苦、目眩等少阳经的症状。

三、辨证论治

（一）辨证要点

1. 辨虚实

实证之中以气滞、血瘀、湿热为主，多病程短，来势急，症见疼痛较重而拒按，脉实有力。虚证多为阴血不足，胁络失养，症见胁痛隐隐，绵绵不休，且病程长，来势缓，并伴见阴亏之证。

2. 辨气血

大抵胀痛多属气郁，且疼痛游走不定，时轻时重，症状轻重与情绪变化有关；刺痛多属血瘀，且痛处固定，持续不已，局部拒按，入夜尤甚。

（二）治疗原则

根据"通则不痛"的理论，胁痛之治疗原则以疏肝和络止痛为基本治则，结合肝胆的生理特性，灵活运用。实证者，宜理气、活血、清利湿热；虚证者，宜滋阴、养血、柔肝，同时佐以理气和络之品，补中寓通。

（三）分证论治

1. 肝郁气滞

症状　胁肋胀痛，走窜不定，疼痛每因情志变化而增减，胸闷腹胀，抑郁易怒，善太息，纳少口苦，舌苔薄白，脉弦。

分析　胁肋胀痛，走窜不定，疼痛每因情志变化而增减为肝失条达，气郁胁络；胸闷腹胀，善太息，纳少口苦是肝郁气滞，乘脾犯胃；舌苔薄白，脉弦为肝郁之象。

治法　疏肝理气，和络止痛。

方药　柴胡疏肝散加减。

方中柴胡、枳壳、香附、陈皮疏肝理气，解郁止痛；白芍、甘草养血柔肝，缓急止痛；川芎活血行气通络。

若胁痛甚，可加郁金、延胡索、川楝子以增强理气止痛之力；若气郁化火，症见胁肋掣痛，口干口苦，烦躁易怒，溲黄便秘，舌红苔黄者，可加山栀、丹皮、黄芩、夏枯草、野菊花等清肝泻火；若肝气横逆乘脾，症见便溏、腹胀、困倦乏力，舌苔白腻者，可合用逍遥散；若肝郁日久，化火伤津，症见胁肋胀痛，双目干涩，口干咽燥，眩晕少寐，舌红少津，脉细者，可去方中川芎、柴胡，配合一贯煎加减；若兼见胃失和降，恶心呕吐者，可加半夏、生姜、竹茹等；若气滞兼见血瘀者，可酌加丹皮、赤芍、当归、丹参、郁金等。

2. 湿热蕴结

症状 胁肋胀痛，口苦口黏，胸闷纳呆，恶心呕吐，小便黄赤，大便不爽，或兼有身热，身目发黄，舌红，苔黄腻，脉弦滑数。

分析 胁肋胀痛为湿热蕴结肝胆，胁络失和；口苦口黏，胸闷纳呆，恶心呕吐，大便不爽为湿热困遏中焦，脾胃升降失调；身热，身目发黄，小便黄赤是湿热壅盛，肝胆失疏，胆汁泛溢；舌红，苔黄腻，脉弦滑数为肝胆湿热之象。

治法 清热利湿，疏肝利胆。

方药 龙胆泻肝汤加减。

方中龙胆草清利肝胆湿热；山栀、黄芩清肝泻火；木通、泽泻、车前子渗湿清热；生地凉血清热；柴胡、当归、甘草疏肝理气，和络止痛。可酌加川楝子、郁金、延胡索等疏肝理气止痛。

若兼见发热，黄疸者，加茵陈、黄柏、蒲公英以清热利湿退黄；胸闷纳呆，恶心呕吐者，加枳实、半夏、陈皮、竹茹等理气和胃；若肠胃积热，大便不通，腹胀腹满者，加大黄、芒硝、枳壳通腑泻热；若湿热煎熬，结成砂石，阻滞胆道，症见胁肋剧痛，连及肩背者，可加金钱草、海金沙、鸡内金、郁金、木香、枳实、延胡索，或酌配硝石矾石散等以利胆排石。

3. 瘀血阻络

症状 胁肋刺痛，痛有定处，痛处拒按，入夜痛甚，胁肋下或见癥块，舌质紫暗，脉沉涩。

分析 胁肋刺痛，痛有定处，痛处拒按，入夜痛甚为瘀阻胁络；胁肋下或见癥块是瘀血久羁胁络而成；舌质紫暗，脉沉涩为瘀血之象。

治法 活血化瘀，通络止痛。

方药 血府逐瘀汤加减。

方中当归、川芎、桃仁、红花、赤芍、牛膝活血化瘀，通络止痛；柴胡、枳壳、桔梗、甘草疏肝调气止痛。胁痛甚者，加香附、川楝子、郁金、延胡索、五灵脂等以增强行气活血之力。

若胁肋下有癥块，而正气未衰者，可酌加三棱、莪术、水红花子等以增加破瘀散结消坚之力，或配合服用鳖甲煎丸。

4. 肝阴亏虚

症状 胁肋隐痛，悠悠不休，遇劳加重，口干咽燥，心中烦热，头晕目涩，舌红少苔，脉细弦。

分析 胁肋隐痛，悠悠不休，遇劳加重是肝肾阴亏，胁络失养；口干咽燥，头晕目涩为阴精不能上荣；心中烦热为阴虚生内热。舌红少苔，脉细弦为肝阴不足之象。

治法 养阴柔肝，和络止痛。

方药 一贯煎加减。

方中生地、枸杞、沙参、麦冬滋养肝肾，养阴柔肝；当归养血和络；川楝子疏肝理气止痛。可酌加白芍、炙甘草、延胡索、郁金等养阴柔肝，缓急止痛。

若心烦不寐者，可酌配酸枣仁、炒栀子、淡豆豉、珍珠母等清热除烦安神；若肝肾阴虚，头晕目涩者，可加菊花、女贞子、石斛、天冬等滋养肝肾；若阴虚火旺，五心烦热者，可酌配玄参、知母、鳖甲、地骨皮等。

四、预防调护

胁痛之发生与情志所伤,饮食不节有关。因此,保持情绪稳定,心情舒畅;同时注意饮食清淡,忌食肥甘辛辣及嗜酒过度。

五、临证验案

韩某,女,57岁。胁痛22年。

初诊 2005年10月28日。22年前无明显诱因出现胁肋刺痛、胀痛、伴乏力、脱发、畏光等症状,于当地医院查抗ds-DNA(+),ESR 55mm/h,诊断为系统性红斑狼疮。给予泼尼松(具体用量不详)口服。现症:形体偏胖,面部无红斑,双目干涩,每10天至15天结膜出血一次,纳可,小便调,大便偏干。查其:胁下硬块可触及;舌暗,苔黄微腻;脉弦。

辨证 胁痛,肝郁气滞,夹血瘀、湿热。

治法 疏肝理气,活血化瘀,清肝明目。

方拟燮枢汤加减治疗。

处方 柴胡12g,黄芩12g,制半夏10g,酒大黄3g,厚朴10g,炒枳实12g,皂刺6g,红花10g,白蒺藜10g,焦三仙各10g,莪术5g,生牡蛎30g,元参20g,浙贝5g,连翘15g,霜桑叶12g,杭菊花10g。14剂,水煎服,日1剂,早晚分服。西药:泼尼松,10mg,口服,Qd。嘱其勿恼怒,少生气。

复诊 2005年11月18日。服药后,诸症减,饭后目多眵,胁下仍有痞块,双目胀痛,大便干。查其:舌暗,苔薄白而干,脉弦略滑。效不更方,继守前方加减。

处方 柴胡10g,黄芩12g,酒大黄3g,厚朴12g,炒枳实12g,皂刺6g,南红花10g,白蒺藜12g,生牡蛎30g,元参25g,浙贝5g,连翘15g,霜桑叶12g,杭菊花10g,陈皮10g,忍冬藤30g。14剂,水煎服,日1剂,早晚分服。嘱其调情志,少生气,起居要有规律。

按 此为肝居于胁,主疏泄、藏血,肝失疏泄,导致气机郁滞,气血互结,结滞于胁下而成痞块,导致胁下胀痛、刺痛;肝开窍于目,肝郁气滞日久而致肝火上炎,出现目赤,郁火灼伤经络而致结膜出血,脉弦主痛,苔黄微腻主湿热。燮枢汤具有协调枢机、调和治理、燮理阴阳、斡运正气之意,使气机调畅,疏泄正常。其中柴胡畅郁阳而化滞阴,黄芩苦泄降浊,二药相配,柴胡升清,黄芩降浊,二药合用一升一降,燮理阴阳升降之枢机;白蒺藜、红花、皂刺三药相配,具有疏达肝气,行瘀散结之功。该患者病程长达22年之久,三药合用能深达病所,燮理枢机,同时起到消散痞块作用;另方中合用半夏、焦三仙以健运中焦,寓有"见肝之病,当先实脾"之意。复诊时胁下仍有痞块,故加陈皮以增强疏肝理气之效;双目多眵、大便干为内有热蕴之象,故加用忍冬藤30g以清热通络散结。

(贺兴东.当代名老中医典型医案集·焦树德医案.人民卫生出版社.2014)

六、文献摘录

1.《素问·脏气法时论》:"肝病者,两胁下痛引少腹,令人善怒。"

2.《素问·缪刺论》:"寒气客于厥阴之脉,厥阴之脉者,络阴器,系于肝,寒气客于脉中,则血泣脉急,故胁肋与少腹相引痛矣。"

3.《素问·刺热论》中有"肝热病者,小便先黄……胁满痛,手足躁,不得安卧。"

4.《灵枢·五邪》篇言:"邪在肝,则两胁中痛……恶血在内。"

5.《济生方·胁痛评治》:"夫胁痛之病……多因疲极嗔怒,悲哀烦恼,谋虑惊忧,致伤肝脏。肝脏既伤,积气攻注,攻于左,则左胁痛;攻于右,则右胁痛;移逆两胁,则两胁俱痛。"

6.《症因脉治·胁痛论》:"内伤胁痛之因,……或死血停滞胁肋,或恼怒郁结,肝火攻冲,或肾水不足,……皆成胁肋之痛矣。"

七、文献推介

1. 熊继柏名老中医药专家传承工作室. 熊继柏教授辨治胁痛经验 [J]. 中华中医药杂志，2015,30(3):790-792.
2. 李秀惠. 钱英教授"截断逆挽法"治疗慢性重型肝炎的思路与方法 [J]. 上海中医药杂志,2007,41(1):1-4.
3. 中华中医药学会, 胁痛诊疗指南 [J]. 中国中医药现代远程教育，2011，9(16):117-118.

附　胆胀

胆胀是由胆腑气郁通降失常引起的，以右胁胀痛为主要临床表现的病证。

胆胀病始见于《内经》。《灵枢·胀论》载："胆胀者，胁下痛胀，口中苦，善太息。"《伤寒论》对其论述更加精确、详细，所立的大柴胡汤、茵陈蒿汤等皆为临床治疗胆胀的有效方剂。其后《症因脉治》治疗胆胀的柴胡疏肝饮及《柳州医话》所创的一贯煎皆为历代治疗胆胀习用的效方。叶天士《临证指南医案》首载胆胀医案，为后世临床辨证治疗积累了经验。

胆胀为肝胆系常见的疾病。其临床表现与西医学中的慢性胆囊炎、慢性胆管炎、胆石病等相似，临床上见有以右胁胀痛、反复发作为主症的疾病，均可参考本节辨证施治。

一、病因病机

（一）病因

1. 饮食不节

过食肥甘厚腻，伤及脾胃，久则生湿化热，蕴结胆腑，气机郁滞，胆液通降失常。或湿热久蕴，煎熬胆液，结为砂石，阻滞胆道，胆腑气郁，胆液通降失常，不通则痛，发为胆胀。

2. 情志不遂

忧郁暴怒，肝失疏泄，累及胆腑，气机郁滞，或郁而化火，胆液通达降泄失常，郁滞于胆，发为胆胀。

3. 外邪侵袭

邪热外袭，或感受湿邪化热，或湿热内侵，蕴结胆腑，胆失通降，发生胆胀。

此外，也有由瘀血、积块阻滞胆道而致者。

（二）病机

胆胀病机主要是气滞、湿热、胆石、瘀血等导致胆腑气郁，胆液失于通降。病位在胆腑，与肝胃关系最为密切。若日久不愈，反复发作，湿热久恋不去，湿伤气，热伤阴，或气滞及血，或郁而化火，正气愈虚，最后可致肝肾阴虚或脾肾阳虚的正虚邪实之候。

二、辨证论治

（一）治疗原则

胆胀治疗原则为疏肝利胆，和降通腑。临床当辨虚实，实证宜泻中通降；虚证宜补中疏通。

（二）分证论治

1. 肝胆气滞

症状　右胁胀满疼痛，痛引右肩，遇怒加重，胸闷脘胀，善太息，嗳气频作，吞酸嗳腐，苔白腻，脉弦。

治法　疏肝利胆，理气通降。

方药　柴胡疏肝散加减。

本方以柴胡、白芍、川芎疏肝利胆；枳壳、香附、陈皮理气通降止痛；甘草调和诸药。可加青皮、郁金、延胡索、木香行气止痛；脘腹胀满，加苏梗、厚朴；口苦心烦，加龙胆草、黄芩、栀子；嗳气、呕吐，加半夏、竹茹、代赭石；右胁刺痛拒按，舌质紫暗或舌边有瘀斑，脉弦细涩，加炒五灵脂、丹皮、丹参、桃仁、红花等活血化瘀；便溏、腹胀、困倦乏力，舌苔白腻，肝郁脾虚者，可合用逍遥散。

2. 胆经郁热

症状　右胁灼热疼痛，口苦咽干，面红目赤，大便秘结，小便短赤，心烦易怒，舌红，苔黄厚而干，脉弦数。

治法　疏肝利胆，泻热通腑。

方药　清胆汤加减。

方中栀子、黄连、柴胡、白芍、蒲公英、金钱草、瓜蒌清泻肝火；郁金、延胡索、川楝子理气止痛；大黄利胆通腑泻热。心烦失眠，加丹参、炒枣仁、淡豆豉；黄疸加茵陈、黄柏、枳壳；恶心呕吐，加半夏、竹茹。

3. 肝胆湿热

症状　右胁胀满疼痛，胸闷纳呆，恶心呕吐，口苦心烦，大便黏滞，舌红苔黄腻，脉弦滑。

治法　清热利湿，疏肝利胆。

方药　茵陈蒿汤加减。

方中茵陈、栀子、大黄清热利湿，疏通胆腑。可加柴胡、黄芩、虎杖、黄柏、车前子、郁金疏肝利胆，清利湿热，或合用大柴胡汤；胆石者，加鸡内金、金钱草、海金沙、木香、枳实、延胡索利胆排石；苔白腻而湿重者，去大黄、栀子，加茯苓、苍术、薏苡仁、砂仁健脾祛湿。

4. 阴虚郁滞

症状　右胁隐隐作痛，或略有灼热感，口燥咽干，急躁易怒，头晕目眩，午后低热，舌红少苔，脉细数。

治法　滋阴清热，疏肝利胆。

方药　一贯煎加减。

方中生地、枸杞、沙参、麦冬滋养肝肾，养阴柔肝；当归养血和络；川楝子疏肝理气止痛。灼痛者，加白芍、甘草、栀子；胀痛者加佛手、延胡索、郁金；五心烦热者，加知母、黄柏、银柴胡。

5. 阳虚郁滞

症状　右胁隐隐胀痛，时作时止，脘腹胀满，畏寒肢凉，气短乏力，舌淡苔白腻，脉弦弱无力。

治法　温阳益气，疏肝利胆。

方药　理中汤加减。

方中党参、白术、干姜、甘草温阳益气。可加柴胡、香附、白芍、木香以增疏肝利胆之力。脘腹冷痛，畏寒肢凉者，加吴茱萸、白豆蔻、乌药、炮附子；神疲气短，倦怠乏力，脾气虚者可选用香砂六君子汤加减。

（编者：马晓燕　责任副主编：肖炜）

黄疸

黄疸是由外感湿热疫毒，内伤饮食劳倦等导致湿浊内蕴，脾胃失健，肝胆疏泄失调，胆汁不循常道引起的，以目黄、身黄、尿黄为主要临床表现的病证。其中目睛黄染是本病的重要特征。

《内经》已有黄疸之名,并对黄疸的病因、病机、症状等都有了初步的认识,如《素问·平人气象论篇》云:"溺黄赤,安卧者,黄疸……目黄者曰黄疸。"并阐述了"湿热相搏"是导致黄疸的发病机理。汉·张仲景《金匮要略·黄疸病脉证并治》将黄疸分为黄疸、酒疸、谷疸、女劳疸和黑疸,并提出了"诸病黄家,但利其小便"的治疗原则,首创茵陈蒿汤、茵陈五苓散、麻黄连翘赤小豆汤等方剂。隋·巢元方《诸病源候论·黄疸诸候》中认识到热毒外加,熏蒸于内是"急黄"的主因,并首次提出了"阴黄"病名。宋·韩祗和《伤寒微旨论》还特设《阴黄证篇》。元·罗天益《卫生宝鉴》总结了前人的经验,进一步明确湿从热化为阳黄,湿从寒化为阴黄,把阳黄和阴黄的辨证论治系统化,对临床实践指导意义较大,至今仍被采用。至明·张介宾《景岳全书》中已初步认识到黄疸的发生与胆汁外泄密切相关,提出了"胆黄"这一病名,认为"胆伤则胆气败,而胆汁泄,故为此证。"清·程国彭《医学心悟·发黄》篇提出了"瘀血发黄"的理论,提出"祛瘀生新而黄自退"。清·沈金鳌《沈氏尊生书·黄疸》中描述了传染性及其严重性,"天行疫疠"、"杀人最急"、"俗称之瘟黄"。

西医学中的肝细胞性黄疸、阻塞性黄疸、溶血性黄疸、钩端螺旋体病属于本病范畴。某些消化系统肿瘤、败血症出现目黄、身黄、尿黄等临床表现,亦可参照本节辨证施治。

一、病因病机

(一)病因

1. 湿热疫毒

湿热内侵,或感受时邪疫毒,自口而入,从表入里,蕴结于中焦,脾胃运化失常,湿热交蒸于肝胆,而致肝失疏泄,胆汁外溢,浸淫肌肤,下注膀胱,使身目小便俱黄。如《诸病源候论·黄病诸候》指出:"脾胃有热,谷气郁蒸,因为热毒所加,故卒然发黄,心满气喘,命在顷刻,故云急黄也。"

2. 饮食不节

饮食不节或不洁,或嗜酒过度,皆能损伤脾胃,以致运化功能失职,湿浊内生,郁而化热,熏蒸肝胆,胆汁外溢,浸淫肌肤而发黄。《圣济总录·黄疸门》曰:"大率多因酒食过度,水谷相并,积于脾胃,复为风湿相搏,热气郁蒸,所以发黄疸。"

3. 禀赋不足

素体脾胃虚弱,或久病脾阳受损,导致脾胃运化失司,气血亏损,湿从寒化,久之肝失所养,疏泄失职而致胆汁外溢。正如《金匮要略·黄疸病脉证并治》所说:"黄疸所得,从湿得之。"

4. 久病迁延

久病迁延不愈,积聚日久不消,脉络瘀阻,或因砂石、虫体阻滞胆道,肝胆疏泄不畅,胆道瘀滞,胆汁外溢,发为黄疸。《诸病源侯论·黄疸诸候》言:"气、水、饮停滞,结聚成癖,因热气相搏,则郁蒸不散,故胁下满痛而身发黄,名而癖黄。"

(二)病机

黄疸的基本病机正如《金匮要略·黄疸病脉证并治》所说:"黄疸所得,从湿得之。"多因外感湿热疫毒,内伤饮食劳倦等,导致湿浊内蕴,脾胃失健,肝胆疏泄失调,胆汁不循常道,而致目黄、身黄、尿黄。

黄疸的病变脏腑在脾胃、肝胆,且往往由脾胃波及肝胆。脾主运化,为人体气机升降的枢纽,散布水谷精微,脾运不健,湿邪壅阻,气机不畅,升降失司,气郁日久可化热,湿邪入侵,热与湿合,湿热蕴结,下注膀胱,则小便黄。肝胆为热郁,肝失疏泄,致胆汁不循常道,外溢肌肤,则目黄、面黄、身黄。黄疸的病理性质有阴阳虚实之分，因湿热所伤或过食甘肥酒热，胃火偏旺之人，则湿从热化，湿热蕴结，多为阳黄；因湿热夹毒，病邪深入，病情迅速加重，热毒炽盛而转化为急黄危候。若因寒湿伤人，或素体脾胃虚寒，或久病脾阳受伤，则湿从寒化，寒湿阻遏，多为阴黄。阳黄、阴黄、急黄三者可相互转化。阳黄失治，热势鸱张，病情急剧加重，伤营动血，蒙闭心窍，引动肝风，发为急黄；阳黄误治失治，迁延不愈，伤及脾阳，湿从寒化，则可转为阴黄，阴黄复感外邪，湿郁复又化热，又可呈阳黄表现，病情错杂。

黄疸日久不愈，则生变证，湿浊之邪久羁于内，气机不畅，血行瘀阻，故成积聚；水停于腹间为鼓胀；湿邪化毒，热入营血，或瘀血阻络，血不循经，或气血亏虚，不能摄血，可转为血证；久病耗伤气血，生化乏源，脏腑失养，又可演变为虚劳重症。

二、诊断与鉴别诊断

（一）诊断依据

1. 凡是以目黄、身黄、尿黄为临床特征者，即可诊断为黄疸病。
2. 常伴脘腹胀满，纳呆呕恶，胁痛，肢体困重等症，随着黄疸加重可加剧，主证消退后，亦可持续存在。
3. 常有饮食不节，与肝炎病人接触，或服用损害肝脏的药物等病史，以及过度疲劳等诱因。

（二）鉴别诊断

1. 萎黄

萎黄为气血不足、肌肤失养而呈现黄色，肌肤呈现淡黄色、干枯无光泽，且常有眩晕耳鸣、心悸少寐、神疲乏力等伴随症状。

2. 黄胖病

黄胖病是由虫积匿伏肠中，耗伤气血所致，症见面部淡黄虚浮，肌肤色黄带白，兼见头晕、气短、乏力及腹痛间作，嗜异物等症，而无目黄及小便黄等症状。

三、辨证论治

（一）辨证要点

1. 辨阴黄与阳黄

阳黄为湿热为患，一般起病急，病程短，黄色鲜明如橘色，口干发热，小便短赤，大便秘结，舌苔黄腻，脉弦数，大多预后良好。阴黄多以寒湿为主，病程长，黄色晦暗，或如烟熏，纳少脘胀、大便不实、神疲形寒、口淡不渴、舌淡苔白腻，脉濡滑或沉迟，一般病情缠绵，不易速愈，预后欠佳。

2. 辨寒热虚实

阳黄有湿热孰轻孰重之分。热重于湿者，身目俱黄，黄色鲜明，发热口渴，恶心呕吐，小便短少黄赤，便秘，舌苔黄腻，脉弦数；湿重于热者，身目俱黄，其色不如热重者鲜明，头重身困，胸脘痞满，恶心呕吐，便溏，舌苔厚腻微黄，脉弦滑；急黄者病情危重，身目黄色鲜明如金，迅速加深，出现高热烦渴，或神昏谵语，衄血，舌红绛、苔黄腻等症。阴黄者预后欠佳，尤应辨清虚实。实证多见胁下积块刺痛，肌肤甲错，腹胀脘闷，舌苔紫等症；虚证常见面白、心慌、头晕、便溏、舌淡等症。

（二）治疗原则

黄疸的治疗原则根据其病因病机当以祛湿利小便，健脾疏肝利胆为宜。故《金匮要略·黄疸》

有"诸病黄家，但利其小便"之训。并应依湿从热化、寒化的不同，分别施以清热利湿和温中化湿之法。具体而言，阳黄以湿热为主，治宜清化湿热；阴黄以寒湿为主，治以温化寒湿。急黄则在清热利湿基础上，合用解毒凉血开窍之法；还需针对病因病机，合理地选用温中化湿、健脾燥湿、清热解毒、凉营开窍、通利腑气、活血化瘀等治法。

（三）分证论治

1. 阳黄

(1) 热重于湿

症状 身目发黄，色泽鲜明，壮热口渴，心中懊恼，口苦而干，恶呕纳呆，小便短赤，大便秘结，舌红苔黄腻或黄糙，脉弦数或滑数。

分析 身目发黄，色泽鲜明为湿热蕴蒸，肝胆失于疏泄，胆汁不循常道，泛溢于肌肤所致；壮热口渴，心中懊恼，口苦而干因热毒化火，伤津耗气所致；恶呕纳呆，小便短赤，大便秘结为湿热困遏阻脾胃，脾胃气机升降失司；舌红苔黄腻，脉弦数或滑数为热重于湿之象。

治法 清热利湿，佐以通腑。

方药 茵陈蒿汤加减。

方中茵陈味苦微寒，入肝、脾、膀胱经，为清热利湿退黄的要药；栀子有清泄三焦湿热之功；大黄有降泄胃肠瘀热之效，茵陈配栀子，使湿热从小便而去；茵陈配大黄，使湿热从大便而解，三药相合，共奏清利降泄之功。

若腹胀胁痛较甚可加柴胡、郁金、川楝子、延胡索等疏肝理气；若心烦、衄血者，可加丹皮、赤芍以凉血止血；若口苦而干，酌加升麻、连翘、大青叶、虎杖、田基黄、板蓝根等清热解毒；恶呕纳呆，加竹茹、鸡内金降逆和胃；若小便短赤，大便秘结，则加车前子、猪苓、泽泻等渗利湿邪，使湿热分消，从二便而去。

(2) 湿重于热

症状 身目发黄，身热不扬，头重身困，食欲减退，恶心呕吐，腹胀或便稀溏垢，舌苔厚腻微黄，脉濡缓或弦滑。

分析 身目发黄为肝失疏泄，湿遏热伏，胆汁不循常道，溢于肌肤；身热不扬因湿阻热遏不宣，热不散透所致；头重身困，食欲减退，恶心呕吐，腹胀或便稀溏垢为湿热阻遏脾胃，脾胃气机升降失司；舌苔厚腻微黄，脉濡缓或弦滑为湿重于热之象。

治法 利湿化浊，佐以清热。

方药 茵陈五苓散加减。

方中茵陈为主药，清热利湿退黄，配以猪苓、茯苓、泽泻淡渗利湿，白术健脾燥湿。

若热毒并重加甘露消毒丹，方中茵陈、滑石、木通清热利湿，引湿热之邪从小便而出；黄芩、连翘清热燥湿解毒；菖蒲、白蔻仁、藿香、薄荷芳香化浊，行气悦脾，宣利气机而化湿浊；若湿困脾胃，胃脘闷胀，口中甜者，可加厚朴、苍术；若湿阻运化不利见纳呆或无食欲者再加炒麦芽、鸡内金以醒脾消食；若初起见表证者，宜先用麻黄连翘赤小豆汤以解表利湿，如热留未退，乃因湿热未得透泄，可加用栀子柏皮汤，增强泻热利湿作用；若见阳明热盛，灼伤津液，积滞成实，大便不通，宜用大黄硝石汤泻热去实，急下存阴。

(3) 胆腑郁热

症状 身目发黄鲜明，右胁剧痛且放射至肩背，壮热或寒热往来，伴见口苦咽干，呕逆，尿黄，便秘，舌红苔黄而干，脉弦滑数。

分析 身目发黄，色泽鲜明为胆腑郁热，胆汁外溢；右胁剧痛且放射至肩背为湿热砂石郁滞，瘀血阻滞，不通则痛；壮热或寒热往来，伴有口苦咽干为胆腑郁热，内扰少阳；呕逆，尿黄，便秘因热郁肝胆，肝失疏泄，胃失和降所致；舌红苔黄而干，脉弦滑数为郁热之象。

治法　泄热化湿，利胆退黄。

方药　大柴胡汤加减。

方中柴胡、黄芩、半夏和解少阳，和胃降逆；大黄、枳实通腑泄热；郁金、佛手、茵陈、栀子疏肝利胆退黄；白芍、甘草缓急止痛。

若砂石阻滞，可加金钱草、海金沙、鸡内金疏肝利胆；恶心呕逆明显，加厚朴、竹茹、陈皮和胃化湿降逆止呕。

2. 急黄

症状　急骤起病，黄疸迅速加深，其色黄如金，伴见壮热烦渴，尿少，便结腹胀，胁痛，烦躁不安，或神昏谵语，或呕血便血，皮下瘀斑，舌质红绛，苔黄而干燥，扪之干，脉弦数或洪大。

分析　起病急骤，黄疸迅速加深，其黄如金，伴见胁肋疼痛为感受时邪疫毒，蕴结于中焦，脾胃运化失常，肝失疏泄，胆汁外溢，浸淫肌肤；壮热烦渴，尿少因热毒内盛，伤及津液；便结腹胀，烦躁不安为热结阳明所致；神昏谵语为热毒内陷心包；呕血便血，皮下瘀斑为热毒侵入营血，迫血妄行；舌质红绛为苔黄而干燥，扪之干，脉弦数或洪大则为热毒炽盛之象。

治法　清热解毒，凉血开窍。

方药　千金犀角散加减。

方中犀角（用水牛角代之）是清热解毒凉血之要药，配以黄连、栀子、升麻加强清热解毒，凉血清营之力，茵陈则可清热利湿退黄。

若热盛伤阴，阴虚火旺则加生地黄、玄参、石斛、丹皮清热解毒，养阴凉血；若热毒炽盛，大便秘结者，急以通涤胃肠热毒为要务，可加大黄、芒硝或用五味消毒以清解热毒；若如出现躁扰不宁，心神昏乱，可配服安宫牛黄丸或至宝丹以凉开清窍；若衄血、便血或者肌肤瘀斑重者，可加用地榆炭、柏叶炭等凉血止血之品。

3. 阴黄

(1) 寒湿阻遏

症状　身目俱黄，黄色晦暗不泽，或如烟熏，痞满食少，神疲畏寒，腹胀便溏，口淡不渴，舌淡苔白腻，脉濡缓或沉迟。

分析　身目俱黄，黄色晦暗不泽，或如烟熏因脾胃虚寒，或久病脾阳受伤，湿从寒化，久之肝失所养，疏泄失职，胆汁外溢所致；胃脘痞满，食少，腹胀便溏，口淡不渴为脾土失于温煦的表现；神疲畏寒为阳气受遏；舌淡苔白腻，脉濡缓或沉迟为寒湿之象。

治法　温中化湿，健脾和胃。

方药　茵陈术附汤加减。

方中茵陈除湿利胆退黄，附子、干姜温中散寒，佐以白术、甘草健脾和胃。

若腹胀明显，口淡不渴可酌加茯苓、泽泻、郁金健脾行气利湿之品；若腹胀苔厚者，可去甘草加苍术、厚朴以燥湿消胀；若胁下积块胀痛，固定不移，肤色暗黄，头晕乏力，舌质暗红，脉弦细，乃属气血两虚，浊邪瘀阻脉络，可用硝石矾石散以化浊祛瘀软坚；若黄疸日久，气滞血瘀，湿浊残留，结于胁下，常见胁下积块、刺痛拒按，宜服鳖甲煎丸，活血化瘀，并可配服逍遥散，以疏肝扶脾；若脾胃虚弱明显者，可配服香砂六君子汤，以健脾和胃。

(2) 脾虚湿滞

症状　面目及肌肤淡黄，甚则晦暗不泽，肢体倦怠乏力，心悸气短，大便溏薄，舌淡苔薄，脉濡细。

治法　补养气血，健脾退黄。

分析　肌肤淡黄，甚则晦暗不泽为脾虚不运，湿邪蕴滞；肢体倦怠乏力，心悸气短，大便溏薄因脾虚血亏，无以濡养所致；舌淡苔薄，脉濡细为脾虚湿滞之象。

方药　黄芪建中汤加减。

方中黄芪、桂枝、生姜、白术益气温中；当归、白芍、甘草、大枣补气养血；茵陈、茯苓利湿退黄。

若气虚乏力明显者，应重用黄芪，并加党参，以增强补气作用；若畏寒，肢冷，舌淡者，加附子温阳祛寒；若心悸不宁，脉细而弱者，加熟地、酸枣仁等补血养心。

4.黄疸消退后的调治

黄疸消退，有时并不表明病已痊愈。如湿邪不清，肝脾气血未复，可导致病情迁延不愈，或黄疸反复发生，甚至转成癥积、鼓胀。因此，黄疸消退后，仍须根据病情继续调治。

(1) 湿热留恋

症状　胁肋隐痛，口中干苦，脘痞腹胀，饮食减少，小便黄赤，苔腻，脉濡数。

分析　胁肋隐痛，口干口苦为肝经湿热，疏泄失职；脘痞腹胀，饮食减少，小便黄赤为脾失运化，湿热困阻脾胃的表现；苔腻，脉濡数为湿热留恋，余邪未清之象。

治法　清肝利胆，化湿宽中。

方药　茵陈四苓散加减。

方中茵陈、黄芩、黄柏清热化湿；茯苓、泽泻、车前草淡渗分利；苍术、苏梗、陈皮化湿行气宽中。

(2) 肝脾不调

症状　胁肋隐痛不适，脘腹痞闷，肢倦，乏力，纳差，大便不调，舌苔薄白，脉细弦。

分析　胁肋隐痛不适为肝郁气滞，肝失疏泄；脘腹痞闷，肢倦乏力，饮食欠香，大便不调因肝木克土，脾失健运所致；舌苔薄白，脉细弦为肝郁脾虚之象。

治法　调和肝脾，健脾解郁。

方药　逍遥散加减。

方中柴胡疏肝解郁，调达肝气；当归养血和血；白芍酸苦微寒，养血敛阴，柔肝缓急；白术、茯苓健脾去湿；炙甘草益气补中，缓肝之急；加入薄荷少许，疏散郁遏之气，透达肝经郁热；生姜温胃和中。

若胁肋隐痛不适甚者加枳壳、香附、郁金养血疏肝；若脘腹痞闷，肢倦，乏力明显加党参、白术、茯苓、山药益气健脾；若纳差，大便不调则加陈皮、山楂、麦芽理气助运。

(3) 气滞血瘀

症状　胸胁胀闷，或刺痛不适，面颈部见有赤丝红纹，舌有紫斑或紫点，脉涩。

分析　胸胁胀闷，或刺痛不适为肝郁气滞，不通则痛；面颈部见有赤丝红纹为气滞血瘀，血溢于肌表的表现；舌有紫斑或紫点，脉涩为气滞血瘀之象。

治法　活血化瘀，疏肝理气。

方药　血府逐瘀汤加减。

方中桃仁、红花、赤芍、川芎活血祛瘀以止痛；牛膝活血通经，祛瘀止痛，引血下行，生地、当归养血益阴，清热活血；桔梗、枳壳，一升一降，行气止痛；柴胡与桔梗、枳壳同用，理气行滞，气行则血行；甘草则起到调和诸药的作用。

四、预防与调护

本病重在预防。有病毒性肝炎家族史、进食不洁之物、输血史以及疫区生活史的人群应重点防护，要接种疫苗，定期检查，及时发现，及时诊断。避免摄入及接触对肝脏有毒之物。对已患黄疸的患者，应明确诊断病因，对症治疗，防止疾病出现传变，如鼓胀、积聚的发生。

本病除了药物治疗外，精神状态、生活起居、休息营养等，对本病均有着重要的辅助治疗作用。首先要保持良好的心态，使心情舒畅。其次要饮食清淡、忌食油腻煎炸、辛辣刺激之品，要戒酒，禁食坚硬的食物；急性期或慢性活动期应适当卧床休息，病情缓解后，适当参加体育锻炼；急黄患者应密切观察病情变化，绝对卧床休息，吃流质食物，可予补液对症治疗。

五、临证验案

冯某，男，17岁。

初诊　1995年2月8日。因突发黄疸，皮肤和巩膜皆黄，急诊住某传染病医院治疗。肝功化验：ALT2615(IU/L)，AST932(IU/L)，ALP193(IU/L)，GGT122(IU/L)，BIL8.1(mg/dl)，D-BIL4.6(mg/dl)，抗HAV-IgM(+)。症状：目睛、皮肤、巩膜皆黄染，黄色鲜明如橘，头晕、口苦、小便黄赤、大便偏干、脘腹胀满、呕恶纳呆、午后发热(体温在37.2～37.6℃之间)、神疲乏力、倦怠嗜卧、舌体胖、苔白厚腻挟黄、脉弦滑而数。

辨证　湿热蕴阻，熏蒸肝胆，疏泄不利。

处方　茵陈30g(先煎)、柴胡14g、黄芩10g、栀子10g、苍术10g、厚朴15g、陈皮10g、半夏12g、竹茹15g、凤尾草15g、水红花子10g　7剂

二诊　药服7剂后，黄疸变浅，脘腹痞满、呕恶不食减轻。午后之低热已退、大便隔日一行、小便黄赤、恶闻腥荤、倦怠乏力、舌苔白腻、脉来弦滑。

处方　改用茵陈30g(先煎)、大金钱草30g、垂盆草15g、白花蛇舌草15g、柴胡15g、黄芩10g、土茯苓15g、凤尾草15g、草河车15g、炙甘草4g、泽兰10g、土元10g、茜草10g。

三诊　服上方7剂后，病情大有好转，食欲大开、体力增加，大便每日一行、小便略黄。视其面、目，黄色已褪尽。肝功化验ALT 141(IU/L)，AST 42(IU/L)，ALP 116(IU/L)，GGT 35(IU/L)，LDH 132(IU/L)，TP 8.2(g/dl)；ALB 4.6(g/dl)，D-BIL 2.1(mg/dl)。治守原法巩固，前方再服十四剂。

药后面、目、身黄皆已退净，二便调，食欲增加，余症悉蠲，肝功能复查正常。嘱其注意休息，忌食肥甘厚腻，未再服药。

按　黄疸有阴、阳之分。本案患者发黄，颜色鲜明，并伴有身热、口苦、溲赤、便干，显为"阳黄"范畴。由湿热熏蒸肝胆，气机疏泄不利，胆汁不能正常排泄而外溢所致。湿热黄疸，临床有湿重于热、热重于湿和湿热俱盛之不同，其论治亦有别。本案脉证所现，属湿热俱盛型黄疸。湿与热俱盛，缠绵胶结不解，如油入面，蕴阻于内，必致肝胆气机疏泄不利，进而影响脾胃。治疗首当疏利肝胆，清利湿热，兼理脾胃为法。一诊方药为柴胡茵陈蒿汤和平胃散加减。方中柴胡、黄芩清肝利胆；茵陈蒿清热利湿退黄；栀子清利三焦之湿热；加用平胃散之苦温以化脾胃湿浊之邪。甘草留湿助邪，故去之。半夏、竹茹、凤尾草、水红花子和胃化浊降逆，清解湿热之毒，故加之。临床上，柴胡茵陈蒿汤对急、慢性肝炎出现黄疸而属湿热者，皆可使用。对亚急性重型肝炎，黄疸虽隐现黑色，但只要有尿赤便干、苔腻、脉弦有力者，亦可使用本方。若久服使脾胃虚弱致大便溏泻者，可用栀子柏皮汤代替。

（陈明．刘渡舟伤寒临证指要．学苑出版社．2002）

六、文献摘录

1．《素问·平人气象论篇》："溺黄赤安卧者，黄疸……目黄者曰黄疸。"

2．《素问·六元正纪大论》："湿热相薄，争于左之上，民病黄瘅。"

3．《景岳全书·黄疸》："阴黄证，则全非湿热，而总由气血之败。盖气不生血，所以血败；血不华色，所以色败。凡病黄疸而绝无阳证阳脉者，便是阴黄。阴黄之病何以致然？必以七情伤脏，或劳倦伤形，因致中气大伤，脾不化血，故脾土之色自见于外。"

4．《诸病源候论·小儿杂病候》："黄疸之病，由脾胃气实，而外有温气乘之，变生热。脾与胃合，候肌肉，俱象土，其色黄。胃为水谷之海，热搏水谷气，蕴积成黄，蒸发于外。"

5．《杂病源流犀烛·诸疸源流》："又有天行疫疠，以致发黄者，俗谓之瘟黄，杀人最急。"

6.《临证指南医案·疸》："胆汁为湿所阻,渍于脾,淫肌肉,溢于皮肤,色如熏黄。""瘀热在里,胆热液泄。"

七、文献推介

1. 高月求,王灵台.慢性乙型肝炎中医诊疗专家共识(2012年1月)[J].临床肝胆病杂志,2012,28(3):164-168.
2. 世界中医药学会联合会肝病专业委员会.慢性乙型肝炎(ALT≥2×ULN)中医证素诊断标准[J].中医杂志,2014,55(20):1799-1800.
3. 张声生,李乾构,李军祥.非酒精性脂肪性肝病中医诊疗共识意见[J].北京中医药,2011,30(2):83-86.

附 萎黄

萎黄是由脾土虚弱,水谷不能化生精微引起的,以肌肤萎黄无光为主要临床表现的病证。

萎黄的病因病机为虫积食滞、劳伤过度或饥饱失宜,导致脾土虚弱,运化失职,水谷不能化生精微,气血生化乏源,气虚血衰,或失血过多、大病之后血亏气耗,而致脏腑失养,肌肤失润,以致肌肤萎黄无光泽。

萎黄的治疗以健脾养胃,益气补血为要。

1. 脾虚营亏

症状 两目不黄,周身肌肤干萎色黄无泽,倦怠乏力,眩晕耳鸣,心悸少寐,大便溏薄,舌淡苔薄,脉弦细。

分析 两目不黄,周身肌肤干萎色黄无泽为脾气虚弱,水谷不能化生精微,肌肤失润;大便溏薄,倦怠乏力,眩晕耳鸣,心悸少寐为脾土虚弱,运化失职,气血生化乏源,气虚血衰;舌淡苔薄,脉弦细为气血不足之象。

治法 健脾养胃,益气补血。

方药 人参养荣汤加减。

方中黄芪、人参益气补元,白术、茯苓、陈皮健脾助运,熟地、白芍、当归、甘草、桂心养血和营,五味子、远志、大枣、生姜等安神和中。若血虚损伤甚者,可去桂心放入代赭石、赤石脂加重养血之力。

2. 脾虚湿滞

症状 面色萎黄少华,胃纳不佳,痞胀,便溏,身重,神疲乏力,舌淡苔薄或白腻,脉濡。

分析 面色萎黄少华,为脾气虚弱,无以化生水谷精微濡养肌肤;胃纳不佳,伴有痞胀便溏,身重,神疲乏力为脾虚无以运化水液,湿困于脾;舌淡苔薄或白腻,脉濡为湿邪停滞体内之象。

治法 健脾益气,燥湿化浊。

方药 黄芪建中汤加减。

黄芪、桂枝、生姜、白术益气温中;当归、白芍、甘草、大枣补气养血;茵陈、茯苓利湿退黄。

(编者:张玮 责任副主编:黄燕)

积聚是由正气亏虚,脏腑失和,气滞、血瘀、痰浊蕴结腹中引起的,以腹内结块,或痛或胀为主要临床表现的病证。分别言之,积属有形,固定不移,痛有定处,病在血分,是为脏病;聚属无形,聚散无常,痛无定处,病在气分,是为腑病。因积与聚关系密切,故两者往往一并论述。

积聚亦称为"癥瘕"、"癖块"、"痃癖"、"痞块"等。

积聚的病名首见《内经》，该书对本病的病因病机及治则均有论述。如《灵枢·百病始生》篇云："积之始生，得寒乃生……卒然外中于寒，若内伤于忧怒，则气上逆，气上逆则六输不通，温气不行，凝血蕴裹而不散，津液涩渗，著而不去，而积皆成矣。"在治则方面，《素问·至真要大论》有"坚者削之"、"客者除之"、"结者散之"、"留者攻之"、"逸者行之"等记载。尤其是《素问·六元正纪大论》指出："大积大聚，其可犯也，衰其大半而止。"这种治疗积聚，但不过伤正气的治疗原则，至今仍有效地指导着临床。随着对本病认识的不断深入，《难经》从病机和临床表现上对积证和聚证进行了区分，如《难经·五十五难》指出："积者，五脏所生，聚者，六腑所成也。积者，阴气也，其始发有常处，其痛不离其部，上下有所终始，左右有所穷处；聚者，阳气也，其始发无根本，上下无所留止，其痛无常处，谓之聚。故以是别知积聚也。"汉·张仲景《金匮要略·五脏风寒积聚病脉证并治》篇进一步说明："积者，脏病也，终不移；聚者，腑病也，发作有时。"仲景所制鳖甲煎丸、大黄䗪虫丸至今仍为治疗积聚的常用方剂。明·李中梓在《医宗必读·积聚》篇则提出了积聚分初、中、末三个阶段的治疗原则，受到后世医家的重视。清·吴谦《医宗金鉴·积聚难治》云："积聚牢固不动，坚硬不软，则病深矣，胃弱少食，大便溏泻不堪攻矣。"提出以食量的多少、胃气的强弱，作为可攻与否的标准，对于积证末期之治疗，尤有重要价值。此外，《千金方》、《外台秘要》等医籍中还提出了膏药外贴、药物外敷、针灸等综合疗法，使积聚的辨证施治内容更加丰富。

西医学中凡多种原因引起的肝脾肿大、腹腔及盆腔肿瘤等，多属"积"之范畴；胃肠功能紊乱、不完全性肠梗阻、肠扭转、肠套叠等原因所致的包块，则与"聚"关系密切，均可参考本节辨证施治。

一、病因病机

（一）病因

1.情志失调

情志抑郁，忧思恼怒，病及气分，使肝气不舒、脾气郁结，脏腑失和，气机阻滞。病久由气及血，脉络瘀阻，以致瘀血内停。若气滞为主，则为聚证；瘀血内停，结而成块，则为积证。如《金匮翼·积聚统论》云："凡忧思郁怒，久不得解者，多成此疾。"

2.饮食所伤

酒食不节，饥饱失常，损伤脾胃。脾失健运，湿浊内生，凝聚成痰；痰阻气机，滞而不畅，则成聚证。若气滞血瘀，脉络瘀阻，痰浊与气血相搏，结而成块，则成积证。亦有因饮食不调，因食遇气，食气交阻，气机不畅，而成聚证者。《景岳全书·痢疾论积垢》曰："饮食之滞，留蓄于中，或结聚成块，或胀满硬痛，不化不行，有所阻隔者，乃为之积。"

3.外邪侵袭

寒、湿、热等多种外邪或邪毒侵袭人体，留滞不去，使脏腑失和，气血运行不畅，痰浊内生，终至气滞、血瘀、痰凝而成积聚。如《诸病源候论·积聚病诸候》云："诸脏受邪，初未能为积聚，留滞不去，乃成积聚。"

4.他病转归

黄疸病后，或黄疸经久不退，湿邪留恋，阻滞气血；或久疟不愈，湿痰凝滞，脉络痹阻；或感染血吸虫，虫阻脉道，气血不畅，脉络瘀阻；以上因素均可导致气滞血瘀，结而成块，以致成积。

（二）病机

积聚的基本病机为气滞血瘀。凡以气机阻滞，痰气交阻，食滞痰阻，食气交阻等以气滞为主因者，多成聚证。若气滞血瘀，脉络阻塞，结而成块者，多成积证。

本病的发生，主要与肝脾两脏相关。肝以血为体，以气为用，主贮藏血液与调节血量，并调畅全身气机，若肝失疏泄，则直接影响气机的畅达，血液的运行，以致气滞而成聚证，日久血瘀而成积证。脾为后天之本，气机升降之枢纽，不仅能化生气血以充养五脏六腑，而且能运化水湿津液以布达周身。如脾失健运，则气机升降失常，以致血行滞涩，痰湿凝聚，而成积聚。

本病初起多实，久则正气渐损，多虚实夹杂，后期正虚邪实，缠绵难愈。以上虚实，仅是相对而言，因积聚的形成，总与正气不强相关，故《素问·经脉别论》云："勇者气行则已，怯者则著而为病也。"由于积聚的病机关键乃气滞血瘀，而形体壮盛之人，正气充盛，气血流畅，不致郁滞为患，则积聚无由所生，而形体虚弱之人，正气不足，气血皆虚，运行迟缓，则每遇邪犯，易郁滞为患，导致本病的发生。正气的盛衰不仅与积聚的形成有关，与其病机演变也密切相关。正气充盛，气血畅达，则郁滞之患，随之而散，病可向愈；如正气愈虚，气血运行愈发迟缓，而病趋愈甚。同时，积聚日久不愈，病邪日益侵凌，则可消残人体正气，使正气愈虚，形成恶性循环，加重病情。

聚证病程较短，一般预后较好。少数聚证日久不愈，可由气入血，转化为积证。临床亦有不经聚证而直接成积者。积证日久不愈，病势进一步发展，可以发生一些严重的并发症。若脾肝统藏失职，或瘀热灼伤血络，可致出血；若湿热蕴结中焦，肝脾失调，胆汁泛溢，可出现黄疸；若水湿泛滥，还可出现腹满肢肿等症。故积聚的病理演变，与血证、黄疸、鼓胀等病证有较密切的联系。

二、诊断与鉴别诊断

（一）诊断依据

(1) 腹内结块，或痛或胀，或固定不移，或聚散无常。腹腔内或可扪及包块。
(2) 常有情志失调、饮食不节、外邪侵袭或黄疸、胁痛、虫毒、久疟等病史。

（二）鉴别诊断

1. 痞满

痞满是指患者自觉脘腹痞塞不通，胀满不舒的一种病证，外无形证可见，无论病之轻重，均触及不到包块。积聚则是腹内结块，或痛或胀，不仅有自觉症状，或可扪及包块。

2. 鼓胀

鼓胀是以腹部胀大，绷急如鼓，甚则腹壁青筋显露为主症的一种病证，有些患者腹部可扪及包块，但与积证不同的是，腹部有水液停聚，下肢常见浮肿，腹部胀大显著。而积证以腹中结块疼痛为主症，且往往是诱发鼓胀的重要病因。

三、辨证论治

（一）辨证要点

1. 辨积与聚

积之与聚，证候不同，病机有异。临证时，首先应明辨积聚，详审病机。聚证触之无形，聚散无常，痛无定处，病在气分，是为腑病，病程较短，病情较轻，治疗较易，预后较好；积证触之有形，固定不移，痛有定处，病在血分，是为脏病，病程较长，病情较重，治疗较难，预后较差。

2. 辨虚实

根据病史长短、邪正盛衰以及伴随症状，辨其虚实之主次。聚证多实。积证初起，正气未虚，邪气不深，以邪实为主，其积块较小，质地较软，虽有胀痛不适，全身症状尚不明显。中期正气渐衰，邪气渐甚，邪实正虚，其积块渐大，质地渐硬，疼痛持续，伴见食少，倦怠乏力，日渐消瘦等症状。末期，正气大虚，邪气实甚，以正虚为主，其积块明显，质地坚硬，疼痛剧烈，伴见饮食大减，明显乏力，消瘦脱形，面色萎黄或黧黑等症状。

（二）治疗原则

聚证病情较轻，正伤不显，病在气分，以疏肝理气、行气消聚为基本原则，或兼导滞化痰。积证病情较重，病在血分，以活血化瘀、软坚散结为基本原则。治疗时须根据病机演变过程中正邪盛衰的趋势，或攻，或补，或攻补兼施。临床常分为初、中、末三个阶段：初期积块软而不坚，正气尚强，治疗以攻邪为主，予以理气活血，通络消积；中期积块渐大，质渐坚硬，正气渐伤，邪实正虚，治宜攻补兼施，予以祛瘀软坚，补益脾胃；末期积块坚硬，形瘦神疲，正气大虚而邪气盛实，治宜扶正培本为主，予以大补气血，酌加理气、化瘀、消积之品。

另外，对于本病的治疗，应注意攻伐药物不宜过用，妄用攻伐之药，虽可图一时之快，但耗伤正气，最终必致正虚邪盛，使病情加重。正如《素问·六元正纪大论》所说："大积大聚，其可犯也，衰其大半而止。"总之，在治疗本病时，当注意攻补适宜。因本病发展到一定阶段，多为虚中有实，实中夹虚，治疗时应根据具体情况，处理好攻、补的关系，注意"治实当顾其虚"、"补虚勿忘其实"，或先攻后补，或先补后攻，或寓攻于补，或寓补于攻，灵活施法，随证论治。

（三）分证论治

1. 聚证

(1) 肝郁气滞

症状　腹中气聚，攻窜胀痛，时聚时散，脘胁之间时或不适，病情常随情绪而波动，苔薄，脉弦。

分析　腹中气聚，攻窜胀痛，时聚时散为肝失疏泄，气机逆乱，气结则聚，气顺则散；病情常随情绪而波动为肝失疏泄，情志不畅；脘胁之间时或不适，苔薄，脉弦均为肝气不疏，气机不利之象。

治法　疏肝解郁，行气消聚。

方药　逍遥散加减。

柴胡、白芍、当归、薄荷，疏肝解郁、柔肝缓急；白术、茯苓、甘草调理肝脾。

若气滞较重者，可加香附、青皮、广木香、枳壳以疏肝理气；若寒湿中阻，症见脘腹痞满，食少纳呆，舌苔白腻，脉象弦缓者，可用木香顺气散以温中散寒，行气化湿。

(2) 食滞痰阻

症状　腹胀或痛，腹部时有条索状物聚起，按之胀痛更甚，便秘，纳呆，舌苔腻，脉弦滑。

分析　腹胀或痛，便秘纳呆为脾失健运，湿痰内生，痰食互阻，腑气不通所致；腹部时有条索状物聚起为痰食阻滞，气聚不散；舌苔腻，脉弦滑均为食滞痰阻之象。

治法　理气化痰，导滞散结。

方药　六磨汤加减。

大黄、槟榔、枳实行气导滞，通利大便；沉香、木香、乌药疏利气机，燥湿止痛。

若痰湿较盛者，可配二陈汤以增强燥湿化痰之功；若蛔虫结聚，阻于肠道者，可配乌梅丸或加服驱虫药。

聚证虽以实证多见，但反复发作，脾气损伤，可常服香砂六君子汤以健脾和中，扶助正气。

2. 积证

(1) 气滞血阻

症状　积块软而不坚，固着不移，胀痛不适，舌苔薄，脉弦。

分析　积块固着不移,胀痛不适为气滞血阻,脉络不和所致;病属初起,积犹未久,故软而不坚;舌苔薄,脉弦为气滞之象。

　　治法　理气活血,通络消积。

　　方药　金铃子散合失笑散加减。

　　金铃子,疏肝理气;元胡,活血止痛;五灵脂、蒲黄,活血化瘀。

　　若兼风寒表证,症见寒热、身痛、苔白、脉浮弦大者,应宣表通里,通滞消积,可选五积散,该方集解表、散寒、祛湿、行气、利水、活血、通络、温中、止痛之药于一炉,以治积证初起,又兼外感,气机不利所导致的一系列阻滞不通的证候,能使其逐步消散。

　　(2) 瘀血内结

　　症状　积块渐大而明显,硬痛不移,形瘦面晦,纳谷乏力,时寒时热,女子或见月事不下,舌质紫暗或有瘀点瘀斑,脉细涩。

　　分析　积块渐大而明显,硬痛不移为积成日久,气结不行,血瘀日甚,脉络阻塞所致;时寒时热为气血互结,营卫不和;形瘦面晦,纳谷乏力为脾胃虚弱,生化乏源,充养失职所致;女子月事不下,舌质紫暗或有瘀点瘀斑,脉细涩均示病在血分,瘀血内结之象。

　　治法　祛瘀软坚,兼调脾胃。

　　方药　膈下逐瘀汤加减。

　　当归、川芎、桃仁、红花、赤芍、五灵脂、丹皮、玄胡,活血化瘀;香附、乌药、枳壳,行气止痛;甘草,益气缓中。

　　若积块坚硬肿大而难消者,可合用鳖甲煎丸化瘀软坚,兼顾正气。本证为积之中期,治疗时活血化瘀虽当首用,而扶正健脾亦当重视,攻补贵在适宜。临证时,常与六君子汤间服,以补益脾胃,攻补兼施。

　　(3) 正虚瘀结

　　症状　积块坚硬,疼痛加剧,饮食大减,面色萎黄或黧黑,消瘦脱形,乏力神衰,舌质淡紫无苔,脉细数或弦细。

　　分析　积块坚硬,疼痛加剧为积证日久,血络瘀甚所致;饮食大减、消瘦脱形、乏力神衰为积证日久,瘀结愈甚,正气伤残,脾胃俱败,化源告竭所致;面色萎黄,甚至黧黑为血瘀日久,新血不生,营气大虚;舌质淡紫无苔,脉细数或弦细,均为气血耗伤,津液枯竭,血瘀气机不利之象。

　　治法　大补气血,活血化瘀。

　　方药　八珍汤合化积丸加减。

　　人参、白术、茯苓、甘草健脾益气;当归、白芍、地黄、川芎养血和血;三棱、莪术、阿魏、苏木活血化瘀;香附、槟榔疏肝理气;海浮石、瓦楞子软坚消瘀;雄黄解毒杀虫。

　　若见舌光红干裂,午后潮热等症者,乃阴竭之候,可酌加西洋参、石斛、麦冬、沙参、龟板等以滋阴;若见舌淡胖有齿痕,畏寒,神倦等症者,乃阳败之象,可酌加鹿角胶、补骨脂、附子、肉桂、仙茅、巴戟天等温补元阳。

四、预防调护

　　积聚之疾,多起于情志失和,故应在精神上开导患者,使之正确对待事物,解除忧虑,避免情志内伤。另外,应积极治疗胁痛、黄疸、疟疾、血吸虫等病证,以防转成积聚。饮食上应少食肥甘厚味及辛辣之品,多吃新鲜蔬菜,易消化的食物。注意劳逸结合,避免过劳。

五、临证验案

常某，女，30岁，工人。

易怒多思，稍不如意，即愤愤不平，抑郁难解，素日食欲不振，常觉脘腹满闷，若有物内停，久而胀痛难忍，至今已两年余。家人忧心如焚，经友介绍，强步登门求诊。诊见病者面容消瘦，精神怠惰，触按腹部有块状物，稍软，不移动，刺痛拒按，并兼胸腹胀满，不思饮食等症。余诊其脉，六部搏指应手，沉弦有力，舌质紫暗，少苔。

辨证 气滞血阻之积证。

立法 疏肝破积，温经通络。

处方 白芍12g，青皮10g，香附10g，桂枝6g，延胡索10g，木香6g，鸡血藤12g，三棱9g，莪术10g，陈皮9g。

二诊 服上方2剂，矢气频频，腹中作声，腹胀大减，惟积块疼痛，脉较前稍有缓象，再按原方加党参、白术兼扶正气。

白芍12g，青皮10g，香附10g，桂枝9g，木香5g，三棱9g，莪术10g，陈皮9g，乌药10g，枳壳10g，党参10g，白术12g，甘草5g。

三诊 服上方3剂，药后精神好转，食纳增加，积块略消，痛减，脉转和缓。再服健脾理气、散寒消积之剂。

党参12g，白术12g，陈皮9g，木香5g，三棱9g，莪术10g，青皮9g，白芍12g，吴茱萸5g，生姜4片，紫油桂6g（另包，研细末，分2次冲服）。

共进药十余剂，积块渐消，脘腹舒畅，面色好转，食欲增加，积年之疾，至此告愈。

按 本案为气滞血阻，内有实邪之证，治拟疏肝破积，温经通络，方取大七气汤加减。二诊气机有疏通之象，脉转缓，宗以前法，加党参、白术以健脾益气，助行气消积之功。三诊病势转缓，再予健脾理气、散寒消积之剂以善其后。治疗过程中，除了运用理气破坚之品外，还有补中、温运阳气之药，冀其荣卫流通，元气恢复。如此，则积去痛止虚固。

（许玉山.许玉山医案.山西人民出版社.1983）

六、文献摘录

1.《灵枢·五变》："人之善病肠中积聚者，何以候之？答曰：皮肤薄而不泽，肉不坚而淖泽，如此则肠胃恶，恶则邪气留止，积聚乃伤脾胃之间，寒温不次，邪气稍至，蓄积留止，大聚乃起。"

2.《金匮要略·五脏风寒积聚病脉证并治》："积者，脏病也，终不移；聚者，腑病也，发作有时。"

3.《诸病源候论·癥瘕病诸候》："其病不动者，名为癥；若病虽有结瘕而可椎移者，名为瘕，瘕者假也。"

4.《景岳全书·积聚》："积聚之病，凡饮食、血气、风寒之属，皆能致之，但曰积曰聚，当详辨也。盖积者，积垒之谓，由渐而成者也；聚者，聚散之谓，作止不常者也。由此言之，是坚硬不移，本有形也，故有形者曰积，或聚或散者，本无形也，故无形者曰聚。……皆积之类，其病多在血分，血有形而静也。诸无形者，或胀或不胀，或痛或不痛，凡随解随发，时来时往者，皆聚之类，其病多在气分，气无形而动也。故《难经》以积为阴气，聚者阳气，其义即此。凡无形之聚其散易，有形之积其破难。临此证者，但当辨其有形无形，在气在血，而治积治聚，自可得其梗概矣。"

5.《医宗必读·积聚》："初者，病邪初起，正气尚强，邪气尚浅，则任受攻；中者，受病渐久，邪气较深，正气较弱，任受且攻且补；末者，病魔经久，邪气侵凌，正气消残，则任受补。"

七、文献推介

1.沈启刚，谭春雨.明代名医李梴论治癥积病症的学术思想研究[J].中华中医药学刊，2012,30(5):1098-1099.

2.周玉平，张华，慕永平等.从虚损生积论治肝癌[J].中医杂志，2016,57(2):170-172.

（编者：杨新莉　责任副主编：刘良徛）

29 鼓胀

鼓胀是由肝病日久致肝、脾、肾三脏功能失调，气滞、血瘀、水停于腹引起的，以腹部胀大、皮色苍黄，甚则腹壁脉络显露为主要临床表现的病证。

鼓胀病名首见于《内经》，并对其症状、治法等都有了认识。《素问·腹中论篇》记载其症状是"心腹满，旦食则不能暮食"，病机是"饮食不节"，"气聚于腹"，并"治之以鸡矢醴"。汉·张仲景《金匮要略·水气病脉证并治》所论述的石水、肝水等与本病相似。晋·葛洪在《肘后备急方·治卒大腹水病方》中首次提出放腹水的适应证和具体操作的方法。隋·巢元方《诸病源候论·水蛊候》称之为"水蛊"，在病因上提出了"水毒"致病说，提示已经认识到此病由水中之虫所致。元·朱丹溪《丹溪心法·鼓胀》又名"单鼓"，唯脾土受伤，运化乏力，清浊相混，隧道壅塞，湿浊内生而成。治法上有主攻和主补的不同争论，此阶段深化了鼓胀的研究。明·李中梓《医宗必读·水肿胀满》称为"蛊胀"。戴思恭又有"膨脖"、"蜘蛛蛊"之称。至清·唐容川《血证论》提出"血鼓"。鼓胀称谓虽有不同，但从元代至明清，本病病变脏腑重点在脾，气血水互结的本虚标实是本病病机，同时也是很多医家的共识，治法上的灵活多样，为鼓胀治疗积累了宝贵的经验，对目前的临床实践同样具有指导意义。

西医学中的肝硬化腹水，包括病毒性、自身免疫性、胆汁淤积性、血吸虫性、营养不良性等多种原因导致的腹水及以腹水为主要表现的其他疾病属本病范畴，亦也可参考本节辨证施治。

一、病因病机

（一）病因

1. 酒食不节

饮食不节，或嗜酒过度，脾失健运，湿浊蕴结中焦，土壅木郁，水谷精微失于输布，气滞则血不行，气滞、血瘀、水湿三者相互影响，导致水湿瘀血聚于腹中，而成鼓胀。此即《诸病源候论·蛊毒病诸候》指出："水毒有阴阳，觉之急视下部。若有疮正赤如截肉者，为阳毒，最急；若疮如鳢鱼齿者，为阴毒，犹小缓。"

2. 情志所伤

情志失调，郁怒伤肝，肝失疏泄，气机不利，血行不畅，以致脉络阻滞。肝郁日久，横逆乘脾，脾失健运，水湿内停，以致气滞、血瘀交阻，导致水湿瘀血聚于腹中，而成鼓胀。《丹溪心法·鼓胀》指出："七情内伤，六淫外邪……清浊相混，隧道壅塞，郁而为热，热留为湿，湿热相生，遂成胀满"。

3. 虫毒感染

因感染血吸虫，久而失治，内伤肝脾，肝伤则气滞，脾伤则湿聚为水，虫阻脉络则血瘀，气滞、水湿、虫毒、血瘀相互作用，导致水湿瘀血聚于腹中，形成鼓胀。《医宗必读·水肿胀满》中指出："蛊胀者，中有实物，腹形充大，非虫即血也"。

4. 禀赋不足或劳逸失调

脾肾素虚，或劳欲过度，或久病所伤，而致脾肾亏虚，脾虚则失健运，清浊相混，水湿停聚；肾虚则膀胱气化无权，水泄不利而内停，导致鼓胀。

5. 病后续发

黄疸、积聚之证日久不愈而致鼓胀。黄疸之疾，属肝脾损伤，每因湿邪致病，日久不退，湿邪蕴阻，肝脾俱损，气滞血瘀，水停腹中。若或病久致积，气郁与痰血凝聚，终而气滞、血瘀、水停腹中，发生鼓胀。《医门法律·胀病论》认识到癥积日久可致鼓胀，"凡有癥瘕、积块、痞块，即是胀病之根"。

（二）病机

鼓胀的基本病机是由上述的各种病因引起肝、脾、肾三脏受损，而导致气滞，血瘀，水停于腹中。

虽然导致鼓胀的原因较多，但其累及的脏腑主要以肝、脾、肾三脏为主，且该病的主要病理因素为气滞、血瘀、水停。肝脏的主要生理功能包括主疏泄及藏血，如当情志不遂，郁怒伤肝，导致肝失疏泄，肝气郁结，气滞血瘀，脉络瘀阻。脾主运化水湿，当酒食不节，脾失健运，导致水湿内聚。又可因肝病日久，继而致肝逆犯脾，肝郁脾虚，脾虚失运，水湿内停，或因脾病继而湿浊蕴结于中焦，土壅则木郁，导致水湿失于输布，气滞则血不行，皆可致气滞、血瘀交阻，水停于腹中，此属肝脾俱病。肾主水，有主持和调节人体津液代谢的作用，若肝脾之病迁延日久不愈，可累及肾，导致肾气亏虚，肾虚则膀胱气化无权，水湿不化而内停，终而导致气滞、血瘀、水停腹中，而成鼓胀。如此，在鼓胀的病变过程中，肝脾肾三脏常相互影响，所以终致肝脾肾同病的难治之证。

鼓胀的病理性质多属于本虚标实之证，是气、血、水互结为病。发病早期先肝脾所伤，肝失疏泄，或脾失健运，两者可相互成为因果，而致气滞湿阻，此属实证。继而湿浊内蕴中焦，阻滞气机，既可郁而化热，而致水热蕴结，亦可因湿从寒化，出现水湿困脾之证。久则气血凝滞，隧道壅塞，瘀结水留更甚。肝脾日虚，病延及肾，元阳虚衰，导致无力温助脾阳蒸化水湿，且开阖失司，气化不利，而致阳虚水盛。如果阳伤及阴，或湿热内盛，湿聚热郁，热耗阴津，则肝肾阴亏，阳无以化，则水津失布，阴虚水停，故后期以虚证为主。至此，因肝脾肾三脏俱虚，运行蒸化水湿更难，气滞、血瘀、水停三者错杂为患，壅结益甚，由于邪愈盛而正愈虚，故本虚标实，更为错综复杂，病势日益深重。气滞则脉络瘀阻而血瘀，血不利则为水，水阻则气滞，日久正气耗损，故虚实夹杂，互为因果，水气血交互郁结，病情胶固难愈。虚实并见为本病的主要病机特点，故在诊治的过程中，要分清虚实孰多孰少而分治之。

该病预后较差，容易反复。因气、血、水三者互结，且邪盛正衰，所以治疗比较难。若发病早期，因正气未衰，给予适当调治，病情可缓解。若病在后期，邪实正虚，反复不愈，病情不易稳定。如患者饮食不节，或劳逸失调，或正虚感邪，可致病情恶化。若患者阴虚血热，迫血妄行，络伤血溢，可见鼻衄，齿衄，甚则呕血，便血；或肝肾阴虚，邪从热化，蒸液生痰，蒙闭心神，阴虚动风，则神昏谵语等严重征象。如脾阳虚，湿浊内蒙，蒙蔽心窍，亦可致神昏晕厥之变，终至邪陷正虚，气阴耗竭，由闭转脱，病情极为险恶。

二、诊断与鉴别诊断

（一）诊断依据

1. 初起脘腹作胀，腹渐胀大如鼓，按之柔软，食后尤甚。重者可见腹部胀满膨隆，腹壁青筋显露，病甚者腹部膨隆坚满，脐孔突起。

2. 常伴神疲乏力，四肢消瘦，纳差，尿少等。也可见面色萎黄，黄疸，以及齿衄，鼻衄，皮肤紫斑等出血现象，还可有颈胸部赤丝血缕，手部出现肝掌，血痣及蟹爪纹。

3. 本病常有酒食不节，情志内伤，虫毒感染，或黄疸，胁痛，癥积等病史。

（二）鉴别诊断

1. 水肿

二者均可见肢体水肿及腹部膨隆，但是水肿多以头面部或下肢先浮肿，继而全身，面色㿠白，腹壁无青筋暴露。主要由肺、脾、肾三脏气化失调导致水液泛溢肌肤而成。鼓胀则主要以腹部胀大，面色苍黄，可有腹壁青筋暴露，多不伴有四肢水肿，反见消瘦，后期可伴有肢体浮肿，主要病变部位主要在肝、脾、肾三脏。

2. 积证

鼓胀以腹部胀大，腹壁脉络暴露为主症，而积证以腹中结块或胀或痛为主症，两者有别。但腹中积块又多为诱发鼓胀的原因之一。

三、辨证论治

（一）辨证要点

1. 辨虚实

临床上应首先辨明虚实，是虚多实少，或实多虚少，或虚实夹杂的不同。鼓胀之病程一般比较长，相对而言，实证，病程短，腹膨急起，纳佳，身体壮实，大便艰，舌红或紫暗，苔腻，脉弦滑或弦数。虚证，病程长，反复发生，面色枯槁，精神萎靡，少气懒言，形体消瘦，畏寒，便溏，头面或下肢浮肿，舌淡或红绛，脉虚、缓、细。

2. 辨标本

标本之辨，标实需辨明气滞、血瘀、水湿，气滞（气鼓）者，以腹部胀满，按之空空然，按之即陷，随手而起，如按气囊，叩之如鼓等症为主；血瘀（血鼓）者，以腹部胀大，内有积块疼痛，外有腹壁青筋暴露，面颈部、胸部出现红丝赤缕为主；水停（水鼓）者，以腹部胀大，状如蛙腹，按之如囊裹水，或见腹部坚满，腹皮绷急，叩之呈浊音为主。本虚需辨明病位、阴阳、气血。

（二）治疗原则

本病基本病机是本虚标实，虚实错杂之证，故其治疗需分清缓急，随证辨治，顾护正气，慎用攻下，宜采用攻补兼施为基本原则。实证者当根据气、血、水的偏盛，合理选择行气、活血、利水之法，腹水严重者，可兼行攻逐之法，但中病即止。虚证者根据阴虚和阳虚之不同，可分别采取健脾、温肾、养阴等法，同时兼以祛邪，配以行气、活血、利水之法。

（三）分证论治

1. 气滞湿阻

症状　腹大胀满，按之不坚，胁肋疼痛或胀满，纳差，尿少，或食后胀甚，嗳气得舒，舌苔薄白腻，脉弦。

分析　胁肋疼痛或胀满为肝气郁结，疏泄不利，肝失条达，胁络不和；纳差，食后胀甚，嗳气得舒因肝木克脾，脾失健运，湿阻中焦所致；尿少是肝郁脾虚，气滞湿阻，水道不利，浊气充塞的表现；苔薄白腻，脉弦为气滞湿阻之象。

治法　疏肝健脾，利水理气。

方药　柴胡疏肝散合胃苓汤加减。

方中柴胡、枳壳、白芍、香附疏肝理气解郁；川芎、白芍养血和血；白术、茯苓、猪苓、泽泻健脾利水渗湿；桂枝辛温通阳，助膀胱之气化而利水；苍术、厚朴、陈皮健脾化湿除胀，甘草调和诸药。

若胁肋疼痛或胀满加重，嗳气得舒者，属气滞较甚者，加莱菔子、木香调畅气机；若腹大胀满、尿量少加车前子、玉米须利水化湿；若胁下刺痛，面青舌紫，舌质偏暗，为气滞血瘀者，加延胡索、丹参、莪术理气活血；若渐至口干而苦，苔转腻微黄，脉弦数者，为气郁化火，可酌加丹皮、栀子凉血活血。

2. 寒湿困脾

症状　腹大胀满，按之如囊裹水，甚则颜面微浮或下肢浮肿，脘腹痞胀，得热则减，怯寒神疲，大便溏薄，小便短少，舌苔白腻，脉弦迟。

分析　腹大胀满，按之如囊裹水为脾阳不振，水湿停聚；脘腹痞胀，得热则减因寒与水搏，中焦气机不利所致；大便溏薄为寒湿困脾；小便短少，下肢浮肿，怯寒神疲为脾病及肾，脾肾阳虚，气化失司；苔白腻，脉弦迟为寒湿困脾之象。

治法　温中行气，健脾利水。

方药　实脾饮加减。

方中附子、干姜，温补脾肾；茯苓、白术温中健脾利水；厚朴、木香、草果、槟榔理气健脾；木瓜利湿而不伤阴；生姜、大枣、甘草调和药性。

若水肿较甚，小便短少，腹大坚满水湿较盛者，加桂枝、肉桂、猪苓、泽泻、车前子等温阳化气，利水消肿；若脘腹痞胀甚者，可加香附、郁金、枳壳、砂仁等理气宽中；若大便稀溏者，去槟榔、厚朴加淮山药、扁豆健脾实大便，伴有神疲，纳呆，懒动乏力者，加黄芪、党参益气健脾；若兼有胸闷气急，加葶苈子、苏子、半夏等泻肺行水，止咳平喘。

3. 湿热蕴结

症状　腹大坚满，皮紧拒按，烦热口渴，渴不欲饮，或有面目肌肤发黄，小便赤涩，大便秘结或溏垢，舌质边尖红，苔黄腻或灰黑而润，脉弦数。

分析　腹大坚满，皮紧拒按因肝胆疏泄不利，脾胃湿热蕴结，水湿壅盛所致；烦热口渴，渴不欲饮是湿热上蒸的表现；面目肌肤发黄为湿热内蕴，胆汁不循常道外溢；小便赤涩，大便秘结或溏垢不爽因湿热阻滞气机所致；舌边尖红，苔黄腻或灰黑而润，脉弦数，为湿热内阻之象。

治法　清热利湿，攻下逐水。

方药　中满分消丸合茵陈蒿汤加减。

中满分消丸中黄芩、黄连、知母清热除湿；茯苓、猪苓、泽泻淡渗利湿；厚朴、枳壳、半夏、陈皮、砂仁健脾下气，燥湿除胀；干姜与黄芩、黄连、半夏同用，辛开苦降，消除中满，祛除湿热；姜黄活血化瘀；少佐人参、白术、甘草健脾益气，祛水清热而不伤正。诸药合用，水退热清气行，中满得消。茵陈蒿汤中茵陈退湿热黄疸，栀子清三焦湿热；大黄泻肠中瘀热。

若小便赤涩不利者，加陈葫芦、滑石、蟋蟀粉以行水利窍；若湿热壅盛，可去人参、干姜、甘草，加栀子、虎杖。热势较重，加连翘、龙胆草、半边莲，清热解毒；若病情加重，热甚动血，骤然大量吐血、下血者，病情危急，犀角地黄汤加参三七、生地榆、仙鹤草等清热凉血止血；若热毒内陷，可见怒目狂叫，四肢抽搐或颤动，用安宫牛黄丸，或至宝丹，清热凉血开窍；若痰浊蒙闭，口喷臭气，渐至神志昏迷，用苏合香丸，芳香温开透窍。

4. 肝脾血瘀

症状　腹大坚满，青筋显露，胁腹刺痛拒按，面色晦暗，或面颈胸臂见血痣或赤丝血缕，或肌肤甲错，口干而不欲饮，或见大便色黑，舌质紫暗或边有瘀斑，脉细涩。

分析　腹大坚满，青筋显露，胁腹刺痛拒按为肝郁不舒，脾失健运，络脉瘀阻，水道不通，水气内聚；面颈胸臂见血痣或赤丝血缕，或肌肤甲错因日久瘀血蕴阻下焦所致；口干而不欲饮为气血水浊互结的表现；便血色黑为瘀血，血不归经；舌质紫暗，有瘀斑，唇紫，脉细涩，均为瘀血之象。

治法　活血化瘀，行气利水。

方药　调营饮加减。

方中当归、川芎、赤芍、大黄、莪术、玄胡活血化瘀；葶苈子、瞿麦、赤茯苓清热利水；槟榔、大腹皮、陈皮、桑白皮理气利水；官桂、细辛通阳化湿；甘草调和诸药。

若大便色黑，可加参三七、侧柏叶，化瘀止血；若水肿，胀满过甚者，可用十枣汤以攻逐水饮，但不可过伐伤正；若瘀痰互结，水积不退者，加白芥子、半夏等，甚者加穿山甲、地鳖虫、水蛭；若久病体虚或攻逐伤正者，可用八珍汤或人参养营丸等补养气血。

5. 脾肾阳虚

症状　腹大胀满，形如蛙腹，朝宽暮急，面色苍黄或呈㿠白，食少便溏，畏寒肢冷，小便短少，舌胖质淡紫，苔厚腻而滑，脉沉细无力。

分析　腹大胀满，形如蛙腹，入暮尤甚为脾肾阳虚，水湿内停；脘闷纳呆为水湿中阻；小便短少因阳虚气化不利；畏寒肢冷，食少便溏，畏寒肢冷为阳虚失却温煦；舌胖质淡紫，苔厚腻而滑，脉沉细无力，为脾肾阳衰，水湿内停之象。

治法　温补脾肾，化气行水。

方药　附子理苓汤加减。

附子理苓汤方中用附子、干姜温中散寒；党参、白术、甘草益气健脾除湿；茯苓、猪苓、泽泻利尿渗湿；桂枝辛温通阳化气；肉桂温补肾阳，化气行水。

若脾阳虚见神疲乏力，少气懒言，纳呆，便溏者，加黄芪，山药，薏苡仁，扁豆，益气健脾益气；若面色苍白，畏寒肢冷，腰膝酸冷痛，偏于肾阳虚衰者，加仙茅、仙灵脾、巴戟天温补脾肾；若腹筋暴露者，稍加赤芍、泽兰、三棱、莪术等。

6. 肝肾阴虚

症状　腹大坚满，重者见腹部青筋暴露，消瘦，面色晦暗，口舌干燥，五心烦热，失眠多梦，或齿鼻衄血，小便短少，舌质红绛少津，苔少或光剥，脉弦细数。

分析　腹大胀满，小便短少为肝病久延，累及肾阴，肝失疏泄，气机郁滞，肝肾同病，津液不能输布，水湿停聚于内；青筋暴露，面色晦暗为阴虚内热，煎熬津液，血行涩滞，瘀血阻络；口舌干燥，心烦少寐为阴虚内热，虚热扰心的表现；齿衄，鼻衄为虚火灼伤血络所致；舌红绛少津，脉细数皆为肝肾阴虚之征。

治法　滋养肝肾，凉血化瘀。

方药　六味地黄丸或一贯煎加减。

肝肾阴虚证者，偏肾阴虚以六味地黄丸为主，偏肝阴虚以一贯煎为主。六味地黄丸中熟地黄、山茱萸、山药滋养肝肾，茯苓、泽泻、丹皮淡渗利湿。一贯煎中生地、沙参、麦冬、枸杞滋养肝肾，当归、川楝子养血活血，疏肝理气。

若腹胀较甚，加枳壳、大腹皮行气消胀；若口舌干燥，合并咽干明显，加石斛、玄参、知母等养阴生津；若午后发热，烦躁者，酌加银柴胡、地骨皮等清虚热；若肌肤发黄加茵陈、赤芍清热活血退黄；若齿鼻出血加栀子、藕节炭、鲜茅根、仙鹤草等凉血止血；若青筋显露，唇舌紫暗，小便短少，加鳖甲、丹参、益母草，活血化瘀；若兼耳鸣，面赤，颧红，阴虚阳浮加龟板、生牡蛎等滋阴潜阳；若见胁下疼痛不移，形成痞块，舌质偏暗，或舌下络脉怒张，酌情选用膈下逐瘀汤活血祛瘀，行气止痛。

四、预防与调护

平时应饮食有节，宜清淡，低盐饮食，忌食热性、坚硬、辛辣刺激、生冷寒凉不洁食物，严格忌酒，避免与疫水（血吸虫）接触，避免精神刺激，避免接触对肝脏有毒物质。如果感受外邪，应及时治疗。加强护理，防止正虚邪袭。注意饮食营养，多食用蔬菜、水果等富含维生素的食物，注意休息，病重者以卧床休息为主。保持情绪稳定，避免精神刺激，消除恐惧心理，增强治疗信心。

五、临证验案

张某，男，37岁。

初诊 1993年5月4日。

主诉 腹胀，下肢肿胀1年余。

患者1年多来自觉腹胀，阴囊及下肢肿胀，经某院确诊为肝硬化腹水。就诊时症见：胃脘胀满，食纳不佳，精神不振，睡眠不安，乏力气短，小便黄少如浓茶。

查体发育正常，营养中等，巩膜皮肤无黄染，腹部胀满，腹壁青筋显露，腹水征明显，腹围83cm，肝脾未触及，下肢有明显可凹性水肿。化验：TTT 20U，白蛋白/球蛋白比值1.9：2.9。

舌脉 舌苔白，质暗淡，脉沉弦细。

西医诊断 肝硬化腹水。

中医辨证 气虚血滞，水湿内停。

立法 活血化瘀，益气行水消肿。

方药 茵陈10g，茯苓15g，通草3g，泽泻10g，杏仁10g，橘红10g，生黄芪30g，当归10g，杭白芍15g，牡丹皮10g，牛膝10g，生姜皮3g。

二诊 5月20日，服上方15剂后，小便量逐渐增多，精神好转，睡眠、食纳好转。检查腹围75cm，腹水基本消失，下肢水肿消失。化验：TTT 5U，白蛋白/球蛋白比值3.5：2.6。继服上方巩固治疗。

按 关老在治疗腹水的过程中，很重视活血行气化瘀之法，由于久病脏腑虚损而气虚血滞，气虚不畅是水湿停滞的重要环节。又因湿热凝聚结痰，痰阻血络，则更致血滞瘀阻而水湿难消。本例患者病程1年余，有明显腹水，下肢水肿，证属气虚血滞，水湿内停。关老首先重视使用生黄芪、当归养血益气扶正，使之气充血行，且以牛膝、白芍和当归养血柔肝，又以杏仁、橘红化痰通络且可醒脾，继以茯苓、通草、茵陈、生姜皮、泽泻利水消肿，佐牡丹皮凉血活血，旨在活血行气，化瘀以助水行。此乃"治水先治气，气行水自制"的原则，方中虽无行气之品，但以补气为治，气充血行，血活痰化，以利水行，故药后小便量增，腹水减少，下肢水肿消失，非但症状改善，肝功能也趋于恢复。

（徐春军．关幼波医论医案方辑．北京科学技术出版社．2016）

六、文献摘录

1.《金匮要略·水气病脉证并治》："肝水者，其腹大，不能自转侧，胁下腹痛，时时津液微生，小便续通。"

2.《诸病源候论·水肿病诸候》："此由水毒气结聚于内，令腹渐大，动摇有声，常欲饮水，皮肤粗黑，如似肿状，名水蛊也。"

3.《格致余论·鼓胀论》："今令七情内伤，六淫外侵，房劳致虚，脾土之阴受伤，转输之官失职，胃虽受谷不能运化，故阳自升阴自降，而成天地不交之否。于斯时也清浊相混，隧道壅塞，气化浊血瘀郁而为热。热留而久，气化成湿，湿热相生，遂成胀满。经曰鼓胀是也。"

4.《丹溪心法·鼓胀》："……朝宽暮急，血虚；暮宽朝急，气虚；终日急，气血皆虚。"

5.《景岳全书·肿胀》："少年纵酒无节，多成水鼓。盖酒为水谷之液，血亦水谷之液，酒入中焦，必求同类，故直走血分。"

6.《寓意草·面议何茂倩令媛病单腹胀脾虚将绝之候》："……从来肿病，……明乎此，则有培养一法，补益元气是也；则有招纳一法，升举阳气是也；则有解散一法，开鬼门，洁净府是也。三法虽不言泻，而泻在其中矣。"

七、文献推介

1. 陈明. 刘渡舟治疗肝硬化腹水的经验 [J]. 中医杂志, 1997,38(7):408-410.
2. 肝硬化腹水中医诊疗规范专家共识意见 [J]. 中华中医药学会脾胃病分会, 2012,31(11):868-872.
3. 鼓胀诊疗指南 [J]. 中华中医药学会, 2011,9(16):120-121.
4. 刘敏, 李献平. 关幼波治疗肝硬化腹水的经验 [J]. 中医药通报·名医精华. 2006,5(4):11-12.

附 变证

1. 鼓胀出血

症见轻者齿鼻出血，重者骤然大量吐血呕血，色鲜红，或便血色暗红或油黑，脘腹胀满，胃脘不适，舌红苔黄，脉弦数。多属瘀热互结，热迫血溢，治宜清热凉血，活血止血，轻者方可选用泻心汤合十灰散，或犀角地黄汤加减。泻心汤中大黄、黄连、黄芩大苦大寒，清胃泻火；十灰散中大蓟、小蓟、荷叶、侧柏叶、茅根、茜根、山栀、大黄、牡丹皮、棕榈皮凉血化瘀止血。伴见身目黄染明显热入血分，热伤血络者可选犀角地黄汤，犀角（水牛角代替）、生地、芍药、丹皮凉血散瘀，酌加三七、仙鹤草、地榆炭、血余炭、大黄炭凉血活血止血。

若出血过多，气随血脱，汗出如油，四肢厥冷，脉细微欲绝，治宜扶正固脱，益气摄血，可急用独参汤加山萸肉以扶正救脱。还应施以中西医结合抢救治疗。

2. 鼓胀神昏

症状见神志昏迷，高热烦躁，甚则怒目狂叫，或手足抽搐，口臭便秘，尿短赤，舌红苔黄，脉弦数等。治宜清心开窍之法。根据辨证，可分别选用安宫牛黄丸、紫雪丹、至宝丹或用醒脑静注射液等清心开窍之剂治疗。

若热势尤盛，内陷心包者，见舌红苔黄，脉弦滑数，治当清热豁痰，开窍息风，宜选安宫牛黄丸，或可加龙胆泻肝汤。痰热内闭，昏迷较深者，见神情淡漠呆滞，口中秽气，舌淡苔浊腻，脉弦细者，治当化痰泄浊开窍，苏合香丸合菖蒲郁金汤，或选用至宝丹。抽搐痉厥较甚者，选用紫雪丹，也可加石决明、钩藤。若兼有大便不通者，加大黄、芒硝；若患者热盛耗伤津液者，加麦冬、石斛、生地。

若病情继续恶化，昏迷加深，汗出肢冷，气促，两手抖动，脉细微绝，此为气阴耗竭，元气将绝的脱证，急予敛阴回阳固脱，中西医结合积极抢救，可以选用醒脑静注射液、参麦注射液、参附注射液等。

（编者：张玮　责任副主编：黄燕）

30 眩晕

眩晕是由清窍失养或清窍受扰引起的，以目眩、头晕为主要临床表现的病证。目眩即眼花或眼前发黑，视物模糊；头晕即感觉自身或外界景物旋转，站立不稳。两者常同时并见，故统称为"眩晕"。

眩晕的病名最早出现在《内经》，称为"眩"、"眩冒"，认为与肝风、虚及外邪有关。汉·张仲景在《金匮要略·痰饮咳嗽病脉证并治》中指出："心下有支饮，其人苦冒眩，泽泻汤主之。""卒呕吐，心下痞，膈间有水，眩悸者，小半夏加茯苓汤主之。"这些关于痰饮致眩的理论和治疗方法，为后世"无痰不作眩"的论述提供了理论依据。至金元时期，朱丹溪力倡痰火致眩论，元·朱丹溪在《丹溪心法·头眩》中则强调"无痰则不作眩"。明清时期对于眩晕发病又有了新的认识。明·张景岳在《景岳全书·眩运》中指出："眩运一证，虚者居其八九，而兼火兼痰者，不过十中一二耳。""无虚不能作眩"。明·虞抟在《医学正传·眩运》中记载："眩晕乃中风之渐"，"大抵人肥白而作眩者，治宜清痰降火为先，而兼补气之药；人黑瘦而作眩者，治宜滋阴降火为要，而带抑肝之剂。"指出眩晕的发病有痰湿及真水亏久之分，治疗眩晕亦当分别针对不同体质及证候，辨证治之。此外，明·虞抟《医学正传·眩运》还记载了"眩运者，中风之渐也"，认识到眩晕与中风之间有一定的内在联系，这些理论至今值得临床借鉴。

西医学中的内耳性眩晕如梅尼埃病、迷路炎、晕动病等；中枢性眩晕如椎-基底动脉供血不足、脑动脉粥样硬化、高血压脑病等；颅骨占位性疾病如听神经纤维瘤、小脑肿瘤等病属于本病范畴。以眩晕为主要表现的其他疾病，如高血压、低血压、阵发性心动过速亦可参照本节辨证施治。

一、病因病机

（一）病因

1. 情志不遂

忧郁恼怒太过，肝失条达，肝气郁结，气郁化火，肝阴耗伤，风阳易动，上扰头目，发为眩晕。正如《类证治裁·眩晕》所言："良由肝胆乃风木之脏，相火内寄，其性主动主升；或由身心过动，或由情志郁勃，或由地气上腾，或由冬藏不密，或由高年肾液已衰，水不涵木，以致目昏耳鸣，震眩不定。"

2. 饮食不节

若饮食不节，嗜酒肥甘，损伤脾胃，以致健运失司，水湿内停，积聚生痰，痰阻中焦，清阳不升，或脾胃日虚，气血生化乏源，清窍失养，故发为眩晕。

3. 年迈体虚

若年高肾精亏虚，髓海不足，无以充盈于脑；或体虚多病，损伤肾精肾气；或房劳过度，阴精亏虚，均可导致髓海空虚，发为眩晕。正如《灵枢·海论》所言："髓海不足，则脑转耳鸣，胫酸眩冒，目无所见，懈怠安卧。"若肾阴素亏，水不涵木，肝阳上亢，肝风内动，亦可发为眩晕。

4. 久病失血

久病不愈，耗伤气血；或失血之后，气随血耗，气虚则清阳不振，清气不升；血虚则肝失所养，而虚风内动；皆能发生眩晕。如《景岳全书·眩晕》所说："原病之由有气虚者，乃清气不能上升，或汗多亡阳而致，当升阳补气；有血虚者，乃因亡血过多，阳无所附而然，当益阴补血，此皆不足之证也。"

5. 跌仆坠损

跌仆坠损，头脑外伤，瘀血停留，阻滞经脉，而致气血不能上荣于头目，故眩晕时作。

（二）病机

眩晕的基本病机为清窍失养或清窍受扰。病位在脑窍，与肝、脾、肾三脏关系密切。病性以虚者居多，气虚血亏、髓海空虚、肝肾不足所导致的眩晕多属于虚证；因痰浊中阻、瘀血阻络、肝阳上亢所导致的眩晕属于实证或本虚标实证。风、火、痰、瘀是眩晕常见病理因素。在眩晕的病变过程中，各种病因彼此影响，病机相互兼夹或转化。如脾胃虚弱，气血亏虚而生眩晕，而脾虚又可聚湿生痰，二者相互影响，临床上可以表现为气血亏虚兼有痰湿中阻的证候。如痰湿中阻，郁久化热，形成痰火为患，甚至火盛伤阴，形成阴亏于下，痰火上蒙的复杂局面。再如肾精不足，本属阴虚，若阴损及阳，或精不化气，可以转为肾阳不足或阴阳两虚之证。此外，风阳每夹有痰火，肾虚可以导致肝旺，久病入络形成瘀血，故临床常形成虚实夹杂之证候。

二、诊断与鉴别诊断

(一) 诊断依据

1. 头晕目眩，视物旋转，轻者闭目即止，重者如坐车船，甚则昏仆。
2. 可伴恶心呕吐、眼球震颤、耳鸣耳聋、汗出、面色苍白等。
3. 有急性起病，亦有慢性起病，逐渐加重，可反复发作。

(二) 鉴别诊断

1. 中风

中风以卒然昏仆，不省人事，伴有口舌歪斜、语言謇涩、半身不遂为主症的一种疾病；或不经昏仆而仅以㖞僻不遂为特征。眩晕发作严重者，有突然昏仆的现象，但神志清醒，且无口舌歪斜、半身不遂等症状。

2. 厥证

厥证以突然昏仆、不省人事或伴有四肢厥冷为主，患者短时间内逐渐苏醒，醒后无后遗症，但特别严重者也可一厥不复而死亡。眩晕发作严重者，有欲仆或仆倒现象，与厥证相似，但一般无昏迷及不省人事的表现。

3. 痫病

痫病是一种发作性神志异常的疾病，其特征为发作性精神恍惚，甚则突然仆倒、昏不知人、口吐涎沫、两目上视、四肢抽搐，或口中如作猪羊叫声、移时苏醒。眩晕发作严重者，有突然扑倒现象，与痫病相似，但无口吐涎沫、两目上视、四肢抽搐等症状。

三、辨证论治

(一) 辨证要点

1. 辨脏腑

眩晕病在脑窍，但与肝、脾、肾三脏功能失调密切相关。肝阳上亢之眩晕兼见头胀痛、面色潮红、急躁易怒、口苦脉弦等症状。脾胃虚弱，气血不足之眩晕，兼有纳呆、乏力、面色㿠白等症状。脾失健运，痰湿中阻之眩晕，兼见纳呆呕恶、头痛、苔腻诸症。肾精不足之眩晕，多兼有腰酸腿软、耳鸣如蝉等症。

2. 辨虚实

凡病程较长，反复发作，遇劳即发，伴两目干涩，腰膝酸软，或面色㿠白，神疲乏力，脉细或弱者，多属虚证，由精血不足或气血亏虚所致。凡病程短，或突然发作，眩晕重，视物旋转，伴呕恶痰涎，头痛，面赤，形体壮实者，多属实证。其中，痰湿所致者，头重昏蒙，胸闷呕恶，苔腻脉滑；瘀血所致者，头昏头痛，痛点固定，唇舌紫暗，舌有瘀斑；肝阳风火所致者，眩晕，面赤，烦躁，口苦，肢麻震颤，甚则昏仆，脉弦有力。

3. 辨标本

眩晕以肝肾阴虚、气血不足为本，风、火、痰、瘀为标。其中阴虚多见咽干口燥，五心烦热，潮热盗汗，舌红少苔，脉弦细数；气血不足则见神疲倦怠，面色不华，爪甲不荣，纳差食少，舌淡嫩，脉细弱。标实又有风性主动，火性上炎，痰性黏滞，瘀性留著之不同，要注意辨别。

(二)治疗原则

眩晕之治法,以滋肾养肝、益气补血、健脾和胃为主。由于本病多属本虚标实之证,所以一般须标本兼顾,或在标证缓解之时即考虑治本。如平肝潜阳合滋养肝肾,化痰降逆合健脾益气,活血化瘀合益气养阴等,都是常用的标本兼顾之法。治疗眩晕,还要注意治疗原发病,如因跌仆外伤、妇女崩中、漏下等失血而致眩晕,应重点治疗失血;脾胃不健,中气虚弱的,应重在治疗脾胃,一般原发病得愈,本病亦随之而愈。

(三)分证论治

1. 肝阳上亢

症状 眩晕耳鸣,头痛且胀,遇劳或恼怒加重,面时潮红,急躁易怒,失眠多梦,舌质红,苔黄,脉弦或弦数。

分析 眩晕耳鸣,头痛且胀为肝阳化风,上扰清窍;遇劳或恼怒加重,为肝阳升发太过;急躁易怒,失眠多梦为肝阳上亢,阳扰心神;面时潮红为肝阳亢盛,邪火上炎;舌红,苔黄,脉弦或数皆是肝阳上亢之征。

治法 平肝潜阳,清火息风。

方药 天麻钩藤饮加减。

方中天麻、石决明、钩藤平肝潜阳息风;杜仲、桑寄生补益肝肾;牛膝引血下行;黄芩、山栀清肝泻火;茯神、夜交藤养心安神;益母草活血通络。

若肝火上炎,口苦目赤,烦躁易怒者,酌加龙胆草、丹皮、夏枯草;若阴虚较甚,舌红少苔,脉弦细数者,可酌加首乌、生地、麦冬、玄参;若见目赤便秘,可选加大黄、芒硝或当归龙荟丸以通腑泄热;若眩晕剧烈,兼见手足麻木或震颤者,加羚羊角、石决明、生龙骨、生牡蛎、全蝎、蜈蚣等镇肝息风,清热止痉。

2. 痰浊中阻

症状 头晕目眩,头重如蒙,胸闷恶心,呕吐痰涎,食少多寐,苔白腻,脉弦滑。

分析 头晕目眩为痰浊中阻,上蒙清窍;头重如蒙为痰浊阻遏清阳;胸闷恶心为痰浊中阻,气机不利;呕吐痰涎为胃气上逆;食少多寐为脾阳为痰浊阻遏而不振;苔白腻,脉弦滑皆是痰浊内蕴之征。

治法 燥湿祛痰,健脾和胃。

方药 半夏白术天麻汤加减。

陈皮、半夏燥湿化痰;茯苓、白术健脾除湿;天麻息风止眩;甘草、生姜、大枣健脾和胃,调和诸药。

若眩晕较甚,呕吐频繁,加代赭石、竹茹,和胃降逆止呕;若脘闷纳呆,腹胀较甚者,加白蔻仁、砂仁,理气化湿健脾;若耳鸣重听者,加葱白、郁金、石菖蒲,通阳开窍;若头目胀痛,心烦口苦,渴不欲饮,舌红苔黄腻,脉弦滑者,宜黄连温胆汤清化痰热。

3. 瘀阻清窍

症状 眩晕头痛,兼见健忘,失眠,心悸,精神不振,耳聋耳鸣,面唇紫暗,舌暗有瘀斑瘀点,脉弦涩或细涩。

分析 眩晕,健忘,耳鸣耳聋为瘀血阻络,气血不畅,脑失所养;头痛为瘀血内阻,脑络不通;心悸失眠,精神不振为瘀血不去,新血不生,心神失养;面唇紫暗为气血不畅,肌肤失养;舌暗有瘀点或瘀斑,脉弦涩或细涩皆是瘀血内阻之征。

治法 祛瘀生新,活血通窍。

方药 通窍活血汤加减。

川芎、赤芍、桃仁、红花活血化瘀，通窍止痛；麝香，开窍散结止痛；老葱散结通阳；黄酒辛窜，以助血行；鲜姜辛温发散；大枣甘温益气。

若兼见神疲乏力，少气自汗等症，加入黄芪，党参益气行血；若兼畏寒肢冷，感寒加重，可加附子，桂枝温经活血；若天气变化加重，或当风而发，可重用川芎加防风、白芷、荆芥、天麻等理气祛风之品。

4. 气血两虚

症状 头晕目眩，动则加剧，遇劳则发，面色苍白，神疲乏力，唇甲不华，心悸少寐，舌淡，苔薄白，脉细弱。

分析 头晕目眩为气血亏虚，脑失所养；动则加剧为劳则耗气；神疲乏力为气虚之象；心悸少寐为气血不足，心神失养；唇甲不华，面色苍白为血虚失濡；舌淡，苔薄白，脉细弱皆是气血两虚之征。

治法 补益气血，调养心脾。

方药 归脾汤加减。

人参、白术、黄芪益气健脾；当归、熟地、龙眼肉、大枣补血生血养心；茯苓补中健脾；远志、枣仁养血安神；木香健脾醒胃。

若气虚卫阳不固，自汗时出，易于感冒，当重用黄芪，加防风、浮小麦益气固表敛汗；若脾虚湿盛，腹泻或便溏者，可酌加薏苡仁、炒扁豆、泽泻等；若中气不足，清阳不升，兼见气短乏力，纳少神疲，便溏下坠，脉象无力者，可合用补中益气汤；若气损及阳兼见形寒肢冷，腹中隐痛，脉沉者，可酌加桂枝、干姜以温中助阳；若血虚较甚，面色㿠白，唇舌色淡者，可加熟地、阿胶、紫河车粉（冲服）。

5. 肾精亏虚

症状 眩晕日久不愈，精神萎靡，腰酸膝软，少寐多梦健忘，耳鸣。偏于阴虚者，五心烦热，盗汗，舌红少苔，脉细数；偏于阳虚者，四肢不温，形寒肢冷，舌质淡，苔白，脉沉细无力。

分析 眩晕，精神萎靡为肾精不足，无以生髓，脑髓失充；腰膝酸软为精虚骨骼失养；少寐多梦健忘为心肾不交；耳鸣为肾精虚少；五心烦热，盗汗为肾精不足，阴不维阳，虚热内生；舌红少苔，脉细数皆是阴虚之象。四肢不温，形寒肢冷为精虚无以化气，肾气不足，日久真阳亦衰；舌淡，苔白，脉沉细无力皆是阳虚之征。

治法 滋养肝肾，益精填髓。

方药 左归丸加减。

熟地、山萸肉、山药滋阴补肾；龟甲胶、鹿角胶滋肾助阳，益精填髓；枸杞子、菟丝子补益肝肾；牛膝强肾益精。

若阴虚火旺，症见五心烦热，潮热颧红，舌红少苔，脉细数者，可加鳖甲、知母、黄柏、丹皮、地骨皮等；若肾失封藏固摄，遗精滑泄者，可酌加芡实、莲须、桑螵蛸；若兼失眠，多梦，健忘诸症，加阿胶、鸡子黄、酸枣仁、柏子仁等交通心肾，养心安神。

若阴损及阳，肾阳虚明显，表现为四肢不温，形寒怕冷，精神萎靡，舌淡脉沉者，或予右归丸温补肾阳，填精补髓，或酌配巴戟天、仙灵脾、肉桂。若兼见下肢浮肿，尿少等症，可加桂枝、茯苓、泽泻等温肾利水；若兼见便溏，腹胀少食，可加白术、茯苓以健脾止泻。

四、预防调护

预防眩晕的发生，应避免和消除能导致眩晕发生的各种内、外致病因素。保持心情开朗愉悦，以清淡易消化为宜，多吃蔬菜、水果，忌烟酒、油腻、辛辣之品，少食海腥发物。患者的病室应保持安静、舒适，避免噪声，光线柔和。保证充足的睡眠，注意劳逸结合。眩晕发作时应卧床休息，闭目养神，少作或不作旋转、弯腰等动作，避免突然，剧烈的体位改变和头颈部运动，以防眩晕症状的加重。重症病人要密切注意血压、呼吸、神志、脉搏等情况，以便及时处理。有眩晕史的病人，当避免剧烈体力活动，避免高空作业。

五、临证验案

张某，男，52岁，干部。

初诊 在50岁时，因患十二指肠球部溃疡、胃下垂、胃中潴留积液等，医药多年，仍然淹缠不愈，病情有增无减，怕其恶变，即行手术治疗。术后胃病基本好转，但形气大受损伤，至今未能恢复，却又发作眩晕。发作时不能自主，曾经跌倒几次。平时行动，亦只能缓慢，动作稍快，或突然站起，亦时目黑头晕。纳谷尚可，但食量较少。自感疲乏无力，大便时结时溏。易于感冒，时自形寒，间有虚热。诊其脉细，不耐按；舌嫩少苔，气血两伤之证明显（曾复查胃肠，无明显新病灶，心率较慢，血压偏低，中度贫血）。分析病情，证属中焦受损，荣卫不足，这种眩晕，是清阳不能上升，虚风反易浮越，从其脉息舌苔看，均反映不足之象。所谓虚风，是阴阳形气俱不足，肝脾之气不能上荣头目，似乎风证而实非风邪。病本在中焦，治宜培土植本，或者说为培上宁风。并宜用食药方法，适其胃喜（因病人喜食香燥之品，而畏汤药）。以《金匮要略》薯蓣丸主之。

处方 山药150克，白术100克，党参100克，干姜40克，甘草50克，茯苓100克，神曲80克，大豆黄卷80克，当归80克，白芍80克，川芎80克，麦冬80克，柴胡40克，桂枝40克，防风40克，桔梗20克。

上药共为细末，炒微黄，有香气出。另用冻糯米，炒黄，有香气出，磨成细粉，与前药末等量，和匀，再上火微炒香，取出，去火气收藏备用。

服法 每日服2～3次，每次20～30克，用大枣15～20个，生姜10克，煎浓汤调服，或上火微沸，服后吃枣肉。

一料连服一月余，自感很适合，胃纳见香，眩晕减轻，次数显著减少。又连服二料，形气俱佳，病亦向愈，直至离休，身体尚健。

按 虚风眩晕，临床并不少见，尤其脾胃虚弱之体，最易患此。证情亦并不过于复杂，而治疗效果往往较差，并多反复。如此例，亦已一年多了，治而不愈。其症状见于头目，而病本实在中焦。用薯蓣丸为治，最称合拍。仲景谓其治"虚劳诸不足，风气百疾"，正合虚风病情。其方用药，补中升阳，两调肝脾，路子亦很清楚。主药薯蓣，即是山药，《本经》谓能"补虚羸，除寒热邪气，久服耳目聪明"。《别录》更谓"主头而游风，头风眼眩"。乃治虚风眩晕的妙药。配伍理中、姜、枣、茯苓、豆卷、神曲，调补脾胃，振奋中阳，升发营卫气血之源，是抓住根本的。同时用柴胡、防风、川芎、桔梗，引升清阳，桂枝汤调和营卫，能治虚寒虚热，并使升发之气大旺。更用当归、麦冬协同芎、芍，滋阴养血，使气行而血亦旺，肝脾得以两调，当然气虚得复，则虚风亦自靖。这种方法，是易学亦易用的。

（丁光迪.中国百年百名中医临床家丛书·国医大师卷·丁光迪.中国中医药出版社.2001）

六、文献摘录

1.《素问·六元正纪大论》："木郁之发……甚则耳鸣眩转。"

2.《济生方·眩晕门》："所谓眩晕者，眼花屋转，起则眩倒是也。由此观之，六淫外感，七情内伤，皆能导致。"

3.《景岳全书·眩运》："头眩虽属上虚，然不能无涉于下。盖上虚者，阳中之阳虚也；下虚者，阴中之阳虚也。阳中之阳虚者，宜治其气，如四君子汤……归脾汤、补中益气汤……阴中之阳虚者，宜补其精，如……左归饮、右归饮、四物汤之类是也。"

4.《古今医统大全·眩晕宜审三虚》："肥人眩晕，气虚有痰；瘦人眩晕，血虚有火；伤寒吐下后，必是阳虚。"

5.《证治汇补·眩晕》："以肝上连目系而应于风，故眩为肝风，然亦有因火、因痰、因虚、因暑、因湿者。"

七、文献推介

1. 眩晕的诊断依据、证候分类、疗效评定——中华人民共和国中医药行业标准《中医内科病证诊断疗效标准》(ZY/T001.1-94)[J]. 辽宁中医药大学学报,2016,18(9):167.
2. 河南中医药大学第一附属医院. 眩晕中医诊疗方案(2017年版)[Z]. 国家中医药管理局办公室关于印发中风病(脑梗死)等92个病种中医临床路径和中医诊疗方案(2017年版)的通知 国中医药办医政发〔2017〕9号.
3. 高剑虹,权红,范春琦等. 方和谦治疗眩晕辨证思路[J]. 北京中医药,2017,36(2):139-141.

（编者：杨宇峰　责任副主编：黄燕）

31 头痛

头痛是由脑脉不通或失养，清窍不利而引起的，以病人自觉头部疼痛为主要临床表现的病证，可见于多种急慢性疾病过程中。

头痛又称为"首风"、"脑风"，《素问·风论》曰："新沐中风则为首风，……首风之状，头面多汗，恶风"、"风气循风府而上，则为脑风"，首次提出头痛病名，并对本病病因病机、发病特点均有论述，为后世头痛的辨证奠定了理论基础。汉·张仲景《伤寒论》分别论述了太阳、阳明、少阳、厥阴经头痛的治法和方药。如治太阳经风寒头痛，当辛温发汗；风热头痛，则当辛凉解表，调和营卫；治厥阴经"干呕，吐涎沫，头痛者"，当温散寒邪，以降浊阴。隋·巢元方《诸病源候论·膈痰风厥头痛候》曰："膈痰者，谓痰水在于胸膈之上，又犯大寒使阳气不行，令痰水结聚不散，而阴气逆上，上与风痰相结，上冲于头，即令头痛。或数岁不已，久连脑痛，故云膈痰风厥头痛"，提出风痰搏结上冲于脑可致头痛，并指出头痛可数年不愈。金·李东垣《兰室秘藏》始将头痛分为外感和内伤，补充了太阴头痛和少阴头痛，创分经用药之法。元·朱丹溪在此基础上强调"痰与火"在头痛发病中的作用。明·李中梓还阐述了运用风药治疗头痛的机理。清·王清任大力提倡瘀血之说，并创立了通窍活血汤、血府逐瘀汤治疗头痛顽症。至此，祖国医学对头痛的证治，日臻完善，并有效地指导着中医临床实践。

西医学中的感染发热性疾病、高血压性头痛、偏头痛、血管神经性头痛、紧张性头痛、三叉神经痛、外伤后头痛、神经官能症、五官科疾病的头痛等，均可参照本节内容辨证施治。

一、病因病机

（一）病因

1. 外感六淫

头痛多由起居不慎，感受六淫外邪，侵袭经络，上犯巅顶，清阳之气受阻，气血不畅，而致头痛。以风邪为主，常兼夹其他邪气。正如《医碥·头痛》曰："六淫外邪，唯风寒湿三者最能郁遏阳气。火暑燥三者皆属热，受其热则汗泄，非有风寒湿袭之，不为患也。"

2. 情志失调

忧郁恼怒太过，肝失条达，肝气郁结，气郁化火，上扰清窍；若郁火日久，耗伤阴血，肝肾亏虚，肝阳上亢，上扰清窍而致头痛。

3. 饮食不节

饮食不节，脾失健运，痰湿内生，阻遏清阳，上蒙清窍发为痰浊头痛。脾胃虚弱，气血生化不足，脑脉失养，发为头痛。

4. 正气不足

先天禀赋不足，或房劳过度，导致肾精久亏。肾主骨生髓，脑为髓海，肾虚则脑髓空，清窍失养而为头痛。久病体虚，气血不足，不能上荣脑窍，亦可发为头痛。

5. 头部外伤

跌仆损伤，脑脉受损，瘀血阻于脑络，不通则痛。或各种头痛迁延不愈，久病入络，也可转变为瘀血头痛。

（二）病机

头痛的基本病机为"不通则痛"和"不荣则痛"两类，头痛病位在头，头为"诸阳之会"、"清阳之府"、"脑为髓海"，居于人体最高位。手足三阳经上循头面，五脏六腑之精气皆上注于头。若六淫之邪上犯清窍，阻碍清阳，或肝郁化火，肝阳上亢，上扰清窍；或痰瘀痹阻，壅遏经络气血运行；或气血亏虚，肾精不足，头部经脉失养，均可导致头痛的发生。

头痛可分为外感和内伤两大类。外感头痛多为外邪侵袭，经脉阻滞，以风邪为主，夹寒、热、湿邪气客于三阳经脉，气血不畅。所谓"伤于风者，上先受之"、"巅高之上，唯风可到。"因于风寒者，血脉凝滞，脉道不通，不通则痛。因于风热者，风热炎上，上扰清窍，清窍被扰，发为头痛。若风夹湿邪，阻遏阳气，蒙闭清窍，可致头痛。内伤头痛，多责之肝、脾、肾三脏。脑为髓海，依赖于肝肾精血和脾胃精微物质的滋养。肝为风木之脏，以血为本，以气为用，气郁化火，发为头痛；久则阴血耗伤，肝肾亏虚，风阳内动，上扰清窍。脾主运化，若脾失健运，聚湿生痰，上蒙清窍；或气血不足，清阳之气不能上升，血虚不能上荣，亦可引起头痛。肾藏精，主骨生髓，脑为髓海，若精气耗伤，髓海空虚，亦可发为头痛。

外感头痛的病理性质以实证为主，起病急，病程短；内伤头痛的病理性质以虚实相兼为多，大多病程较长，反复发作，病情较为复杂。部分患者可因外感或情志不遂等急性发作，痛势剧烈，病情危重。气血亏虚、肾精不足者属虚证，肝阳、痰浊、瘀血所致之头痛多属实证。二者在一定条件下可相互转化。如肝阳、肝火日久，耗损阴精，可转化为肾精亏虚之头痛，或阴虚阳亢，虚实夹杂之头痛；痰浊中阻日久，脾胃受损，气血生化乏源，脑窍失养，可成为气血亏虚之头痛；各种头痛迁延不愈，久病入络，可转为瘀血头痛。

二、诊断与鉴别诊断

（一）诊断依据

1. 以头部疼痛为主要临床表现的疾病，疼痛的部位为前额、额颞、颠顶、顶枕或全头部疼痛，性质多为跳痛、刺痛、胀痛、昏痛、隐痛等；头痛可突然发作，或缓慢起病，或反复发作，时痛时止；头痛持续时间不一，可数分钟、数小时或数天、数周不等。

2. 本病常有一定诱因。外感头痛多因感受外邪或起居不慎，内伤头痛常有饮食、劳倦、情志所伤、病后体虚、或房事不节等诱因。

（二）鉴别诊断

1. 眩晕

头痛与眩晕病位皆在头部，临床可单独出现，亦可同时并见。以头晕眼花为主，兼有头痛者，可诊断为眩晕，以虚证为主；以头痛为主兼见眩晕者，可诊断为头痛，实证较多。头痛的病因有外感内伤之分，眩晕的病因则以内伤为主。

2. 类中风

多见于45岁以上，眩晕反复发作、头痛突然加重时，常由风痰壅盛引起，常兼偏侧肢体活动不灵，或舌謇语涩。

3. 真头痛

多突然剧烈头痛，持续痛而阵发加重，甚至喷射状呕吐、手足逆冷以至肢体痉厥、抽搐。真头痛病情凶险，与一般头痛不难区别。

三、辨证论治

（一）辨证要点

1. 辨外感与内伤

外感头痛起病较急，痛势较剧，病程较短。常伴有外邪袭表的症状，并应区别风、寒、湿、热之不同。内伤头痛，起病较缓，病程较长，常反复发作，时轻时重。当区别气虚、血虚、肾虚、肝阳、痰浊、瘀血之不同。

2. 辨疼痛性质

凡胀痛、刺痛、跳痛、灼痛、重痛者，以实证为主或虚实夹杂；昏痛、空痛、隐痛、痛势悠久，劳则加剧者，以虚证为多。

3. 辨脏腑经络

太阳经头痛多在头后部，下连于项；阳明经头痛多在前额部及眉棱骨处；少阳经头痛多在头之两侧，并连及耳；太阴经头痛多沉重如裹；厥阴经头痛则在巅顶部，或连及目系。

（二）治疗原则

本病的发生是因脑脉不通或失养，清窍不利而成。因此，治疗时以疏通经络，缓急止痛为基本原则。外感头痛属实证，宜以祛邪活络为主，视邪气性质不同，采用祛风、散寒、化湿、清热等法；内伤头痛多为虚证或虚实夹杂证，治以滋阴养血补虚为要。虚实夹杂者，酌情兼顾并治。此外，根据头痛部位不同，可参照经络循行路线适当选取引经药治疗。

（三）分证论治

1. 外感头痛

(1) 风寒犯头

症状 头痛连及项背，常伴拘急收紧感，或有跳动感，痛势较剧，恶风畏寒，遇风受寒则疼痛加剧，口不渴，苔薄白，脉浮紧。

分析 头痛连及项背为风寒外袭，凝滞经脉；拘急收紧感为寒性收引凝滞；恶风畏寒，遇寒加剧为风寒束表，卫阳被遏；口不渴，苔薄白，脉浮紧，均为风寒在表之征。

治法 疏风散寒，通经止痛。

方药 川芎茶调散加减。

方中川芎辛温香窜，上行头目，祛风活血止头痛；荆芥、白芷、羌活、防风疏风散寒止痛；细辛散寒止痛，薄荷清利头目。

若寒邪侵犯厥阴经脉，引发巅顶痛、干呕、吐涎沫，方用吴茱萸汤温散寒邪，降逆止痛；若寒邪客于少阴经脉，症见头痛、足寒、气逆、背冷、脉沉细，方用麻黄附子细辛汤加白芷、川芎温经散寒止痛。

(2) 风热犯头

症状　头痛而胀,甚则头痛如裂,发热或恶风,面红目赤,口渴欲饮,大便不畅或便秘,小便黄,舌质红,苔薄黄,脉浮数。

分析　头痛而胀为风热外袭,上扰清窍;面红耳赤为火性炎上;口渴欲饮为热邪伤津,便秘溲赤,舌红苔薄黄,脉浮数,均为风热邪甚之征。

治法　疏风清热,和络止痛。

方药　芎芷石膏汤加减。

方中以川芎祛风止痛;生石膏清热泻火,菊花疏风清热;白芷、羌活、藁本辛温解表止痛。

若热甚伤津,症见烦热口渴,舌红少津者,加知母、石斛、花粉等生津止渴;若大便秘结,腑气不通,口舌生疮者,可用黄连上清丸通腑泄热。

(3) 风湿犯头

症状　头痛如裹,肢体困重,纳呆胸闷,大便或溏,小便不利,苔白腻,脉濡滑。

分析　头痛如裹为风湿上蒙头窍,困遏清阳;四肢沉重,纳呆胸闷为湿浊中阻,脾阳被困;小便不利、大便或溏为湿邪流注下焦;苔白腻,脉濡滑均为湿浊内蕴之象。

治法　祛风胜湿,通窍止痛。

方药　羌活胜湿汤加减。

方中羌活、独活,祛风胜湿;藁本、防风解肌祛湿止痛;川芎、蔓荆子祛风通络止痛。

若胸闷脘痞、腹胀便溏,可加苍术、厚朴、陈皮、佩兰以燥湿宽中,理气消胀;恶心欲呕者加半夏、生姜降逆止呕。

2. 内伤头痛

(1) 肝阳上亢

症状　头昏胀痛,两侧为重,常波及巅顶,头晕目眩,心烦易怒,睡眠不宁,面红目赤,口干苦,或兼胁痛,舌红,苔黄,脉弦数。

分析　头痛头晕目眩为肝阳上亢,上扰清窍;心烦易怒,夜寐不宁为肝火偏亢,扰乱心神;胁痛为肝郁气滞;口干苦,舌红,苔黄,脉弦数均为肝阳上亢之象。

治法　平肝潜阳,息风止痛。

方药　天麻钩藤饮加减。

方中天麻、钩藤,石决明平肝潜阳,息风止痛;杜仲、桑寄生、川牛膝补益肝肾;栀子、黄芩清降肝火;茯神、夜交藤养心安神。

若肝郁化火,肝火上炎,症见头痛剧烈,目赤口苦,加夏枯草、龙胆草、白蒺藜;若兼肝肾亏虚,水不涵木,症见头晕目涩,视物不清,腰膝酸软,加枸杞子、山茱萸、女贞子、旱墨莲;头痛而目眩甚,肢体麻痹,震颤,加龙骨、牡蛎、龟板。

(2) 痰浊犯头

症状　头痛头昏,头重如裹,时有目眩,胸脘痞闷,纳呆呕恶,倦怠乏力,苔白腻,脉滑或弦滑。

分析　头痛头昏,头重如裹为痰浊上蒙清窍,清阳不展;胸脘痞闷为痰浊阻滞中焦;恶心为痰浊上逆,胃失和降;纳呆为脾失健运之象;苔白腻,脉滑,为痰浊内停之征。

治法　健脾燥湿,化痰降逆。

方药　半夏白术天麻汤加减。

方中半夏、白术、茯苓健脾燥湿化痰、降逆止呕;天麻平肝息风,而止头眩。

若痰湿郁久化热,症见口苦,大便不畅,苔黄腻,脉滑数,去白术加黄芩、竹茹、枳实、胆星等清热化痰;若纳差食少,胸闷脘痞者,加砂仁、白蔻仁健脾理气化湿。

(3) 气血两虚

症状 头痛绵绵，双目畏光，午后更甚，神疲乏力，面色㿠白，心悸少寐，舌淡，苔薄脉弱。

分析 头痛绵绵，双目畏光，午后更甚，神疲乏力，面色㿠白为气血亏虚，清阳不升，清窍失养；心悸、失眠为血虚心失所养所致。

治法 益气养血，活络止痛。

方药 八珍汤加减。

方中党参、熟地黄益气养血；茯苓、白术健脾燥湿；当归、白芍养血和营；炙甘草和中益气；川芎活血行气；生姜、大枣调和脾胃。

若气虚较重，神疲乏力，重用党参、白术，或用人参养营汤益气活血。

(4) 肾虚髓亏

症状 头痛且空，眩晕耳鸣，腰膝酸软，神疲乏力，遗精带下，舌淡苔白，脉细无力。

分析 头痛且空，眩晕耳鸣为脑髓失养；腰膝酸软为肾虚失养；遗精为男子肾虚精关不固，带下为女子肾虚带脉不束。

治法 养阴补肾，填精生髓。

方药 大补元煎加减。

方中熟地黄、山茱萸、杜仲、枸杞子补肾填精；人参大补元气；山药、当归健脾养血。

若头痛畏寒，面色㿠白，四肢不温，腰膝无力，证属肾阳不足者，当温补肾阳，选用金匮肾气丸或右归丸；若头痛而晕，面颊红赤，心烦不寐，舌红少苔，证属心肾不交，去人参，加知母、黄柏滋阴泻火，磁石镇心安神，或服知柏地黄丸。

(5) 瘀血犯头

症状 头痛屡发，痛处固定，痛如锥刺，日轻夜重，舌质紫黯，或有瘀斑，苔薄白，脉细或细涩。

分析 头痛经久不愈，且痛有定处，痛如锥刺为瘀血阻滞脑脉，不通则痛；头痛日轻夜重为阴气盛，血行不畅之故；舌质紫黯，或有瘀斑，脉细涩，均为瘀血内阻之征。

治法 活血化瘀，通窍止痛。

方药 通窍活血汤加减。

方中麝香开窍通闭；桃仁、红花、赤芍、川芎活血通络止痛；白芷、老葱、生姜辛香温通，通络止痛。

若头痛甚者可加全蝎、蜈蚣、土鳖虫、地龙等搜风通络定痛之品；若久病气血不足，可加黄芪、当归、党参、熟地等益气养血。

四、预防调护

外感头痛多因体质虚弱，感受外邪引起，故平素应起居有时，顺应四时变化增减衣物，加强体育锻炼，可在空气清新、环境优雅的地方散步；也可选游泳、太极拳、慢跑等进行体育锻炼，增强体质，抵御外邪入侵。内伤头痛宜保持心情舒畅，避免精神刺激，劳逸结合，饮食有度，禁食辛辣厚味，禁烟酒。头痛剧烈者，应卧床休息，保持室内光线柔和，环境幽静，严重者需及时就医。此外，尚可选择适当的头部保健按摩法以及音乐疗法，以疏通经络，调畅气血，怡情养性。

五、临证验案

杜某，女，52岁。

初诊 1992年6月6日。患者因孩子出事，精神受到强烈刺激，头痛、头晕已有1周，脑中热痛，眼花、烦躁易怒，大便干燥。血压170/95mmHg，伴腰痛，纳食不佳，脉沉弦细，舌质红，苔白。

辨证　肝气不舒，肝阳上亢。

处方　龙胆草 10g，夏枯草 30g，栀子 10g，菊花 12g，磁石 30g（先煎），白芍 12g，龙骨 30g，生地 12g，川牛膝 15g，地龙 10g，丹参 15g，大黄 10g（后下），山楂 12g。

6 剂，水煎服，每日 1 剂，早、晚各 1 次。

二诊　1992 年 6 月 12 日。服上方后，头痛锐减，头中烘热感减轻，心情怫郁，大便仍秘，三四日 1 次，不思饮食，舌红苔薄黄，脉细涩，仍用上方加郁金，6 剂。

此后基本以上方为主，稍加化裁，曾去大黄加川芎 10g。至 1992 年 6 月 27 日时，诸症大减，但仍有头晕、头目不清、心烦易怒、眠差多梦、口干苦、纳呆、舌红苔黄、脉弦等。此为肝阳已遏，肝火已挫，阴虚已显，故以杞菊地黄丸加磁石、夏枯草、川牛膝、川芎、决明子为方善后。至 7 月中旬，再诊时，诸证已愈，偶有头昏，纳食不佳，仍以补肾滋阴、清肝和血为治，以资巩固疗效。

（邓铁涛.名师与高徒.北京中国中医药出版社.2007）

六、文献摘录

1.《素问·奇病论》："当有所犯大寒，内至骨髓，髓者以脑为主，脑逆故令头痛。"

2.《兰室秘藏·头痛门》："太阳头痛，恶风，脉浮紧，川芎、羌活、独活、麻黄之类为主；少阳经头痛，脉弦细，往来寒热，柴胡为主；阳明头痛，自汗，发热恶寒，脉浮缓长实者，升麻、葛根、石膏、白芷为主；太阴头痛，必有痰，……苍术、半夏、南星为主；少阴经头痛，……其脉沉细，麻黄附子细辛为主；厥阴头顶痛，或吐痰沫厥冷，其脉浮缓，吴茱萸汤主之。"

3.《医宗必读·头痛》："高巅之上，惟风可到，味之薄者，阴中之阳，自地升天者也，在风寒湿者，固为正用，即虚与热亦假引经。"

4.《景岳全书·头痛》："头痛有各经之辨。凡外感头痛，当察三阳、厥阴。盖三阳之脉俱上头，厥阴之脉亦会于巅，故仲景《伤寒论》则惟三阳有头痛，厥阴亦有头痛，而太阴少阴则无之。其余辨之之法，则头脑、额颅虽三阳俱有所会，无不可痛，然太阳在后，阳明在前，少阳在侧，此又各有所主，亦外感之所当辨也。至若内伤头痛，则不得以三阳为拘矣。"

5.《医学心悟·头痛》："头为诸阳之会，清阳不升，则邪气乘之，致令头痛。然有内伤、外感之异，外感风寒者，宜散之。热邪传入胃腑，热气上攻者，宜清之。直中证，寒气上逼者，宜温之。然除正风寒外，复有偏头风，雷头风，客寒犯脑，胃火上冲，痰厥头痛，大头天行，破脑伤风，眉棱骨痛，眼眶痛等证。更有真头痛，朝不保暮，势更危急。皆宜细辨。"

七、文献推介

1. 邓铁涛. 十四、头痛 [J]. 新中医 ,1987,(3):39.

2. 闫军堂, 刘晓倩, 马小娜等. 刘渡舟教授治疗头痛十二法 [J]. 辽宁中医药大学学报 ,2013,15(8):68-71.

3. 焦玥, 吴中朝, 胡静等.《循证针灸临床实践指南：偏头痛》2014 更新版解读 [J]. 中国针灸 ,2016,36(7):751-756.

4. 刘艳华, 任宝崴, 初洪波. 国医大师任继学应用祖方辨治头痛的经验 [J]. 中国中医药现代远程教育 ,2016,14(15):69-71.

（编者：刘源香　责任副主编：肖炜）

32 中风

中风病是由脏腑阴阳失调，气血逆乱，直犯冲脑，导致脑脉闭阻或血溢脑脉之外；以猝然昏仆，不省人事，半身不遂，口舌㖞斜，言语不利为主要临床表现的病证。病轻者可无昏仆。本病具有起病急骤，进展迅速，变化多端的特点，与自然界"风性善行数变"的特征相似，故取类比象取名为"中风"；亦称"卒中"。

《内经》中有关中风的论述较为详备。就病名而言，依据症状表现和发病阶段不同而有不同名称，如对卒中急性期神识不清者称为"大厥"、"薄厥"、"仆击"；而仅见半身不遂者则有"偏枯"、"风痱"、"偏风"、"偏身不用"等病名。在病因方面，认为感受外邪、烦劳暴怒可以诱发本病。如《灵枢·刺节真邪》中指出："虚邪偏客于身半，其入深，内居营卫，营卫稍衰，则真气去，邪气独留，发为偏枯。"《内经·生气通天论》中指出："阳气者，大怒则形气绝而血菀于上，使人薄厥。"此外，还认识到本病的发生与个人的体质、饮食、精神刺激等有关，如《素问·通评虚实论》明确指出："仆击、偏枯……肥贵人则膏粱之疾也。"《内经·生气通天论》"阳气者，烦劳则张，精绝，辟积于夏，使人煎厥"。对中风的病因病机及其治法历代医家论述颇多，从病因学的发展来看，大体分为两个阶段，唐宋以前主要以"外风"学说为主，多以"内虚邪中"立论。如《灵枢》所说"真气去，邪气独留"；东汉张仲景认为"脉络空虚"风邪入中是本病发生的主因，并以邪中深浅、病情轻重而分为中经、中络、中脏、中腑。唐宋以后，特别是金元时期，突出以"内风"立论，如金·张元素提出中风的病因为由热生风，"风本生于热，以热为本，以风为标"；刘河间则主"心火暴盛"；李东垣认为属"正气自虚"；朱丹溪主张"湿痰生热"。元代王履提出"真中"、"类中"病名。明代张景岳认为本病与外风无关，从而倡导"非风"之说，并提出"内伤积损"的论点。同代医家李中梓将中风中脏腑明确分为闭、脱二证。至清代叶天士始明确以"内风"立论，在《临证指南医案·中风》进一步阐明了"精血衰耗，水不涵木……肝阳偏亢，内风时起"的发病机理，并提出滋液息风，补阴潜阳，以及开闭、固脱等法。王清任提出"气虚血瘀"论，立补阳还五汤治疗偏瘫，至今仍为临床常用。近代医家张伯龙、张山雷等进一步探讨发病机理，认识到本病的发生主要在于肝阳化风，气血并逆，直冲犯脑。至此对中风的病因病机和治法认识渐趋深化。

西医学中的急性脑血管病与之相似，包括缺血性中风和出血性中风，如短暂性脑缺血发作、脑梗死、脑出血、蛛网膜下腔出血等均属于本病范畴，可参考本节进行辨证施治。

一、病因病机

（一）病因

1. 内伤积损

"年四十而阴气自半，起居衰矣"。年老体弱，或久病气血亏损，脑脉失养。气虚则运血无力，血流不畅，而致脑脉瘀滞不通；阴血亏虚则阴不制阳，内风动越，携痰浊、瘀血上扰清窍，突发本病。正如《景岳全书·非风》说："卒倒多由昏愦，本皆内伤积损颓败而然。"

2. 劳倦内伤

烦劳过度，耗伤阴精，阴虚火旺，或阴不制阳易使阳气暴张，引动风阳上旋，则气火俱浮，壅阻清窍；或房事不节，纵欲过度，亦能引动心火，耗伤肾水，水不制火，则阳亢风动。

3. 饮食不节

平素嗜食肥甘醇酒，辛香炙烤之物，致使脾失健运，痰浊内生，郁久化热，痰热互结，壅滞经脉，上蒙清窍；或素体肝旺，肝乘脾土，痰浊内生；或肝郁化火，烁津成痰，痰郁互结，携风阳之邪，窜扰经脉，发为中风。此即《丹溪心法·中风》所谓"湿土生痰，痰生热，热生风也"。

4. 情志过极

七情所伤，肝失条达，气机郁滞，血行不畅，瘀结脑脉；暴怒伤肝，则肝阳暴张，或五志过极，心火暴盛，引动内风而发卒中。凡此种种，均易引起气血逆乱，上扰脑窍而发为中风。尤以暴怒伤肝引发本病者最为多见。

5. 气虚邪中

患者本气血不足，脉络亏虚，风邪乘虚入中经络，气血痹阻，肌肉筋脉失于濡润；或形盛气衰，痰湿宿盛，外风引动痰湿，闭阻经络，而致㖞僻不遂。

（二）病机

中风的基本病机为阴阳失调，气血逆乱。其病位在脑，与心、肝、脾、肾关系密切。病理因素主要为风、火、痰、气、瘀，其形成与脏腑功能失调有关。病理性质多属本虚标实。肝肾阴虚，气血不足为致病之本，风、火、痰、气、瘀为发病之标，两者可互为因果。发病之初，邪气鸱张，风阳痰火炽盛，气血上菀，故以标实为主；如病情剧变，在病邪的猛烈攻击之下，正气急速溃败，可以正虚为主，甚至出现正气虚脱。后期因正气未复而邪气独留，可留后遗症。

根据病程长短，中风有急性期、恢复期和后遗症期之分；由于病位深浅、病情轻重不同，急性期有中经络和中脏腑之别。轻者中经络，重者中脏腑。

中经络者病位较浅，病情较轻。可因肝风夹痰，横窜经络，血脉瘀阻，气血不能濡养机体，则见半身不遂，口舌㖞斜，但不伴神智障碍；中脏腑者病位较深，病情较重，可因风阳痰火蒙蔽神窍，气血逆乱，上冲于脑，络损血溢，瘀阻脑络，则见猝然昏仆，不省人事。因邪正虚实不同，而有闭脱之分及由闭转脱的演变。闭证之中腑者，因肝阳暴亢或痰热腑实，风痰上扰，见㖞僻不遂，神志欠清，大便不通；中脏者风阳痰火内闭神窍，脑络瘀阻，则见昏仆，不省人事，肢体拘急等症。因于痰火瘀热者，为阳闭；因于痰浊瘀闭者为阴闭。若风阳痰火炽盛，进一步耗灼阴精，阴虚及阳，阴竭阳亡，阴阳离决，则出现脱证，表现为目合口开，手撒肢冷，气息微弱等虚脱症状。

恢复期中，中经络之证因风、火、痰、瘀等邪留滞经络，气血运行不畅，而仍留有半身不遂、口歪或言语不利等后遗症，一般恢复较慢。而中脏腑病情虽危重，如经积极治疗，往往可使病情转危为安，神志渐清，然恢复期往往因气血失调，血脉不畅而后遗经络病症。

由此可见，中风的发生，病机虽然复杂，但归纳起来不外乎虚（阴虚、气虚）、火（肝火、心火）、风（肝风、外风）、痰（风痰、湿痰）、气（气逆、气滞）、血（血瘀）六端，此六端多在一定条件下相互作用，相互影响。

二、诊断与鉴别诊断

（一）诊断依据

1. 以猝然昏仆，不省人事，半身不遂，口舌㖞斜，言语不利为主要临床表现的病证。病轻者可无昏仆而仅见半身不遂，口舌㖞斜等症。
2. 发病前多有先兆症状，如有头晕、头痛、耳鸣、肢体麻木及乏力、一过性言语不利等症。
3. 发病前多有情志失调、饮食不当、劳累等诱因。
4. 多急性起病，好发年龄为40岁以上。

（二）鉴别诊断

1. 口僻

俗称吊线风，以口眼㖞斜为主证，主要表现为病侧额纹消失、闭目不能、鼻唇沟变浅、口角下垂，患者发病前可有同侧耳后疼痛，但不伴有半身不遂、偏身麻木等症。部分中风病患者也可出现口眼㖞斜，但多伴有眩晕、偏身麻木或肢体弱等症状。

2. 痫病

痫病以发作性神昏、肢体抽搐为主要表现，神昏时四肢抽搐、口吐涎沫、双目上视、或发出异样叫声、醒后一如常人。中风病神昏者，神志转清后多留有半身不遂、口舌歪斜、言语蹇涩等症状。

3. 厥证

厥证以突然神昏、面色苍白、四肢厥冷、移时苏醒为主要表现，醒后无半身不遂、口舌歪斜、言语不利等症，与中风之神昏而半身不遂不同。

4. 痉病

痉证以四肢抽搐、项背强直，甚至角弓反张为主症。病发亦可伴神昏，但无半身不遂、口舌歪斜、言语不利等症状。

5. 痿证

痿证以肢体痿软无力、肌肉萎缩为主要特征，多为发病缓慢，渐进加重；少数患者亦可急性起病，但多表现为双侧肢体无力，与中风之半身不遂不同。

三、辨证论治

（一）辨证要点

1. 辨中经络、中脏腑

中经络者，病位较浅，病情较轻；中脏腑者，病位较深，病情较重。中经络者虽有半身不遂、口舌歪斜、言语不利等症状，但意识清醒；中脏腑者伴有意识障碍；二者的鉴别要点是有无神志障碍。

2. 中脏腑辨闭证与脱证

闭证因邪气内闭清窍，症见神昏、牙关紧闭、口噤不开、肢体强痉，属实证。脱证是五脏真阳散脱于外，阴阳即将离决之候，症见昏愦无知，目合口开，四肢松懈瘫软，手撒肢冷多汗，二便自遗，鼻息低微，为中风危候。闭证常见于中风骤起，脱证则多由闭证恶化转变而成。临床上尚有内闭清窍未开而外脱虚象已露，即所谓"内闭外脱"者，此时往往是疾病安危演变的关键时机，应引起高度重视。

3. 闭证辨阳闭与阴闭

闭证根据有无热象而分为阳闭与阴闭。阳闭者为痰热闭阻清窍，症见面赤身热，气粗口臭，躁扰不宁，舌苔黄腻，脉象弦滑而数；阴闭者为湿痰内闭清窍，症见面白唇暗，静卧不烦，四肢不温，痰涎壅盛，舌苔白腻，脉象沉滑或缓。阳闭和阴闭可相互转化，当依据临床表现、舌象、脉象的变化综合判断。

4. 辨病期

中风根据病期长短可分为三期。急性期指发病后两周以内，中脏腑者可延长至一个月。恢复期指发病两周至半年以内者。后遗症期指发病半年以上者。

5. 辨病势顺逆

若先中脏腑，神志逐渐转清，半身不遂未再加重或有恢复者，病由中脏腑向中经络转化，病势为顺，预后多好。如见呃逆频频，或突然神昏，四肢抽搐不已，或腹背灼热而四肢发凉甚至手足厥逆，或见戴阳证及呕血证，均属病势逆转。

（二）治疗原则

中风病急性期标实症状突出，急则治其标，治疗当以平肝息风、化痰祛瘀通络为主。常用平肝息风、清化痰热、化痰通腑、活血通络、醒神开窍等治疗方法。闭、脱二证当分别治以祛邪开窍醒神和扶正固脱、救阴回阳。内闭外脱则醒神开窍与扶正固本可以兼用。在恢复期及后遗症期，多为虚实夹杂，邪实未清而正虚已现，治宜扶正祛邪，常用育阴息风、益气活血等法。

(三) 分证论治

急性期

1. 中经络

(1) 风痰入络

症状　肌肤不仁,手足麻木,突然发生口舌歪斜,言语不利,口角流涎,甚至半身不遂,或兼见手足拘挛,舌苔薄白,脉浮滑。

分析　肌肤不仁、手足麻木乃因经络不畅,气血不濡经脉所致;半身不遂、手足拘挛、口舌歪斜、言语不利、口角流涎乃风痰流窜经络,血脉痹阻,气血不通所致。苔薄白,脉浮滑,乃风痰入络之征。

治法　祛风化痰,活血通络。

方药　真方白丸子加减。

半夏、南星、白附子祛风化痰;天麻、全蝎息风通络,当归、白芍、鸡血藤、豨莶草养血祛风。

若痰湿偏盛,舌苔白滑者,加苍术、泽泻、桂枝利湿化饮;若言语含糊者加菖蒲、远志祛痰开窍;若兼见瘀血阻滞,舌边或舌底有瘀点、瘀斑者,加桃仁、红花、赤芍以活血化瘀。

(2) 风阳上扰

症状　平素自觉眩晕头痛,耳鸣目眩,突然发生口舌歪斜,言语不利,半身不遂,舌质红,舌苔薄黄,脉弦或弦数。

分析　平素自觉头晕头痛,耳鸣目眩乃因肝阳上亢;突然口眼歪斜,言语不利,半身不遂,则因风阳内动,挟痰走窜经络,脉络不畅所致;舌质红,舌苔薄黄,脉弦或弦数,是肝阳上亢化火之征。

治法　平肝潜阳,活血通络。

方药　天麻钩藤饮加减。

天麻、钩藤平肝息风,珍珠母、石决明镇肝潜阳,桑叶、菊花清肝泻热,桑寄生、杜仲补益肝肾,牛膝引血下行,黄芩、山栀、茯神清热除烦宁神等。

若胸闷、恶心、口苦、舌苔黄腻、痰热甚者,加胆南星、竹茹、川贝母以清热化痰;若头痛较重者加夏枯草、羚羊角以清肝息风。

(3) 阴虚风动

症状　平素头晕耳鸣,腰酸腿软,突然发生口舌歪斜,言语不利、半身不遂,舌质红,舌苔薄黄,脉弦细数。

分析　平素头晕耳鸣,腰膝酸软,乃肝肾阴虚,不能濡养之故;突然口眼歪斜,言语不利,半身不遂,则是肝肾阴虚,虚风内动,扰动经络之故;舌质红,舌苔薄黄,脉弦或弦数,是肝肾阴虚而生内热之征。

治法　滋阴潜阳,息风通络。

方药　镇肝息风汤加减。

代赭石、龙骨、牡蛎、龟板镇肝潜阳,玄参、白芍养阴柔肝,牛膝引血下行等。

若阴虚阳亢,肝火偏旺,心烦躁热者,加黄芩、焦山栀以清热除烦;若伴肢体抽搐者,可加僵蚕、地龙息风镇痉,若伴肾阴不足,腰膝酸软无力者,可加首乌、枸杞子、桑寄生、熟地等补益肝肾。

2. 中脏腑

(1) 闭证

突然昏仆,不省人事,牙关紧闭,口噤不开,两手握固,肢体偏瘫,拘急,抽搐,由于有瘀热痰火和痰浊内闭之不同,故有阳闭和阴闭之分。

1) 阳闭

A. 痰热腑实

症状　除闭证主要症状外，兼见痰多而黏、腹胀、便秘，舌质暗红，舌苔黄腻，脉弦滑。

分析　突然昏仆，不省人事，乃因痰热阻滞，风痰上扰，神窍闭阻所致；痰多而黏、腹胀、便秘，是痰热阻滞，腑气不通的表现；舌质暗红，舌苔黄腻，脉弦滑是痰热之症。

治法　通腑泄热，息风化痰。

方药　桃仁承气汤加减。

桃仁、大黄、芒硝、枳实通腑泄热，凉血化瘀，陈胆星、黄芩、全瓜蒌清热化痰；桃仁、赤芍、丹皮凉血血瘀；牛膝引气血下行。

若头痛、眩晕严重者，加钩藤、菊花、珍珠母平肝潜阳；若心中烦热者，加黄芩、焦山栀以清热除烦；若伴肢体抽搐者，可加僵蚕、地龙息风镇痉；若伴肾阴不足，腰膝酸软无力者，可加首乌、枸杞子、桑寄生、熟地等补益肝肾。

B. 痰火瘀闭

症状　除闭证主要症状外，兼见面赤身热，气粗口臭，躁扰不宁，舌质红，舌苔黄腻，脉弦滑而数。

分析　突然昏仆，不省人事，乃肝阳暴张，阳亢风动，痰火壅盛，气血上逆，神窍闭阻所致；面赤身热，气粗口臭，躁扰不宁，则是风火痰热之邪，内闭经络所致；舌质红，舌苔黄腻，脉弦滑而数是痰火内盛之征。

治法　息风清火，豁痰开窍。

方药　先服至宝丹或安宫牛黄丸清心开窍，并用羚角钩藤汤加减。

羚羊角（山羊角代）、钩藤、珍珠母、石决明益平肝息风，胆南星、竹沥、半夏、天竺黄、黄连清热化痰，菖蒲、郁金化痰开窍。

若肝火旺盛，面红目赤，脉弦劲有力者，加龙胆草、焦山栀、夏枯草、磁石等清肝镇摄之品；若便秘腑实热结，苔黄者，加生大黄、枳实、厚朴清热通便；若痰热伤津，舌质干红，苔黄燥者，加沙参、麦冬、石斛、生地以滋阴清热。

2) 阴闭

症状　除闭证主要症状外，兼见面白唇紫或黯，四肢不温，静而不烦，舌质暗淡，苔白腻滑，脉沉滑。

分析　突然昏仆，不省人事，口噤不开，两手握固，肢体强痉，乃痰浊偏盛，风痰上扰，内闭心神所致；静卧不烦，是由于痰湿属阴，困遏阳气；四肢不温，面白唇紫或黯，痰湿阻遏阳气，肢体、肌肤不得温煦；苔白腻，脉沉滑乃痰湿内盛之征。

治法　豁痰息风，辛温开窍。

方药　苏合香丸合涤痰汤加减。

半夏、茯苓、橘红、竹茹化痰，郁金、菖蒲、胆南星豁痰开窍，天麻、钩藤、僵蚕息风化痰等。

(2) 脱证

以神识昏蒙，甚则昏迷，气息微弱大汗淋漓，口开手撒，脉微细欲绝为主要表现的疾病，为阴阳气血严重耗损的综合表现。

阴竭阳脱

症状　突然昏仆，不省人事，面白唇暗，目合口开，鼻鼾息微，汗出，大小便自遗，肢体软瘫，舌萎缩，脉沉细微或脉微欲绝。

分析　突然昏仆，不省人事，面白唇暗，目合口开，肢体软瘫，大小便自遗等，乃是阳浮于上，阴竭于下，阴阳有离绝之危症；鼻鼾息微，汗出，手撒肢冷，舌萎缩，脉沉细微或脉微欲绝则是元气衰微，精去神脱，阴阳欲绝之征。

治法　回阳救阴，益气固脱。

方药　参附汤合生脉散加味。

参附汤补气回阳，用于阳气衰微，汗出肢冷欲脱；生脉散益气养阴，用于津气耗竭。两方合用能益气回阳，救阴故脱，主治阴竭阳亡之证。人参、附子补气回阳；麦冬、五味子、山萸肉滋阴敛阳。

若阴不敛阳，阳浮于外，津液不能内守，汗泄过多者，加煅龙骨、煅牡蛎以敛汗回阳；若阴精耗伤，舌干，脉微者，可加玉竹、黄精以救阴护津。

恢复期和后遗症期

中风病急性期经抢救治疗，神志渐清，痰火渐平，饮食稍进，渐入恢复期，但后遗症有半身不遂、口舌歪斜、言语蹇涩或失语等。此时仍需积极治疗并加强护理。针灸与药物治疗并进，可以提高疗效。药物治疗根据病情可采用标本兼顾或先标后本等治法。

1. 痰瘀阻络

症状　口舌㖞斜，言语蹇涩，半身不遂，肢体麻木，舌质紫暗或有瘀斑，苔滑腻，脉弦滑或涩。

分析　口舌㖞斜，言语蹇涩，半身不遂，肢体麻木，乃痰瘀互结，痹阻口窍、肢体。舌质紫暗或有瘀斑，苔滑腻，脉弦滑或涩痰为痰瘀互结，脉络痹阻之征。

治法　化痰祛瘀，活血通络。

方药　温胆汤合桃红四物汤加减。

半夏、枳实、竹茹化痰和胃，桃仁、红花活血化瘀，熟地、当归、白芍滋阴养血和营，茯苓、橘皮益气健脾等。

若痰热偏盛者，加竹茹、贝母、全瓜蒌以清热化痰；若兼气虚者，加黄芪、党参、白术以益气健脾，心烦甚者，加焦山栀、淡豆豉以清热除烦；若口干咽燥者，加天花粉、天冬以养阴润燥。

2. 气虚血瘀

症状　肢体偏枯不用，软弱无力，面色萎黄，舌质淡紫或有瘀斑，苔薄白，脉细涩或细弱。

分析　肢体偏枯不用，软弱无力，乃气虚血滞，脉络瘀阻所致；面色萎黄，苔薄白，脉细弱，则因气虚不能行血，血不能荣；舌质淡紫或有瘀斑，脉细涩是气血瘀滞之征。

治法　益气养血，化瘀通络。

方药　补阳还五汤加减。

方中重用黄芪补养气血；桃仁、红花、赤芍、当归养血活血，化瘀通经；地龙、牛膝引血下行兼通络。

若血虚甚者，加枸杞子、首乌藤以补血；若小便失禁者，加桑螵蛸、山萸肉、益智仁、五味子以补肾收涩；若下肢瘫软无力者，加桑寄生、鹿筋等补肾壮筋之品；若上肢偏废者，加桂枝以通络；若兼见患侧手足肿甚者，可加茯苓、泽泻、薏苡仁、防己以淡渗利湿；若兼见言语不利者，可加郁金、菖蒲、远志以祛痰开窍；若兼见口舌歪斜者，加白附子、全蝎、僵蚕以祛风通络；若伴肢体麻木者，加陈皮、半夏、茯苓、胆南星以理气燥湿、祛风痰；若大便秘结者，加火麻仁、郁李仁、肉苁蓉以润肠通便。

3. 肝肾亏虚

症状　半身不遂，患肢僵硬，拘挛变形，舌强不语，或偏瘫，肢体肌肉萎缩，舌质红，脉细或舌淡红，脉沉细。

分析 患肢僵硬，拘挛变形，舌强不语，或偏瘫，肢体肌肉萎缩，乃因肝肾亏虚，阴血不足，不能濡养筋脉所致。舌质红，脉细或舌淡红，脉沉细，乃肝肾亏虚，虚火上炎，痰浊上泛所致。

治法 滋养肝肾。

方药 左归丸合地黄饮子加减。

干地黄、首乌、枸杞子、山萸肉补肾益精；麦冬、石斛、五味子养阴生津、滋养肺肾，金水相生，壮水以济火；石菖蒲、远志、茯苓合用以开窍化痰、交通心肾。

若腰酸腿软较甚者，加杜仲、桑寄生、牛膝补肾壮腰；若肾阳虚，加巴戟天、肉苁蓉补肾益精，附子、肉桂温补肾阳；若夹有痰浊者，加菖蒲、远志、茯苓化痰开窍。

四、预防调护

高度重视中风的先兆症状，如中老年人，经常出现一过性头晕，肢麻肉瞤者，乃中风先兆，应及早治疗，以预防中风的发生。平时在饮食上宜食清淡易消化之物，忌食肥甘厚味、辛辣刺激之品，禁烟酒，保持心情舒畅，做到起居有常，饮食有节，避免疲劳，防止卒中和复中。既病之后，应密切观察病情变化，掌握疾病动态，重点观察神志、瞳神、气息、脉象等变化，并采取相应的救治措施。加强护理，防治褥疮、肺部感染、及时清除痰涎、防止窒息。言语不利者，宜加强语言训练。对于恢复期患者需加强偏瘫肢体的被动活动，进行肢体功能锻炼，并配合针灸、推拿、按摩、理疗等。偏瘫严重者，应防止患肢受压变形。

五、临证验案

刘某，男，74岁，陕西乾县人。

初诊 患者2个月来无明显诱因出现左下肢乏力，后又逐渐出现左上肢无力，并伴有麻木感，血正常，头颅CT示："脑梗死"。诊时症见：左侧肢体无力，左上肢麻木，舌质暗，苔白腻，脉沉细略弦。神经系统检查示：左侧上下肢浅感觉减退，左下肢肌力Ⅳ级，双跟膝腱反射减弱，左霍夫曼征(+)。

诊断 中风 - 中经络

辨证 肝热血瘀型

治法 清肝活血

方药 天麻10g，决明15g，菊花12g，川芎10g，地龙10g，桂枝6g，赤芍10g，豨莶草15g，桑寄生15g，路路通15g，生山楂15g，红花6g，伸筋草15g。

服10剂后，左下肢无力较前明显好转，行走有力。唯站立较久后左膝发软，偶于颠簸时觉头痛。舌质暗红，苔薄白水滑，脉沉细。药已获效，治法不变。在前方基础上加黄芪30g，僵蚕10g，再服10剂，诸症消失。

按 张老根据其临床经验，将中风概括为六大证型：肝热血瘀、气血血瘀、痰瘀阻窍、瘀热腑实、颅脑水瘀、肾虚血瘀。认为瘀血贯穿病变的始终，乃其发病的关键，肝脏体阴而用阳，喜条达，主升，主动，肝热血瘀为中风之常见证型。系肝经郁热或肝肾阴虚，水不涵木，肝阳上亢，化热灼津为瘀；或肾精亏乏，肝血不足，血涩为瘀所致。在临床运用时须详辨肝热之虚实：一为肝之实火，如肝火素旺或暴怒郁怒，伤肝化火，阳气烦劳则胀，工作繁忙，加之恣食烟酒辛辣肥甘化火，也可致肝火渐旺，肝经郁热；二为肝之虚火，年四十，而阴气自半也。中老年人肝肾之阴常不足，水不涵木，虚热内生。同时还要注意的是，中老年人气血常有不足，精血不足易导致血行滞涩，脉道不充，而气虚无力推动血液运行亦可致血瘀。肝热、血瘀互结而发为中风。因此，张老在临床上采用清肝活血法治疗该型中风，可使肝火得宁，血性顺畅，诸症得消。该患者年过四旬，阴气日衰，肾精不足。故肝血乏源，脉道失充，血缓为瘀；同时阴虚生燥热，"血受热则煎熬成块"，血行不利为瘀，终致肢体失用。又肝肾阴亏日甚，水不涵木，渐致肝阳化热充脑，炼血成瘀阻络而肢麻无力。张老治以清肝活血，佐以滋阴，应手取效。

（中医优势病种特色诊疗丛书 - 中风病中医特色诊疗．人民军医出版社．2008）

六、文献摘录

1.《金匮要略·中风历节病脉证并治》："邪在于络，肌肤不仁；邪在于经，即重不胜；邪入于腑，即不识人；邪入于脏，舌即难言，口吐涎。"

2.《景岳全书·非风》："非风一证，即时人所谓中风证也。此证多见卒倒，卒倒多由昏愦，本皆内伤积损颓败而然，原非外感风寒所致。"

3.《证治汇补·中风》："平人手指麻木，不时眩晕，乃中风先兆，须预防之，宜慎起居，节饮食，远房帏，调情志。"

4.《医学衷中参西录·治内外中风方》："内中风之证，曾见于《内经》。而《内经》初不名为内中风，亦不名之为脑充血，而实名之为煎厥、大厥、薄厥。……盖肝为将军之官，不治则易怒，因怒生热，煎耗肝血，遂致肝中所寄之相火，掀然暴发，挟气血而上冲脑部，以致昏厥。"

七、文献推介

1. 中风诊断依据、证候分类、疗效评定—中华人民共和国中药行业标准《中医内科病证诊断疗效标准》(ZY/T001.1-94)[J]. 辽宁中医药大学学报，2016,18(10):16.

2. 周仲瑛. 凉血通瘀法治疗出血/缺血两类中风的浅识[J]. 南京中医药大学学报，2011，27(2):101-104+123.

3. 王永炎，谢颖桢. 化痰通腑法治疗中风病痰热腑实证的源流及发展（一）——历史源流、证候病机及临床应用. 现代中医临床，2013;20(1):1-6.

4. 北京中医药大学东直门医院. 中风病（脑出血）中医诊疗方案（2017年版）[Z]. 国家中医药管理局办公室关于印发中风病(脑梗死)等92个病种中医临床路径和中医诊疗方案(2017年版)的通知 国中医药办医政发〔2017〕9号.

5. 北京中医药大学东直门医院，天津中医药大学第一附属医院，福建中医药大学附属康复医院. 中风病（脑梗死）中医诊疗方案(2017年版)[Z]. 国家中医药管理局办公室关于印发中风病(脑梗死)等92个病种中医临床路径和中医诊疗方案(2017年版)的通知 国中医药办医政发〔2017〕9号.

（编者：闫咏梅　责任副主编：黄燕）

33 瘿病

瘿病是由气郁、痰结、血瘀壅于颈前引起的，以颈前喉结两旁结块肿大为主要临床表现的病证。古籍中有称瘿、瘿气、瘿瘤、瘿囊、影袋等名者。

早在战国时期的《庄子·德充符》即有"瘿"的记载。而《吕氏春秋·季春纪》所说的"轻水所，多秃与瘿人"记载了瘿的发病与地理环境密切相关。《三国志·魏书》引《魏略》有"发愤生瘿"及"十人割瘿九人死"的记载，提示当时已经认识到本病的发生与情志因素有关，并有手术治疗瘿病的探索。晋·葛洪《肘后备急方》首先用昆布、海藻治疗瘿病。隋·巢元方《诸病源候论·瘿候》认为："瘿者，由忧恚气结所生。亦曰饮沙水，沙随气入于脉，搏颈下而成之。"并引《养生方》云："诸山水黑土中，出泉流者，不可久居，常食令人作瘿病，动气增患。"指出瘿病的病因主要是情志内伤及水土因素。唐·孙思邈《千金要方》及唐·王焘《外台秘要》记载了数十个治疗瘿病的方剂，其中常用的有海藻、昆布、羊靥、鹿靥等药，表明此时对含碘药物及用动物甲状腺来治疗瘿病已有相当的认识。宋·赵佶《圣济总录·瘿瘤门》指出，瘿病以山区发病较多，"山居多瘿颈，处险而瘿也"，并从病因的角度把瘿病分为了石瘿、泥瘿、劳瘿、忧瘿、气瘿五类。石与泥则因山水饮食而得之；忧、劳、气则本于七情。宋·陈言《三因极一病证方论·瘿瘤证治》提出瘿病可分为石瘿、肉瘿、筋瘿、血瘿、气瘿。明·李时珍《本草纲目》明确指出黄药子有"凉血降火，消瘿解毒"的功效，并记载了在用黄药子酒治疗瘿病时，"常把镜自照，觉消便停饮"以免过量的用药方法，以及"以线逐日度之，乃知其效也"的观察疗效的方法。明·陈实功《外科正宗·瘿瘤论》指出瘿瘤主要由气、痰、瘀壅结而成，采用的主要治法是行散气血、行痰顺气、活血散坚，该书所载的海藻玉壶汤等方至今仍为临床常用。清·沈金鳌《杂病源流犀烛·瘿瘤》指出瘿又称为瘿气、影袋，多因气血凝滞，日久渐结而成。

西医学中的单纯性甲状腺肿、结节性甲状腺肿伴甲状腺功能亢进症、甲状腺炎、甲状腺腺瘤、甲状腺癌等以甲状腺肿大为主要临床表现的疾病均属本病范畴，可参照考本节辨证施治。

一、病因病机

（一）病因

1. 情志内伤

由于长期忿郁恼怒或忧愁思虑日久，使肝气失于条达，气机郁滞，则津液不得正常输布，易于凝聚成痰，气滞痰凝，壅结颈前，则形成瘿病。其消长亦与情志有关。痰气凝滞日久，血行瘀滞，可致瘿肿质地较硬。正如《诸病源候论·瘿候》所曰："瘿者，由忧恚气结所生"，"动气增患"。《济生方·瘿瘤论治》曰："夫瘿瘤者，多由喜怒不节，忧思过度，而成斯疾焉。大抵人之气血，循环一身，常欲无滞留之患，涸摄失宜，气凝血滞，为瘿为瘤。"

2. 饮食及水土失宜

瘿病发病与水土因素极为相关，饮食失调，或居住在高山地区，水土失宜，一是影响脾胃的功能，使脾失健运，不能运化水湿，聚而生痰；二是影响气血的正常运行，致气滞、痰凝、血瘀壅结颈前则发为瘿病。在瘿病的分类名称中即有泥瘿、土瘿之名。《圣济总录》所谓的"泥瘿"即由此所致。如前《吕氏春秋》所说的"轻水所"，《诸病源候论》所说的"饮沙水"、"诸山水黑土中"等都是发生瘿病的水土因素。《杂病源流犀烛·颈项病源流》也提到："西北方依山聚涧之民，食溪谷之水，受冷毒之气，其间妇女，往往生结囊如瘿。"均说明瘿病的发生与水土因素有密切关系。

（二）病机

瘿病的基本病机是情志因素及饮食水土失宜导致机体气机不畅，津液输布障碍，凝聚成痰，痰气郁结，日久引起血脉瘀阻，气、痰、瘀三者合而为患，甚至痰气郁结化火伤阴，壅结于颈前发为瘿病。

本病的病变部位主要在肝脾，与心有关。肝郁则气滞，脾伤则气结，气滞则津停，脾虚则酿生痰湿，痰气交阻，血行不畅，则气、血、痰壅结而成瘿病。瘿病日久，在损伤肝阴的同时，也会伤及心阴，出现心悸、烦躁、脉数等症。瘿病的病理性质以实证居多，久病由实致虚，可见气虚、阴虚等虚候或虚实夹杂之候。在本病的病变过程中，常发生病机转化。如痰气郁结日久可化火，形成肝火亢盛证；火热内盛，耗伤阴津，导致阴虚火旺之候，其中以心肝阴虚最为常见；气滞或痰气郁结日久，则深入血分，血液运行不畅，形成痰结血瘀之候。

瘿病的预后大多较好。瘿肿小、质软、病程短、治疗及时者，多可治愈。但瘿肿较大者，不容易完全消散。若肿块坚硬、移动性差，而增长又迅速者，结节高低不平者，则可能恶变，预后不佳。肝火旺盛及心肝阴虚的轻中症患者，疗效较好，重症患者则阴虚火旺的各种症状常随病程的延长而加重，当出现烦躁不安、谵妄神昏、高热、大汗、脉疾等症状时，为病情危重的表现。

二、诊断与鉴别诊断

（一）诊断依据

1. 瘿病以颈前喉结两旁结块肿大为最基本的临床特征，可随吞咽动作而上下移动，初作可如樱桃或指头大小，一般生长缓慢，大小程度不一，大者可如囊如袋，触之多柔软、光滑，病程日久则质地较硬，或可扪及结节。

2. 早期多无明显的伴随症状，瘿块发展较大时，可出现吞咽障碍、咳嗽等压迫症状。发生阴虚火旺的病机转化时，可见低热、多汗、心悸、多食易饥、面赤、脉数等表现。

3. 多发于女性，常有情志不舒的病史，发病呈现一定的地区性。

（二）鉴别诊断

1. 瘰疬

瘰疬亦会在颈项部出现肿块，需加以鉴别。瘿病的肿块在颈部正前方，肿块一般较大。瘰疬的患病部位是在颈项的两侧，或在耳前后，连及颐颔，肿块一般较小，每个约胡豆大，个数多少不等，甚至累累如贯珠。

2. 消渴

瘿病表现多食易饥的症状与消渴类似。但瘿病主要的临床表现为颈前喉结两旁结块肿大，或伴有烦热多汗、急躁易怒等症；消渴病颈前无肿块，有多饮多尿、尿中有甜味等症，可资鉴别。

三、辨证论治

（一）辨证要点

1. 辨在气与在血

颈前肿块光滑、柔软，属气郁痰阻，病在气分；病久肿块质地较硬，甚则质地坚硬，表面高低不平，属痰结血瘀，病在血分。

2. 辨火旺与阴伤

本病常表现为肝火旺盛及阴虚火旺之证。如兼见烦热，易汗，性情急躁易怒，眼球突出，手指颤抖，面部烘热，口苦，舌红苔黄，脉数者，为火旺；如见心悸不宁，心烦少寐，易出汗，手指颤动，两目干涩，头晕目眩，倦怠乏力，舌红，脉弦细数者，为阴虚。

（二）治疗原则

治疗以理气化痰，消瘿散结为基本原则。瘿病的各种证候之间有一定的关系。气郁痰阻、痰结血瘀、阴虚火旺，可逐步发展而成。瘿肿质地较硬及有结节者，应配合活血化瘀。火郁阴伤而表现阴虚火旺者，则当以滋阴降火为主。

（三）分证论治

1. 气郁痰阻

症状 颈前喉结两旁结块肿大，质软不痛，颈部觉胀，胸闷，善太息，或兼胸胁窜痛，病情常随情志波动，舌淡红，苔薄白，脉弦。

分析 颈前喉结两旁结块肿大，质软不痛，颈部觉胀为气机郁滞，津液输布障碍，凝聚成痰，痰气壅阻，凝结颈前；胸闷、善太息，胸胁窜痛，且病情随情志波动为情志不舒，肝气郁结；舌淡红，苔薄白，脉弦为气郁痰阻之征。

治法 理气舒郁，化痰消瘿。

方药 四海舒郁丸加减。

本方功能理气解郁，化痰软坚，消瘿散结；适用于瘿病早期由痰气郁结所致者。方中昆布、海带、海藻、海螵蛸、海蛤粉化痰软坚，消瘿散结；青木香、陈皮疏肝理气。

肝气不疏明显而见胸闷、胁痛者，加柴胡、枳壳、香附、延胡索、川楝子疏肝解郁；咽部不适，声音嘶哑者，加桔梗、牛蒡子、木蝴蝶、射干利咽消肿。

2. 痰瘀内阻

症状 颈前喉结两旁结块肿大，按之较硬或有结节，肿块经久未消，胸闷，纳差，舌质暗或紫，苔薄白或白腻，脉弦或涩。

分析 颈前喉结两旁结块肿大，按之较硬或有结节，经久不消为痰气交阻，日久血脉瘀滞，气、痰、瘀壅结颈前，搏结成瘿；胸闷纳差为气郁痰阻，脾失健运；舌暗苔白腻，脉弦或涩为内有痰湿及气滞血瘀之征。

治法 理气活血，化痰消瘿。

方药 海藻玉壶汤加减。

方中海藻、昆布、海带化痰软坚，消瘿散结；青皮、陈皮疏肝理气；半夏、胆南星、连翘、甘草理气化痰散结；当归、川芎行气活血。

胸闷不舒加郁金、香附、枳壳理气开郁；郁久化火而见烦热、舌红苔黄、脉数者，加夏枯草、丹皮、玄参、栀子；纳差、便溏者，加白术、茯苓、山药健脾益气；结块较硬或有结节者，可酌加黄药子、三棱、莪术、露蜂房、僵蚕、穿山甲等，以增强活血软坚，消瘿散结的作用；若结块坚硬且不可移者，可酌加土贝母、莪术、山慈菇、天葵子、半枝莲、犀黄丸等以散瘀通络，解毒消肿。本型多由气郁痰阻证发展而来，一般需较长时间服药，方可取效。

3. 肝火旺盛

症状 颈前喉结两旁轻度或中度肿大，一般柔软光滑，烦热汗出，性情急躁易怒，眼球突出，手指颤抖，面部烘热，口苦，舌质红，苔薄黄，脉弦数。

分析 颈前喉结两旁轻度或中度肿大，一般柔软光滑为痰气交阻，气郁化火，壅结颈前；烦躁易怒，烦热汗出，面部烘热，口苦为气滞痰阻，郁而化火，肝火炽盛；手指震颤，眼球突出为肝火上炎，肝风内动；舌质红，苔薄黄，脉弦数为肝火旺盛之征。

治法 清肝泄火，消瘿散结。

方药 栀子清肝汤合消瘰丸加减。

栀子清肝汤清肝泻火，适用于肝郁化火之瘿病；消瘰丸清热化痰，软坚散结，适用于痰结化热之瘿病。方中柴胡疏肝解郁；栀子、丹皮清泄肝火；当归养血活血；白芍柔肝；配合牛蒡子散热利咽消肿；生牡蛎、浙贝母化痰软坚散结；玄参滋阴降火。

肝火旺盛，烦躁易怒，脉弦数者，可加龙胆草、黄芩、青黛、夏枯草；手指颤抖者，加石决明、钩藤、白蒺藜、天麻平肝息风；兼见胃热内盛而见多食易饥者，加生石膏、知母；火郁伤阴，阴虚火旺而见烦热，多汗，消瘦乏力，舌红少苔，脉细数等症者，可用二冬汤合消瘰丸加减。

4. 心肝阴虚

症状 颈前喉结两旁结块或大或小，质软，病起较缓，心悸不宁，心烦少寐，易汗出，手指颤动，眼干，目眩，倦怠乏力，舌质红，苔少或无苔，舌体颤动，脉弦细数。

分析 颈前喉结两旁结块或大或小，质软为气郁痰阻，壅结于颈前，渐起瘿肿；心悸不宁，心烦少寐为火盛伤阴，心阴亏虚，心失所养；汗出为心阴不足，心液不守；头晕，目干目眩，指颤为肝阴虚风动，肝血不足；舌质红，苔少或无苔，舌体颤动，脉弦细数为心肝阴虚之征。

治法 滋阴降火，宁心柔肝。

方药 天王补心丹或一贯煎加减。

天王补心丹滋阴清热，宁心安神，适用于心阴亏虚为主者；一贯煎养阴疏肝，适用于肝阴亏虚兼肝气郁结者。方中以生地、沙参、玄参、麦冬、天冬养阴清热；人参、茯苓益气宁心；当归、枸杞子养肝补血；丹参、酸枣仁、柏子仁、五味子、远志养心安神；川楝子疏肝理气。

虚风内动，手指及舌体颤抖者，加钩藤、白蒺藜、鳖甲、白芍；脾胃运化失调致大便稀溏、便次增加者，加白术、薏仁、怀山药、麦芽；肾阴亏虚而见耳鸣、腰酸膝软者，酌加龟板、桑寄生、牛膝、女贞子；病久正气伤耗，精血不足，而见消瘦乏力，妇女月经量少或经闭，男子阳痿者，可酌加黄芪、太子参、山茱萸、熟地、枸杞子、制首乌等。

四、预防调护

因水土失宜所致者，应注意饮食调摄，在容易发生缺碘性甲状腺肿的地区，可经常食用海带，使用加碘食盐（食盐中加入万分之一的碘化钠或碘化钾）。患者应保持精神愉快，防止情志内伤。瘿病的预后大多较好，在病程中，要密切观察瘿肿的形态、大小、质地软硬及活动度等方面的变化。如瘿肿经治不消，增大变硬，应高度重视，防止恶变。

五、临证验案

叶某，女，36岁。

初诊　诉甲状腺右侧有一鸽蛋大小的肿块，按之质偏硬，表面光滑，边缘清楚，至某医院检查诊断为甲状腺腺瘤，需手术治疗。因有顾虑而来我院要求中药治疗。

诊查　经常低热不退，精神疲惫，心情急躁，动辄烦躁易怒，胃纳不佳，月经不调，经来腹胀腹痛，腰际酸楚。苔薄腻，脉细弦。

辨证　证属肝气郁结化火，灼伤津液，痰火胶结致成肿核。

治法　治用海藻玉壶汤和内消瘰疬丸加减。

处方　夏枯草24g，昆布24g，海藻12g，水红花子12g，生黄芪12g，玄参12g，煅牡蛎24g，象贝母3g，炒白术9g，香附12g，天龙2条。7剂。

二诊　服上方药后肿块未见改变，动辄烦躁易怒，颧红肢麻。苔薄，脉弦。法以消肿软坚化痰，佐以滋阴降火。原方加丹皮10g，六味地黄丸12g(分吞)。7剂。

三诊　药后肿块稍有柔软，胃纳较佳。苔薄，脉弦。仍宗上法加减。原方加橘皮叶各6g，苦桔梗6g，减去炒白术。14剂。

四诊　药后烦躁易怒，颧红肢麻均有好转，肿块也稍有缩小。前方见效，再宗上意治之。原方加黄药子12g，去香附。14剂。

五诊　患者低热已退，甲状腺右侧肿块明显缩小，惟睡眠不熟。苔薄，脉弦。前方既效，毋庸改弦易辙。原方加茯苓12g，夜交藤24g。14剂。

之后患者以原方续服药二十余剂，至1974年12月复诊时肿块基本消失。随访3年，身体健康，甲状腺腺瘤一直没有复发。

（董建华.中国现代名中医医案精华·钱伯文医案.北京出版社.1990）

六、文献摘录

1.《儒门事亲·瘿》："夫瘿囊肿闷，稽叔夜《养生论》云：颈如险而瘿，水土之使然也，可用人参化瘿丹，服之则消也。又以海带、海藻、昆布三味，皆海中之物，但得二味，投之于水瓮中，常食亦可消矣。"

2.《外台秘要·瘿病方》："《小品》瘿病者，始作与樱核相似，其瘿病喜当颈下，当中央不偏两边也。"

3.《明医指掌·瘿瘤证》："瘿但生于颈项之间，瘤则遍身体头面、手足，上下不拘其处，随气凝结于皮肤之间，日久结聚不散，积累而成。若人之元气循环周流，脉络清顺流通，焉有瘿瘤之患也。必因气滞痰凝，隧道中有所留止故也。"

4.《杂病源流犀烛·瘿瘤》："西北方依山聚涧之民，食溪谷之水，食冷毒之气，其间妇女，往往结囊如瘿。"

七、文献推介

1.瘿痛（亚急性甲状腺炎）中医诊疗方案（试行）[Z].国家中医药管理局办公室关于印发中风病（脑梗死）等92个病种中医临床路径和中医诊疗方案（2017年版）的通知 国中医药办医政发[2017] 9号.

（编者：刘小溪 责任副主编：刘良徛）

34 疟疾

疟疾是由感受疟邪，邪伏半表半里，出入营卫之间，邪正交争引起的，以寒战、壮热、头痛、汗出，休作有时为主要临床表现的病证。本病多发于夏秋季节，但其他季节亦可以发生。

疟疾之名，首见于《内经》，《内经》对其病因、证候、治法进行了详细论述。《素问·疟论》指出疟疾病因为"疟气"，在治疗时机选择上，《素问·刺疟》提出"先发如食顷，乃可以治，过之则失时也。"《神农本草经》明确记载常山及蜀漆有治疟的功效。汉·张仲景《金匮要略·疟病脉证并治》篇阐述了瘅疟、温疟、牝疟等各种不同类型疟疾的辨证论治，并补充了"疟母"这一病类，其治温疟的白虎加桂枝汤和治疟母的鳖甲煎丸，一直沿用至今。晋·葛洪《肘后备急方·治寒热诸疟》认为其病因是感受山岚瘴毒之气，首先提出了瘴疟的名称，并明确了青蒿为治疟要药。隋·巢元方《诸病源候论·间日疟候》明确提出间日疟和劳疟的病证名称。唐·孙思邈《备急千金要方》除制订以常山、蜀漆为主药的截疟诸方外，还用马鞭草治疟。宋·陈无择《三因极一病证方论·疟病不内外因证治》指明了疫疟的特点。明·张景岳《景岳全书·疟疾》进一步肯定疟疾因感受疟邪所致，并非痰、食引起。清·吴有性于《温疫论》一书中制订的"达原饮"，用槟榔、厚朴、草果等祛邪治疟。近年来，开展了青蒿素治疗疟疾的研究，丰富和发展了中医药治疗疟疾的方法。

西医学中的疟疾属于本病范畴。以寒热往来为主要表现的似疟非疟的类疟疾患，如亚败血症、回归热、黑热病、伤寒、病毒性感染以及部分血液系统疾患等亦可参照本节辨证施治。

一、病因病机

（一）病因

1. 感受疟邪

本病的发生，主要是感受疟邪（主要指疟原虫），诱发因素与外感风寒、暑湿、饮食劳倦有关，其中尤以暑湿诱发最多。夏秋暑湿当令之际，正是蚊毒疟邪肆虐之时，若人体被疟蚊叮咬，疟邪则入侵致病。

2. 正气虚弱

内因与正虚不能抗邪有关。多因平素饮食不节，脾胃虚弱，痰湿内生，或起居失常，劳倦太过，元气耗伤，营卫不固，疟邪乘袭而发。

（二）病机

疟疾基本病机为感受疟邪，邪伏半表半里，出入营卫之间，邪正交争。病位总属少阳，故有"疟不离少阳"之说。感邪之后，邪伏半表半里，出入营卫之间，正邪交争，则疟疾发作；疟邪伏藏，则发作休止。发作时，邪入与营阴相争，卫阳不得外达，则玄府紧缩，肌肤粟起而恶寒；随后，邪出与卫阳相搏，阳热亢于肌表，则又转为高热；待正胜邪退，疟邪伏藏，汗出热退，症状消失。其休作间隔时间长短与邪气伏藏深浅有关，日发、隔日发者邪气尚浅，三日一发者，邪留较深。

本病的病理性质以邪实为主。由于感邪不一，正气强弱及体质差异，疟疾表现出不同的病理变化。临床以寒热休作有时的正疟多见。如素体阳虚寒盛，或感受寒湿诱发，可表现为寒多热少之寒疟或但寒不热的牝疟；素体阳热偏盛，或感受暑热诱发，则表现为热多寒少之温疟；因感受山岚瘴毒之气而发为瘴疟者，可出现神昏谵语，甚内闭外脱的危候。疫毒邪热深重，内陷心肝，则为热瘴；湿浊蒙蔽心神者为冷瘴。

疟邪久恋，屡发不已，耗伤气血，不时寒热，可成为遇劳即发的劳疟；或久疟不愈，气滞血瘀，痰浊内聚，结于左胁下而形成疟母，并常兼气血亏虚之象，表现为邪实正虚。

二、诊断与鉴别诊断

（一）诊断依据

1. 发作时寒战、高热，汗出则热退，每日或隔日或三日发作一次，伴有头痛身楚、恶心呕吐等症。
2. 多发于夏秋季节和流行地区，有疟蚊叮咬病史，或输入过疟疾患者血液，反复发作后可出现脾脏肿大。

（二）鉴别诊断

1. 风温

风温初起，邪在卫分，可见发热，恶寒，伴有咳嗽、头痛等肺系症状，多发于冬春季；疟疾则以寒热往来，汗出热退，休作有时为特征，无肺系症状，多发于夏秋季。

2. 淋证发热

淋证初起，湿热邪盛，正邪交争，可见寒战发热，但多见小便频急，淋漓刺痛，腰部酸胀疼痛等症，且发作无定时，可与疟疾作鉴别。

三、辨证论治

（一）辨证要点

根据病情的轻重，寒热的偏盛，正气的盛衰及病程的久暂，区分正疟、温疟、寒疟、瘴疟、劳疟的不同。

（二）治疗原则

疟疾的基本病机是感受疟邪，邪正交争，故祛邪截疟为本病的基本治疗原则。由于寒热偏盛和正气盛衰的不同，应区分处理。如温疟兼清，寒疟兼温，瘴疟宜解毒除瘴，劳疟则以扶正、补益气血为主，佐以截疟。若属疟母，则当祛瘀化痰，软坚散结，并兼顾扶正。

（三）分证论治

1. 正疟

症状　发作症状较典型，常先呵欠乏力，继而寒战鼓颔，寒罢则内外皆热，头痛面赤，口渴欲饮，终则遍身汗出，热退身凉，每日或间一二日发作一次，休作有时，舌红苔薄白或黄腻，脉弦。

分析　寒热往来，发作有时为疟邪伏于少阳，与营卫相搏，正邪交争；皮肤粟起，寒战鼓颔为病邪入与阴争，阳气被遏；高热头痛，烦渴面赤为病邪出与阳争，郁阳外达，上蒸头目；汗出热退为正胜邪退，疟邪伏藏，郁阳随汗外泄；病初苔薄白，化热则见苔黄腻，脉弦为正疟之象。

治法　祛邪截疟，和解少阳。

方药　柴胡截疟饮加减。

方中柴胡、黄芩和解少阳；常山、槟榔、半夏化痰截疟；乌梅生津和胃；人参补气建中；桃仁活血祛瘀兼以润下；生姜、大枣、甘草调和营卫，顾护胃气。

若痰湿偏重，胸闷腹胀，呕恶明显者，加厚朴、苍术、陈皮，或改用截疟七宝饮以化痰散结，理气和中；若烦渴，苔黄，脉数者，去生姜、大枣，加石膏、天花粉清热生津。

2. 温疟

症状　发作时热多寒少，汗出不畅，头痛，骨节酸痛，口渴引饮，便秘溲黄，舌红苔黄，脉弦数。

分析　热多寒少为阳热素盛，疟邪与营卫相搏，热炽于里；烦渴引饮，便秘溲黄为热盛伤津；汗出不畅，头痛，骨节酸痛为邪气外束肌表；舌红苔黄、脉弦数多为阳热偏盛之象。

治法　清热解表，和解祛邪。

方药　白虎加桂枝汤加减。

方中生石膏、知母清泄邪热；桂枝和解疏表；粳米滋养脾胃以缓药性之峻猛；甘草调和诸药。并可加柴胡、青蒿、常山截疟祛邪。

若表邪已解，里热炽盛，发热汗多者，去桂枝；若热盛而气津两伤者，改用白虎加人参汤清热生津益气；若津伤较盛，口渴引饮者，加生地、麦冬、石斛、玉竹。

3. 寒疟

症状　发作时寒多热少，口不渴，胸脘痞闷，神疲倦怠，舌苔白腻，脉弦。

分析　发作时寒多热少为素体阳气不足，阴寒内盛，疟邪入侵伏于阴分，阳气不能外达；胸脘痞闷，神疲倦怠为寒湿内盛，困阻中阳，运化失司；口不渴为寒湿困脾，津不上承；舌苔白腻，脉弦多为寒湿困阻之象。

治法　和解表里，温阳达邪。

方药　柴胡桂枝干姜汤合截疟七宝饮加减。

方中柴胡、黄芩和解少阳；桂枝、干姜温阳达邪；常山、草果、槟榔、厚朴、青皮、陈皮运脾燥湿，化痰截疟；瓜蒌根、牡蛎软坚散结；甘草缓峻并调和诸药。

但寒不热者，去苦寒之黄芩；若寒郁化热，心烦口干者，去桂枝、草果，加石膏、知母清泄郁热。

4. 瘴疟

（1）热瘴

症状　热甚寒微，或壮热不寒，头痛，肢体烦疼，面红目赤，胸闷呕吐，烦渴饮冷，大便秘结，小便热赤，甚则神昏谵语，舌质红绛，苔黄腻或垢黑，脉洪数或弦数。

分析　热甚寒微，或壮热不寒为瘴毒热邪深陷的表现；身痛面赤，烦渴饮冷为热炽阴伤；胸闷呕吐为热毒上冲，胃气上逆；神昏谵语为邪热内陷心包；舌质红绛，苔黄腻或垢黑，脉洪数或弦数多是瘴疟热毒炽盛之象。

治法　解毒除瘴，清热保津。

方药　清瘴汤加减。

方中黄芩、黄连、知母清热解毒除瘴；常山、青蒿、柴胡截疟祛邪；陈皮、半夏、茯苓、竹茹、枳实理气化痰和胃；益元散清热利湿。

若壮热津伤烦渴者，去半夏，加石膏、生地、玄参、石斛、玉竹清热除烦生津；若神昏惊厥，高热不退者，急服紫雪丹清心开窍。

（2）冷瘴

症状　寒甚热微，或但寒不热，或呕吐泄泻，甚嗜睡不语，神志昏蒙，舌苔厚腻色白，脉弦。

分析　寒甚热微，或但寒不热为外受瘴毒，邪气内盛，遏阻阳气的表现；呕吐泄泻为瘴毒湿浊弥漫，困阻脾胃，升降失司；嗜睡神昏为瘴毒湿浊弥散，蒙蔽心神；苔白厚腻，脉弦多为瘴疟寒湿内盛之象。

治法　解毒除瘴，芳香化浊。

方药　加味不换金正气散加减。

方中苍术、厚朴、陈皮、藿香、佩兰、半夏，燥湿化浊，健脾理气；石菖蒲豁痰开窍；槟榔、草果除痰截疟；荷叶升阳护胃；甘草调和诸药。

若嗜睡昏蒙者，加服苏合香丸芳香开窍；若呕吐明显者，吞服玉枢丹以辟秽化浊，和中止呕。

5. 劳疟

症状　疟疾病久迁延不愈，遇劳累则发作，发时寒热较轻，面色萎黄，倦怠乏力，少气懒言，纳差自汗，舌淡，脉细弱。

分析　发时寒热较轻，遇劳则发为疟疾日久，耗伤气血，正虚邪恋的表现；纳差为脾胃虚弱、运化无力；面色萎黄，倦怠乏力，少气懒言为气血亏虚，失于濡养；舌淡，脉细多为气血亏虚之象。

治法　益气养血，扶正祛邪。

方药　何人饮加减。

何首乌、人参、当归益气补血；陈皮、生姜健脾理气和中。

若气虚甚，倦怠自汗者，加黄芪、浮小麦；若偏于阴虚，伴见下午或夜间低热，舌红少苔者，加生地、鳖甲、白薇；若胸脘痞闷，便溏苔腻者，去何首乌，加姜半夏、草果除湿化浊。

此外，久疟不愈，瘀血内生，痰浊瘀血交阻互结，于左胁下形成积块者，此为《金匮要略》所称之疟母，治疗宜软坚散结，祛瘀化痰，方用鳖甲煎丸；兼气血两虚者，配合八珍汤扶正祛邪。

四、预防调护

疟疾为蚊虫传播疾病，故应加强防蚊、灭蚊措施。疟疾发作期当卧床休息，寒战时加盖衣被，饮温水保暖；发热时减去衣被，如高热不退者配合物理降温。瘴疟病人当加强护理，密切观察其生命体征及神志变化，及时处理。汗出应避风，温水擦身，并及时更换湿衣。服药宜在发作前2小时，发作时不宜服药或进食。饮食须清淡易消化、富有营养之流质或半流质饮食为宜。久病者，多休息，避免劳累，加强饮食调补。

五、临证验案

某男，49岁。

初诊　1975年9月。发病已6日，每日下午发生欠伸、寒栗、体痛，继之则寒去身热口渴而头痛，然后汗出热解如常人，唯渐肢体乏力。乃秋伤风凉，邪居风府，卫气应而病作，则名曰"疟疾"。治宜散其风寒，调其阴阳，拟方柴胡桂枝干姜汤加味。

处方　柴胡15g 黄芩10g 干姜10g 桂枝10g 牡蛎10g 天花粉10g 炙甘草10g 常山10g 乌梅10g。2剂，以水煎服，日二次。

二诊　药服两剂而疟解。

按　《素问·疟论篇》说："夫痎疟皆生于风……疟之始发也，先起于毫毛，欠伸乃作，寒栗鼓颔，腰脊俱痛，寒去则内外皆热，头痛如破，渴欲饮冷。帝曰：'何气使然？愿闻其详。'岐伯曰：'阴阳上下交争，虚实更作，阴阳相移也。'"邪居风府，卫气应之而病作，故疟病蓄作有时。其气上下并居，并于阴则阴盛而阳虚，阴盛则外寒，阳虚则内寒，内外皆寒，故欠伸、寒栗、体痛；并于阳则阳盛而阴虚，阳盛则外热，阴虚则内热，外内皆热，故身热、口渴、头痛。《素问·疟论篇》说："疟气者，必更盛更虚，当气之所在也。病在阳，则热而脉躁；在阴，则寒而脉静。极则阴阳俱衰，卫气相离，故病得休……"物极必反，其邪正相搏至极，则阴阳俱衰，卫气相离，故汗出热解如常人。邪久不去，正气日伤，故渐肢体乏力。柴胡桂枝干姜汤加味，用柴胡、桂枝、干姜祛风散寒以和阳，黄芩、天花粉清热以和阴，常山、乌梅截疟，甘草和中，牡蛎入肝软坚散结，以防气血之着肝坚结而成肝积。共奏散风寒、和阴阳、愈疟病、防坚积之效。（李今庸.国医大师李今庸医案医论精华.北京科学技术出版社.2014）

六、文献摘录

1.《素问·疟论》："此皆得之夏伤于暑，热气盛。藏于皮肤之内，肠胃之外，此荣气之所舍也。"
2.《金匮要略·疟病脉证并治》："温疟者，其脉如平，身无寒但热，骨节疼烦，时呕，白虎加桂枝汤主之。"
3.《肘后备急方·治寒热诸疟方》："青蒿一握，以水二升渍，绞取汁，尽服之。"
4.《症因脉治·疟疾总论》："瘴疟之症，疟发之时，神识昏迷，狂妄多言，或声音哑嗄。"
5.《医学纲目·疟寒热》："卫与邪相并，则病作；与邪相离，则病休。其并于阴则寒，并于阳则热；离于阴则寒已，离于阳则热已，至次日又集而合并，则复病也。"

七、文献推介

1. 林明欣,朱建平,张萌.中医治疗疟疾之理论争鸣[J].中华中医药杂志,2015,30(11):3821-3823.
2. 疟疾的诊断依据、证候分类、疗效评定——中华人民共和国中医药行业标准《中医内科病证诊断疗效标准》(ZY/T001.1-94)[J].辽宁中医药大学学报,2014,16(7):185.
3. 屠呦呦.抗疟新药——青蒿素和双氢青蒿素[A].中国中西医结合学会（CAIM）.世界中西医结合大会论文摘要集[C].中国中西医结合学会（CAIM）：1997:1.

（编者：张怡　责任副主编：黄燕）

35 水肿

水肿是由体内水液代谢障碍，泛溢肌肤引起的，以眼睑、头面、四肢、腹背，甚至全身浮肿为主要临床表现的病证。

本病在《内经》中称为"水"，并根据不同症状分为"风水"、"石水"、"涌水"。汉·张仲景《金匮要略》称水肿为"水气"，以表里上下为纲，分为风水、皮水、正水、石水、黄汗五种类型，又根据五脏发病机制及证候分为心水、肝水、肺水、脾水、肾水。隋·巢元方《诸病源候论·水肿候》始将"水肿"作为各种水病的总称。其病因病机早在《内经》已有明确认识，指出外感风邪，"其本在肾，其末在肺"、"诸湿肿满，皆属于脾"。宋·严用和提出了"疮毒内归"及"久病劳倦"的病因理论，对水肿的认识日趋成熟。明·张景岳发展了《内经》理论，认为本病多由饮食失节，或湿热所致，并进一步阐明水肿的病机，"乃肺、脾、肾三脏相干之病，盖水为至阴，故其本在肾；水化于气，故其标在肺；水惟畏土，故其制在脾"。宋·严用和《济生方·水肿门》将水肿分为阴水、阳水两大类，如此虚实分类法，为水肿病的临床辨证奠定了基础。对其治疗，《素问·汤液醪醴论》提出"平治于权衡，去菀陈莝……开鬼门，洁净府"的治疗原则。《金匮要略·水气病脉证并治》更明确指出"诸有水者，腰以下肿，当利小便，腰以上肿，当发汗乃愈。"明·李中梓又倡导"虚者，温补脾肾"之法，在前人汗、利、攻的基础上开创了补法。宋·杨士瀛《仁斋直指方·虚肿方论》创用活血利水法治疗水肿。近年来根据清·唐宗海《血证论》"瘀血化水亦发水肿，是血病而兼水也"的理论，广泛采用活血化瘀法治疗水肿，已取得较好疗效。

水肿在西医学中是多种疾病的一个症状，包括肾性水肿、心性水肿、肝性水肿、营养不良性水肿、功能性水肿、内分泌失调引起的水肿等。肾性水肿属于本病范畴，包括急慢性肾小球肾炎、肾病综合征、继发性肾小球疾病、慢性肾功能衰竭等。"肝性水肿"属于鼓胀范畴，"心性水肿"可以参照心悸、喘证等节进行论治，其它水肿可参照本节辨证施治。

一、病因病机

(一) 病因

1. 风邪外袭

风为六淫之首,风热或风寒之邪,侵袭卫表,壅结咽喉,内舍于肺,下及于肾,肺失通调,肾失气化,以致风水相搏,泛溢肌肤,发为水肿。正如《景岳全书·肿胀》曰:"凡外感毒风,邪留肌肤,则亦能忽然浮肿。"

2. 湿毒内犯

肌肤痈疡疮毒,未能清解消散,湿毒内归肺脾,流注下焦,损伤肾络,致水液气化失常,发为水肿。《严氏济生方·水肿门》云:"又有年少,血热生疮,变为肿满。"

3. 水湿浸渍

久居湿地,冒雨涉水,水湿浸渍,脾为湿困,湿性下趋,阻遏肾阳,气不化水,水无所制,发为水肿。如《医宗金鉴·水气病脉证》云:"皮水,外无表证,内有水湿也。"

4. 饮食不节

过食肥甘,嗜食辛辣、寒凉,或海膻发物,损伤脾胃,脾虚不运,湿浊内生,遏伤肾阳,或药毒伤及脾肾,以致脾肾气化失职,发为水肿。《景岳全书·水肿》曰:"大人小儿素无脾虚泄泻等证,而忽尔通身浮肿,或小便不利者,多以饮食失节,或湿热所致。"

5. 久病劳倦

因消渴、眩晕、淋证、紫斑等,久病迁延,伤及肾脏,或年老肾精亏耗,或劳倦过度,纵欲无节,肾气内伐,气化不利,而成水肿。如唐·王焘《外台秘要·消中消渴肾消方》云:"三消饮水不能多,但腿肿,脚先瘦小,阴痿弱。数小便者,此是肾消病也。"

6. 禀赋不足

先天禀赋薄弱,肾精不足,每因风邪、湿毒、水湿所犯,或因饮食劳倦所伤,易发本病。《重订严氏济生方·水肿门》云:"水肿为病,皆由真阳怯少……肾水不流……下为足膝浮肿,面浮腹胀,小便不利。"

(二) 病机

水不自行,赖气以动,水肿一证,是全身气化功能障碍的一种表现,其基本病机为肺失通调,脾失转输,肾失开阖,水液代谢障碍。病位在肺、脾、肾,而关键在肾。肺主治节,为水之上源,通调水道,下输膀胱。风邪犯肺,肺失宣畅,通调失职,风遏水阻,风水相搏,发为风水。脾主运化,散精布水,水湿外侵,困遏脾阳,或饮食劳倦伤脾,脾失转输,水湿内停,乃成水肿。肾主气化,为主水之脏,风邪、湿毒、水湿流注下焦,伤及肾脏,或久病劳欲,肾气亏虚,则肾失蒸化,开阖不利,水液泛滥肌肤,则为水肿。

病理性质有阴水、阳水之分,并可相互转化夹杂。阳水属实,多由外感风邪、湿毒、水湿而成;阴水属虚实夹杂,多由饮食不节、久病劳倦、禀赋不足所致。阳水迁延反复,或因失治、误治,脾肾渐虚,可转为阴水。反之,阴水复感外邪,或饮食不节,情志劳倦所伤,使病情复发,呈现阳水的证候,而成本虚标实之证。其病理因素为风邪、水湿、湿毒、瘀血。

水肿各证之间互有联系。阳水风水相搏之证,若风去湿留,可转化为水湿浸渍证。水湿浸渍证有寒化、热化之不同。湿从寒化,寒湿伤及阳气,则变为脾阳不振,或肾阳虚衰证。湿从热化,可转为湿热壅盛证。湿热久延伤阴,则可表现为肝肾阴虚证。肾阳虚衰,阳损及阴,又可导致阴阳两虚之证。此外,水肿各证,迁延反复,久病入络,水停气滞,络脉不通,或因虚致瘀,则水肿每多迁延不愈。

水肿日久，易发诸多变证。如湿热伤阴，或阳损及阴，肝肾阴虚，肝阳上亢，则可兼见眩晕；若肺失通调，脾失健运，肾与膀胱气化无权，可见小便点滴或闭塞不通，则转为癃闭。阴水每因外邪、饮食、情志、劳倦而诱发，病延日久，肾脏虚极，中阳衰败，气血阴阳亏虚引发虚劳。若脾肾衰败，气化不行，浊毒壅塞三焦，导致小便不通与呕吐并见，是由水肿发展为关格。甚或脾肾衰微，水邪凌心犯肺出现心悸、喘脱之重证。

二、诊断与鉴别诊断

（一）诊断依据

1. 水肿先从眼睑或下肢开始，继及四肢或全身。
2. 轻者仅眼睑或足胫浮肿，重者全身皆肿；甚则腹大胀满，气喘不能平卧。
3. 可有乳蛾、心悸、疮毒、紫斑以及久病体虚病史。

（二）鉴别诊断

鼓胀

二病均可见肢体浮肿，腹部胀满。鼓胀往往先见腹部胀大，面色苍黄，腹壁青筋暴露，四肢多不肿，后期或可伴见肢体浮肿。而水肿则头面或下肢先肿，继及全身，面色㿠白，腹壁亦无青筋暴露。鼓胀是由于肝、脾、肾功能失调，导致气滞、血瘀、水湿聚于腹中。水肿乃肺、脾、肾三脏气化失调，而导致水液泛滥肌肤。

三、辨证论治

（一）辨证要点

1. 辨阳水和阴水

阳水病因多为风邪、湿毒、水湿。发病较急，肿多由面目开始，自上而下，继及全身，肿处皮肤绷急光亮，按之凹陷即起，兼有寒热、口渴、小便赤涩、大便秘结等表、热、实证，一般病程较短。阴水病因多为饮食不节、久病劳倦、禀赋不足，发病缓慢，或由阳水转化而来，肿多由足踝开始，自下而上，继及全身，肿处皮肤松弛，按之凹陷不易恢复，甚则按之如泥，兼有畏寒神疲，大便稀溏，腰酸膝软等里、虚、寒证，病程较长。

2. 辨脏腑病位

水肿应辨病变脏腑在肺、脾、肾、心之不同。在肺多并见咳嗽气喘；在脾多见脘腹满闷；在肾多见腰酸膝软；在心多见心悸怔忡。对于虚实夹杂，多脏同病者，应仔细辨清本虚标实之主次。

（二）治疗原则

发汗、利尿、泻下逐水为治疗水肿的基本原则，具体应用视阴阳虚实不同而异。阳水以祛邪为主，应予发汗、利水或攻逐，同时配合清热解毒、理气化湿、活血化瘀等法；阴水当以扶正为主，温肾健脾、益气养阴，同时配以利水、行气、活血等法。对于虚实夹杂者，则当兼顾，或先攻后补，或攻补兼施。肿退后以本虚为主，予以扶正固本，多从脾肾调治。

(三)分证论治

1. 阳水

(1) 风水相搏

症状 眼睑浮肿,继则四肢及全身皆肿,来势迅速,多有恶寒发热,肢节酸楚,小便不利等症。偏于风热者,伴咽喉红肿,或乳蛾肿痛,舌质红,脉浮滑数;偏于风寒者,兼恶寒咳喘,痰稀色白,舌苔薄白,脉浮滑或浮紧。

分析 眼睑浮肿,继则四肢及全身皆肿,来势迅速,小便不利是风邪外袭,肺气闭塞,通调失职,风遏水阻,泛溢肌肤所致;恶寒发热,肢节酸楚为卫表不和证;咽喉红肿,或乳蛾肿痛,舌质红,脉浮滑数为风热上受,熏蒸咽喉所致;恶寒咳喘,痰稀色白,舌苔薄白,脉浮滑或浮紧为风寒外袭,邪遏肺卫所致。

治法 疏风解表,宣肺行水。

方药 越婢加术汤加减。

本方有宣肺清热,祛风利水之功效,主治风水夹热之证。方中麻黄宣肺发汗,以祛在表之水;生石膏清肺泄热;白术、甘草、生姜、大枣健脾化湿,有培土制水之意。可酌加茯苓、猪苓、泽泻、车前子、西瓜皮等淡渗利水消肿。

若风寒偏盛,去石膏,加苏叶、桂枝、防风祛风散寒;若风热偏盛,去生姜、大枣,加金银花、连翘、桔梗、板蓝根、芦根等,以清热解毒利咽;若见有血尿,可加小蓟、地榆、生地、白茅根、旱莲草等,以清热凉血止血;如见汗出恶风,卫阳已虚,则用防己黄芪汤加减,以益气行水;若表证渐解,身重而水肿不退者,可按水湿浸渍证论治。

(2) 湿毒浸淫

症状 眼睑浮肿,延及全身,身发疮痍,甚则溃烂,尿少色赤,或有泡沫,发热口渴,舌质红,苔薄黄,脉滑数。

分析 眼睑浮肿,延及全身为疮毒内归脾肺,水液代谢失常所致;身发疮痍,甚则溃烂为湿毒在表;尿少色赤,或有泡沫为湿毒伤肾,封藏失职;发热口渴,舌质红,苔薄黄,脉滑数为热毒内盛之象。

治法 宣肺利水,清热解毒。

方药 麻黄连翘赤小豆汤合五味消毒饮加减。

前方中麻黄、杏仁、桑白皮、赤小豆宣肺利水;连翘清热散结;后方以银花、野菊花、蒲公英、紫花地丁、紫背天葵加强清解热毒之力。

若湿盛而糜烂,加苦参、土茯苓、黄柏化湿解毒;风盛而瘙痒,加白鲜皮、地肤子、蝉蜕祛风止痒;毒盛而红肿,重用蒲公英、紫花地丁,加丹皮、赤芍凉血解毒;若见尿血,酌加生地、大蓟、小蓟、地榆等凉血止血;若尿有泡沫,酌加白茅根、石韦、白花蛇舌草、菟丝子、金樱子等清利湿热,补肾固涩。

(3) 水湿浸渍

症状 四肢或全身水肿,按之没指,身体困重,胸脘满闷,纳呆腹胀,小便短少,苔白腻,脉沉缓,起病缓慢,病程较长。

分析 四肢或全身水肿,按之没指,小便短少是水湿困脾,阻遏肾阳,脾失健运,肾失气化所致;身体困重,胸脘满闷,纳呆腹胀为湿遏中焦,气机不畅;苔白腻,脉沉缓,起病缓慢,病程较长为湿邪之征象。

治法 运脾化湿,通阳利水。

方药 五皮饮合胃苓汤加减。

前方桑白皮、陈皮、大腹皮、茯苓皮、生姜皮化湿利水；后方白术、茯苓、苍术、厚朴健脾燥湿理气；猪苓、泽泻利尿消肿；桂枝温阳化气行水。两方合用共奏运脾化湿，通阳利水之功。

若外感风邪，肿甚而兼表证者，可按风水相搏论治；若湿困中焦，脘腹胀满、纳呆泛恶者，可加紫苏、砂仁、藿香化湿行气；若病情迁延，或反复难愈，当佐以黄芪、杜仲、淫羊藿、泽兰、川芎、牛膝等补肾健脾，活血化瘀。

(4) 湿热壅盛

症状 遍体浮肿，皮肤绷急光亮，胸脘痞闷，烦热口渴，小便短赤，或大便干结，舌红，苔黄腻，脉沉数或滑数。

分析 遍体浮肿，皮肤绷急光亮为湿热壅滞三焦，水道不通，泛溢肌肤所致；胸脘痞闷为水湿壅遏，气机不畅所致；烦热口渴，小便短赤，或大便干结为里热炽盛，伤及津液所致；舌红，苔黄腻，脉沉数或滑数为湿热之象。

治法 分利湿热，逐水消肿。

方药 疏凿饮子加减。

方中羌活、秦艽、防风、大腹皮、茯苓皮、生姜皮疏风透表，发汗消肿，使在表之水从汗而解；泽泻、木通、椒目、赤小豆协同商陆、槟榔通利二便，使在里之水从下而夺，如此疏表通里，上下内外，分消走泄，湿热得去，水邪得除。

若腹满不减，大便不通者，可合己椒苈黄丸，以助攻泻之力，使水从大便而泄；若水邪壅盛，上迫于肺，肿势严重，兼见喘促不得平卧，脉弦有力者，可用五苓散、五皮散合葶苈大枣泻肺汤，以泻肺行水；若湿热久羁，化燥伤阴者，可加白茅根、芦根、石韦、生地、女贞子等，不宜过用苦温、滋腻之品。若湿热伤及肾络，可见尿血、尿有泡沫者，酌加小蓟、旱莲草、侧柏叶、槐花、土茯苓、半边莲、黄柏等清热利湿，凉血止血。

攻下逐水法是治疗阳水的一种方法，即《内经》"去菀陈莝"之意。只宜用于病初体实肿甚，正气尚旺，用发汗、利水法无效，而确有当下之脉证者，宜抓住时机，逐水化瘀，通脐泻浊，使水邪从大小便而去，但应中病即止，水肿衰其大半即应停药，以免过用伤正。待水肿消退后，即行调补脾胃，以善其后。病至后期，脾肾两亏而水肿甚者，若强攻之，水退可暂安一时，但攻逐之药多易伤正，究属病根未除，待水邪复来，势更凶猛，病情反重，故逐水法应慎用。

2. 阴水

(1) 脾阳虚衰

症状 身肿日久，腰以下为甚，按之凹陷不易恢复，脘腹胀闷，纳减便溏，面色不华，神倦肢冷，小便短少，舌质淡，苔白腻或白滑，脉沉缓或沉弱。

分析 身肿日久，腰以下为甚，按之凹陷不易恢复，小便短少为脾阳不振，水湿不运所致；脘腹胀闷，纳减便溏为脾失健运，胃失受纳；面色不华，神倦肢冷为阳气亏虚，失于温煦；舌质淡，苔白腻或白滑，脉沉缓或沉弱为阳虚水湿之象。

治法 健脾温阳利水。

方药 实脾饮加减。

方中干姜、附子、草果仁温阳散寒；白术、茯苓、炙甘草、生姜、大枣健脾补气；茯苓、大腹皮、木瓜利水祛湿；木香、厚朴理气行水。气虚甚者，可加党参、黄芪以健脾益气。

若湿伤肾阳，或脾虚及肾，兼有肾虚者，可酌加淫羊藿、菟丝子、杜仲等温肾暖脾。

又有水肿一证，由于长期饮食失调，脾胃虚弱，或久病脾虚，精微不化，而见遍体浮肿，面色萎黄，晨起头面较甚，动则下肢肿胀，疲倦乏力，大便如常或溏，小便正常，舌淡，苔薄腻，脉细弱，与上述水肿不同。此由脾气虚弱，气失舒展，不能运化水湿所致。治宜健脾益气化湿，不宜分利伤气，可用参苓白术散加减。可加黄芪、桂枝益气通阳。积极治疗原发病，并适当注意营养，可用黄豆、花生佐餐，以辅助治疗。

(2) 肾阳衰微

症状 水肿反复消长不已，面浮身肿，腰以下甚，按之凹陷不起，尿少多有泡沫，腰酸冷痛，怯寒神疲，面色㿠白或晦滞，甚者心悸胸闷，喘促难卧，腹大胀满，舌质淡胖，苔白，脉沉细或沉迟无力。

分析 水肿反复消长不已，面浮身肿，腰以下甚，按之凹陷不起为肾阳虚衰，肾不化气，水寒内聚所致；腰酸冷痛，怯寒神疲，面色㿠白或晦滞为肾阳亏虚，失于温养；尿少有沫为肾失气化，精微不固；心悸胸闷，喘促难卧为水气凌心射肺；腹大胀满为水邪壅盛，停聚腹中；舌质淡胖，苔白，脉沉细或沉迟无力为阳虚夹湿之象。

治法 温肾助阳，化气行水。

方药 济生肾气丸合真武汤加减。

方中用六味地黄丸滋补肾阴，附子、肉桂温补肾阳，两相配合，能补水中之火，温肾中之阳；白术、茯苓、泽泻、车前子通利小便；生姜温散水寒之气；白芍调和营阴；牛膝引药下行，强壮腰膝；巴戟肉、仙灵脾温补肾阳。

若腰酸冷痛，四肢厥冷，酌加仙灵脾、巴戟肉、狗脊、仙茅等，以助温补肾阳之功；病至后期，肾阳久衰，阳损及阴，可致肾阴亏虚，出现口干咽燥，手足心热，舌红，脉细弱等，当酌减温阳之品，滋补肾阴，兼利水湿，方用左归丸加泽泻、茯苓等，但养阴不宜过于滋腻，以免恋邪，水湿难解；若肾阴久亏，水不涵木，肝阳上亢，出现眩晕头痛，腰酸耳鸣，面色潮红者，加鳖甲、天麻、钩藤、杜仲、桑寄生、夏枯草等平肝潜阳；若尿有泡沫，加黄芪、菟丝子、金樱子、牡蛎、芡实等补肾固涩；若水饮凌心，心阳被遏，瘀血内阻，见有心悸胸闷，喘息唇绀，脉虚数或结代，去肉桂，加桂枝、炙甘草、葶苈子、丹参、黄芪等温阳化瘀；如病程缠绵，反复不愈，正气日衰，复感外邪，症见发热恶寒，肿势增剧，此为虚实夹杂，本虚标实之证，治当急则治标，先从风水论治，但应顾及正气虚衰一面，不可过用解表药，祛邪与扶正并用。

另外，各型水肿，迁延反复，消长不已，久病入络，瘀水互结。临床上虽无明显瘀血之象，亦当在辨证的基础上，酌加地龙、水蛭、川芎、丹参、丹皮、泽兰等活血化瘀，以提高利尿消肿的效果。

四、预防调护

水肿病的预防，应注意避免各种诱因。外感风邪是水肿复发的主要诱因，湿邪是其缠绵难愈的重要因素，故病人应注意保暖，感冒流行季节，避免去公共场所；居室宜通风，经常用食醋熏蒸，进行空气消毒；避免淋雨、潮湿、受凉等，以免湿邪外侵；阴水病人卫表多虚，应参加体育锻炼，可服玉屏风散等，提高机体抗病能力。注意调摄饮食。水肿病人应低盐饮食（每日食盐量3～4克），严重者应限盐；若因营养障碍而致水肿者，饮食应富含蛋白质，清淡易消化；避免使用肾毒性药物。高度水肿或长期卧床患者，皮肤外涂滑石粉，经常保持干燥，并定时翻身，以免褥疮发生；每日记录水液的出入量，以了解水肿的进退消长。若每日尿量少于500毫升时，要警惕癃闭的发生。

五、临证验案

王某，女，25岁。

反复两下肢浮肿近2年。

初诊 2005年12月25日。幼年常有尿失禁，近2年发现尿蛋白（++），或见尿隐血（++），经常面浮，下肢肿，腹胀，腰痛，厌油，大便溏，尿黄，量少不舒，月经超衍不一，量偏多，痛经，有血块，下肢按有印痕，苔黄薄腻，质红略暗，脉细。

辨证　脾肾两虚，气不化水。治拟健脾温肾、化气利水，方选五苓散、五皮饮、防己黄芪汤加减。

处方　炙桂枝 10g，炒苍术 6g，炒白术 10g，泽兰 15g，泽泻 15g，大腹皮 10g，猪苓 15g，茯苓 15g，陈皮 6g，炙桑皮 10g，生姜皮 3g，海藻 10g，路路通 10g，天仙藤 15g，地枯萝 15g，生黄芪 20g，防己 10g，防风 10g，仙灵脾 10g。水煎服，日一剂。

二诊　2006 年 1 月 13 日。腿前方浮肿消退明显，腹泻间有发作，颈胀，查甲状腺功能正常，B 超示右侧甲状腺结节，苔黄薄腻，质红略暗，脉细。

处方　12 月 25 日方加乌药 10g，稽豆衣 10g。

三诊　2006 年 2 月 17 日。最近尿失禁基本未发，但活动后劳累，尿黄、尿沫不显，大便干，舌淡苔黄薄腻，质暗，脉细。脾肾两虚，气不化水，久病络瘀。

处方　炙桂枝 10g，炒苍术 10g，炒白术 15g，猪苓、苓各 15g，泽兰、泻各 15g，生黄芪 20g，路路通 10g，汉防己 12g，鬼箭羽 15g，海藻 10g，菟丝子 15g，仙灵脾 10g，煨益智 15g，天仙藤 15g，地枯萝 15g，乌药 10g，稽豆衣 10g。

四诊　2006 年 5 月 8 日。排尿时有痛感，尿次不多，色黄有沫，尿检（－），口渴，大便正常，胸闷，睡后明显，月经已潮，7 天净，苔黄，质红，脉细。脾肾两虚，水湿内停，下焦湿热。

处方　炙桂枝 10g，炒苍术 6g，炒白术 10g，猪苓、苓各 15g，泽兰、泻各 15g，生黄芪 20g，汉防己 12g，路路通 10g，地枯萝 15g，炙桑皮 15g，冬瓜皮 15g，海藻 10g，乌药 10g，车前子（包）10g，黄柏 6g。15 剂。

按　水肿："其标在肺，其制在脾，其本在肾"，所涉脏腑主要为肺脾肾三脏。本病患者表现为面浮，下肢肿，按有印痕，腹胀，厌油食，腰痛，大便溏，月经超愆不一，量多痛经，呈现一派脾肾两虚，气不化水之征，且以脾虚为主，舌质暗红为久病有瘀之象，故治以健脾温肾，化气利水，选用五苓散、五皮饮、防己黄芪汤加减。药用生黄芪、苍白术、茯苓、猪苓、防己健脾利水；大腹皮、陈皮、桑皮、生姜衣行气利水；天仙藤、路路通为周仲瑛治疗络阻水停的常用对药，有活血通络利水之功，桂枝通阳化气利水，仙灵脾温补肾阳，防风取风能胜湿之意，海藻虽为甲状腺肿大而设，且可行水消肿；妙在用地枯萝（为莱菔的老根）一味，一可顺肺利水，"肺气顺则膀胱之气化而水自行"；二可行脾胃滞气而消胀。由于辨证准确，用药得当，故初诊即获效。二诊减防风、防己，加乌药以利下焦之气，稽豆衣养阴利水。

从本案可见周仲瑛辨治水肿的特色：一、重视肺脾肾之间的联系。本病虽以脾肾两虚为主，但与肺之通调失职相关，三者不可截然开，常用地枯萝、杏仁、桑白皮等药顺肺气而利水。二、重视表里相合。周仲瑛认为，水肿的治疗适当配入表散之品，在辨证施治的同时参入羌活、防风等药，使风能胜湿，有助于肿之消退。三、重视"血不利则为水"理论。水肿日久，水停气滞，常导致络阻血瘀，血不利又可加重水肿，故常用其经验对药天仙藤、路路通活血通络利水。

（贺兴东．当代名老中医典型医案集·周仲瑛医案．人民卫生．2014）

六、文献摘录

1.《素问·水热穴论》："勇而劳甚则肾汗出，肾汗出逢于风，内不得入于脏腑，外不得越于皮肤，客于玄府，行于皮里，传为胕肿，本之于肾，名曰风水。"

2.《济生方·水肿》："年少血热生疮，变为水，肿满，烦渴，小便少，此为热肿。""水肿为病，皆由真阳怯少，劳伤脾胃，脾胃既寒，积寒化水。""或因消渴、淋证日久，伤及脾肾，变生水肿。"

3.《丹溪心法·水肿》："若遍身肿，烦渴，小便赤涩，大便闭，此属阳水"；"若遍身肿，不烦渴，大便溏，小便少，不赤涩，此属阴水。"

4.《景岳全书·肿胀》："凡水肿等证，乃肺、脾、肾三脏相干之病，盖水为至阴，故其本在肾；水化于气，故其标在肺；水惟畏土，故其制在脾。今肺虚则气不化精而化水，脾虚则土不制水而反克，肾虚则水无所主而妄行。"

5.《医宗必读·水肿胀满》:"水虽利于脾,实则统于肾,肾本水脏,而元阳寓焉。命门火衰,即不能自制阴寒,又不能温养脾土,则阴不从阳而化精为水,故水肿之证,多属火衰也。"

七、文献推介

1. 中国中西医结合学会肾脏疾病专业委员会. 慢性肾衰竭中西医结合诊疗指南 [J]. 中国中西医结合杂志,2015,35(9):1029-1033.

2. 刘玉宁、王耀献. 肾小球疾病的络病分型论治 [A]. 中国中西医结合学会肾脏疾病专业委员会. 中国中西医结合学会肾脏疾病专业委员会 2011 年学术年会暨 2011 年国际中西医结合肾脏病学术会议论文汇编 [C]. 中国中西医结合学会肾脏疾病专业委员会 :2011:2.

3. 杨洪涛. 肾性水肿的辨证论治 [A]. 中国中西医结合学会肾脏疾病专业委员会. 中国中西医结合学会肾脏疾病专业委员会 2011 年学术年会暨 2011 年国际中西医结合肾脏病学术会议论文汇编 [C]. 中国中西医结合学会肾脏疾病专业委员会 :2011:6.

(编者:马晓燕　责任副主编:肖炜)

36 淋证

淋证是由肾与膀胱气化失司,水道不利引起的,以小便频数短涩,滴沥刺痛,欲出未尽,小腹拘急,或痛引腰腹为主要临床表现的病证。

淋的病名,最早见于《内经》。《素问·六元正纪大论》称其为"淋"、"淋闭",指出了淋证为小便淋沥不畅,甚或闭阻不通之病证。汉·张仲景在《金匮要略·五脏风寒积聚病脉证并治》中称其为"淋秘",将其病机归为"热在下焦",并在《金匮要略·消渴小便不利淋病脉证并治》中描述了其症状。汉·华佗《中藏经》根据淋证表现,分为冷淋、热淋、气淋、劳淋、膏淋、砂淋、虚淋、实淋八种,是为淋证临床分类的雏形。隋·巢元方《诸病源候论·诸淋病候》分为石淋、劳淋、气淋、血淋、膏淋、寒淋、热淋七种,对淋证的病机进行了高度概括,并对诸淋各自不同的病机特性进行了探讨。唐·孙思邈《备急千金要方》将淋证归纳为石、气、膏、劳、热淋五种。宋·严用和《济生方》又分为气、石、血、膏、劳淋五种。明清时期,对淋证辨证论治的认识进一步提高。明·张景岳在《景岳全书·淋浊》中提出,淋证初起,虽多因于热,但由于治疗及病情变化各异,又可转为寒、热、虚等不同证型,从而倡导清利、升提、温补的治疗原则。清·尤在泾在《金匮翼·诸淋》中指出各种淋证可相互转化,或同时存在。同时对石淋、膏淋提出"开郁行气,破血滋阴"的治疗原则。至此,对淋证的认识日趋全面。

西医学中的泌尿系急、慢性感染,泌尿系结核,泌尿系结石,急、慢性前列腺炎,乳糜尿以及尿道综合征等疾病属于本病范畴。以尿频、尿急、尿痛和尿不尽为主要表现的其他疾病,亦可参照本节辨证施治。

一、病因病机

(一)病因

1. 感受外邪

因下阴不洁,湿热秽浊毒邪侵入膀胱,移行肾脏,发为淋证。

2. 饮食不节

恣食辛辣、炙煿、肥甘厚味之品,或嗜酒太过,脾胃运化失常,积湿生热,下注膀胱而成淋证。《济生方·淋闭论治》:"此由饮酒房劳,或动役冒热,或饮冷逐热,或散石发动,热结下焦,遂成淋闭。"

3. 情志失调

情志不遂，肝气郁结，膀胱气滞，或气郁化火，气火郁于膀胱，导致淋证。如《医宗必读·淋证》："妇女多郁，常可发为气淋和石淋。"

4. 禀赋不足或劳伤久病

禀赋不足，肾与膀胱先天畸形，或久病缠身，劳伤过度，房事不节，多产多育，或久淋不愈，耗伤正气，或妊娠、产后脾肾气虚，膀胱易感外邪，而致本病。正如《诸病源候论·淋病诸候》指出："诸淋者，由肾虚而膀胱热故也。"

（二）病机

淋证的基本病机为湿热蕴结下焦，肾与膀胱气化不利。多以肾虚为本，膀胱湿热为标。其病变脏腑在肾和膀胱，且与肝脾有关。初起多因湿热为患，多属实证。淋久湿热伤正，而由实转虚。如邪气未尽，正气渐伤，或虚体受邪，则成虚实夹杂之证。由于湿热导致病理变化的不同，临床上乃有六淋之异。以实证而言，热结膀胱，小便灼热刺痛则为热淋；热熬尿液，日积月益，聚砂成石则为石淋；湿热阻肾，肾失分清泌浊，清浊相混，尿白混浊则为膏淋；湿热内盛，热伤血络，血随尿出则为血淋；气滞火郁于膀胱则为气淋。久淋不愈，脾肾亏虚而成虚证。肾阴亏虚，虚火灼络或气虚阳衰，统摄失常，血不归经则为血淋；脾气下陷，肾元失固，精微脂液下泄，尿如脂膏成膏淋；中气下陷，膀胱气化无权，少腹坠胀，尿有余沥则为气淋；小便淋沥，遇劳即发则为劳淋。在由实转虚的过程中，常见虚实夹杂情况。

淋证日久，则易发变证。久淋不愈，湿热留恋膀胱，由腑及脏，脾肾虚衰，气化不利，浊邪壅塞三焦，可发为关格，出现呕吐、尿闭等临床危象。

二、诊断与鉴别诊断

（一）诊断依据

1. 凡以小便频数，淋沥涩痛，小腹拘急，腰部酸痛等临床特征者，即可诊断淋证。并根据各种淋证的不同特征，确定淋证的类型。
2. 病久或反复发作后，常伴有低热、腰痛、小腹坠胀、疲劳等。
3. 多见于已婚女性，每因疲劳、情志变化、不洁房事而诱发。

（二）鉴别诊断

1. 癃闭

淋证与癃闭都有小便量少，排尿困难之症状。但淋证尿频而尿痛，每日排尿总量多为正常；癃闭无排尿疼痛，以小便量少，点滴而出，甚则小便闭塞不通，点滴全无为特征，每日排尿总量明显少于正常，严重者甚至无尿。

2. 尿血

淋证中的血淋与尿血都有小便出血，尿色红赤，甚至溺出纯血等症状。其鉴别要点是有无尿痛。尿血多无疼痛之感，虽可兼有轻微胀痛或热痛，但终不若血淋之小便滴沥而疼痛难忍。故一般以痛者为血淋，不痛者为尿血。

3. 尿浊

淋证中的膏淋与尿浊均有小便混浊白如米泔水等共同特征，然而膏淋以小便频数、涩滞疼痛为主；而尿浊排尿时多无疼痛及滞涩感，尿出自如，可资鉴别。

三、辨证论治

（一）辨证要点

1. 辨六淋

热淋以小便灼热刺痛为特点；石淋以小便排出砂石为特点；血淋以溺血而涩痛为特点；气淋以少腹胀满，小便艰涩疼痛，尿有余沥为特点；膏淋以淋证而见小便混浊如米泔水或滑腻如脂膏为特点；劳淋以小便淋沥不已，遇劳即发为特点。

2. 辨虚实

辨别淋证虚实的主要依据有三：一辨病程长短。一般而论，新病初发多实，乃湿热邪毒蕴结；久病不愈多虚，乃病久气阴受伤所致。二辨尿痛的轻重程度，往往与湿热邪毒的盛衰呈平行关系。尿痛甚者，湿热邪毒称甚，随着湿热邪毒的清除，尿痛也减轻或消失，这在热淋、血淋尤为明显。不过在伴有高热恶寒的情况下，有时尿痛反而不很明显，此时更应详察。三辨小便色泽，小便混浊黄赤，多为湿热邪毒塞盛的反应，溺液清白，则多为邪退或正衰的征象。此外，小便色泽对辨别血淋的虚实，有着特别的意义。血热者，尿时灼热刺痛，血色鲜红，脉有力，血瘀者，尿时茎中痛如刀割，尿色紫暗有块，小腹硬满，脉沉弦或数；血虚者，尿时疼痛不剧，血色淡红，脉虚。

3. 辨标本缓急

各种淋证之间可以互相转化，也可以同时存在，所以辨证上就有一个标本缓急的问题。一般是按照正气为本，邪气为标；病因为本，证候为标；旧病为本，新病为标等标本关系，来进行分析判断。以劳淋转为热淋为例，从邪与正的关系看，劳淋正虚是本，热淋邪实为标；从病因与证候关系看，热淋的湿热蕴结膀胱为本，而热淋的证候为标。根据急则治标，缓则治本的原则，当以治热淋为急务，从而确立清热通淋利尿的治法，选用相应的方药。待湿热渐清，转以扶正为主。同样在石淋并发热淋时，如尿道无阻塞等紧急病情，仍应先治热淋，再治石淋。此外，若石淋不愈，则热淋仍有再发之可能，故治疗热淋以后，必须根治石淋。

（二）治疗原则

淋证的基本治则为实则清利，虚则补益。实证以膀胱湿热为主者，重在清热利湿；以热灼血络为主者，重在凉血止血；以砂石结聚为主者，重在通淋排石；以气滞不利为主者，重在利气疏导。虚证以脾虚为主者，治以健脾益气；以肾虚为主者，治宜补虚益肾。虚实夹杂者，当通补兼施，审其主次缓急，兼顾治疗。

（三）分证论治

1. 热淋

症状 小便频数短涩，灼热刺痛，溺色黄赤，少腹拘急胀痛，或有寒热，口苦，呕恶，或有腰痛拒按，或有大便秘结，舌红，苔黄腻，脉滑数或濡数。

分析 小便频数短涩，灼热而刺痛，痛引小腹为湿热蕴结下焦，膀胱气化不利；小便量少黄赤，小腹拘急胀痛为邪热伤津或湿热蕴结，阻遏气机，腰痛拒按为湿热之邪侵犯于肾府；恶寒发热，口干口苦，恶心呕吐为湿热郁蒸，少阳枢机不利；大便秘结为热结于里，津液损伤，肠失濡润；舌红、苔黄腻、脉滑数或濡数乃湿热蕴结之象。

治法 清热利湿通淋。

方药 八正散加减。

木通、萹蓄、瞿麦、滑石利尿通淋，大黄、山栀、甘草梢清热解毒。

若大便秘结，腹胀者，可重用生大黄，并加枳实以通腑泄热；若伴见寒热，口苦，呕恶者，可合用小柴胡汤以和解少阳；若湿热伤阴者，加生地、白茅根以养阴清热；若小腹胀满，加乌药、川楝子行气止痛；热证明显者，可加金银花、败酱草、红藤、蒲公英以增强清热解毒之力；若头身疼痛，恶寒发热，鼻塞流涕，有表证者，加柴胡、金银花、连翘等宣透热邪。

2. 石淋

症状 尿中时夹砂石，排尿涩痛，或排尿时突然中断，尿道窘迫疼痛，少腹拘急，往往突发，一侧腰腹绞痛难忍，甚则牵及外阴，尿中带血，舌红，苔薄黄，脉弦或弦数。

分析 尿中时夹砂石为湿热蕴结下焦，煎熬尿液成石；排尿涩痛，或排尿时突然中断，尿道窘迫疼痛，少腹拘急，腰腹绞痛难忍，为砂石刺激尿道，甚至嵌于尿道狭窄部，阻滞气机运行，膀胱气化失司；尿中带血为砂石损伤尿道血络；舌红、苔薄黄，脉弦或弦数为湿热内蕴。

治法 清热利湿，排石通淋。

方药 石韦散加减。

石韦、冬葵子、瞿麦、滑石、车前子清热利尿，通淋排石。可加金钱草、海金沙、鸡内金等以排石化石。

若腰腹绞痛者，可加木香、乌药、芍药、甘草以理气导滞，缓急止痛；若见尿中带血，加小蓟、生地、藕节以凉血止血；若尿中有血块者，加川牛膝、赤芍、血竭以活血祛瘀；若兼有发热，可加蒲公英、黄柏、金银花以清热解毒。若石淋日久，虚实并见，腰膝酸软，腰部隐痛者，加杜仲、续断、补骨脂补肾壮腰；若形寒肢冷，夜尿清长，加巴戟肉、肉苁蓉、肉桂以温肾化气；若舌红，口干，肾阴亏耗者，配生熟地黄、麦冬、鳖甲滋养肾阴。

3. 血淋

（1）实证

症状 小便热涩刺痛，尿色深红，或夹有血块，小腹疼痛满急，或见心烦，舌红苔黄，脉滑数。

分析 小便出血，尿色深红，甚或夹有血块为湿热下注膀胱，热伤血络，迫血妄行，血随小便而出；排尿疼痛，牵引小腹，其疼痛满急加剧为血块阻塞尿道，不通则痛；舌红苔黄，脉滑数为湿热之象。

治法 清热通淋，凉血止血。

方药 小蓟饮子合导赤散加减。

小蓟、生地、蒲黄、藕节清热凉血止血；川木通、淡竹叶通淋利小便，降心火；栀子清三焦之湿热；滑石利尿通淋；当归引血归经；生甘草梢泻火而能达茎中以止痛。

若血块痛甚者，可加参三七、琥珀粉、马鞭草以化瘀通淋止血。

（2）虚证

症状 尿痛涩滞不显著，尿色淡红，神疲腰酸，舌淡红，脉细数。

分析 尿色淡红为病延日久，肾阴不足，虚火灼络，络伤血溢；尿痛涩滞不显著，神疲腰酸，舌淡红，脉细数为血淋之虚象。

治法 滋阴清热，补虚止血。

方药 知柏地黄丸加减。

知柏地黄丸滋阴清热以治血淋虚证，知母、黄柏清热泻火，六味地黄丸滋阴补肾。

可加旱莲草、阿胶、龟板、小蓟、地榆等以补虚止血。

4. 气淋

（1）实证

症状 小便涩滞，淋沥不畅，少腹满痛，苔薄白，脉沉弦。

分析 小便涩滞，淋沥不畅，少腹胀满疼痛为肝失条达，气机郁结，膀胱气化不利；苔薄白，脉沉弦为肝气郁滞之象。

治法 理气疏导，通淋利尿。

方药 沉香散加减。

沉香、橘皮利气，当归、白芍柔肝，甘草清热，石韦、冬葵子、滑石、王不留行利尿通淋。

若胸闷胁胀者，可加青皮、乌药、小茴香以疏肝理气；若日久气滞血瘀者，可加红花、赤芍、川牛膝、益母草等以活血化瘀。

（2）虚证

症状 尿后余沥，少腹坠胀，面色㿠白，舌淡，脉虚细。

分析 尿后余沥，少腹坠胀为脾虚气陷，膀胱气化无权；面色苍白，舌淡，脉虚细无力为脾虚运化不足，气血生化无权，机体失于气血之充养之象。

治法 补中益气通淋。

方药 补中益气汤加减。

黄芪、白术、党参等补益中气；升麻、柴胡升提中气。

若小便涩痛，服补益药后，反增小腹胀满，为兼湿热，可加车前草、白茅根、滑石以清热利湿；若兼血虚肾亏者，可用八珍汤加杜仲、枸杞、怀牛膝，以益气养血，脾肾双补。

5. 膏淋

（1）实证

症状 小便浑浊如米泔水，或置之沉淀有如絮状，尿道热涩疼痛，舌红苔黄腻，脉濡数。

分析 小便浑浊如米泔水，或置之沉淀如絮状，尿道热涩疼痛为湿热蕴结下焦，阻滞络脉，脂液失其常道而外溢；舌红苔黄腻，脉濡数为湿热之象。

治法 清利湿热，分清泌浊。

方药 程氏萆薢分清饮加减。

萆薢、菖蒲清利湿浊；黄柏、车前子清热利湿；白术、茯苓健脾除湿；莲子心、丹参清心活血通络，使清浊分，湿热去，络脉通，脂液重归其道。

可加土茯苓、荠菜以加强清热利湿，分清泄浊之力。若小腹胀，尿涩不畅者，加乌药、青皮以行气；若小便夹血者，加小蓟、蒲黄、藕节、白茅根凉血止血。

（2）虚证

症状 久病不已，反复发作，淋出如脂，涩痛较轻，神疲乏力，腰膝酸软，舌淡，苔白，脉细弱无力。

分析 久病不已，反复发作，淋出如脂为日久反复不愈，肾虚下元不固，不能制约脂液，脂液下泄；乏力、腰膝酸软为肾虚；舌淡，苔白，脉细弱无力是脾肾亏虚之象。

治法 补虚固涩。

方药 膏淋汤加减。

党参、山药补脾；地黄、芡实滋肾；白芍养阴；龙骨、牡蛎固摄脂液。

若脾肾两虚，中气下陷，肾失固涩者，可用补中益气汤合七味都气丸益气升陷，滋肾固涩。

6. 劳淋

症状 小便淋沥不已，赤涩疼痛不甚，时轻时重，时作时止，遇劳即发，腰膝酸软，神疲乏力，病程缠绵，舌淡，脉细弱。

分析 小便淋沥不已，赤涩疼痛不甚，时轻时重，时作时止为湿热留恋，日久不愈，或过用苦寒清利之品，正气耗伤，脾肾两虚，膀胱气化无权；神疲乏力，舌淡，脉细弱为脾肾两虚的表现。

治法 健脾益肾。

方药　无比山药丸加减。

山药、茯苓、泽泻健脾利湿；熟地、山茱萸、巴戟天、菟丝子、杜仲、牛膝、五味子、肉苁蓉、赤石脂益肾固摄。

若见少腹坠胀，尿频涩滞，余沥难尽，不耐劳累，面色㿠白，少气懒言，舌淡，脉细无力，可用补中益气汤加减；若肾阴虚，舌红苔少，加生熟地黄、龟板滋养肾阴；若阴虚火旺，面红烦热，尿黄赤伴有灼热不适者，可用知柏地黄丸滋阴降火，若低热者，加青蒿、鳖甲清虚热养肾阴；若肾阳虚者，加附子、肉桂、鹿角片、巴戟天等温补肾阳。

淋证初期若治疗及时得当，湿热得除，则病情趋愈；热淋、血淋若发生热毒入血，则可出现高热、神昏等重笃证候。各种淋证若久病迁延不愈，不仅可转变为劳淋，甚则可转变成水肿、癃闭、关格等。

四、预防调护

增强体质，防止情志内伤，消除各种外邪入侵和湿热内生的有关因素，如忍尿、过食肥甘、纵欲过劳、外阴不洁等，是预防淋证发病及病情反复的重要方面。注意妊娠及产后卫生，对防止子淋、产后淋的发生有重要意义。积极治疗消渴、痨瘵等疾患，避免不必要的导尿及泌尿道器械操作，也可减少本病证的发生。淋证应多喝水，饮食宜清淡，忌肥腻香燥、辛辣之品；禁房事；注意适当休息，有助于早日恢复健康。

五、临证验案

陈某，女性，45岁。

初诊　就诊时诉尿意频频，淋沥不尽，尿道涩痛，小腹拘急反复发作已5年，发作时去门诊口服或者静脉应用抗生素后症状缓解，但是每遇疲劳或者其他原因即易复发，近年常伴腰酸乏力，疲惫不堪。此次就诊查小便白细胞（+++），红细胞及蛋白阴性，中段尿培养阴性。患者面色无华，胃纳减少，平素大便溏薄，舌红、苔薄黄腻，脉滑细。

辨证　膀胱湿热，脾肾不足。

处方　萹蓄、瞿麦、石韦、丹皮、生地、山药、泽泻、甘草、车前子、茯苓各10g，大叶金钱草、山萸肉、薏苡仁、白茅根各30g，共7剂。

二诊　患者尿频急涩痛明显好转，仍感腰酸乏力，大便溏薄，舌红、苔薄，脉细。尿常规复查正常。

处方　山萸肉、大叶金钱草、薏苡仁各30g，生地、泽泻、丹皮、茯苓、山药、黄芪、白术、女贞子、补骨脂、台乌药、益智仁、杜仲、狗脊、车前子各10g，共14剂。

药后患者自觉腰酸等症基本缓解。患者继续门诊巩固治疗达半年之久。随访2年，未再复发。

按　吴老认为患者反复发作尿频尿急已多年，证属本虚标实，其病理改变是肾虚膀胱热，脾肾亏虚为其本，膀胱湿热为其标。本虚是导致其反复发作的主要原因，但初诊时下焦湿热比较突出，此时治疗当急则治其标，清化膀胱湿热为主，兼顾脾肾。二诊时湿热之邪基本已除，缓则治其本，以补益脾肾为主，适当佐以清利下焦湿热之品，故以六味地黄丸合缩泉丸化裁。淋家忌补之说，是指实热之证而言，诸如劳淋，或为脾虚中气下陷，肾虚下元不固之证者，自当运用健脾益气、补肾固涩等法治之，不必过于拘泥于"忌补"之说。吴老认为淋证急性期治疗并不困难，困难的是如何预防复发，其关键在于巩固阶段疗程宜长，并常加入黄芪、补骨脂等，以补益脾肾，扶正祛邪。同时要注意适当休息，养成良好的卫生习惯。

（詹程胹·滇医案三则·江中医杂志.2007）

六、文献摘录

《素问·六元正纪大论》："热至则身热，吐下霍乱，痈疽疮疡……血溢血泄，淋閟之病生矣""阳明司天，初之气，小便黄赤，甚则淋。"

2.《金匮要略·消渴小便不利淋病脉证并治第十三》："淋之为病，小便如粟状，小腹弦急，痛引脐中。""淋家不可发汗。"

3.《中藏经·论诸淋及小便不利》："诸淋与小便不利者，皆由五脏不通，六腑不和，三焦痞涩，营卫耗失，致起斯矣。""热淋者，小便涩而色赤如血也；气淋者，脐腹满闷，小便不通利而痛也；劳淋者，小便淋沥不绝，如水滴漏而不断绝也；膏淋者，小便中出物如脂膏也。"

4.《诸病源候论·淋病诸候》："诸淋者，由肾虚而膀胱热故也。""肾虚则小便数，膀胱热则水下涩。数而且涩，则淋沥不宣，故谓之淋。""热淋者，三焦有热，气搏于肾，流入于胞而成淋也。""劳淋者，谓劳伤肾气而生热成淋也。"

5.《丹溪心法·淋》："诸淋所发，皆肾虚而膀胱生热也。水火不交，心肾气郁，遂使阴阳乖舛，清浊相干，蓄在下焦，故膀胱里急，膏、血、砂、石以小便道出焉。于是有欲出不出，淋沥不断之状，甚者窒塞其间，则令人闷绝矣。""痛者，为血淋；不痛者，为血尿。"

6.《景岳全书·淋浊》："淋之初病，则无不由乎热剧，无容辨矣。但有久服寒凉而不愈者，又有淋久不止及痛涩皆去，而膏液不已，淋如白浊者，此惟中气下陷及命门不固之证也。故必以脉以证，而察其为寒为热为虚，庶乎治不致误。"

七、文献推介

1. 李海松，王彬，赵冰. 慢性前列腺炎中医诊治专家共识[J]. 北京中医药，2015,34(5):412-415.

2. 热淋的诊断依据、证候分类、疗效评定——中华人民共和国中医药行业标准《中医内科病证诊断疗效标准》(ZY/T001.1-94)[J]. 辽宁中医药大学学报，2016,18(12):171.

3. 石淋的诊断依据、证候分类、疗效评定——中华人民共和国中医药行业标准《中医内科病证诊断疗效标准》(ZY/T001.1-94)[J]. 辽宁中医药大学学报，2016,18(8):250.

附　尿浊

尿浊是以小便浑浊，白如泔浆，排尿时无疼痛涩滞感为主要临床表现的病证。西医学中的乳糜尿，可参考本节证辨证施治。

本病的发生多因湿热下注，脾肾亏虚所致。多由过食肥甘油腻食物，脾失健运，酿湿生热，或某些疾病（如血丝虫病）病后，湿热余邪未清，蕴结下焦，清浊相混，而成尿浊。或热盛灼络，络损血溢，则尿浊伴血。如久延不愈，或屡经反复，湿热邪势虽衰，但精微下泄过多，导致脾肾两伤，脾虚中气下陷，肾虚固摄无权，封藏失职，病情更为缠绵。此外，脾肾气虚阳衰，气不摄血，或阴虚火旺，伤络血溢，还可引起尿浊夹血。多食肥腻（脂肪、蛋白类）食物，或劳累过度，可使本病加重或复发。

本病初起以湿热为多，属实证，治宜清热利湿；病久则脾肾亏虚，治宜培补脾肾，固摄下元。虚实夹杂者，应标本兼顾。

1. 湿热下注

症状　小便浑浊，色白或黄或红，或夹凝块，上有浮油，或伴血块，或尿道有灼热感，口苦，口干，舌质红，苔黄腻，脉濡数。

分析　小便浑浊，色白或黄或红，或夹凝块，上有浮油，或伴血块，或尿道有灼热感，为过食肥甘，中焦湿热，脾失升降，清浊不分；口苦，口干，舌质红，苔黄腻，脉濡数为湿热之象。

治法　清热利湿，分清泄浊。

方药　程氏萆薢分清饮加减。

萆薢、石菖蒲、黄柏、茵陈、滑石、车前子清热利湿泄浊；莲子心、连翘心、牡丹皮、灯心健脾清心。

小腹作胀,尿涩不畅,加台乌药、青皮、郁金疏肝利气;伴血尿,加小蓟、藕节、白茅根凉血止血。

2. 脾虚气陷

症状　尿浊反复发作,日久不愈,状如白浆,小腹坠胀,神倦无力,面色无华,劳累或进食油腻则发作加重,舌淡苔白,脉虚弱。

分析　尿浊反复发作,日久不愈,状如白浆,小腹坠胀,神倦无力,面色无华,劳累或进食油腻则发作加重为病久脾虚气陷,精微下泄;舌淡苔白,脉虚弱是气虚之象。

治法　健脾益气,升清固摄。

方药　补中益气汤加减。

党参、黄芪、白术补益中气;山药、益智仁、金樱子、莲子、芡实健脾固摄;升麻、柴胡升清降浊。

尿浊夹血者加藕节、阿胶、旱莲草补气摄血;肢冷便溏者,加附子、炮姜温补脾阳。

3. 肾虚不固

（1）阴虚

症状　尿浊日久不愈,小便乳白如脂膏,精神萎靡,消瘦无力,腰膝酸软,头晕耳鸣,偏于阴虚者,烦热,口干,舌质红,脉细数。

分析　尿浊日久不愈,小便乳白如脂膏为肾虚固摄无权,脂液下漏;烦热,口干,舌质红,脉细数为阴虚火旺之象。

治法　滋阴益肾。

方药　知柏地黄丸加减。

熟地黄、山药、山茱萸、枸杞子滋养肾阴;桑螵蛸、龙骨、益智仁、芡实收敛固摄;茯苓、泽泻利湿健脾。

尿浊夹血者,加阿胶、生地黄、旱莲草养血止血。

（2）阳虚

症状　尿浊日久不愈,小便乳白如脂膏,面色㿠白,形寒肢冷,舌质淡红,脉沉细。

分析　尿浊日久不愈,小便乳白如脂膏为肾虚固摄无权,脂液下漏;色㿠白,形寒肢冷,脉沉细为阳虚之象。

治法　温肾固摄。

方药　鹿茸补涩丸加减。

鹿茸、附子、菟丝子、肉桂、补骨脂温补肾阳;桑螵蛸、龙骨、益智仁、芡实收敛固摄;茯苓、泽泻利湿健脾。

脾气不足者,加黄芪、党参、白术健脾益气。

治疗本病,要注意清中寓补,补中寓通,做到清利而不伤阴,补益而不涩滞。尿浊患者预后相对较好,但须注意饮食调养,避免辛辣,少饮酒,勿过食油腻之品,避免劳欲过度,适当体育锻炼等。

（编者：肖炜）

37 癃闭

癃闭是由肾和膀胱功能失司引起的,以小便量少、排尿困难,甚则小便闭塞不通为主要临床表现的病证。其中小便不畅,点滴短少,病势较缓者称为癃;小便闭塞,点滴不通,病势较急者称为闭。由于两者均属排尿困难,小便不通的病证,故多合称为癃闭。

癃闭之名,首见于《内经》,该书称其为"癃闭"或"闭癃",对其病因、病机、病位作了较为详细的论述。自汉代起，为避讳起见，将癃改为淋，故《伤寒论》与《金匮要略》无癃闭之名，但其有关淋证和小便不利的记载中包含癃闭的内容。在小便不利的论述中，张仲景提出其病因病机主要有膀胱气化不利、水湿互结、瘀血夹热、脾肾两虚等，并分别采用五苓散、猪苓汤、蒲灰散或滑石白鱼散、茯苓戎盐汤等治疗。隋唐至宋元时期，对癃闭的认识有了进一步的提高。唐·孙思邈《千金要方·卷二十一》记载治小便不通方剂十三首，并创用导尿术治小便不通的方法，这是世界上最早有关导尿术的记载。唐·王焘《外台秘要·卷第二十七》用盐及艾灸等外治法治疗癃闭。直至明代，始将淋、癃分开论述。明·张景岳《景岳全书·癃闭》设癃闭专篇，对气虚不能化水，阴虚不能化阳所致癃闭有独到见解。清·李用粹《证治汇补·癃闭》详细阐述了治癃闭三法，即滋肾涤热、清金润燥、燥脾健胃，其理法精当，可作借鉴。

西医学中的各种原因引起的尿路梗阻，急、慢性肾衰竭引起的少尿、无尿症属于本病范畴，可参照本节辨证施治。

一、病因病机

（一）病因

1. 外感湿热

下阴不洁，湿热秽浊之邪上犯膀胱，或湿热素盛，热结下焦，肾移热于膀胱，形成癃闭。故《诸病源候论·小便不通候》："热入于胞，热气大盛，故结涩，令小便不通，小腹胀满气急。"

2. 感受热毒之邪

温热毒邪犯肺，肺燥津伤，水源枯竭，形成癃闭。诚如《证治汇补·癃闭》所言："有热结下焦，壅塞胞内，而气道涩滞者，有肺中伏热，不能生水而气化不施者，均可致癃闭。"

3. 饮食不节

久嗜醇酒、肥甘、辛辣之品致脾失运化，酿湿生热，下注膀胱；或饮食不足，饥饱失调致脾胃气虚，中气下陷，清阳不升，浊阴不降，癃闭得生。此即《灵枢·口问》所谓："中气不足，溲便为之变。"

4. 情志失调

惊恐、忧思、郁怒、紧张太过，肝气郁结，疏泄失司，三焦气化失常，导致水道通调受阻，形成癃闭。正如《灵枢·经脉》所云："肝足厥阴之脉……是主肝所生病者……遗溺，闭癃。"

5. 尿路阻塞

因积块、砂石、瘀血、败精阻塞尿道，小便难以排出，即成癃闭。如《景岳全书·癃闭》云："或以败精，或以槁血，阻塞水道而不通也。"

6. 体虚久病

因劳倦太过或久病体虚，或年老体弱，致脾肾阳衰，所谓"无阳则阴无以生"；或因消渴、热病日久，致肾阴耗竭，所谓"无阴则阳无以化"，最终形成癃闭。

7. 药毒所伤

因误用、误食或过用、过食药物、毒物，损伤脾肾，形成癃闭。

（二）病机

癃闭的基本病机为肾与膀胱气化功能失调，尿液的生成或排泄障碍。正常人体小便的形成与排泄，主要依靠肺的通调、脾的转输、肝的疏泄、肾与膀胱的气化功能来调节。外感或内生湿热之邪侵犯膀胱，阻滞气机，导致膀胱气化不利；温热毒邪犯肺，肺燥津伤，通调失职，上源枯竭，则尿液生成不足；若饮食不足，损伤脾胃，气虚下陷，清阳不升，浊阴不降，致膀胱气化无力；若肝郁气滞，疏泄失职，致膀胱气化不利；若积块、砂石、瘀血、败精阻塞尿道，则膀胱气化受阻；

若劳倦太过或久病体虚，或年老体弱，或水肿等病日久，致脾肾阳气虚衰，膀胱气化无力；或因消渴、热病日久，致肾阴耗竭，尿液生成无源均可发生癃闭。

综上所述，癃闭的病理因素有湿热、热毒、气滞、瘀血。病位在肾与膀胱，与肺、脾、肝密切相关。病理性质有虚实之分。膀胱湿热、肺热壅盛、肝郁气滞、浊瘀阻塞，膀胱气化不利者为实证。脾气不升、肾阳衰惫，膀胱气化无力者为虚证。但虚实之间，常互相关联，或彼此兼夹。如肝郁气滞可化火伤阴；湿热久恋不愈，易灼伤肾阴；肺热壅盛损津耗液严重，病性由实转虚；脾肾虚衰无力推动气血运行而兼夹气滞血瘀，而见虚实夹杂之证。

若癃闭迁延日久，病情进展，正气衰惫，邪气壅盛，则变证从生。尿闭不通，水气内停，上凌心肺，并发喘证、心悸之重症；脾肾衰败，气化不利，湿浊内壅，闭阻三焦，则可导致关格之危症；尿闭不通，尿毒壅盛，内陷心包，则见神识昏厥之险症。

二、诊断与鉴别诊断

（一）诊断依据

1. 临床表现为小便量少，排尿困难，甚或小便闭塞不通。其中小便不畅，点滴而短少为癃；小便闭塞，点滴不通为闭。
2. 可伴有少腹胀急疼痛，但无尿道疼痛感。
3. 多见于老年男性、产后妇女及腹部手术后患者。
4. 有外感病史，或既往有水肿、淋证、消渴等病史。

（二）鉴别诊断

1. **淋证**

癃闭与淋证均属膀胱气化不利，故皆有排尿困难，点滴不畅的证候。但癃闭无尿道刺痛，每日尿量少于正常，甚或无尿排出。而淋证则小便频数短涩，滴沥刺痛，欲出未尽，而每日排尿量正常。但淋证日久不愈，可发展成癃闭；而癃闭易于感受外邪，常可并发淋证。

2. **水肿**

癃闭与水肿均可出现小便不利，小便量少。水肿是体内水液潴留，泛溢于肌肤，引起头面、眼睑、四肢浮肿，甚者伴有胸、腹水，并无水蓄膀胱之证候。癃闭是由于肾与膀胱气化功能失调导致小便量少，排尿困难，伴或不伴有浮肿，部分患者还兼有小腹胀满膨隆，小便欲解不能，或点滴而出的水蓄膀胱之证，可资鉴别。

三、辨证论治

（一）辨证要点

1. **辨病之虚实**

实证当辨湿热、肺热、肝郁、浊瘀之偏盛；虚证当辨脾、肾虚衰之不同，阴阳亏虚之差别。

2. **辨病之缓急轻重**

水蓄膀胱，小便闭塞不通者病急；小便量少，但点滴能出，无水蓄膀胱者病缓。由"癃"转"闭"，为病情加重；由"闭"转"癃"，为病情减轻。

（二）治疗原则

癃闭的治疗，遵循"腑病以通为用"的原则，但通利之法，又因证候虚实之不同而异。实证者宜清邪热、利气机、散瘀结；虚证者宜补脾肾、助气化，不可不经辨证，滥用通利小便之法。对水蓄膀胱之急症，应同时配合针灸、导尿、热敷、取嚏等法急通小便。

（三）分证论治

1. 膀胱湿热

症状　小便点滴不通，或量极少而短赤灼热，小腹胀满，口苦口黏，或口渴（干）不欲饮，或大便不畅，舌质红，苔黄腻，脉数。

分析　小便点滴不通，或量极少而短赤灼热，小腹胀满是湿热互结，膀胱气化不利所致；口苦口黏，大便不畅，是湿热内盛的表现；口渴（干）不欲饮为津液不布；舌质红，苔黄腻，脉数，均为膀胱湿热之象。

治法　清热利湿，通利小便。

方药　八正散加减。

川木通、瞿麦、萹蓄、车前子、滑石清热除湿、利尿通淋；栀子清利三焦湿热，大黄泄热降火，导热下行；甘草调和诸药。

若兼心烦、口舌生疮糜烂者，可合导赤散以清心火，利湿热；若湿热久恋下焦，肾阴灼伤出现口干咽燥，潮热盗汗，手足心热，舌光红，可改用滋肾通关丸加生地黄、车前子、牛膝等，以滋肾阴，清湿热而助气化；若因湿热蕴结三焦，气化不利，浊毒内陷而致小便量极少或无，面色晦滞，胸闷烦躁，恶心呕吐，口中有尿臭，甚则神昏谵语，宜用黄连温胆汤加车前子、通草、制大黄等，以降浊和胃，清热利湿。

2. 肺热炽盛

症状　小便不畅或点滴不通，咽干，烦渴欲饮，呼吸急促，或有咳嗽，舌红，苔薄黄，脉数。

分析　小便不畅或点滴不通乃温热犯肺，肺热炽盛，失于肃降，不能通调水道，下输膀胱所致；咽干，烦渴欲饮是热盛伤津引起；呼吸急促，或有咳嗽乃肺热上壅，气逆不降所致；舌红，苔薄黄，脉数，为里热内郁之征。

治法　清泄肺热，利湿化浊。

方药　清肺饮加减。

黄芩、桑白皮、鱼腥草清泄肺热；麦冬、芦根、天花粉、地骨皮清肺生津养阴，车前子、茯苓、泽泻、猪苓通利小便。

有鼻塞、头痛、脉浮等表证者，加薄荷、桔梗宣肺解表；肺阴不足者加沙参、黄精、石斛滋养肺阴；大便不通者，加大黄、杏仁以通腑泄热；心烦、舌尖红者，加黄连、竹叶清心火；兼尿赤灼热、小腹胀满者，合八正散上下并治。

3. 肝郁气滞

症状　小便不通或通而不爽，情志抑郁，或多烦善怒，胁腹胀满，舌红，苔薄黄，脉弦。

分析　小便不通或通而不爽，是因七情内伤，气机郁滞，肝气失于疏泄，三焦气化不利，水液通调受阻所致；情志抑郁，胁腹胀满，乃肝气不舒，肝络不畅所致；多烦善怒，舌红，苔薄黄，脉弦为肝郁化火之征。

治法　调畅气机，通利小便。

方药　沉香散加减。

沉香、橘皮、柴胡、郁金、青皮、乌药、香附疏肝理气；当归、王不留行行下焦气血；石韦、车前子、冬葵子、茯苓通利小便。

若肝郁气滞症状严重，可合六磨汤以增强其疏肝理气的作用；若气郁化火，见舌红、苔薄黄，可加丹皮、山栀以清肝泻火。

4. 浊瘀阻塞

症状 小便点滴而下，或尿如细线，甚则阻塞不通，小腹胀满疼痛，舌紫暗，或有瘀点，脉涩。

分析 小便点滴而下，或尿如细线，甚则阻塞不通，是瘀血败精阻塞于内，或瘀结成块，阻塞于膀胱尿道之间所致；小腹胀满疼痛，是因下焦瘀滞，气机不畅，不通则通；舌紫暗，或有瘀点，脉涩均是瘀阻气滞之象。

治法 破瘀散结，利湿化浊。

方药 代抵当丸加减。

当归尾、穿山甲、桃仁、莪术活血化瘀；大黄、芒硝、郁金通瘀散结；肉桂、桂枝助膀胱气化。

若瘀血现象较重，可加红花、川牛膝以增强其活血化瘀作用；若病久气血两虚，面色无华，宜益气养血行瘀，可加黄芪、丹参、当归之类；若尿路结石，可加金钱草、海金沙、冬葵子、瞿麦、石韦以通淋排石利尿；若兼见尿血，可吞服三七粉、琥珀粉化瘀止血。

5. 脾气不升

症状 小腹坠胀，时欲小便而不得出，或量少而不畅，神疲乏力，食欲不振，气短声低，舌质淡，苔薄，脉细弱。

分析 小腹坠胀，时欲小便而不得出，或量少而不畅，是饮食劳倦伤脾，脾虚中气亏虚下陷，升提无力，清气不升，则浊阴不降所致；神疲乏力、气短声低是脾虚中气不足所致；食欲不振乃脾气虚弱，运化无力所致。舌质淡，苔薄，脉细弱为气虚之征。

治法 补气升提，化气利水。

方药 补中益气汤合春泽汤加减。

人参、党参、黄芪、白术益气健脾；桂枝、肉桂通阳以助膀胱气化；升麻、柴胡升提中气；茯苓、猪苓、泽泻、车前子利水渗湿。

若血虚者，加熟地、当归、鸡血藤以养血；心悸多汗者，加麦冬、五味子、枣仁养心安神；若气虚及阴，气阴两虚，可改用参苓白术散；若脾虚及肾，可合济生肾气丸以温补脾肾，化气利水。

6. 肾阳亏虚

症状 小便不通或点滴不爽，排出无力，面色㿠白，神气怯弱，畏寒肢冷，腰膝酸软无力，舌淡胖，苔薄白，脉沉细或弱。

分析 小便不通或点滴不爽，排出无力，是命门火衰，气化不及州都所致；面色㿠白，神气怯弱，乃元气衰惫，形神失养所致；畏寒肢冷，腰膝酸软无力，是肾阳衰惫，失于温煦所致；舌淡胖，苔薄白，脉沉细或弱为肾阳不足之征。

治法 温补肾阳，化气利水。

方药 济生肾气丸加减。

附子、肉桂、桂枝温肾通阳；地黄、山药、山茱萸补肾滋阴；车前子、茯苓、泽泻利尿。

若形神委顿，腰脊酸痛，为精血俱亏，病及督脉，多见于老人，治宜香茸丸补养精血，助阳通窍；若因肾阳衰惫，命门火衰，三焦气化无权，浊阴内蕴，小便量少，甚至无尿、呕吐、烦躁、神昏者，治宜《千金》温脾汤合吴茱萸汤，以温补脾肾，和胃降逆。

7. 肾阴亏虚

症状 小便量少或全无，口咽干燥，腰膝酸软，烦躁不安，潮热盗汗，头昏耳鸣，舌绛红，少苔，脉细数。

分析 小便量少或全无，乃肾阴亏虚，无阴则阳无以化所致；腰膝酸软是肾阴亏虚，腰失所养引起；头昏耳鸣乃肾精不能上承所致；口咽干燥，烦躁不安，潮热盗汗，手足心热，是阴虚生内热，

虚热扰心所致；舌绛红，少苔，脉细数为阴虚之征。

治法　大补真阴，滋阴利水。

方药　六味地黄丸合猪苓汤加减。

熟地、山药、山茱萸滋补肾阴；茯苓、猪苓、泽泻、滑石、丹皮，祛湿利水，寓泻于补。

若下焦有热，可加知母、黄柏，以清热坚阴；若阴虚及气，可用滋肾通关丸滋阴化气，以利小便。

四、预防调护

癃闭患者应消除外邪入侵和湿热内生等各种因素，如过食肥甘、辛辣、醇酒，或憋尿、纵欲过度及劳累等。癃闭患者应避免紧张、焦虑情绪，切忌忧思恼怒。积极治疗淋证、水肿、尿浊、尿血等疾患。对于水蓄膀胱证需导尿者，必须严格执行操作规范，避免外邪入侵，当病人能自动解出小便时，尽快拔除导尿管，还应保持会阴部卫生，鼓励病人多饮水。

五、临证验案

张某，男，70岁，工人。

初诊　于秋分燥金当令之际来诊，主诉自去年患小便频数时，时愈时犯。今夏突然小便不通，少腹憋胀疼痛难忍，口干不喜饮水，坐卧不宁，靠导尿管排尿至今已3日。诊得脉象沉细而数，舌苔白，大便干结。证属湿热蕴结，水热互结。治以清利湿热，通利小便。

处方　生地10g，黄柏6g，瞿麦12g，木通10g，竹叶9g，车前子12g，滑石12g，甘草梢6g。

二诊　服上方3剂，小便仍点滴全无，大便三日未行，舌苔转为黄燥，脉沉数。此湿热蕴结大肠也，邪热上灼，肺燥津伤，大肠愈燥，须两顾之。急下存阴，佐以清热润肺。

处方　熟军9g，元明粉9g（另包，分2次冲服），瞿麦12g，萹蓄12g，黄柏6g，麦冬15g，木通10g，栀子6g。

三诊　煎服1剂，大便通，小便利，口干好转，少腹畅快。又进2剂，诸症若失。

按　《素问·宣明五气》云："膀胱不利为癃。"《诸病源候论》谓："膀胱与肾俱热而然。"主症为小便不利，但应与淋证鉴别，淋证便数而茎痛，癃闭则小便点滴难通，故虽有便秘口渴，苔黄脉数，不可断为淋证而妄施药饵。本例癃闭，证属湿热蕴积，水热互结，先治以清热利湿不应，后见3日未大便，将成热结之势，因思普明子尝谓"渴而小便不利，热在上焦气分也"，"大便亦闭加大黄、元明粉"，故拟通下、清肺、利水邪热之剂，竟然霍然而愈。

（佘靖. 中国现代百名中医临床家丛书·许玉山. 中国中医药出版社.2007）

六、文献摘录

1.《丹溪心法·小便不通》："小便不通有气虚、血虚、有痰、风闭、实热。……气虚，用参芪、升麻等，先服后吐，或参、芪药中探吐之；血虚，四物汤，先服后吐，或芎归汤中探吐亦可；痰多，二陈汤，先服后吐；若痰气闭塞，二陈汤加木通、香附探吐之。"

2.《景岳全书·癃闭》："凡癃闭之证，……惟是气闭之证，则尤为危候，然气闭之义有二焉：有气实而闭者，有气虚而闭者……今凡病气闭而闭者，必以真阳下竭，元海无根，水火不交，阴阳否隔，所以气自化而气不化水，水自水而水蓄不行。气不化水则水腑枯竭者有之，水蓄不行则浸渍腐败者有之。气既不能化，而欲强为通利，果能行乎？阴中已无阳，而再用苦寒之剂能无甚乎？理本甚明，何知之者不多见也。至若气实而闭者，不过肝强气逆移碍膀胱，或破其气，或通其滞，或提其陷，而壅者自不去，此治实者无难，而治虚者必得其化，为不易也。""小水不通是为癃闭，此最危最急症也。水道不通，则上侵脾胃而为胀，外侵肌肉而为肿，泛及中焦则为呕，再及上焦则为喘。数日不通，则奔迫难堪，必致危殆。"

3.《谢映庐医案·癃闭门》："小便之通与不通，全在气之化与不化，然而气化二字难言之矣。有因湿热郁闭而气不化者，用五苓、八正、禹功、舟车之剂，清热导湿而化之；有因上窍闭而下窍之气不化者，用搐鼻法、探吐法，是求北风开南牖之义，通其上窍而化之；有因阴无阳而阴不生者，用八味丸、肾气汤，引入肾命，熏蒸而化之；有因无阴而阳无以化者，用六味丸、滋肾丸，壮水制阳光而化之；有因中气下陷而气虚不化，补中益气，升举而化之；有因冷结关元而气凝不化，真武汤、苓姜术桂之类，开冰解冻，通阳泄浊而化之；有因脾虚而九窍不和者，理中汤、七味白术散之类，扶土利水而化之。古法森立，难以枚举，总之，治病必求其本。"

七、文献推介

1. 张春和，李曰庆，裴晓华等. 良性前列腺增生症中医诊治专家共识[J]. 北京中医药,2016,35(11):1076-1080.
2. 中国中西医结合学会肾脏疾病专业委员会. 慢性肾衰竭中西医结合诊疗指南[J]. 中国中西医结合杂志,2015,35(9):1029-1033.
3. 李善刚，邱占军. 急性肾损伤的中西医研究进展[J]. 湖南中医杂志,2015,32(1):171-172.

（编者：王小琴　责任副主编：肖炜）

38 关格

关格是由脾肾虚衰、气化不利、浊邪壅塞三焦引起的，以小便不通与呕吐并见为主要临床表现的一种危重病证。分而言之，小便不通谓之关，呕吐时作谓之格。多见于水肿、淋证、癃闭等病证的晚期。

关格之名，始见于《内经》。《灵枢·脉度》曰："阴气太盛，则阳气不能荣也，故曰关。阳气太盛，则阴气弗能荣也，故曰格。阴阳俱盛，不得相荣，故曰关格。关格者不尽期而死也。"指关格为阴阳失衡，不能互根互用的严重病理状态。汉·张仲景《伤寒论》正式提出了关格的病名，并指出关格为正气虚弱、邪气闭阻三焦的一种危重证候。隋·巢元方《诸病源候论·关格大小便不通候》认为，关格是指大小便不通，其发生机制是"阴气大盛，阳气不得荣之，曰内关。阳气大盛，阴气不得荣之，曰外格。阴阳俱盛，不得相荣，曰关格。"由巢氏提出的"二便俱不通为关格"的概念，一直沿用到北宋，并传至日本。唐·孙思邈《备急千金要方·卷十五上》提出了通便利窍开关的方法，倡导应用大黄、芒硝、乌梅、桑白皮、芍药、杏仁、麻仁等药治疗关格。宋·王怀隐《太平圣惠方·卷四十二》提出温补与泻下同用，创立了吴茱萸散。金·李杲《兰室秘藏·小便淋闭门》指出关格的病机为邪热所致，并以渴与不渴来辨识病之在气、在血。明·王肯堂《证治准绳·关格》提出了著名的"治主当缓，治客当急"的治疗原则，具有现实指导意义。明·徐彦纯《玉机微义·淋门》提出关格"但治下焦可愈"，并用滋肾通关丸进行治疗。明·李梴在《医学入门·关格证治》中则提出了关格的一些具体治法。清·喻昌《医门法律·关格门》认为关格病机为"中枢不运，上关下格"。在治疗上提出，"中枢不运，上关下格"者，以进退黄连汤之"进"法，"属火者"，用以资液救焚汤或者进退黄连汤之"退"法。

西医学中各种原因引起的急、慢性肾衰竭终末期属于本病范畴。以少尿，呕吐并见为主要临床表现的其他疾病，亦也可参照本节辨证施治。

一、病因病机

（一）病因

1. 久病伤肾

因水肿、淋证、癃闭等病证久治不愈，逐渐发展，导致脾肾衰败，气化不利，水湿内停，日久化浊、化瘀、化毒，成为关格发病的主因。

2. 外邪侵袭

在脾肾衰败、湿浊毒邪内盛的基础上，又感受风、寒、湿、热等外邪，进一步加重内盛之邪，产生关格。如金·李杲《兰室秘藏·小便淋闭门》云："关无出之谓，皆邪热为病也。"

3. 饮食所伤

因饮食不节，饥饱失调，过食咸味及油腻厚味，进一步损伤脾气，导致关格。如清·李用粹《证治汇补·癃闭附关格》云："有脾经湿热，清气郁滞，而浊气不降者。……有脾气虚弱，通调失宜者。"

4. 劳欲过度

因劳倦、纵欲太过，进一步耗伤脾肾之气，形成关格。正如《景岳全书·杂证谟》指出："总由酒色伤肾，情欲伤精，以致阳不守舍，故脉浮气露，亢极如此，此则真阳败竭，元海无根，是诚亢龙有悔之象，最危之候也。"

（二）病机

关格的基本病机为脾肾衰惫，气化不利，湿浊毒邪内蕴三焦。多因水肿、淋证、癃闭等病证久治不愈，或失治误治，脾肾虚衰，气化不利，水湿内停，日久化浊、化瘀、化毒。在此基础上，或感受风、寒、湿、热之邪，或饮食不节、劳欲过度进一步损伤正气，嚣张病邪；脾肾之气衰败，湿浊瘀毒弥漫三焦，极易犯胃、阻肾，导致小便不通与呕吐并见，形成关格。

综上所述，关格的病理因素为湿浊、瘀毒。病理性质为本虚标实，以脾肾阴阳衰惫为本，湿浊毒邪内盛为标。病位在脾（胃）、肾（膀胱），尤以肾为关键，涉及肺、肝、心多脏。因脾主运化水湿，升清降浊；肾主气化开阖，二者在气、血、津液的化生、运行和代谢中起着十分重要的作用。倘若脾肾衰惫，气血不生，日久气血阴阳俱损；水湿不化，水湿内停，日久化浊、化瘀、化毒，壅滞三焦，上下阻隔不通，闭阻上焦，凌心射肺则心悸、喘脱，闭阻中焦，犯胃则呕吐，闭阻下焦，动肝则见眩晕、抽搐、中风，肾关不开，则小便全无。

本证若救治不及时，或救治不当，正衰邪实，阳衰阴竭，极易产生喘脱、昏仆、中风等险恶之证，甚至阴阳离决，危及生命。

二、诊断与鉴别诊断

（一）诊断依据

1. 呕吐及小便不通为关格的主症，但必须先有小便少或不通，而后出现呕吐，方可诊断为关格。
2. 病程中可出现神疲乏力，腰膝酸痛、头晕、头痛，严重者伴喘促、抽搐、甚至谵语、昏迷。
3. 一般起病较缓慢，多有水肿、淋证、癃闭等肾系疾病病史和外感风寒、风热等诱发因素；也可由某些疾病如温毒、霍乱、疮疡等突然转变而来；另有部分人早期阶段不明显或很短暂，疾病迅速进入后期阶段。

（二）鉴别诊断

1. 癃闭

二者都有小便量少或闭塞不通，但关格常由水肿、淋证、癃闭等经久不愈发展而来，是小便不通与呕吐并见的病证，常伴有皮肤瘙痒，口中尿味，四肢搐搦，甚或昏迷等症状。而癃闭不伴有呕吐，部分病人有水蓄膀胱之证候，以此可鉴别。但癃闭进一步恶化，可转变为关格。

2. 走哺

走哺是以呕吐伴有大小便不通利为主症的一类疾病。往往先有大便不通，而后出现呕吐，呕吐物可以是胃内的饮食痰涎，也可带有胆汁，常伴有腹痛，最后出现小便不通，由于大小便不通，浊气上冲，而饮食不得入所致，属于实热证，其病位在肠。关格属于脾肾衰败，湿浊毒邪壅塞三焦，是虚中夹实的病证，故与走哺有本质的区别。从预后来看，一般关格属危重疾病，预后较差，走哺只要治疗得当，预后一般较好。

三、辨证论治

（一）辨证要点

1. 辨本虚标实

本虚主要是脾肾阴阳衰惫，标实主要是湿浊毒邪。以本虚为主者，应分清是脾肾阳虚还是肝肾阴虚；以标实为主者，应区分寒湿与湿热的不同。

2. 辨病位

浊毒之邪犯脾以神疲乏力、身重、水肿为主；浊毒之邪犯胃以恶心频作，呕吐不止为主；浊毒之邪凌心射肺，可见心悸、喘脱或昏迷、谵语；浊毒之邪犯肝，则头晕、头痛、手足抽搐；浊毒之邪犯肾，则腰膝酸软，下肢肿甚。

（二）治疗原则

关格的治疗应遵循《证治准绳·关格》提出的"治主当缓，治客当急"的原则。所谓主，是指关格的本，即脾肾阴阳衰惫；治主当缓，即是指治疗脾肾不足不能应用大剂量峻补药物，而应长期调理，用药刚柔相兼，配用血肉有情之品，缓缓补之，使脾肾之气逐渐恢复。临床上以脾肾阳虚者多，在应用温阳药物时，应注意补阴以配阳，使阳从阴复，常常配合应用滋肾药物。所谓客，是指关格之标，即浊邪，浊是阴邪，易伤阳，浊不去，则阳不复，浊邪瘀久成毒，所以应尽快祛除。祛浊又有降浊、化浊等法，降浊者，使浊从大便出，即泻浊之法，化浊之法，即化痰利湿。

关格是补泻两难的疾病，治宜攻补兼施，标本兼顾。早期以补为先，兼以化浊利水，晚期阶段，应补中有泻，补泻并重，泻后即补，或长期补泻同用，灵活掌握。

（三）分证论治

1. 脾肾阳虚

症状 小便短少，色清，甚则尿闭，面色晦滞，形寒肢冷，神疲乏力，浮肿腰以下为主，纳差，腹胀，泛恶呕吐，大便溏薄，舌淡，舌体胖大，边有齿印，苔白腻，脉沉细。

分析 小便短少，色清，甚则尿闭，是脾肾阳虚，肾阳亏损，气化功能受阻所致；面色晦滞，形寒肢冷，神疲乏力，是脾阳不振，不能腐熟水谷，使气血来源不足；浮肿腰以下为主，乃肾阳虚，不能化水，泛溢肌肤所致；纳差，腹胀，乃脾阳亏损，脾失健运所致；泛恶呕吐为胃失和降，胃气上逆；大便溏薄，是脾肾阳虚的表现；舌淡，舌体胖大，边有齿印，苔白腻，脉沉细为脾肾阳虚，湿浊内蕴之象。

治法 温补脾肾，化湿降浊。

方药 温脾汤合吴茱萸汤加减。

附子、干姜、仙灵脾温补肾阳；人参、白术、茯苓益气健脾；姜半夏、陈皮、制大黄、六月雪化湿降浊；吴茱萸、生姜降逆止呕。

若痰湿壅肺者，可合用小青龙汤；若水气凌心者，加用己椒苈黄丸；尿少或小便不通者，可合用滋肾通关丸，以滋肾阴，助气化；皮肤瘙痒者，加土茯苓、地肤子、白鲜皮燥湿止痒。

2. 肝肾阴虚

症状 小便短少，呕恶频作，头晕头痛，面部烘热，腰膝酸软，手足抽搐，舌红，苔少，脉弦细。

分析 小便短少是肝肾阴虚，浊邪内阻，水道不通所致；呕恶频作乃湿浊内蕴，痰浊中阻，胃气上逆所致；头晕头痛是阳损及阴，肝肾阴虚，肝阳上亢所致；面部烘热，是阴虚生内热所致；腰膝酸软，手足抽搐，是肝肾阴虚，腰府失养，阴虚肝风内动所致；舌红，苔少，脉弦细属肝肾阴虚，阴虚动风之征。

治法 滋补肝肾，平肝息风。

方药 杞菊地黄丸合羚角钩藤汤加减。

熟地黄、山药、山茱萸、枸杞子滋补肝肾；泽泻、茯苓利湿泄浊，丹皮清肝火；羚羊角、钩藤、石决明平肝息风；贝母、竹茹、胆南星、竹沥化痰止呕；制大黄、败酱草、六月雪降浊解毒。

若大便秘结，可加用生大黄以通腑降浊；若出舌干光红，抽搐不止者，宜用大定风珠；若浊邪入营动血者，可选用犀角地黄汤、清营汤等同时配合至宝丹或紫雪丹；若风阳内动，导致中风者，按中风论治。

3.肾阳衰微，毒扰心神

症状 无尿或少尿，全身浮肿，恶心呕吐，面白唇暗，四肢厥冷，口中尿臭，神识昏蒙，循衣摸床，舌卷缩，淡胖，苔白腻或灰黑，脉沉细欲绝。

分析 无尿或少尿，全身浮肿是肾气衰竭，命门火衰，湿浊侵犯下焦，气血不行，水道不通所致；恶心呕吐，口中尿臭，乃湿浊上泛，胃气上逆所致；面白唇暗，四肢厥冷，是阳气大亏，不能温煦所致；神识昏蒙，循衣摸床，为肾气衰竭，痰浊壅盛，蒙蔽心神清窍，内闭外脱之象；舌卷缩，淡胖，苔白腻或灰黑，脉沉细欲绝为肾阳衰微，痰浊壅盛，肾气衰竭之象。

治法 回阳固脱，豁痰开窍。

方药 急用参附汤合苏合香丸，继用涤痰汤加减。

人参、附子回阳固脱；苏合香丸开窍醒神；胆南星、石菖蒲、半夏、竹茹豁痰开窍。

若心阳欲脱，用参附龙牡汤；若见气阴耗竭征象者，宜用生脉散益气敛阴。

四、预防调护

注意冷热，预防感冒，饮食调理对于关格本病有重要意义。关格病人应绝对卧床休息，以减轻体力的消耗；注意口腔卫生，勤漱口；保持皮肤清洁；注意饮食调摄，忌冷食、牛羊肉及海鲜等发物；消除紧张情绪，树立战胜疾病的信心。

五、临证验案

王某，男，32岁，已婚。

初诊 1958年10月12日。

患者于1958年10月6日起发热39℃，头痛，全身酸痛，食欲不振，白细胞正常，某医院急诊室予以复方阿司匹林，体温不退，上升至40℃，并有轻微咳嗽，呕吐一次，全身症状加重，于10月10日住入某医院。入院后输液，肌注青霉素等。翌日，体温退至36.7℃，此间呕吐8次之多，每次量为150～200毫升，全为咖啡色，无小便，无尿意，膀胱不膨胀，注射部位及背部皮肤均出现出血点（十余年来，曾皮下出现紫斑和鼻出血多次）。10月12日上午8时导尿，得黄色尿液75毫升，查得蛋白（＋＋＋），有红细胞、白细胞及颗粒管型。二氧化碳结合力18.2mmol/L。体温升至38.5℃。再次导尿仅得1.5毫升。至此尿毒症现象已十分显著，乃请中医会诊。

面赤，舌尖红，中灰，口渴，脉诊右部数大，左手较细，小溲涓滴不通。升降气机窒塞，急则治标，先予镇逆清热，和养肺胃之阴。

处方 白蒺藜9g，香青蒿12g，姜竹茹9g，紫苏叶0.9g，姜川连0.9g，麦门冬12g，黑玄参9g，橘红、络各 9g，制半夏 6g，西洋参 2.4g，海蛤粉 9g，天花粉 15g，鲜芦根 3 尺（去节），鲜藕 5 片（打）。

复诊　10 月 13 日。服上方一剂，导尿得 95 毫升，尿检仍有蛋白（4＋），红细胞（4＋）。眼睑浮肿甚著，鼻唇沟为之消失，一度意识朦胧。舌体发红紫瘀点，舌质红绛，方拟开泄肺气，清养胃阴，佐以芳香淡渗，俾上窍开，下窍或可开。

处方　西洋参 12g，麦冬 9g，白桔梗 3g，冬瓜子、皮各 30g，姜竹茹 6g，甘草梢 6g，姜川连 1.2g，枇杷叶 4 片（包煎），川通草 1.5g，福泽泻 9g，滑石末 18g，车前子 30g（包煎），石菖蒲 3g（后下），另用蟋蟀干 3 只，血珀 3g，真麝香 0.09g，研末吞服。

三诊　10 月 14 日。服上方后，意识较清楚，颜面浮肿消退，有尿意但仍然难排出，导尿得 170 毫升。昨日下午起，腹痛，下腹部肌肉紧张，无压痛及反跳痛，无移动性浊音。白细胞 $16.65×10^9$/L，中性粒细胞 85%，二氧化碳结合力 14.5mmol/L。

昨用开肺气，养胃阴，佐以渗利之法，药入仍稍有呕逆，小溲仍未自解，呕吐时甚至有痰血之块，舌干绛，苔罩黄灰，唇色干裂，显属水毒化热，凌心犯胃，肺胃津液日渐干涸之象。脉来软弱，神识尚未清醒，昏糊欲脱变意中事。症情险恶，殊难挽救，姑再宣肺气，养胃阴，以冀肺气得以下降，肾气亦有通利之机，未知能否戈获。

处方　西洋参 12g，麦门冬 9g，枇杷叶 4 片（包煎），姜川连 1.5g，姜竹茹 6g，鲜芦根 60g，鲜石斛 18g，广郁金 6g，石菖蒲 12g（包煎），肥知母 6g，福泽泻 9g，车前子 12g（包煎）

服上方后翌日，有尿 532 毫升，黄红色，比重 1.012，蛋白（4+），红细胞满视野，白细胞 0～2 个/高倍镜，管型未见。腹痛缓解，尿量逐渐增加，达 2210 毫升/日。

按　中医认为肺肾热结，不能生水，以致小便不通，浊气上逆。治以清心宣肺以开上焦，清养胃阴以滋水液。肺主气，肾主水，肺气不宣，肾气衰竭，通调必失其常，患者平日劳累过甚，既伤其气，又损其肾，肺肾之气内馁，卒然无尿，不为无因。今因小溲不通，水毒凌心犯胃，呕逆不止，神识似有昏糊之象。体发红紫瘀点，湿毒自内达外之兆。舌质红绛，肺胃之阴亦耗。故欲止其吐，当先和胃，欲和其胃，必须降逆，待清升浊降，吐止尿通，方有生机，否则难许言治。一剂未知者，是病重而药力未达病所，况已三焦气化不利而无尿，亦非一剂所能愈。三诊方中加入大剂养阴清肺益肾之品，如是上焦既宣，肾能气化，水液得以下行入膀胱，故小便遂自利矣。

（中国百年百名中医临床家丛书·邹云翔．中国中医药出版社．2003）

六、文献摘录

1.《兰室秘藏·小便淋闭门》："关则不得小便，分在气在血而治之，以渴与不渴而辨之。如渴而小便不利者，是热在上焦肺之分，故渴而小便不利也。……如不渴而小便不通者，热在下焦血分，故不渴而大燥，小便不通也。"

2.《景岳全书·关格》："关格证，所伤根本已甚，虽药饵必不可废。如精虚者当助其精，气虚者当助其气。其有言难尽悉者，宜于古今补阵诸方中择宜用之。斯固治之之法，然必须远居别室，静养澄心，假以岁月，斯可全愈。若不避绝人事，加意调理，而但靠药饵，则恐一曝十寒，得失相半，终无济于事也。"

3.《证治汇补·癃闭附关格》："既关且格，必小便不通，旦夕之间，陡增呕恶，此因浊邪壅塞三焦，正气不得升降。所以关应下而小便闭，格应上而生呕吐，阴阳闭绝，一日即死，最为危候。"

七、文献推介

1. 中国中西医结合学会肾脏疾病专业委员会．慢性肾衰竭中西医结合诊疗指南 [J]．中国中西医结合杂志，2015,35(9):1029-1033.

2. 李善刚，邱占军．急性肾损伤的中西医研究进展 [J]．湖南中医杂志，2015,32(1):171-172.

3. 王佳丽，武士锋，杨洪涛．关格病源流及其病机治法的文献研究 [J]．江苏中医药，2013，45(9):68-70.

4. 乔文彪，张景明．关格古今内涵解读 [J]．辽宁中医杂志，2007,34(10):1403-1404.

（编者：王小琴　责任副主编：肖炜）

39 阳痿

阳痿是由气血阴阳亏虚或气滞血瘀，宗筋弛纵引起的，以临房时阴茎痿而不举、举而不坚、或坚而不久，无法进行正常性生活为主要临床表现的病证。

《素问·阴阳应象大论篇》和《灵枢·邪气脏腑病形》称阳痿为"阴痿"，《灵枢·经筋》称为"阴器不用"，《素问·痿论篇》中又称为"筋痿"。阳痿病名首见于明·周之干《慎斋遗书·卷九》。《素问·五常政大论》："气大衰而不起不用"，《灵枢·经筋》："热则纵挺不收"，《素问·痿论》："思想无穷，所愿不得，……入房太甚。"认识到气衰、邪热、情志和房劳可引起本病。唐宋时期认为本病由劳伤及肾虚引起。宋·严用和《济生方·虚损论治》五劳七伤，真阳衰惫论治，治疗上以温肾壮阳为主。明代对阳痿认识更加深入，提出郁火、湿热、情志所伤亦可致阳痿。明·张景岳《景岳全书·杂证谟·阳痿》立《阳痿》篇，始以阳痿名本病，该书论述其病因病机和治疗都较全面。张景岳提出对命门火衰所致阳痿者用右归丸、赞育丸、石刻安肾丸；血气薄弱者宜左归丸、斑龙丸、全鹿丸；思虑、惊恐导致肾亏虚者须培养心脾，充养肾气；湿热者须清火以坚肾。清·沈金鳌《杂病源流犀烛·前阴后阴源流》主张抑郁伤肝，亦致阴痿不起。清代医家主张对肝郁所致者用达郁汤，心火抑郁者用启阳娱心丹。

西医学中的男性勃起功能障碍属于本病范畴。以阳痿为主要表现的某些慢性疾病，如高血压病、糖尿病等亦可参考本节辨证施治。

一、病因病机

（一）病因

1. 外邪侵袭

久居湿地，或湿热外侵，蕴结肝经，下注宗筋，或寒湿伤阳，阳为阴遏，发为阳痿。《景岳全书·阳痿》说："有湿热炽盛，以致宗筋弛缓而痿弱者。"

2. 饮食不节

过食醇酒厚味，脾胃运化失常，聚湿生热，湿热下注，气机受阻，宗筋弛纵，阳事不兴。或大病或久病不愈，损伤脾胃，致脾胃虚弱，运化无力，气血化生不足，不能输布精微以养宗筋，则宗筋不举而痿软。

3. 情志失调

情志不遂，忧思郁怒，肝失疏泄条达，不能疏通血气而畅达前阴，则宗筋所聚无能，发为阳痿；或忧愁思虑不解，损伤心脾，病及阳明冲脉，以致气血两虚，宗筋失养，而成阳痿，或大惊卒恐，惊则气乱，恐则伤肾，恐则气下，渐至阳道不振，举而不坚，导致阳痿。《景岳全书·杂证谟·阳痿》说："凡惊恐不释者，亦致阳痿。经曰：恐伤肾。即此谓也……又或于阳旺之时，忽有惊恐，则阳道立萎，亦其验也。"

4. 久病劳伤

房劳太过，或少年误犯手淫，或早婚，以致精气亏虚，肾阳亏虚，发为阳痿，正如《景岳全书·杂证谟·阳痿》所说："凡男子阳痿不起，多由命门火衰，精气虚冷。"此外，久病劳伤，损伤脾胃，气血化源不足，可致宗筋失养，而成阳痿。

5. 瘀血阻络

外伤或气滞日久导致瘀血内停，气机不畅，瘀阻宗筋，气血不达，宗筋痿而不用。

（二）病机

阳痿的基本病机为脏腑受损，气血阴阳亏虚，阴络失荣；或肝郁湿阻，或瘀血阻络，经络失畅导致宗筋不用而成。

阳痿之病位在宗筋，与肝、肾、心、脾关系密切。肝主筋，足厥阴肝经绕阴器而行；肾藏精，主生殖，开窍于二阴；脾之经筋皆聚于阴器。宗筋作强有赖于肝、肾、脾精血濡养。心乃君主之官，情欲萌动，阳事之举，必赖心火之先动。肾虚精亏，真阳衰微，则宗筋无以作强；肝失疏泄，气机郁滞，气血不达宗筋，则宗筋不聚；脾失运化，气血生化乏源，则宗筋失养；忧虑伤心，心血暗耗，心难行君主之令，则阴茎萎软不举。

阳痿病理因素为湿热、气滞、郁阻、痰瘀。病理性质，有虚实之分，且多虚实夹杂。气滞血瘀，湿热下注属实；肾阳亏虚，心脾虚损，惊恐伤肾属虚。肝郁化火，灼伤阴精，可致肝肾阴虚证；湿遏阳气，阳气不振，而成脾肾阳虚证，属于因实致虚。脾虚失运，痰湿内生，则致脾虚夹湿夹痰之证；或久病入络，瘀阻经络，引起肾虚夹瘀之证，属于因虚致实。此外，心、脾、肾虚损之阳痿，常因欲求不遂，抑郁不欢，久之大多兼肝郁气滞之证。

本病大多预后良好。因湿热、肝郁气滞、惊恐所致气机不畅，气机逆乱，阴络阻遏者，各种病理因素祛除后，病情亦可向愈。思欲过度，恣情纵欲，命门火衰，气血亏虚，适当调养，精血自能恢复。但是，对于先天不足，久病痰瘀闭阻阴络，则预后较差。

二、诊断与鉴别诊断

（一）诊断依据

1. 青壮年男子性交时，由于阴茎痿弱不起、举而不坚、或坚而不久，无法进行正常的性生活，即可诊为本病。但须除外性器官发育不全，或药物引起的阳痿。
2. 常伴有神疲乏力，腰酸膝软，畏寒肢冷，胆怯多疑，或小便不畅，滴沥不尽等症。
3. 本病常有房劳过度、手淫频繁、久病体弱，或有消渴、郁证、惊悸、外伤等病史。

（二）鉴别诊断

早泄是指在性交之始，阴茎可以勃起，但射精过早，因射精之后阴茎随即痿软而妨碍性交正常进行的病证。阳痿是指性交时阴茎始终不能勃起，或勃起不坚，或持续时间过短而不能进行正常的性生活。两者有时可并存。

三、辨证论治

（一）辨证要点

1. 首辨虚实

虚证多由禀赋不足，房劳过度，思虑忧郁，大惊卒恐所致；实证则多由惊恐郁怒，外邪侵袭所致。

2. 辨有火无火

有火的临床表现为烦躁易怒，小便黄赤，苔黄腻，脉濡数或弦数；无火则表现为精神不振，面色无华，舌淡苔白，脉沉细或弦细等症状。

（二）治疗原则

阳痿的治疗应审证求因。实证者，肝郁气滞宜疏解；湿热内蕴宜清利；瘀血阻络宜活血化瘀。虚证者，肾阳亏虚宜温补，结合养精；心脾血虚当调养气血，佐以温补开郁。虚实夹杂者宜标本兼顾。

(三)分证论治

1. 肾阳亏虚

症状 阳事不举,或举而不坚,性欲减退。精薄清冷,畏寒肢冷,精神萎靡,腰酸膝软,夜尿清长,舌淡,苔薄白,脉沉。

分析 阳事不举,或举而不坚为肾阳亏虚精气虚冷,导致宗筋失养,痿而不用;性欲减退,畏寒肢冷,精神萎靡为肾阳亏虚,温煦不足;腰酸膝软为肾阳不足,腰府失养;夜尿清长为肾阳不足,肾固摄无力;舌淡,苔薄白,脉沉为肾阳亏虚之象。

治法 温肾填精,壮阳起痿。

方药 右归丸加减。

方中以附子、肉桂、鹿角胶为君药,温补肾阳,填精补髓;臣以熟地黄、枸杞子、山茱萸、山药滋肾益肾,养肝补脾;佐以菟丝子补阳益阴,固精,杜仲补益肝肾,强筋壮骨,当归养血和血,助鹿角胶以补养精血。诸药配合,共奏温肾填精、壮阳起痿之功。

若阴阳两虚者,可用还少丹;滑精频繁,精薄清冷,加覆盆子、金樱子、益智仁补肾固精,本证多见于年高体衰者,注意阳损及阴,用药要阴阳相济;或者肾精亏虚为主而阳虚不甚者更应填精为主,少佐温阳之品,宜用金匮肾气丸。

2. 肝郁气滞

症状 平素性情烦躁易怒或者抑郁,临房不举,胸胁胀痛,脘闷不舒,善太息,食少便溏,苔薄白,脉弦。

分析 临房不举为肝郁气滞,日久致血行不畅,宗筋所聚无能,痿而不用;情绪抑郁或烦躁易怒,胸胁胀痛,太息则舒为肝经气机不畅所致;脘闷不舒,食少便溏为肝气横逆犯脾胃;苔薄白,脉弦为肝郁气滞之象。

治法 疏肝解郁,行气起痿。

方药 柴胡疏肝散加减。

方中柴胡疏肝解郁,调理气机为君药;香附、芍药助柴胡和肝解郁,陈皮、枳壳行气导滞共为方中臣药;川芎理气活血止痛,为方中佐药;炙甘草和中,调和诸药为使药。诸药合用,具疏肝解郁、行气起痿之功效。

若肝郁脾虚者,可选用逍遥散;若兼见肝血不足者,加鸡血藤、当归、酸枣仁养血柔肝;若见急躁易怒、口干口苦、目赤尿黄,属肝郁化火,可加丹皮、山栀子、龙胆草清肝泻火;若气滞日久,兼见血瘀,加元胡、丹参、赤芍活血化瘀。本证多见于年轻人及新婚者,需重视心理疏导,辅以药物治疗方能取得良好效果。

3. 阴精亏虚

症状 阳痿不举,或举而不坚,中道痿软。梦中阳举,时有遗精,腰酸膝软,头晕、耳鸣,五心烦热,寐则盗汗,舌红,少苔,脉细数。

分析 阳痿不举,或举而不坚,中道痿软为阴精亏损,肾精不充,宗筋失养;阳事易举,举而不坚为阴虚火旺,相火妄动,遗精为阴虚火旺,扰动精室;寐则盗汗为阴精亏虚、虚火内生,营阴受蒸外泄;五心烦热为阴虚内热、热扰心神;腰酸膝软,眩晕耳鸣为肾阴不足,腰府不荣,脑海失养;舌红,少苔,脉细数为肾精亏虚、阴虚内热之象。

治法 滋阴补肾,润养宗筋。

方药 二地鳖甲煎加减。

熟地、生地、鳖甲滋阴填精是为君药;枸杞子、菟丝子助君药补肾填精是为臣药;桑寄生、续断补肾壮腰;五味子、牡蛎、金樱子固肾摄精;天花粉养阴生津;茯苓、丹皮清泻虚热;丹参养血活血,以促宗筋充盈,以上诸药是为佐药。诸药共凑滋阴补肾,润养筋脉之功效。

阴虚火旺明显者,加知母、黄柏滋阴降火;遗精频繁者,加鸡内金、莲子涩精止遗;眩晕耳鸣者,加菊花、钩藤。

4. 心脾两虚

症状 阳事不举,遇劳加重。心悸,健忘,失眠多梦,精神不振,食少纳呆,面色萎黄,腹胀便溏,舌淡,苔薄白,脉细。

分析 阳事不举,遇劳加重为心脾两虚,气血乏源,宗筋失养;心悸,失眠多梦,精神不振,健忘为气血亏虚,心神失养;面色萎黄,食少纳呆,腹胀便溏为脾虚不运,气血不足;舌淡,苔薄白,脉细为气血两虚之象。

治法 健脾养心,益气起痿。

方药 归脾汤加减。

方中以参、芪、术、草甘温之品补脾益气以生血,使气旺而血生;当归、龙眼肉甘温补血养心;茯苓、酸枣仁、远志宁心安神,木香辛香而散,理气醒脾;用姜、枣调和脾胃,以资化源。全方共奏益气补血,健脾养心起痿之功。可加入巴戟天、仙灵脾补肾壮阳,以助阳起痿。

若夜寐不安,加夜交藤、合欢皮、柏子仁养心安神;若痰湿内盛,胸脘胀满,泛恶纳呆者,加半夏、厚朴、陈皮燥湿化痰。

5. 瘀阻宗筋

症状 阳痿不举,或举而不坚。可见阴部、腰骶或胸胁刺痛,或有相关外伤史,或无明显兼证,仅见舌质紫暗,有瘀斑或瘀点,脉涩。

分析 阳痿不举,或举而不坚为外伤导致瘀血内停,气机不畅,瘀阻宗筋;阴部、腰骶或胸胁刺痛为瘀阻脉络,不通则痛;舌质紫暗,有瘀斑或瘀点,脉涩为瘀阻宗筋之象。

治法 活血化瘀,通络起痿。

方药 血府逐瘀汤加减。

方中桃仁、红花活血祛瘀通络共为君药;赤芍、川芎助君药活血祛瘀;牛膝活血通经,引血下行,共为臣药;生地、当归养血益阴,清热活血,桔梗、枳壳、柴胡疏肝解郁,理气行滞,使气行则血行,以上均为佐药;甘草调和诸药,为使药。全方共奏活血化瘀,通络起痿之效。

临床应用时可选加地龙、蜈蚣、全蝎、水蛭、土鳖等虫类药一二味以增祛瘀通络药力。本证若见于无外伤史者,多伴有脏腑亏损,气血不足,尤其是中老年患者宜结合补益肝肾、益气养血等法。

6. 惊恐伤肾

症状 临房不举,或举而不坚,时有自举。胆怯多疑,心悸易惊,夜寐不安,易醒,苔薄白,脉弦细。常有惊吓史。

分析 临房不举,或举而不坚,时有自举为惊恐伤肾,肾精破散,心气逆乱,气血不达宗筋所致;胆怯多疑,心悸易惊,夜寐不安,易醒为心虚胆怯、心肾不交;苔薄白,脉弦细为惊恐伤肾之象。

治法 益肾宁神,启阳起痿。

方药 启阳娱心丹加减。

人参、菟丝子益气补肾安神为君药;枣仁、远志、茯神、菖蒲宁心安神为臣药;当归、白芍养肝柔肝,橘红、柴胡疏肝理气;砂仁、白术、山药、神曲健脾益气、宁心安神,共为佐药。全方心肝脾肾并补,气血并调,共奏启阳起痿之功。

若惊悸不安、夜梦多者,加生龙骨、龙齿镇静安神;久病入络,瘀血阻络者,加丹参、川芎、蜈蚣通络化瘀。对本证患者应积极查找发病原因,加强心理疏导,消除疑虑,树立信心尤为重要。

7. 湿热下注

症状 阴茎痿软,举而不坚。平素嗜食肥甘之品,胸胁胀痛灼热,阴囊湿痒臊臭,肢体倦怠乏力,舌红,苔黄腻,脉滑数。

分析 阴茎痿软,举而不坚是由于平素嗜食肥甘之品或久居湿地,湿热内蕴,下注肝经,导致宗筋经络失畅,阴茎痿软;胸胁胀痛灼热为肝经湿热,阻滞气机,郁而化火;阴囊湿痒臊臭为湿热下注阴囊;肢体倦怠乏力为湿热下注,困遏阳气;舌红,苔黄腻,脉滑数为湿热下注之象。

治法 清肝泻热,利湿通阳。

方药 龙胆泻肝汤加减。

方中龙胆草善清下焦之湿热,并能泻肝胆之实火,为君药;黄芩、栀子苦寒泻火、燥湿清热、车前子、木通、泽泻清利湿热,使湿热从小便而解,均为臣药;肝为藏血之脏,肝经有热则易伤阴血,故佐以生地、当归养血益阴;柴胡舒畅肝经气机,并引诸药归于肝经,甘草调和诸药、护胃安中,二药并佐使之用。诸药配伍具有清肝泻热、利湿通阳之效。

若湿重,困遏脾肾阳气,可用桂附理中丸合平胃散;会阴部坠胀疼痛,小便不畅,余沥不尽,可加虎杖、川牛膝、王不留行等活血化瘀。若阴部潮湿、瘙痒较重者,加地肤子、苦参燥湿止痒。

四、预防调护

房室有节,切忌恣情纵欲,既不可房事过频或手淫过度,亦不宜过度禁欲;不宜过食醇甘肥厚,避免湿热内生,阻滞经络,造成阳痿;情绪抑郁、焦虑惊恐是阳痿的重要诱因。治疗应调畅情志,怡悦心情,防治精神过度紧张是预防和调护阳痿的重要环节;积极治疗造成阳痿的原发病,如糖尿病、高血压病、甲状腺功能亢进等。如因药物引起者,必要时可在医师指导下调整药物。

五、临证验案

刘某,男性,41岁。

初诊 2003年4月2日。

主诉 阴茎萎软不起2年。

现病史 患者因阴茎不能勃起2年,曾多处求诊未见效果,乃来我院就诊。就诊时患者性欲低下,阴茎不能正常勃起,伴神疲乏力,头晕气短,腰酸背痛,夜尿频多,小便清长,嗜睡,畏寒怕冷,舌淡,苔薄白,脉沉细。

中医诊断 阳痿。

证候诊断 肾精亏损,命门火衰。

治则 补肾壮阳,温补命门,佐以通络。

处方 仙茅30g、淫羊藿30g、威灵仙30g、蛇床子30g、三棱30g、莪术30g、柴胡20g、蜈蚣2条、檀香12g、阳起石30g、乌药30g、郁金20g、补骨脂30g,15剂,每2日1剂,每日2次。

二诊 2003年5月2日。连服15剂后,纳增性旺,诸症好转。续上方加入旱莲草30g,女贞子30g,生地30g,15剂。依据阳盛阴亦亏的原则,虚则补之,上述三药填精益髓、滋补肝肾,补火之中加入补水之品,以护真阴,即"壮水之主以制阳光"之意,以达到阴阳相济、气血双补。

三诊 2003年6月2日。连服15剂后,诸症皆除,制药为蜜丸,巩固疗效。

按 本病肾虚可分为肾阳虚、肾气虚、肾阴虚和肾精不足。四者之间既有联系又有区别,因此在临床治疗过程中要抓住主要矛盾,有的放矢。不少患者曾经补肾治疗,但其疗效欠佳,究其原因,是未能抓住问题关键所在。本病案抓住肾阳虚、命门火衰之特点,补肾阳、温命门之火而达到起痿之目的,如仙茅、淫羊藿、阳起石等。另阳痿每与情志因素有关,如所愿不遂、夫妻不睦等,致肝瘀气滞、气血不畅亦致阳痿。因此,临床张大宁教授强调肝肾同治,如本案中柴胡、三棱、莪术、郁金等舒肝理气,阳气得伸,精窍通利,宗筋得养，同时加入蜈蚣、威灵仙、檀香通经活络、祛瘀，推陈出新。诸药合用，相得益彰，精气得以填补，肾脏得以温和。

（徐英.国医大师临床研究·张大宁临证医案选.科学出版社.2016）

六、文献摘录

1.《重订济生方·虚损论治》："五劳七伤，真阳衰惫，……阳事不举。"

2.《明医杂著·男子阴痿》："男子阴痿不起，古方多云命门火衰，精气虚冷，固有之矣。然亦有郁火甚而致痿者，经云壮火食气。"

3.《景岳全书·阳痿》："凡肝肾湿热，以致宗筋弛纵者，亦为阳痿。治宜清火以坚肾，然必有火证火脉，内外相符者，方是其证。宜滋阴八味丸，或丹溪大补阴丸、虎潜丸之类主之。火之甚者，如滋肾丸、大补丸之类俱可用。"

4.《临证指南医案·阳痿》："又有阳明虚则宗筋纵，盖胃为水谷之海，纳食不旺，精气必虚，况男子外肾，其名为势，若谷气不充，欲求其势之雄壮坚举，不亦难乎？治惟有通补阳明而已。"

七、文献推介

1. 阳痿的诊断依据、证候分类、疗效评定——中华人民共和国中医药行业标准《中医内科病证诊断疗效标准》(ZY/T001.1-94)[J].辽宁中医药大学学报,2016,18(11):206.

2. 张敏建，常德贵，贺占举等.勃起功能障碍中西医结合诊疗指南(试行版)[J].中华男科学杂志,2016,22(8):751-757.

3. 吴宏东.王琦教授"阳痿从心肝肾同治"的思路与经验[J].北京中医药大学学报,2007,30(10):717-718.

4. 金保方，李相如，周翔.徐福松教授辨治阳痿经验[J].南京中医药大学学报,2008,24(5):292-295.

5. 黄健.徐福松教授关于勃起功能障碍的学术思想总结[J].四川中医，2011，29(1)：6-7.

（编者：黄雪霞 责任副主编：肖炜）

40 遗精

遗精是由肾失封藏，精关不固引起的，以不因性生活而精液遗泄为主要临床表现的病证。其中因梦而遗精的称"梦遗"，无梦而遗，甚至清醒状态下精液自流者谓"滑精"。

《内经》首载本病，称遗精病为"精自下"，并对其起病原因、兼见证候，均有阐述。《灵枢·本神》篇明确指出遗精与情志内伤密切相关。汉·张仲景在《金匮要略》中称本病为"失精"，认为本病是由虚劳所致。《金匮要略·血痹虚劳病脉证并治》在治疗方面，以桂枝牡蛎汤调和阴阳，潜镇摄纳，为心肾不交、失精遗泄之证初立楷模。隋唐时期，巢元方和孙思邈分别称遗精为"尿精"、"梦泄精"及"梦泄"，并认识到本病的病机由肾虚而致。隋·巢元方《诸病源候论·虚劳溢精见闻精出候》为后世肾虚遗精的理论奠定了基础。宋代以后，随着对遗精认识的日渐深入，明确将遗精作为独立的病证。宋·许叔微在《普济本事方》中正式提出遗精和梦遗的名称。在病机上除将梦遗归为下元虚惫外，还提出经络壅滞，欲动心邪，并分立补肾、清心、利湿诸治法。宋·严用和《济生方》更强调"心肾不交"在本病病机上占绝大多数。金元时期，朱丹溪将遗精分为梦遗与滑精，还倡"相火"导致遗精理论。明·方隅在《医林绳墨·梦遗精滑》中认为："梦遗精滑，湿热乘之"，进一步充实了遗精的病机理论。在此基础上，后世医家提出了滋阴降火、补脾化湿、清利湿热、益气升提等治则，并认识到不同脏器病损所致的遗精需分而治之。

西医学中的前列腺炎、精囊炎属于本病范畴，以不因性生活而精液遗泄为主要表现的其他疾病，如神经衰弱、神经官能症、包皮过长或包茎等，亦可参照本节辨证施治。

一、病因病机

(一) 病因

1. 欲念不遂

少年气盛,情动于中,或心有恋慕,所欲不遂,或壮夫久旷,色欲难平,皆令心动神摇,君相火旺,扰动精室而致遗精。如《金匮翼·梦遗滑精》说:"动于心者,神摇于上,则精遗于下也。"

2. 饮食不节

过食肥甘厚味,或饮酒过度,损伤脾胃,湿热内生,下扰精室,或郁于肝胆,迫精下泄均可致遗精。如《张氏医通·遗精》所言:"脾胃湿热之人,及饮酒厚味太过,与酒客辈,痰火为殃,多致不梦而遗泄。"

3. 劳心太过

情志失调,劳神太过,心阴暗耗,而心火独亢,致心火与肾水不能相互交济,心肾失交,水亏火旺,虚火扰动精室发为遗精。《折肱漫录·遗精》云:"梦遗之证,……大半起于心肾不交。"

4. 恣情纵欲

青年早婚,房事过度,或少年无知,频犯手淫,或醉而入房,纵欲无度,日久肾虚精脱或相火扰动精室,或肾失固涩乃成遗精。《证治要诀·遗精》言:"有色欲过度,而滑泄不禁者。"

(二) 病机

遗精的基本病机总属肾失封藏,精关不固。病位在肾,与心、肝、脾三脏密切相关。肾为封藏之本,受五脏六腑之精而藏之,正常情况下肾精不会外泄。如肾脏自病,或其他因素影响肾之封藏功能,则精关不固,精液外泄,发生遗精。精之藏制虽在肾,但精之主宰而在心,心为君主之官,心动则五脏六腑皆动。若劳心太过,心有欲念,以至君火摇于上,心失主宰,则精自遗。肝肾内寄相火,相火因肾精的涵育而守位听命,其系上属于心。若君火妄动,相火随而应之,势必影响肾之封藏。故君相火旺,或心、肝、肾阴虚火旺,皆可扰动精室而成遗泄。脾主运化,为气血生化之源,水谷入胃,脾气散精,下归于肾,则为肾中所藏精髓。若喜食酒肉厚味,日久脾胃湿热内生,下扰精室,则迫精外泄;亦或劳倦思虑,脾气下陷,气不摄精而成遗精。

遗精的病理性质有虚实之别,且多虚实夹杂。实证以君相火旺及湿热痰火下注,扰动精室为主;虚证则属肾虚不固,封藏失职。其病理因素不外乎湿与火。初起多因于火旺、湿热,以实证为主,久病则相火、湿热灼伤肾阴,而致肾阴亏虚,甚或阴损及阳而成阴阳两虚,肾阳衰惫等各种虚证。且在病理演变过程中往往出现阴虚火旺、阴虚湿热等虚实夹杂之证。

遗精病证虽病及多个脏器,但初起大多轻浅,若调理得当,多可痊愈。若是讳疾忌医,久病不治,或调治不当,日久肾精耗伤,阴阳俱虚,或命门火衰,下元衰惫,则会转变成早泄、阳痿、不育或虚劳等证。

二、诊断与鉴别诊断

(一) 诊断依据

1. 凡以梦中遗精,每周超过 2 次以上;或清醒时,不因性生活而排泄精液为临床特征者,即可诊为遗精。

2. 常伴有头昏、精神萎靡、腰腿酸软、失眠等症。

3. 本病常有恣情纵欲,情志内伤,久嗜醇酒厚味等病史。

(二)鉴别诊断

1. 早泄

遗精是未行性交,精液流出,而早泄是性交之始精液泄出,此为二者根本区别。

2. 精浊

精浊常在小便时或排尿终了时发生,尿道口有米泔样或糊状分泌物溢出,并伴有茎中作痒作痛;而遗精多于梦中或情欲萌动时发生,且不伴疼痛,可资鉴别。

三、辨证论治

(一)辨证要点

1. 辨虚实

初起以实证为多,日久则以虚证为多。实证以君相火旺及湿热痰火下注,扰动精室者为主;虚证则属肾虚不固,封藏失职,若虚而有热象者,多为阴虚火旺。

2. 辨脏腑

用心过度,邪念妄想梦遗者,多责于心;精关不固,无梦滑泄者,多由于肾。

3. 辨阴阳

遗精属于肾虚不藏者,又当辨别偏于阴虚还是偏于阳虚,偏于阴虚者,多见头昏目眩、腰酸耳鸣、舌质红、脉细数;偏于阳虚者,多见面白少华、畏寒肢冷、舌质淡、脉沉细。

(二)治疗原则

遗精的治疗,应分清虚实。实证以清泄为主,依其君火、相火、湿热的不同,或清或泄;虚证宜用补涩为要,针对脏腑阴阳不同,分别治以滋阴温肾,调补心脾,固涩精关为宜;虚实夹杂者,应虚实兼顾。久病入络夹瘀者,可佐以活血通络。

(三)分证论治

1. 君相火旺

症状 梦遗频作,少寐多梦,阳事易举,心中烦热,烦躁易怒,头晕目眩,面红目赤,口苦胁痛,小便短赤,大便燥结,舌红,苔薄黄,脉弦数。

分析 梦遗频作,阳事易举为君火妄动,扰动精室;心中烦热,烦躁易怒为心火旺盛;头晕目眩为心阴暗耗,肾精耗损,脑髓失养;面红目赤,口苦胁痛为相火扰动;小便短赤,大便燥结为心火下移肠道;舌红,苔薄黄,脉弦数为心火旺盛之象。

治法 清心泄肝。

方药 黄连清心饮合三才封髓丹加减。

前方黄连清泄心火;生地滋阴清热;当归活血;酸枣仁、茯神、远志宁心安神;人参补气;莲子肉养心益肾。后方人参补脾益气;天冬滋阴;熟地补肾滋阴;黄柏坚阴泄火;砂仁行滞醒脾;甘草益气调和诸药。

若心肾不交,灼伤心阴者,可用天王补心丹加石菖蒲、莲子心以滋阴安神;若久遗伤肾,阴虚火旺者,可用知柏地黄丸或大补阴丸以滋阴泄火;若久遗致心神烦躁或心悸易惊者,可予安神定志丸加减以宁心安神。

2. 湿热下注

症状 遗精时作,小便热赤,大便偏干,口苦而粘,阴囊潮湿,腰腿酸楚,舌质红,苔黄腻,脉濡数。

分析 遗精时作为湿热内蕴，下扰精室所致；小便热赤，大便偏干为湿热之邪下注肠道；口苦而粘为脾胃湿热内生；阴囊潮湿，腰腿酸楚均为湿热之邪浸淫；舌质红，苔黄腻，脉濡数为湿热蕴滞之象。

治法 清热利湿。

方药 程氏萆薢分清饮加减。

方中萆薢利湿通淋，分清别浊；黄柏清热燥湿，车前子利水通淋，清利膀胱湿热；菖蒲化湿通窍；茯苓、白术健脾祛湿；莲子心、丹参清心火。

若湿热下注肝经，症见阴囊湿痒，小溲短赤，口苦胁痛，可用龙胆泻肝汤以清热利湿；若兼见胸腹脘闷，口苦或淡，头晕肢困，饮食不馨，可用苍术二陈汤加黄柏、升麻、柴胡以升清化湿。

3.劳伤心脾

症状 劳则遗精，精神不振，夜寐多梦，心悸怔忡，面色萎黄，四肢困倦，纳呆便溏，舌淡苔薄，脉沉细。

分析 劳则遗精为气虚不能摄精；精神不振，夜寐多梦，心悸怔忡为心气虚；面色萎黄，四肢困倦为脾虚气血生化乏源，不能上濡头面及四肢；纳呆便溏为脾气虚不能升清，浊气下泄；舌淡，苔薄，脉沉细为心脾两虚之象。

治法 调补心脾，益气摄精。

方药 妙香散加减。

方中山药益阴清热涩精；人参、黄芪补气；远志、茯苓、茯神宁心安神；桔梗清肺散滞；木香理气；辰砂镇心安神；麝香通窍解郁；甘草调和诸药。

若中气下陷明显者，可用补中益气汤加减；若心脾血虚显著者，可用归脾汤加减；若脾虚日久损及肾阳者，宜脾肾双补。

4.肾气不固

症状 多为无梦自遗，滑精频繁，精液清稀而冷，形寒肢冷，面色㿠白，头晕耳鸣，腰膝酸软，阳痿早泄，夜尿清长，舌淡胖，苔白滑，脉沉细而弱。

分析 无梦自遗，滑精频繁，为肾虚精关不固；精液清稀而冷，形寒肢冷，面色㿠白为肾阳虚；头晕耳鸣，腰膝酸软为肾精亏虚；阳痿早泄为肾气虚无力固摄；夜尿清长为肾虚不固；舌淡胖，苔白滑，脉沉细而弱为肾元虚衰之象。

治法 补肾固精。

方药 金锁固精丸加减。

方中沙苑、蒺藜补肾固精；芡实益肾固精，补脾气；龙骨、牡蛎、莲须涩精止遗；莲子粉糊丸补肾固精，养心清心，交通心肾。

若肾阳虚为主，症见滑泄久遗，阳痿早泄，阴部有冷感，可加鹿角霜、肉桂、锁阳等加强温肾之力；若肾阴虚为主，症见眩晕，耳鸣，五心烦热，形瘦盗汗，酌加熟地、枸杞、龟板、阿胶等以滋养肾阴；若肾中阴阳两虚者，可合用右归丸以温润固本。

四、预防调护

预防遗精首先应生活规律，摒弃不健康生活习惯。勿过劳过累，节制性生活，戒除手淫，排除杂念，清心寡欲；注意调畅情志，避免过度紧张和恐惧。夜晚进食不宜过饱，睡前用温水洗脚，被褥不易过厚、过暖，内裤不宜过紧，养成侧卧习惯。忌饮酒，避免辛辣温燥食品。平时适当参加体育和文娱活动，增强体质，调节情操。

五、临证验案

王某,男,18 岁,未婚,学生。

初诊 1997 年 11 月 15 日。

主诉 遗精 2 年余。

病史 患者遗精每周 2～3 次,有时连续数天遗精,在大同中医院服中药知柏地黄汤养阴泻火或金锁固精补肾固涩之剂,遗精依然。现遗精频繁,次数同前,遗精多梦遗,遗精后腰酸,气短乏力,手足心热,口干,心情抑郁,喜叹息,多梦,记忆力减退,难以坚持学习,小便黄,大便正常。患病前,手淫频繁。舌体活动自如,舌质淡,苔黄白腻,舌底脉络无紫暗,脉细滑。

理化检查 前列腺彩超提示前列腺炎性病变。

辨证 心肾两虚,湿热内蕴。

处方 天冬 10g,生地 15g,太子参 15g,黄柏 10g,砂仁 6g,生甘草 3g,鸡内金 10g,苦参 10g,7 剂。

1998 年 8 月 11 日:服上方 7 剂,遗精未作。续用上方 14 剂,自觉精力增强,气短乏力、手足心热、口干症状明显好转,寐安,记忆力增强。因高考学习紧张,未能坚持服药,停药 5 天后又开始遗精。但遗精次数减少,每周遗精 1 次,遗精后不似以前症状明显,能坚持继续学习。此次再来王老师处求治,患者已接大学录取通知书,趁假期继续调治。前列腺 B 超示"前列腺炎性病变"。先生认为,药证相符,继用上方加当归贝母苦参丸,排浊利湿,促进前列腺导管通畅。

处方 天冬 10g 生地 15g 太子参 15g 黄柏 10g 砂仁 6g 生甘草 3g 鸡内金 10g 当归 10g 浙贝 10g 苦参 10g 14 剂。

按 先生认为,病理性遗精原因种种,有手淫不节、心肾不交而遗,有精神紧张、恐惧伤肾而遗,有饮食辛热、胃热下扰精室所致,有包皮炎、前列腺炎而见遗精等等。本案为手淫不节、心肾不交而遗,《内经》"肾藏精,精舍志。"说明神志不定,可扰动肾精,精不藏而遗。是以《临证指南医案·遗精》"夫精之藏制虽在肾,而精之主宰则在心。"遗精频繁,久治不愈,易伤肾精耗心气。故滋养心肾为主,佐清热利湿。方以三才封髓丹加味。苦参,先生认为除清热利湿,治前列腺炎外,能安神定志,抑制性神经兴奋。现代药理研究表明,苦参能减缓心率。鸡内金为治疗遗尿、遗精之专药。二诊,患者用药症情得到控制,能坚持学习高考,说明药证相符。先生结合前列腺 B 超提示前列腺炎性病变,加当归贝母苦参丸。当归贝母苦参丸治疗前列腺炎是先生多年用经方实践的结果。

(王琦. 王琦临床医案丛书. 北京:人民卫生出版社,2003.)

六、文献摘录

1.《素问·六节藏象论》:"肾者主蛰,封藏之本,精之处也。"

2.《灵枢·淫邪发梦》:"厥气客于阴器,则梦接内。"

3.《金匮要略·血痹虚劳病脉证并治》:"夫失精家少腹弦急,阴头寒,目眩、发落,脉极虚芤迟,为清谷、亡血、失精。脉得诸芤动微紧,男子失精、女子梦交,桂枝加龙骨牡蛎汤主之。"

4.《证治准绳·遗精》:"丹溪书分梦遗、精滑为二门。因梦与鬼交为梦遗,不因梦感而自遗者为精滑,然总之为遗精也。其治法无二,故合之。"

5.《景岳全书·遗精》:"因梦而出精者,谓之梦遗;不因梦而精自出者,谓之滑精。……情动者当清其心,精动者当固其肾,滑精者无非肾气不守而然";"治遗精之法,凡心火甚者,当清心降火;相火盛者,当壮水滋阴;气陷者,当升举;滑泄者,当固涩;湿热相乘者,当分利;虚寒冷利者,当温补下元;元阳不足,精气两虚者,当专培根本。"

七、文献推介

1. 李海松,王彬,赵冰. 慢性前列腺炎中医诊治专家共识[J]. 北京中医药,2015,34(5):412-415.

2. 遗精的诊断依据、证候分类、疗效评定——中华人民共和国中医药行业标准《中医内科病证诊断疗效标准》(ZY/T001.1-94)[J].辽宁中医药大学学报,2017,19(1):220.

附　早泄

早泄是由肾失封藏，精关不固引起的，以房事时过早射精而影响正常性交为主要临床表现的病证，是男子性机能障碍的常见病证，多与遗精、阳痿相伴出现。

早泄在中医学的古典医著中没有系统论述。《内经》中将早泄视为"失精"的一种，认为其发生的原因与思虑、惊恐等情志刺激有关。隋·巢元方在《诸病源候论》中亦指出其病因病机是肾气虚。在诸多治疗失精的方药中，明确提出治疗早泄的方药仅有一条，即日本·丹波康赖《医心方》引用《洞玄子》记载的"鹿角散"。字面上的"早泄"一词最早见于明·万全所撰写的《广嗣纪要》："若男情已至，而女情未动，则精早泄，谓之孤阳。"这里的"早泄"不是作为病名提出的，只是早泄症状的具体描述。古代医家在"精气学说"的指导下，将早泄纳入"失精"、"遗精"、"滑精"等范畴进行探讨，对射精过快的症状、病因病机和治疗论述颇丰。此外古代医家为了达到房中养生、保生长全、延龄增寿的目的，在"惜精保精"的思想指导下，创立了许多导引功法，其中很多功法对于延缓射精时间颇有成效。这些理论和方法为后人辨治早泄提供了很多有益的启示。

一、病因病机

早泄多由情志内伤，湿热侵袭，纵欲过度，久病体虚所致。基本病机为肾失封藏，精关不固。病位主要在肾，并与心、肝、脾相关。早泄的发生与多个脏腑以及多种影响因素有关，如因七情不畅，肝之疏泄功能失常；欲念过旺、心志过喜或过服温热之药、或外感热邪，心经火炽，相火应之，令精关过早启动，封藏失固；因先天禀赋不足或纵欲过度、年老体弱、久病耗损等因素，导致肾气虚损，精失闭藏；劳倦伤神，思虑过度，伤及心脾，气血不能化生，心失主宰，精失肾藏；过食酒肉肥甘，湿热内生或外感湿热，下注于肾，扰乱精室，精不守舍，提前自泄。在诸多因素中，心、肝、肾三个脏腑功能的协调，与该病最为密切。

1.肝经湿热

症状　泄精过早，阳事易举，阴部湿痒，两目干涩，口苦咽干，胸胁胀痛，小便赤涩，舌红，苔黄腻，脉弦滑。

分析　泄精过早，阳事易举为肝经湿热，扰动精室；阴部湿痒，小便赤涩为湿热下注；肝开窍于目，两目干涩，口苦咽干，胸胁胀痛为湿热蕴蒸肝经；舌红，苔黄腻，脉弦滑为湿热壅滞之象。

治法　清泻肝经湿热。

方药　龙胆泻肝汤加减。

方中龙胆草大苦大寒，上泻肝胆实火，下清下焦湿热，为其泻火除湿两擅其功的君药；山栀、黄芩清泄肝火；泽泻、木通、黄柏、车前子清利湿热；当归、生地黄柔肝坚阴养血；柴胡引诸药入肝胆，甘草调和诸药。

2.阴虚火旺

症状　过早泄精，性欲亢进，目赤耳鸣，眩晕头痛，五心烦热，潮热盗汗，腰膝酸软，舌红，少苔，脉细数。

分析　过早泄精，性欲亢进为肾阴亏虚，虚火妄动；目赤耳鸣，眩晕头痛亦为阴虚阳亢；五心烦热、潮热盗汗为阴虚火旺，火热内郁；腰膝酸软为肾虚不能充养腰膝；舌红，少苔，脉细数为阴虚火旺之象。

治法　滋阴降火。

方药　知柏地黄丸加减。

方中知母清热泻火、生津润燥；黄柏清热燥湿、泻火；泽泻、丹皮咸寒者，咸能润下，寒能胜热，故能去湿热；生地黄、山茱萸补之阴血；山药、茯苓甘淡，甘能制湿，淡能渗湿。

3. 心脾两虚

症状　早泄，性欲减退，神疲乏力，失眠头昏健忘，形体消瘦，面色少华，心悸怔忡，食少纳呆，舌淡，苔薄，脉细。

分析　性欲减退，神疲乏力为气虚；形体消瘦，面色少华为脾虚不能化生气血津液，无源充养机体；失眠头昏健忘、心悸怔忡为心气虚之表现；食少纳呆为脾虚；舌淡，苔薄，脉细为心脾两虚之象。

治法　补益心脾。

方药　归脾汤加减。

方中人参、黄芪、白术、炙甘草大队甘温之品补脾益气以生血，使气旺血生；当归、龙眼肉补血养心；枣仁、茯苓、远志宁心安神；木香理气醒脾；姜、枣调和脾胃。

4. 肾气不固

症状　早泄遗精，性欲淡漠，面色不华，腰膝酸软，小便清长，或阴茎举而不坚，舌淡苔薄，脉沉弱。

分析　早泄遗精，性欲淡漠，腰膝酸软为肾精亏虚，精液不固；面色不华为肾气虚表现；小便清长，或阴茎举而不坚为肾气虚无力固摄；舌淡苔薄，脉沉弱为肾元虚衰之象。

治法　补肾固精。

方药　金匮肾气丸加减。

方中附子为温阳诸药之首；桂枝乃温通阳气要药，二者共为君药；干地黄滋阴补肾；山茱萸、山药补肝脾益精血；泽泻、茯苓利水渗湿；丹皮入血分，合桂枝调血分之滞。

二、临证验案

董某，男，42岁

初诊　曩昔伤于腰尻，瘀血内停，腰痛不时而发。年来复加早泄，腰痛且酸，脚胫软绵，阳事渐衰。始而肝血肾精受伐，继则精气并损，脉细，舌紫苔薄。经云：精不足者，补之以味，辛纳谷如常，然厚味充养无辛不走，法本叶天士辛柔通补之义。

处方　鹿角霜9g，韭菜子9g，蛇床子9g，当归身9g，川断9g，杜仲9g，丹皮9g，泽泻9g，山药9g，茯苓9g，山萸肉9g，狗脊9g，熟地30g。嘱慎房帏。

服药14剂即有起色，再进14剂症状基本消除。

按　精亏则无以蓄阳，阳衰则无以化精，生精生气之本遂绌，动静之节为之乘矣。所用药物皆强阴益精，和暖资育之品，以存少火而成精气转运之功。非为媾精设，祈以续嗣计，早泄阳痿并见与单纯阳痿者治疗自是不同。前者为积储难而发机易，当用益气养精；而后者为积储易而发机难，虽温煦培植，机括未灵，非通不能开气机之窒碍。

（颜乾麟.国医大师临床经验实录·国医大师颜德馨.北京：中国医药科技出版社.2011）

（编者：张琳琪　责任副主编：肖炜）

41 郁病

郁病是由情志不舒，气机郁滞，脏腑功能失调所引起的，以心情抑郁，情绪不宁，胸部满闷，胁肋胀痛，或易怒善哭，昼夜不眠，咽中如有异物梗阻为主要临床表现的病证。郁存在广义与狭义之分。广义的郁，包括外邪、体质、情志等因素所致的气机郁滞。狭义的郁，即单指情志之郁。

《内经》虽无郁病病名，但有关于情志致郁及五气之郁的论述，开启了郁病论述之先河，如《素问·举痛论》曰："思则心有所存，神有所归，正气留而不行，故气结矣。"《素问·本病论》曰："人忧愁思虑即伤心……人或恚怒，气逆上而不下，即伤肝也。"《灵枢·本神》曰："愁忧者，气闭塞而不行。"为后世"七情致郁"及"因郁而病"提供理论基础。《素问·六元正纪大论》针对"五气之郁"提出了"木郁达之，火郁发之，土郁夺之，金郁泄之，水郁折之。"尤以"木郁达之"为治疗郁病的基本原理。东汉·张仲景对属于郁病的"脏躁"与"梅核气"进行了专题论述并明确了证候特点和方药，所创立的半夏厚朴汤、甘麦大枣汤等方剂沿用至今。隋·巢元方在《诸病源候论·结气候》中说："结气病者，忧思所生也。……气留而不行，故结于内。"指出忧思会导致气机郁结。自金元时代起，逐渐将郁病作为一种独立的病证来论述。元·朱丹溪将郁病列为一个专篇，提出了六郁学说，其在《丹溪心法·六郁》中论述："人身诸病，多生于郁"从病机角度深入阐发了六郁理论，强调了情志波动，失其常度，气机郁滞是导致疾病的重要因素，创制了越鞠丸和六郁汤等名方以解诸郁。明·虞抟承《内经》与丹溪之六郁学说，在《医学正传·郁证》中首将"郁证"作为独立的病证名。自明代以后，情志之郁成为郁病论述的主要内容。明·徐春甫《古今医统·郁证门》说："郁为七情不舒，遂成郁结，既郁之久，变病多端。"明·张介宾在《景岳全书·郁证》将情志之郁称为因郁而病，并着重论述了怒郁、思郁、忧郁三种郁病的证治。华岫云在注解叶天士《临证指南医案·郁》医案时，提出重视情志疗法的观点，认为"郁证全在病者能移情易性"。

西医学中的抑郁症、焦虑状态、双相情感障碍、神经官能症、更年期综合征等均属于本病范畴。以郁病临床特征为主要表现的其他精神疾病如精神分裂症、创伤后应激障碍，亦可参考本节辨证施治。

一、病因病机

（一）病因

1. 情志失调

忧思郁怒、精神紧张、过度思虑、悲哀愁忧等情志刺激过久，超过机体的调节能力，导致气机郁滞，脏腑阴阳气血失调而发为郁病。如《金匮翼·积聚统论》所说："凡忧思郁怒，久不能解者，多成此疾。"

2. 体质因素

素体肝旺，复加情志刺激，可使肝气郁结，气郁化火；或素体脾虚，肝郁抑脾，饮食渐减，气血生化乏源，心神失养；或偏阴虚者，郁火暗耗营血，心神受损而发为郁病。如《杂病源流犀烛·诸郁源流》所说："诸郁，脏气病也，其源本于思虑过深，更兼脏气弱，故六郁之病生焉。"

（二）病机

郁病的基本病机是气机郁滞，导致脏腑阴阳气血失调。病位主要在肝，但易涉及心、脾、肾。

愤懑恼怒等情志刺激，可使肝失条达，失于疏泄，肝气郁结则见精神抑郁，情绪不宁，气郁胸胁，肝络不和则见胸闷，少腹或胁肋胀痛；若素体肝旺性急，复以气郁日久，热不疏泄而成火郁者，可见急躁易怒，胸胁胀痛，口苦口干，头痛目赤，耳鸣等肝火上炎之象；气郁则津液运行不畅，停滞于脏腑经络，聚而成痰，痰气郁结于咽喉，则咽中如物梗塞。

抑郁日久，则易发诸多变证。思虑多愁不解，脾气郁结或肝郁及脾，可使脾失健运，则食少纳差；气血生化乏源，则神疲倦怠，面色少华；心神失养，则胆怯心悸，失眠健忘；火郁耗伤肾阴，阴虚髓亏，上扰心神，故虚烦少寐，惊悸多梦，头晕耳鸣；损及心神，则见善悲喜哭，哭笑无常。

郁病病理性质初起以六郁为主，日久转为虚实夹杂或偏于虚证。素体肝气不舒或受七情所伤，容易出现肝失调达，气失疏泄，故气郁为先；"百病生于气"，气不行则血行不畅而有血郁；气郁化火，血郁生热则有火郁；气滞湿阻，聚津为痰，而有痰郁；气滞水湿气化不利，湿气停留，则有湿郁；饮食入胃，因气郁横逆犯脾土，中焦运化失常，则食物难化，可有食郁。此六郁又互为因果，互相兼杂，此时病性多属实证。忧愁思虑日久致郁，则起病较缓，长期情怀不畅，郁病日久不解，伤及心、脾、肾，最终导致脏腑气血失调，则形成虚实夹杂之证，但均以气机郁滞为病理基础，所谓"百病生于气"是也。

二、诊断与鉴别诊断

（一）诊断依据

1. 以心情抑郁，情绪不宁，胸部满闷，胁肋胀痛，或易怒善哭，昼夜不眠，或有咽中如有异物梗阻为主要临床症状。

2. 患者大多有忧愁、焦虑、悲哀、恐惧、愤懑等情志内伤的病史或具有肝气郁结体质。病情的反复常与情志因素密切相关。

3. 常发于青中年女性。无其他病证的症状与体征。

（二）鉴别诊断

1. 虚火喉痹

郁病中的梅核气一证应与虚火喉痹鉴别。梅核气属郁病类型之一，多见于青中年女性，常因情志抑郁而起病，自觉咽中有异物感，但无咽痛及吞咽困难。在心情愉快、工作繁忙时，症状可减轻或消失。而当心情抑郁或注意力集中于咽部时，则梗塞感觉加重。虚火喉痹则以青中年男性发病较多，多因感冒、长期吸烟饮酒及嗜食辛辣食物而引发，咽部除有异物感外，尚觉咽干痛、灼热、咽痒等，咽部症状与情绪无关，但过度辛劳或感受外邪则易加剧。

2. 噎膈

郁病中的梅核气一证应与噎膈鉴别。梅核气多见于青年女性，虽有咽部异物感，但进食顺畅而无阻塞，吞咽功能正常。噎膈多以中老年男性居多，梗塞的感觉主要在胸骨后的部位，以吞咽困难为主，其症状程度日渐加重，食管检查可有异常发现。

3. 癫证

郁病中的脏躁一证应与癫证鉴别。脏躁属郁病类型之一，多发于青中年妇女，在精神因素的刺激下呈间歇性发作，主要表现为烦躁易激，易怒善哭等，但具有自知自控能力，不发作时可如常人。而癫证则多发于青壮年，无性别差异，表现为表情淡漠，沉默痴呆，出言无序或喃喃自语，可伴有幻听、幻视，常缺乏自知自控能力，病程迁延，心神失常的症状极少自行缓解。

4. 痴呆

老龄患郁病者，应注意与痴呆鉴别。痴呆患者具有渐进的认知功能减退病史；而郁病患者的病前认知功能可能相对正常，即使有认知功能减退，也是与郁病发作相关；痴呆为智能的全面减退，反应迟钝，且多伴有人格改变。

三、辨证论治

(一) 辨证要点

1. 辨明六郁与受病脏腑

郁病的发生以肝失疏泄为主，常伴脾失健运、心神失养、肾阴亏虚。但在治疗时应辨清是否兼有血、火、食、湿、痰诸郁，即要分辨清楚六郁。六郁中气郁、血郁、火郁主要关系于肝；食郁、湿郁、痰郁主要关系于脾；而虚证则与心、脾、肾关系最为密切。

2. 辨别证候虚实

郁病之实证因情志刺激急骤而强烈，肝气骤结，因而病程短，起病急，表现精神抑郁，胸胁胀痛，咽中梗塞，时欲太息，脉弦或滑；虚证则病已久延，起病较缓，长期情怀不畅，气郁不解，症见精神不振，心神不宁，心慌，虚烦不寐，悲忧善哭等。也常有虚实夹杂复合证候需进一步判别。

(二) 治疗原则

治疗郁病的基本原则是理气开郁、调畅气机、怡情养性。对于实证，首先要理气开郁，并根据是否有血瘀、化火、痰结、湿滞、食积等，分别采用活血、降火、化痰、祛湿、消食等法；同时应注意理气而不要耗气，活血而不能伤血，清热而不伤脾胃，祛痰而不伤正。虚证需要根据所损及的脏腑及气血阴阳亏虚的不同而补之，可采用养心安神、补肾益脑、调理脾胃、滋养肝肾等方法，对于出现脑神失养，脑神机能低下者，必须注重补气养血、益精填髓。虚实夹杂者，需视虚实的偏重而虚实兼顾。此外，心理疏导亦很重要。

(三) 分证论治

1. 肝郁气滞

症状　精神抑郁，情绪不宁，善太息，少腹或胁肋胀痛，痛无定处，脘闷嗳气，腹胀纳呆，大便不调，女子月事不行。舌苔薄白或薄腻，脉弦。

分析　精神抑郁，情绪不宁，善太息，为情志所伤，肝失条达，疏泄失常所致；少腹或胁肋胀痛，痛无定处，此因肝络气机不畅所致；脘闷嗳气，腹胀纳呆，大便不调等，盖因肝气郁结，乘脾犯胃，脾胃升降失和所致；脉弦者为肝脉自弦，肝气郁结之故。

治法　疏肝解郁，理气畅中。

方药　柴胡疏肝散加减。

方中用柴胡、枳壳疏肝解郁，行气消滞；川芎、香附行血理气，调畅气血；陈皮醒脾和胃，理气舒郁，芍药柔肝敛阴；甘草和中益气。

若胁肋胀痛较甚加郁金、佛手、延胡索疏肝理气；嗳气频作，脘闷不舒者，加旋覆花、代赭石、法半夏和胃降逆；兼有食滞腹胀者，加神曲、鸡内金、麦芽消食化滞；兼有血瘀而见胸胁刺痛，舌质有瘀点瘀斑者，可加当归、丹参、郁金、红花活血化瘀。

2. 气郁化火

症状　急躁易怒，胸胁胀满，口苦咽干，或头痛，目赤，耳鸣，或嘈杂吞酸，大便秘结，舌质红，苔黄，脉弦数。

分析　性情急躁易怒，胁肋胀满，乃肝气郁结，疏泄不利，日久化火所致；头痛，目赤，耳鸣，为肝火循经上炎所致；口苦口干，嘈杂吞酸，大便秘结，为肝火横逆犯胃，胃肠有热所致；舌红苔黄，脉弦数，均为气郁化火之象。

治法　疏肝解郁，清肝泻火。

方药　丹栀逍遥散加减。

方中用柴胡、薄荷、当归、白芍疏肝解郁，养血柔肝；白术、茯苓、甘草、生姜健脾祛湿，培土益中；牡丹皮、栀子清肝泻火并散瘀热。

热势较甚、口苦便秘者，加龙胆草、大黄通腑泻热；胁肋疼痛，口苦，嘈杂吞酸者，可加黄连、吴茱萸（即左金丸）清肝泻火，降逆止呕；头痛、目赤者，酌加菊花、钩藤、刺蒺藜清热平肝；热盛伤阴，而见舌红少苔，脉细数者，可改用滋水清肝饮养阴清火。

3. 痰气郁结

症状　精神抑郁，胸部满闷，胁肋胀满，咽中不适，如有异物梗阻，咽之不下，咳之不出，但吞咽食物自如，喉中异物感与随情志变化有关，舌苔白腻，脉弦滑。

分析　精神抑郁，为因情志所伤，肝气郁滞所致；胁肋胀满，胸部满闷，为肝郁脾虚，聚湿生痰，气滞痰郁，交阻于胸中膈上所致；咽中不适，如有异物梗阻，咽之不下，咯之不出，为痰气郁结咽中所致之梅核气证；舌苔白腻、脉弦滑为痰气郁结之征。

治法　行气开郁，化痰散结。

方药　半夏厚朴汤加减。

方中用半夏、茯苓、生姜化痰散结，健脾和胃降逆；厚朴、紫苏理气降逆，宣通郁气，以助气行痰。

气郁甚者，可加香附、佛手、枳壳等增强理气开郁之功，或合用逍遥丸；如兼见呕恶，口苦，苔黄而腻证属痰郁化热者，可用温胆汤加浙贝母、黄连、瓜蒌、竹茹等清热化痰；兼有瘀血者，可加丹参、片姜黄、茜草等活血化瘀。

4. 心神不宁

症状　精神恍惚，情绪不宁，多疑易惊，喜悲善哭，时时欠伸，或手舞足蹈，骂詈躁扰。舌质淡，苔薄白，脉弦细。

分析　精神恍惚，情绪不宁，多疑易惊，时时欠伸等，此为情志过极，忧郁不解，肝气郁结，心之气血耗伤，以致心神失养，神不守舍所致；舌质淡、苔薄白、脉弦细为心神失养之征。此即为《金匮要略》所谓之"脏躁"证。

治法　甘润缓急，养心安神。

方药　甘麦大枣汤加减。

常用小麦补益心气；甘草甘润缓急，补脾气而养心；大枣补益中气而养血。

可加入酸枣仁、柏子仁、茯神、夜交藤、合欢花等加强养心安神之功。

5. 心脾两虚

症状　心悸胆怯，多思善疑，失眠健忘，面色无华，头晕神疲，食欲不振，食后腹胀，舌质淡，苔薄白，脉细弱。

分析　心悸胆怯，多思善疑，少寐健忘，此为劳心思虑，久伤心脾，气血生化不足，心失所养所致；面色无华，头晕，神疲，为气血来源不足所致；饮食减少，食后腹胀为脾胃虚弱，失于健运所致，舌质淡，脉细弱为心脾两虚，气血不足之征。

治法　健脾养心，补益气血。

方药　归脾汤加减。

本方用党参、白术、甘草、黄芪、当归、龙眼肉益气健脾，补气生血；酸枣仁、远志、茯苓养心安神；木香理气醒脾，并使众药补而不滞。

若心胸郁闷，情志不舒，加郁金、佛手、合欢花以理气开郁安神；头痛加川芎、白芷、白蒺藜活血祛风止痛；阴虚有热，症见舌红、口干、心烦者，加生地、麦冬、黄连滋阴清热。

6. 心肾阴虚

症状　虚烦少寐，惊悸多梦，头晕耳鸣，健忘，腰膝酸软，五心烦热，盗汗，口咽干燥，男子遗精，女子月经不调,舌微红,少苔或无苔,脉细数。

  分析 虚烦少寐,惊悸多梦,为郁火耗伤心肾之阴,阴精亏虚不能涵阳,上扰心神所致;遗精、腰膝酸软,为肾阴亏虚,水火不济所致;头晕耳鸣、健忘,为阴虚髓亏;五心烦热、盗汗、口咽干燥,为阴虚内热所致;月经不调为肝肾失调,冲任空虚之故;舌红少苔,脉细数,皆为阴虚有热之象。

  治法 滋养心肾。

  方药 天王补心丹合六味地黄丸加减。

  方用天冬、麦冬、玄参滋补心阴;地黄、怀山药、山茱萸滋补肾阴;茯苓、五味子、当归益气养血;柏子仁、酸枣仁、远志、丹参养心安神;牡丹皮凉血清热。

  心肾不交,心烦失眠,多梦遗精者,可合交泰丸交通心肾,加芡实、莲须、金樱子补肾固涩。腰酸乏力加杜仲、怀牛膝。

四、预防调护

  正确对待各种事物,避免忧思郁怒,合理安排脑力劳动,适当体育锻炼及体力劳动,是预防郁病发生的重要措施。医务人员深入了解病史,详细进行检查,用诚恳、关怀、理解、耐心的态度对待病人,取得患者的充分信任,在郁病的治疗及护理中具有重要作用。对郁病患者,应做好精神治疗的工作,使病人能正确认识和对待疾病,增强治愈疾病的信心,并结合病史,解除致病因素,采取耐心疏导及怡情易性等精神治疗。鼓励患者增加运动锻炼,振奋精神,改善体质,以促进郁病的完全治愈。

五、临证验案

  尹某,女,44岁。

  初诊 2013年3月13日。情绪抑郁、低落、心情不舒3年余。3年前因亲人突然去世出现情绪抑郁、低落、心情不舒。当地医院诊断为"抑郁症",一直服用西药治疗。2月前患者出现声嘶,当地医院诊断为"声带小结",使患者抑郁情绪加重,心中恐惧、紧张,思虑较多,出现夜眠差,肢体疲劳,纳差,阵发性发热,口干,干呕等症状。现症见:腰酸,夜尿1-2次,大便调,咽中白痰,质黏易咯,舌质黯红、边尖红、苔薄白,舌下络脉迂曲(+++),双寸关脉虚数,尺脉沉细弦滑。张师辨证为肝热血瘀,痰气交加,治宜清肝活血,理气化痰,醒脑开窍。处酸枣仁汤合元麦甘桔汤加减。药用:玄参、麦冬、蒲公英、茯神、柏子仁、丹参、焦三仙各15g,夜交藤30g,炒枣仁、郁金、百合、合欢花、灵芝各12g,桔梗、川芎、石菖蒲、栀子各10g,琥珀、生甘草各6g。15剂,每日1剂,水煎早晚分服。嘱其用药渣加水煎煮后泡脚,每日1~2次。

  二诊 3月28日:服药后情绪抑郁、低落、心情不舒的症状稍有改善,患者声嘶、喑哑症状缓解,口干减轻,干呕仍然存在,上方去川芎、灵芝,加浙贝母12g,姜半夏10g继服15剂。

  三诊 4月13日:服上药后情绪抑郁、低落、心情不舒的症状稍有改善,干呕较前减轻,仍偶有口干,仍用上方去桔梗,加石斛15g,15剂。

  四诊 4月27日:服上药后情绪稳定,夜眠明显改善,每夜能睡5~6h,疲劳较前缓解,食欲好转,上方去蒲公英,加远志6g,15剂。

  随症加减治疗至2014年7月第九诊,病情基本痊愈。为巩固疗效,给予疏肝解郁、理气通络、化痰醒脑通窍之丸药善后。药用:玄参、麦冬、浙贝母、川芎、茯神、灵芝、石菖蒲、杜仲、续断、益智仁、姜半夏、郁金、炒栀子、百合、生地、炒枣仁、柏子仁、丹参、夜交藤、蒲公英、焦三仙各30g,合欢花20g,生甘草、桔梗、琥珀、远志、红花、黄连各15g。上药共为细粉,炼蜜为丸,每日早晚各服9g。

  服药期间,心情比较平稳,咽部症状改善,纳食可,眠可,大小便正常,一切复常。2014年12月底随访,诸症皆愈,已经开始上班,工作及社会交往正常,无其他不适症状。

按 本例患者患病 3 年余，一直服用西药治疗，病情得到控制，但因西药副作用大，遂求中医治疗。初始因肝热血瘀，痰气交加，病久失治，故表现为抑郁情绪严重，心中害怕、易紧张、担心亲人突然离开，思虑较多，夜眠差。故以酸枣仁汤合元麦甘桔汤加减治疗，清肝活血，理气化痰，醒脑开窍，药进 15 剂，病情减轻，二诊仍守原方，因晨起咽中仍有白痰，质仍黏易咯，干呕，故加用浙贝母、姜半夏祛痰解郁，继服 15 剂，病情明显减轻，三诊时稍事加减，至四诊病情基本稳定，症状明显缓解，到九诊在初诊方基础上守方丸药巩固，最终顽疾治愈。

（董斌，张天垚，马洋．张学文治疗抑郁症经验举隅．山西中医，2016）

六、文献摘录

1.《灵枢·口问》："悲哀愁忧则心动，心动则五脏六腑皆摇。"
2.《丹溪心法·六郁》："妇人咽中如有炙脔，万病不生，一有怫郁，诸病生焉。故人身诸病，多生于郁。"
3.《景岳全书·郁证》："凡五气之郁，则诸病皆有，此因病而郁也。至若情志之郁，则总由乎心，此因郁而病也""初病而气结为滞者，宜顺、宜开。久病而损及中气者，宜修、宜补。然以情病者，非情不解。"
4.《证治汇补·郁证》："郁病虽多，皆因气不周流，法当顺气为先，开提次之。至于降火、化痰、消积，犹当分多少治之。"
5.《类证治裁·郁证》："七情内起之郁，始而伤气，继必及血，终乃成劳，主治宜苦辛凉润宣通。"

七、文献推介

1. 李新纯．古代文献对抑郁症的认识及抑郁症的中西医结合诊疗指南 [C]．中国中西医结合学会精神疾病专业委员会学术年会：2015:7.
2. 申惠鹏．朱丹溪郁证证治及其代表方探析 [J]．新中医，2008,4(10):107-108.
3. 郁病的诊断依据、证候分类、疗效评定——中华人民共和国中医药行业标准《中医内科病证诊断疗效标准》(ZY/T001.1-94)[J]．辽宁中医药大学学报，2016,18(11):209.

（编者：黄燕）

42 血证

血证是由火热熏灼，迫血妄行或气虚不摄，血溢脉外引起的，以血液不循常道，或上溢于口鼻诸窍，或下泄于前后二阴，或渗出于肌肤为临床表现的一类出血性病证。常见的血证有鼻衄、齿衄、咳血、吐血、便血、尿血、紫斑等。

《内经》对血溢、血泄、衄血、咳血、呕血、溺血、溲血和便血等病证作了记载，并对引起出血的原因及部分血证的预后有所论述。汉·张仲景在《金匮要略·惊悸吐衄下血胸满瘀血病脉证治》记载了泻心汤、柏叶汤、黄土汤、赤小豆当归散等治疗吐血、便血的方剂，沿用至今。隋·巢元方《诸病源候论·血病诸候》将血证称为血病，对各种血证的病因病机作了较详细的论述，鼻衄的病名最早见于《诸病源候论·鼻衄候》。唐·孙思邈《备急千金要方》收载了一些较好的治疗血证的方剂，至今仍广泛应用的犀角地黄汤即首载于该书。南宋·严用和《济生方·失血论治》认为失血可由多种原因导致，而对血证的病机，则强调因于热者多。明·虞抟《医学正传·血证》率先将各种出血病证归纳在一起，并以"血证"之名概之。自此之后，血证之名即为许多医家所采用。明·缪希雍《先醒斋医学广笔记·吐血》提出了著名的治吐血三要法，强调了行血、补肝、降气在治疗吐血中的重要作用。明·张景岳《景岳全书·血证》对血证的内容作了比较系统的归纳，将引起出血的病机提纲挈领地概括为"火盛"

及"气虚"两个方面。清·唐宗海《血证论》是论述血证的专书，该书所提出的止血、消瘀、宁血、补血的治血四法，是通治血证之大纲。

血证的范围相当广泛，西医学中凡以出血为主要临床表现的急慢性内科疾病，均可参考本节辨证施治。

一、病因病机

（一）病因

1. 感受外邪

外邪侵袭，或因热病损伤脉络而引起出血，其中以热邪及湿热所致者为多。如风、热、燥、火邪损伤上部脉络，则引起衄血、咳血、吐血；热邪或湿热损伤下部脉络，则引起尿血、便血。正如《临证指南医案·吐血》："若夫外因起见，阳邪为多，盖犯是证者，阴分先虚，易受天之风热燥火也。"

2. 情志过极

情志不遂，恼怒过度，肝气郁结化火，肝火上逆犯肺则引起衄血、咳血，肝火横逆犯胃则引起吐血。如《素问·举痛论篇》："怒则气逆，甚则呕血。"

3. 饮食不节

饮酒过多以及过食辛辣厚味，滋生湿热，热伤脉络，引起衄血、吐血、便血；或损伤脾胃，脾胃虚衰，血失统摄，发为多种出血。所以《临证指南医案·吐血》曰："酒热戕胃之类，皆能助火动血。"

4. 劳欲体虚

神劳伤心，体劳伤脾，房劳伤肾，劳欲过度，导致心、脾、肾气阴的损伤。若损伤于气，则气虚不能摄血，以致血液外溢而形成衄血、吐血、便血、紫斑；若损伤于阴，则阴虚火旺，迫血妄行而致衄血、尿血、紫斑。

5. 久病之后

久病使阴精伤耗，以致阴虚火旺，迫血妄行而致出血；久病使正气亏损，气虚不摄，血溢脉外而致出血；久病入络，使血脉瘀阻，血行不畅，血不循经而致出血。

（二）病机

血证的基本病机可以归结为火热熏灼，迫血妄行和气不摄血，血溢脉外两类。正如《景岳全书·血证》说："血本阴精，不宜动也，而动则为病。血主荣气，不宜损也，而损则为病。盖动者多由于火，火盛则逼血妄行；损者多由于气，气伤则血无以存。"火热又有实火及虚火之分。外感风热燥火、湿热内蕴、肝郁化火等均属实火，而阴虚火旺之火则属虚火。

从证候的虚实来说，由气火亢盛所致者属于实证；由阴虚火旺及气虚不摄所致者，则属于虚证。实证和虚证虽各有其不同的病因病机，但在疾病发展变化的过程中，又常发生实证向虚证的转化。如火盛气逆，迫血妄行，在反复出血之后，则会导致阴血亏损，虚火内生；或因出血过多，血去气伤，以致气虚阳衰，不能摄血。随着疾病的发展，阴虚火旺及气虚不摄，既是引起出血的病理因素，又是出血所导致的结果。

此外，出血之后，已离经脉而未排出体外的血液，留积体内，蓄结而为瘀血，瘀血又会妨碍新血的生长及气血的正常运行，使出血反复难止。

二、诊断与鉴别诊断

（一）诊断依据

1. 鼻衄

凡血自鼻道外溢而非因外伤、倒经所致者，均可诊断为鼻衄。

2. 齿衄

血自齿龈或齿缝外溢，并排除外伤所致者，即可诊断为齿衄。

3. 咳血

血由肺、气道而来，经咳嗽而出，血色鲜红，或夹泡沫；或痰血相兼、痰中带血。多有慢性咳嗽、哮喘、肺痨等肺系病史。

4. 吐血

血随呕吐而出，常伴有食物残渣等胃内容物，血色多为咖啡色或紫黯色，也可为鲜红色，大便色黑如漆，或呈暗红色。有胃痛、胁痛、黄疸、鼓胀等病史。

5. 便血

大便色鲜红、暗红或紫暗，或黑如柏油样，次数增多。多有胃肠或肝病病史。

6. 尿血

小便中混有血液，或如浓茶或呈洗肉水样，无尿急、尿频、尿痛；或者显微镜下血尿。

7. 紫斑

肌肤出现青紫斑点，小如针尖，大者融合成片，压之不退色。重者可伴有鼻衄、齿衄、尿血、便血及崩漏。

（二）鉴别诊断

1. 鼻衄

（1）内科鼻衄与外伤鼻衄：外伤鼻衄多因碰伤、挖鼻等引起鼻腔内血管破裂而致，出血多在损伤的一侧，且经局部止血治疗不再出血，没有全身症状，与内科鼻衄有别。

（2）内科鼻衄与经行衄血：经行衄血又名倒经、逆经，其发生与月经周期有密切关系，多于经行前期或经期出现，与内科鼻衄机理不同。

2. 齿衄

齿衄与舌衄：齿衄为血自齿缝、牙龈溢出；舌衄为血出自舌面，舌面上常有如针眼样出血点，与齿衄不难鉴别。

3. 咳血

（1）咳血与吐血：咳血与吐血血液均经口出，但两者截然不同。咳血是血由肺来，经气道随咳嗽而出，血色多为鲜红，常混有痰液，咳血之前多有咳嗽、胸闷、喉痒等症状，大量咳血后，可见痰中带血数天，大便一般不呈黑色。吐血是血自胃而来，经呕吐而出，血色紫黯，常夹有食物残渣，吐血之前多有胃脘不适或胃痛、恶心等症状，吐血之后无痰中带血，但大便多呈黑色。

咳血与口腔出血：鼻咽部、齿龈及口腔其它部位出血的患者，常为纯血或随唾液而出，血量少，并有口腔、鼻咽部病变的相应症状可寻，可与咳血相区别。

4. 吐血

吐血与鼻腔、口腔及咽喉出血：吐血经呕吐而出，血色紫黯，夹有食物残渣，常有胃病史。鼻腔、口腔及咽喉出血，血色鲜红，不夹食物残渣，在五官科作有关检查即可明确具体部位。

5.便血

(1) 便血与痢疾：痢疾初起有发热、恶寒等症，其便血为脓血相兼，且有腹痛、里急后重、肛门灼热等症。便血无里急后重，无脓血相兼，与痢疾不同。

(2) 便血与痔疮：痔疮属外科疾病，其大便下血特点为便时或便后出血，常伴有肛门异物感或疼痛，作肛门直肠检查时，可发现内痔或外痔，与内科所论之便血不难鉴别。

6.尿血

(1) 尿血与血淋：血淋与尿血均表现为血由尿道而出，两者以小便时痛与不痛为其鉴别要点，不痛者为尿血，痛（滴沥刺痛）者为血淋。

(2) 尿血与石淋：两者均有血随尿出。但石淋尿中时有砂石夹杂，小便涩滞不畅，时有小便中断，或伴腰腹绞痛等症，若砂石从小便排出则痛止，此与尿血不同。

7.紫斑

(1) 紫斑与出疹：紫斑与出疹均有局部肤色的改变，紫斑呈点状者需与出疹的疹点区别。紫斑隐于皮内，压之不褪色，触之不碍手；疹高出于皮肤，压之褪色，摸之碍手。且二者成因、病位均有不同。

(2) 紫斑与温病发斑：紫斑与温病发斑在皮肤表现的斑块方面，有时虽可类似，但两者病情、病势、预后迥然有别。温病发斑发病急骤，常伴有高热烦躁、头痛如劈、昏狂谵语、四肢抽搐、鼻衄、齿衄、便血、尿血、舌质红绛等，病情险恶多变。紫斑一般不如温病发斑急骤，常有反复发作史，也有突然发生者，虽时有热毒亢盛表现，但一般舌不红绛，不具有温病传变急速的特点。

(3) 紫斑与丹毒：丹毒属外科皮肤病，以皮肤色红如红丹得名，轻者压之褪色，重者压之不褪色，但其局部皮肤灼热肿痛与紫斑有别。

三、辨证论治

（一）辨证要点

1.辨病证

血证明确而突出的临床表现为出血，一般不易混淆。但由于引起出血的原因以及出血部位的不同，应注意辨清不同的病证。如从口中吐出的血液，有吐血与咳血之分；小便出血有尿血与血淋之别；大便下血则有便血、痔疮之异，应根据临床表现、病史等加以鉴别。

2.辨脏腑

同一血证，可以由不同的脏腑病变而引起。例如同属鼻衄，但病变脏腑有肺、胃、肝的不同；吐血有病在胃、肝之别；齿衄有病在胃、肾之分；尿血则有病在膀胱、肾或脾的不同。

3.辨虚实

一般初病多实，久病多虚；由火热迫血所致者属实，大多起病较急，出血的同时，伴有发热、口渴欲饮、便秘、尿黄、舌红苔黄等症。由阴虚火旺一般起病较缓，或由热盛迫血证迁延转化而成。表现为反复出血，伴有口干咽燥、颧红、潮热盗汗、头晕耳鸣、腰膝酸软、舌质红、苔少、脉细数等症。气虚不摄，甚至阳气虚衰，所致者属虚多见于病程较长、久病不愈的出血患者。表现为起病较缓，反复出血，伴有神情倦怠、心悸、气短懒言、头晕目眩、食欲不振、面色苍白或萎黄、舌质淡、脉弱等症。

（二）治疗原则

血证的治疗可归纳为治火、治气、治血三个原则。一曰治火，实火当清热泻火，虚火当滋阴降火，并应结合受病脏腑的不同，分别选用适当的方药。二曰治气，实证当清气降气，虚证当补气益气。

三曰治血，在病因治疗同时，适当选用凉血止血、收敛止血或祛瘀止血的方药。

(三) 分证论治

1. 鼻衄

(1) 热邪犯肺

症状　鼻燥衄血，口干咽燥，或兼有身热，恶风，头痛，咳嗽，痰少等症，舌质红，苔薄，脉数。

分析　鼻燥衄血为肺内积热，耗伤肺阴，血热妄行，上循鼻窍；身热咽痛为风热上受，表卫受遏；咳嗽痰少为热邪犯肺，肺气不宣；口干，舌红，脉数为热盛阴伤。

治法　清泄肺热，凉血止血。

方药　桑菊饮加减。

桑叶、菊花、薄荷、连翘辛凉轻透，宣散风热；桔梗、杏仁、甘草宣降肺气，利咽止咳；芦根清热生津。

可加丹皮、茅根、旱莲草、侧柏叶凉血止血。肺热盛而无表证者，去薄荷、桔梗，加黄芩、栀子清泄肺热；阴伤较甚，口、鼻、咽干燥显著者，加玄参、麦冬、生地养阴润肺。

(2) 胃热炽盛

症状　鼻衄，或兼齿衄，血色鲜红，口渴欲饮，鼻干，口干臭秽，烦躁，便秘，舌红，苔黄，脉洪数。

分析　鼻衄、齿衄为胃火上炎，热破血行；血色鲜红为热邪炽盛；鼻干，口渴引饮，便秘为胃火消灼胃津；烦躁为胃热扰心；舌红苔黄，脉洪数均为胃热炽盛之象。

治法　清胃泻火，凉血止血。

方药　玉女煎加减。

石膏、知母清胃泻火，地黄、麦冬养阴清热，牛膝引血下行。可加大蓟、小蓟、白茅根、藕节等凉血止血。

热势甚者，加山栀、丹皮、黄芩清热泻火；大便秘结者，加生大黄通腑泻热；阴伤较甚，口渴、舌红苔少、脉细数者，加天花粉、石斛、玉竹养胃生津。

(3) 肝火上炎

症状　鼻衄，头痛，目眩，耳鸣，烦躁易怒，两目红赤，口苦，舌红，脉弦数。

分析　鼻衄为气郁化火，火热迫血上溢清窍；头痛，目眩，耳鸣口苦，双目红赤，烦躁为肝火上炎；舌红、脉弦数为肝经实火之象。

治法　清肝泻火，凉血止血。

方药　龙胆泻肝汤加减。

龙胆草、柴胡、栀子、黄芩清肝泻火；木通、泽泻、车前子清利湿热；生地、当归、甘草滋阴养血，使泻中有补，清中有养。可酌加白茅根、蒲黄、大蓟、小蓟、藕节等凉血止血。

若阴液亏耗，口鼻干燥，舌红少津，脉细数者，可去车前子、泽泻、当归，加玄参、麦冬、女贞子、旱莲草养阴清热，凉血止血。

(4) 气血两虚

症状　鼻衄，或兼齿衄、肌衄，神疲乏力，面色㿠白，头晕，耳鸣，心悸，夜寐不宁，舌质淡，脉细无力。

分析　鼻衄，甚或齿衄、肌衄为气虚不能统摄血液；头晕耳鸣为气血亏虚，失于温煦濡养，脑海失养；心悸为气血亏虚，心失所养；神疲乏力为四肢百骸失养；面色㿠白为血虚不能上荣于面；舌淡，脉细无力为气血不足，血脉不充之象。

治法　补气摄血。

方药　归脾汤加减。

党参、茯苓、白术、甘草补气健脾；当归、黄芪益气生血；酸枣仁、远志、龙眼肉补心益脾，安神定志；木香理气醒脾。

可加阿胶、仙鹤草、茜草养血止血。

2. 齿衄

(1) 胃火炽盛

症状　齿衄，血色鲜红，齿龈红肿疼痛，头痛，口臭，舌红，苔黄，脉洪数。

分析　齿龈红肿疼痛，齿龈出血为胃火炽盛，循阳明经脉上薰，络损血溢；头痛，口臭为胃热上蒸；大便秘结为热结阳明；苔黄，脉洪数，为阳明热盛之象。

治法　清胃泻火，凉血止血。

方药　加味清胃散合泻心汤加减。

生地、丹皮、水牛角清热凉血；大黄、黄芩、黄连、连翘清热泻火；当归、甘草养血和中。

可酌加白茅根、大蓟、小蓟、藕节等凉血止血。烦热口渴者，加石膏、知母清热除烦。

(2) 阴虚火旺

症状　齿衄，血色淡红，起病较缓，常因受热及烦劳而诱发，齿摇不坚，舌质红，苔少，脉细数。

分析　齿龈出血，齿摇不坚为肝肾阴亏，相火上浮，热迫血行；舌红少苔，脉细数为阴虚火旺之象。

治法　滋阴降火，凉血止血。

方药　六味地黄丸合茜根散加减。

熟地黄、山药、山茱萸、茯苓、牡丹皮、泽泻养阴补肾，滋阴降火；茜草根、黄芩、侧柏叶凉血止血；阿胶养血止血。

可酌加白茅根、仙鹤草、藕节以加强凉血止血的作用。虚火较甚而见低热、手足心热者，加地骨皮、白薇、知母清退虚热。

3. 咳血

(1) 燥热伤肺

症状　喉痒咳嗽，痰中带血，口干鼻燥，或有身热，舌质红，少津，苔薄黄，脉数。

分析　喉痒咳嗽，痰中带血为风热燥邪，损伤于肺，肺失清肃，肺络受损；口干鼻燥，舌红少津，苔薄黄，脉数为燥热伤津之象。

治法　清热润肺，宁络止血。

方药　桑杏汤加减。

桑叶、栀子、淡豆豉清宣肺热；沙参、梨皮养阴清热；贝母、杏仁肃肺止咳。可加白茅根、茜草、藕节、侧柏叶凉血止血。

兼见发热，头痛，咳嗽，咽痛等症，为风热犯肺，加银花、连翘、牛蒡子以辛凉解表，清热利咽；津伤较甚，而见干咳无痰，或痰粘不易咯出，可加麦冬、玄参、天冬、天花粉养阴润燥。

(2) 肝火犯肺

症状　咳嗽阵作，痰中带血或纯血鲜红，胸胁胀痛，烦躁易怒，口苦，舌质红，苔薄黄，脉弦数。

分析　咳嗽、咳血，胸胁胀痛为肝火上逆犯肺，肺失清肃，肺络受损；口苦，烦躁易怒为肝火上炎；舌质红，苔薄黄，脉弦数，为肝火偏亢之象。

治法　清肝泻火，凉血止血。

方药　泻白散合黛蛤散加减。

桑白皮、地骨皮清泻肺热，海蛤壳、甘草清肺化痰，青黛清肝凉血。

可酌加生地、旱莲草、白茅根、大小蓟等凉血止血。肝火较甚，头晕目赤，心烦易怒者，加丹皮、栀子、黄芩清肝泻火；若咳血量较多，纯血鲜红，可用犀角地黄汤加三七粉冲服，以清热泻火，凉血止血。

(3) 阴虚肺热

症状 咳嗽痰少，痰中带血，或反复咳血，血色鲜红，口干咽燥，颧红，潮热盗汗，舌质红，脉细数。

分析 痰中带血或反复咳血，咳嗽痰少，口干咽燥为阴虚肺热，损伤肺络，肺失清肃，不能上承；颧红，潮热盗汗，舌红，脉细数为阴虚火旺之象。

治法 滋阴润肺，宁络止血。

方药 百合固金汤加减。

百合、麦冬、玄参、生地、熟地滋阴清热，养阴生津；当归、白芍柔润养血；贝母、甘草肃肺化痰止咳。

可加白及、藕节、白茅根、茜草等止血，或合十灰散凉血止血。反复咳血及咳血量多者，加阿胶、三七养血止血；潮热、颧红者，加青蒿、鳖甲、地骨皮、白薇等清退虚热；盗汗加糯稻根、浮小麦、五味子、牡蛎等收敛固涩。

4. 吐血

(1) 胃热炽盛证

症状 吐血色红或紫黯，常夹有食物残渣，脘腹胀闷，口臭，大便色黑，舌质红，苔黄腻，脉滑数。

分析 吐血色红或紫黯为胃中积热，热伤胃络；脘腹胀闷，嘈杂不适，甚则作痛为胃失和降；大便色黑为血随糟粕而下；舌红，苔黄腻，脉滑数为内有积热之象。

治法 清胃泻火，化瘀止血。

方药 泻心汤合十灰散加减。

黄芩、黄连、大黄苦寒泻火；大蓟、小蓟、侧柏叶、茜草根、白茅根清热凉血止血；棕榈炭收敛止血，丹皮、栀子清热凉血。

胃气上逆见恶心呕吐者，可加代赭石、竹茹、旋覆花和胃降逆；热伤胃阴而表现口渴、舌红而干、脉象细数者，加麦冬、石斛、天花粉养胃生津。

(2) 肝火犯胃

症状 吐血色红或紫黯，口苦胁痛，心烦易怒，寐少梦多，舌质红绛，脉弦数。

分析 吐血伴口苦，胁痛，易怒为肝火横逆犯胃，胃络损伤；心烦，寐少梦多为肝火上炎，热扰心神；舌红绛，脉弦数为肝火亢盛，耗伤胃阴之象。

治法 泻肝清胃，凉血止血。

方药 龙胆泻肝汤加减。

龙胆草、柴胡、黄芩、栀子清肝泻火；泽泻、木通、车前子清热利湿；生地黄、当归滋阴养血；可加白茅根、藕节、旱莲草、茜草凉血止血。胁痛甚者，加郁金、制香附理气活络定痛；血热妄行，吐血量多，加水牛角、赤芍清热凉血止血。

(3) 气虚血溢

症状 吐血缠绵不止，时轻时重，血色暗淡，神疲乏力，心悸气短，面色苍白，舌质淡，脉细弱。

分析 吐血缠绵不止，时轻时重，血色暗淡为脾气亏虚，统摄无能，血液外溢；心悸气短为脾气虚衰，加之反复出血，气随血去，气血亏虚，心失所养；面色苍白为血虚不能上荣于面；舌质淡，脉细弱为气血亏虚之象。

治法 健脾益气摄血。

方药　归脾汤加减。

党参、茯苓、白术、甘草补气健脾；当归、黄芪益气生血；木香理气醒脾。

可加阿胶、仙鹤草养血止血。若气损及阳，脾胃虚寒，症见肤冷、畏寒、便溏者，治宜温经摄血，可改用柏叶汤；若出血过多，导致气随血脱，表现面色苍白、四肢厥冷、汗出、脉微等症者，可用独参汤益气固脱。

5. 便血

(1) 肠道湿热

症状　便血色红黏稠，大便不畅或稀溏，或有腹痛，口苦，舌质红，苔黄腻，脉濡数。

分析　便血色红黏稠，大便不畅或稀溏为湿热蕴结肠道，肠道脉络受损；腹痛为肠道气机阻滞；苔黄腻，脉濡数为内有湿热之象。

治法　清化湿热，凉血止血。

方药　地榆散合槐角丸加减。

地榆、槐角、茜草凉血止血；栀子、黄芩、黄连清热燥湿，泻火解毒；茯苓淡渗利湿；防风、枳壳、当归疏风理气活血。

若便血日久，湿热未尽而营阴已亏，可选用清脏汤或脏连丸。

(2) 气不摄血

症状　便血色淡红或紫黯，食少，体倦，面色萎黄，心悸，少寐，舌质淡，脉细。

分析　便血色淡红或紫黯，食少，体倦，为脾气亏虚，统摄无能，血液外溢；心悸少寐为气血亏虚，心失所养；面色萎黄为血虚不能上荣于面；舌质淡，脉细为气血亏虚之象。

治法　益气摄血。

方药　归脾汤加减。

党参、茯苓、白术、甘草补气健脾；当归、黄芪益气生血；酸枣仁、远志、龙眼肉补心益脾，安神定志；木香理气醒脾。

可加阿胶、槐花、地榆、仙鹤草养血止血。

(3) 脾胃虚寒

症状　便血紫黯，甚则黑色，腹部隐痛，喜热饮，面色不华，神倦懒言，便溏，舌质淡，脉细。

分析　便血色紫黯，甚至色黑为脾胃虚寒，中气不足，统血无力，血溢肠内，随大便而下；腹部隐痛，喜热饮，便溏为中虚有寒，寒凝气滞，健运失司；面色不华，神倦懒言；舌淡，脉细，为脾胃虚寒，气血不足之象。

治法　健脾温中，养血止血。

方药　黄土汤加减。

灶心土温中止血；白术、附子、甘草温中健脾；地黄、阿胶养血止血；黄芩苦寒坚阴，起反佐作用。

可加白及、乌贼骨收敛止血，三七、花蕊石活血止血。阳虚较甚，畏寒肢冷者，可加鹿角霜、炮姜、艾叶等温阳止血。

6. 尿血

(1) 下焦湿热

症状　小便黄赤灼热，尿血鲜红，心烦口渴，面赤口疮，夜寐不安，舌质红，脉数。

分析　尿血鲜红，小便黄赤灼热为热邪盛于下焦，脉络受损；心烦，夜寐不安，面赤、口疮为火热上炎，热扰心神；舌红、脉数为热证之象。

治法　清热利湿，凉血止血。

方药　小蓟饮子加减。

小蓟、生地、藕节、蒲黄凉血止血；栀子、木通、竹叶清热泻火；滑石、甘草利水清热，导热下行；当归养血活血，共奏清热泻火，凉血止血之功。

心烦口渴者，加黄芩、天花粉清热生津；尿血较甚者，加槐花、白茅根凉血止血；尿中夹有血块者，加桃仁、红花、牛膝活血化瘀。

(2) 阴虚火旺

症状　小便短赤带血，头晕耳鸣，神疲，颧红潮热，腰膝酸软，舌质红，脉细数。

分析　小便短赤带血为肾阴亏虚，虚火内炽，灼伤脉络；头晕耳鸣，腰膝酸软为肾虚失养，髓海不足；颧红潮热，舌质红，脉细数为阴虚火旺之象。

治法　滋阴降火，凉血止血。

方药　知柏地黄丸加减。

六味地黄丸滋补肾阴；知母、黄柏滋阴降火。

可酌加旱莲草、大蓟、小蓟、藕节、蒲黄等凉血止血。

潮热者，加地骨皮、白薇清退虚热。

(3) 脾不统血

症状　久病尿血，食少，体倦乏力，气短声低，面色不华，舌质淡，脉细弱。

分析　久病尿血，食少，体倦乏力，气短声低为脾气亏虚，统血无力，血不循经；面色不华，舌质淡、脉细弱为气血亏虚，血脉不充之象。

治法　补中健脾，益气摄血。

方药　归脾汤加减。

党参、茯苓、白术、甘草补气健脾；当归、黄芪益气生血；酸枣仁、远志、龙眼肉补心益脾，安神定志；木香理气醒脾。

可加熟地、阿胶、仙鹤草、槐花等养血止血。气虚下陷而且少腹坠胀者，可加升麻、柴胡升提中气。

(4) 肾气不固

症状　久病尿血，血色淡红，头晕耳鸣，精神困惫，腰脊酸痛，舌质淡，脉沉弱。

分析　尿血，血色淡红为久病及肾，肾气不固，封藏失职，血随尿出；精神困惫，腰膝酸痛，头晕耳鸣为肾气亏虚，肾精不足，失于濡养；舌质淡，脉沉弱为肾气亏虚之象。

治法　补益肾气，固摄止血。

方药　无比山药丸加减。

熟地、山药、山茱萸、怀牛膝补肾益精；肉苁蓉、菟丝子、杜仲、巴戟天温肾助阳；茯苓、泽泻健脾利水；五味子、赤石脂益气固涩。

可加仙鹤草、蒲黄、槐花、紫珠草等止血；必要时再酌加牡蛎、金樱子、补骨脂等固涩止血。腰膝酸痛、畏寒神怯者，加鹿角片、狗脊温补督脉。

7. 紫斑

(1) 血热动血

症状　皮肤出现青紫斑点或斑块，或伴有鼻衄、齿衄、便血、尿血，或有发热，口渴，便秘，舌质红，苔黄，脉弦数。

分析　皮肤出现青紫斑点或斑块为热壅脉络，迫血妄行，血出于肌腠之间；发热为内热郁蒸；口渴，便秘为热盛津伤；舌红苔黄，脉弦数，为实热之象。

治法　清热解毒，凉血止血。

方药　十灰散加减。

大蓟、小蓟、侧柏叶、茜草根、白茅根清热凉血止血；棕榈皮收敛止血；丹皮、栀子清热凉血；

大黄通腑泻热。

热毒炽盛,发热,出血广泛者,加生石膏、龙胆草、紫草,冲服紫雪丹;热壅胃肠,气血郁滞,症见腹痛、便血者,加白芍、甘草、地榆、槐花,缓急止痛,凉血止血;邪热阻滞经络,兼见关节肿痛者,酌加秦艽、木瓜、桑枝等舒筋通络。

(2) 阴虚火旺

症状　皮肤出现青紫斑点或斑块,时发时止,常伴鼻衄、齿衄或月经过多,颧红,心烦,口渴,手足心热,或有潮热,盗汗,舌质红,苔少,脉细数。

分析　肌衄或他处出血为阴虚火旺,虚火伤及脉络;心烦为水亏不能济火,心火扰动;潮热、盗汗,舌红、苔少、脉细数为阴虚火旺之象。

治法　滋阴降火,宁络止血。

方药　茜根散加减。

茜草根、黄芩、侧柏叶清热凉血止血;生地、阿胶滋阴养血止血;甘草和中解毒。

阴虚较甚者,可加玄参、龟板、女贞子、旱莲草养阴清热止血;潮热可加地骨皮、白薇、秦艽清退虚热;若表现肾阴亏虚而火热不甚,症见腰膝酸软、头晕乏力、手足心热、舌红少苔、脉细数者,可改用六味地黄丸滋阴补肾。酌加茜草根、大蓟、槐花、紫草等凉血止血,化瘀消斑。

(3) 气不摄血

症状　反复发生肌衄,久病不愈,神疲乏力,头晕目眩,面色苍白或萎黄,食欲不振,舌质淡,脉细弱。

分析　反复出血,久病不愈为气虚不能摄血;神疲乏力,头晕目眩,面色苍白为气血亏耗,筋脉百骸失于濡养;食欲不振为脾虚不能运化水谷;舌质淡,脉细弱为气血亏虚之象。

治法　补气摄血。

方药　归脾汤加减。

党参、茯苓、白术、甘草补气健脾;当归、黄芪益气生血;酸枣仁、远志、龙眼肉补心益脾,安神定志;木香理气醒脾。

可酌情选加仙鹤草、棕榈炭、地榆、蒲黄、茜草根、紫草等,以增强止血及化斑消瘀的作用。肾气不足而见腰膝酸软者,可加山茱萸、菟丝子、续断补益肾气。

四、预防调护

注意饮食起居,劳逸适度。宜进食清淡、易于消化、富有营养的食物,不宜过凉、辛辣食物,尤其忌烟酒。对于吐血量大者,应禁食。避免情志过极。注意精神调摄,消除其紧张、恐惧、忧虑等不良情绪。积极采用有效的护理措施。吐血量大或频频吐血者,应取头低脚高侧卧位,保持呼吸道通畅和口腔清洁。咯血量多者绝对卧床,并取侧卧位,保持呼吸道通畅,必要时用吸痰器吸出瘀血。出血量多者,应严密观察患者面色、精神意识及四肢温度的变化,定时监测血压、脉象,以防产生厥脱之证。

五、临证验案

患者年50岁,酒客。

大吐,狂血成盆,六脉洪数面赤。

辨证　三阳实火为病。

处方　大黄18g,黄连15g,黄芩15g,2剂

二诊　泻心汤一帖而止,二帖脉平,后七日又发,脉如故,又二帖。

按 此案以清胃泻火法,投《金匮》泻心汤。方中药量大,少精力宏,是运用经方的典型。张景岳云:"血动之由,惟火惟气耳"。饮酒过量,嗜食辛燥,易导致胃热蓄积,扰动血络。本法用于胃热气逆吐血,其辨证要点是面赤、胸中烦热、便秘、舌红、脉数有力,仲景以泻心汤治之。唐容川说:"方名泻心,实则泻胃,胃气下泄,则心火有所消导,而胃中之热气亦不上壅,斯气顺而血不逆矣"。指出了治吐血必降气的原则。降气即所以降火,火降气不上升,则血不致奔脱。唐氏认为"大黄一味,能推陈致新,……既速下降之势,又无遗留之邪"。泻胃降逆药首推大黄,对阳明之盛或气逆的出血极为适宜。泻心汤是目前治疗上消化道出血属实热者的效方,可酌情加入白及、云南白药、三七、地榆等。

(焦振廉编.吴鞠通医案·吐血.上海中医药大学出版社.2013)

六、文献摘录

1.《灵枢·百病始生》:"阳络伤则血外溢,血外溢则衄血;阴络伤则血内溢,血内溢则后血。"
2.《金匮要略·惊悸吐衄下血胸满瘀血病脉证治》:"心气不足,吐血,衄血,泻心汤主之。"
3.《先醒斋医学广笔记·吐血》:"吐血三要法:宜行血不宜止血。血不行经络者,气逆上壅也,行血则血循经络,不止自止。止之则血凝,血凝则发热恶食,病日痼矣。宜补肝不宜伐肝。经曰:五脏者,藏精气而不泻者也。肝为将军之官,主藏血。吐血者,肝失其职也。养肝则肝气平而血有所归,伐之肝虚不能藏血,血愈不止矣。宜降气不宜降火。气有余便是火,气降即火降,火降则气不上升,血随气行,无溢出上窍之虞矣。降火必用寒凉之剂,反伤胃气,胃气伤则脾不能统血,血愈不能归经矣。"
4.《景岳全书·血证》:"血从齿缝牙龈中出者为齿衄,此手足阳明二经及足少阴肾家之病。盖手阳明入下齿中,足阳明入上齿中,又肾主骨,齿者骨之所终也。此虽为齿病,然血出于经,则惟阳明为最。"
5.《血证论·吐血》:"此时血之原委,不暇究治,惟以止血为第一要法。血止之后,其离经而未吐出者,是为瘀血,既与好血不相合,反与好血不相能,或壅而成热,或变而为痨,或结瘕,或刺痛,日久变证,未可预料,必亟为消除,以免后来诸患,故以消瘀为第二法。止吐消瘀之后,又恐血再潮动,则须用药安之,故以宁血为第三法。邪之所辏,其正必虚,去血既多,阴无有不虚者矣,阴者阳之守,阴虚则阳无所附,久且阳随而亡,故又以补虚为收功之法。四者乃通治血证之大纲。"

七、文献推介

1. 丁樱,孙晓旭,毕玲莉.过敏性紫癜中医诊疗指南[J].中医儿科杂志,2011,7(6):1-4.
2. 紫癜的诊断依据、证候分类、疗效评定——中华人民共和国中医药行业标准《中医内科病证诊断疗效标准》(ZY/T001.1-94)[J].辽宁中医药大学学报,2013,15(5):228.

(编者:肖炜)

43 痰饮

痰饮是由体内三焦气化失宣所引起的,以肠鸣、呕吐、咳喘咯痰、身肿、胸腹积水、关节肌肉疼重或眩晕、耳鸣等为主要临床表现的病证。痰和饮既有区别,又有联系,首先它们是水液代谢异常所形成的病理产物,所谓"积水成饮,饮凝成痰",其次它们又可能成为新的致病因素。一般以较稠浊的称为痰,清稀的称为饮。

先秦《神农本草经》巴豆条已有"留饮痰癖,大腹水肿"论述。《素问·经脉别论》:"饮入于胃,游溢精气,上输于脾。脾气散精,上归于肺,通调水道,下输膀胱。水精四布,五经并行,合于四时五脏阴阳,揆度以为常也。"论述了水液代谢生理。《素问·至真要大论》、《素问·气交变大论》及《素问·六元正纪大论》等篇章认为脾肾功能失调可发生停饮,为后世痰饮学说奠定理论基础。汉·张仲景在《金匮要略·痰饮咳嗽病脉证并治第十二》中设立专篇论述"痰饮",并分痰饮(狭义)、悬饮、溢饮和支饮四类，并提出了"病痰饮者，当以温药和之"的治疗原则，至今仍为临床所遵循。该篇所列举的治疗痰饮的苓桂术甘汤、小青龙汤等近二十一首方仍有指导意义。而《金匮要略·水气病脉证并治》中提出的"血不利则为水"为后世血滞生饮理论奠定基础。隋唐至金元时期逐渐发展了痰的病理学说，提出"百病兼痰"的论点。隋·巢元方《诸病源候论·痰饮病诸候》系统论述了痰病病因、痰饮证候、所生诸病及治疗原则等。唐·孙思邈《备急千金要方·痰饮》中五饮之说本于仲景而治法方药有所发明，如治胸中痰澼以吐法，治"澼饮停结，满闷目暗"用中军侯黑丸（芫花、巴豆、杏仁、桂心、桔梗）温下。宋代严用和提出气滞生痰思想，认为"人之气道贵乎顺，顺则津液流通，决无痰饮之患。调摄失宜，气道闭塞，水饮停于胸膈"。宋·杨仁斋在《仁斋直指方·喘嗽方论》中首次将痰与饮进行区别，认为清稀为饮，稠浊为痰。金·张子和在《儒门事亲·饮当去水温补转剧论》中指出饮之成因有五，同时提出："夫治病有先后，不可妄投，邪未去时，慎不可补也。大邪新去，恐反增其气，转甚于未治之时也。"告诫后人治疗饮证不可一味用补法。清代叶天士提出了"外饮治脾，内饮治肾"的大法。清代喻嘉言则指出对痰饮之体虚、积劳、失血等虚证患者不可妄用吐法或峻攻，对治疗痰饮有参考价值。本节论述以《金匮要略》痰饮病为主。

西医学中的的支气管炎、哮喘、渗出性胸膜炎、心包积液、腹腔积液、慢性胃炎、心衰、肾炎水肿等属于本病范畴，以痰饮的临床特征为主要表现的其它疾病，亦可参考本节辨证施治。

一、病因病机

（一）病因

1. 外感寒湿

因环境湿冷，或冒雨涉水，坐卧湿地，寒湿之邪侵肺卫，困遏卫阳，水气不得散发，或使肺失通调水道，或因大寒入肾伤阳，肾不能主水，致使水停为饮，湿化为痰。正如《素问·至真要大论》："太阴之胜……独胜则湿气内郁……饮发于中。"

2. 饮食不当

若暴饮暴食，过饮冷水或进食生冷；或夏日受暑热及饮酒后，又贪冷受凉，冷热交结，中阳被遏，脾失健运而水湿内停，积为痰饮。如《金匮要略·痰饮咳嗽病脉证并治》所论"夫病人饮水多，必暴喘满。凡食少饮多，水停心下，甚者则悸，微者短气。"

3. 劳倦所伤

劳倦、纵欲太过，或久病体虚，耗气伤精，伤及脾肾之阳，水液失于输化，停而为饮。或体虚气弱，劳倦太过之人，一旦伤于水湿，可成痰饮。如《儒门事亲·饮当去水温补转剧论》："人因劳役远来，乘困饮水，脾胃力衰。"

（二）病机

痰饮基本病机为三焦气化失宣。病位方面，痰饮病变部位主要在于肺、脾、肾。而痰饮的发生，主要与三焦功能失调有关。三焦为水液运行之通道，若水道出现障碍，水液代谢必然异常，停聚某处则为痰饮。标本虚实方面，痰饮为本虚标实，阳虚饮停。

痰饮的病理性质，则总属阳虚阴盛，输化失调，因虚致实，阳衰饮聚为患。中阳素虚，脏气不足，实为发病的内在病理基础。水饮总归阴类，遇寒而聚，得温则化。痰饮既为水液代谢异常所致的病理产物，同时也可成为致病因素，其特性为阴邪，轻则阻遏阳气，重则伤人阳气。

病机演变方面，当外感寒湿之邪，或气郁等，均可引起肺气失宣，通调失司，津液聚而为痰；若因湿邪困脾，或寒邪伤脾阳，或脾阳素亏，外加饮食伤脾等，均可使脾虚失运，痰饮停聚；若劳倦、纵欲太过，或久病体虚，耗气伤精，致使肾气肾阳不足，则水湿泛滥，痰饮停聚。三脏之中，又以脾运失司最为紧要。盖脾为升降之枢，脾运不健，或中阳亏虚，上不能输精微以养肺，下不能助肾以化水，由此使水液内停，流溢四处，波及五脏六腑。大多在中阳素虚情况下，外受风寒，或寒湿浸渍，或饮食不当，或劳倦所伤，使三焦气化失常，肺失通调，脾失健运，肾蒸化无权，津液停聚，痰饮内生。饮邪流动，停于胃肠为狭义之痰饮，饮流胁下则为悬饮，饮流肢体则为溢饮，饮聚胸肺则为支饮。而饮邪为患，症状甚多。饮留胸膈，影响肺气宣降可有咳嗽、吐痰白沫、喘满、短气，水寒射肺甚则喘不能卧，饮阻中焦，清阳不升而头眩，饮邪上冲于心则悸动不宁，饮邪留滞胁下，常出现咳嗽吐痰时牵引胁肋部作痛，严重者痛引缺盆，饮邪影响津液输布，津不上承，故虽口干不欲饮，水走肠间，与气相击则肠鸣辘辘作响，水饮外溢肢体而见面浮肢肿，身体沉重疼痛，饮邪留恋，日久化热则见口舌干燥、苔黄，饮阻气郁，化热伤阴，阴虚肺燥，可见咳呛时作，痰黏量少，口干咽燥，若阴虚火旺则午后潮热，颧红，心烦，手足心热，盗汗。

总之，痰饮为肺、脾、肾功能失调，三焦气化失职，水液代谢失常所致，停聚于局部某处，总属本虚标实。

二、诊断与鉴别诊断

（一）诊断依据

1. 凡身体内外、表里、上下有水液停留，见于各种水饮痰湿之症如肠鸣、呕吐、咳喘咯痰、身肿、胸腹积水、关节肌肉疼重或眩晕、耳鸣等症者，可初步诊断为痰饮。

2. 初步诊断为痰饮后，可按四饮特征进一步诊断。

（1）痰饮：心下满闷，呕吐清水痰涎，胃肠沥沥有声，素来身体肥胖而逐渐消瘦，多属于狭义痰饮，即饮停胃肠。

（2）悬饮：胸胁饱满，咳唾引痛，喘促不能平卧，属饮流胁下，起病前常有外感症状。

（3）溢饮：身体疼痛而沉重，或有轻度浮肿，当汗出而不汗出，或伴咳喘，属饮流四肢。

（4）支饮：咳逆倚息，短气不能平卧，其形如肿，胸胁胀满等主症，此外可见呕恶、头晕目眩等症，属饮邪留于胸肺。

（二）鉴别诊断

1. 痰、饮、水、湿之异同

痰、饮、水、湿同为津液不归正化的病理产物，同出一源，但各自仍有不同特点。从形质言，饮为稀涎，痰多稠浊，水属清液，湿性粘滞；从病证而言，饮之为病，多停于体内局部，痰、湿为病，无处不到，变化多端，水之为病，可泛滥体表、全身；从病理属性来说，饮多因寒积而成，痰多热煎熬而生（相对而言），水属阴类，由于导致发病因素不一而有阳水、阴水之别，湿为阴邪，但无定体，可随五气从化相兼为病。合而言之，四者本为同源，在一定条件下又可互相转化。如历代医著中有："积饮不散，亦能变痰"、"停水则生湿"（《证治汇补·饮证》）、"痰化……为水"、（《证治汇补·痰证》）、"水泛为痰"、"饮因于湿"（《类证治裁·痰饮》）等论述，指出了四者之间的联系转变。

2. 悬饮与胸痹

二者均有胸痛。但胸痹为胸膺部或心前憋闷，且可引及左肩背部，常于劳累、饱餐、受寒或情绪波动后发作，一般时间较短，休息或用药后可缓解。而悬饮为胸胁胀痛，持续难解，多伴咳唾引痛，转侧、呼吸时引痛或痛加，胁间饱满，并有咳嗽、咯痰等肺系证候。

3. 溢饮与风水

水肿之风水相搏证可分为表实、表虚两个类型。表实者，水肿而无汗，身体疼痛，与水泛肌表之溢饮基本类似。如见肢体浮肿而汗出恶风，则属表虚，与溢饮不同。

4. 支饮与肺胀、喘证、哮病

四者均有咳逆上气、喘满、咳痰等表现。但肺胀是肺系多种疾患日久渐积而成；喘证是多种急慢性疾病的重要主症；哮病是反复发作的一个独立疾病；支饮是痰饮的一个类型，为饮邪停留胸肺而致。四者在发生、发展、转归均有不同，但亦有一定联系。如肺胀在急性发病阶段，可以表现支饮证候；喘证的肺寒、痰饮两证，又常具有支饮特点；哮病又属于伏饮范畴，而伏饮是指伏而时发的支饮。

三、辨证论治

（一）辨证要点

1. 辨痰、悬、溢、支四饮

痰饮的辨证，首要辨别四饮。就停留部位而言，痰饮为饮在胃肠；悬饮为饮在胸胁；溢饮为饮流四肢；支饮为饮在胸肺。从主症而言，痰饮多存在肠鸣辘辘，呕吐，腹满，吐清涎，饮食不振等；悬饮以胸胁不适，咳嗽引起胸胁疼痛，难以平卧等为特点；溢饮以四肢肿胀疼痛为主；支饮主要症状为咳逆倚息，短气不得卧。

2. 辨虚实

痰饮主要特点为阳虚阴盛，本虚标实。本虚为阳气不足，标实指水饮停聚，无论病之新久，均应根据症状，辨别虚实之主次。可结合起病之新久、饮邪之盛衰、禀赋之强弱来权衡，如新病饮盛为实证居多，久病正虚饮微偏虚为主。

3. 辨寒热

本病临床寒证居多，但也有郁久化热者。初起若有寒热见症，为夹有表邪；饮积不化，气机升降受阻，常兼气滞及饮郁化热等。

（二）治疗原则

本病的治疗原则是温化。由于饮为阴邪，遇寒则聚，得温则行。通过温阳化气，可使痰饮得化，杜绝饮邪之生成。故《金匮要略》所提出的"病痰饮者，当以温药和之"。同时应区分标本缓急，根据表里虚实之不同，采取相应处理。对水饮壅盛者以祛饮治标为主，而阳微气衰者，以温阳治本为要。在表者，当温散发表，在里者，宜温阳利水，正虚者以补为主，邪实者以攻为先，如邪实正虚，治当攻补兼施，遇饮郁久化热者，则亦温清并用。

（三）分证论治

1. 痰饮

多由素体脾虚，运化不健，复加饮食不当，或为外湿所伤而致脾阳虚弱，饮留胃肠引起。

(1) 脾阳虚弱

症状 胸胁支满，心下痞闷，胃中有振水音，脘腹喜温畏冷，泛吐清水痰涎，饮入易吐，口渴不欲饮水，伴头晕目眩，心悸气短，纳少，大便或溏，形体逐渐消瘦，舌苔白滑，脉弦细而滑。

分析 胸胁支满，心下痞闷为胃中停饮，阻碍气机升降；胃中有振水音则为水饮与气相击；脘腹喜温畏冷为寒饮内聚，阳气不达；泛吐清水痰涎，饮入易吐为水饮上逆；口渴不欲饮为水停中焦，津不上承；心悸、气短甚则气喘为水饮凌心射肺；头晕目眩为水饮中阻，清阳不升；食少便溏为脾阳虚弱，健运失常；日渐消瘦实乃水谷不能化生精微充养形体之故；舌苔白滑，脉弦细而滑，均为脾阳虚弱，寒饮停聚之征。

治法 温脾化饮。

方药 苓桂术甘汤合小半夏加茯苓汤加减。

前方温脾阳,利水饮,用于胸胁支满,目眩,气短;后方和胃降逆,用于水停心下,脘痞,呕吐,眩悸。茯苓淡渗利水,化饮健脾,桂枝辛温通阳,振奋阳气以消饮邪,桂枝合甘草辛甘化阳,通阳化气;白术、茯苓健脾渗湿;半夏、生姜和胃降逆。

水饮内阻,清气不升而见眩冒、小便不利者,加泽泻、猪苓;脘部冷痛,吐涎沫,为寒凝气滞,饮邪上逆,酌配干姜、吴茱萸、川椒目、肉桂;心下胀满者,加枳实以开痞。

(2) 饮留胃肠

症状 心下坚满或痛,自利,利后反快,虽利心下续坚满;或水走肠间,沥沥有声,腹满,便秘,口舌干燥。舌苔腻、色白或黄,脉沉弦或伏。

分析 心下坚满或痛为水饮留胃,阳气不通所致;利后反快乃正气驱邪外出,水饮下行之象;下利后心下续坚满则因虽有自利,但留饮病根未除,新饮仍旧日积之故;肠间沥沥有声为饮邪从胃下流于肠,气水相搏;口舌干燥乃水饮不化,津液不能上承;腹满因水邪留滞肠间;口舌干燥、苔黄乃水饮日久郁而化热;舌苔腻、色白或黄,脉沉弦或伏为水饮壅盛,阳气郁遏之象。

治法 攻下逐饮。

方药 甘遂半夏汤或己椒苈黄丸加减。

半夏降逆,又化饮散结,为治饮要药,甘遂攻逐心下留饮,驱水由大便而出,甘草与甘遂相反相激,祛逐留饮;白芍、蜂蜜酸收甘缓和中,可缓甘遂之毒性;防己渗透肠间水气,椒目辛散可除心腹留饮,两药合用逐水从小便而出;葶苈子开宣肺气,大黄荡涤肠胃,两药使水饮从大便而走。

饮邪上逆,胸满者加枳实、厚朴以泄满,但决不能图快一时,攻逐太过,损伤正气。

2. 悬饮

多因素体不强,或原有其他慢性疾病,肺虚卫弱,时邪外袭,肺失宣通,饮停胸胁,络气不和。如若饮阻气郁,久则可以化火伤阴或耗损肺气。

(1) 邪犯胸肺

症状 寒热往来,身热起伏,汗少,或发热不恶寒,有汗而热不解,咳嗽,痰少,气急,胸胁刺痛,呼吸转侧疼痛加重,心下痞硬,干呕,口苦,咽干,舌苔薄白或黄,脉弦数。

分析 寒热往来,胸胁疼痛,干呕,口苦,咽干等少阳证,盖肺居胸中,两胁为少阳经脉分布循行处,外邪侵袭,与宿饮相合,热郁肺,结于少阳,少阳病未解,枢机不利;身热有汗,咳嗽,痰少,气急等为邪郁化热内蕴,肺气失宣;心下痞硬为邪结于里,气机升降失常,甚至有演化为结胸趋势;舌苔薄白或黄,脉弦数乃邪犯胸肺之候。

治法 和解宣利。

方药 柴枳半夏汤加减。

柴胡、黄芩和解少阳;瓜蒌、半夏、枳壳宽胸化痰开结;青皮、赤芍理气和络止痛;桔梗、杏仁宣肺止咳。

痰饮内结,肺气失肃,见咳逆气急,加白芥子、桑白皮;胁痛甚者,加郁金、桃仁、延胡索以通络止痛;心下痞硬,口苦,干呕,加黄连,与半夏、瓜蒌合伍以苦辛开痞散结;热盛汗出,咳嗽气粗,去柴胡,加麻黄、杏仁、石膏以清热宣肺化痰。

(2) 饮停胸胁

症状 胸胁疼痛,咳唾引痛,痛势较初期减轻,而呼吸困难加重,咳逆气喘息促不能平卧,或仅能偏卧于停饮的一侧,病侧肋间胀满,甚则可见偏侧胸廓隆起。舌苔薄白腻,脉沉弦或弦滑。

分析 胸胁牵引作痛，乃饮邪积聚胸胁之间，阻碍气机升降，气与饮相搏击之故，反见痛减轻而喘息加重，盖因水饮已成，气机升降痹窒；咳逆不能平卧为饮邪上迫于肺；肋间胀满隆起为饮在胸胁之象；舌苔薄白腻，脉沉弦或弦滑，为水结于内之候。

治法 逐水祛饮。

方药 椒目瓜蒌汤合十枣汤或控涎丹加减。

十枣汤以心下痞，硬满，引胁下痛为主症，方中甘遂善行经隧水湿，大戟善泄脏腑水湿，芫花善胸胁瘀痛，三药共用蠲饮破瘀。葶苈子、桑白皮泻肺逐饮；苏子、瓜蒌皮、杏仁、枳壳降气化痰；川椒目、茯苓、猪苓、泽泻、冬瓜皮、车前子利水导饮。

如用十枣汤或控涎丹峻下逐水，剂量均从小量递增，一般连服3～5日，必要时停两三天再服。必须注意顾护胃气，中病即止，如药后出现呕吐、腹痛、腹泻过剧，应减量或停服。

痰浊偏盛，胸部满闷，舌苔浊腻者，加薤白、杏仁；如水饮久停难去，胸胁支满，体弱，食少者，加桂枝、白术、甘草等通阳健脾化饮，不宜再予峻攻；若见络气不和之候，可同时配合理气和络之剂，以利气行水。

(3) 络气不和

症状 胸胁疼痛，如灼如刺，胸闷不舒，呼吸不畅，或有闷咳，甚则迁延经久不已，阴雨天更甚。舌苔薄，质暗脉弦。

分析 胸胁疼痛，憋闷不舒乃饮邪久郁之后，气机不利，络脉痹阻之故；痛势如灼为气郁化火；刺痛不已乃脉络瘀滞；舌苔薄，质暗，脉弦，乃气滞络痹之候。

治法 理气和络。

方药 香附旋覆花汤加减。

旋覆花、苏子降气化痰；柴胡、香附、枳壳疏肝理气解郁；郁金、延胡索理气通络；当归、赤芍、沉香行瘀通络；诸药共用达理气和络止痛之功。

痰气郁阻，胸闷苔腻者，加瓜蒌、枳壳豁痰开痹；久痛入络，痛势如刺者，加桃仁、红花、乳香、没药以行气活血和络；饮留不净者，胁痛迁延，经久不已，可加通草、路路通、冬瓜皮等以祛饮通络。

(4) 阴虚内热

症状 咳呛时作，咯吐少量黏痰，口干咽燥，或午后潮热，颧红，心烦，手足心热，盗汗，或伴胸胁闷痛，病久不复，形体消瘦。舌质偏红，少苔，脉小数。

分析 咳呛时作，痰黏量少，口干咽燥皆为饮阻气郁，化热伤阴，阴虚肺燥所致；潮热、颧红、心烦、手足心热、盗汗等为一派阴虚火旺之象；胸胁闷痛为络脉不和之征；形体消瘦乃病久正虚之候；舌质偏红，少苔，脉小数，乃阴虚内热之候。

治法 滋阴清热。

方药 沙参麦冬汤合泻白散加减。

沙参、麦冬、玉竹、白芍、天花粉养阴生津；桑白皮、桑叶、地骨皮、甘草清肺降火止咳。潮热显著加鳖甲、功劳叶以清虚热；咳嗽明显加百部、川贝母；胸胁闷痛，酌加瓜蒌皮、枳壳、广郁金、丝瓜络；日久积液未尽，加牡蛎、泽泻利水化饮；兼有神疲，气短，易汗，面色㿠白者，加太子参、黄芪、五味子益气敛液。本证须防迁延日久，趋向劳损之途。

3. 溢饮

多因外感风寒，或口渴暴饮，肺气闭郁，饮溢四肢肌表，寒水相杂为患。如宿有寒饮，复加外寒客表而致者，多属表里俱寒；若饮邪化热，可见饮溢体表而热郁于里之候。

(1) 表寒里饮

症状 体沉身重而疼痛，甚则肢体浮肿，恶寒，无汗，或有咳喘，痰多白沫，胸闷，干呕，口不渴。

苔白，脉弦紧。

分析 身体重痛、浮肿乃水饮流溢四肢体表；恶寒无汗为风寒束表；喘咳，痰多白沫，胸闷干呕为水饮内停，上逆迫肺所致，口不渴为水饮内停，津液不能正常上承；苔白，脉弦紧为表寒里饮之候。

治法 发表化饮。

方药 小青龙汤加减。

麻黄、桂枝发汗解表散饮；半夏、干姜、细辛温化寒饮，降逆镇咳；五味子、芍药酸收以缓和麻、桂辛散太过，炙甘草合芍药酸甘化阴，避免辛温之品有温燥伤津之弊。

表寒外束，内有郁热，伴有发热，烦躁，苔白而兼黄，加石膏以清泄内热；若表寒之象已不著，在里郁热明显者，改用大青龙汤以发表清里；水饮内聚而见肢体浮肿明显，尿少者，可配茯苓、猪苓、泽泻；饮邪犯肺，喘息痰鸣不得卧者，加杏仁、射干、葶苈子。

4. 支饮

多由受寒饮冷，饮邪留伏，或因久咳致喘，迁延反复伤肺，肺气不能布津，阳虚不运，饮邪留伏，支撑胸膈，上逆迫肺。此证多呈发作性，在感寒触发之时，以邪实为主，缓解期以正虚为主。

(1) 寒饮伏肺

症状 咳逆喘满不得卧，痰吐白沫量多，经久不愈，天冷受寒加重，甚至引起面浮跗肿，或平素伏而不作，遇寒即发，发则寒热、背痛、腰疼、目泣自出、身体振振欲动，舌苔白滑或白腻，脉弦紧。

分析 咳喘不能卧乃饮邪上逆犯肺，肺气不降；吐痰白沫量多皆为津液遇寒而凝聚为痰，壅滞于肺；经久不愈盖因饮邪恋肺，留而不去；受寒易于诱发实为阳虚内寒，饮本阴邪之故；面浮跗肿为水饮泛溢；发热恶寒盖因新寒触发，外寒束表；喘剧，目泣自出、身体振振欲动等为饮邪迫肺，痰阻气壅；背痛、腰疼为外感风寒，肺卫宣发不利之象；舌苔白滑或白腻，脉弦紧，为寒饮内盛之征。

治法 宣肺化饮。

方药 小青龙汤加减。

麻黄、桂枝、干姜、细辛温肺散寒化饮；半夏、厚朴、苏子、杏仁、甘草化痰利气；伍入五味子温敛肺气。

无寒热、身痛等表证，见动则喘甚，易汗，为肺气已虚，可改用苓甘五味姜辛汤，不宜再用麻黄、桂枝宣表；若饮多寒少，外无表证，喘咳痰稀或不得息，胸满气逆，可用葶苈大枣泻肺汤加白芥子、莱菔子以泻肺通饮；饮邪壅实，咳逆喘息，胸痛烦闷，加甘遂、大戟峻逐水饮，以缓其急。

邪实正虚，饮郁化热，喘满胸闷，心下痞坚，烦渴，面色黧黑，苔黄而腻，脉沉紧，或经吐下而不愈者，当行水散结，补虚清热，用木防己汤加减；水邪结实者，去石膏加茯苓、芒硝导水破结；若痰饮久郁为痰热，伤及阴津，咳喘咳痰稠厚，口干咽燥，舌红少津，脉细滑数，用麦门冬汤加瓜蒌、川贝母、木防己、海蛤粉养肺生津，清化痰热。

(2) 脾肾阳虚

症状 喘促动则为甚，心悸，气短，或咳而气怯，痰多，食少，胸闷，怯寒肢冷，神疲，少腹拘急不仁，脐下动悸，小便不利，足跗浮肿，或吐涎沫而头目昏眩，舌体胖大，质淡，苔白润或腻，脉沉细而滑。

分析 喘促气短，动则为甚乃痰饮久病，穷及于肾，肾不纳气；咳而气怯、痰多、胸闷、食少皆为肺脾气虚，痰饮内蕴；形寒肢冷为肾阳虚弱，不能温煦形体之故；小便不利为肾虚气化无权，水饮停于下焦；少腹拘急不仁乃饮停之征；脐下动悸之症亦为肾阳虚弱，不能镇慑水饮，水气上冲所致；足跗浮肿乃水饮溢于外；吐涎沫而头目昏眩乃水饮逆于上，胃失和降，清阳不升，脑窍不利所致。舌体胖大，质淡，苔白润或腻，脉沉细而滑，均为阳虚饮聚之候。

治法　温脾补肾，以化水饮。

方药　金匮肾气丸合苓桂术甘汤加减。

桂枝、附子温阳化饮；黄芪、淮山药、白术、炙甘草补气健脾；苏子、干姜、款冬花化饮降逆；钟乳石、沉香、补骨脂、山萸肉补肾纳气。

痰饮壅盛，食少痰多，可加半夏、陈皮化痰和中；水湿偏盛，足肿，小便不利，四肢沉重疼痛，可加茯苓、泽泻以利水湿；脐下悸，吐涎沫，头目昏眩，是饮邪上逆，虚中夹实之候，可用五苓散化气行水。

四、预防调护

凡有痰饮者，平时应注意避免风寒湿冷，注意保暖；饮食宜清淡，忌肥甘厚味生冷之物；戒烟酒，注意劳逸结合，以防诱发。并积极治疗相关疾病。

五、临证验案

卢某，女，50岁。

初诊　2000年12月2日。

主诉　胁肋胀痛40余天。

病史　该患者暴怒后出现胁肋胀痛，经检查心电图正常，X线摄片显示：双侧胸腔积液。曾抽液2次化验，结核菌（-），试用抗结核及抗菌药物治疗无效。

诊见　患者胁肋胀痛，形体肥胖，胸背闷痛，胃脘胀痛，气短乏力，善太息，肢体沉重，口干渴饮，失眠，舌尖红、苔白腻，脉沉弦。

中医诊断　悬饮证　属肝郁气滞，水阻痰凝。

治宜疏肝理气，涤痰通络，佐以清热。

处方　柴胡10g，黄芩、红参、半夏、郁金、浙贝母、白芥子、瓜蒌子、陈皮、青皮、菖蒲、麦冬、延胡索、桃仁、甘草、生姜各15g，生地黄、香附各20g，大枣5枚。7剂，水煎服，每天1剂。

二诊　诸症均减轻，但口干渴饮、腹胀症状突出。前方去麦冬、青皮、香附，加五味子、知母、厚朴、红花各15g，太子参20g。7剂，水煎服，每天1剂。

三诊　诸症明显减轻，续用上方7剂，症状消失，X线摄片显示：心肺未见异常。随访2月未见复发。

按　本例胸腔积液西医未能确诊何病，中医辨为悬饮，证属肝气郁滞、水阻痰凝，留于胁下。《金匮要略·痰饮咳嗽病脉证并治》云："水在肝，胁下支满"。该患者素为多痰多湿之体，复因郁怒伤肝，气机不畅，水湿痰浊因而阻滞，水停胁下致胁肋胀痛；湿性重浊粘滞故见肢体沉重；痰湿阻络，血行不畅，日久则化热伤阴。张教授针对上述病因病机以疏肝理气、活血通络、化痰清热为治，取得良好疗效。方中柴胡、青皮、陈皮、香附疏肝理气；半夏、浙贝母、白芥子、瓜蒌子、菖蒲化痰湿通络，其中白芥子尤善祛皮里膜外之痰涎；延胡索、郁金、桃仁活血化瘀通络；黄芩、生地黄、麦冬滋阴清热；人参、甘草、生姜、大枣益气调中，相辅相成，共奏疏肝理气、化痰祛瘀通络、疏畅三焦气机之功，气机畅则痰湿消。气郁化热，防其开伐耗气伤阴，二诊加太子参、五味子、知母以益气敛阴清热。仅服药21剂而痊愈。

（张春艳，王建明．张琪教授验案3则．新中医．2001）

六、文献摘录

1.《景岳全书·痰饮》："痰之与饮，虽曰同类，而实有不同也。盖饮为水液之属，凡呕吐清水，及胸腹膨满，吞酸嗳腐，渥渥有声等证，此皆水谷之余，停积不行，是即所谓饮也。若痰有不同于饮者，饮清澈而痰稠浊。饮惟停积肠胃，而痰则无处不到。水谷不化而停为饮者，其病全由脾胃；无处不到而化为痰者，凡五脏之伤皆能致之。故治此者，当知所辩，而不可不察其本也。"

2.《证治要诀·停饮伏痰》："故善治痰者，不治痰而治气，气顺则一身之津液，亦随气而顺矣。……病痰饮而变生诸证，不当为诸证牵掣，妄言作名，且以治饮为先，饮消则诸证自愈。"

3.《类证治裁·痰饮论治》："若夫肾阳虚火不制水，水泛为痰，则饮逆上攻，故清而澈，治宜通阳泄湿，忌用腻品助阴，如四物六味等汤。肾阴虚，火必烁金，火结为痰，为痰火上升，故稠而浊，治宜滋阴清润，忌用温品助燥，如二陈六君子等汤。治法所必辨也。"

4.《四圣心源·痰饮》："痰饮者，肺肾之病也，而根原于土湿。肺肾为痰饮之标，脾胃为痰饮之本。盖肺主藏气，肺气清降则化水，肾主藏水，水温升则化气；阳衰土湿则肺气壅滞不能化水，肾气凝瘀不能化气，气不化水则郁蒸于上而为痰，水不化气则停聚于下而为饮。"

七、文献推介

1. 悬饮的诊断依据、证候分类、疗效评定——中华人民共和国中医药行业标准《中医内科病证诊断疗效标准》(ZY/T001.1-94)[J]. 辽宁中医药大学学报, 2014,16(9):211.

2. 周仲英. 痰饮治法述要 [J]. 南京中医药大学学报, 1985, (1):3-5.

3. 朱良春, 朱步先. 谈蒋宝素治痰饮 [J]. 中医杂志, 1982,(2):19-21.

（编者：黄燕）

44 消渴

消渴是由阴虚热盛引起的，以口渴多饮、多食、多尿、消瘦、乏力，或尿浊、尿有甜味为主要临床表现的病证。

消渴的病名最早出现在《内经》，根据其病因和临床表现不同，又有消瘅、肺消、膈消、脾瘅、消中等名称。其病因、病机、证治早在《内经》就有论述，认为消渴与饮食、情志、内热、五脏虚弱有关，其内热是主要病机。在治疗方面，强调指出消渴病人要禁食膏粱厚味和芳草、石药等燥热伤津之品。汉·张仲景在《金匮要略》中对消渴进行了专篇讨论，最早提出白虎加人参汤、肾气丸等治疗消渴方药。唐·王焘在《外台秘要·消中消渴肾消》中引用《古今录验》记载了"每发即小便至甜"，是最早记载消渴病小便甜症状的文献。在宋代开始已有了"三消"分证施治；元·张子和在《儒门事亲·三消论》中以"三消"立论；明·戴思恭《证治要诀》中明确提出上、中、下之分类；清·王肯堂《证治准绳·消瘅》中对临床分类作了规范。关于消渴的并发症，历代医家也多有论述，如隋·巢元方《诸病源候论·消渴候》中认为此病多发痈疽；金·刘完素《河间六书》、《三消论》中记载了雀目、内障、聋盲、疮癣、痤痱等。明清至现代对消渴病有了更广泛和深刻的认识。

西医学中的糖尿病属于本病范畴。以多尿、烦渴为主要表现的尿崩症也可参照本节辨证施治。

一、病因病机

（一）病因

1. 饮食失节

长期过食肥甘，醇酒厚味，辛辣香燥，损伤脾胃，致运化失职，积热内蕴，化燥伤津，消谷耗液，发为消渴。早在《素问·奇病论》即说："此肥美之所发也，此人必数食甘美而多肥也，肥者令人内热，甘者令人中满，故其气上溢，转为消渴。"

2. 情志失调

郁怒伤肝，气机郁结，郁久化火，火热内燔；或忧思伤脾，脾失健运，水湿内停，郁而化火，消灼阴津而发为消渴。正如《临证指南医案·三消》说："心境愁郁，内火自燃，乃消证大病。"

3. 禀赋不足

禀赋不足，先天肾精亏虚，五脏柔弱，易发消渴。如《灵枢·五变》说："五脏皆柔弱者，善病消瘅。"

4. 劳逸失调

房室不节，劳欲过度，或过于安逸少动，肾精亏损，虚火内生，上炎肺胃，发为消渴。如《外台秘要·消渴消中》说："房室过度，致令肾气虚耗故也，下焦生热，热则肾燥，肾燥则渴。"

(二) 病机

消渴的基本病机是阴虚燥热。阴虚为本属虚，燥热为标属实，阴虚与燥热互为因果，阴愈虚则燥火愈盛，燥热愈盛则阴愈虚。燥热伤阴，阴虚则内热，内热则伤津灼液成瘀血；或阴损及阳，阳气不足，则气虚血瘀。血瘀日久，久病伤络，致病情加重及变生它病。

消渴的病变脏腑在肺、胃（脾）、肾，而以肾为主。肺为燥热所伤，肺燥伤津则口渴多饮；肺不布津液而直趋下行，随小便排出体外，故小便频数量多。胃为热郁，胃火炽盛，则多食善饥；火盛伤阴，脾阴不足，则口渴多饮，多食善饥，脾气虚不能转输水谷精微，故小便味甘；水谷精微不能濡养肌肉，故形体日渐消瘦。肾精亏虚，虚火内生，上燔肺胃，则烦渴多饮，消谷善饥；肾失濡养，开阖失司，固摄无权，则水谷精微直趋下泄，随小便而排出体外，故尿多而甜。三脏腑之中，虽可有所偏重，但往往又互相影响。如肺燥津伤，津液失于敷布，则脾胃不得濡养，肾精不得滋助；若胃燥热偏盛，上可灼伤肺津，下可耗伤肾阴；若肾阴不足则阴虚火旺，亦可上灼肺胃，终至肺燥胃热肾虚，故"三多"之证常可相互并见。

消渴日久，则易发诸多变证。如肺失滋润，日久则发肺痨；肾阴亏损，肝失涵养，肝肾精血不能上荣清窍，则可发为眩晕；不能上承耳目，则可并发白内障、雀目、耳聋；燥热内结，营阴被灼，络脉瘀阻，蕴毒成脓，则发为痈疽、脱疽；阴虚燥热，炼液成痰，痰阻血瘀，闭阻神窍，则发中风；阴损及阳，脾肾阳衰，水湿潴留，泛溢肌肤，则发为水肿；痰瘀互结，痹阻心脉，则发为胸痹心痛；严重者，阴津极度损伤，虚阳浮越，则见烦躁神昏；或阴竭阳亡而见昏迷、厥脱等危象。

二、诊断与鉴别诊断

(一) 诊断依据

1. 口渴、多饮、多食易饥、尿频量多、形体消瘦，或尿有甜味等特征性临床症状。

2. 有的患者初起时三多症状不著，但若中年之后发病，且嗜食醇酒、膏粱厚味，以及病久并发眩晕、肺痨、胸痹心痛、中风、雀目、疮痈等病证者，应考虑消渴。

3. 本病发生与禀赋不足有较密切的关系，故家族史可供诊断参考。

(二) 鉴别诊断

1. 口渴症

口渴症是指口渴饮水的一个临床症状，可出现于多种疾病过程中，尤以外感热病为多见。但这类口渴各随其所患病证的不同而出现相应的临床症状；不伴见多食、多尿、尿甜、消瘦等消渴的特点。

2. 瘿病

瘿病在气郁化火或阴虚火旺时，常会出多食易饥，形体日渐消瘦症状，易与消渴的中消相混淆。瘿病除有上述两症外，还有情绪激动、心悸、眼突、颈部一侧或两侧肿大等临床表现，而无消渴的多饮、多尿、尿甜等症状。

三、辨证论治

(一) 辨证要点

1. 辨部位

消渴病的多饮、多食、多尿症状常常同时存在，但根据其表现程度上的轻重不同，又有上消、中消、下消之分。通常把以肺燥为主，多饮症状较突出者，称为上消，常见肺热津伤证；以胃热为主，多食善饥症状较为突出者，称为中消，常见有胃热炽盛证和气阴亏虚证；以肾虚为主，多尿症状较为突出者，称为下消，常见有肾阴亏虚证和阴阳两虚证。

2. 辨标本

消渴以阴虚为本，燥热为标，两者互为因果。一般消渴初起多以燥热为主，病程较长者则阴虚与燥热互见，日久则以阴虚为主。上焦、中焦病变多为燥热，下焦病变多为阴虚。

3. 辨本病与并发症

消渴易患并发症。一般先有本病，随病情的发展而出现并发症。但亦有少数患者与此相反，如少数中老年患者，"三多"及消瘦等本病症状不明显，常以痈疽、眼疾、心脑病症等为线索，最后确诊为本病。

(二) 治疗原则

消渴的基本病机是阴虚为本，燥热为标，故清热润燥、养阴生津为本病的治疗大法。由于本病常发生气阴两虚，痰瘀阻滞，气虚血瘀，血脉瘀滞，阴损及阳等病变，以及易并发中风、痈疽、眼疾、肺痨等病症，故还应针对具体病情，及时合理地选用益气养阴、化痰行瘀、益气行血、活血化瘀、清热解毒、滋补肾阴、温补肾阳等治法。

(三) 分证论治

1. 上消

(1) 肺热津伤

症状 烦渴多饮，口干舌燥，尿频量多，舌边尖红，苔薄黄，脉洪数。

分析 烦渴多饮，口干舌燥为肺燥生热，燥热伤津；尿频量多为肺失治节；舌边尖红，苔薄黄，脉洪数多为燥热伤津之象。

治法 清热润肺，生津止渴。

方药 消渴方加减。

方中天花粉能生津液；黄连清热降火；生地黄、藕汁养阴增液。

若烦渴不止，小便频数，而脉数乏力者，为肺热津亏，气阴两伤，可选用玉泉丸或二冬汤。玉泉丸中，以人参、黄芪、茯苓益气，天花粉、葛根、麦冬、乌梅、甘草等清热生津止渴。二冬汤中，重用人参益气生津，天冬、麦冬、天花粉、黄芩、知母清热生津止渴。二方同中有异，前者益气作用较强，而后者清热作用较强，可根据临床需要选用。

2. 中消

(1) 胃热炽盛

症状 多食易饥，口渴，形体消瘦，大便干燥，苔黄，脉滑实有力。

分析 多食易饥为胃火炽盛，腐熟太过；口渴为阳明热盛，阴津被伤；形体消瘦是耗伤津血，肌体失充；大便干燥是胃津不足，大肠失其濡润的表现；苔黄，脉滑实有力多为胃热炽盛之象。

治法 清胃泻火，养阴增液。

方药 玉女煎加减。

生石膏、知母可清胃中之热；生地黄、麦冬能滋养胃阴；川牛膝可活血化瘀，引热下行。

若见心烦，可加黄连、栀子清热泻火；若大便秘结不行，可用增液承气汤润燥通腑，待大便通后，再转上方治疗。若病程较久，以及过用寒凉而致脾胃气虚，表现口渴引饮，能食与便溏并见，或饮食减少，精神不振，四肢乏力，舌淡，苔白而干，脉弱者，则治宜健脾益气、生津止渴，可用七味白术散。

(2) 气阴亏虚

症状 口渴引饮，多食，便溏，或饮食减少，精神不振，四肢乏力，消瘦，舌质淡红，苔白而干，脉细无力。

分析 病久燥热渐减，肺、胃、肾之阴津亏虚，故"三多"症状虽在，而内热渐轻、阴伤及气，脾气虚弱则精神不振，四肢乏力；阴精气血耗伤，不能充养肌肉，则形体消瘦，舌质淡红，苔白而干，脉细无力，皆为气阴双亏之象。

治法 健脾益气，生津养胃。

方药 生脉散合七味白术散加减。

本方益气健脾生津，太子参、黄芪、白术、山药健脾益气；麦冬、五味子、玉竹、石斛生津益胃；葛根升清生津。

若肺燥明显加地骨皮、知母、黄芩滋阴清肺；若气短易汗加五味子、山茱萸敛气生津；若食少腹胀加砂仁、佛手理气运脾。

3. 下消

(1) 肾阴亏虚

症状 尿频尿多，混浊如脂膏，或尿甜，腰膝酸软，乏力，头晕耳鸣，口干唇燥，皮肤干燥，瘙痒，舌红苔少，脉细数。

分析 尿频尿多是肾虚无以约束小便的表现；混浊如脂膏，或尿甜为肾失固摄，水谷精微下注；腰膝酸软、乏力为肾阴不足，肾府失养；头晕耳鸣，口干唇燥是肾阴不足，阴虚火旺；皮肤干燥，瘙痒为肾阴不足，肌肤失养；舌红苔少，脉细数多为肾阴亏虚之象。

治法 滋阴补肾，润燥止渴。

方药 六味地黄汤加减。

熟地黄滋肾填精为主药；山萸肉固肾益精，山药滋补脾阴，固摄精微，茯苓健脾渗湿，共为臣药；泽泻、丹皮清泄肝肾火热为佐使药。

若阴虚火旺而五心烦热，盗汗，失眠者，可加知母、黄柏滋阴泻火；若尿量多而混浊者，加益智仁、桑螵蛸、五味子等益肾缩泉；若气阴两虚而伴困倦，气短乏力，舌质淡红者，可加党参、黄芪、黄精补益正气。

若烦渴，头痛，唇红舌干，呼吸深快，阴伤阳浮者，用生脉散加天门冬、鳖甲、龟板等育阴潜阳；如见神昏、肢厥、脉微细等阴竭阳亡危象者，可合参附龙牡汤益气敛阴，回阳救脱。

(2) 阴阳两虚

症状 小便频数，混浊如膏，饮一溲一，面容憔悴，耳轮干枯，腰膝酸软，四肢欠温，畏寒怕冷，阳痿或月经不调，舌淡苔白而干，脉沉细无力。

分析 小便频数，混浊如膏为肾失固摄，精微下注；饮一溲一为下元虚惫，约束无权；面容憔悴，耳轮干枯为精微外泄无以荣；腰膝酸软为阴阳两虚，肾府失养；四肢欠温，畏寒怕冷，阳痿或月经不调均是肾阳虚衰表现；舌淡苔白而干，脉沉细无力多为阴阳两虚之象。

治法 温阳滋阴，补肾固摄。
方药 金匮肾气丸加减。

六味地黄丸可滋阴补肾；附子、肉桂能温补肾阳。《医贯·消渴论》对本方在消渴病中的应用作了较好的阐述："盖因命门火衰，不能蒸腐水谷，水谷之气，不能熏蒸上润乎肺，如釜底无薪，锅盖干燥，故渴。至于肺亦无所禀，不能四布水津，并行五经，其所饮之水，未经火化，直入膀胱，正谓饮一升溲一升，饮一斗溲一斗，试尝其味，甘而不咸可知矣。故用附子、肉桂之辛热，壮其少火，灶底加薪，枯笼蒸溽，稿禾得雨，生意维新。"

若证见阳虚畏寒的患者，可酌加鹿茸粉，以鼓动元阳，助全身阳气之气化；若见阴阳气血俱虚者，则可选用鹿茸丸以温肾滋阴，补益气血。

消渴多伴有瘀血的病变，故对于上述各种证型，尤其是对于舌质紫暗，或有瘀点瘀斑，脉涩或结或代，及兼见其他瘀血症候者，均可酌加活血化瘀的方药。如酌加丹参、川芎、郁金、红花、山楂等。或配用降糖活血方。方中用丹参、川芎、益母草活血化瘀，当归、赤芍养血活血，木香行气导滞，葛根生津止渴。

消渴容易发生多种并发症，应在治疗本病的同时，积极治疗并发症。白内障、雀盲、耳聋，主要病机为肝肾精血不足，不能上承耳目所致，宜滋补肝肾，益精补血，可用杞菊地黄丸或左慈丸。对于并发疮毒痈疽者，则治宜清热解毒，消散痈肿，用五味消毒饮。在痈疽的恢复阶段，则治疗上要重视托脓生肌。并发肺痨、水肿、中风者，则可参考有关章节辨证论治。

四、预防调护

本病重在预防。有家族史、肥胖、嗜烟酒，以及40岁以上为重点防护人群，要定期体检，及时发现，及时诊断。对已患消渴者，要重点定期检查有无中风、胸痹等病证先兆，有无雀目、跛行，及时调护并早期干预治疗。

本病除药物治疗外，注意生活调摄具有十分重要的意义。首先要加强体育锻炼。可以晨起打太极拳、做五禽戏、八段锦，或慢跑。以达到身出微汗为度。其次要减滋味、戒嗜欲、节喜怒。就是要节制饮食，在保证机体合理需要的情况下，应限制粮食、油脂的摄入，忌食糖类，饮食宜以适量米、麦、杂粮，配以蔬菜、豆类、瘦肉、鸡蛋等，定时定量进餐；要戒烟酒、浓茶及咖啡等；要保持情志平和，尤其不能恼怒、忧思。

五、临证验案

李某，男，62岁。

初诊 2001年3月6日。1998年7月因出现尿频尿急，小便不畅，查为前列腺肥大，尿潴留，并发现糖尿病，伴有高血压，常服降压药控制。善饥，但口干，尿多不显，仅有尿频尿急，常苦头昏，肢麻，腿软乏力，苔黄腐腻，质暗紫，中裂，脉弦。体重下降12.5kg，空腹血糖8.1mmol/L。

辨证 气阴两虚，湿热内郁，久病络瘀

处方 大生地15g，玄参12g，大麦冬12g，太子参10g，天花粉12g，知母10g，地骨皮20g，黄连5g，炙僵蚕10g，泽泻12g，鬼箭羽15g，佩兰、泽兰10g，炙水蛭3g，桑寄生15g，玉米须15g，7剂。

二诊 2001年3月20日。药服7剂后，头昏肢麻均见缓解，稍有心慌，口干不显，善饥，口稍黏，尿量基本正常，左下肢无力，头昏不显，苔黄薄腻，舌质暗紫，脉细弦。查：空腹血糖7.42mmol/L，餐后血糖8.6mmol/L。近测血压130/80mmHg。前方加味观察。

处方 原方改玄参15g，加丹参12g，菟丝子12g，鸡血藤15g，7剂。

三诊 2001年3月27日。血压基本平稳，复查空腹血糖7.1mmol/L，腿软无力，肢麻基本缓解，腰酸，怕冷，苔黄腻，质暗红，脉小滑。气阴两虚，湿热内郁，久病络瘀。治守原法巩固。

处方 3月6日方去泽泻,改玄参15g,加仙灵脾10g,丹参12g,菟丝子12g,鸡血藤15g,14剂。

药后生化检查指标明显好转,空腹血糖7.6mmol/L,血压平稳,怕冷,头昏,四肢麻木明显好转,二便尚调,苔黄中后部腻,质暗红,脉小滑,仍投原方巩固。

按 糖尿病的临床特征为多饮,多食,多尿,消瘦,故当属于中医学"消渴"范畴。《证治准绳·消瘅》中言:"渴而多饮为上消;消谷善饥为中消;渴而便数有膏为下消。"由于本病患者仅见善饥,故以中消为主。患者消谷善饥,为胃火炽盛,火热杀谷;舌有裂纹为阴虚之象,符合消渴病"阴虚为本,燥热为标"之基本病理表现。阳明热盛,耗伤津血,无以充养肌肉,故形体消瘦明显;阴阳互根,消渴失治,迁延日久,阴伤气耗,甚则阴损及阳,故见腿软乏力、怕冷,苔黄腐腻,尿频尿急,为内有湿热。湿热之产生,在于脾气亏虚,运化不健,湿浊内生,郁而化热。若过于强调阴虚燥热,忽略消渴病亦有湿的存在,一味滋腻养阴,反犯虚虚实实之误。除燥热,湿热之外,本类病人还存在"瘀热"之证。缘津血同源,互为资生转化,阴虚燥热,津亏液少,热必不能载血循经畅行,燥热内灼,煎熬营血,可以导致血瘀。瘀热在里,又可化热伤阴,形成恶性循环。患者头昏,肢麻,舌质暗紫,皆为血瘀之象,因此,治疗本证,当抓住气阴两虚之本,湿热、瘀热、燥热之标,标本同治,药物尽量选择归属中焦、下焦者,诚如《医学心悟》三消篇所言:"治中消者,宜清其胃,兼治其肾。"药用增液汤(大生地、玄参、麦冬)滋阴润燥;用黄连、佩兰、泽兰、泽泻、玉米须等清中化湿、芳香悦脾以治湿热;以鬼箭羽、炙水蛭、鸡血藤、丹参活血化瘀通络,以治瘀热;并抓住患者有怕冷、膝痛、腿软无力等肾阳不足之象,配伍菟丝子、仙灵脾温补肾阳,于阳中求阴,并藉肾阳温化之力,化却中焦湿热。

(周仲瑛.中国百年百名中医临床家丛书.国医大师卷.中国中医药出版社.2011)

六、文献摘录

1.《素问·通评虚实论》:"凡治消瘅、仆击、偏枯、痿厥,气满发逆、肥贵人,则膏粱之疾也。"

2.《灵枢·五变》:"五脏皆柔弱者,善病消瘅。"

3.《景岳全书·三消干渴》:"凡治消之法,最当先辨虚实,若察其脉证,果为实火致耗津液者,但去其火则津液自生,而消渴自止。若由真水不足,则悉属阴虚,无论上、中、下,急宜治肾,必使阴气渐充,精血渐复,则病必自愈。若但知清火,则阴无以生,而日见消败,益以困矣。"

4.《医学心悟·三消》:"三消之症,皆燥热结聚也。大法治上消者,宜润其肺,兼清其胃,二冬汤主之;治中消者,宜清其胃,兼滋其肾,生地八物汤主之;治下消者,宜滋其肾,兼补其肺,地黄汤、生脉散并主之。夫上消清胃者,使胃火不得伤肺也;中消滋肾者,使相火不得攻胃也;下消清肺者,滋上源以生水也,三消之治,不必专执本经,而滋其化源,则病易痊矣。"

5.《临证指南医案·三消》:"如病在中上者,膈膜之地,而成燎原之场,即用景岳之玉女煎、六味之加二冬、龟甲、旱莲,一以清阳明之热,以滋少阴;一以救心肺之阴,而下顾真液。如元阳变动而为消烁者,即用河间之甘露饮,生津清热,润燥养阴,甘缓和阳是也。至于壮水以制阳光,则有六味之补三阴,而加车前、牛膝,导引肝肾。斟酌变通,斯诚善矣。"

6.《医贯·消渴论》:"盖因命门火衰,不能蒸腐水谷,水谷之气,不能熏蒸上润乎肺,如釜底无薪,锅盖干燥,故燥。至于肺亦无所禀,不能四布水津,并行五经,其所饮之水,未经火化,直入膀胱,正谓饮一升溲一升,饮一斗溲一斗,试尝其味,甘而不咸可知矣。故用附子、肉桂之辛热,壮其少火,灶底加薪,枯笼蒸溽,稿禾得雨,生意维新。"

七、文献推介

1. 中国中医科学院广安门医院.消渴病(2型糖尿病)中医诊疗方案(2017年版)[J].国家中医药管理局办公室关于印发中风病(脑梗死)等92个病种中医临床路径和中医诊疗方案(2017年版)的通知 国中医药办医政发〔2017〕9号.

2. 仝小林,倪青,魏军平等.糖尿病中医诊疗标准[J].世界中西医结合杂志,2011,6(6):540-547.

3. 仝小林,刘喜明,魏军平等.糖尿病中医防治指南[J].中国中医药现代远程教育,2011,9(4):148-151.

(编者:石岩)

45 内伤发热

内伤发热是由脏腑功能失调及气血阴阳失衡引起的，以发热为主要临床表现的病证。一般病势较缓，病程较长，热势轻重不一，但以低热为多，有时可以为高热，或自觉发热而体温并不升高。

关于内伤发热的记载最早出现在《内经》，《素问·调经论》有较多对阴虚发热的论述，《素问·刺热论》对五脏热病的症状及预后的论述较详。汉·张仲景在《金匮要略·血痹虚劳病脉证并治》中开启了甘温除热的先河。宋·王怀隐《太平圣惠方》创立了滋阴除热的治法。宋·钱乙《小儿药证直诀》提出五脏热证的用方，并将肾气丸化裁为六味地黄丸，为阴虚内热的治疗提供了重要的方剂。金·李东垣拟定补中益气汤作为治疗气虚发热的主要方剂，使甘温除热的方法具体化。内伤发热与外感发热的鉴别最早出现于金·李东垣《内外伤辨惑论》。明·张介宾《景岳全书·寒热》论述了内伤发热的病因，最早提出运用右归饮、理中汤、大补元煎、六味回阳饮等治疗阳虚发热。明·秦景明《症因脉治·内伤发热》最先提出"内伤发热"这一病名，其拟定的气虚柴胡汤及血虚柴胡汤可供治疗气虚发热和血虚发热。清·李用粹《证治汇补·发热》将外感发热以外的发热进行分类，并列出临床表现和治疗方法，丰富了内伤发热的辨证论治。清·王清任《医林改错·气血合脉说》提出了"瘀血发热"的理论，并对其辨证及治疗作出了重要贡献。

西医学中的功能性低热、肿瘤、结核病、血液病、结缔组织疾病、围绝经期综合征、内分泌疾病以及部分慢性感染性疾病所引起的发热，和某些原因不明的发热均属本病范畴，可参考本节辨证施治。

一、病因病机

（一）病因

1. 久病体虚

久病或禀赋不足，失于调理，以致脏腑功能虚衰，气血阴阳亏虚而引起发热。

2. 饮食劳倦

饮食失调，劳倦过度，使脾胃受损，水谷精气不充，以致中气不足，阴火内生，或脾虚不能化生阴血，而引起发热。脾胃受损，运化失职，致痰湿内生，郁而化热，进而引起湿郁发热。正如《金匮翼·劳倦发热》所记载："劳倦发热者，积劳成倦，阳气下陷，则虚热内生也。"

3. 情志失调

情志抑郁，肝失调达，气郁化火，或恼怒过多，肝火内盛，导致气郁发热。气机久郁，则使血行瘀滞而导致血瘀发热。正如《丹溪心法·火》所概括的"凡气有余便是火"。

4. 外伤出血

外伤及出血等原因导致发热主要有两个方面：一是外伤及出血使血循不畅，瘀血阻滞，进而引起瘀血发热。二是外伤及血证时出血过多，或长期慢性失血，导致阴血亏虚不能敛阳而引起血虚发热。正如《灵枢·痈疽》中所记载："营卫稽留于经脉之中，则血泣而不行，不行则卫气从之而不通，壅遏不得行，故热。"

（二）病机

内伤发热的基本病机为脏腑功能失调，气、血、阴、阳失衡。大体又可分为虚、实两类：中气不足、血虚失养、阴精亏虚及阳气虚衰所致者属虚，其基本病机是气、血、阴、阳亏虚；气郁化火、瘀血阻滞及痰湿停聚所致者属实。

内伤发热的病位不能以单一或多个脏腑定论，其辨证需从整体的脏腑功能及气血阴阳变化分析。本病虚多实少或虚实夹杂转化。情志不畅，肝木不能条达，肝气郁结，气郁化火引起发热；脾失健运，痰湿内生，停聚壅遏化热而引起发热；气机不畅，或脾虚不运，或久病气虚，血行瘀滞，瘀热内生而致发热；中气不足，阴火内生，引起气虚发热；久病心肝血虚，或脾虚不能生血，或长期慢性失血，以致血虚阴伤，无以敛阳，导致血虚发热；素体阴虚，或热病日久耗伤阴液，或治疗过程中误用、过用温燥药物，导致阴精虚衰而阳盛，水不制火而引起阴虚发热。寒证日久，或久病气虚，气损及阳，脾肾阳虚，虚阳外浮，导致阳虚发热。

久病往往由实转虚，由轻转重，其中以瘀血病久，损及气、血、阴、阳，分别兼见气虚、血虚、阴虚或阳虚，而成为虚实兼夹之证的情况较为多见。其它如气郁发热日久伤阴，则转化为气郁阴虚之发热；气虚发热日久，病损及阳，阳气虚衰，则发展为阳虚发热。

二、诊断与鉴别诊断

（一）诊断依据

1.持续发热，或时发时止，反复出现，或发有定时，或发无定时。多表现为低热；也可出现高热，或仅自觉发热，体温并不升高，如手足心热、五心烦热、骨蒸潮热、面部烘热、肌肤均热，或躯干、肢体某些部位发热，局部扪之有热感。上午或午后、夜晚热重，后半夜发热自退。大多发热而不恶寒，或虽发热而感觉冷，但得衣被则减。或有汗而热不退，或汗出热暂退继而复起。发热时面红，或午后颧红，或虽发热但面色少华。每因劳累、情绪、天气或季节变化而发作或加重。

2.发热同时可伴有头晕，精神疲倦，自汗盗汗，食欲不振，胸胁胀满，某些部位固定性疼痛。

3.起病缓慢，病程较长，反复发作。可有情志、饮食失调、劳倦、久病、失血等内伤病史。

4.排除外感发热及具有发热症状的独立病证。

（二）鉴别诊断

1.外感发热

外感发热由感受外邪所致，表现为高热，呈持续性，初期伴有恶寒恶风、头身疼痛、鼻塞流涕、咳嗽、脉浮等外感表证，其恶寒虽得衣被不减，起病较急，病程较短，发热较高，外邪不除，则发热不退。内伤发热起病缓慢，病程较长，呈间歇性，多为低热，或自觉发热而体温不升高，或五心烦热，发热而不恶寒，或虽有怯冷，但得衣被则除，多兼头晕、神疲、自汗、盗汗、脉弱无力等症。

2.肺痨

内伤发热中的阴虚证与肺痨中阴虚火旺证，都出现午后及夜间发热、骨蒸潮热、五心烦热、两颧潮红等证。但肺痨是因正气虚弱，感染痨虫而致，并出现咳嗽、咯血、盗汗、消瘦等主要特征，是具有传染性的慢性虚弱性疾病。而阴虚发热虽具有一系列阴虚火旺症状，但没有感受痨虫的病因，也没有肺痨病的主症特点和传染性。

三、辨证论治

（一）辨证要点

1.辨证候虚实

气郁化火、瘀血阻滞、痰湿停聚所致的内伤发热属实；由中气不足，血虚失养、阴精亏虚、阳气虚衰所致的内伤发热属虚。若邪实伤正及因虚致实，表现虚实夹杂证候者，应分析其标本虚实之主次。

2. 辨病情轻重

病程长久，热势亢盛，持续发热或反复发作，经治不愈，胃气衰败，正气虚甚，兼夹证多，均为病情较重的表现。反之病情较轻。若内脏无实质性病变，仅属一般体虚所致者，病情亦轻。应注意辨查。

（二）治疗原则

"实火宜泻，虚火宜补"是治疗内伤发热的基本原则。但需结合证候性质及病机分别采用有针对性的治法。实证发热宜疏肝解郁、活血化瘀、除湿、化痰、消食为主，适当配合清热。虚证以甘温补中、滋阴降火、养血滋阴、温补肾阳为主。虚实夹杂者，兼而顾之。

（三）分证论治

1. 阴虚证

症状 午后潮热，或夜间发热，不欲近衣，手足心热，烦躁，少寐多梦，盗汗，口干咽燥，舌质红，或有裂纹，苔少甚至无苔，脉细数。

分析 午后潮热，或夜间发热，不欲近衣，手足心热是阴虚生内热，虚热蕴蒸；烦躁是虚火上炎的表现；少寐多梦是因热扰心神；盗汗是虚火迫津外泄；口干咽燥，舌质红，或有裂纹，苔少甚至无苔，脉细数为阴虚内热之候。

治法 滋阴清热。

方药 清骨散加减。

方中银柴胡、知母、胡黄连、地骨皮、青蒿、秦艽清退虚热，鳖甲滋阴潜阳。

盗汗较甚者，可去青蒿，加牡蛎、浮小麦、糯稻根固表敛汗；阴虚较甚者，加玄参、制首乌滋养阴精；失眠者，加酸枣仁、柏子仁、夜交藤养心安神；兼有气虚而见头晕体倦乏力者，加太子参、麦冬、五味子益气养阴。

2. 血虚证

症状 发热，热势多为低热，头晕眼花，身倦乏力，心悸不宁，面白少华，唇甲色淡，舌质淡，脉细弱。

分析 头晕，身倦乏力，为气血亏虚，形体失养，脑失充养；眼花为精血不足，目失所养；面白少华多为气血亏虚，不能上荣于面；舌淡，脉弱均属气血亏虚之象。

治法 益气养血。

方药 归脾汤加减。

方中黄芪、党参、茯苓、白术、甘草益气健脾；当归、龙眼肉补血养血；酸枣仁、远志养心安神；木香健脾理气。

血虚较甚者，加熟地、枸杞子、制首乌补益精血；发热较甚者，可加银柴胡、白薇清退虚热；由慢性失血所致的血虚，若仍有少许出血者，可酌加三七粉、仙鹤草、茜草、棕榈炭等止血；脾虚失健，纳差腹胀者，去黄芪、龙眼肉，加陈皮、神曲、谷麦芽等健脾助运。

3. 气虚证

症状 发热，热势或低或高，常在劳累后发作或加剧，倦怠乏力，气短懒言，自汗，易于感冒，食少便溏，舌质淡，苔白薄，脉细弱。

分析 其热不甚是因非实火；劳累后发作或加剧是因劳倦过度，使脾胃受损，水谷精气不充，以致中气不足，阴火内生；倦怠乏力，气短懒言，食少便溏是因脾胃气虚，纳运乏力；自汗，易于感冒是因阳气亏虚，不能固护肌表，玄府不密，津液外泄；舌质淡，苔白薄，脉细弱为气虚之象。

治法　益气健脾，甘温除热。
方药　补中益气汤加减。

方中黄芪、党参、白术、甘草益气健脾；当归养血活血；陈皮理气和胃；升麻、柴胡既能升举清阳，又能透泄热邪。

自汗较多者，加牡蛎、浮小麦、糯稻根固表敛汗；时冷时热，汗出恶风者，加桂枝、芍药调和营卫；脾虚夹湿，而见胸闷脘痞，舌苔白腻者，加苍术、茯苓、厚朴健脾燥湿。

4. 阳虚证

症状　发热而欲近衣，形寒怯冷，四肢不温，少气懒言，头晕嗜卧，腰膝酸软，纳少便溏，面色㿠白，舌质淡胖，或有齿痕，苔白润，脉沉细无力。

分析　形寒怯冷，四肢不温，少气懒言，头晕嗜卧，腰膝酸软，纳少便溏是因腰为肾府，肾阳不足，命门火衰，失于温煦，甚则火不生土，影响脾胃纳运；面色㿠白，舌质淡胖，苔白润，脉沉细无力为阳气虚衰之象。

治法　温补阳气，引火归原。
方药　金匮肾气丸加减。

方中附子、桂枝温补阳气；山茱萸、地黄补养肝肾；山药、茯苓补肾健脾；丹皮、泽泻清泄肝肾。

短气甚者，加人参补益元气；阳虚较甚者加仙茅、仙灵脾温肾助阳；便溏腹泻者，加白术、干姜温运中焦。

5. 气郁化热

症状　发热多为低热或潮热，热势常随情绪波动而起伏，精神抑郁，胁肋胀满，烦躁易怒，口干而苦，纳食减少，舌红，苔黄，脉弦数。

分析　两胁作痛是因情志不畅，肝木不能条达，肝气郁结，经脉不利；烦躁易怒，口干而苦是因肝气郁而化火；纳食减少是肝木为病易传脾土的表现；舌红，苔黄，脉弦数为肝郁化火之象。

治法　疏肝理气，解郁泻热。
方药　丹栀逍遥散加减。

方中丹皮、栀子清肝泻热；柴胡、薄荷疏肝解热；当归、白芍养血柔肝；白术、茯苓、甘草培补脾土。

气郁较甚，可加郁金、香附、青皮理气解郁；热象较甚，舌红口干，便秘者，可去白术，加龙胆草、黄芩清肝泻火；妇女若兼月经不调，可加泽兰、益母草活血调经。

6. 痰湿郁热

症状　低热，午后热甚，心内烦热，胸闷脘痞，不思饮食，渴不欲饮，呕恶，大便稀薄或黏滞不爽，舌苔白腻或黄腻，脉濡数。

分析　胸闷脘痞，不思饮食，呕恶，大便稀薄或黏滞不爽是因脾失健运，痰湿内生，阻碍气机；心内烦热是气郁化火的表现；渴不欲饮是因痰饮内阻，津液不能气化上承于口，但热邪又能蒸腾营阴上潮于口；舌苔白腻或黄腻，脉濡数为痰湿郁热之象。

治法　燥湿化痰，清热和中。
方药　黄连温胆汤合中和汤加减。

方中半夏、厚朴燥湿化痰；枳实、陈皮理气和中；茯苓、通草、竹叶清热利湿；黄连清热除烦。

呕恶加竹茹、藿香、白蔻仁和胃泄浊；胸闷，苔腻加郁金、佩兰芳化湿邪；湿热阻滞少阳枢机，症见寒热如疟，寒轻热重，口苦呕逆者，加青蒿、黄芩清解少阳。

7. 血瘀化热

症状 午后或夜晚发热，或自觉身体某些部位发热，口燥咽干，但不多饮，肢体或躯干有固定痛处或肿块，面色萎黄或晦暗，舌质青紫或有瘀点、瘀斑，脉弦或涩。

分析 午后或夜晚发热，或自觉身体某些部位发热是因血滞不行，郁而发热，且瘀血多疼痛固定；口燥咽干但不多饮是因瘀血内阻，津失输布，但体内津液不缺乏；肢体或躯干有固定痛处或肿块是因血之所聚，肝经循行之分野，血瘀则气机阻滞，不通则痛；面色萎黄或晦暗是因面部血行不畅；舌质青紫或有瘀点、瘀斑，脉弦或涩多为瘀血征象。

治法 活血化瘀。

方药 血府逐瘀汤加减。

方中当归、川芎、赤芍、地黄养血活血，桃仁、红花、牛膝活血祛瘀；柴胡、枳壳、桔梗理气行气。发热较甚者，可加秦艽、白薇、丹皮清热凉血；肢体肿痛者，可加丹参、郁金、延胡索活血散肿定痛。

四、预防调护

恰当的调摄护理对促进内伤发热的好转、治愈具有积极意义。内伤发热患者应注意休息，发热体温高者应卧床。部分长期低热的患者，在体力许可的条件下，可作适当户外活动。要保持乐观情绪，饮食宜进清淡、富于营养而又易于消化之品。由于内伤发热的患者常卫表不固而有自汗、盗汗，故应注意保暖、避风，防止感受外邪。

五、临证验案

孙某，男，79岁。

初诊 2002年9月9日。2002年8月19日开始发热，体温39.7℃，在某医院治疗未效。目前用泰能、白蛋白治疗，并用激素降温，但体温持续不退，午后高热，热前寒战，半小时后发热，身热持续至夜晚9时，用激素方退。上午一般体温在38℃左右，用药热降时汗多，口干明显，渴而不能多饮，恶心，食少，饮荤汤则易腹泻，形体消瘦，精神萎靡，脘痞噫气，脉细弦兼数，舌光红隐紫欠津，苔少。

辨证 湿热中阻，枢机不和，脾虚胃弱，津气两伤，高热久延，正气大亏。

处方 药用柴胡10g，炒黄芩10g，青蒿25g，法半夏10g，陈皮6g，竹茹6g，芦根15g，太子参10g，麦冬10g，石斛10g，北沙参10g，藿香10g，紫苏叶10g，黄连3g，厚朴花5g，鸭跖草20g，炒谷、麦芽各10g，白残花5g，炒神曲10g，前胡10g，乌梅6g。水煎服，每日1剂。

二诊 2002年9月13日。自9月11日晚9时开始发热未起，亦不恶寒，精神好转，尿量增多，口干减轻，汗出亦少，偶咳，昨日开始食纳复苏，昨晚至今大便3次，质烂，腹中欠和，苔少色黄，舌质隐紫，脉小滑数。上方加焦山楂12g，炙鸡内金10g，广郁金10g。

三诊 2002年9月17日。家属代诉，昨已从某医院出院，体温已不再升高，未见形寒，食纳尚差，口干好转，精神好转，大便正常，日食三餐（稀饭、面条），寐差易汗。上方改青蒿为15g，鸭跖草为15g，加炙鸡内金10g，焦山楂、焦神曲各10g，砂仁3g，郁金10g。

四诊 2002年9月20日。体温正常已9天，自觉神疲乏力，口干，心悸，夜尿频多，大便日1-2次，小便前少腹有胀感，或尿液有分叉（既往前列腺增生史），苔中后部黄腻上罩黑，舌暗红，脉小弦滑。高年热病之后，脾虚胃弱，津气两伤，湿热尚未尽化。药用太子参10g，麦冬10g，北沙参10g，石斛10g，厚朴花5g，炒黄芩10g，青蒿12g，炒枳壳10g，焦山楂、焦神曲各10g，芦根15g，车前子（包）10g，郁金10g，砂仁3g，佩兰10g。1月后随访，发热未作，症情平稳。

按 患者年近八旬，形体消瘦，高热约20天有余，津气两伤。午后发热，脘痞，渴不欲饮，当属湿热中阻。故治疗当清化湿热，养阴生津。先以标治为主。方选蒿芩清胆汤、连苏饮合麦门冬汤，用柴胡、黄芩、郁金和解少阳，透热外出；藿香、佩兰芳香化湿；黄连、黄芩清化湿热；法半夏、陈皮、竹茹和胃止呕；炙鸡内金、焦山楂、焦神曲、谷芽麦芽消食助运；砂仁、厚朴花、炒枳壳、白残花理气调中；芦根、太子参、麦冬、石斛、北沙参、乌梅肉益气生津；青蒿、鸭跖草、前胡透热达邪。白残花味微苦、性温，有理气解郁、利咽散结之功，周师治疗咽炎、郁证而有气滞证候时每选用之。

(叶丽红, 周红光, 吴勉华. 周仲瑛教授治疗内伤发热经验. 中国中医急症杂志. 2003)

六、文献摘录

1.《素问·调经论》："阴虚生内热奈何？……有所劳倦，形气衰少，谷气不盛，上焦不行，下脘不通，胃气热，热气熏胸中，故内热。"
2.《诸病源候论·虚劳热候》："虚劳而热者，是阴气不足，阳气有余，故内外生于热，非邪气从外来乘也。"
3.《医学入门·发热》："内伤劳役发热，脉虚而弱，倦怠无力，不恶寒，乃胃中真阳下陷，内生虚热，宜补中益气汤。"
4.《景岳全书·寒热》："阴虚之热者，宜壮水以平之；无根之热者，宜益火以培之。"
5.《证治汇补·发热》："血虚发热，一切吐衄便血，产后崩漏，血虚不能配阳，阳亢发热者，治宜养血。"

七、文献推介

1. 周仲瑛, 陈文垲, 周珉等. 内伤发热验案三则 [J]. 中医杂志, 1984(6):18-20.
2. 叶丽红, 周红光, 吴勉华. 周仲瑛教授治疗内伤发热经验 [J]. 中国中医急症, 2003,12(6):545-546.
3. 中医癌性发热诊疗指南（草案）[A]. 中华中医药学会 (China Association of Chinese Medicine). 2007 国际中医药肿瘤大会会刊 [C]. 中华中医药学会 (China Association of Chinese Medicine), 2007:3.

（编者：温伟波 责任副主编：肖炜）

46 汗证

汗证是由人体阴阳失调，营卫不和，腠理开阖不利而引起的，以汗液外泄为主要临床表现的病证。其中，不因外界环境因素的影响，醒时汗出，动辄益甚者，为自汗；睡中汗出，醒后即止者，为盗汗，本节重点介绍自汗盗汗。

早在《内经》即有出汗异常的记载，如"寝汗"、"汗出偏沮"、"绝汗"、"淫汗"等，并对汗的生理、病理有了一定的认识。病理性汗出与体质、情志、饮食劳倦等相关，汗出异常是脏腑功能阴阳失调的表现。汉·张仲景《伤寒论》重点论述了外感出汗，认为外感病的汗证可在表、在里、为寒、为热、属虚、属实，极大地丰富了汗证的辨证内容，并提出许多治法方药，如调和营卫的桂枝汤，清热生津的白虎汤，利湿退黄的茵陈蒿汤。汉·张仲景《金匮要略·水气病脉证并治》首先记载了盗汗的名称，并认为由虚劳所致者较多。宋·陈无择《三因极一病证方论·自汗证治》对自汗、盗汗进行了鉴别。朱丹溪对自汗、盗汗的病理属性做了概括，明·虞抟在《医学正传·汗证》中提出，自汗属阳虚，盗汗属阴虚，分别以"补阳调卫"和"补阴降火"来治疗。明·张景岳《景岳全书·汗证》认为一般情况下，自汗属阳虚，盗汗属阴虚，但"自汗盗汗亦各有阴阳之证，不得谓自汗必属阳虚，盗汗必属阴虚也"。清·王清任《医林改错·血府逐瘀汤所治之症目》补充了血瘀导致汗证的重要病机。

自汗、盗汗既可单独出现，也可伴见于其他疾病之中，本节着重讨论单独出现的自汗、盗汗。西医学中的甲状腺功能亢进、植物神经紊乱、风湿热、结核病等所致的自汗、盗汗可参考本病。由其他疾病引起者，在治疗原发病的基础上，亦可参考本节辨证施治。

一、病因病机

(一) 病因

1. 久病体弱

素体薄弱，久病体虚，或久患咳喘，耗伤心肺之气，汗为心液，肺主皮毛，肺气不足，肌表疏松，表虚不固，腠理开泄而自汗。或表虚卫弱，复感外邪，营卫不和，卫外失司，导致汗出。或素体阳虚之人，或久病重病，阳气衰弱，不能敛阴，虚火浮越，汗液自泄。或久病耗伤阴精，虚火内生，阴津被扰，不能自藏而外泄，导致盗汗或自汗。如《证治准绳·自汗》云："或肺气微弱，不能宣行荣卫而津脱者。"

2. 情志不畅

思虑过度，耗伤心脾，致心血不足，血不养心，心不敛营，则汗液外泄。《医学正传》说："汗乃心之液，心无所养，不能摄血，故溢而为汗。"亦有因忿郁恼怒，气机郁滞，肝郁化火，火热逼津外泄。

3. 饮食失调

过食辛辣厚味，损伤脾胃，蕴湿生热；或素体湿热偏盛，以致邪热郁蒸，津液外泄而出汗。如《素问·举痛论》载："炅则腠理开，荣卫通，汗大泄。"

(二) 病机

汗证基本病机是阴阳失调，腠理不固，营卫失和，汗液外泄异常。汗证的病位在卫表肌腠，病变脏腑涉及肺、心、肝、脾、肾。

病理性质有虚实之分，但虚多实少。自汗多属气虚不固，盗汗多为阴虚内热。因肝火、湿热所致者则为实证。虚实之间可相互转化，如邪热郁蒸，久则耗气伤阴，转为虚证；自汗久则可以伤阴，盗汗久则可以伤阳。总之，汗证可随阴阳之偏盛、偏衰和邪气性质、轻重以及津液外泄的时间和部位，形成各种不同的证型。

汗为心之液，由精气所化，不可过泄，若自汗、盗汗长时间不愈，则耗气伤精。单纯出现的自汗、盗汗，一般预后良好，经过治疗，大多可在短期内治愈或好转。伴见于其他疾病过程中的自汗、盗汗，往往病情较重，应积极治疗原发病。

二、诊断与鉴别诊断

(一) 诊断依据

1. 不因外界环境影响，在头面、颈胸或四肢，全身出汗者。昼日汗出溱溱，动则益甚为自汗；睡眠中汗出津津，醒后汗止为盗汗。

2. 除外其他疾病引起的自汗、盗汗。作为其他疾病过程中出现的自汗、盗汗，因原发病的不同各具该疾病的症状及体征，且不以出汗为突出症状。

(二) 鉴别诊断

1. 脱汗

脱汗又称"绝汗"，是亡阴或亡阳的征象。脱汗者可表现为冷汗淋漓如水，或汗热而黏如油，常伴气短息微，精神不振，四肢厥逆，脉微欲绝或脉大无力，甚至昏不识人等其它危重症状。是一种汗出情况及病情程度都较自汗与盗汗严重的病证。

2. 战汗

战汗是在急性热病过程中由于正邪相争，驱邪外出而出现的一种病证。常表现为突然的全身恶寒、战栗，而后汗出，兼见发热口渴，烦躁不安等症状。若热势随汗出而退，身凉脉静，则是正复邪去，疾病向愈；若汗出但身热不退，烦躁不安，则提示邪盛正衰，病情恶化。

3. 黄汗

黄汗是一种多因风湿热邪交蒸而致的病证。主要表现为汗出染衣着色，色如黄柏汁，兼见口苦口黏，渴不欲饮，或身目俱黄，两胁胀痛，小便短赤，苔黄腻等症。汗出色黄的程度较邪热郁蒸型的自汗重。

三、辨证论治

（一）辨证要点

1. 辨阴阳

病程久，病情重者，则会出现阴阳虚实错杂的情况。自汗久则可以伤阴，盗汗久则可以伤阳，出现气阴两虚，或阴阳两虚之证。

2. 辨虚实

汗证属虚者居多。自汗多属气虚不固，盗汗多属阴虚内热。亦有因肝火、湿热等邪热郁蒸所致者，则属实证。邪热郁蒸，久则伤阴耗气，则呈虚实夹杂之候。

（二）治疗原则

汗证的治疗，当以汗证之不同病机而有所区别。虚证当根据证候的不同而治以益气、养阴、补血、调和营卫；实证当清肝泄热、化湿和营；虚实夹杂者则根据虚实的主次而适当兼顾。

（三）分证论治

1. 自汗

(1) 营卫不和

症状　汗出恶风，周身酸痛，或微发热，头痛，舌淡红，苔薄白，脉浮缓。

分析　汗出为营卫失和，卫外不固，荣阴失守；恶风，周身酸楚为风邪袭表，营卫不和，腠理不固，筋脉失养；头痛、微发热、脉浮缓为风邪在表之征。

治法　调和营卫。

方药　桂枝汤加减。

方中桂枝温通经络，助阳化气，解肌发表；白芍益阴敛营；桂芍同用，既营卫同治，又散中有收。配以生姜、大枣和甘草，化气生津，益营助卫。

若汗出多者，可加龙骨、牡蛎固涩敛汗；兼气虚者，可加黄芪益气固表；若兼阳虚者，可加附子以温阳。

(2) 肺卫不固

症状　汗出恶风，动辄益甚；或兼见体虚乏力，平素体弱，易于感冒；面色少华，苔薄白，脉细弱。

分析　汗出恶风，易于感冒为肺气亏虚，皮毛不固，腠理疏松；动辄汗出为动则耗气，肌表失固；面色少华为肺气亏虚，水谷精微不能上荣头面；苔薄白，脉细弱为肺气亏虚所致。

治法　益气固表。

方药　玉屏风散加减。

方中黄芪补中气以益肺气，实卫气而固表止汗；白术益气健脾；防风走表而祛风邪。

若气虚甚者，可加党参、黄精益气固摄；若汗出多者，可加浮小麦、糯稻根、牡蛎固表敛汗；若兼阴虚而见舌红、脉细数者，可加麦冬、五味子敛阴止汗。

(3) 湿热蕴蒸

症状　蒸蒸汗出，汗出色黄且黏，兼见面红发热，心烦口苦，小便短赤，舌红苔薄黄或黄腻，脉弦数。

分析　蒸蒸汗出，汗出色黄且粘，面红发热为邪热蒸津外泄；心烦为热扰心神；口苦为肝火挟胆气上溢；小便短赤为火邪灼津；舌红苔薄黄或黄腻，脉弦数均为里热化火、津液被劫之象。

治法　清热除蒸。

方药　龙胆泻肝汤加减。

方中龙胆草、黄芩、栀子、柴胡清肝泻热；泽泻、木通、车前子、滑石利小便以导热下行；当归、生地养血滋阴，使邪祛而不伤阴。

若湿热内蕴，而热势不著者，可改用四妙丸加减；若火邪上炎清窍，致头部蒸蒸汗出，可用竹叶石膏汤加减。

2. 盗汗

(1) 阴虚火旺

症状　盗汗，兼见五心烦热，骨蒸潮热，两颧色红，心烦少寐，形体羸瘦，口渴，舌红少苔，脉细数。

分析　五心烦热、骨蒸潮热、两颧色红为虚热内蒸；心烦少寐为虚火上扰心神；形体羸瘦为阴精亏虚；口渴为阴虚津伤；舌红少苔，脉细数均为阴虚火旺之征。

治法　滋阴降火。

方药　当归六黄汤加减。

方中当归、生地黄、熟地黄滋阴养血；黄芩、黄连、黄柏苦寒泻火以坚阴；黄芪固表实卫；常合用五味子、乌梅敛阴止汗。

若汗出多者，可加浮小麦、牡蛎、糯稻根固涩敛汗；若潮热甚者，可加秦艽、银柴胡、白薇清退虚热；若以阴虚为重，而火热、潮热、脉数等不显著者，可改用麦味地黄丸滋补肺肾，益阴清热。

(2) 心血亏虚

症状　寐时汗出，醒后即止，兼见少寐多梦，心悸头晕，神疲乏力，面色淡白或萎黄，唇舌色淡，苔白，脉细无力。

分析　寐时汗出，醒后即止为心血亏虚，神不内守，心液外泄之故；心悸为心失濡养；失眠多梦为心神失养，神不内守；头晕神疲，面色无华，唇舌色淡为心血亏虚，不能上荣头面；苔白，脉细无力为心血不足之象。

治法　补血养心。

方药　归脾汤加减。

方中黄芪补脾益气，龙眼肉补脾气、养心血；人参、白术助黄芪补脾益气；当归补血，酸枣仁、茯神、远志养心安神、宁神益智，木香理气醒脾，炙甘草、生姜、大枣调和脾胃；常加牡蛎、五味子、麻黄根敛阴止汗。

若气虚者，可加黄芪、浮小麦益气固表；若心悸明显者，可加龙骨、朱砂、琥珀粉重镇安神；若不寐甚者，可加柏子仁、合欢皮养心安神。

四、预防调护

加强体育锻炼，增强体质，使表卫腠理固密。避风寒暑湿，以养肺气；劳神有节，以养心气；

思虑适度，以养脾气；情志舒畅，以养肝气；节制情欲，以养肾气。已病之后，当防感冒，薄滋味，忌生冷、油腻，避免伤阳碍脾；忌辛辣之品，以免助湿生热。护理方面，汗出过多，腠理空虚，易受外邪侵袭，故当避风寒，以防感冒。汗出之后当及时揩干，经常更换内衣，保持衣物清洁干燥。

五、临证验案

李某，女，53岁。

初诊 2009年7月1日。患者自汗、盗汗1年，加重1月。于1年前闭经后出现自汗、盗汗，伴腰酸乏力，多处服中药治疗，但无效，且于近1个月加重，出现心烦、阵热汗出。现症见自汗、盗汗、腰酸、乏力、心烦、手足心热、尿意频频，察其面色红，诊其舌质红苔薄黄而干，脉细数，实验室检查均正常。

辨证 肾气阴两虚，阴虚火旺。

治则 滋阴补肾、清心泻火、收敛固涩。

处方 左归丸加减。

生地黄20g，熟地黄20g，山茱萸20g，山药20g，枸杞20g，菟丝子15g，怀牛膝15g，龟板20g，女贞子20g，石斛20g，麦冬15g，杜仲15g，黄芪40g，太子参20g，黄连10g，黄柏10g，龙骨20g，牡蛎20g，桑螵蛸15g，益智仁15g。

21剂，水煎服，每日1剂，早晚温服。嘱其节情志、防劳累、感冒。

二诊 2009年7月22日。服用上方3周后，病情明显好转，自汗、盗汗减轻，腰酸、乏力、手足心热，有时心烦，少寐多梦，排尿正常，察其面色略红，诊其舌尖红苔薄黄略干，脉细。上方加枣仁20g，柏子仁20g，五味子20g，石菖蒲20g，远志15g，以养心安神、交通心肾，使水火既济。排尿正常故减桑螵蛸、益智仁，21剂，水煎服，每日1剂，早晚温服。

三诊 2009年8月12日。服用上方3周后症状皆无，诊其舌质淡，苔红略薄黄，脉缓，临床治愈，嘱其停止用药，调情志，随诊。

（潘洋，江柏华．张琪医论医话集锦．北京科学出版社．2014）

六、文献摘录

1.《素问·经脉别论》："饮食饱甚，汗出于胃；惊而夺精，汗出于心；持重远行，汗出于肾；疾走恐惧，汗出于肝；摇体劳苦，汗出于脾。"

2.《丹溪心法·卷三》："自汗属气虚、血虚、湿、阳虚、痰。盗汗属血虚、阴虚。"

3.《三因极一病证方论·自汗证治》："夫自汗，多因伤风伤暑，及喜怒惊恐，房室虚劳，皆能致之，无问昏醒，浸浸自出者，名曰自汗，或睡着汗出，即名盗汗，或云寝汗。"

4.《景岳全书·汗证》："汗出一证，有自汗者，有盗汗者。自汗者，濈濈然无时，而动作则益甚。盗汗者，寐中通身汗出，觉来渐收。诸古法云：自汗者属阳虚，腠理不固，卫气之所司也。人以卫气固其表，卫气不固，则表虚自汗而津液为之发泄也，治宜实表补阳；盗汗者属阴虚，阴虚者阳必凑之，故阳蒸阴分则血热，血热则液泄而为盗汗也，治宜清火补阴。"

5.《医林改错·血府逐瘀汤所治之症目》："竟有用补气、固表、滋阴、降火、服之不效，而反加重者，不知血瘀亦令人自汗、盗汗，用血府逐瘀汤。"

6.《临证指南医案·卷三》："夫心为主阳之脏，凡五脏六腑表里之阳，皆心主之，以行其变化。故随其阳气所在之处而气化为津，亦随其火扰所在之处而津泄为汗，然有自汗、盗汗之别焉。"

七、文献推介

1. 邓铁涛．汗证(植物神经功能紊乱)[J]．新中医，1977，4(9):26-27.

2. 李小会．《伤寒论》汗证之辨治[J]．时珍国医国药，2009，20(5):1267-1268.

3. 杨惠卿，路洁，张维骏等．路志正和表里、调上下治愈汗证举隅[J]．世界中西医结合杂志,2013,8(4):336-338.

4. 姚洁琼,张帆,林芳旭等.隋唐以来10位著名医家汗证学术思想初探[J].中医杂志,2015,56(7):567-569.

（编者：刘源香　责任副主编：肖炜）

47 肥胖

肥胖是由胃热偏盛、脾虚不运、聚湿生痰引起的,以身体肥满超过常人,腹大膏厚、甚者腹凸脂壅、纵腹垂腴为主要临床表现的病证。此病常为多种其他疾病发生的基础,具有起病缓、病程长的特点。

本病的记载最早见于《内经》,《灵枢·卫气失常》篇将人之肥瘦分为"有肥、有膏、有肉",又由"膏人、肉人、脂人"从形体大小、身之寒温、气血多少及腠理粗细等方面作了分析,其中以膏人"纵腹垂腴"最为形象。在病因方面,《素问·奇病论》中有"数食甘美而多肥"的记载,说明肥胖的发生与过食甘美、先天禀赋、劳作运动太少等因素有关。后世医家在《内经》的基础上认识到肥胖的病机还与气虚、痰湿、七情等因素有关,金·李东垣《脾胃论》、元·朱震亨《丹溪心法》均提到"肥人多痰湿",明·张介宾《景岳全书·杂证谟》、清·喻昌《医门法律》认为肥人多气虚。在治疗上,《丹溪心法·中湿》认为肥胖应从湿热及气虚两方面论治。此外,前人还认为肥胖与其他多种病证有关,《素问·通评虚实论》中记载"凡治消瘅、仆击、偏枯、痿厥、气满发逆,肥贵人,则高粱之疾也。"说明肥胖与消渴、中风、偏枯、痿厥等多种疾病有关。清·吴道源《女科切要》中记载"肥白妇人,经闭而不通者,必是痰湿与脂膜壅塞之故也",说明肥胖与妇人经闭不通亦相关。

西医学中的单纯性（体质性）肥胖属于本病范畴。以肥胖为主要表现的无症状2型糖尿病、代谢综合征等可参照本节辨证施治。

一、病因病机

（一）病因

1. 饮食失节

胃热偏盛,暴饮暴食,食多脾滞不运,水谷精微在体内堆积成为膏脂,形成肥胖;或过食肥甘,伤及脾胃,脾失运化,聚湿生痰,痰湿互结,聚于体内,使人臃肿肥胖。正如《素问·奇病论》所记载"此肥美之所发也,此人必数食甘美而多肥也。"

2. 年老体弱

人过中年,正气渐衰,脾的运化功能减退,又过食肥甘,运化不及,聚湿生痰,痰湿壅结;或肾阳虚衰,不能化气行水,酿生水湿痰浊发为肥胖。正如《素问·阴阳应象大论》所记载"年四十……起居衰也;年五十,体重,耳目不聪明矣。"

3. 先天禀赋

肥胖的发生具有一定的家族遗传性,肥胖与体质相关。阳热体质,胃热偏盛,食欲亢进,食量过大,脾运不及,膏脂痰湿堆积而成肥胖;或痰湿体质,湿浊内聚,发为肥胖。

4. 缺乏运动

长期喜坐懒动之人,缺乏运动,阴盛而阳弱,气血运行不畅,脾胃呆滞,致使气不行津,运化失司,水谷精微失于输布,停为痰湿,化为脂膏聚于肌肤、脏腑、经络而致肥胖。

(二)病机

病机总属胃热偏盛、脾虚不运，聚湿生痰。胃热偏盛，过食肥甘，损伤脾胃，脾虚不运，湿浊积聚体内，化为膏脂，形成肥胖，痰湿阻碍气机则致气滞血瘀。

肥胖的病变脏腑主要在脾胃，但与肾气虚衰关系密切，并可涉及五脏。本病多属本虚标实之候，但总体上是实多虚少或虚实夹杂。本虚多为脾气亏虚，失于运化而致水谷精微积为痰湿，也有脾肾阳气不足，或兼见心、肺气虚及肝胆疏泄失调者。标实主要为痰湿膏脂内停，或兼见水湿、血瘀、气郁等。此外，临床上还常有偏于本虚或偏于标实的情况，无论是偏于虚或偏于实，最终都导致膏脂堆积而为病。

本病病变过程中常发生病机转化。一是虚实之间的转化。如胃热偏盛，食欲亢进，过食肥甘，食多脾滞不运，湿浊积聚体内化为膏脂，形成肥胖，这见于大多数肥胖者的早期阶段，属于实证。但如长期饮食不节，则可损伤脾胃，致脾虚不运，甚至脾病及肾，导致脾肾两虚，从而由实证转为虚证。若脾虚日久，运化失常，湿浊内生，停于脏腑，阻于经络，气因湿阻，瘀因痰生，可致痰湿、气滞、瘀血相杂。二是肥胖病变日久，常变生它病。《内经》中已经认识到肥胖与消瘅等病证有关，极度肥胖者，常易合并消渴、头痛、眩晕、胸痹、中风、胆胀、痹证等。

二、诊断与鉴别诊断

(一)诊断依据

1. 排除水液潴留等非膏脂堆积导致的形体肥满外，凡以身体肥满超过常人，腹大膏厚，甚者腹凸脂壅，纵腹垂腴为特征者即可诊断为肥胖。

2. 轻度肥胖常无明显症状，重度肥胖多有疲乏无力，动则气促，行动迟缓，或脘痞痰多。倦怠恶热，或少气懒言，动则汗出，甚至面浮肢肿、头晕目眩等症状。

3. 有恣食肥甘厚味及辛辣炙煿之品的不良饮食习惯，或同时缺乏体力活动。可有肥胖家族史。

(二)鉴别诊断

1. 水肿

水肿主要为肺、脾、肾功能失调，水湿泛溢肌肤。其浮肿多从眼睑开始，继则延及头面及肢体，或下肢先肿，后及全身，每见面色㿠白、腰酸倦怠等。水肿严重时体重也增加，但其具有压之常可形成凹陷的特点。

2. 鼓胀

鼓胀也出现腹部胀满的症状，但鼓胀病位在肝，主要为气、血、水互结于腹中，晚期还可兼见面色青晦，面颈部有血痣赤缕，胁下癥积坚硬，腹皮青筋显露等症状。而肥胖的腹部胀满则为膏脂堆积而成。

三、辨证论治

(一)辨证要点

1. 辨虚实

本病虽虚、实皆有，但总体上是实多虚少或虚实夹杂。其中胃热、痰湿、气郁血瘀为实；脾气亏虚为虚，继则可发展为脾肾阳虚，或兼见心、肺气虚及肝胆疏泄失调者。虚实相兼者，又当辨其虚、实多少之不同。

2.辨标本

本病之本为胃热消灼、脾虚失运、脾肾阳虚；本病之标为痰湿、气郁、瘀血久留，膏脂堆积不化。

3.辨脏腑病位

本病病位以脾、胃为主，与肾关系密切，可涉及五脏。肥胖而多食，或伴口干，大便偏干，多责之于胃。肥胖而乏力，腹部胀满，或伴大便溏薄，多责之于脾。肥胖而伴腰膝酸软，夜尿频多，畏寒肢冷，多责之于肾。久病入络，或痰凝血瘀，则常病及心、肝，出现心悸气短、胁肋疼痛、烦躁眩晕等症状。

（二）治疗原则

补虚泻实是治疗本病的基本原则。补虚多用益气健脾，病及于肾，当温阳补肾。泻实常用清胃降浊、祛湿化痰法，同时可结合消导通腑、化气行水、行气化瘀或痰瘀同治等，以消除膏脂、痰浊、水湿、瘀血及郁热。虚实夹杂者，当补虚泻实并举。

（三）分证论治

1.胃热滞脾

症状 肥胖多食，消谷善饥，脘腹胀满，面色红润，心烦头昏，口干口苦，胃脘灼热嘈杂，得食稍缓，大便干结，尿黄，舌质红，苔黄腻，脉弦滑。

分析 肥胖多食，消谷善饥是胃火炽盛，受纳腐熟太过，膏脂堆积；面色红润，口干，大便干结，尿黄为阳明热盛伤津；心烦头昏、脘腹胀满是胃火炽盛，扰乱心神，食多脾滞不运；口苦、胃脘灼热嘈杂是胃火夹胆汁上溢的表现；舌质红，苔黄，脉偏数多为胃热内郁之象。

治法 清胃泻火，佐以消导。

方药 白虎汤合小承气汤加减。

前方清热生津，适用于阳明胃腑郁热者。方中石膏为君，清阳明气分大热，止渴生津；知母清热滋阴，助石膏清胃腑之热；粳米、甘草为佐益胃生津，顾护脾胃。后方通腑泄热，适用于胃肠有积热，热邪伤津而见肠中有燥屎者。方中大黄苦寒泻热，攻积通便，荡涤肠胃邪热积滞；厚朴行气消胀除满；枳实下气开痞散结。

若热盛耗气伤津，症见疲乏、少力、口干多饮，加党参、黄芪、太子参补益正气，天花粉、葛根清热生津；若肝胃郁热，症见胸胁苦满，烦躁易怒，口苦舌燥，加柴胡、黄芩，栀子清泻肝胆郁热；若风火积滞壅积肠道，表里俱实者，可用防风通圣散。

2.痰湿中阻

症状 形体肥胖，身体沉重，肢体困倦，脘痞胸满，可伴头晕，口干而不欲饮，大便少行，嗜食肥甘醇酒，喜卧懒动，舌质淡胖或大，苔白腻或白滑，脉滑。

分析 形体肥胖，身体沉重，肢体困倦为痰湿内盛，泛溢肌肤，阻碍经气，气化不利的表现；脘痞胸满，大便少行是痰湿内盛，困遏脾胃，纳运失健；头晕为痰蒙清窍，清阳不升；口干而不欲饮是痰湿内阻，气不化津；嗜食肥甘醇酒，喜卧懒动则进一步促进痰湿形成；舌质淡胖或大，苔白腻或白滑，脉滑多为痰湿内盛之象。

治法 化痰利湿，理气消脂。

方药 导痰汤合四苓散加减。

前方燥湿化痰和胃，理气开郁消痞，适用于痰湿内盛，气机壅滞者。方中半夏、橘红、制南星、枳实理气消痰；茯苓淡渗利湿化痰。后方猪苓、茯苓、泽泻、白术利水渗湿，适用于水湿内盛者。

若胸阳不振，痰气互结导致胸满、胸闷较甚者，加薤白、瓜蒌皮通阳散结，祛痰下气；若湿邪困遏脾胃致脘痞较甚者，加砂仁、白蔻仁芳香化湿，理气消痞；若痰湿化热，症见心烦少寐，纳少便秘，舌红苔黄，脉滑数者，可酌加竹茹、浙贝母、黄芩、瓜蒌仁等，并以胆南星易制南星。

3. 气滞血瘀

症状 肥胖懒动，喜太息，胸闷胁满，面晦唇暗，肢端色泽不鲜，甚或青紫，可伴男子性欲下降甚至阳痿，女性月经不调、量少甚或闭经，经血色暗或有血块，舌质暗或有瘀斑瘀点，舌苔薄，脉或滑或涩。

分析 懒动，善太息，胸闷胁满是情志不舒，肝失疏泄；面晦唇暗，肢端色泽不鲜，甚或青紫是肝气郁结，气滞血瘀；男子性欲下降甚至阳痿是肝郁湿阻，经络失畅，气血失充，导致宗筋不用；女性月经不调、量少甚或闭经，经血色暗或有血块是情志不遂，肝气郁结，气机不通，血滞不行，胞脉受阻，冲任失调；舌质暗或有瘀斑瘀点，脉或滑或涩多为气郁血瘀之象。

治法 理气解郁，活血化瘀。

方药 血府逐瘀汤加减。

方中桃仁破血行滞润燥，红花活血祛瘀止痛，二者共为君药；赤芍、川芎、牛膝助君药活血化瘀；生地、当归滋阴养血，祛瘀而不伤正；桔梗、枳壳一升一降，宽胸行气；柴胡疏肝解郁，升达清阳。若气郁化火导致口干口苦，加黄芩、栀子清泻肝胆郁热；若失眠烦躁，加黄连、夜交藤、炙远志清热宁心安神；若大便干燥难解，加枳实、大黄破瘀降浊通便；若阳痿，加水蛭、淫羊藿破瘀通脉，补肾壮阳；若月经稀少，加月红、泽兰、益母草活血化瘀通经。

无论痰湿内盛证还是气郁血瘀证，病延日久，壅阻气机，均可转化为痰瘀互结证。治疗当以活血化瘀、祛痰通络为主，可用导痰汤合血府逐瘀汤，或瓜蒌薤白半夏汤合桃红四物汤加减，常用瓜蒌、薤白、半夏、川芎、当归、赤芍、郁金、陈皮、竹茹、枳实、苍术、僵蚕等。

4. 脾虚失运

症状 肥胖臃肿，神疲乏力，身体困重，脘腹痞闷，或有四肢轻度浮肿，晨轻暮重，劳累后更为明显，饮食如常或偏少，既往多有暴饮暴食史，小便不利，大便溏或便秘，舌质淡胖，边有齿印，苔薄白或白腻，脉濡细。

分析 平素暴饮暴食，损伤脾胃，脾失健运，水湿不化，泛溢肌肤，阻碍经气，气化不利则肥胖臃肿，身体困重，脘腹痞闷，或有四肢轻度浮肿，晨轻暮重；脾气虚弱，气血化生无源，脏腑机能减退则神疲乏力；劳累后更为明显是劳则气耗；饮食如常或偏少是脾虚水谷不运；大便溏或便秘是食入不消，清浊不分；小便不利是气化不利，不能化气行水；舌质淡胖，边有齿印，苔薄白或白腻，脉濡细多为脾虚湿盛之象。

治法 健脾益气，渗利水湿。

方药 参苓白术散合防己黄芪汤加减。

方中人参、白术、山药，益气健脾；茯苓、莲子、扁豆、苡仁健脾渗湿；砂仁芳香醒脾，行气化湿止泻；桔梗宣肺气使湿浊下行，适用于脾虚不运之肥胖。方中防己、黄芪祛风除湿，益气固表；白术补气健脾祛湿；生姜助防己祛风湿；大枣助芪、术补脾气，适用于气虚水停之肥胖。

若脾虚水停，肢体肿胀明显者，加大腹皮、木瓜行气消肿利水；若身体困重明显者，加佩兰、藿香芳香醒脾；若脘腹痞闷明显者，可合用平胃散宽中消痞。

5. 脾肾阳虚

症状 形体肥胖，易于疲乏，可见四肢不温，甚或四肢厥冷，喜食热饮，小便清长，舌淡胖，舌苔薄白，脉沉细。

分析 四肢不温，甚或四肢厥冷，喜食热饮是气损及阳，脾肾阳虚，温煦失职；小便清长，形体肥胖是气化失职，不能化气行水，水湿内停，泛溢肌肤的表现；舌淡胖，舌苔薄白，脉沉细多为脾肾阳虚之象。

治法 补益脾肾，温阳化气。

方药 真武汤合苓桂术甘汤加减。

前方温阳利水，适用于肾阳虚衰，水气内停之肥胖。方中附子温肾助阳、化气行水；白术健脾燥湿；茯苓利水渗湿；生姜助附子温阳散寒，又合苓、术宣散水湿；白芍利小便以行水，且防附子燥热伤阴。后方温阳化饮、健脾利湿，适用于脾阳虚衰、痰饮内停之肥胖。方中茯苓为君，健脾利湿；桂枝为臣，温阳化饮；白术为佐，健脾燥湿，助茯苓以培土制水；炙甘草配桂枝辛甘化阳，合白术益气健脾。两方合用，共奏温补脾肾、利水化饮之功。

若嗜热食而恶冷饮者，加炮姜温脾散寒；若乏力困倦者，加太子参、黄芪；若畏寒肢冷者，加补骨脂、仙茅、仙灵脾，并重用附子以温肾散寒；若尿少浮肿明显者，加五苓散，或泽泻、猪苓、大腹皮。中成药可服用济生肾气丸。

四、预防调护

本病重在预防。其关键是控制饮食和加强运动，并持之以恒。肥胖者宜清淡、低脂、低盐饮食，多食蔬菜、水果等富含纤维、维生素的食物，适当补充蛋白质，养成良好的饮食习惯，忌暴饮暴食，忌食肥甘厚味、辛香燥烈等高热量饮食。坚持长期有规律运动，包括散步、跑步、游泳、打球、登山、打太极拳等。运动不可太过，减肥须循序渐进，使体重逐渐减轻，不宜骤减，以免损伤正气，适得其反。

五、临证验案

患者某，男，45岁。

初诊 2009年7月4日。

主诉 身体发胖5年，时有头晕。病史：40岁后身体逐渐发胖，记忆力减退，头晕沉，常感倦怠乏力，平素饮食不多，但体重不断增加，由5年前的70kg增加到87kg。大便时溏时秘。化验血糖、血脂均偏高（数值不详）。舌根紫暗，苔白厚，舌体胖大，边有齿痕，脉濡缓。

辨证 脾失健运，痰湿阻滞。

治法 益气温中，健脾豁痰。

处方 白术10g，茯苓15g，陈皮10g，法半夏10g，木香6g，砂仁8g，桂枝5g，乌药10g，枳壳10g，川朴10g，荷叶25g，鸡内金10g，泽泻20g，玉米须30g，山楂15g，甘草3g，15剂。

二诊 2009年7月25日。服药15剂后，饮食、体力均有所增加，大便顺畅，头仍昏，舌体胖大，边有齿痕，质稍紫暗，脉濡缓。

处方 上方加郁金10g，节菖蒲10g，细辛5g，21剂

三诊 2009年8月20日。纳、眠、二便正常，已无头昏沉现象，感觉较前走路有力，体重减少了3.5kg。舌淡红，苔白，舌体不大，脉缓。

处方 原方去细辛5g，加橘红12g，继服30剂

2010年1月带其他病人来诊，自述体重已减至79kg，未再增加。

按 肥胖的临床特征为体内膏脂堆积过多，体重超过一定范围。李振华教授根据患者形体肥胖，饮食不多，大便时溏时秘，苔白厚，舌体胖大，边有齿痕，脉濡缓，断为肥胖病（脾失健运，痰湿阻滞），正如《脾胃论》中言："或少食而肥，虽肥而四肢不举，盖脾实而邪气盛也"。形体肥胖，为脾失健运，水湿不化，湿聚成痰，泛溢肌肤的表现；痰蒙清窍，清阳不升则见头昏头晕；脾气虚弱，气血化生无源，脏腑机能减退则神疲乏力；饮食偏少是脾虚水谷不运，胃受纳失职所致；大便时溏时秘为痰湿内盛，困遏脾胃，纳运失健，食入不消，清浊不分；苔白厚，舌体胖大，边有齿痕，脉濡缓均为脾失健运，痰湿阻滞的征象。而除痰湿之外，本类病人日久还存在"瘀血、气郁"之证。舌质紫暗则为内有瘀血之象。因此，治疗本证，当抓住脾虚之本，痰湿、瘀血、气郁之标，标本同治，方用香砂六君汤和猪苓汤加减。方中白术、茯苓、泽泻、玉米须健脾利湿；乌药、

桂枝一则振奋脾阳，二则助膀胱之气化通阳利湿；陈皮、半夏、橘红、川朴、砂仁、木香理气燥湿、祛痰导滞；山楂、鸡内金消肉积、化瘀滞；枳壳、郁金、节菖蒲豁痰行气。此外，戴原礼《证治要诀》云：荷叶服之，令人瘦劣。"方中荷叶实为妙用，对肥胖具有较好的治疗效果。

（徐彦飞，刘津.李振华教授治疗单纯性肥胖病经验.中华中医药杂志，2011）

六、文献摘录

1.《灵枢·卫气失常》："人有肥、有膏、有肉。……䐃肉坚，皮满者，肥。䐃肉不坚，皮缓者，膏。皮肉不相离者，肉。""身之寒温何如？膏者，……其肉淖而粗理者，身寒，细理者，身热。脂者，其肉坚，细理者热，粗理者寒。""其肥瘦大小奈何？……膏者，多气而皮纵缓，故能纵腹垂腴。肉者，身体容大。脂者，其身收小。""三者之气血多少何如？……膏者，多气，多气者，热，热者耐寒。肉者，多血则充形，充形则平。脂者，其血清，气滑少，故不能大。此别于众人者也。"

2.《素问·奇病论》："此肥美之所发也，此人必数食甘美而多肥也，肥者令人内热，甘者令人中满，故其气上溢，转为消渴。"

3.《脾胃论》："脾胃俱旺，能食而肥；脾胃俱虚，则不能食而瘦；或少食而肥，虽肥而四肢不举，盖脾实而邪气盛也。"

4.《丹溪心法·中湿》："凡肥人沉困怠惰，是湿热，宜苍术、茯苓、滑石。凡肥白之人，沉困怠惰，是气虚，宜二术、人参、半夏、草果、厚朴、芍药。"

5.《景岳全书·杂证谟·非云》："肥人多湿多滞，……宜于前治痰之法随宜暂用。""治痰者，必当温脾强肾以治痰之本，使根本渐充，则痰将不治而自去矣。"

七、文献推介

1. 仝小林.论"肥胖""脾瘅"辨治[N].中国中医药报,2016-01-06(4).

2. 仝小林.肥胖综合征中医诊疗中的几个关键问题与对策[A].广东省中医药学会糖尿病专业委员会、广东省中西医结合学会糖尿病专业委员会.广东省第五届中医、中西医结合防治糖尿病学术大会论文汇编[C].广东省中医药学会糖尿病专业委员会、广东省中西医结合学会糖尿病专业委员会,2005:12.

3. 仝小林.肥胖2型糖尿病前期、早期病机证治探讨[A].中华中医药学会糖尿病分会.第九次全国中医糖尿病学术大会论文汇编[C].中华中医药学会糖尿病分会,2006:5.

（编者：温伟波　责任副主编：肖炜）

48 虚劳

虚劳又称虚损，是由脏腑亏损、气血阴阳虚衰、久虚不复成劳引起的，以五脏虚证为主要临床表现的多种慢性虚弱证候的总称。

历代医籍对虚劳的论述甚多。《素问·通评虚实论》提出"精气夺则虚"，可视为虚证的提纲。而《素问·调经论》所谓"阳虚则外寒，阴虚则内热"，进一步说明虚证有阴虚、阳虚的区别，并指明阴虚、阳虚的主要特点。《素问·三部九候论》提出"虚则补之"，《素问·至真要大论》提出"劳者温之"、"损者益之"的治疗总则。《难经·十四难》创"五损"之说，并提出五脏虚损的治法："损其肺者益其气，损其心者调其营卫，损其脾者调其饮食，适其寒温，损其肝者缓其中，损其肾者益其精。"汉·张仲景《金匮要略·血痹虚劳病脉证并治》篇中首次将"虚劳"列为病名单篇论述，详述证因脉治，分阳虚、阴虚、阴阳两虚三类，治疗重在温补脾肾，还提出干血致虚，宜化瘀生新的治法，对后世启发很大。隋·巢元方《诸病源候论·虚劳病诸候》用五劳、六极、七伤概括虚劳的病因。金元以后，虚劳的理论认识及临床治疗均有较大的发展。如李东垣重视脾胃，长于甘温补中法。元·朱丹溪重视肝肾，善用滋阴降火法。明·张景岳对阴阳互根的理论作了深刻的阐发，提出"阴中求阳，阳中求阴"的治则，在治疗肾阴虚、肾阳虚的理论及方药方面有新的发展。明·李中梓《医宗必读》强调脾、肾在虚劳中的重要性。明·汪绮石《理虚元鉴》为虚劳专书，对虚劳的病因、病机、治疗、预防及护理均有较深刻的论述。清·吴澄的《不居集》对虚劳的资料作了比较系统的汇集整理，是研究虚劳的一部有价值的参考书。

虚劳是中医内科学中涉及范围很广泛的一个病证。凡多种慢性虚弱性疾病，发展至严重阶段，以脏腑气血阴阳亏损为主要表现的病证，均属于本病证的范畴。西医学中多个系统的多种慢性消耗性和功能衰退性疾病，出现类似虚劳的临床表现时，均可参照本节辨证施治。

一、病因病机

（一）病因

1. 禀赋不足

禀赋不足，体质虚弱，因父母体弱多病，年老体衰，孕育不足，胎中失养，或生后喂养失当，水谷精气不充，均可导致先天不足，体质薄弱，易于罹患疾病，并在病后易于久虚不复，使脏腑气血阴阳亏虚日甚，成为虚劳。

2. 烦劳过度

烦劳过度，因劳致虚，日久成损。尤以劳神过度及恣情纵欲较为多见。忧郁思虑，积思不解，所欲未遂等劳伤心神，易使心失所养，脾失健运，心脾损伤，气血亏虚成劳。而早婚多育，房事不节，频犯手淫等，易使肾精亏虚，肾气不足，久则阴阳亏损。清·程曦《医家四要·病机约论》提出"曲运神机则劳心，尽心谋虑则劳肝，意外过思则劳脾，遇事而忧则劳肺，色欲过度则劳肾"。

3. 饮食不节

暴饮暴食，饥饱不调，食有偏嗜，营养不良，饮酒过度等原因，均会导致脾胃损伤，不能化生水谷精微，气血来源不充，脏腑经络失于濡养，日久形成虚劳。清·吴谦《医宗金鉴·虚劳总括》云："内伤饮食劳倦，则损从肌肉脾始"。

4. 大病久病

大病久病，失于调理。大病，邪气过盛，脏气损伤，耗伤气血阴阳，正气短时难以恢复，加之病后失于调养，每易发展成劳。久病迁延失治，日久不愈，病情传变日深，损耗人体的气血阴阳，或产后失于调理，正虚难复，终成虚劳。明·张景岳《景岳全书·虚损》曰："疾病误治及失于调理者，病后多成虚损。"

5. 误治失治

误治失治，损耗精气。由于辨证诊断有误，或选用药物不当，以致精气损伤，既延误治疗，又使阴精或阳气受损，从而导致虚劳。

总之，幼年患病者，多以先天为主因，因虚而致病；成年以后患病，多属后天失养，劳伤过度，因病而成劳。

（二）病机

虚劳病证，门类繁多，病机复杂，总括起来，主要表现为五脏气血阴阳的亏损。

虚劳虽有因虚致病，因病成劳，或因病致虚，久虚不复成劳的不同，而其病理性质，主要为气、血、阴、阳的亏虚，病损主要在五脏。由于虚损的病因不一，往往首先导致相关某脏气、血、阴、阳的亏损，但由于五脏互关，气血同源，阴阳互根，所以在病变过程中常互相影响。一脏受病，累及它脏，气虚不能生血，血虚无以生气；气虚者，日久阳也渐衰；血虚者，日久阴也不足；

阳损日久，累及于阴；阴虚日久，累及于阳，以致病势日渐发展，而病情趋于复杂。

病变涉及五脏，尤以脾肾为主。因脾、肾为先后天之本，五脏有相互资生和制约的整体关系，在病理情况下可以互为影响转化。故《难经》有"上损及下，下损及上"的论点。具体来说，因为虚劳的成因不一，损伤的脏器各有不同，相互之间的影响、转化也因此而异，如清·吴谦《医宗金鉴》说："阳虚外寒损肺经，阴虚内热从肾损，饮食劳倦自脾成。"同时，当多脏同病时，由于病情不同，仍有主次之分，亦有始终仅见某一脏器病变，而不病及它脏者。

从阴阳气血的虚损与五脏病变的关系来说，虽然五脏各有阴阳气血，但在生理和病理方面，尚有各自的特殊性，因此，五脏阴阳气血的损伤，也各有不同的重点。一般来说，气虚以肺、脾为主，但病重者每可影响心、肾；血虚以心、肝为主，并与脾之化源不足有关；阴虚以肾、肝、肺为主，涉及心、胃；阳虚以脾、肾为主，重者每易影响到心。

二、诊断与鉴别诊断

（一）诊断依据

1. 多见形神衰败，身体羸瘦，大肉尽脱，食少厌食，心悸气短，自汗盗汗，面容憔悴，或五心烦热，或畏寒肢冷，脉虚无力等症。若病程较长，久虚不复，症状可呈进行性加重。
2. 具有引起虚劳的致病因素及较长的病史。
3. 排除类似病证。应着重排除其它病证中的虚证。

（二）鉴别诊断

1. 肺痨

肺痨系正气不足而被痨虫侵袭所致，主要病位在肺，具有传染性，以阴虚火旺为其病理特点，以咳嗽、咳痰、咯血、潮热、盗汗、消瘦为主要临床症状；而虚劳则由多种原因所导致，久虚不复，病程较长，无传染性，以脏腑气、血、阴、阳亏虚为其基本病机，分别出现五脏气、血、阴、阳亏虚的多种症状。

2. 其它疾病的虚证

虚劳与内科其它病证中的虚证在临床表现、治疗用药方面有类似之处，两者主要区别有：一是虚劳的各种证候，均以出现一系列精气亏虚的症状为特征，而其它病证的虚证则各以其病证的主要症状为突出表现。例如：眩晕的气血亏虚证，虽有气血亏虚的症状，但以眩晕为最突出、最基本的表现；水肿的脾阳虚衰证，虽有脾阳亏虚的症状，但以水肿为最突出，最基本的表现。二是虚劳病程较长，程度更重，往往涉及多脏甚至整体。其它病证中的虚证虽然也以久病属虚者为多，但亦有病程较短而呈现虚证者，且病变脏器单一。例如泄泻的脾胃虚弱证，以泄泻伴有脾胃亏虚的症状为主要表现。

三、辨证论治

（一）辨证要点

1. 辨五脏气血阴阳亏虚

虚劳的证候虽多，但总不离乎五脏，而五脏之辨，又不外乎气、血、阴、阳，故对虚劳的辨证应以气、血、阴、阳为纲，五脏虚候为目。正如《杂病源流犀烛·虚损痨瘵源流》说："五脏虽分，而五脏所藏无非精气，其所以致损者有四，曰气虚，曰血虚，曰阳虚，曰阴虚。""气血阴阳各有专主，认得真确，方可施治。"由于气血同源，阴阳互根，五脏相关，所以各种原因所致的虚损往往互相影响，由一虚渐致多虚，由一脏而累及它脏，使病情趋于复杂和严重，辨证时应加注意。一般来说，病程短者，多伤及气血，可见气虚、血虚及气血两虚之证；病程长者，多伤及阴阳，可见阴虚、阳虚及阴阳两虚之证。而气血与阴阳的亏虚既有联系，又有区别。津液精血都属于阴的范畴，但血虚与阴虚的区别在于：血虚主要表现血脉不充，失于濡养的症状，如面色不华，唇舌色淡，脉细弱等；阴虚则多表现阴虚生内热的症状，如五心烦热，颧红，口干咽燥，舌红少津，脉细数等。阳虚可以包括气虚在内，且阳虚往往是由气虚进一步发展而成。气虚表现短气乏力，自汗，食少，便溏，舌淡，脉弱等症，阳虚则症状进一步加重，且出现阴虚里寒的症状，如倦怠嗜卧，形寒肢冷，肠鸣泄泻，舌质淡胖，脉虚弱或沉迟等。

2. 辨有无兼夹病证

虚劳一般均有较长的病程，辨证论治时还应注意有无兼夹病证，尤其应注意三种情况。首先因病致虚、久虚不复者，应辨明原有疾病是否还继续存在。如因热病、寒病或瘀结致虚者，原发疾病是否已经治愈；其次注意有无因虚致实的表现。如因气虚运血无力，形成瘀血；脾气虚不能运化水湿，以致水湿内停等；是否兼夹外邪。虚劳之人由于卫外不固，易感外邪为患，且感邪之后不易恢复，治疗用药也与常人感邪有所不同。

（二）治疗原则

对于虚劳的治疗，根据"虚则补之"、"损者益之"的理论，当以补益为基本原则。在进行补益的时候，一是必须根据病理属性的不同，分别采取益气、养血、滋阴、温阳的治疗方药；二是要密切结合五脏病位的不同而选方用药，以加强治疗的针对性。

同时应注意以下三点：一是重视补益脾肾在治疗虚劳中的作用。以脾胃为后天之本，气血生化之源，脾胃健运，五脏六腑、四肢百骸，方能得以滋养。肾为先天之本，寓元阴元阳，为生命的本元。重视补益脾肾，促进各脏虚损的恢复；二是对于虚中夹实及兼感外邪者，当补中有泻，扶正祛邪。从辨证的关系看，祛邪亦可起到固护正气的作用，防止因邪恋而进一步损伤正气；三是虚劳既可因虚致病，亦可因病致虚，因此，应辨证结合辨病，针对不同疾病的特殊性，一方面补正以复其虚，另一方面求因以治其病。

（三）分证论治

虚劳的证候虽繁，但总不离乎五脏，而五脏之伤，又不外乎阴、阳、气、血，因此现以气、血、阴、阳为纲，五脏虚证为目，分类列述其证治。

1. 气虚

面色㿠白或萎黄，气短懒言，语声低微，头昏神疲，自汗，肢体无力，舌质淡苔白，脉细软弱。

(1) 肺气虚

症状 咳嗽无力，痰液清稀，短气自汗，声音低怯，时寒时热，平素易于感冒，面色㿠白，舌质淡，脉弱。

分析 咳嗽无力，短气自汗，声音低怯为肺气虚损，表虚不固；痰液清稀为肺气不足，不能通调水道，布散精气而致水液失调；时寒时热是肺气虚，营卫失和的表现；平素易于感冒是肺气虚，卫外不固的表现；面色㿠白，舌质淡，脉弱为肺气虚损，气血不能充沛于血脉之象。

治法 补益肺气。

方药 补肺汤加减。

人参、黄芪、沙参益气补肺；熟地、五味子、百合益肾敛肺。

若自汗较多者，加牡蛎、麻黄根固表敛汗；若气阴两虚而兼见潮热、盗汗者，加鳖甲、地骨皮、秦艽等养阴清热；若肺卫不固，易于感冒者，加防风、白术益气固表；若气短、息促者，加五味子、冬虫夏草补肺益肾纳气。

(2) 心气虚

症状 心悸，气短，劳则尤甚，神疲体倦，自汗，面色㿠白，舌质淡苔白，脉细弱。

分析 心悸，气短，神疲体倦为心气不足，心失所养；活动时加重为劳则耗气，气虚更甚；自汗是气虚，卫表不固；面色㿠白是心气不足，气血不能上荣于面的表现；舌质淡苔白，脉细弱为气虚之象。

治法 补益心气。

方药 七福饮加减。

人参、白术、炙甘草益气养心；熟地、当归滋补阴血；酸枣仁、远志宁心安神。

若自汗多者，加黄芪、五味子益气固摄；若饮食少思者，加砂仁、茯苓开胃健脾；若胸闷，舌质黯或有瘀点者，酌加丹参、桃仁、红花、三七活血化瘀；若畏寒肢冷，舌胖脉沉者，可适当加肉桂、熟附片等温阳，以达"少火生气"之目的。

(3) 脾气虚

症状 饮食减少，食后胃脘不舒，倦怠乏力，大便溏薄，面色萎黄，舌淡或有齿印，苔薄，脉软弱。

分析 饮食减少，食后胃脘不舒，大便溏薄为脾胃气虚，运化和受纳功能减弱；倦怠乏力为脾主四肢，脾气虚不能充达于四肢；面色萎黄是脾气虚损，化源不足，肌肤失养的表现；舌淡或有齿印，苔薄，脉软弱为脾气虚，化源不足，血脉不充之象。

治法 健脾益气。

方药 加味四君子汤加减。

人参、黄芪、白术、甘草益气健脾；茯苓、扁豆健脾除湿。

若胃脘胀满，嗳气呕吐者，加陈皮、半夏和胃理气降逆；若食少，脘闷腹胀，嗳气，苔腻者，加神曲、麦芽、山楂、鸡内金消食健胃；若腹痛即泻，手足欠温者，加肉桂、炮姜温中散寒；若脘腹坠胀，气短，脱肛者，可改用补中益气汤补气升陷。

(4) 肾气虚

症状 神疲乏力，腰膝酸软，小便频数而清，男子滑精早泄，女子带下清稀，舌质淡苔白，脉沉弱。

分析 神疲乏力，腰膝酸软为肾气不充，经脉、筋骨失于濡养；小便频数而清为肾气不固，膀胱失约；男子滑精早泄，女子带下清稀是肾气亏虚，冲任不固的表现；舌质淡，苔白，脉沉弱为肾气虚之象。

治法 补益肾气。

方药 大补元煎加减。

人参、山药、炙甘草益气固肾；杜仲、山茱萸温补肾气；熟地、枸杞子、当归补养精血。

若神疲乏力甚者，加黄芪益气；若尿频较甚及小便失禁者，加菟丝子、五味子、益智仁补肾固摄；若大便溏薄者，去熟地、当归，加肉豆蔻、补骨脂温补固涩。

2. 血虚

面色淡白或萎黄，唇舌爪甲色淡，头晕眼花，心悸多梦，手足发麻，妇女月经量少、色淡、衍期或经闭，舌质淡红，苔少，脉细。

(1) 心血虚

症状 心悸怔忡，健忘，失眠，多梦，面色不华，舌质淡，脉细或结代。

分析 心悸怔忡为心血亏虚，血不养心；健忘，失眠，多梦为血虚失养，心神不宁；面色不华是血虚不能上荣头面的表现；舌质淡，脉细或结代为心血亏虚之象。

治法 补血养心。

方药　养心汤加减。

人参、黄芪、茯苓、五味子、甘草益气生血；当归、川芎、柏子仁、酸枣仁、远志养血宁心；肉桂、半夏温中健脾，以助气血之生化。

若失眠、多梦较甚者，可加合欢花、夜交藤养心安神。若心悸较甚者，酌加磁石、龙骨等宁心定悸。

(2) 肝血虚

症状　头晕，目眩，胁痛，肢体麻木，筋脉拘急，或筋惕肉瞤，妇女月经不调甚则闭经，面色不华，舌质淡，脉弦细或细涩。

分析　头晕目眩，面色不华为肝血亏虚，不能上养头目；胁痛为血虚不能养肝；肢体麻木，筋脉拘急，筋惕肉瞤是肝血虚，经脉失养及血虚生风；妇女月经不调甚则闭经是肝血不足，冲任空虚的表现；舌质淡，脉弦细或细涩，为肝血虚之象。

治法　补血养肝。

方药　四物汤加减。

熟地、当归补血养肝；芍药、川芎和营调血；另加黄芪、党参、白术补气生血。

若血虚甚者，加制首乌、枸杞子、鸡血藤增强补血养肝的功效；若胁痛者，加丝瓜络、郁金、香附理气通络；若视物模糊者，加楮实子、枸杞子、决明子养肝明目。若干血瘀结，新血不生，羸瘦，腹满，腹部触有癥块，硬痛拒按，肌肤甲错，状如鱼鳞，妇女经闭，两目黯黑，舌有青紫瘀点、瘀斑，脉细涩者，可同服大黄䗪虫丸祛瘀生新。

3. 阴虚

潮热盗汗，午后颧红，五心烦热，口燥咽干，舌红少苔，脉细数。

(1) 肺阴虚

症状　干咳痰少，或痰粘不易咯出，咽燥，咳血，甚或失音，潮热颧红，盗汗，舌红少津，脉细数。

分析　干咳痰少，或痰粘不易咯出为肺阴虚损，肺失濡润，清肃之令不行；咽燥，甚或失音为阴虚津液不能上承；咳血是肺络受损；潮热颧红是阴虚内热；盗汗是虚热逼津外泄的表现；舌红少津，脉细数为肺阴虚之象。

治法　滋补肺阴。

方药　沙参麦冬汤加减。

沙参、麦冬、玉竹滋养肺阴；天花粉、桑叶、甘草清热润燥。

若咳嗽甚者，加百部、款冬花肃肺止咳；若咯血者，加白及、仙鹤草、小蓟凉血止血；若潮热者，加地骨皮、银柴胡、秦艽、鳖甲养阴清热；若盗汗者，加五味子、乌梅敛阴止汗。

(2) 心阴虚

症状　心悸，失眠，烦躁，潮热，盗汗，或口舌生疮，面色潮红，舌红少津，脉细数。

分析　心悸，失眠为心阴虚损，心失濡养，心神不宁；烦躁为阴虚火旺，虚热内扰；潮热盗汗为虚热逼津外泄；面色潮红，口舌生疮是虚火上炎的表现；舌红少津，脉细数多为心阴亏虚之象。

治法　滋补心阴。

方药　天王补心丹加减。

生地、玄参、麦冬、天冬养阴清热；人参、茯苓、五味子、当归益气养血；丹参、柏子仁、酸枣仁、远志、朱砂养心安神。

若烦躁不安，口舌生疮者，去当归、远志，加黄连、木通、淡竹叶清心泻火，导热下行；若潮热者，加地骨皮、银柴胡清退虚热；若盗汗者，加牡蛎、浮小麦敛汗止汗。

(3) 胃阴虚

症状　口干唇燥，不思饮食，大便燥结，甚则干呕，呃逆，面色潮红，舌干，苔少或无苔，脉细数。

分析　口干唇燥为脾胃阴亏，津不上承；不思饮食为脾胃失于濡润，运化失常；大便干结是阴虚肠失滋润；干呕，呃逆是胃失和降；面色潮红是虚热上扰的表现；舌红少苔，脉细数多为脾胃阴虚之象。

治法　滋补脾胃。

方药　益胃汤加减。

沙参、麦冬、生地、玉竹滋阴养液；白芍、乌梅、甘草酸甘化阴；谷芽、鸡内金、玫瑰花醒脾健胃。

若口干唇燥，津亏较甚者，加石斛、花粉滋养胃阴；若不思饮食甚者，加麦芽、扁豆、山药益胃健脾；若呃逆者，加刀豆、柿蒂、竹茹降逆止呃；若大便干结者，用蜂蜜润肠通便。

(4) 肝阴虚

症状　头痛，眩晕，耳鸣，目干畏光，视物不明，急躁易怒，或肢体麻木，筋惕肉瞤，面潮红，舌红少苔，脉细数。

分析　头痛，眩晕，耳鸣为肝阴不足，阴虚阳亢，上扰清空；目干畏光，视物不明为肝阴不能上荣于目；急躁易怒是肝失疏泄；肢体麻木，筋惕肉瞤是筋脉失养，虚风内动；面色潮红是肝火上炎的表现；舌红少苔，脉细数多为肝阴亏虚之象。

治法　滋补肝阴。

方药　补肝汤加减。

地黄、当归、芍药、川芎养血柔肝；木瓜、甘草酸甘化阴；山茱萸、首乌滋养肝阴。

若头痛，眩晕，耳鸣较甚，或筋惕肉瞤者，加石决明、菊花、钩藤、刺蒺藜平肝息风潜阳；若目干涩畏光，或视物不明者，加枸杞子、女贞子、草决明养肝明目；若急躁易怒，尿赤便秘，舌红脉数者，加夏枯草、丹皮、栀子清肝泻火。

(5) 肾阴虚

症状　腰酸，男子遗精，女子经少或经闭，两足痿弱，眩晕，耳鸣，甚则耳聋，口干，咽痛，颧红，舌红少苔，脉细数。

分析　腰酸，男子遗精，女子经少或经闭，两足痿弱为肾精不足，失于濡养；眩晕，耳鸣，耳聋为髓海不足，脑失濡养；口干，咽痛，颧红是虚火上炎的表现；舌红少苔，脉细数，多为肾阴亏虚之象。

治法　滋补肾阴。

方药　左归丸加减。

熟地、龟板胶、枸杞、山药、牛膝滋补肾阴；山茱萸、鹿角胶温补肾气；菟丝子助阳生阴。

若遗精者，加牡蛎、金樱子、芡实、莲须固肾涩精；若潮热，口干，咽痛，脉数者去鹿角胶、山茱萸，加知母、黄柏、地骨皮滋阴泻火。

4. 阳虚

畏寒肢冷，神疲乏力，气短，口淡不渴，或喜热饮，尿清便溏，或尿少浮肿，面白，舌淡胖，脉沉迟无力。

(1) 心阳虚

症状　心悸，自汗，神倦嗜卧，心胸憋闷疼痛，形寒肢冷，面色苍白，舌淡或紫黯，脉细弱或沉迟。

分析　心悸，自汗，神倦嗜卧为心阳不振，心气亏虚；心胸憋闷疼痛为阳虚气弱，运血无力，血脉瘀滞；形寒肢冷是阳虚不能温煦四肢百骸的表现；面色苍白，舌淡，或紫黯，脉细弱或沉迟，均为心阳亏虚之象。

治法　温补心阳。

方药　保元汤加减。

人参、黄芪益气扶正；肉桂、甘草、生姜温通阳气。

若心胸疼痛者，加郁金、川芎、丹参、三七活血定痛；若形寒肢冷者，加熟附子、巴戟天、仙茅、仙灵脾、鹿茸温补阳气。

(2) 脾阳虚

症状 面色萎黄，食少，形寒，神倦乏力，少气懒言，大便溏薄，肠鸣腹痛，每因受寒或饮食不慎而加剧，舌质淡，苔白，脉沉迟无力。

分析 食少为脾阳亏虚，运化无力；形寒，神倦乏力，少气懒言为中焦阳虚，四肢百骸失于温煦；大便溏薄，肠鸣腹痛是寒凝气滞，传化失常；受寒或饮食不慎则阳虚更甚，故上述症状加剧；面色萎黄，舌淡苔白，脉沉迟无力均为中阳虚衰之象。

治法 温补脾阳。

方药 附子理中汤加减。

党参、白术、甘草益气健脾；附子、干姜温中祛寒。

若腹中冷痛较甚者，可加高良姜、香附或丁香、吴茱萸温中散寒，理气止痛；若食后腹胀及呕逆者，加砂仁、半夏、陈皮温中和胃降逆；若腹泻较甚者，加肉豆蔻、补骨脂、薏苡仁温补脾肾，涩肠除湿止泻。

(3) 肾阳虚

症状 腰背酸痛，男子遗精、阳痿，女子月经色淡、质稀，或带下清稀，或不孕，夜尿清长或不禁，面色苍白，畏寒肢冷，下利清谷或五更泻泄，舌质淡胖，有齿痕，苔白，脉沉迟。

分析 腰背酸痛，畏寒肢冷为肾阳不足，失于温煦；遗精阳痿为阳气衰微，精关不固；女子月经色淡、质稀，或带下清稀，或不孕是肾阳亏虚，胞宫失却温煦；夜尿清长或小便不禁是肾气不固；下利清谷或五更泄泻是命门火衰，火不生土的表现；面色苍白，舌质淡胖有齿痕，苔白，脉沉迟，均为肾阳亏虚，阴寒内盛之象。

治法 温补肾阳。

方药 右归丸加减。

附子、肉桂温补肾阳；杜仲、山茱萸、菟丝子、鹿角胶温补肾气；熟地、山药、枸杞、当归补益精血，滋阴以助阳。

若遗精者，加金樱子、桑螵蛸、莲须，或金锁固精丸以收涩固精；若下利清谷者，去熟地、当归等滋腻滑润之品，加党参、白术、薏苡仁益气健脾，渗湿止泻；若五更泄者，合四神丸温脾暖肾，固肠止泻；若浮肿，尿少者，加茯苓、泽泻、车前子，或合五苓散利水消肿；若喘促短气，动则更甚者，加补骨脂、五味子、蛤蚧补肾纳气。

四、预防调护

消除及避免引起虚劳的病因是预防虚劳的根本措施。慎起居，适寒温，避免感受外邪，耗伤正气。饮食有节，戒烟酒。劳逸适度，做到动静结合。保持情绪稳定，舒畅乐观，则有利于虚劳的康复。

五、临证验案

邱某，男，25岁，学生。

初诊 食欲不振，倦怠乏力，头晕健忘，目眩耳鸣，气短懒言，自汗。病已2年，屡次更医，效果不显，近期病情加重。西医确诊为"再生障碍性贫血"。化验红细胞2.8×10^{12}/L，白细胞0.4×10^{9}/L，血小板27×10^{9}/L，血红蛋白40g/L。曾服西药及输血治疗。余诊其脉沉细无力，精神萎靡，面唇爪甲苍白，舌淡，声音低微。证属气血两虚，肾阴不足。治以补气健脾，养血益肾。

处方　党参12g，黄芪15g，白术12g，茯苓10g，当归12g，川芎9g，白芍10g，熟地12g（砂仁水炒），阿胶12g、龟板胶12g、鹿角胶12g（以上三胶分2次后入），炙甘草5g，大枣3枚。

二诊　服上方10剂，精神好转，气短自汗减轻，头晕耳鸣稍可，尚愿与人言语，脉细弱亦较前有力。病者要求住院治疗。入院后，仍宗上方继服，配合输血治疗。

三诊　治疗2月余，诸症明显减轻，化验后血象逐渐上升。上方加人参6g继服。

用药1年余，以补气养血、滋肾固元之法加减治疗，症状全部消失，化验血红蛋白150g/L，其他各项也均正常。随访3年，安然无恙。

按　虚劳总不离乎五脏阴阳气血之损，而五脏以五行生克相维系，阴阳气血则又互为其根，相与为用。如脾病及肺，谓土不生金也；肺病传肾，谓金不生水也。又，气血同源，气虚者血难自复，血虚者气无以生；气虚者，虚则生寒，血虚者，阴亦不足。此即阳损及阴、阴损及阳之理。不明此义者，辨证不明，用药亦无方矣。大抵治虚损，当以阴阳气血为纲，五脏虚候为目，才能提纲挈领，头绪自清，临证不惑。至于治法，前人颇多卓见。其大法，"损者益之，劳者温之"；"形不足者补之以气，精不足者补之以味"；"损其肺者益其气，损其肝者缓其中，损其肾者补其精，损其心者调其营卫，损其脾者调其饮食，适其寒温"。《理虚元鉴》曰："治虚有三本，肺、脾、肾是也。肺为五脏之天，脾为百骸之母，肾为性命之根，治肺、治肾、治脾、治虚之道毕矣。"此皆得当难得之见。张景岳治气虚补上，用人参、黄芪；精虚补下，用熟地、枸杞；阳虚补而兼温，用桂附之类；阴虚补而兼清，用白芍、生地、天冬之属；气因精而虚者，补精以化气，精因气而虚者，补气以生精。

本例虚劳，病由脾起而后及肺累肾。患者素日体虚，加之饮食不节，损伤后天，渐至脾肺皆虚。肺主气，气虚肌表不固，故见自汗气短，声音低微；脾气虚，运化无力，故食欲不振，脾虚食少，水谷精微无以充养肌肤，故倦怠乏力，精神萎靡。脾肺气虚日久，不能生化气血，致气血虚弱，不能供给先天，而致真阴不足。肾阴亏损，髓海不足，清空之窍失于濡养，故头晕目眩，耳鸣健忘；气血衰少，不能荣于色、充于脉，故面唇爪甲苍白，舌淡，脉沉细无力。脾肺虚者，脾不生血，肺气不足也；肾虚者，肾精不足无以化生气血也。五行生克之理，阴阳互根之义，于此可见一斑。至此，余辨证处方，拟八珍汤加味，即肺脾肾通治、精气血通补之法。四君芪枣补脾补肺所以生气，四物三胶补血补肾所以生精，补气则血复精生，补血则气生精足，而补阴益精，更所以奉养血气耳。故天地之间，万物之内，无不具阴阳之理，所谓"生生化化，品物咸彰"。人生一小天地耳，治病即调其阴阳，促其生化。知此之义，虽虚劳大证，治亦不难矣。

（韦企平.中国百年百名中医临床家丛书·许玉山.中国中医药出版社.2002）

六、文献摘录

1.《素问·阴阳应象大论》："形不足者，温之以气；精不足者，补之以味。"

2.《诸病源候论·虚劳病诸候》："夫虚劳者，五劳、六极、七伤是也。"

3.《景岳全书·虚损》："病之虚损，变态不同，因有五劳七伤，证有营卫脏腑。然总之则人赖以生者，惟此精气，而病惟虚损者，亦惟此精气。气虚者，即阳虚也；精虚者，即阴虚也。"

4.《理虚元鉴·治虚有三本》："治虚有三本，肺、脾、肾是也。肺为五脏之天，脾为百骸之母，肾为性命之根，治脾、治肺、治肾、治虚之道毕矣。"

5.《不居集·上集·卷十》："虚劳日久，诸药不效，而所赖以无恐者，胃气也。盖人之一身，以胃气为主，胃气旺则五脏受荫，水精四布，机运流通，饮食渐增，津液渐旺，以致充血生精，而复其真阴之不足。"

七、文献推介

1. 白细胞减少症中医诊疗方案[Z].国家中医药管理局办公室关于印发中风病（脑梗死）等92个病种中医临床路径和中医诊疗方案（2017年版）的通知 国中医药办医政发〔2017〕9号.

2. 吴迪炯,叶宝东,季聪华等.再生障碍性贫血临床实践指南研究现状及中医指南的修订与思考[J].中医杂志,2014,55(4):274-278.

3. 王金环,孙凤,孙伟正等.髓劳病（再生障碍性贫血）诊疗方案临床验证分析[J].时珍国医国药,2014,25(3):641-643.

4. 郄凤卿,胡志森,王军等. 慢性疲劳综合征中医药诊疗进展 [J]. 中医药信息,2002,19(3):2-5.

(编者：王小琴　责任副主编：肖炜)

49 癌病

癌病是由脏腑阴阳气血失调，正气虚弱，加之外邪入侵，痰湿气瘀毒等搏结日久引起的，以体内出现肿块，表面高低不平，质地坚硬，时有疼痛、发热，并常伴见纳差、乏力、日渐消瘦等全身症状为主要临床表现的病证。

"癌"字首见于宋·东轩居士所著的《卫济宝书》，该书将"癌"作为痈疽五发之一。然而，远在殷墟甲骨文就有"瘤"的记载。《说文解字》："瘤，肿也，从病，留声。"宋·杨士瀛《仁斋直指附遗方论·卷二十二癌》对癌病的临床特征叙述较为详细："癌者上高下深，岩穴之状，颗颗累重，热毒深藏。"在中医学著作中，较多的结合各种癌病的临床特点而予以相应的命名，如甲状腺癌类属于"石瘿"，肝癌类属于"肝积"，肺癌类属于"息贲"，肠癌类属于"锁肛痔"等。也有一些现代癌病在古代未作特殊命名，可根据癌病的临床表现参见相关病症的中医理论与实践。如《素问·玉机真脏论》说："大骨枯槁，大肉陷下，胸中气满，喘息不便，内痛引肩项，身热，脱肉破䐃，真藏见，十月之内死。"所述症状类似肺癌晚期临床表现,并明确指出预后不良。《难经·五十六难》曰："肺之积，名曰息贲，在右胁下，覆大如杯，久不已，令人洒淅寒热，喘咳，发肺壅。"提出了与现代医学肺癌相似的中医病名息贲，并明确了它的病位和症状。隋·巢元方《诸病源候论·积聚病诸候》曰："诊得肝积脉，弦而细。两胁下痛，邪走心下，足胫寒，胁痛引小腹，男子积疝也，女子病淋也。身无膏泽，喜转筋，爪甲枯黑，春瘥秋剧，色青也。"提出了与现代医学肝癌相似的中医病名肝积，并对它的病因病机和临床表现作了详细的描述。明·陈实功《外科正宗·脏毒论》谓："蕴毒结于脏腑，火热流注肛门，结而为肿；其患痛连小腹，肛门坠重，二便乖违，或泻或秘，肛门内蚀，串烂经络，污水流通大孔，无奈饮食不餐，作渴之甚，凡犯此未得见其有生。"所述之脏毒症状近似于西医学直肠癌，指出本病预后极差。关于癌病的治疗，中医学著作中论述更多，有内治与外治，单方与复方，药物与手术等丰富多彩的治疗方法。《素问·六元正纪大论》关于"大积大聚其可犯也，衰其大半而止，过者死。"的论述可以看作是治疗癌病的重要原则之一。明·张景岳《景岳全书·积聚》说："凡积聚之治，如经之云者，亦既尽矣。然欲总其要，不过四法，曰攻，曰消，曰散，曰补，四者而已。"对积聚之治法作了高度概括。明·李中梓《医宗必读》关于积证治疗的"初中末之三法不能不讲也，初者，病邪初起，正气尚强，邪气尚浅，则任受攻。中者，受病渐久，邪气较深，正气较弱，任受且攻且补。末者，病魔经久，邪气侵凌，正气消残，则任收补"及"养正则积自除"，对于临床治疗癌病仍有一定的指导意义。明·陈实功《外科正宗》研制的"蟾酥丸"，清·王惟德《外科全生集》创制的犀黄丸等均是治疗癌肿的名方。唐代《晋书》中说："初帝目有瘤疾，使医割之"，为我国手术治疗癌病的最早记载。

西医学中的各种肿瘤可参照本节施治，癌病常与积聚、噎膈、瘿病等病证相关，可适当互参。本节着重介绍脑瘤、肺癌、肝癌、大肠癌、肾癌和膀胱癌。

一、病因病机

(一)病因

1. 六淫邪毒

外感六淫、邪毒之气，损伤正气，由表入里，客邪久留，脏腑气血阴阳失调，而致气滞、血瘀、痰浊、热毒等互结，引起癌病，且外邪多在内伤正虚基础上导致发病。六淫、邪毒，可以包括现今环境中某些物理性、化学性致癌因子及病毒等，侵入人体影响气血流畅，导致癌肿发生。

2. 饮食失调

饮食不节，过食辛辣肥腻之品，或腌炸烧烤，或烟酒海鲜发物，积湿生热；脾胃失于健运，水谷反为湿滞，凝聚成痰，影响气血运行，痰湿瘀血久郁化毒，瘀毒留积成癌。《医宗必读·痰饮》曰："脾土虚湿，清者难升，浊者难降，留中滞膈，淤而成痰。"

3. 情志内伤

情志不舒，气机郁滞，脏腑之气升降出入失常，久则导致气滞血瘀，或气不布津，津聚为痰，痰瘀互结，滋生内毒，而气滞血瘀、痰结毒聚则易成本证。《类证治裁·郁证》曰："七情内起之郁，时而伤气，继必及血。"

4. 正气虚弱

正气内虚，脏腑不足，气血失调，外邪、情志、饮食、劳倦等致病因素易于损伤人体，导致阴阳气血失调，毒瘀互结而为癌。正如《医宗必读·积聚》所说："积之成者，正气不足，而后邪气踞之。"久病体衰，正气亏虚，气虚血瘀；或生活失于调摄，劳累过度，气阴耗伤，外邪每易乘虚而入，客邪滞留不去，气机不畅，终致血行瘀滞，结而成块。

5. 素有旧疾

机体脏腑阴阳的偏盛偏衰，气血功能紊乱，如治不得法或失于调养，病邪久郁，损伤正气，或正气本虚，驱邪无力，加重或诱发气、痰、食、湿、水、血等凝结阻滞体内，邪气壅结成块。

（二）病机

癌病的形成虽有上述多种原因，但其基本病理变化为正气内虚，气滞、血瘀、痰结、湿聚、热毒等相互纠结，日久积滞而成有形之肿块。

病理性质总属于本虚标实。病理性质特点是全身表现为正气虚弱、脏腑功能失常，局部则表现为气滞、血瘀、痰结、湿聚、热毒等邪实之征。发病初期邪盛而正虚不显，故以气滞、血瘀、痰结、湿聚、热毒等实证为主。中晚期由于癌瘤耗伤人体气血津液，故多出现气血亏虚、阴阳两虚等病机转变，由于邪愈盛而正愈虚，本虚标实，病变错综复杂，病势日益深重。不同的癌病其病机上又各有特点。脑瘤的本虚以肝肾亏虚、气血两亏多见，标实以痰浊、瘀血、风毒多见；肺癌之本虚以阴虚、气阴两虚多见，标实以气滞、瘀血、痰浊多见；大肠癌的本虚则以脾肾双亏、肝肾阴虚多见，标实以湿热、瘀毒多见；肾癌及膀胱癌的本虚以脾肾两虚、肝肾阴虚多见，标实以湿热蕴结、瘀血内阻多见。肝癌病机主要是脏腑亏虚、气滞血瘀、湿热内蕴。因而可以认为本病的病理性质特点是邪实与正虚并存，且贯穿于疾病始终。

不同的癌病病变部位不同，脑瘤的病位在脑，肺癌的病位在肺，大肠癌病位在肠，肾癌及膀胱癌病位在肾与膀胱，肝癌病位在肝。但由于肝主疏泄，条达气机，脾为气血生化之源，肾藏精，藏元阴元阳，故上述癌病的发生发展，与肝、脾、肾的关系也较为密切。

二、诊断与鉴别诊断

（一）脑瘤

脑瘤是由脑组织损伤引起的，以头痛、呕吐、视力下降、感觉障碍、运动障碍、人格障碍等为主要临床表现的病证。脑瘤可发于任何年龄，但以 20～40 岁者最多。

1. 诊断依据

(1) 以头痛、呕吐、视力下降、感觉障碍、运动障碍、人格障碍等为主要临床表现。

(2) 一般为缓慢起病，症状的演变以月、年计。转移性的脑瘤的发展较快，病情的变化以日、周计。

(3) 多由于脑部组织受损而出现症状。

(4) 脑瘤可发生于任何年龄，但以 20 ~ 40 岁者最多。

2. 鉴别诊断

(1) 脑血管疾病

部分脑瘤患者可见颅内压增高、偏瘫，应注意与脑血管疾病相鉴别。脑血管疾病多见于老年人，常有高血压和动脉硬化病史，多突然出现昏迷，可有颅内压增高症状和偏瘫。

(2) 癫痫

脑瘤患者可有症状性癫痫，常伴有颅内压增高的症状（如头痛、呕吐、视力下降等）和其他局部性症状（如精神障碍、感觉障碍、运动障碍等）持续存在。原发性癫痫通常缺少局灶性脑症状，发作过后多无明显症状。

（二）肺癌

肺癌是由正气内虚，痰浊瘀毒胶结于肺引起的以呛咳，气急，痰血或咯血，胸痛，发热，声音嘶哑，消瘦等为主要临床表现的病证。

1. 诊断依据

(1) 近期发生的呛咳，顽固性干咳或刺激性咳嗽持续数周不愈。

(2) 痰中带血，咯血或反复咯血痰。

(3) 不明原因的顽固性胸痛或胸闷，气急，发热，或伴消瘦、疲乏等。

(4) 年龄在 40 岁以上，有长期吸烟史的男性。

2. 鉴别诊断

(1) 肺痨

肺痨与肺癌两者病位均在肺，均有咳嗽、咯血、胸痛、发热、消瘦等症状。但肺癌还见气急，是在正气亏虚的基础上，气郁、瘀血、痰湿、邪毒互相搏结而成，病情发展迅速，难以治愈。肺痨病情发展缓慢，还可见潮热、盗汗，它是一种慢性传染性疾病，其病理主要是阴虚火旺。

(2) 肺胀

肺胀是多种慢性肺系疾患反复发作，迁延不愈，导致肺气胀满，不能敛降的慢性肺部疾病。病程长达数年，反复发作，多发于 40 岁以上的人群，以胸中胀满，痰涎壅盛，上气咳喘，动辄加剧，甚则面色晦暗，唇舌发绀，颜面四肢浮肿，病程缠绵经久难愈为主症；肺癌之气喘肿胀之症虽然可见，但不是必具之症，病程较短，发展迅速，预后不良。

(3) 肺痈

典型的肺痈，是急性发病，高热，咯吐腥臭浊痰，甚则脓血相兼；肺癌发病较缓，热势不高，咯痰不臭或痰中带血。

(4) 喘病

喘病是以气息迫促为主要临床表现的一类病证。作为一个症状，喘息可以出现在许多急、慢性疾病的过程中，多呈反复发作，经治症状缓解。肺癌的主要症状中包括喘息气急，伴有咳嗽、咯血、发热、胸痛等症，经有效抗癌治疗或可缓解，但预后不良。

（三）肝癌

肝癌是由脏腑亏虚、气滞血瘀、湿热内蕴引起的以上腹部或右上腹部疼痛、胀满或肿块，伴食欲减退，恶心呕吐，消瘦乏力，甚至黄疸、鼓胀、发热、出血等为主要临床表现的病证。

1. 诊断依据

(1) 具有较长时间食欲减退，消瘦乏力，胁痛病史，或黄疸、鼓胀病史。

(2) 以右胁或上腹部疼痛、胀满，胁下癥块渐进性增大、质硬拒按，纳呆恶心乏力，形体消瘦为主症。

(3) 素有情志不畅，烦躁易怒，口苦咽干，疲倦纳呆等"肝失疏泄"、"肝盛脾虚"的症状。

2. 鉴别诊断

(1) 黄疸

黄疸主要以目黄、身黄、小便黄为主，主要发病机制为湿热熏蒸，起病有急缓，病程长短不一，黄疸有明暗之不同。肝癌以上腹部进行性肿大，右胁下有质地坚硬之肿块，且疼痛胀满，形体逐渐消瘦为特征，本病晚期可出现黄疸，主要因湿热瘀毒所致。

(2) 鼓胀

鼓胀虽为顽症，经适当治疗，病情常可缓解，相对稳定，肝癌晚期患者虽亦见腹胀大、皮色苍黄等症状，但患者腹部肿块坚硬，表面凹凸不平，且患者形体明显消瘦与鼓胀病有别，同时患者病情进展恶化迅速亦为鉴别要点。

(3) 胁痛

两者均可有胁部疼痛的症状。胁痛是以一侧或两侧胁肋部疼痛为主要表现，主要因肝郁气滞或气滞血瘀所致。肝癌虽亦有胁痛，但以右胁为主，且有坚硬、增大之肿块，形体明显消瘦，病证危重，主要因湿热毒瘀内结成积所致。

（四）大肠癌

大肠癌是由忧思郁怒，饮食不节，久泻久痢，脾失健运湿热蕴结于肠道，引起的腹胀、腹痛、腹泻，或便秘、大便脓血、里急后重，或大便变细、变形，腹部肿块为主要临床表现的病证。

1. 诊断依据

(1) 无诱因的大便习惯改变，出现持续性腹泻或便秘。

(2) 无痢疾、肠炎、痔疮、瘘等病史，出现便频、粪便伴脓血、黏液、血便。

(3) 近期出现持续性腹痛、胀气、腹部不适，经一般治疗无效者。

(4) 腹部出现包块，左或右下腹部尤为多见。

(5) 连续出现黑色或柏油样粪便者。

(6) 原因不明的贫血、消瘦或体重减轻者。

2. 鉴别诊断

(1) 痢疾

两者均有腹痛、泄泻、里急后重、排脓血便等临床表现。痢疾是以腹痛里急后重，排赤白脓血便为主要临床表现的疾病。一般发病较急，常伴发热、呕吐，其腹痛多呈阵发性，常可在腹泻后减轻，腹泻次数可达每日10～20次，粪便呈胶冻状、脓血状。而大肠癌起病较为隐匿，早期症状多较轻或不明显，中晚期伴见明显的全身症状，如神疲倦怠、消瘦等，腹痛常为持续性的隐痛，常见腹泻，但每日次数不多，泄泻与便秘交替出现时其特点。

(2) 痔疾

痔疾也常见大便带血、肛门坠胀或异物感的临床表现，应注意区别。痔疾属外科疾病，起病缓，病程长，一般不伴有全身症状，其大便下血特点为便时或便后出血，常伴有肛门坠胀或异物感，多因劳累、过食辛辣等而诱发或加重。

（五）肾癌、膀胱癌

肾癌是由肾组织损伤，引起的以血尿、腰痛、肿块、消瘦乏力等为主要临床表现的病证。男性多于女性，40~60岁多发。

膀胱癌是由膀胱组织损伤，引起的以血尿、尿频、尿急、尿痛、排尿困难、发热消瘦、恶病质等为主要临床表现的病证。男性多于女性，50~70岁多发。

1. 诊断依据

(1) 以血尿、腰痛、肿块、消瘦乏力等为主要临床表现。

(2) 肾癌早期常无症状，晚期部分患者可有典型的三联症：血尿、腰部疼痛、上腹或腰部肿块。

(3) 膀胱癌以血尿、尿频、尿急、尿痛、排尿苦难、发热消瘦、恶病质等为主要临床表现。

2. 鉴别诊断

(1) 多囊肾

多囊肾常有腰、腹疼痛，血尿或蛋白尿，出现肾功能障碍和高血压的患者较多，往往合并其他多囊脏器。

(2) 泌尿系结石

泌尿系结石多有急性疼痛，可伴见尿血。

(3) 肾及膀胱结核

肾及膀胱结核也常有尿路刺激征、尿血、脓尿，并伴低热、盗汗、消瘦等症状，抗结核治疗有效。

三、辨证论治

（一）辨证要点

临床首先应辨各种癌病的脏腑病位；辨病邪的性质，分清痰结、湿聚、气滞、血瘀、热毒的不同，以及有否兼夹；辨标本虚实，分清虚实标本的主次；辨脏腑阴阳，分清受病脏腑气血阴阳失调的不同；辨病程的阶段，明确患者处于早、中、晚期的不同，以选择适当的治法和估计预后。

（二）治疗原则

癌病属于正虚邪实，在其疾病的变化过程中，正与邪之间相互消长，不断变化，所以癌病治疗的基本原则是扶正祛邪、攻补兼施。要结合病史、病程、四诊及实验室检查等临床资料，综合分析，辨证施治，做到"治实当顾虚，补虚勿忘实"。早期邪盛正虚不明显，当重在祛邪抗癌，采用重攻轻补的原则；中期正气日渐耗损，宜攻补兼施；晚期正气虚弱，重在补虚扶正，辅以祛邪抗癌。术后患者虽以扶正调理为主，但常余邪未尽，易于复发转移，仍以扶正与祛邪相结合。总之，以扶正不留邪、祛邪不伤正为原则。扶正之法主要是根据正虚侧重的不同，并结合主要病变脏腑而分别采用补气、补血、补阴、补阳的治法；祛邪主要针对病变采用理气、除湿、化痰散结、活血化瘀、清热解毒等法，并适当配伍有抗癌作用的中药。

（三）分证论治

1. 脑瘤

(1) 痰瘀阻窍

症状 头晕头痛，项强，目眩，视物不清，呕吐，失眠健忘，肢体麻木，面唇暗红或紫暗，舌质紫暗或瘀点或有瘀斑，脉涩。

分析 头晕头痛，项强，目眩，视物不清，失眠健忘为痰浊阻滞于清窍，头目失养；呕吐则为痰浊蕴结，胃失和降；肢体麻木为痰浊阻滞于经络；面唇暗红或紫暗，舌质紫暗或瘀点或有瘀斑，脉涩为瘀血阻滞之象。

治法 息风化痰，祛瘀通窍。

方药 通窍活血汤加减。

石菖蒲芳香开窍；桃仁、红花、川芎、赤芍、三七活血化瘀；白芥子、胆南星化痰散结。

若呕吐者，加竹茹、姜半夏和胃止呕；失眠者，加酸枣仁、夜交藤养心安神。

(2) 风毒上扰

症状 头痛头晕，耳鸣目眩，视物不清，呕吐，面红目赤，失眠健忘，肢体麻木，咽干，大便干燥，重则抽搐，震颤，或偏瘫，或角弓反张，或神昏谵语，项强，舌质红或红绛，苔黄，脉弦。

分析 头痛头晕，耳鸣目眩，视物不清，呕吐，面红目赤为阳亢化风，上扰清窍；失眠健忘，肢体麻木，重则抽搐，震颤，或偏瘫为热毒内炽，机体失养；咽干，大便干燥为热毒伤津；角弓反张，或神昏谵语，项强为热毒炽盛，内扰心神而致；舌质红或红绛，苔黄，脉弦，为热毒炽盛之象。

治法 平肝潜阳，清热解毒。

方药 天麻钩藤饮合黄连解毒汤加减。

前方清肝息风，清热活血，补益肝肾，适用于肝阳偏亢者；后方清热泻火，凉血解毒，适用于火热邪毒炽盛之病证。天麻、钩藤、石决明平肝潜阳，牛膝引血下行；杜仲、桑寄生补益肝肾；夜交藤、茯神安神定志；山栀、黄芩、黄连、黄柏泻火解毒。

若阳亢风动之势较著者，加代赭石、生龙骨、生牡蛎，重镇潜阳，镇肝息风；大便干燥者，加番泻叶、火麻仁，通腑泻热。

(3) 阴虚风动

症状 头痛头晕，神疲乏力，虚烦不宁，肢体麻木，语言謇涩，颈项强直，手足蠕动或震颤，口眼歪斜，偏瘫，口干，小便短赤，大便干，舌质红，苔薄，脉弦细或细数。

分析 头痛头晕，神疲乏力，虚烦不宁，肢体麻木为肝肾亏虚，机体失于濡养而致；语言謇涩，颈项强直，手足蠕动或震颤，口眼歪斜，偏瘫为阴虚，虚风内动而致；口干，小便短赤，大便干为阴液亏虚所致；舌质红，苔薄，脉弦细或细数为肝肾阴虚之象。

治法 滋阴潜阳息风。

方药 大定风珠加减。

阿胶、熟地、白芍滋养肝肾之阴；龟板、鳖甲、牡蛎育阴潜阳息风；钩藤、僵蚕息风止痉。

若有虚热之象著者，加青蒿、白薇清退虚热；大便秘结者，加火麻仁、郁李仁润肠通便。

2. 肺癌

(1) 痰瘀阻肺

症状 咳嗽不畅，咯痰不爽，痰中带血，胸胁背痛，胸闷气急，唇紫口干，便秘，舌暗红，有瘀斑或瘀点。苔白或黄，脉弦滑。

分析 咳嗽不畅，咯痰不爽，胸闷气急为肺气郁闭，失于宣降，痰浊凝聚；痰中带血为气滞血瘀，迫血妄行，损伤肺络；胸胁背痛为气滞血瘀，不通则痛；口干便秘则为肺失宣降，津液失布，气机不畅，舌暗，瘀斑或瘀点皆为血瘀之象；舌红，苔白或黄，脉弦滑皆为气郁痰阻之象。

治法 宣肺理气，化痰逐瘀。

方药 苇茎汤加减。

方中苇茎甘寒轻浮，清肺泻热；冬瓜仁化痰排脓；桃仁活血行瘀；薏苡仁清肺破毒肿；四药合用，共成清肺化痰，逐瘀排脓之功。

若胸胁胀痛者，加制乳香、制没药、延胡索；若咯血者，重用仙鹤草、白茅根、旱莲草；若痰瘀发热者，加金银花、连翘、黄芩。

(2) 痰湿蕴肺

症状 咳嗽痰多,咯痰稀薄,胸闷气短,疲乏懒言,纳呆消瘦,腹胀便溏,舌淡胖,边有齿痕,舌苔白腻,脉濡滑。

分析 咳嗽痰多,咯痰稀薄为脾气亏虚,失于运化,痰湿内生,上渍于肺;疲乏懒言,纳呆消瘦,腹胀便溏为脾不健运,机体失养;胸闷气短为脾失运化,痰湿内生,储存于肺,肺失宣降;舌淡胖,边有齿痕,舌苔白腻,脉濡滑均是肺脾气虚夹痰之象。

治法 健脾燥湿,理气化痰。

方药 六君子汤加减。

方中党参、茯苓、白术、甘草健脾益气;半夏、陈皮祛痰化湿。

若痰涎壅盛者,加牛蒡子;若肢倦嗜睡者,加人参、黄芪。

(3) 阴虚毒热

症状 咳嗽痰少,干咳无痰,或痰带血丝,咳血,胸闷气急,声音嘶哑,潮热盗汗,头晕耳鸣,心烦口干,尿赤便结,舌红绛、苔花剥或舌光无苔,脉细数无力。

分析 咳嗽痰少,干咳无痰,胸闷气急为肺阴亏虚,肺失濡润,虚热内生,肺气上逆;痰带血丝,咳血为肺阴不足,清肃不行,阴虚火旺,火灼肺络;口干便结为肺阴亏虚,津液不布,肠道失养;潮热盗汗,头晕耳鸣,心烦尿赤均为阴虚内热之征;舌红绛、苔花剥或舌光无苔,脉细数无力为阴虚内热之象。

治法 养阴清热,解毒散结。

方药 百合固金汤加减。

方中百合、生熟地滋养肺肾阴液;麦门冬助百合以养肺阴,清肺热,玄参助生熟地以益肾阴,降虚火;当归、芍药养血和营;贝母、桔梗散结化痰止咳;甘草调和诸药。

若咳血甚者,加侧柏叶、仙鹤草、白茅根以凉血止血;若五心烦热者,加知母、丹皮、黄柏以清热养阴;若口干欲饮者,加天花粉、天门冬益肺胃之阴;若大便干结者,加生地、火麻仁润肠通便。

(4) 气阴两虚

症状 干咳少痰,咳声低微,或痰少带血,面色萎黄暗淡,唇红,神疲乏力,口干短气,纳呆肉削,舌淡红或胖、苔白干或无苔,脉细。

分析 咳声低微,神疲乏力,面色萎黄暗淡,短气,纳呆肉削为肺脾气虚之征;干咳少痰,或痰少带血,唇红口干,则属肺阴虚内热的表现;舌淡红或胖、苔白干或无苔,脉细亦为气阴两虚之象。

治法 益气养阴,化痰散结。

方药 大补元煎加减。

方中人参大补元气,熟地、当归滋阴补血,人参与熟地相配,即是景岳之两仪膏,善治精气大耗之证;枸杞子、山茱萸滋补肝肾;杜仲温补肾阳;甘草助补益而和诸药。诸药配合,能大补真元,益气养阴,故景岳曾称此方为"救本培元第一药方"。

若面浮肢肿者,加葶苈子、郁金行气利水;若神志昏蒙者,加全蝎、蜈蚣攻毒通络。

3.肝癌

(1) 肝热血瘀

症状 上腹肿块质硬如石,疼痛拒按,或胸胁掣痛不适,烦热口干,或烦躁口苦喜饮,大便干结,尿黄或短赤,甚则肌肤甲错,舌质红或暗红,边尖有瘀点瘀斑,舌苔白厚或黄,脉弦数或弦滑有力。

分析 上腹肿块质硬如石,疼痛拒按为肝气郁结,气滞血瘀,瘀血结于腹中;胸胁掣痛不适为肝热内盛，经气不利；烦热口干，口苦喜饮，大便干结，尿短黄赤则为肝气郁结，日久化火，火热燔灼；皮肤粗糙如鳞甲为瘀血内阻，气血运行不利，肌肤失养；舌质红或暗红，边尖有瘀点瘀斑，舌苔白厚或黄，脉弦数或弦滑有力为肝热血瘀之象。

治法 清肝解毒，祛瘀消癥。

方药 龙胆泻肝汤合大黄䗪虫丸加减。

方中龙胆草、栀子、黄芩、清肝火；生地凉血滋阴；䗪虫、桃仁、大黄祛瘀消癥；柴胡畅达肝气。若腹部疼痛或胸胁掣痛甚者，酌加徐长卿、蒲黄、五灵脂；若大便干结者，加知母、大黄。

(2) 肝郁脾虚

症状 上腹肿块胀顶不适，消瘦乏力，倦怠短气，腹胀纳少，进食后胀甚，眠差转侧，口干，大便溏薄，尿黄短，甚则出现腹水、黄疸、下肢浮肿，舌质胖，舌苔白，脉弦细。

分析 上腹肿块胀顶不适为脾气亏虚，水湿内停，聚而成痰，痰阻中焦；消瘦乏力，倦怠少气为肝气郁结，木盛乘土，致脾气亏虚，气血乏源；腹胀纳少，进食后胀甚为脾虚不运；眠差转侧为火热内扰，神魂不安；口干，小便黄短为津为火热所灼；大便溏薄，腹水，尿少，下肢浮肿为脾虚不能运化水湿，肝气疏泄失常；舌质胖，舌苔白，脉弦细为肝郁脾虚之象。

治法 健脾益气，泻肝消癥。

方药 六君子汤合茵陈蒿汤加减。

方以党参、白术、茯苓、甘草健脾益气；陈皮、半夏理气和胃；茵陈、栀子、大黄清热利胆退黄。

若短气乏力明显者用生晒参易党参；若腹胀顶甚者，加槟榔、木香；若有腹水黄疸者，去蜈蚣，酌加蒲公英、徐长卿、泽泻。

(3) 肝阴亏虚

症状 鼓胀肢肿，蛙腹青筋，四肢柴瘦，唇红口燥，短气喘促，纳呆畏食，烦躁不眠，小便短少，上下血溢，甚则神昏摸床。舌质红绛，舌光无苔，脉细数无力，或脉如雀啄。

分析 鼓胀肢肿，蛙腹青筋为肝肾阴虚，津液不能输布，水液停聚，血瘀不行；四肢柴瘦为肝火内灼，病久致肝肾阴液亏虚，形体不充；唇红口燥为阴虚津液不能上承；短气喘促为阴虚不能敛阳，见纳呆畏食为胃液干涸，烦躁不眠为虚火内扰心神；尿短为阴虚阳微，气化不利；上下血溢为阴虚火旺，迫血妄行；神昏摸床为阴虚风动，气血逆乱；舌质红绛，舌光无苔，脉细数无力，或脉如雀啄，为肝肾阴液枯竭、阴虚火旺之象。

治法 滋阴柔肝，凉血软坚。

方药 一贯煎加减。

生地黄、当归、沙参、麦门冬、枸杞子养血滋阴柔肝为主药，川楝子疏肝理气。若腹水胀顶者酌加木香；若神昏者，加羚羊角送服安宫牛黄丸；若上下血溢者，加鲜旱莲草、鲜藕汁、水牛角。

(4) 湿热蕴毒

症状 胁下癥块质硬，胁胀灼痛，或腹胀膨隆，或身黄、目黄，或有发热，恶心纳少，便干溲赤，面色黧黑，形体消瘦，精神疲软，舌质红，边有瘀斑，苔黄腻，脉弦滑或弦涩。

分析 胁下癥块质硬，胁胀灼痛为湿热蕴积成毒，湿热毒瘀阻于胁络，渐积成块；身目俱黄为胆汁外溢；恶心纳少，脘痞腹胀为湿热阻滞，中焦气机不畅、胃失和降；身热、口苦口干、便结为热毒邪盛，灼伤津液；溲赤为湿热下注膀胱之征；质红，边有瘀斑，苔黄腻，脉弦滑或弦涩为湿热蕴毒，瘀滞肝胆之象。

治法 清热利湿，解毒祛瘀。

方药 茵陈蒿汤加减。

方中用苦泄下降，专入肝胆经之茵陈蒿，清热除湿退热并理肝胆郁滞；以苦寒之栀子，泻火解毒，清热利湿，及苦寒通降之大黄，通泄瘀热，二药合用，前后分消湿热之邪。

若胁肋胀痛甚者，加柴胡、郁金、三棱、莪术、桃仁；若兼见便黑如酱者，加仙鹤草、地榆；若鼓胀，二便不利，腹胀难忍者，加商陆、车前子、牡蛎、柴胡等；若肿块坚硬者，可合用大黄䗪虫丸。

4. 大肠癌

(1) 湿热下迫

症状 腹痛腹胀，便下黏液臭秽或夹脓血，里急后重，肛门灼热，口干口苦，或伴发热、恶心等症，舌质红，苔黄腻，脉滑数。

分析 腹部胀痛为饮食不节，恣食肥甘、燥热或生冷之物，渐成久痢久泻，导致脾不健运，湿热蕴毒，下迫大肠，阻遏气机；便血为热伤肠络；里急后重则为湿阻肠道，气机不畅，大便不通；口干为热邪伤津；舌质红，苔黄腻，脉滑数皆为湿热下迫之象。

治法 清热利湿，解毒散结。

方药 槐角丸加减。

方以槐角、地榆清肠凉血止血为主药；辅以黄芩、金银花、生薏苡仁以清热解毒、利湿止泻；佐以枳壳、当归尾宽畅行气，活血祛瘀。

若腹痛、里急后重明显者，加木香、黄连以理气止痛；若湿热内阻，变下臭秽者，加败酱草、白头翁、白花蛇舌草、苦参以助清热利湿之力；若下痢赤白者，加罂粟壳、禹余粮、木棉花以收涩止痢；若便血不止者，加仙鹤草、大黄炭、栀子炭以凉血止血。

(2) 瘀毒内阻

症状 下腹刺痛或胀痛，痛有定处，胁胀易怒，便下脓血，血色暗红，或里急后重，或大便滞下，舌质暗红或有瘀斑，苔薄黄，脉弦数。

分析 胁胀易怒，腹胀痛为忧思郁怒，情志内伤，肝气不疏；疼痛则为气滞血瘀，复感湿热毒邪，下注大肠，阻遏气机；便血为瘀阻肠络，血溢脉外；大便滞下，里急后重为气机不畅；舌质暗红或有瘀斑，苔薄黄，脉弦数均为气滞血瘀之象。

治法 活血祛瘀，行气止痛。

方药 膈下逐瘀汤加减。

方中桃仁、红花、当归、川芎、赤芍活血祛瘀；生地、丹皮凉血止血；五灵脂、延胡索、枳壳、乌药行气活血，祛瘀通络以止痛。

若湿热明显者，加白花蛇舌草、土茯苓以利湿解毒；若腹痛明显、腹部包块者，加三棱、莪术、半枝莲、土鳖虫以活血消瘀；若肿物增大合并有肠梗阻腹痛者，加大黄、厚朴、枳实、槟榔以通腑泄热。

(3) 脾肾亏虚

症状 腹痛隐隐，腹部肿物渐大，久泻久痢，便下脓血，形体消瘦，面色苍白，声低气怯，纳呆，腰膝酸软，畏寒肢冷，舌质淡胖晦暗，苔白，脉沉细。

分析 体瘦面白为久病年老，五脏亏虚，正气内虚；腹痛隐隐为不荣则痛；声低气怯为肺脾气虚；久泻久痢为久病及肾，肾气亏虚，无力固摄；腰膝酸软为脾肾亏虚；畏寒肢冷为肾虚不温；舌质淡胖晦暗，苔白，脉沉细为脾肾亏虚之象。

治法 健脾固肾，消癥散积。

方药 参苓白术散合四神丸加减。

方中取四君子汤以健脾益气；生薏苡仁化湿泄浊；砂仁、陈皮行气醒脾；取补骨脂、吴茱萸、肉桂、五味子以温肾固脱。

若久泻不止，可加石榴皮、五倍子、罂粟壳益气固脱；虚实兼夹，湿毒内阻者，可加苦参、木香、黄连以清热燥湿；若便下赤白，出血多者，加槐花、地榆、大黄炭以凉血止血。

(4) 脾胃虚寒

症状 腹部胀痛、喜暖，腹内结块，大便稀溏，一日数行或数日不行或交替出现，面色萎黄，气短懒言，乏力纳减，四肢不温，舌质淡，苔薄白，脉沉细无力。

分析 腹部胀痛、喜暖，腹内结块为久病中焦虚寒，阳气失于温煦；大便稀溏，一日数行或交替出现为脾失健运，升降失常，清浊不分；面色萎黄，气短懒言，乏力纳减为气血生化乏源，机体失于滋养；四肢不温为中焦虚寒，阳气不能到达于四肢；舌质淡，苔薄白，脉沉细无力皆为脾胃虚寒之象。

治法 温中散寒，益气健脾。

方药 理中汤加减。

方中干姜温中祛寒；人参益气健脾；白术健脾燥湿；甘草甘缓和中；加黄芪、桂枝、白芍加强益气温中缓急；枳实、木香、丹参行气导滞。

若下利清谷、形寒怕冷之症突出，可加附子、补骨脂、肉豆蔻、吴茱萸、五味子以温补脾肾，涩肠止泻；若便血暗红量多也可酌加参三七、茜草、地榆炭化瘀止血。

5. 膀胱癌、肾癌

肾癌、膀胱癌的中医分型论治有共同之处，故合并在一起介绍。

(1) 湿热蕴毒

症状 腰痛，腰腹坠胀不适，尿血，尿急，尿频，尿痛，发热，消瘦，纳差，舌红苔黄腻，脉濡数。

分析 腰痛，腰腹坠胀不适，尿血，尿急，尿频，尿痛等症状为湿热蕴结下焦，膀胱气化不利；发热，消瘦，纳差则为湿热蕴结日久之征；舌红苔黄腻，脉濡数均为湿热停滞之象。

治法 清热利湿，解毒通淋。

方药 八正散或龙胆泻肝汤加减。

前方清热利尿通淋，适用于下焦热盛者；后方清热利湿之力均较强，适用于湿热俱盛者。瞿麦、萹蓄、车前子、泽泻、芒硝清热利尿通淋；连翘、龙胆草、栀子、黄芩清热解毒利湿；当归、生地养血益阴；柴胡疏肝理气；甘草调和诸药。

若尿血者，酌加小蓟、白茅根、仙鹤草，清热凉血止血；腰痛甚者，酌加郁金、三七，活血定痛。

(2) 瘀血内阻

症状 面色晦暗，腰腹疼痛，甚则腰腹部肿块，尿血，发热，舌质紫暗或有瘀点、瘀斑，苔薄白，脉涩。

分析 面色晦暗，腰腹疼痛，甚则腰腹部肿块为瘀血蓄结，气机不利，机体失养；尿血，发热为瘀结日久，郁而化热，脂络受损；舌质紫暗或有瘀点、瘀斑，苔薄白，脉涩为瘀血内阻之象。

治法 活血化瘀，理气散结。

方药 桃红四物汤加减。

桃仁、红花、川芎、当归活血化瘀；白芍、熟地养血生新；香附、木香、枳壳理气散结。

若血尿较著者，酌减破血逐瘀的桃仁、红花，加三七、花蕊石化瘀止血；发热者，加丹皮、丹参清热凉血。

(3) 脾肾两虚

症状 腰痛，腹胀，尿血，腰腹部肿块，纳差，呕恶，消瘦，气短乏力，便溏，畏寒肢冷，舌质淡，苔薄白，脉沉细。

分析 腰痛，腹胀，尿血，腰腹部肿块为癌病日久，气血运行不畅；纳差，呕恶，消瘦，气短乏力，便溏，畏寒肢冷则为脾肾气虚，气损及阳；舌质淡，苔薄白，脉沉细皆为脾肾双亏，气血不足之征。

治法 健脾益肾，软坚散结。

方药　大补元煎加减。

人参、山药、黄芪健脾益气；熟地、杜仲、枸杞子、山茱萸补肾填精；海藻、昆布软坚散结。

若尿血者，酌加仙鹤草、血余炭收敛止血；畏寒肢冷、便溏者，可合附子理中汤温中健脾，药用炮附子、党参、白术、炮姜、炙甘草。

(4) 阴虚内热

症状　腰痛，腰腹部肿块，五心烦热，口干，小便短赤，大便秘结，消瘦乏力，舌质红，苔薄黄少津，脉细数。

分析　腰痛，腰腹部肿块，五心烦热为肝肾阴亏，气血不畅，虚火内生；口干，小便短赤，大便秘结，消瘦乏力为阴虚日久，津液损伤；舌质红，苔薄黄少津，脉细数为阴虚内热之象。

治法　滋阴清热，化瘀止痛。

方药　知柏地黄丸加减。

熟地、山茱萸、山药、泽泻、丹皮、茯苓滋补肝肾；知母、黄柏清泻虚火；延胡索、郁金活血化瘀止痛。

若尿血，加三七、茜草、仙鹤草化瘀止血；便秘者，加火麻仁、郁李仁润肠通便；若心悸失眠者，加酸枣仁、柏子仁、五味子养心安神；遗精，加芡实、金樱子益肾固精；月经不调者，加香附、当归理气活血调经。

四、预防调护

癌病的病因尚未完全明了，但精血不足，脏气亏虚，气血阴阳失调，加之外邪入侵，是重要的致病因素，故保养精气，劳逸结合，养成良好的生活、饮食习惯，戒烟，保持心情愉快，加强必要的防护措施，对预防本病有重要的意义。此外，加强普查工作能早期发现、早期诊断和早期治疗，也是防治癌病的重要手段。既病之后，应做到早期发现，早期诊断，早期治疗。要使患者树立战胜疾病的信心，积极配合治疗，起居有节，调畅情志，宜进易于消化而富于营养的食物，禁食辛辣腌炸、海膻发物，适当参加锻炼。

五、临证验案

朱某，男，65岁。2001年5月7日初诊。

2001年3月9日经CT等检查确诊为"右下肺原发性支气管肺癌"后手术，术后病理示："非角化性鳞状细胞癌，淋巴结转移（5/5）"。术后已放疗六次。

辨治经过　2001年5月7日~2001年6月25日。此期临床症状以气喘、活动后加重为主，咳嗽间作，咳痰不多，舌苔黄薄腻中有剥苔，舌质暗，脉细滑。证属肺肾交亏，气阴两伤，热毒痰瘀互结。治予补肾纳气平喘，化痰活血消癌。

处方　炒苏子10g，法半夏10g，胡桃仁15g，山茱萸10g，炙鳖甲15g（先煎），生黄芪15g，天冬、麦冬各12g，北沙参12g，仙鹤草15g，生薏苡仁20g，山慈姑15g，泽漆15g，猫爪草20g，白花蛇舌草20g，漏芦12g，露蜂房10g，炙蜈蚣3条，海藻10g，制僵蚕10g，另服西洋参、冬虫夏草各1g，炖服，每日1次。

2001年6月26日~2001年8月14日。此期气喘气急缓解，接受肺部放疗，共按计划完成放疗39次。放疗期间口苦口干，食纳不香，偶有咳嗽，咳痰色白或黄，舌苔中部剥脱，脉细滑。证属放疗伤正，气阴交亏，热毒痰瘀阻肺。给予养阴益气、润燥化痰消癌。

处方　炙鳖甲15g（先煎），南沙参、北沙参各12g，天冬、麦冬各12g，天花粉12g，太子参12g，生黄芪12g，漏芦10g，白花蛇舌草25g，蜂房10g，炙僵蚕10g，山慈姑15g，猫爪草20g，鬼馒头15g，炙蜈蚣3条，泽漆15g，生薏苡仁20g，仙鹤草15g，枸杞子10g，法半夏10g，陈皮6g。

2001年8月15日~2002年9月6日。此期断续进行6个疗程化疗，恶心呕吐不重，疲劳明显，精神萎靡，面色浮黄，贫血貌，咳嗽、咳痰不多，舌苔薄黄，舌质淡紫，脉细。肺部 CT 及 CEA 等肿瘤标志物检查均未见复发依据，证属药毒伤正，脾胃运化失健，气血亏虚。治拟健脾和胃，益气养血消癌。

处方　南沙参、北沙参各 10g，大麦冬 10g，太子参 10g，党参 12g，生黄芪 15g，焦白术 10g，枸杞子 10g，鸡血藤 20g，白花蛇舌草 20g，仙鹤草 15g，生薏苡仁 15g，猫爪草 20g，山慈姑 15g，炙僵蚕 10g，露蜂房 10g，红豆杉 20g，泽漆 12g，白毛夏枯草 10g，炙鸡内金 10g，陈皮 6g，炒六曲 10g，法半夏 10g，砂仁 3g(后下)，首乌藤(夜交藤) 20g。

(陈四清．周仲瑛临证医案精选．人民军医出版社．2011)

六、文献摘录

1.《灵枢·五变》："人之善病肠中积聚者，何以候之？少俞答曰：皮肤薄而不泽，肉不坚而淖泽，如此则肠胃恶，恶则邪气留止，积聚乃伤。"

2.《难经·论五脏积病》："肺之积名曰息贲，在右胁下，覆大如杯。久不已，令人洒淅寒热，喘咳，发肺壅。"

3.《丹溪心法·痰》："凡人身上中下有块者多是痰……痰挟瘀血，遂成窠囊。"

4.《景岳全书·积聚》："治积之要，在知攻补之宜，而攻补之宜，当于孰缓孰急中辨之。"

5.《杂病源流犀烛·积聚癥瘕痃癖痞源流》："邪积胸中，阻塞气道，气不宣通，为痰，为食，为血，皆得与正相搏，邪既胜，正不得而制之，遂结成形而有块。"

6.《医林改错·膈下逐瘀汤所治之症目》："肠胃之外，无论何处，皆有气血。气有气管，血有血管。气无形不能结块，结块者，必有形之血也；血受寒，则凝结成块；血受热，则煎熬成块。"

七、文献推介

1. 中华中医药学会血液病分会．肿瘤相关抑郁状态中医诊疗专家共识 [J]．中华中医药杂志，2015,30(12):4397-4399.

2. 中国抗癌协会癌症康复与姑息治疗专业委员会．肿瘤姑息治疗中成药使用专家共识 (2013 版) [J]．中国中西医结合杂志，2016,36(3):269-279.

3. 中国中医药研究促进会肿瘤专业委员会．癌性疼痛中医外治诊疗规范专家共识意见 [J]．北京中医药，2014,33(4):305-307.

(编者：高天舒　责任副主编：刘良徛)

50 痹证

痹证是由风、寒、湿、热等邪气痹阻经络，导致机体气血运行不畅引起的，以肌肉、筋骨、关节发生疼痛、麻木、重着、屈伸不利，甚至关节肿大、僵硬、变形等为主要临床表现的病证。

古代文献中关于痹证的论述相当丰富。《素问·痹论篇第四十三》最早提出了本病病名，并专辟"痹论"篇，记载其病因、发病、证候分类及病情演变等，并根据感邪季节、患病部位、临床症状将其分为五痹。《素问·痹论篇第四十三》以整体观阐述了痹证与五脏的关系，为后世医家认识痹病奠定了基础。汉·张仲景《伤寒论·太阳篇》、《金匮要略·中风历节病脉证并治第五》对太阳风湿、湿痹历节等进行了辨证论治，所创立的桂枝附子汤、桂枝芍药知母汤、乌头汤等至今仍为治痹的常用效方。唐·孙思邈在《千金要方》中记载有些痹证后期可引起骨节变形，并收集了许多治痹方剂，收录了有药酒、膏摩等治法。金元时期医家对疾病认识更加深刻：元·张子和《儒门事亲·七方十剂绳墨订一》对相似的风、痹、痿、厥、脚气等病证进行了鉴别；元·朱丹溪《丹溪心法·痛风六十三》提出了"风湿与痰饮流注经络而痛"的观点，丰富了痹病的病机理论。明清时期，痹证的理论有较大发展和日臻完善。对痹证日久，明·李中梓《医宗必读》对痹证治疗原则作了很好的概括，主张分清主次，采用祛风、除湿、散寒治疗，行痹应参以补血，痛痹应参以补火，着痹应参以补脾补气。清·俞嘉言《医门法律·中风门》主张治疗应"先养血气"。清代病学的形成，对热痹的病因、症状和治疗有更充分的论述。痹证久病入络在这一时期受到重视。

西医学中的风湿性关节炎、类风湿关节炎、强直性脊柱炎、痛风、增生性骨关节炎等属于本病范畴，以肌肉、筋骨、关节发生疼痛、麻木、重着、屈伸不利等为主要临床表现的其他疾病亦可参照本节辨证施治。

一、病因病机

（一）病因

1. 风寒湿邪

外感风寒湿邪，多因居处潮湿，涉水冒雨，或睡卧当风，或冒雾露，气候变化，冷热交错等原因，以致风寒湿邪乘虚侵袭人体经络，留滞关节筋骨，导致气血痹阻而发为风寒湿痹。正如《素问·痹论》说："风寒湿三气杂至，合而为痹也。其风气胜者为行痹；寒气胜者为痛痹；湿气胜者为着痹也。"

2. 风湿热邪

多因处于湿热环境所致，风湿热之邪乘虚而入，壅于经络，痹阻气血经脉，发为风湿热痹。正如《金匮翼·热痹》说："热痹者，必热于内也……脏腑经络，先有蓄热，而复遇风寒湿气客之，热为寒郁，气不得通，久之寒亦化热，则痒痹燔然而闷也。"

3. 劳逸不当

劳欲过度，精气亏损，卫外不固；或激烈活动后正气受损，汗出肌疏，外邪乘袭。

4. 久病体虚

大病或久病不愈、产后气血不足；老年体虚，肝肾不足，肢体筋脉失养，腠理空虚，外邪乘虚而入。《济生方·痹》曰："皆因体虚，腠理空疏，受风寒湿气而成痹也。"

此外，嗜食肥甘厚腻或酒肉发腥物，积滞不化，聚湿生痰化热，湿热痰浊内生；或跌仆外伤，损及肢体筋脉，气血经脉痹阻，亦与痹证发生相关。

（二）病机

痹证的基本病机是邪气痹阻经脉，气血运行不通。其内因为正虚卫外不固，外因是感受风寒湿热之邪。机体感受外邪，可因人的禀赋素质不同而有寒热转化。若素体阳气偏盛，外邪易从阳化热而成风湿热痹；若阳气虚衰，复感风寒湿邪，机体易从阴化寒而成风寒湿痹。

痹证病变初期，病位在经脉，主要累及筋骨、关节、肌肉，以实证为主；日久病邪入里，耗伤气血，损及肝肾，虚实相兼。痹证日久，气血津液运行失常，血滞为瘀，津停为痰，耗伤气血，往往出现关节肿大畸形、或者关节僵硬变形、屈伸不利等痰瘀互结的临床证候。由于病邪性质的偏盛，临床表现亦有所不同，其中风邪偏胜者，属行痹；湿邪偏胜者，属着痹；寒邪偏胜者，属痛痹；热邪偏胜者，属热痹。各种邪气之间亦可以互相转化，因此，痹证的病理因素主要为风、寒、湿、热、痰、瘀。

痹证日久，易出现以下三种病机变化，一是久病耗伤正气，呈现不同程度的气血亏损或肝肾不足证候；二是痹证迁延不愈，气血运行不畅日甚，痰浊瘀血痹阻经络，出现皮肤瘀斑、关节周围结节、甚则关节肿大畸形、屈伸不利等症状；三是痹证日久不愈，病邪由经络累及脏腑，出现脏腑痹证候，其中以心痹多见，临床常见心烦、惊悸，动则喘促，甚至下肢水肿，不能平卧等症状。

二、诊断与鉴别诊断

(一)诊断依据

1. 凡以肢体、关节、肌肉发生疼痛、重着、酸楚、麻木,或关节屈伸不利、僵硬、肿大、变形等为临床特征者,即可诊断为痹证。
2. 病情的轻重与季节、气候的寒冷、潮湿等天气变化以及劳累程度密切相关。此外,某些痹证的发生和加重,可与饮食不当有关。
3. 本病可发生于任何年龄,但不同年龄的发病与疾病的类型有一定的关系。

(二)鉴别诊断

痿证

两者鉴别要点在于关节的痛与不痛。痹证因疾病久治不愈,肢体关节或因痛剧,或因屈伸不利,或因变形而活动减少,肌肉废用而渐萎缩,而与痿证相似。痿证以肌肉软弱无力或萎缩为临床特征,并无疼痛,表现为肌肉软弱无力而行动艰难,甚至瘫软于床榻;痹证以肢体肌肉关节疼痛、酸楚、麻木为临床特征,表现为疼痛或关节变形而行动艰难,因行动艰难肌肉少用而渐瘦,但不至瘫痪。临床上也有既有肢体肌肉萎弱无力,又伴有肌肉关节疼痛者,是为痿痹并病,可按其病因病机特点,辨其孰轻孰重进行辨证论治。

三、辨证论治

(一)辨证要点

1. 辨病邪的偏胜

风寒湿热为病各有偏胜,根据临床主症特征,分辨主导病邪。如游走不定而痛者为风邪偏胜;疼痛剧烈,遇冷加重,得热则减者为寒邪偏胜;重着固定,麻木不仁者为湿邪偏胜;病变处掀红灼热,疼痛剧烈者为热邪偏胜;病变处有结节、肿胀、瘀斑或肢节变形者为痰瘀阻痹。

2. 辨病性的虚实

根据病程长短及全身状况辨别虚实。一般突然发病,或发病虽缓,但病程短者多为实证。反复发作,经久不愈者多虚实夹杂。疲乏少动者多气虚;面色㿠白,心悸者多血虚;肌肉麻木,肢节屈伸不利者多肝虚筋失所养;骨节变形,腰膝酸软,多肾虚骨痹不已。

(二)治疗原则

本病以邪气痹阻经络,气血运行不畅,不通则痛为基本病机,故以祛邪通络、缓急止痛为本病的治疗原则。根据病邪偏盛不同,祛风、散寒、除湿、清热、祛痰、化瘀通络等治法应相互兼顾,又各有重点。风邪胜者或久病入络者,应佐养血活血之品,正所谓"治风先治血,血行风自灭"也;寒邪胜者,应佐助阳之品,使其阳气旺盛,则寒散络通;湿邪胜者,佐以健脾益气之品,使其脾旺能胜湿;热邪胜者,佐以凉血养阴之品,以防热灼营阴而病深难解。久痹正虚者,应重视补肝肾、益气血。正气不足是本病的重要病因,久病耗伤正气而虚实夹杂者,应扶正祛邪,且扶正有助祛邪。

(三)分证论治

1. 风寒湿痹

(1) 行痹

症状 肢体关节、肌肉酸痛,屈伸不利,可涉及多个关节,以上肢为多见,疼痛呈游走性,初起可见恶风寒、发热等表证，舌苔薄白，脉浮或浮缓。

分析　肢体关节、肌肉酸痛为风邪兼夹寒湿，留滞经脉，痹阻气血的表现；屈伸不利为寒性收引，筋脉拘急所致；疼痛游走不定，可涉及多个关节为风性善行数变；恶风寒、发热等表证为风邪束表，营卫失和所致；舌苔薄白，脉浮或浮缓为感受风邪之象。

治法　祛风通络，散寒除湿。

方药　防风汤加减。

方中防风、麻黄祛风散寒为君药；秦艽、葛根除湿通络、解肌止痛为臣药；当归养血活血，薏苡仁、茯苓健脾渗湿，肉桂温经散寒，共为佐药；生姜、大枣和胃调中以为佐药；甘草调和诸药为使药。诸药配合，共奏祛风通络，散寒除湿之功。

若腰背酸痛为主者，加杜仲、续断、桑寄生、补骨脂以补肾壮腰；若关节红肿渐热者，宜用桂枝芍药知母汤。

（2）痛痹

症状　肢体关节疼痛较剧，甚至关节屈伸不利，遇冷痛甚，得热则减，痛处多固定，局部皮肤可有寒冷感，口淡不渴，恶风寒，肢体困重，舌质淡，苔薄白，脉弦紧。

分析　肢体关节疼痛较剧，遇冷痛甚，得热则减为寒邪兼夹风湿，留滞经脉，痹阻气血，筋脉拘急的表现；局部皮肤可有寒冷感为寒邪伤阳，局部失于温煦所致；肢体困重、关节屈伸不利为因湿性重浊黏滞，流注肢体关节经络所致；舌质淡，苔薄白，脉弦紧为感受寒邪之象。

治法　温经散寒，祛风除湿。

方药　乌头汤加减。

方中川乌、麻黄温经散寒、通络止痛为君药；芍药养血和脉，黄芪益气固表、利脉通痹，共为臣药；甘草、蜂蜜缓急止痛、调和诸药，功兼佐使。诸药配合，共奏温经散寒，祛风除湿之功。

若寒湿甚者，加羌活、独活、防风、秦艽、威灵仙等祛风除湿；若寒甚者可加制附片、桂枝、细辛温经散寒。

（3）着痹

症状　肢体关节疼痛重着、酸楚，或有肿胀，肌肤麻木不仁，手足困重，关节活动不利，遇阴雨天病情加重，舌质淡红，苔白腻，脉濡缓。

分析　肢体关节疼痛重着、酸楚为湿邪兼夹风寒，留滞经脉，痹阻气血，不通则痛；手足困重，肿胀，关节活动不利为湿性重浊黏滞，流注肢体关节经络所致；肌肤麻木不仁为风湿相搏，气血失和引起；舌质淡红，苔白腻，脉濡缓为感受湿邪之象。

治法　除湿通络，祛风散寒。

方药　薏苡仁汤加减。

方以薏苡仁健脾除湿为君药；苍术健脾散寒除湿，羌活、独活除一身上下寒湿为臣药；佐以防风祛风除湿，川乌、麻黄、桂枝温经散寒、通络止痛，当归、川芎养血活血；生姜、甘草健脾调中以为佐药；甘草调和诸药，为使药。诸药配合，共奏除湿通络，祛风散寒之功。

若关节肿胀者，加秦艽、萆薢、木通、五加皮利水通络；若关节红肿兼局部灼热者，加苍术、黄柏以清热化湿；若肌肤不仁者，加海桐皮、豨莶草祛风通络；若久痹风、寒、湿偏盛不明显者，可用蠲痹汤作为风寒湿痹基础方，该方具有益气和营，祛风胜湿，通络止痛的功效。

2.风湿热痹

症状　肢体关节疼痛，痛处掀红灼热，肿胀疼痛剧烈，得冷则舒，筋脉拘急，或有皮下结节、红斑，多兼有发热，汗出，口渴，烦闷不安等全身症状，舌质红，苔黄腻或黄，脉滑数。

分析　肢体关节疼痛为风湿热邪壅滞经络，气血痹阻不通则痛；痛处掀红灼热，肿胀疼痛剧烈，得冷则舒，为热邪致病易发红肿热痛；筋脉拘急为火热之邪壅塞经络；发热，汗出乃因热为阳邪、易伤津液；皮下结节、红斑为湿性重着黏滞，湿胜则肿；口渴不欲饮，烦闷不安为湿热交阻于内的表现；舌质红，苔黄腻或黄，脉滑数为感受热邪之象。

治法　清热通络，祛风除湿。

方药　白虎加桂枝汤加减。

方以石膏善清热透邪为君药；知母助石膏清热透邪、又滋阴润燥，救已伤津液为臣药；桂枝疏风通络，粳米、甘草益胃生津共为佐药；炙甘草调和诸药亦为使药。诸药配合，共奏清热通络，祛风除湿之功。

若湿热胜，疼痛明显者亦可选用《温病条辨·中焦》宣痹汤加减治疗；若热痹化火伤津，症见关节红肿，疼痛剧烈，入夜尤甚，壮热烦渴，舌红少津，脉弦数者，治以清热解毒，凉血止痛，可用犀角散加减；若皮肤有瘀斑者，酌加丹皮、生地、地肤子清热凉血散瘀。

3. 痰瘀痹阻

症状　痹证日久，关节、肌肉疼痛如刺，固定不移，夜间较甚；或关节肿大、僵硬、变形，屈伸不利，有硬结、瘀斑，或关节肌肤紫黯、顽麻或重着，舌质紫黯或有瘀斑，苔白腻，脉弦涩。

分析　关节、肌肉疼痛如刺，固定不移，夜间较甚，为痹病日久，气血津液运行不畅，致痰瘀互结，留滞肌肤，痹阻经脉，不通则痛所致；关节僵硬变形、屈伸不利为痰瘀留滞关节，关节萎废不用所致；皮下硬结、瘀斑为痰瘀内蕴，流注皮肤所致；肌肤顽麻或重着为痰瘀阻滞，皮肤失养的表现；舌质紫暗或有瘀斑、瘀点，苔白腻，脉弦涩是痰瘀痹阻之象。

治法　化痰行瘀，蠲痹通络。

方药　双合汤加减。

方中桃仁、红花活血祛瘀，半夏、白芥子化痰散结，共为君药；川芎活血通络，竹沥清热化痰，当归、白芍活血养血，是为臣药；茯苓、陈皮健脾燥湿为佐药。诸药配合，共奏化痰行瘀，蠲痹通络之功。

若痰浊留滞，皮下有结节者，加胆南星、天竺黄以化痰；若瘀血明显者，关节疼痛、肿大、强直畸形，屈伸不利，加三棱、莪术、三七以活血化瘀通络；若痰瘀交结，疼痛不已者，加穿山甲、蜈蚣、全蝎、地龙以搜风通络止痛；痰瘀化热者，加黄柏、丹皮以清热化瘀。

4. 肝肾亏虚

症状　痹证日久不愈，关节肿胀僵硬，屈伸不利，甚者关节畸形、肌肉瘦削，腰膝酸软，或骨蒸劳热，心烦口干，或畏寒肢冷，小便清长，舌质淡红，舌苔薄白或少津，脉沉细弱或细数。

分析　关节肿胀畸形，屈伸不利，肌肉瘦削为痹久伤阴，肝肾不足，筋脉失养的表现；骨蒸劳热，关节灼热疼痛为阴血亏虚，虚火内旺之象；腰膝酸软为肝肾阴虚，腰府、髓海失养的表现；畏寒肢冷，小便清长为阴损及阳、温煦不足，固摄无力的表现；心烦失眠为虚火内扰心神的表现；舌质淡红，舌苔薄白或少津，脉沉细弱或细数为肝肾阴虚之象。

治法　培补肝肾，舒筋止痛。

方药　独活寄生汤加减。

方中重用独活长于祛下焦风寒湿邪，蠲痹止痛，为君药；防风、秦艽祛风胜湿，肉桂温里祛寒，通利血脉，细辛辛温发散，祛寒止痛，均为臣药；佐以寄生、牛膝、杜仲补益肝肾，强壮筋骨，当归、芍药、地黄、川芎养血活血，人参、茯苓、甘草补气健脾，扶助正气，均为佐药；甘草调和诸药，又为使药。诸药配合，共奏培补肝肾，舒筋止痛之功。

若肾气虚，腰膝酸软，乏力较重者，加黄芪、鹿角霜、续断、狗脊以补肾纳气；若阳虚畏寒肢冷，关节疼痛拘急者，加附子、干姜、巴戟天以温补肾阳；若痹证日久，内舍于心，出现心烦、惊悸，动则尤甚，面色少华，舌淡、脉虚数或结代者，可用炙甘草汤加减。

四、预防调护

本病发生多与气候和生活环境有关，平素应注意防风、防寒、防潮，避免居潮湿之地。特别是居住寒冷地区或气候骤变季节，应注意保暖，免受风寒湿邪侵袭；劳作运动汗出肌疏之时，切勿当风贪凉，乘热浴冷。内衣汗湿应及时更换，垫褥、被子应勤洗勤晒；居住和作业地方保持清洁和干燥；平时应注意生活调摄，加强体育锻炼，增强体质，有助于提高机体对病邪的抵御能力。

痹证初发，应积极治疗，防止病邪传变。病邪入脏，病情较重者应卧床休息。行走不便者，应防止跌仆，以免发生骨折。长期卧床者，既要保持病人肢体的功能位，有利于关节功能恢复，还要经常变换体位，防止褥疮发生。久病患者，往往情绪低落，容易产生焦虑心理和消化机能低下，因此，保持病人乐观心境和摄入富于营养、易于消化的饮食，有利于疾病的康复。

五、临证验案

张某，女，40岁。

初诊 1981年3月11日。患类风湿关节炎15年之久，脉细弦，舌瘦糙老，尖部起刺，边有瘀斑，苔白厚，关节肿痛变形。

辨证 血热阴伤，痰瘀阻络。

处方 荆芥炭10g、防风6g、皂角子6g、紫苏子10g、莱菔子10g、冬瓜子20g、赤芍10g、丝瓜络10g、茜草10g、白头翁10g。6剂。

二诊 1981年3月18日。关节肿痛减轻，前方冬瓜子加为30克。20剂。服法如前。

三诊 1981年4月8日。关节肿痛大减，药后大便略溏，仍以前方加减。紫苏子10g、莱菔子10g、冬瓜子30g、赤芍10g、皂角子6g、茜草10g、白头翁10g、桑枝20g。6剂。

补充治疗效果

按 类风湿关节炎属于中医学"痹证"范畴。中医学认为其多有正气不足，风、寒、湿、热等外邪侵袭机体，或痰浊内阻，造成气血瘀滞、经络痹阻不通所致，临床主要分风寒湿阻、风湿热郁、痰瘀互结、肝肾阴虚、气血亏虚等证型进行治疗。类风湿关节肿痛变形者，一般医生多认为是气滞血瘀所致，用活血化瘀方法治疗，但往往效果不佳，其证虽有气滞血瘀，但多有痰浊内盛，郁阻血脉经络引起，故以三子养亲汤加冬瓜子、皂角子，辛温走窜，理气化湿、搜风涤痰以通畅气血，活络止痛，往往收到非常良好的效果。本患者类风湿关节炎15年之久，关节肿痛变形，脉细弦，舌瘦糙老，尖部起刺，边有瘀斑，苔白厚，显然为血热阴伤、痰瘀阻络之证，故以疏风化痰、凉血活血通络方法治之而获佳效。

（赵绍琴医案实录．人民军医出版社．2015）

六、文献摘录

1.《素问·痹论》："风寒湿三气杂至，合而为痹""所谓痹者，各以其时，重感于风寒湿之气也。"

2.《中藏经·论痹》："痹者，风寒暑湿之气，中亏脏腑之为也。……而有风痹、寒痹、湿痹、热痹、气痹，又有筋、骨、血、肉、气之五痹也。……痹者闭也，五脏六腑感于邪气，乱于真气，闭而不仁，故曰痹也。"

3.《三因极一病证方论·痹叙论》："夫风寒湿三气杂至，合而为痹，虽曰合痹，其用各殊。风胜为行痹，寒胜为痛痹，湿胜为着痹。三气袭人经络，入于经脉、皮肉、肌肤，不已则入五脏。……大抵痹之为病，寒多则痛，风多则行，湿多则着。在骨则重而不举，在脉则血凝不流，在筋则屈而不伸，在肉则不仁，在皮则寒，逢寒则急，逢热则纵。"

4.《医宗必读·痹》："治外者，散邪为急，治脏者，养脏为先。治行痹者，散风为主，御寒利湿仍不可废，大抵参以补血之剂，盖治风先治血，血行风自灭也。治痛痹者，散寒为主，疏风燥湿仍不可缺，大抵参以补火之剂，非大辛大温，不能释其凝寒之害也。治着痹者，利湿为主，祛风解寒亦不可换，大抵参以补脾补气之剂，盖土强可以胜湿，而气足自无顽麻也。"

七、文献推介

1. 中国中医科学院广安门医院. 尪痹 (类风湿关节炎) 中医诊疗方案 (2017 年版)[Z]. 国家中医药管理局办公室关于印发中风病 (脑梗死) 等 92 个病种中医临床路径和中医诊疗方案 (2017 年版) 的通知. 国中医药办医政发〔2017〕9 号.
2. 黄燕，陈伟，张文娟等. 痹证诊疗指南 [J]. 中国中医药现代远程教育,2011,9(11):148-149.
3. 中国中医药研究促进会骨科专业委员会. 膝关节骨关节炎中医诊疗专家共识 (2015 年版)[J]. 中医正骨 ,2015,27(7):4-5.
4. 黄燕，王承德，陈伟等. 类风湿性关节炎诊疗指南 [J]. 中国中医药现代远程教育,2011,9(11):150-151.

（编者：黄雪霞　责任副主编：肖炜）

51 痿证

痿证是由多种原因导致五脏受损，精血津液生化乏源，筋脉肌肉失养引起的，以肢体筋脉弛缓、软弱无力、不得随意运动，日久而致肌肉萎缩或肢体瘫痪为主要临床表现的病证。临床多以下肢痿弱为常见，亦称"痿躄"。

《内经》详细阐述了痿证的病因病机、病证分类及治疗原则。如《素问·痿论》指出本病的主要病机是"肺热叶焦"，并据五脏所主，将痿证分为皮、脉、筋、骨、肉五痿。在发病原因上，《内经》指出"热伤五脏"、"思想无穷"、"焦虑太过"、"有渐于湿"及"远行劳倦"、"房劳太过"等均可致痿，又认为湿热亦是痿证成因之一。在治疗上提出"治痿者独取阳明"与"各补其荥而通其俞，调其虚实，和其逆顺"的治疗原则，至今仍指导着临床实践。而隋唐至北宋时期，将痿列入风门，较少进行专题讨论。直到金元时期，张子和对"风、痹、痿、厥"进行了鉴别，强调"痿证无寒"。元·朱丹溪《丹溪心法》则承张子和之说，力纠"风痿混同"之弊，提出"泻南方，补北方"的治疗原则，在具体辨证方面又有湿热、湿痰、气虚、瘀血之别，并首创名方虎潜丸，对后世影响颇深。明·张景岳在《景岳全书·痿论》指出，痿证实际上并非尽是阴虚火旺。清·叶桂《临证指南医案·痿》邹滋九按："夫痿证之旨，不外乎肝肾肺胃四经之病。"

西医学中的重症肌无力属于本病范畴，以肌肉软弱无力、不得随意运动为主要表现的疾患，如多发性神经炎、运动神经元病、脊髓病变、周期性麻痹等，亦可参照本节辨证施治。

一、病因病机

（一）病因

1. 感受温毒

温邪上受，首先犯肺。温热毒邪内侵，或病后余热未清，或温病高热持续不解，以致内热燔灼，耗气伤津，津伤不布，五脏失润，五体失养，痿弱不用。此即《素问·痿论》言："五脏因肺热叶焦，发为痿躄。"

2. 湿热浸淫

久居湿地或冒雨涉水，湿邪浸淫经脉，营卫运行受阻，郁遏生热，或痰热内停，蕴湿积热，导致湿热相蒸，浸淫筋脉，久则气血运行不利，筋脉肌肉失于滋养而弛纵不收，渐而成痿。如《素问·痿论》所言："有渐于湿，以水为事，若有所留，居处相湿，肌肉濡渍，痹而不仁，发为肉痿。"

3. 饮食所伤

饮食不节，过食肥甘，嗜酒辛辣，损伤脾胃，湿热内生，或脾胃虚弱，水湿不运，聚湿成痰，痰湿内停，客于经脉，均可致痿。正如《症因脉治·内伤痿证》云："脾热痿软之因，或因水饮不谨，水积热生，或因膏粱积热，湿热伤脾，脾主肌肉，故常不仁，脾主四肢，故常痿软。"

4. 房劳久病

素体禀赋不足，或久病体虚，或房劳太过，以致肝肾虚损，精血难复；或劳役太过而伤肾，阴精耗损，肾中水亏火旺，筋脉失于濡养，而成痿证。《素问·痿论》指出："思想无穷，所愿不得，意淫于外，入房太甚，宗筋弛纵，发为筋痿。"

5. 跌仆瘀阻

跌打损伤，瘀血阻络，新血不生，经气运行不利，脑失神明之用，发为痿证；或产后恶露未尽，瘀血流注于腰膝，以致气血瘀阻不畅，脉道不利，四肢不得濡润滋养，发为痿证。恰如《证治汇补·痿躄》论："血瘀痿者，产后恶露未尽，流于腰膝，或跌扑损伤，积血不消，四肢痛而不能运动，致脉涩而苋者，宜养血行瘀。"

6. 药毒所伤

服用或接触毒性药物，以致气血经脉受损，经气运行不利，脉道失畅，关节肌肉失其灌溉荣养，亦可致痿。

(二) 病机

痿证以肾虚为本，肺热为标，阳明失职，尤常掺见。

痿证病位在筋脉肌肉，但根本在于五脏受损。肺主皮毛，脾主肌肉，肝主筋，肾主骨，心主血脉，五脏病变，皆能致痿，且脏腑间互为影响。在各种致病因素的作用下，均可致使五脏受损，生化乏源，加重精血津液的亏损，筋脉肌肉失养，不能束骨而利关节，渐而瘦削枯萎，发为痿证。如肺热叶焦，精失敷布，久则五脏失濡而致痿；邪热盛于内，肾水亏于下，水不制火，火灼肺金，反可加重肺热津伤而发痿证；而脾虚与湿热常常互为因果；脾虚运化无力，可致湿聚津停而成痰，以致经脉痹阻；而湿热下注于肾，可伤及肾阴；肝肾阴虚，虚火灼伤津液，致津亏血瘀，脉络不畅，而使病程缠绵难愈。

本病病理性质以热证、虚证为多，虚实夹杂者亦不鲜见。外感温邪、湿热者，病初阴津耗伤不甚，邪热偏重，故属实证；但日久肺胃津伤，肝肾阴血耗损，则由实转虚，或虚实夹杂。内伤致病，虚证多因脾胃虚弱，肝肾亏损，病久不愈，气血阴精亏耗，但常因夹湿、夹热、夹痰、夹瘀、积滞，而呈现本虚标实之候。故临床多见因实致虚、因虚致实和虚实错杂的复杂病机。

本病多为沉痼难治之疾。久痿脾肾精气衰败，则病危矣。足少阴脉贯行舌根，足太阴脉上行夹咽，连舌本，散舌下。脾气虚损，无力升清，肾气虚衰，宗气不足，脾肾精气虚败则无力支撑舌体，可见舌体瘫软、呼吸和吞咽困难等危象。

二、诊断与鉴别诊断

(一) 诊断依据

1. 凡以下肢或上肢，一侧或双侧，肢体筋脉弛缓不收，痿软无力，活动不利，甚则瘫痪日久，或伴肌肉萎缩为临床特征者，即可诊为痿证。
2. 可伴有肢体麻木、疼痛，或拘急痉挛。严重者可见排尿障碍、呼吸困难、吞咽无力等。
3. 常有久居湿地、涉水淋雨史，或有家族史。

（二）鉴别诊断

1. 偏枯

偏枯即半身不遂，指一侧上下肢随意运动功能减弱或丧失，常伴有语言謇涩、口眼㖞斜，久则患肢出现废用性萎缩，是中风症状，二者临床不难鉴别。

2. 痹证

痹证因关节疼痛影响肢体活动，运动受限，后期肢体废而不用，出现类似痿证之肌肉萎缩瘦削症状。而痿证则为肢体关节无力活动，且不伴疼痛，此为二者根本区别。

三、辨证论治

（一）辨证要点

1. 辨脏腑病位

痿证初起，起病较急，症见发热、咳嗽、咽痛，或在热病之后出现肢体软弱不用者，病位多在肺；凡见四肢痿软，面浮肢肿，腹胀纳差，便溏，病位多在脾胃；而以下肢痿软无力为著，重则难以站立，腰脊酸软，头晕目眩，咽干耳鸣，女子月事不调，男子遗精阳痿，病位多在肝肾。

2. 辨标本虚实

痿证以虚为本，或本虚标实。因感受温热毒邪或湿热浸淫者，多急性起病，病情快速进展，此属实证。由于亢热之邪最易燔灼津液，损伤正气，故病变早期常见虚实错杂之证。内伤积损、久病不愈者，主要为肝肾阴虚和脾胃虚弱，多属虚证，但常兼夹郁热、湿热、痰浊、瘀血、积滞等实邪为患，以致虚中有实。

（二）治疗原则

痿证的治疗，虚证宜扶正补虚为主，肝肾亏虚者，宜滋养肝肾；脾胃虚弱者，宜益气健脾。实证宜祛邪和络为主，肺热伤津者，宜清热润燥；湿热浸淫者，宜清热利湿；瘀阻脉络者，宜活血行瘀。虚实兼夹者，又当兼顾之。《内经》提出"治痿者独取阳明"，是指从补脾胃、清胃火、祛湿热以滋养五脏的一种重要措施。

（三）分证论治

1. 肺热津伤

症状　发病急，病起发热，或热退后突然出现肢体软弱无力，可较快发生肌肉瘦削，皮肤干燥，心烦口渴，咳呛少痰，咽干不利，小便黄赤，大便秘结，舌红苔黄，脉细数。

分析　肌肉瘦削、肢体痿软、皮肤干燥为温热之邪犯肺，肺脏气阴受伤，津液不足以敷布全身，筋脉皮肤失养；心烦口渴，溲短便燥为热邪伤津；咽干不利，咳呛少痰为肺津不能上润于肺；舌红苔黄，脉细数为肺热津伤之象。

治法　清热润肺，养阴生津。

方药　清燥救肺汤加减。

方中以人参、麦冬、生甘草甘润生津，益气养阴补中；生石膏、霜桑叶、苦杏仁、火麻仁宣肺清热，润燥降逆；蜜炙枇杷叶、阿胶、炒胡麻仁润肺滋阴清燥。

若身热未退，高热，口渴，汗多，则重用生石膏，加银花、连翘、知母以清气分之热，解毒祛邪；咳呛少痰，咽喉干燥，加桑白皮、天花粉、芦根以润肺清热。若身热已退，食欲减退，口燥咽干较甚，属肺胃阴伤，用益胃汤加石斛、薏苡仁、生山药、谷麦芽以益胃生津。

2. 湿热浸淫

症状 起病较缓，逐渐出现肢体困重，痿软无力，尤以下肢或两足痿弱为甚，兼见微肿，手足麻木，扪及微热，喜凉恶热，或有发热，胸脘痞闷，小便赤涩热痛，舌质红，舌苔黄腻，脉濡数或滑数。

分析 肢体困重兼见微肿为湿热浸淫肌肤表现；手足麻木，痿软无力，胸脘痞闷为湿热不攘，气血运行不畅所致；小便赤涩热痛为湿热下注；舌红，苔黄腻，脉濡数或滑数是湿热浸淫之象。

治法 清热利湿，通利经脉。

方药 加味二妙散加减。

方中苍术辛苦而温，为燥湿强脾之主药。黄柏苦寒下降之品，入肝肾直清下焦之湿热，又以萆薢、防己导湿热由小便而出；当归、川牛膝活血养血，化瘀以补肝肾；龟板滋阴潜阳，补血养肾健骨。

如湿盛伴胸脘痞闷，肢重且肿者，加厚朴、薏苡仁、茯苓、泽泻、陈皮以健脾理气化湿；长夏雨季，酌加藿香、佩兰芳香化浊，健脾除湿；热盛伤阴，形体消瘦，自觉足胫热气上腾，兼见心烦口干，舌质红或舌苔中剥，脉细数，可去苍术，酌加生地、龟板、麦冬以养阴清热重用龟板，加元参、山药、生地；若肢体麻木，关节运动不利，舌质紫，脉细涩，为夹瘀之证，加赤芍、当归、桃仁、红花之属。

3. 脾胃虚弱

症状 肢体无力或吞咽、咀嚼困难逐渐加重，饮水反呛，抬颈无力，神疲肢倦，肌肉萎缩，食欲不振，脘腹痞胀，大便溏薄，面色㿠白或萎黄无华，舌淡胖，边有齿痕，苔薄白，脉细弱。

分析 肢体软弱无力，肌肉萎缩为脾胃虚弱，气血化源不充，筋脉失荣；食欲不振，脘腹痞胀，大便溏薄为脾气亏虚，失于健运，清阳不升；神疲肢倦、面色㿠白或萎黄无华为脾胃虚弱，气血化生不足所致；舌淡胖，边有齿痕，苔薄白，脉细弱是脾胃虚弱之象。

治法 补中益气，健脾升清。

方药 参苓白术散合补中益气汤加减。

两方之中人参、黄芪补中益气，升阳固表；生白术、山药、扁豆、莲子肉甘温健脾益气，生化气血；陈皮、砂仁和胃理气，调理气机。前方以茯苓、薏苡仁健脾渗湿。后方当归养血补血，以使气从血中而生；升麻、柴胡辛散升举，助人参、黄芪升举阳气，甘草益气和中，调和诸药。

脾胃虚者，易兼夹食积不运，当健脾助运，导其食滞，酌佐谷麦芽、山楂、神曲；气血虚甚者，重用黄芪、党参、当归，加阿胶；气血不足兼有血瘀，唇舌紫黯，脉兼涩象者，加丹参、川芎、川牛膝；肥人痰多或脾虚湿盛，可用六君子汤加减补脾化痰。

4. 肝肾亏损

症状 起病缓慢，渐见下肢痿软无力，腰脊酸软，不能久立，甚至步履全废，腿胫大肉渐脱，或伴有眩晕耳鸣，舌咽干燥，遗精或遗尿，或妇女月经不调，舌红少苔，脉细数。

分析 痿证渐成为肝肾亏虚，精血不能濡养筋骨经脉；腰脊酸软，不能久立为精髓不足；眩晕耳鸣、舌咽干燥为肝肾精血亏虚，不能上承；遗精或遗尿为肾虚不能藏精；月经不调为肝肾亏虚，冲任失调；腿胫大肉渐脱，痿废不起为髓枯筋燥；舌红少苔，脉细数，均为阴亏内热之象。

治法 补益肝肾，滋阴清热。

方药 虎潜丸加减。

方中虎骨（可用狗骨代）壮筋骨利关节；锁阳温肾益精；当归、白芍药养血柔肝荣筋；黄柏、知母、熟地、龟板滋阴补肾清热，少佐干姜以温中和胃。热甚者去锁阳、干姜，或用六味地黄丸加牛骨髓、猪骨髓、鹿角胶、枸杞子、砂仁治之。

病久阴损及阳，症见怯寒怕冷，阳痿早泄，小便清长，脉沉细无力者，去黄柏、知母，加仙灵脾、鹿角霜、紫河车、附子、肉桂，或用猪骨髓、牛骨髓煮熟，捣烂和入米粉，再用白糖或红糖调服；症见面黄无华，头昏心悸，加黄芪、党参、首乌、龙眼肉、当归以补气养血。

5. 脉络瘀阻

症状 久病体虚，四肢痿弱，肌肉瘦削，手足麻木不仁，四肢青筋显露，可伴有肌肉活动时隐痛不适，舌痿不能伸缩，舌质暗淡或有瘀点、瘀斑，脉细涩。

分析 四肢痿弱，肌肉瘦削，手足麻木不仁为脉络瘀阻，气血运行不畅，筋脉失其濡养；四肢青筋显露，肌肉活动时隐痛不适，舌痿不能伸缩为气虚血瘀，阻滞经络；舌质暗淡或有瘀点、瘀斑，脉细涩为脉络瘀阻之象。

治法 益气养营，活血行瘀。

方药 圣愈汤合补阳还五汤加减。

前方人参、黄芪益气；当归、川芎、熟地、白芍养血和血。后方重用黄芪补气为君药，桃仁、红花、赤芍、川芎行血活血，地龙通经活络，畅通血脉，以奏补气活血通络之效。

手足麻木，舌苔厚腻者，加橘络、木瓜；下肢痿软无力，加杜仲、锁阳、桑寄生；若肌肤甲错，形体消瘦，手足痿弱，为瘀血久留，以圣愈汤送服大黄䗪虫丸，补虚活血以丸图缓。

四、预防调护

预防痿证需顺应四时气候变化，谨防外邪侵袭，避居湿地，节慎房事，避免损耗肾精，保持精神乐观，注意饮食调摄，生活作息规律，避免过度劳累，经常适度锻炼。痿证病人常因肌肉萎软，坐卧少动，气血运行不畅，加重肌肉萎缩等症状，因而更应鼓励其进行适当锻炼。对生活自理者，可打太极拳，练八段锦，做五禽戏。对不能自行更换体位者，需经常用手轻拍患肢，协助定时翻身，保持患肢功能位置，勿使其负重或受压，避免关节畸形，有利于日后功能恢复。对病情危重，卧床不起，吞咽呛咳，呼吸困难者，要常翻身拍背，鼓励病人排痰，以防止痰湿壅肺和发生褥疮。由于肌肤麻木，知觉障碍，在日常生活与护理中，应避免冻伤或烫伤。痿证患者因肌肉萎缩或瘫痪，常产生悲观情绪，应积极开导其配合治疗。此外，运用中医独特的护理技术，如针灸、推拿、按摩等对痿证康复亦具重要意义。

五、临证验案

某男患，53岁。

初诊 1985年4月20日。患者于1983年7月发病，始觉恶寒发热，继之出现下肢麻木，步履不利，发展至下肢瘫痪，二便潴留。当时入哈市某医院诊断为"急性脊髓炎"，经治疗二便功能恢复正常，下肢运动功能亦有好转。但至今仍遗留有下肢痿软无力、僵硬麻木、紧皱沉重感，行走不稳，经常跌倒，腰酸麻，伴健忘、耳鸣等症。曾用补阳还五汤等益气通络之品，效果不显。查其舌质淡，脉沉弱。本病主要表现在腰膝以下，且用益气之品无效，常伴腰酸耳鸣等，属肾虚无疑，遂投补肾之剂以填精益髓，充养督脉，仿河间地黄饮子化裁。

处方 熟地30g、山萸15g、锁阳15g、石斛15g、枸杞20g、麦冬15g、五味10g、肉从蓉15g、巴戟15g、玉竹15g、肉桂7.5g、附子7.5g、甘草10g、20剂，水煎服。

二诊 1985年4月29日。复诊时服药20剂，下肢沉重紧皱感明显减轻，麻木好转，步履较前轻劲有力。肾虚得益，精血渐复，继以前方加减服药20剂。

三诊 1985年5月20日。下肢沉重僵硬及麻木感基本消失，行走已接近正常，仅有时感觉乏力，脉仍沉，但较前有力。继服20剂。

四诊 1985年6月30日。复诊时，双下肢功能基本恢复正常，仅有膝下稍有紧皱感，宜上方加鹿胶15g(冲)，以图巩固。

按 本案为下肢痿躄证,根据其以下肢痿软麻木为主,兼腰膝酸软、健忘耳鸣、脉沉等症,投以地黄饮子化裁,药仅60剂,病获痊愈。肾藏精,主作强,主骨生髓。肾精不足,督脉失充,故发痿躄。地黄饮子系河间之方。原方主治风痱证,风痱即身偏不用。刘河间谓:"中风瘫痪,非为肝木之风实甚,亦非外中于风,良由将息失宜,心火暴甚,肾水虚衰……治宜和脏腑,通经络。"河间原意此方治风痱,但地黄饮子立方之旨实乃补肾益精、故用此方治脑脊髓疾病属肾精亏损,督脉失充者往往收效。方中熟地以滋肾之真阴,《本草纲目》谓熟地"填骨髓,长肌肉,生精血,补五脏,内伤不足"。《本草从新》谓本品"利血脉补益真阴",本品为方中主药,用量常为20~30g。山茱萸为补肝肾、涩精气之效药,配伍石斛、枸杞、玉竹、苁蓉、巴戟、锁阳,以补益肾中真阴真阳。盖肾精化生肾气、是由肾阳蒸化肾阴而产生,肾阴肾阳又都以肾所藏的精气为物质基础,所以肾的精气包含着肾阴肾阳两个方面。肾中阴阳犹如水火一样内寄于肾,二者相互制约,相互依存。本方之配伍,即取孤阴不生,独阳不长之意,补阴补阳之药相互配伍。以达生精填髓之目的。用桂、附者,乃取其补肾阴中以助肾阳之意。应用此方之辨证要点为:肢体痿软不用,多以腰膝以下明显,伴腰酸耳鸣、健忘等肾虚表现。

(张佩青.中国百年百名中医临床家丛书·国医大师卷·张琪.中国中医药出版社.2003)

六、文献摘录

1.《素问·痿论》:"悲哀太甚,则胞络绝,胞络绝则阳气内动,发则心下崩,数溲血也。故《本病》曰:大经空虚,发为肌痹,传为脉痿。思想无穷,所愿不得,意淫于外,入房太甚,宗筋弛纵,发为筋痿,及为白淫,故《下经》曰:筋痿者,生于肝使内也。有渐于湿,以水为事,若有所留,居处相湿,肌肉濡渍,痹而不仁,发为肉痿。故《下经》曰:肉痿者,得之湿地也。有所远行劳倦,逢大热而渴,渴则阳气内伐,内伐则热舍于肾,肾者水藏也,今水不胜火,则骨枯而髓虚,故足不任身,发为骨痿。故《下经》曰:骨痿者,生于大热也。"

2.《诸病源候论·身体手足不随候》:"手足不遂者,由体虚腠理开,风气伤于脾胃之经络也。足太阴为脾之经,脾与胃合;足阳明为胃之经,胃为水谷之海也。脾候身之肌肉,主为胃消行水谷之气,以养身体四肢。脾气弱,即肌肉虚,受风邪所侵,故不能为胃通行水谷之气,致四肢肌肉无所禀受。而风邪在经络,搏于阳经,气行则迟,机关缓纵,故令身体手足不遂也。"

3.《儒门事亲·风痹痿厥近世差玄说》:"四末之疾,动而或痉者,为风;不仁或痛者,为痹;弱而不用者,为痿;逆而寒热者,为厥;此其状未尝同也。故其本源,又复大异。"

4.《局方发挥·局方总论》:"诸痿生于肺热,只此一句便见治法大意……肺受热则金失所养,木寡于畏而侮所胜,脾得木郁而伤矣,肺热则不能管摄一身,脾伤则四肢不能为用,诸痿之病作。泻南方则肺金清而东方不实,何脾伤之有?补北方则心火降而西方不虚,何肺热之有?故阳明实则宗筋润,能束骨而利机关矣。治痿之法,无出于此。"

5.《景岳全书·痿证》:"痿证之义……皆言为热,而五脏之证,又总于肺热叶焦,以致金燥水亏,乃成痿证。……生火者有之,因此而败伤元气者亦有之。元气败伤,则精虚不能灌溉,血虚不能营养者,亦不少矣。若概从火论,则恐真阳亏败,及土衰水涸者,有不能堪。故当酌寒热之浅深,审虚实之缓急,以施治疗,庶得治痿之全矣。"

七、文献推介

1. 吕志国,王健等.基于专家共识法的重症肌无力中医证候筛选研究[J].世界科学技术-中医药现代化,2017,19(1):1-6.

(编者:张琳琪 责任副主编:肖炜)

52 颤证

颤证是由肝风内动,筋脉失养引起的,以头部或肢体摇动、颤抖为主要临床表现的病证。轻者仅有头摇或手足、肢体微颤；重者头部振摇大动，肢体颤动不止，甚则四肢拘急，生活不能自理。

颤证亦称"振掉"、"颤振"、"震颤"。《内经》虽无颤证之病名，但对其临床特征、病因病机做了较为客观的阐述。至明清后对颤证的病因病机、临床特点、治疗用药、预后等的认识日臻完善。明·楼英《医学纲目·颤振》肯定《内经》肝风内动的观点，其中"颤，摇也；振，动也。风火相乘，动摇之象，比之瘛疭，其势为缓……此症多由风热相合，亦有风寒所中者，亦有风夹湿痰者，治各不同也。"还扩充了病因病机内容，阐明风寒、热邪、湿痰均可作为病因生风致颤。明·孙一奎认为血虚亦可引起颤证。明·王肯堂详细地论述了本病的发病特点、预后和治疗。迨至清代，张璐《张氏医通·颤振》曰："颤振瘛疭相类，瘛疭则手足牵引，而或伸或屈，颤振则振动而不屈也，也有头动手不动者。盖木盛则生风生火，上冲于头，故头为颤振。若散于四末，则手足动而头不动也。"明确指出震颤与瘛疭的鉴别，其对颤证的病因病机、辨证治疗及其预后也作了较全面的阐述，认为本病多因风、火、痰、虚所致，并载列相应的治疗方药十余首，对颤证的脉象也做了详细描述。

西医学中的帕金森病、震颤麻痹、肝豆状核变性、特发性震颤、甲状腺功能亢进症等属于本病范畴。以头部或肢体摇动、颤抖为主要表现的锥体外系疾病和某些代谢性疾病亦可参照本病辨证施治。

一、病因病机

（一）病因

1. 年老久病

年老体弱，肾精虚损，脏气失调，或人过中年，脾胃渐损，肝肾不足，精血亏虚，筋脉失养；或罹患沉疴，久病体弱，脏腑功能紊乱，气血阴阳不足，虚风内动发病。

2. 饮食不节

平素嗜食肥甘厚味，损伤脾胃，脾虚痰湿内生，阻滞经脉而动风；或嗜酒成癖，滋生内热，痰热互结，壅阻经脉而动风；或因饥饱无常，过食生冷，损伤脾胃，气血生化乏源，导致筋脉失养发病。

3. 情志不遂

情志抑郁或易怒，肝失疏泄，气血运行不畅，筋脉失养；或五志过极，化火伤阴，阴虚风动，扰动筋脉；或思虑太过，损伤心脾，日久则心脾两虚，气血化生不足，筋脉失养而发颤证。

4. 劳逸失当

辛苦劳作，肌肉筋膜受损，筋脉失养，则虚风内动；或房欲太过，肝肾亏虚，精血暗耗，水不涵木，虚风内动；或好逸少动，脾滞气缓，气血日减，筋脉失养而不能自主则发病。

（二）病机

颤证的基本病机为肝风内动，筋脉失养。"诸风掉眩，皆属于肝。""肝主身之筋膜"，为风木之脏，肝风内动，筋脉不能任持自主，随风而动，牵动肢体及头颈颤抖摇动。肝郁化火，热扰动筋；或痰热内蕴，热极生风而致肢体拘急颤动；或各种原因导致脏腑亏虚，气血津液化生不足，不能濡养筋脉；或年老久病，肝肾亏虚，髓海不充，筋脉失养，不得自持而发为颤证。

本病的病位在筋脉，与肝、肾、脾等脏关系密切；病理因素主要为风、火、痰、瘀；病理性质总属本虚标实。本虚为气血阴阳亏虚，其中以阴津精血亏虚为主，标实以风、火、痰、瘀为患。风、火、痰、瘀可因虚而生，诸实邪又进一步耗伤阴津气血，标本之间错综复杂，关系密切。风、火、痰、瘀四邪多有相互联系、兼夹及转化。风多为阴虚动风，也有阳亢动风或痰热化风者。火有实火、虚火之分，虚火为阴虚化火，实火为五志过极，气郁化火；痰可因脾虚不能运化，聚湿生痰，或因热邪煎熬津液，炼液成痰。痰湿多夹风邪或热邪致病；久病多瘀，瘀血亦常与痰湿兼夹致病，阻滞经脉，影响气血运行，致筋脉肌肉失养而发病。风、火、痰、瘀之间也可互相转化，阴虚、气虚可转为阳虚，气滞、痰湿也常化热。

颤证日久可导致气血不足，络脉瘀阻，临床表现为肢体僵硬，动作迟滞乏力，甚则活动困难，肢体痿废，病情迁延，难以根治，预后较差。

二、诊断与鉴别诊断

(一) 诊断依据

1. 具有头部及肢体颤抖、摇动，不能自制或少动为主要表现者，即可诊断为颤证。
2. 常伴表情呆板，头胸前倾，言语謇涩，动作笨拙，多汗流涎，语言缓慢不清，烦躁不寐，善忘，神识呆滞等症状。
3. 部分病人发病与情志有关，或中毒、外伤及其他疾病继发的脑部病变。
4. 多发生于中老年人，一般起病隐匿，逐渐加重，不能自行缓解。

(二) 鉴别诊断

1. 瘛疭

根据临床表现，颤证应与瘛疭相鉴别。瘛疭即抽搐，多见于急性热病或某些慢性疾病急性发作，发作过程较短，抽搐多呈持续性，有时伴短阵性间歇，手足屈伸牵引，弛纵交替，部分病人可有发热神昏，两目上视等症状；颤证为慢性疾病，以头颈、手足不自主颤动、振摇为主要症状，无肢体抽搐牵引，手足颤抖动作幅度小，频率快，一般无发热、神昏及其他神志改变症状。另结合病史，辅以实验室及特殊检查，二者不难鉴别。

三、辨证论治

(一) 辨证要点

1. 辨标本

以病象而言，头摇肢颤为标，脑髓与肝脾肾脏气受损为本；从病因病机而言，精气血亏虚为病之本，内风、痰热、瘀血为标。

2. 辨虚实

本病为本虚标实之患，机体脏腑受损表现为颤抖无力，缠绵难愈，腰膝酸软，体瘦眩晕，遇烦劳而加重，多为虚证；瘀血、痰热动风表现为震颤较剧，肢体僵硬，胸闷体胖，烦躁不宁，遇郁怒而发，多为实证。但久病缠绵不愈，往往标本虚实夹杂，临证需仔细辨别其主次偏重。

(二) 治疗原则

1. 急则治标

本病的初期，本虚之象并不明显，常见震颤明显，肢体僵硬等风火相扇、痰热壅阻之标实证，治疗当以清热化痰、平肝息风为主，或佐以活血化瘀。

2. 缓则治本

病程较长，年老体弱，其表现为颤抖无力，腰膝酸软等肝肾亏虚、气血不足等本虚之证，治疗当以滋补肝肾、益气养血、调补阴阳为主，兼以息风通络。由于本病多发于中老年人，因此治疗更应重视补益肝肾，以求治本。

(三) 分证论治

1. 肝风内动

症状 头部或肢体颤动，不能自主，心情紧张时颤动加重，常伴烦躁易怒，面红耳鸣，头晕头胀，口苦咽干，或有肢体麻木，语声沉重迟缓，尿赤，大便干。舌质红，苔黄，脉弦紧或弦数。

分析 头摇肢颤，不能自主为肝郁阳亢，风阳内动所致；烦躁易怒，面红耳鸣，头晕头胀，心情紧张时颤动加重为郁怒伤肝，肝阳上亢；口苦咽干，尿赤，大便干为肝郁化火，灼伤阴液；舌质红，苔黄，脉弦紧或弦数乃风阳内动之征。

治法 平肝息风，舒筋止颤。

方药 天麻钩藤饮合镇肝熄风汤加减。

天麻、钩藤、石决明、代赭石、生龙骨、生牡蛎镇肝息风止颤；生地、白芍、玄参、龟板、天门冬育阴清热，潜阳息风；怀牛膝、杜仲、桑寄生滋补肝肾；川楝子疏肝理气；黄芩、山栀清热泻火；夜交藤、茯神养阴宁心安神。

若肝火偏盛，烦躁易怒，头晕面赤者，加龙胆草、夏枯草以清肝胆之热；若痰多者，加竹沥、天竺黄以清热化痰；若颤动不止者，加地龙、僵蚕、全蝎以增强息风活络止颤之力；若烦躁失眠者，可加柏子仁、夜交藤以宁心安神，或加琥珀、磁石以重镇安神；若肾阴不足，阴虚内热致头晕耳鸣者，可用知柏地黄丸加减。

2. 痰热动风

症状 头摇不止，肢麻震颤，重则手不能持物，神呆懒动，头胸前倾，脘腹痞闷，口苦口黏，口渴而不欲饮水，甚则口吐痰涎，小便短赤，大便闭结。舌体胖大，有齿痕，舌质红，舌苔黄腻，脉弦滑数。

分析 头摇、震颤，重则手不能持物为脾胃受损，聚湿生痰，痰热内蕴，热极生风，筋脉失约所致；脘腹痞闷，口苦口黏，甚则口吐痰涎为痰热内蕴，阻滞气机；口渴而不欲饮水为痰热灼伤津液，津不上乘；大便闭结为热灼津伤，肠道津液枯燥；热移膀胱则小便短赤；舌质红，舌苔黄腻，脉弦滑数均为痰热内蕴之征。

治法 清热化痰，息风除颤。

方药 导痰汤合羚角钩藤汤加减。

生地、白芍、甘草育阴清热，缓急止颤；半夏、胆南星、竹茹、川贝母、黄芩清热化痰；羚羊角、桑叶、钩藤、菊花平肝潜阳，息风止颤；橘红、茯苓、枳实健脾理气。

若咯吐痰涎，舌苔厚腻，脉滑者为痰湿内聚，加厚朴、苍术、白芥子以燥湿豁痰；若脘腹痞闷者，加平胃散；心烦易怒者，加佛手、郁金以疏肝解郁；若肌肤麻木不仁者，加僵蚕、地龙、全蝎以搜风通络。

3. 气血两虚

症状 病程长久，头摇肢颤，面色㿠白，表情淡漠，四肢乏力，言迟语缓，动则气短，心悸眩晕，纳呆。舌体胖大，舌质淡红，舌苔薄白，脉沉濡无力或沉细弱。

分析 头摇肢颤日久为气血两虚，筋脉失养，虚风内动所致；面色㿠白，表情淡漠为血虚不能上荣清窍；心悸眩晕为血虚血不养心；四肢乏力，动则气短为肺脾气虚，中气不足的表现；纳呆为脾胃气虚，受纳无权的表现。舌体胖大，舌质淡红，舌苔薄白，脉沉濡无力或沉细弱为气血两虚之征。

治法 益气养血，濡养筋脉。

方药　人参养荣汤加减。

人参大补肺脾之气，熟地滋阴补血，共为君药；当归、白芍助君药养血，黄芪、白术、茯苓健脾益气以助生血，共为臣药；五味子、远志养心安神，陈皮理气和胃，共为佐药；桂心引诸药入营，为使药；炙甘草和中调药，功兼佐使。诸药配合，共奏益气养血，濡养筋脉之功。

若气虚运化无力，湿聚成痰者，应化痰通络止颤，加导痰汤；若血虚心神失养者，心悸、失眠、多梦、健忘，应宁心安神，加夜交藤、炒枣仁、柏子仁，或酸枣仁汤；若气虚血滞者，肢体颤抖，或肢体麻木疼痛，应活血化瘀通络，加鸡血藤、丹参、桃仁、红花，或桃红四物汤；若脾胃虚弱者，纳呆便溏，应健脾开胃，加焦三仙、砂仁，或香砂六君丸。

4. 肾虚髓亏

症状　头摇肢颤，持物不稳，步行障碍，步距短小，伴头晕耳鸣，心烦失眠，腰膝酸软，小便清长，常兼神呆、痴傻，寤寐颠倒。舌淡质红，舌苔薄白，脉沉弱。

分析　头摇肢颤，持物不稳为肝肾亏虚，精血不足，筋脉失养所致；头晕耳鸣，神呆、痴傻，寤寐颠倒为肾虚髓海不足，脑窍失养；腰膝酸软，小便清长为肾精亏虚，膀胱气化无权；舌淡质红，舌苔薄白，脉沉弱为肝肾亏虚，精血不足之征。

治法　补肾填髓，育阴息风。

方药　龟鹿二仙膏合大定风珠加减。

龟板、鳖甲、生牡蛎、钩藤、鸡子黄、阿胶育阴潜阳，平肝息风；枸杞子、鹿角、熟地、生地、白芍、麦冬、麻仁补益肝肾，滋阴养血润燥；人参、山药、茯苓健脾益气，化生气血；五味子、甘草酸甘化阴以安神。

若阴虚火旺者，兼见五心烦热，躁动失眠，便秘溲赤，加黄柏、知母、丹皮、玄参；若肢体麻木，拘急强直者，加木瓜、僵蚕、地龙，重用白芍、甘草以舒筋缓急；若神呆痴傻者，加胡桃肉、石菖蒲补肾宣窍；若善忘者，加远志、茯神益智强识。

5. 阴阳两虚

症状　头摇肢颤，筋脉拘挛，畏寒肢冷，四肢麻木，心悸懒言，动则气短，自汗，腰酸膝软，小便清长或自遗，大便溏。舌质淡，舌苔薄白，脉沉迟无力。

分析　头摇肢颤、筋脉拘挛、四肢麻木为肾阴亏虚不能作强、筋脉失养而不荣的表现；腰酸膝软为肾精不足，腰失所养；大便溏为脾阳虚，运化失常；畏寒肢冷，小便清长或自遗为阳气虚衰，机体失于温煦；舌质淡，舌苔薄白，脉沉迟无力为阴阳两虚之征。

治法　补肾助阳，滋阴柔筋。

方药　地黄饮子加减。

熟地、山萸肉滋阴补肾，肉苁蓉、巴戟天温肾壮阳，共为君药；臣以附子、肉桂之辛热以助温养下元，引火归元，石斛、麦冬、五味子滋养肺肾，壮水以济火；石菖蒲、远志、茯苓化痰开窍、交通心肾，是为佐药；姜、枣和中调药，功兼佐使。诸药配合，共奏补肾助阳，滋阴柔筋之功。

若大便稀溏者，加干姜、肉豆蔻温中健脾；心悸者，加远志、柏子仁养心安神；神疲乏力者，加黄芪、黄精益气健脾；小便自遗者，加益智仁、桑螵蛸暖肾缩尿。

四、预防调护

注意生活调理。起居有时，劳逸结合，可适当参加一些体育活动，如太极拳、五禽戏、内养功等。避免工业毒物如一氧化碳、锰、汞、氰化物等。由于患者肌肉僵硬，身躯前倾，走路呈急速小步态，甚至上肢协同作用消失，易失去平衡，应注意安全防护，病情较重者，可因吞咽肌的强直和运动减少，致使口水不停流出，或发生呛咳等，注意饮食软烂。可指导病人做手指和腿部的运动，防止僵直。

鼓励病人为自己做事，常做被动运动，防止关节固定、褥疮和肺炎等并发症；鼓励病人多食蔬菜、水果或蜂蜜等，避免刺激性食物及烟酒；经常观察药物反应，注意避免病人发生直立性低血压；注意调畅情志，保持乐观心情，避免忧思郁怒等不良精神刺激，注意减少各种诱发因素，情绪激动、精神紧张等都会使病情加重，患者言语及动作迟缓，家属应耐心照护。

五、临证验案

张某，男，73岁。

主诉 右手震颤2年余，伴反应迟钝半年。

初诊 患者来诊时右手不停震掉，如搓丸数票；平时不能持筷拿食，经常打碎碗碟，行走不稳，起步维艰，两年来逐渐加重。精神不振，反应迟钝。近事过目即忘。腰软足麻，小便淋沥，夜尿频多，面色红而枯槁。舌质暗红，苔薄黄，脉细滑。脑CT提示"脑萎缩、腔隙性脑梗塞"；脑血流图示"两侧供血不平衡，左侧血流速度及流量下降，脑血管外周阻力增大"。患高血压病、高脂血症、糖尿病、腰椎病多年。此乃高年体虚，多病交织，肝肾亏虚为主，兼顾培补肝肾。

处方 炙鳖甲15g（先煎）、生石决明30g（先煎）、牡蛎25g（先煎）、炮山甲10g（先煎）、炙水蛭5g、赤芍12g、白芍12g、炙僵蚕10g、广地龙10g、制首乌12g、大生地12g、制黄精12g、川石斛10g、怀牛膝12g 7剂。

二诊 服药7剂后，诉精神较前振作，腰膝酸软亦略好转，遂嘱原方连服2月。

三诊 （9月1日）右手震颤较往昔减轻，但仍难控制。病情不再进展，且有好转之势。

处方 原方去炮山甲，加枸杞子10g以加重培本之力。

四诊 （10月27日）服药4月来，精神良好，反应灵敏，舌色改善，面容亦稍丰泽，右手震颤明显减轻，有时已可不抖，生活也已自理，唯下肢仍然有时麻木。两便正常，苔薄舌淡红，脉细滑。原法有效，因风象大减，转以培补肝肾为主。

处方 大生地15g、制首乌10g、枸杞子10g、赤芍12g、白芍12g（先煎）、潼蒺藜10g、白蒺藜10g、黄芪15g、炙鳖甲15g（先煎）、生石决明30g、制南星10g、水蛭5g、川芎10g、丹参12g

又服2月，右手震颤基本消失，唯激动或紧张时仍抖，遂以本方稍事加减，予以巩固。连续服药近5年，震颤已完全不发，其他自觉症状也均消失，血压平稳，糖尿病等兼病也得到控制。

按 震颤麻痹的主要病机特点是肝肾亏虚，痰瘀内生，阻滞脑络，以致肝风内动。治以培补肝肾，化痰通络为基本大法。临床常见患者有怕热，多汗，烦躁，便秘，舌暗红，脉细等阴虚见证。故仿地黄饮子立方，滋肾柔肝，平肝熄风。方用地黄，石斛，白芍，黄精滋肾柔肝，续断、牛膝补肾壮骨。白蒺藜、僵蚕柔肝祛风兼化痰通络。炙鳖甲滋阴潜阳，煅龙骨、牡蛎、石决明重镇潜阳，平肝熄风。炮山甲活血化瘀。震颤麻痹的治疗需标本兼顾，风、痰、瘀的兼夹和主次均可以本方为基本方，随症灵活加减。又本病多属内伤积损而来，又常有多病重叠，治疗颇费时日，既要有方有守，不能频更方法，但又宜根据症情的发展适当调整，相机变通。

（首批国家级名老中医校验秘方精选（续集）·内科部分·震颤麻痹·周仲瑛.今日中国出版社）

六、文献摘录

1. 《证治准绳·杂病》："肝主风，风为阳气，阳主动，此木气太过而克脾土，脾主四肢，四肢者，诸阳之末，木气鼓之故动。经谓风淫末疾者此也。亦有头动而手足不动者，盖头乃诸阳之首，木气上冲，故头独动而手足不动，散于四末，则手足动而头不动也，皆木气太过而兼火之化也。"

2. 《张氏医通·颤振》："颤振瘛疭相类，瘛疭则手足牵引，而或伸或屈，颤振则振动而不屈也，也有头动手不动者。盖木盛则生风生火，上冲于头，故头为颤振。若散于四末，则手足动而头不动也"

3. 《证治准绳·颤振》："此病壮年鲜有，中年以后乃有之，老年尤多。夫老年阴血不足，少水不能制盛火，极为难治。"

4. 《医宗己任编·战振栗》："大抵气血俱虚，不能荣养筋骨，故为之振摇不能主持也。须大补气血，人参养荣汤或加味人参养荣汤,若身摇不得眠者,十味温胆汤倍加人参,或加味温胆汤。"

七、文献推介

1. 中医老年颤证诊断和疗效评定标准(试行)[J]. 山东中医学院学报,1992,(6):55.
2. 老年颤证(老年特发性震颤)中医诊疗方案[Z]. 国家中医药管理局办公室关于印发中风病(脑梗死)等 92 个病种中医临床路径和中医诊疗方案(2017 年版)的通知 国中医药办医政发〔2017〕9 号.
3. 安徽中医药大学第一附属医院. 颤病(帕金森病)中医诊疗方案(2017 年版)[Z]. 国家中医药管理局办公室关于印发中风病(脑梗死)等 92 个病种中医临床路径和中医诊疗方案(2017 年版)的通知 国中医药办医政发〔2017〕9 号.

(编者:黄雪霞 责任副主编:肖炜)

53 痉证

痉证是由感受外邪、久病过劳或误治失治导致阴虚血少,筋脉失养,以项背强急,四肢抽搐,甚至口噤、角弓反张为主要临床表现的病证。具有起病急、变化快等特点。

《内经》对痉证的病因是以外邪立论为主,认为系风寒湿邪,侵犯人体,壅阻经络而成。如《素问·至真要大论》说:"诸痉项强,皆属于湿","诸暴强直,皆属于风";《灵枢·经筋》也说:"经筋之病,寒则反折筋急"。汉·张仲景《金匮要略·痉湿暍病脉证并治第二》在继承《内经》理论的基础上,以表实无汗和表虚有汗分为刚痉、柔痉,而且提出了误治致痉的理论,即表证过汗、风病误下、疮家误汗以及产后血虚、汗出中风等,致使外邪侵袭,津液受伤,筋脉失养而引发本病。《金匮要略》有关伤津致痉的认识,在对《内经》理论发挥的同时,也为后世医家提出内伤致痉的理论奠定了基础。隋·巢元方《诸病源候论·风痉候》描述痉证的症状为"口噤不开,背强而直,如发痫状"。元·朱丹溪《医学明理·痉门论》指出"方书皆谓感受风湿而致,多用风药,予细详之,恐仍未备,当作气血内虚,外物干之所致。"认为痉证也可由气血亏虚导致,切不可作风治而专用"风药"。明·张景岳《景岳全书·痉证》说:"凡属阴虚血少之辈,不能养营筋脉,以致搐挛僵仆者,皆是此证。如中风之有此者,必以年力衰残,阴之败也;产妇之有此者,必以去血过多,冲任竭也;疮家之有此者,必以血随脓出,营气涸也……凡此之类,总属阴虚之证。"强调阴虚亏损致痉。而温病学说的发展和成熟,更进一步丰富了痉证的病因病机理论,其热盛伤津,肝风内动,引发本病的论述,使痉证病因学说渐臻完备。如《温热经纬·薛生白湿热病》说:"木旺由于水亏,故得引火生风,反焚其木,以致痉厥。"同时,在外邪致痉中也补充了"湿热侵入经络脉髓中"的认识。清·吴鞠通则进一步将痉证概括为虚、实、寒、热四大纲领。清·王清任《医林改错》提出了气虚血瘀可以致痉。

在中医学里尚有"瘛疭"一证,瘛疭即抽搐。《张氏医通·瘛疭》说:"瘛者,筋脉拘急也,疭者,筋脉弛纵也,俗谓之抽。"《温病条辨·痉病瘛疭总论》中又说:"痉者,强直之谓,后人所谓角弓反张,古人所谓痉也。瘛者,蠕动引缩之谓,后人所谓抽掣,搐搦,古人所谓瘛也。"可见瘛疭可为痉证症状之一,也可单独出现而为病。此外,如因金疮破伤,创口不洁,感受风毒之邪,也可发痉,名为"破伤风"。因与一般痉病不尽相同,故在外科学中加以介绍。

西医学中的流行性脑膜炎、乙型脑炎、破伤风及某些感染引起脑膜刺激征的有关疾病均属于本病范畴,可参考本节辨证施治。

一、病因病机

（一）病因

1. 感受外邪

外感风、寒、湿邪，壅滞经络，气血运行不利，筋脉失养，拘挛抽搐而成痉。外感温热之邪，或外感寒邪，郁而化热，邪热灼伤津液，筋脉失于濡养；或热病伤阴，引动肝风，上扰神明，发为痉证。

2. 久病过劳

久病不愈，气血耗伤，气虚则血行不畅，瘀血内阻，则筋脉失养。久病脏腑功能失调，或脾虚水湿不化，或肝火灼伤津液，或肺热蒸灼津液等，皆可致痰浊内生，阻滞经脉，筋脉失养而致痉。先天禀赋不足，操劳过度，情志不舒，久之致肝肾阴虚，阴不制阳，水不涵木，肝阳上亢化风而致痉。

3. 亡血伤津

多由误治或他病所致。误治者，即汗、吐、下太过，阴精耗散；他病所致者，如产后失血或汗证、血证、体虚等，伤精损液，导致津伤液脱，亡血失精，筋脉失养而为痉证。

（二）病机

痉证的病机为阴虚血少，筋脉失养。其病在筋脉，属肝所主，宗筋主束骨而利机关，有联系和保护骨节肌肉的作用。筋脉依赖肝血的濡养而保持刚柔相兼之性。如阴血不足，肝失濡养，筋脉刚劲太过，失却柔和之性，则发为痉证。病变脏腑除肝之外，尚与脾、胃、肾等脏腑密切相关。如脾虚不运，痰浊内生；或胃热腑实，阴津耗伤；或肾精不足，阴血亏虚等，均与痉证发生有关。

痉证的病理性质有虚实两方面，虚为脏腑虚损，气血津液不足，实者为邪气壅盛。外感风、寒、湿、热致痉者，病理性质以实为主。内伤久病、误治失治所致者，病理性质以虚为主。痉证常呈虚实夹杂，如络脉空虚，风痰乘虚而入，横窜经络，气血瘀阻，筋脉失养，为因虚致实；若邪热炽盛，灼伤津液，经脉失养，为因实致虚。

痉证的病理变化主要在于阴虚血少，筋脉失养。外感因风、寒、湿邪壅阻经络，气血不运，阴血不得濡养筋脉；或热盛伤津，阴血亏乏，筋脉失于濡养。内伤由亡血、过汗、误治失治，或久病伤正，致阴血亏少，筋脉失养，发为痉证。

二、诊断与鉴别诊断

（一）诊断依据

1. 多突然起病，以项背强急、四肢抽搐、甚至角弓反张为其主要临床表现。
2. 部分危重病人可有神昏、谵语等意识障碍的表现。
3. 发病前多有外感或内伤等病史。

（二）鉴别诊断

1. 中风

中风以突然昏仆，不省人事，或不经昏仆而以半身不遂、口舌歪斜为主要临床表现。痉证以项背强急，四肢抽搐为临床特点，无偏瘫症状。

2. 痫病

痫病是一种发作性的神智异常的疾病，发作特点有突然昏仆，不省人事，口吐涎沫，双目上视，四肢抽搐，或口中异常声响，大多可自行苏醒，醒后一如常人。痉证无此表现，且多无自然恢复者。

3. 厥证

厥证以突然昏倒，不省人事，四肢厥冷为主症，甚至也有一厥不复而殁者，一般无四肢抽搐和项背强直等表现。痉证无四肢厥冷之表现。

4. 破伤风

破伤风古称"金疮痉"，现属外科疾病范畴。因金疮破伤，伤口不洁，感受风毒之致痉，发痉多始于头面部，肌肉痉挛，口噤，苦笑面容，逐渐延及四肢或全身，痉前有金疮破伤、伤口不洁病史，可与痉证鉴别。

三、辨证论治

（一）辨证要点

1. 辨外感与内伤

首先掌握痉病临床证候特征，然后分辨。外感所致者，多有恶寒、发热、脉浮等表证，即热邪直中，虽无恶寒，但必有发热。内伤所致者则无恶寒、发热等表证。

2. 辨虚证与实证

本病由外感所致颈项强直、牙关紧闭、角弓反张、四肢抽搐频繁有力而幅度较大者多为实证；内伤而发者手足蠕动，或抽搐时休时止，神疲倦怠，多为虚证，或虚中夹实。另外，筋脉肌肉拘急挛缩也可能是某些疾病过程中的一种表现，应结合主病，按病传先后，全面考虑，分辨虚实，标本兼顾。

（二）治则治法

痉证的治疗原则为急则治其标，缓则治其本。治标以舒筋解痉为主，治本以养血滋阴为主。感受风、寒、湿、热之邪而致痉者，祛风散寒、祛湿清热择而用之。津亏血少在痉证的发病中有重要作用，故滋养营阴是痉证的重要治疗方法。此外，各个证候之间，有时可夹杂出现，此时应辨明虚实，标本兼顾，有常有变，灵活运用。

（三）分证论治

1. 邪壅经络

症状　头痛，项背强直，恶寒发热，无汗或汗出，肢体酸重，甚至口噤不能语，四肢抽搐，舌质淡红，舌苔薄白或白腻，脉浮紧。

分析　头痛，项背强直，乃风寒湿邪，阻滞经络所致；恶寒发热，乃因外邪侵于肌表，营卫不和所致；肢体酸重，则因湿滞经络肌肉所致；舌苔薄白或白腻，脉浮紧多为风寒湿邪在表之征。

治法　祛风散寒，燥湿和营。

方药　羌活胜湿汤加减。

方中羌活、独活、防风祛风除湿；藁本、蔓荆子祛风止痛；川芎活血止痛。

若寒邪较甚，项背强直，肢痛拘挛，无汗，则为刚痉，治宜解肌发汗，方选葛根汤；若风邪偏盛，项背强急，发热不恶寒，汗出，头痛，则为柔痉，方选瓜蒌桂枝汤为主方；湿热偏盛，筋脉拘急，胸脘痞闷，身热，渴不欲饮，溲短赤，苔黄腻，脉滑数，可选三仁汤加威灵仙、丝瓜络清热化湿、通经和络。

2. 肝经热盛

症状　高热头痛，口噤齘齿，手足躁动，甚者项背强急，四肢抽搐，角弓反张，舌质绛红，舌苔薄黄或少苔，脉弦细而数。

分析　口噤齿，手足躁动，甚者项背强急，四肢抽搐，角弓反张，乃因热盛动风伤津，筋脉失和所致；高热头痛则是肝经热盛，气机不畅所致；舌质绛红，舌苔薄黄或少苔，脉弦细而数是邪热炽盛，耗伤津液之征。

治法　清肝潜阳，息风镇痉。

方药　羚角钩藤汤加减。

方中水牛角、钩藤、桑叶、菊花凉肝熄风止痉；川贝母、竹茹清热化痰以通络；茯神宁神定志；白芍、生地、甘草酸甘化阴、补养肝血、缓急止痉。

若口苦苔黄，加龙胆草、黄芩、栀子清泄肝热；口干渴甚，加生石膏粉、花粉、麦冬以清热生津止渴；痉证反复发作，可加虫类药物，如：全蝎、僵蚕、蜈蚣息风止痉，神昏惊厥者，可选安宫牛黄丸、局方至宝丹或紫雪丹以清心泄热、开窍醒神、息风止痉，其中安宫牛黄丸长于清热解毒，至宝丹长于开窍醒神，紫雪丹长于息风镇静止痉。

3. 风痰阻络

症状　头痛昏蒙，神识呆滞，项背强急，四肢抽搐，胸脘满闷，咯吐痰涎，舌苔白腻，脉滑或弦滑。

分析　头痛昏蒙，神识呆滞，胸脘满闷，咯吐痰涎，乃由痰浊中阻，上蒙清窍所致；项背强急，四肢抽搐，则由痰浊阻于经络，筋脉失养所致；舌苔白腻，脉滑或弦滑是痰湿内阻之征。

治法　祛风化痰、开窍止痉。

方药　真方白丸子加减。

方中半夏、白附子、胆南星、姜汁祛风化痰开窍；木香、枳壳理气行滞；天麻、全蝎、川乌息风止痉。

言语不利者，加白芥子、远志以祛痰开窍醒神；胸闷甚者，加丹参、瓜蒌、郁金活血宽胸、理气行滞；痰郁化热者，烦躁、身热，舌苔黄腻，脉滑数，加用黄芩、瓜蒌、竹茹、天竺黄；痰浊上壅，蒙蔽清窍，突发昏厥抽搐者，可急用竹沥加生姜汁冲服安宫牛黄丸。

4. 阳明热盛

症状　壮热汗出，项背强急，手足挛急，甚者角弓反张，腹满便结，胸闷、烦躁、口渴喜冷饮，舌质红，苔黄燥，脉弦数。

分析　壮热汗出，腹满便结，乃由阳明胃热亢盛，腑气不通所致；项背强急，手足挛急，甚者角弓反张，口渴喜冷饮，则因热盛伤津，筋脉失养所致；烦躁则因热扰神明。胸闷，则因阳明热盛，热蕴胸中；舌质红，苔黄燥，脉弦数是热盛阳明之征。

治法　清泄胃热、增液止痉。

方药　白虎汤合增液承气汤加减。

方中生石膏、知母、玄参、生地、麦冬清热养阴生津，大黄、芒硝软坚散结、涤荡胃腑积热；粳米、甘草和胃养阴。

热邪伤津而无腑实证者，可用白虎加人参汤；抽搐甚者，加天麻、地龙、全蝎、菊花、钩藤等息风止痉；热甚烦躁者，加淡竹叶、黄芩、栀子清心除烦泻火；热甚动血，斑疹显现，舌质红绛，加水牛角、生地、丹皮、赤芍。

5. 阴血亏虚

症状　项背强急，四肢麻木，抽搦或筋惕肉𱉏，直视口噤，头目昏眩，自汗，神疲气短，或低热，舌质淡或舌红无苔，脉细数。

分析　项背强急，四肢麻木，抽搦或筋惕肉𱉏，直视口噤，乃因素体阴血亏虚，或失血、汗、下太过之后，气血两虚，不能濡养筋脉所致；头目昏眩，则因血虚不能上奉于脑；自汗，神疲气短是由气随血脱，卫外不固所致；舌质淡或舌红无苔，脉细数是阴血亏虚之征。

治法 滋阴养血、息风止痉。

方药 四物汤合大定风珠加减。

四物汤以补血调血为主，用治血虚血滞，筋脉失养证；后方重在滋液育阴，柔肝熄风，适用于热灼真阴，阴血亏虚，虚风内动证。

方中生地、熟地、白芍、麦冬、阿胶、五味子、当归、麻子仁补血滋阴，柔肝荣筋；生龟板、生鳖甲、生牡蛎息风止痉；鸡子黄养阴宁心。

阴虚内热，心烦者，加白薇、青蒿、黄连、淡竹叶；抽动不安，失眠多梦者，加栀子、夜交藤、炒枣仁、生龙骨、生牡蛎；阴虚多汗，时时欲脱者，加人参、沙参、麦冬、五味子；气虚自汗者，加黄芪、浮小麦；久病阴血不足，气虚血滞，瘀阻经络，加黄芪、丹参、川芎、赤芍、鸡血藤，或补阳还五汤加减；虚风内动，肢体拘急挛缩，重用龟板、生鳖甲、白芍等养阴润筋之品，加全蝎、天麻、钩藤。

四、预防调护

劳逸结合，增强体质，积极锻炼身体，防止外邪侵袭和外伤感染。如感受外邪，要进行积极有效的治疗，防止邪壅经络。痉证发病前多有先兆表现，应密切观察，及时处理。痉证患者多属急危重症，病床要松软平整，加设床栏，居室安静，避免噪音，专人护理。在急性发作时防止咬伤舌体和保持呼吸道通畅，及时清理气道异物，防止窒息。肢体抽动频繁者，避免强行按压及捆绑，防止骨折。因高热而至痉者，应及时予以降温，减少痉证的发作。

五、临证验案

杨某，男，6个月。3月前因高热出现"惊风"。往某医院治疗，病情得以控制。热退，但遗留项强、阵挛等症。经多方无效，后延余诊治。查患儿项背强直，角弓反张，时时抽搐，右侧肢体瘫痪。神识呆滞，两目上视，双耳失聪，夜惊，拒食奶。两目间有青紫筋纹。望指纹已近命关，色青紫，隐隐而现。舌体稍强硬，略偏向右侧，舌质色暗，苔薄，脉弦细数。

诊断 小儿痉证

辨证 肝风内动，血行不畅。

治法 平肝息风，化瘀通络。

方药 羚羊角3g（先煎）、钩丁6g（后下）、天麻6g、南星3g、茯苓6g、菊花6g、生龙骨6g先煎、菖蒲6g、郁金6g、葛根6g、丹参6g、僵虫6g、白芍6g 予3剂，清水煎，不拘时服。另丹参注射液2ml，每日一支，肌内注射。

结果 患儿项强、角弓反张等症明显减轻，抽搐症状消失，唯右侧肢体不能活动，两目呆滞，食纳差。舌质暗，脉细。先后经用活血化瘀、滋阴潜阳、调补气血等药物组成方治疗，亦肌注丹参注射液，断续单用中医治疗近2年，疾病基本痊愈。

按 此证初属小儿高热惊风，病始由感受温热之邪，热盛动风即致。虽经治疗，但因热邪较甚，耗液伤阴，气阴两伤，筋脉失养，加之余邪未净，故见持续性抽搐动风。此证本在气阴两伤，血行不畅，标在肝风内动。急则治标，故以羚角钩藤汤化裁以息风致痉。所谓"治风先治血，血行风自灭"之训，断不可因之婴幼儿而急用活血之品。伍以丹参注射液以活血通络。风息后拟以治本，以调补气血，育阴潜阳，活血通络为主进行组方治疗。本证不但标本兼治，同时注意病久入络，肝血受损的病例特点，从而活血化瘀通络贯彻于始终，使邪去得以病愈。

（李军．玉鼎集·国医大师张学文学术思想鉴赏．第四军医大学出版社．2014）

六、文献摘录

1. 《灵枢·九宫八风》："其有三虚而偏中于邪风,则为击仆、偏枯矣。"
2. 《金匮要略·痉湿暍病脉证并治》："太阳病,发热无汗,反恶寒者,名曰刚痉。太阳病,发热汗出,而不恶寒者,名曰柔痉。""太阳病,其证备,身体强,几几然,脉反沉迟,此为痉,栝蒌桂枝汤主之。""太阳病,无汗,而小便反少,气上冲胸,口噤不得语,欲作刚痉,葛根汤主之。""痉为病,胸满口噤,卧不着席,脚挛急,必齘齿,可与大承气汤。"
3. 《诸病源候论·产后中风候》："产后中风痉者,因产伤动血脉,脏腑虚竭,饮食未复,未满月日,荣卫虚伤,风气得入五脏,伤太阳之经,复感寒湿,寒搏于筋则发痉,其状口急噤,背强直,摇头耳鸣,腰为反折,须臾十发,气急如绝,汗出如雨,手拭不及者,皆死。"
4. 《温热经纬·薛生白湿热病》："湿热证,三四日即口噤,四肢牵引拘急,甚则角弓反张,此湿热侵入经络脉隧中。""伤寒之痉自外来,证属太阳,治以散外邪为主。湿热之痉自内出,涉及太阳,治以息内风为主。"

七、文献推介

1. 王永炎.当代中医诊治疫病范例—疫痉[J].北京中医药大学学报,2005,28(5):66-71.
2. 谭子虎,陈乞.基于中医古籍数据挖掘的痉病病名源流考辨[J].安徽中医药大学学报.2016,35(2):4-7.
3 李成卫.基于"治未病"理论的《金匮要略》痉病诊治思维步骤分析[J].辽宁中医杂志,2014,41(10):2083-6.
4. 钱坤.《金匮要略》痉病治疗思想的临床应用浅识[J].中国中医急症,2015,24(9):1684-5.

（编者：闫咏梅　责任副主编：黄燕）

54 腰痛

腰痛是由腰部经脉痹阻或腰府失养引起的,以腰脊或脊旁部位疼痛为主要临床表现的病证,亦称"腰脊痛"。

《素问·脉要精微论》首先提出肾与腰部疾病关系密切。《素问·刺腰痛论》根据经络循行,阐述了足三阴、足三阳以及奇经八脉为病所出现的腰痛病证,并介绍了针灸治疗的原则和取穴。汉·张仲景在《金匮要略》中开腰痛辨证论治的先河,并在《金匮要略·五脏风寒积聚病脉证并治》论述了寒湿腰痛的病因病机和症状特点。隋·巢元方《诸病源候论·腰背病诸候》强调肾虚是发病之本,是总的病机特点。元·朱丹溪《丹溪心法·腰痛》、清·郑树珏《七松岩集·腰痛》对腰痛常见的病因和虚实作了概括。清·张璐《张氏医通》、清·沈金鳌《杂病源流犀烛》全面总结了历代医家对腰痛的论述,将腰痛的论述归纳为风腰痛、寒腰痛、肾虚腰痛、气滞腰痛、瘀血腰痛等。对于腰痛的治疗,清·李用粹《证治汇补·腰痛》中指出分清标本先后缓急的治疗原则,对后世临床实践具有重要指导意义。

西医学中的腰椎间盘病变属于本病范畴,以腰痛为主要表现的疾患,如腰肌纤维炎、强直性脊柱炎、腰椎骨质增生、腰椎间盘病变、腰肌劳损等腰部病变以及某些内脏疾病等,亦可参照本病辨证施治。因外科、妇科疾患所引起的腰痛,不属本节讨论范畴。

一、病因病机

(一) 病因

1. 外邪侵袭

久居潮湿之地,或劳作汗出当风,衣着单薄,或冒雨着凉,或暑夏贪凉,以致腰府失护,风、寒、湿、热之邪乘虚直入,经脉循行受阻,气血闭阻不通,而发腰痛。如《金匮要略·五脏风寒积聚病脉证治》云:"身劳汗出,衣里冷湿,久久得之。"

2. 饮食所伤

嗜食肥甘厚味,膏粱不化,以致痰湿、食积、水饮等病理产物流注腰间,痹阻经络,发为腰痛。如《医学入门·腰痛》云:"有湿热相兼者,长夏暑湿相搏,或因膏粱成湿热者亦同。"

3. 年老久病

素禀不足,加之劳役负重,或久病体虚,或年老体衰,或房事不节,以致肾精亏虚,腰府失养乃致腰痛。此即《景岳全书·腰痛》所言:"腰痛之虚证十居八九,但察其即无表邪,又无湿热,而或以年衰,或以劳苦,或以酒色所伤,或七情忧郁所致者,则悉属真阴虚证。"

4. 跌仆闪挫

举重抬扛,暴力扭转,坠堕跌打,或体位不正,腰部用力不当,损伤经脉气血,导致经络气血运行不畅,阻滞不通,瘀血留着而致腰痛。如《景岳全书·腰痛》说:"跌仆伤而腰痛者,此伤在筋骨而血脉凝滞也。"

(二) 病机

腰痛基本病机为腰部经脉痹阻,或肾虚腰府失养。肾虚是腰痛发病的根本,经脉瘀阻是发病的重要环节。

腰痛与肾脏及诸经脉密切相关。腰为肾之府,由肾之精气所溉,足太阳膀胱经及任、督、冲、带诸脉,循行其间,皆与腰痛发病相关。经脉以通为常,跌仆挫扭,影响腰部气血运行,阻滞不通以致气滞血瘀,不通而痛。

外感腰痛的主要病机是外邪痹阻经脉,气血运行不畅。寒为阴邪,其性收敛凝闭,侵袭肌肤经络,郁遏卫阳,凝滞营阴,以致腰府气血不通;湿邪侵袭,其性重着、黏滞,留着筋骨肌肉,痹阻气血,可使腰府经气不运;热邪常与湿合,或湿蕴生热而滞于腰府,造成经脉不畅而发腰痛。

内伤腰痛多因肾中精气亏虚,腰府失其温煦濡养。精气亏虚则肾气不充,肾阴不足则腰府失濡,肾阳亏虚则腰府失其温煦,均可发生腰痛。内伤不外乎肾虚,而风、寒、湿、热诸邪,常因肾虚而乘客,内外二因,相互影响,痹阻经脉,发为腰痛。

二、诊断与鉴别诊断

(一) 诊断依据

1. **急性腰痛**:病程较短,轻微活动即可引起一侧或两侧腰部疼痛加剧,在脊柱两旁的膀胱经穴常有明显的按压痛。

2. **慢性腰痛**:病程较长,缠绵难愈,腰痛多为隐痛或酸痛。常因体位不当,劳累过度,天气变化等因素而加重。

3. 常有居住潮湿阴冷、涉水冒雨、跌仆闪挫或劳损等相关病史。

（二）鉴别诊断

1. 背痛、尻痛、胯痛

三者疼痛部位不同，腰痛是指腰背及其两侧部位的疼痛，背痛为背脊以上部位的疼痛，尻痛是尻骶部位的疼痛，胯痛是指尻尾以下及两侧胯部的疼痛。

2. 肾痹

腰痛是以腰部疼痛为主；肾痹是指腰背部强直弯曲、屈伸不利、行动困难，以肢体关节疼痛为主要临床表现，多由骨痹日久不愈发展而来。

三、辨证论治

（一）辨证要点

1. 辨外感内伤

外感腰痛，起病较急，腰痛明显，终日不衰，风寒湿热各有不同。属湿者，腰部重痛，卧时不能转侧，行时重痛无力；属寒者，腰部冷痛，得热则舒，四肢倦怠不温，畏寒身酸；属湿热者，腰部热痛，遇冷痛减，小便热涩。内伤腰痛，其来也渐，疼痛悠悠，屡发不已，行立不支，阴阳气血，定有所偏，多伴有脏腑虚损症候，如面白无华，神疲乏力，头晕气短等。

2. 辨标本虚实

腰痛发病常以肾虚为本，感受外邪、跌仆闪挫为标。肾虚或为肾阳不足，或为阴精亏虚，腰府失养，属虚；寒湿、湿热、瘀血阻滞经脉，气血运行不畅，属实。实证延久可致正虚，虚证又易感邪致病，日久出现虚实夹杂之候。

（二）治疗原则

腰痛治疗当分标本虚实。感受外邪属实，治宜祛邪通络，根据寒湿、湿热的不同，分别予以温散或清利；外伤腰痛属实，治宜活血祛瘀，通络止痛为主；内伤致病多属虚，治宜补肾固本为主，兼顾肝脾；虚实兼见者，宜辨主次轻重缓急，标本兼顾。

（三）分证论治

1. 寒湿腰痛

症状　腰部冷痛重着，转侧不利，逐渐加重，静卧痛势不减，遇寒冷和阴雨天加重，舌质淡，苔白腻，脉沉而迟缓。

分析　腰部冷痛，酸胀重着，转侧不利为寒湿留着腰部，寒主收引，湿性重浊凝滞，痹阻经脉，不通则痛；疼痛逐渐加重，静卧痛势不减，为寒湿属阴邪，得阳始化，静卧则寒湿停滞；寒冷和阴雨天腰痛加重，为阴雨寒冷气候，水湿偏盛内外相合所致；舌质淡，苔白腻，脉沉而迟缓为寒湿留滞之象。

治法　散寒祛湿，温经通络。

方药　甘姜苓术汤加减。

方中干姜、桂枝、甘草、牛膝温经散寒，通络止痛；茯苓、白术健脾胜湿；杜仲、桑寄生、续断补肾壮腰。诸药合用，温经以散寒，健脾以化湿，故寒去湿除，诸症可解。

若寒甚痛剧，冷痛拘急不适，肢冷面白者，加熟附片、细辛以温阳散寒；若湿邪偏胜，痛引下肢，酸重无力，腰痛重着，舌苔厚腻者，可加苍术、薏苡仁以健脾祛湿；若年高体弱或久病不愈者，肝肾虚损，气血亏虚，而兼见腰膝酸软无力，脉沉弱等症，宜独活寄生汤加附子标本同治。

2. 湿热腰痛

症状 腰部疼痛，重着而热，暑湿阴雨天气症状加重，活动后或可减轻，口苦烦热，身体困重，小便短赤，苔黄腻，脉濡数或弦数。

分析 腰部疼痛，重着而热为湿热壅阻腰部经脉，气血不畅；暑湿阴雨天气，腰痛症状加重为内外之邪相引；疼痛症状或可减轻为活动后经气稍舒；口苦烦热，身体困重为湿性重着粘腻，困遏机体经络，或湿热蕴结中焦；小便短赤为湿热下注，蕴蒸津液，灼伤脉络或迫血妄行；苔黄腻，脉濡数或弦数为湿热壅滞之象。

治法 清热利湿，舒筋通络。

方药 加味二妙散加减。

方中黄柏、苍术辛开苦燥以清化湿热，绝其病源，防己、萆薢利湿活络，畅达气机，当归、牛膝养血活血，益肾利腰，引药下行直达病所；龟板补肾滋肾，既防苦燥伤阴，又寓自已病防变。诸药合用寓攻于补，攻补兼施，使湿热去而不伤正。

若热重烦痛，口渴尿赤者加栀子、生石膏、知母以清泄湿热；若兼有风象而见咽喉肿痛，脉浮数者，加柴胡、黄芩、僵蚕以发散风邪；若湿热日久，耗伤阴液，见口咽干燥，手足心热，舌质红者，加二至丸以滋阴补肾，养阴生津。

3. 瘀血腰痛

症状 腰痛如锥如刺，痛有定处，痛处拒按，日轻夜重，轻者俯仰不利，重则不能转侧，舌质暗紫，或有瘀斑，脉涩。

分析 腰痛如锥如刺，痛有定处，痛处拒按为瘀血阻滞，经脉痹阻，不通则痛；日轻夜重为夜间阳气内藏，阴气用事，血行较缓，瘀滞益甚；舌质暗紫，或有瘀斑，脉涩为瘀血阻滞之象。

治法 活血化瘀，通络止痛。

方药 身痛逐瘀汤加减。

方中当归、川芎、桃仁、红花、䗪虫活血祛瘀，疏通经脉；香附、没药、五灵脂、地龙行气活血，通络止痛，祛瘀消肿；牛膝活血化瘀，引药下行，并能强壮腰脊。

若瘀血明显，腰痛入夜更甚者，加全蝎、蜈蚣、白花蛇等虫类药以破瘀通络止痛；若有跌仆、扭伤、挫闪病史者，加乳香、延胡索、青皮行气活血止痛；若腰痛日久肾虚者，兼见腰膝酸软无力，形体消瘦，眩晕，耳鸣，小便频数，加桑寄生、杜仲、续断、熟地黄以强壮腰肾。

4. 肾虚腰痛

(1) 肾阴虚

症状 腰部隐隐作痛，酸软无力，缠绵不愈，心烦少寐，口燥咽干，面色潮红，手足心热，舌红少苔，脉弦细数。

分析 腰部隐隐作痛，酸软无力，缠绵不愈为肾阴亏虚，骨髓不充，腰府失养；心烦少寐为肾阴不足，不能上济心火，致虚火内生，扰乱心神；口燥咽干为肾阴不足，失于濡润；面色潮红，手足心热为肾阴亏虚，虚火内扰；舌红少苔，脉弦细数为肾阴亏虚之象。

治法 滋补肾阴，濡养筋脉。

方药 左归丸加减。

方中重用熟地滋肾填精，大补真阴；山茱萸养肝滋肾，涩精敛汗；山药补脾益阴，滋肾固精；枸杞补肾益精，养肝明目；龟、鹿二胶，为血肉有情之品，峻补精髓，龟板胶偏于补阴，鹿角胶偏于补阳，在补阴之中配伍补阳药，取"阳中求阴"之义；菟丝子、川牛膝益肝肾，强腰膝，健筋骨。诸药合用，共奏滋阴补肾，填精益髓之效。

若肾阴不足，常有相火偏亢者，可酌情选用知柏地黄丸或大补阴丸加减化裁；若虚劳腰痛，日久不愈，阴阳俱虚，阴虚内热者，可选用杜仲丸。

(2) 肾阳虚

症状 腰部隐隐作痛，酸软无力，缠绵不愈，局部发凉，喜温喜按，遇劳更甚，卧则减轻，常反复发作，少腹拘急，面色㿠白，肢冷畏寒，舌质淡，脉沉细无力。

分析 腰部隐隐作痛，酸软无力，缠绵不愈，局部发凉，喜温喜按为肾阳不足，不能温煦；少腹拘急为肾阳衰惫，阴寒内盛，气血运行不畅；面色㿠白为阳虚不能温运气血上荣于面，面部血络失充；肢冷畏寒为肾阳不足，四肢失于温煦；舌质淡，脉沉细无力为肾阳不足之象。

治法 补肾壮阳，温煦经脉。

方药 右归丸加减。

方中附子、肉桂、鹿角胶培补肾中元阳，温里祛寒；熟地黄、山萸肉、枸杞子、山药滋阴益肾，养肝补脾，填精补髓，取"阴中求阳"之义；再用菟丝子、杜仲补肝肾，强腰膝，配以当归养血和血，并补肝肾精血。诸药合用，以温肾阳为主而阴阳兼顾，肝脾肾并补。

若肾虚日久，不能温煦脾土，或久行久立，劳力太过，腰肌劳损，常致脾气亏虚，甚则中气下陷，证见腰痛乏力，面色萎黄，食少便溏，甚或脏器下垂，应补肾为主，佐以健脾益气，升举清阳，加黄芪、党参、升麻、柴胡、白术等补气升提之药，以助肾升举；若无明显阴阳偏盛者，可服用青娥丸，补肾治腰痛；若房劳过度而致肾虚腰痛者，可用血肉有情之品调理，如河车大造丸、补髓丹等。

四、预防调护

预防腰痛，生活习惯很重要，坐卧少动，长时间维持一个体位，气血运行不畅，易致瘀血阻滞，经脉痹阻，不通则痛。故平日里应保持正确的坐、立、卧、行体位，避免劳欲太过，防止感受外邪，避免强力负重，避免坐卧湿地或过食醇酒厚味，避免腰部跌仆闪挫。急性腰痛，应及时就医治疗，愈后注意休息调养，以巩固疗效。慢性腰痛除药物治疗外，注意腰部保暖，或加用腰托固护，避免腰部损伤。平日里应经常活动腰部，并加强腰背肌肉锻炼，或进行腰部自我按摩，如揉按肾俞穴，搓擦腰骶，或做"小燕飞"动作等。打太极拳、做五禽戏等亦有助于腰痛的预防和恢复。注意合理饮食，均衡营养，戒烟限酒，控制体重，勿睡软床，养成良好的作息习惯，有助于腰痛的康复。

五、临证验案

沈某，男，65岁。

初诊 1975年4月24日。

腰痛已久，初时间作，近则每日疼痛，两臀股冷及脐腹，有下坠感，二便尚常，曾针灸半年多无效，此肾着也，宜暖土胜水，并温下焦。

处方 炙甘草9g，干姜9g，茯苓12g，白术15g，川桂枝9g，鹿角霜6g，晚蚕砂（包煎）9g，小茴1.2g，拌入炒当归9g，7剂。

5月2日复诊：4月24日方服7剂后，腰痛愈，脐腹冷亦减，饮食如常，苔薄，仍以温脾胜湿为治。

处方 炙甘草9g，干姜9g，茯苓12g，白术15g，川桂枝6g，厚朴9g，广木香4.5g，鹿角霜6g，红枣3枚，7剂。

按 腰为肾府，故腰痛一证，往往与肾脏相关。致病原因之一，如感受外邪、劳累过度、寒湿、湿热、外伤、瘀血、肾虚等，都可引起腰痛。本例腰痛时间已长，初则时作时止，近则天天疼痛，而且两臀发冷及于脐腹部位，有下坠感，对精神和工作带来很大影响。《金匮要略》云："肾着之病，其人身体重，腰中冷……小便自利，饮食如故,病属下焦，身劳汗出，衣里冷湿，久久得之，腰以下冷痛……甘草干姜茯苓白术汤主之。"陆渊雷云："肾在腰部，故腰以下之病证，古人漫称肾病，其实非肾脏病也。此因水气停积于腰部，故腰以下冷痛……身劳汗出三句，言其病因。然此病不必因衣里冷湿，但湿之伤人，下部为甚……"尤怡云："肾受冷湿，着而不去，则为肾着，其病不在肾之中脏，而在肾之外府，其治法不在温肾以散寒，而在培土以胜水……"此证属寒湿腰痛，由寒湿阻滞经络，阳气受伤，不能温煦，故腰以下臀股及脐腹部发冷；寒湿为阴邪，其舌苔必白腻，阴雨天痛必加重，本例取姜甘苓术汤暖土胜水为主，加桂枝温和卫阳而利血脉；鹿角霜温补肾阳；晚蚕砂和脾除湿；小茴香拌炒当归活血理气，以通肝肾络脉。服药7剂后，疼痛冷减，将原方去当归、小茴香、晚蚕砂，加木香以利气机，厚朴苦温燥湿健脾。

（何若草. 中国百年百名中医临床家丛书·国医大师卷·何任：中国中医药出版社.2001）

六、文献摘录

1. 《三因极一病证方论·腰痛病论》："夫腰痛属肾虚，亦涉三因所致；在外则脏腑经络受邪，在内则忧思恐怒，以至房劳堕坠，皆能使痛。"

2. 《丹溪心法·腰痛》："凡诸痛皆属火，寒凉药不可峻用，必用温散之药；诸痛不可用参，补气则疼愈甚。"

3. 《景岳全书·腰痛》："腰痛证凡悠悠戚戚，屡发不已者，肾之虚也；遇阴雨或久坐痛而重者，湿也；遇诸寒而痛，或喜暖而恶寒者，寒也；遇诸热而痛及喜寒而恶热者，热也，郁怒而痛者，气之滞也；忧愁思虑而痛者，气之虚也；劳动即痛者，肝肾之衰也。当辨其所因而治之。"

4. 《医宗必读·腰痛》："《内经》言太阳腰痛者，外感六气也；言肾经腰痛者，内伤房欲也。假令作强伎巧之官，谨其闭蛰封藏之本，则州都之地，真气布护，虽六气苛毒，弗之能害。惟以欲竭其精，以耗散其真，则肾脏虚伤，膀胱之腑安能独足？于是六气乘虚侵犯太阳，故分别施治。有寒湿、有风、有热、有挫闪、有瘀血、有滞气、有痰积，皆标也。肾虚其本也。"

七、文献推介

1. 中国中医科学院望京医院. 腰痛病（退行性腰椎滑脱症）中医诊疗方案（2017年版）[Z]. 国家中医药管理局办公室关于印发中风病（脑梗死）等92个病种中医临床路径和中医诊疗方案（2017年版）的通知国中医药办医政发〔2017〕9号.

（编者：张琳琪　责任副主编：肖炜）

附录一　方剂索引

一画

一贯煎（《柳州医话》）沙参，麦冬，当归，生地黄，枸杞子，川楝子

二画

二冬汤（《医学心悟》）天冬，麦冬，天花粉，黄芩，知母，甘草，人参，荷叶

二阴煎（《景岳全书》）生地，麦冬，枣仁，生甘草，玄参，茯苓，黄连，木通，灯芯草，竹叶

二地鳖甲煎（《男科纲目》）熟地，生地，鳖甲，枸杞子，菟丝子，桑寄生，续断，五味子，牡蛎，金樱子，天花粉，茯苓，丹参，丹皮

二陈平胃散（《太平惠民和剂局方》）半夏，茯苓，陈皮，甘草，苍术，川朴

二陈汤（《太平惠民和剂局方》）半夏，陈皮，茯苓，甘草，生姜，乌梅

八正散（《太平惠民和剂局方》）木通，车前子，萹蓄，瞿麦，滑石，甘草梢，大黄，山栀，灯心

八珍汤（《正体类要》），人参，白术，茯苓，甘草，当归，白芍药，川芎，熟地黄，生姜，大枣

人参乌梅汤（《温病条辨》）人参，莲子，炙甘草，乌梅，木瓜，山药

人参养荣汤（《太平惠民和剂局方》）人参，白术，茯苓，甘草，陈皮，黄芪，当归，白芍，熟地黄，五味子，桂心，远志

人参蛤蚧散（《济生方》）人参，蛤蚧

丁香透膈汤（《医学入门》）丁香，木香，麦芽，青皮，肉豆蔻，沉香，藿香，陈皮，厚朴，人参，茯苓，砂仁，香附，白术，生姜，大枣，丁香散

七味都气丸（《医宗己任编》）熟地黄，山药，山茱萸，茯苓，泽泻，丹皮，五味子

七味白术散（《小儿药证直诀》）人参，白茯苓，炒白术，甘草，藿香叶，木香，葛根

七福饮（《景岳全书》）人参，熟地，当归，白术，炙甘草，枣仁，远志

十灰散（《十药神书》）大蓟，小蓟，荷叶，侧柏叶，白茅根，茜草根，山栀，大黄，丹皮，棕榈皮

十枣汤（《伤寒论》）芫花，甘遂，大戟，大枣

三画

三子养亲汤（《韩氏医通》）苏子，白芥子，莱菔子

三仁汤（《温病条辨》）杏仁，滑石，白通草，白蔻仁，竹叶，厚朴，生苡仁，半夏

三圣散（《儒门事亲》）瓜蒂，防风，藜芦

三拗汤（《太平惠民和剂局方》）麻黄，杏仁，甘草

大半夏汤（《金匮要略》）半夏，人参，白蜜

大青龙汤（《伤寒论》）麻黄，石膏，杏仁，炙甘草，桂枝，大枣，生姜

大承气汤（《伤寒论》）大黄，枳实，厚朴，芒硝

大建中汤（《金匮要略》），川椒，干姜，人参，饴糖

大柴胡汤（《伤寒论》）柴胡，黄芩，芍药，半夏，生姜，枳实，大枣，大黄，

大黄硝石汤（《金匮要略》）黄柏，大黄，硝石，栀子

大黄附子汤（《金匮要略》）大黄，附子，细辛

大黄䗪虫丸（《金匮要略》）䗪虫，干漆，干地黄，甘草，水蛭，芍药，杏仁，黄芩，桃仁，虻虫，蛴螬，大黄

大秦艽汤（《素问病机气宜保命集》）秦艽，当归，甘草，羌活，防风，白芷，熟地黄，茯苓，石膏，川芎，白芍药，独活，黄芩，生地黄，白术，细辛

大定风珠（《温病条辨》）白芍药，生地黄，麦冬，火麻仁，五味子，生龟板，生牡蛎，炙甘草，鳖甲，阿胶，鸡子黄

大补元煎（《景岳全书》）人参，炒山药，熟地黄，杜仲，枸杞，当归，山茱萸，炙甘草

小承气汤（《伤寒论》）大黄，枳实，厚朴

小建中汤（《伤寒论》）饴糖，桂枝，白芍，甘草，大枣，生姜

小蓟饮子（《济生方》）生地黄，小蓟，滑石，木通，蒲黄，藕节，淡竹叶，当归，山栀，甘草

小续命汤（《备急千金要方》）麻黄，防己，人参，黄芩，桂心，甘草，芍药，川芎，杏仁，附子，防风，生姜

小青龙汤（《伤寒论》）麻黄，芍药，细辛，干姜，甘草，桂枝，五味子，半夏

小青龙加石膏汤（《金匮要略》）麻黄，桂枝，芍药，甘草，干姜，细辛，半夏，五味子，石膏

小半夏汤（《金匮要略》）半夏，生姜

小半夏加茯苓汤（《金匮要略》）半夏，生姜，茯苓

川芎茶调散（《太平惠民和剂局方》）川芎，荆芥，薄荷，羌活，细辛，白芷，甘草，防风

己椒苈黄丸（《金匮要略》）防己，椒目，葶苈子，大黄

千金犀角散（《备急千金要方》）犀角，羚羊角，前胡，栀子，黄芩，射干，大黄，升麻，豆豉

四画

五仁丸（《世医得效方》）桃仁，杏仁，柏子仁，松子仁，郁李仁，橘皮

五皮饮（《中藏经》）桑白皮，陈皮，生姜皮，大腹皮，茯苓皮

五生饮（《医学六要》）生韭汁，生藕，京墨，侧柏汁，生地汁，童便

五汁安中饮（《新增汤头歌诀》）韭汁，牛乳，生姜汁，梨汁，藕汁

五磨饮子（《医方集解》）乌药，沉香，槟榔，枳实，木香

五苓散（《伤寒论》）桂枝，白术，茯苓，猪苓，泽泻

五味消毒饮（《医宗金鉴》），金银花，野菊花，蒲公英，紫花地丁，紫背天葵

五积散（《太平惠民和剂局方》）白芷，橘皮，厚朴，当归，川芎，白芍，茯苓，桔梗，苍术，枳壳，半夏，麻黄，肉桂，干姜，甘草，生姜，葱

五磨饮子（《医方集解》）乌药，沉香，槟榔，枳实，木香

六一散（《伤寒标本心法类萃》）滑石，甘草

六君子汤（《医学正传》）人参，炙甘草，茯苓，白术，陈皮，半夏，生姜，大枣

六味地黄丸（《小儿药证直诀》）熟地黄，山茱萸，山药，泽泻，牡丹皮，茯苓

六味回阳饮（《景岳全书》）附子，炮姜，党参，当归，肉桂，炙甘草

六磨汤（《证治准绳》）沉香，木香，槟榔，乌药，枳实，大黄

木防己汤（《金匮要略》）木防己，石膏，桂枝，人参

木香顺气散（《沈氏尊生书》）木香，青皮，橘皮，甘草，枳壳，川朴，乌药，香附，苍术，砂仁，桂心，川芎

天王补心丹（《校注妇人良方》）人参，玄参，丹参，茯苓，五味子，远志，桔梗，当归，天冬，麦冬，柏子仁，酸枣仁，生地黄朱砂

天王补心丹（《摄生秘剖》）人参，玄参，丹参，茯苓，五味子，远志，桔梗，当归，天冬，麦冬，柏子仁，酸枣仁，生地黄，辰砂

天麻钩藤饮（《中医内科杂病证治新义》）天麻，钩藤，石决明，山栀，黄芩，桑寄生，牛膝，夜交藤，益母草，杜仲，朱茯神

孔圣枕中丹（《医方集解》）龟甲，远志，龙骨，石菖蒲

化肝煎（《景岳全书》）丹皮，栀子，芍药，青皮，陈皮，泽泻，贝母

化积丸（《类证治裁》）三棱，莪术，阿魏，海浮石，香附，雄黄，槟榔，苏木，瓦楞子，五灵脂

双合汤（《杂病源流犀烛》）桃仁，红花，当归，川芎，芍药，地黄，茯苓，半夏，陈皮，白芥子，姜汁，甘草，鲜竹沥

中和汤（《丹溪心法》）苍术，半夏，黄芩，香附

中军侯黑丸（《备急千金要方》）芫花，巴豆，杏仁，桂心，桔梗

中满分消丸《兰室秘藏》人参，白术，茯苓，炙甘草，陈皮，半夏，砂仁，枳实，厚朴，猪苓，泽泻，黄芩，黄连，知母，姜黄

丹参饮（《时方歌括》）丹参，檀香，砂仁

丹栀逍遥散（《内科摘要》）丹皮，山栀，当归，芍药，柴胡，茯苓，白术，甘草，薄荷，生姜

乌头汤（《金匮要略》）川乌，麻黄，芍药，甘草，蜂蜜，黄芪

乌头桂枝汤（《金匮要略》）乌头，桂枝，芍药，甘草，生姜，大枣，干姜，赤石脂

乌梅丸（《伤寒论》）乌梅，细辛，干姜，黄连，当归，附子，蜀椒，桂枝，人参，黄柏

天台乌药散（《医学发明》）乌药，木香，小茴香，青皮，高良姜，槟榔，川楝子，巴豆

天麻钩藤饮（《杂病证治新义》）天麻，钩藤，生石决明，川牛膝，桑寄生，杜仲，山栀，黄芩，益母草，朱茯神，夜交藤

气虚柴胡汤（《症因脉治》）柴胡，黄芩，广皮，甘草，人参，黄芪，地骨皮，金石斛

少腹逐瘀汤（《医林改错》）小茴香，干姜，延胡索，没药，当归，川芎，官桂，赤芍，蒲黄，五灵脂

无比山药丸（《太平惠民和剂局方》）山药，肉苁蓉，熟地黄，山茱萸，茯神，菟丝子，五味子，赤石脂，巴戟天，泽泻，杜仲，牛膝

升阳益胃汤（《脾胃论》）黄芪，半夏，人参，炙甘草，独活，防风，白芍，羌活，橘皮，茯苓，柴胡，泽泻，白术，黄连

月华丸（《医学心悟》）沙参，麦冬，天冬，生地，熟地，阿胶，山药，茯苓，桑叶，菊花，百部，川贝母，三七，獭肝

止嗽散（《医学心悟》）荆芥，桔梗，白前，紫菀，百部，甘草，陈皮

五画

玉女煎（《景岳全书》）石膏，熟地黄，麦冬，知母，牛膝

玉泉丸（《杂病源流犀烛》）人参，黄芪，苋芪，天花粉，葛根，麦冬，乌梅，甘草，茯苓

玉屏风散（《世医得效方》）黄芪，防风，白术

玉枢丹（《百一选方》）山慈菇，红大戟，千金子霜，五倍子，麝香，雄黄，朱砂

白金丸（《本事方》）郁金，明矾

加味四物汤（《金匮翼》）白芍，当归，生地，川芎，蔓荆子，菊花，黄芩，炙甘草

加味四君子汤（《三因极一病证方论》）人参，茯苓，白术，甘草，黄芪，白扁豆

加味清胃散（《张氏医通》）生地，丹皮，连翘，黄连，当归，升麻，犀角，甘草

加味不换金正气散（验方）厚朴，苍术，陈皮，甘草，藿香，佩兰，草果，半夏，槟榔，石菖蒲，荷叶

加味桔梗汤（《医学心悟》）桔梗，银花，甘草，贝母，薏苡仁，橘红，葶苈子，白及

加减泻白散（《医学发明》）知母，陈皮，桑白皮，桔梗，地骨皮，青皮甘草，黄芩，粳米

加减葳蕤汤（《通俗伤寒论》）葳蕤，葱白，桔梗，白薇，豆豉，薄荷，炙甘草，大枣

四七汤（《太平惠民和剂局方》）半夏，生姜，茯苓，苏叶，厚朴，大枣

四君子汤（《太平惠民和剂局方》）人参，白术，茯苓，甘草

四物汤（《太平惠民和剂局方》）熟地黄，当归，白芍药，川芎

四海舒郁丸（《疡医大全》）海蛤粉，海带，海藻，昆布，海螵蛸，青木香，陈皮

四味回阳饮（《景岳全书》）人参，制附子，炮姜，炙甘草

四苓散（《丹溪心法》）白术，茯苓，猪苓，泽泻

四妙丸（《成方便读》）黄柏，苍术，牛膝，薏苡仁

四神丸（《内科摘要》）肉豆蔻，补骨脂，五味子，吴茱萸

归脾汤（《济生方》）人参，白术，黄芪，当归，茯神，甘草，远志，酸枣仁木香，龙眼肉，生姜，大枣

归脾汤（《济生方》）白术，当归，白茯苓，黄芪，远志，龙眼肉，酸枣仁炒，人参，木香，炙甘草，生姜，大枣

平胃散（《太平惠民和剂局方》）苍术，厚朴，橘皮，甘草，生姜，大枣

半夏秫米汤（《黄帝内经》）半夏，秫米

半夏白术天麻汤（《医学心悟》）半夏，白术，天麻，橘红，茯苓，甘草，生姜，大枣，蔓荆子

半夏厚朴汤（《金匮要略》）半夏，厚朴，茯苓，生姜，紫苏叶

龙胆泻肝汤（《医方集解》）龙胆草，黄芩，山栀子，泽泻，木通，车前子，当归，柴胡，生地黄，生甘草

生脉散（《医学启源》）人参，麦冬，五味子

生脉散（《备急千金要方》）人参，麦冬，五味子

生脉地黄汤（《医宗金鉴》）人参，麦冬，五味子，地黄，山萸肉，山药，茯苓，丹皮，泽泻

生铁落饮（《医学心悟》）天冬，麦冬，贝母，胆星，橘红，远志，石菖蒲，连翘，茯苓，茯神，玄参，钩藤，丹参，辰砂，生铁落

左金丸（《丹溪心法》）黄连，吴茱萸

失笑散（《太平惠民和剂局方》）蒲黄，五灵脂

甘露消毒丹（《温热经纬》）滑石粉，黄芩，茵陈，石菖蒲，川贝，木通，藿香，连翘，白蔻仁，薄荷，射干

甘麦大枣汤（《金匮要略》）甘草，浮小麦，大枣

甘遂半夏汤（《金匮要略》）甘遂，半夏，芍药，甘草

甘草干姜汤（《金匮要略》）甘草，干姜

龙胆泻肝汤（《医方集解》）龙胆草，山栀子，

柴胡，生地黄，车前子，泽泻，木通，生甘草，当归，黄芩

左归丸（《景岳全书》）熟地黄，山药，枸杞子，山茱萸，川牛膝，菟丝子，鹿角胶，龟板胶

右归饮（《景岳全书》）熟地，山药，山茱萸，枸杞，甘草，杜仲，肉桂，制附子

右归丸（《景岳全书》）熟地黄，山药，山茱萸，枸杞子，杜仲，菟丝子，制附子，肉桂，当归，鹿角胶

白虎汤（《伤寒论》）知母，石膏，甘草，粳米

白虎加人参汤（《伤寒论》）知母，石膏，甘草，粳米，人参

白虎加桂枝汤（《伤寒论》）知母，石膏，炙甘草，粳米，桂枝

白虎加桂枝汤（《金匮要略》）石膏，知母，粳米，甘草，桂枝

白头翁汤（《伤寒论》）白头翁，黄连，黄柏，秦皮

平喘固本汤（验方），党参，五味子，冬虫夏草，胡桃肉，沉香，灵磁石，坎炁，苏子，款冬花，法半夏，橘红

代抵当丸（《证治准绳》）大黄，归尾，生地黄，穿山甲，芒硝，桃仁，肉桂

平胃散（《太平惠民和剂局方》）苍术，厚朴，陈皮，甘草，生姜，大枣

正气天香散（《保命歌括》）乌药，香附，陈皮，紫苏，干姜

石韦散（《证治汇补》）通草，石韦，王不留行，滑石，甘草(炙)，当归，白术，瞿麦，芍药，冬葵子

瓜蒌薤白半夏汤（《金匮要略》），瓜蒌根，桂枝，芍药，甘草，生姜，大枣

六画

交泰丸（《韩氏医通》）黄连，肉桂

安宫牛黄丸（《温病条辨》）牛黄，郁金，犀角，黄芩，黄连，雄黄，山栀，朱砂，冰片，麝香，珍珠，金箔衣

安神定志丸（《医学心悟》）人参，茯苓，茯神，远志，石菖蒲，龙齿

再造散（《伤寒六书》）黄芪，人参，桂枝，甘草，熟附子，细辛，羌活，防风，川芎，煨生姜，大枣，炒芍药

血府逐瘀汤（《医林改错》）当归，生地黄，桃仁，红花，枳壳，赤芍药，柴胡，甘草，桔梗，川芎，牛膝

血虚柴胡汤（《症因脉治》）柴胡，黄芩，广皮，人参，甘草，黄芪，当归，白芍药

当归四逆汤（《伤寒论》）当归，桂枝，芍药，细辛，炙甘草，大枣，通草

当归六黄汤（《兰室秘藏》）当归，生地，黄芩，黄柏，黄连，熟地黄，黄芪

当归龙荟丸（《宣明论方》）当归，龙胆草，芦荟，青黛，栀子，黄连，黄芩，黄柏，大黄，木香，麝香

当归补血汤（《内外伤辨惑论》）黄芪，当归

朱砂安神丸（《医学发明》）朱砂，黄连，生地黄，当归，炙甘草

芍药甘草汤（《伤寒论》）芍药，甘草

至宝丹（《太平惠民和剂局方》）朱砂，麝香，安息香，金箔，银箔，犀角，牛黄，琥珀，雄黄，玳瑁，龙脑

至宝丹（《太平惠民和剂局方》）朱砂，麝香，安息香，金银箔，犀角，牛黄，琥珀，雄黄，玳瑁，龙脑，

地黄饮子（《宣明论方》）生地黄，巴戟天，山萸肉，石斛，肉苁蓉，五味子，官桂白，茯苓，麦门冬，炮附子，菖蒲，远志，生姜，大枣，薄荷

防风汤（《宣明方论》）防风，秦艽，麻黄，肉桂，当归，葛根，薏苡仁，茯苓，生姜，甘草，杏仁

导赤散（《小儿药证直诀》）生地黄，木通，竹叶，甘草

导痰汤（《校注妇人良方》）半夏，陈皮，枳实，茯苓，甘草，制南星，生姜

百合固金汤（《医方集解》）生地，熟地，麦冬，贝母，百合，当归，芍药，甘草，玄参，桔梗

百合固金汤（《医方集解》）生地，熟地，百合，麦冬，贝母，当归，白芍，玄参，桔梗，甘草

回阳急救汤（《伤寒六书》）附子，干姜，肉桂，人参，白术，茯苓，陈皮，甘草，五味子，半夏

竹叶石膏汤（《伤寒论》）竹叶石膏半夏麦冬人参甘草粳米

芎芷石膏汤（《医宗金鉴》）川芎，白芷，石膏，菊花，藁本，羌活

防己黄芪汤（《金匮要略》）防己，黄芪，白术，甘草，生姜，大枣

防风通圣散（《宣明论方》）防风，川芎，当归，芍药，连翘，薄荷，麻黄，大黄，芒硝，石膏，黄芩，桔梗，滑石，荆芥，白术，栀子，甘草

芍药汤（《素问病机气宜保命集》）芍药，当归，黄连，槟榔，木香，甘草，大黄，黄芩，肉桂

地榆散（验方）地榆，茜草根，黄芩，黄连，栀子，茯苓

如金解毒散（《景岳全书》）桔梗，黄芩，黄柏，山栀，甘草

七画

补中益气汤（《脾胃论》）黄芪，炙甘草，人参，当归，橘皮，升麻，柴胡白术

补天大造丸（《医学心悟》）人参，黄芪，白术，山药，茯苓，枸杞子，熟地，白芍，龟板，鹿角胶，紫河车，当归，酸枣仁，远志

补阳还五汤（《医林改错》）黄芪，当归尾，赤芍，地龙，川芎，桃仁，红花

补气运脾汤（《统旨方》）人参，白术，茯苓，甘草，黄芪，陈皮，砂仁，半夏，生姜，大枣

补肺汤（《永类钤方》）人参，黄芪，熟地，五味子，紫菀，桑白皮

补肝汤（《医宗金鉴》）当归，白芍，川芎，熟地，酸枣仁，木瓜，炙甘草

杏苏散（《温病条辨》）杏仁，紫苏叶，桔梗，橘皮，半夏，生姜，枳壳，茯苓，甘草，大枣

苏子降气汤（《太平惠民和剂局方》）半夏，苏子，炙甘草，肉桂，厚朴，前胡，陈皮，当归，生姜

麦门冬汤（《金匮要略》）麦冬，人参，半夏，甘草，粳米，大枣

麦味地黄丸（《医级》）熟地黄，山萸肉，山药，泽泻，丹皮，茯苓，麦冬，五味子

附子理中汤（《太平惠民和剂局方》）制附子，人参，白术，炮姜，炙甘草

附子理苓汤（《内经拾遗》），黑附子，干姜，炙甘草，人参，白术，猪苓，赤茯苓，泽泻，官桂

附子粳米汤（《金匮要略》）炮附子，半夏，甘草，大枣，粳米

苏合香丸（《太平惠民和剂局方》）白术，青木香，犀角，香附，朱砂，诃子，檀香，安息香，沉香，麝香，丁香，荜茇，冰片，苏合香油，熏陆香，

良附丸（《良方集腋》）高良姜，香附

羌活胜湿汤（《内外伤辨惑论》）羌活，独活，川芎，蔓荆子，甘草，防风，藁本

启阳娱心丹（《辨证录》）人参，菟丝子，当归，白芍，枣仁，远志，茯神，菖蒲，橘红，柴胡，砂仁，白术，山药，神曲，

启膈散（《医学心悟》）沙参，丹参，茯苓贝母，郁金，砂仁壳荷叶，杵头糠

龟鹿二仙膏（《成方切用》）鹿角胶，龟板胶，枸杞，人参

沙参麦冬汤（《温病条辨》）沙参，麦冬，冬桑叶，甘草，天花粉，生扁豆

吴茱萸汤（《伤寒论》）吴茱萸，人参，生姜，大枣

沉香散（《金匮翼》）沉香，石韦，滑石，当归，橘皮，白芍，冬葵子，甘草，王不留行，

连苏饮（《湿热病篇》）黄连，苏叶，吴茱萸，蔻仁

连理汤（《张氏医通》）人参，白术，炙甘草，干姜，茯苓，黄连

连朴饮（《霍乱论》）厚朴，黄连，石菖蒲，半夏，香豆豉，焦栀子，芦根

纯阳正气丸（《饲鹤亭集方》）藿香，肉桂，陈皮，半夏，丁香，小茴香紫苏，茯苓，苍术，生白术，红灵丹

何人饮（《景岳全书》）何首乌，当归，人参，陈皮，生姜

苇茎汤（《备急千金要方》）苇茎，冬瓜仁，生薏苡仁，桃仁

八画

金匮肾气丸（《金匮要略》），桂枝，附子，干地黄，山茱萸，薯蓣，泽泻，丹皮，茯苓

金铃子散（《素问病机气宜保命集》），金铃子，延胡索

炙甘草汤（《伤寒论》），炙甘草，人参，桂枝，生姜，阿胶，生地黄，麦冬，火麻仁，大枣

河车大造丸（《扶寿精方》），紫河车，龟板，黄柏，杜仲，牛膝，麦门冬，天门冬，熟地黄，人参

苓桂术甘汤（《金匮要略》），茯苓，桂枝，白术，甘草

苓甘五味姜辛汤（《金匮要略》），茯苓，甘草，干姜，细辛，五味子

实脾饮《济生方》，白术，厚朴，木瓜，木香，草果仁，大腹子，白茯苓，干姜，附子，甘草

参附汤（《妇人良方》），人参，熟附子，生姜，大枣

参附汤（《正体类要》），人参，附子

参蛤散（《济生方》），人参，蛤蚧

参苏饮（《太平惠民和剂局方》），人参，紫苏叶，葛根，前胡，法半夏，茯苓，甘草，桔梗，枳壳，木香，橘红，生姜，大枣

定痫丸（《医学心悟》），天麻，川贝，法夏，云苓，茯神，胆南星，石菖蒲，全蝎，僵蚕，琥珀粉，灯心草，陈皮，远志，丹参，麦冬，朱砂粉，竹沥，姜汁

定喘汤（《摄生众妙方》），白果，麻黄，桑白皮，款冬花，半夏，杏仁，苏子，黄芩，甘草

肾气汤（《金匮要略》），桂枝，附子，熟地，山萸肉，山药，茯苓，丹皮，泽泻

金水六君煎（《景岳全书》），当归，茯苓，半夏，熟地，陈皮，炙甘草

参苓白术散（《太平惠民和剂局方》），人参，茯苓，白扁豆，白术，甘草，桔梗，莲肉，砂仁，山药，薏苡仁，陈皮

驻车丸（《备急千金要方》），黄连，干姜，当归，阿胶

知柏地黄丸（《医宗金鉴》），知母，川黄柏，熟地黄，干山药，山茱萸，茯苓，泽泻，丹皮

泻心汤（《金匮要略》），大黄，黄连，黄芩

泻白散（《小儿药证直诀》），桑白皮，地骨皮，甘草，粳米

九画

荆防败毒散（《外科理例》），荆芥，防风，人参，羌活，独活，柴胡，前胡，川芎，枳壳，茯苓，桔梗，甘草

栀子清肝汤（《类证治裁》），牛蒡子，柴胡，川芎，白芍，石膏，当归，栀子，丹皮，黄芩，黄连，甘草

保和丸（《丹溪心法》），山楂，神曲，半夏，茯苓，陈皮，连翘，莱菔子

保元汤（《博爱心鉴》），人参，黄芪，肉桂，甘草，生姜

保真汤（《十药神书》），人参，黄芪，白术，茯苓，麦冬，天冬，生地黄，五味子，当归，白芍，熟地，陈皮，知母，黄柏，地骨皮，柴胡，大枣

香砂六君子汤（《古今名医方论》），木香，砂仁，陈皮，半夏，人参，白术，茯苓，甘草

香苏散（《太平惠民和剂局方》），香附，紫苏茎叶，陈皮，甘草

香附旋覆花汤（《温病条辨》），生香附，旋覆花，半夏，苏子霜，杏仁，桔梗，桃仁，红花，当归，赤芍，柴胡，茯苓，苡仁，延胡索，橘皮

香茸丸（《证治准绳》），麝香，鹿茸，麋茸，肉苁蓉，熟地黄，沉香，五味子，茯苓，龙骨

顺气导痰汤（《类证治裁》），半夏，陈皮，甘草，生姜，胆星，枳实，木香，香附

养心汤（《证治准绳》），黄芪，茯苓，茯神，当归，川芎，炙甘草，半夏曲柏子仁，酸枣仁，远志，五味子，人参，肉桂

茵陈蒿汤《伤寒论》，茵陈，栀子，大黄

茵陈五苓散（《金匮要略》），茵陈，茯苓，泽泻，猪苓，桂枝，白术

茵陈术附汤（《医学心悟》），茵陈，白术，制附子，干姜，炙甘草，肉桂，

茵陈四苓散（《明医指掌》），茵陈，茯苓，泽泻，猪苓，白术

栀子柏皮汤（《伤寒论》），栀子，甘草，黄柏

胃苓汤《丹溪心法》，苍术，厚朴，陈皮，甘草，猪苓，茯苓，泽泻，白术，官桂，生姜，大枣

独参汤《景岳全书》，人参

宣痹汤（《温病条辨》），防己，杏仁，滑石，连翘，山栀，薏苡仁，半夏，蚕砂，赤小豆，姜黄，海桐皮

独活寄生汤（《备急千金要方》），独活，寄生，杜仲，牛膝，细辛，秦艽茯苓，桂心，防风，川芎，人参，甘草，当归，芍药，干地黄

厚朴麻黄汤（《金匮要略》），厚朴，麻黄，石膏，杏仁，半夏，五味子，干姜，细辛

济川煎（《景岳全书》），当归，牛膝，肉苁蓉，泽泻，升麻，枳壳

济生肾气丸（《济生方》），附子，车前子，山茱萸，山药，牡丹皮，牛膝，熟地黄，肉桂，白茯苓，泽泻

春泽汤（《医方集解》），白术，桂枝，猪苓，茯苓，泽泻，人参

枳实导滞丸（《内外伤辨惑论》），大黄，枳实，神曲，茯苓，黄芩，黄连，白术，泽泻

枳实薤白桂枝汤（《金匮要略》），枳实，厚朴，薤白，桂枝，瓜蒌

枳术丸（《脾胃论》），枳实，白术，荷叶

荆防败毒散（《外科理例》），羌活，柴胡，前胡，独活，枳壳，茯苓，荆芥，防风，桔梗，川芎，甘草

茜根散（《景岳全书》），茜根，黄芩，阿胶，侧柏叶，生地，甘草

十画

桑菊饮（《温病条辨》），桑叶，菊花，连翘，薄荷，桔梗，杏仁，芦根，甘草

桑杏汤（《温病条辨》），桑叶，杏仁，沙参，象贝母，豆豉，栀皮，梨皮

消渴方（《丹溪心法》），黄连末，天花粉末，生地汁，藕汁，人乳汁，姜汁，蜂蜜

真武汤（《伤寒论》），炮附子，白术，茯苓，芍药，生姜

涤痰汤（《济生方》），制半夏，制南星，橘红，枳实，茯苓，人参，石菖蒲，竹茹，甘草，生姜

消瘰丸（《医学心悟》），玄参，牡蛎，浙贝母

海藻玉壶汤（《医宗金鉴》），海藻，昆布，海带，半夏，青皮，陈皮，连翘，象贝母，当归，川芎，独活，甘草

通关散（《丹溪心法附余》），细辛，皂角

通瘀煎（《景岳全书》），归尾，山楂，香附，

红花，乌药，青皮，泽泻，木香

柴胡疏肝散（《景岳全书》），柴胡，陈皮，枳壳，芍药，炙甘草，香附，川芎

柴梗半夏汤（《医学入门》），柴胡，半夏，黄芩，瓜蒌仁，枳壳，桔梗，杏仁，青皮，甘草

柴芍六君子汤（《医宗金鉴》），人参，白术，茯苓，陈皮，半夏，甘草，柴胡，白芍，钩藤

柴胡截疟饮（《医宗金鉴》），柴胡，黄芩，人参，半夏，生姜，大枣，甘草常山，槟榔，乌梅，桃仁

柴胡桂枝干姜汤（《伤寒论》），柴胡，桂枝，干姜，瓜蒌根，黄芩，牡蛎甘草

通窍活血汤（《医林改错》），赤芍，川芎，桃仁，红花，麝香，老葱，鲜姜，大枣，酒

通幽汤（《兰氏秘藏》），生地熟地，桃仁，红花，当归，槟榔，升麻，甘草

逍遥散（《太平惠民和剂局方》），柴胡，白术，芍药，当归，茯苓，炙甘草，薄荷，煨姜

调营饮（《证治准绳》），赤芍，川芎，当归，莪术，元胡，槟榔，瞿麦，葶苈子，桑白皮，丹参，大黄，陈皮，大腹皮，赤茯苓，细辛，官桂，炙甘草，白芷，生姜，大枣

调胃承气汤（《伤寒论》），大黄，甘草，芒硝

桃仁承气汤（《伤寒论》），桃仁，大黄，桂枝，芒硝，甘草

桃红四物汤（《医宗金鉴》），桃仁，红花，当归，赤芍，熟地，川芎

真方白丸子（《瑞竹堂方》），半夏，白附子，天南星，天麻，川乌，全蝎，木香，枳壳

真武汤（《伤寒论》），炮附子，白术，茯苓，芍药，生姜

真人养脏汤（《太平惠民和剂局方》），人参，当归，白术，肉豆蔻，肉桂，炙甘草，白芍，木香，诃子，罂粟壳

栝楼桂枝汤（《金匮要略》），栝蒌根，桂枝，芍药，甘草，生姜，大枣

栝蒌薤白半夏汤（《金匮要略》），栝蒌，薤白，半夏，白酒

脑清通汤（张学文教授经验方），天麻，钩藤，决明子，川芎，赤芍，三七，桑寄生，生杜仲，川牛膝，丹参，生山楂

射干麻黄汤（《金匮要略》），射干，麻黄，细辛，紫菀，款冬花，半夏，五味子，生姜，大枣

桂枝汤（《伤寒论》），桂枝，芍药，甘草，大枣，生姜

润肠丸（《沈氏尊生书》），当归，生地，麻仁，桃仁，枳壳

益胃汤（《温病条辨》），沙参，麦门冬，生地黄，玉竹，冰糖

凉膈散（《太平惠民和剂局方》），大黄，朴硝，炙甘草，栀子，薄荷，黄芩，连翘，竹叶，蜂蜜

桃红四物汤（《医宗金鉴》），桃仁，红花，当归，芍药，熟地黄，川芎

桃核承气汤（《伤寒论》），桃仁，大黄，桂枝，甘草，芒硝

桃花汤（《伤寒论》），赤石脂，干姜，粳米

秦艽鳖甲散（《卫生宝鉴》），秦艽，青蒿，柴胡，地骨皮，鳖甲，知母，乌梅，当归

十一画

银翘散（《温病条辨》），金银花，连翘，竹叶，荆芥穗，桔梗，牛蒡子，芦根，豆豉，薄荷，甘草

麻黄附子细辛汤（《伤寒论》），麻黄，附子，细辛

清金化痰汤（《医学统旨》），桑白皮，黄芩，山栀，桔梗，知母，贝母，瓜蒌仁，橘红，茯苓，甘草，麦冬

清气化痰丸（《医方考》），陈皮，杏仁，枳实，黄芩，瓜蒌仁，茯苓，胆南星，姜汁，制半夏

羚角钩藤汤（《通俗伤寒论》），羚羊角，霜桑叶，川贝，鲜生地，钩藤，菊花，白芍药，生甘草，淡竹茹，茯神木

理中丸（《伤寒论》），人参，白术，干姜，甘草

黄连阿胶汤（《伤寒论》），黄连，黄芩，阿胶，鸡子黄，芍药

黄连温胆汤（《六因条辨》），黄连，半夏，陈皮，茯苓，甘草，竹茹，枳实，大枣，生姜

清中汤（《医学统旨》），黄连，山栀，半夏，茯苓，陈皮，草豆蔻，甘草

黄芪建中汤（《金匮要略》），黄芪，桂枝，芍药，炙甘草，饴糖，大枣，生姜

黄土汤（《金匮要略》），甘草，生地，白术，附子，阿胶，黄芩，灶心土

黄连解毒汤（《外台秘要》），黄连，黄芩，黄柏，栀子

黄芪汤（《金匮翼》），黄芪，陈皮，麻子仁，白蜜

黄连温胆汤（《备急千金要方》），半夏，陈皮，茯苓，甘草，枳实，竹茹，黄连，大枣，生姜

菖蒲郁金汤《温病条辨》，石菖蒲，郁金，炒栀子，鲜竹叶，牡丹皮，连翘，灯心，木通，淡竹沥，紫金片

控涎丹（《三因极一病证方论》），甘遂，大戟，白芥子

控涎丹（《活人方》），黑丑，枳实，橘红，白芥子，朴硝，生矾，熟矾牙皂

麻黄汤（《伤寒论》），麻黄，杏仁，桂枝，炙甘草

麻杏石甘汤（《伤寒论》），麻黄，杏仁，石膏，甘草

麻子仁丸（《伤寒论》），麻子仁，芍药，枳实，大黄，厚朴，杏仁

麻黄连翘赤小豆汤（《伤寒论》），麻黄，杏仁，生梓白皮，连翘，赤小豆，甘草，生姜，大枣

旋覆代赭汤（《伤寒论》），旋覆花，半夏，甘草，人参，代赭石，生姜，大枣

清肺饮（《证治汇补》），茯苓，黄芩，桑白皮，麦冬，车前子，山栀，木通

清瘴汤（验方），青蒿，柴胡，茯苓，知母，陈皮，半夏，黄芩，黄连，枳实，常山，竹茹，益元散（滑石，甘草，朱砂）

清燥救肺汤（《医门法律》），桑叶，石膏，杏仁，甘草，麦冬，人参，阿胶，炒胡麻仁，炙枇杷叶

清胆汤（验方），栀子，黄连，柴胡，白芍，公英，金钱草，瓜蒌，郁金，元胡，川楝子，大黄

清骨散（《证治准绳》），银柴胡，胡黄连，秦艽，青蒿，知母，鳖甲，地骨皮，甘草

猪苓汤（《伤寒论》），猪苓，茯苓，泽泻，阿胶，滑石

程氏萆薢分清饮（《医学心悟》），川萆薢，黄柏(炒褐色)，石菖蒲，茯苓，白术，莲子心，丹参，车前子

十二画

黑锡丹（《太平惠民合剂局方》），黑锡，硫磺，川楝子，胡芦巴，木香，炮附子，肉豆蔻，补骨脂，沉香，小茴香，阳起石，肉桂

葱白七味饮（《外台秘要》），葱白，干葛，新豉，生姜，麦冬，干地黄

温胆汤（《备急千金要方》），半夏，陈皮，茯苓，竹茹，枳实，炙甘草，生姜，大枣

温脾汤（《备急千金要方》），制附子，人参，大黄，甘草，干姜

硝石矾石散（《金匮要略》），硝石，矾石

琥珀养心丹（《证治汇补》），琥珀，龙齿，远志，牛黄，石菖蒲，茯神，人参，枣仁，生地黄，当归，朱砂，黄连，柏子仁，金箔

犀角地黄汤《备急千金要方》，犀角，生地黄，芍药，丹皮

犀角散（《备急千金要方》），犀角屑，麻黄，羌活，附子，杏仁，防风，桂心，白术，人参，川芎，白茯苓，细辛，当归，石膏，甘草

紫雪丹（《外台秘要》），寒水石，石膏，滑石，磁石，朱砂，玄参，羚羊角，水牛角（浓缩粉），丁香，麝香，升麻，沉香，木香，甘草，朴硝，黄金，硝石

葛根汤（《伤寒论》），葛根，麻黄，桂枝，生姜，甘草，芍药，大枣

葛根芩连汤（《伤寒论》），葛根，炙甘草，黄芩，黄连

椒目瓜蒌汤（《医醇賸义》），川椒目，瓜蒌仁，桑白皮，葶苈子，橘红，半夏，茯苓，苏子，蒺藜，生姜

葶苈大枣泻肺汤（《金匮要略》），葶苈子，大枣

越婢加半夏汤（《金匮要略》），麻黄，石膏，生姜，大枣，甘草，半夏

越婢加术汤（《金匮要略》），麻黄，石膏，甘草，大枣，白术，生姜

越鞠丸（《丹溪心法》），香附，苍术，川芎，栀子，神曲

疏凿饮子（《济生方》），商陆，茯苓，椒目，木通，泽泻，赤小豆，大腹皮，槟榔，羌活，秦艽，生姜皮

滋肾通关丸（《兰室秘藏》），知母，黄柏，肉桂

痛泻要方（《景岳全书》），炒白术，炒芍药，炒陈皮，防风，

十三画

新加香薷饮（《温病条辨》），香薷，金银花，鲜扁豆花，厚朴，连翘

蒿芩清胆汤（《重订通俗伤寒论》），青蒿，黄芩，枳壳，竹茹，陈皮，半夏，茯苓，滑石，甘草，青黛

暖肝煎（《景岳全书》），当归，枸杞子，茯苓，小茴香，肉桂，乌药，沉香，生姜

槐角丸（《丹溪心法》），槐角，地榆，黄芩，枳壳，当归，防风

十四画

膏淋汤（《医学衷中参西录》），山药，芡实，龙骨，牡蛎，生地黄，党参白芍

酸枣仁汤（《金匮要略》），酸枣仁，知母，茯苓，川芎，甘草

膈下逐瘀汤（《医林改错》），五灵脂，当归，川芎，桃仁，丹皮，赤芍药，延胡索，甘草，香附，红花，枳壳，乌药

截疟七宝饮（《杨氏家藏方》），槟榔，草果，陈皮，青皮，厚朴，常山，甘草

十五画

增液承气汤（《温病条辨》），玄参，麦冬，生地，大黄，芒硝

镇肝熄风汤（《医学衷中参西录》），怀牛膝，生赭石，川楝子，生龙骨，生牡蛎，生龟板，生白芍，玄参，天冬，生麦芽，茵陈，甘草

增液汤（《温病条辨》），玄参，麦冬，生地

十六画

橘皮竹茹汤（《金匮要略》），橘皮，竹茹，大枣，生姜，甘草人参

赞育丹（《景岳全书》），熟地黄白术，当归，枸杞子，仙茅，杜仲，山茱肉，淫羊藿，巴戟肉，肉苁蓉，韭子，蛇床子，附子，肉桂或加人参，鹿茸

薏苡仁汤（《类证治裁》），薏苡仁，当归，川芎，生姜，桂枝，羌活，独活防风，苍术，甘草，川乌，麻黄

十七画以上

黛蛤散（《中药成方配本》），青黛，海蛤壳

礞石滚痰丸（《泰定养生主论》），礞石，沉香，黄芩，大黄

鳖甲煎丸（《金匮要略》），鳖甲，乌扇，黄芩，柴胡，鼠妇，干姜，大黄，芍药，桂枝，葶苈子，石韦，厚朴，丹皮，瞿麦，紫葳，半夏，人参，䗪虫，阿胶，蜂房，赤硝，蜣螂桃仁

藿香正气散（《太平惠民和剂局方》），藿香，厚朴，紫苏，橘皮，大腹皮，白芷，茯苓，白术，半夏曲，桔梗，甘草，生姜，大枣

癫狂梦醒汤（《医林改错》），桃仁，柴胡，香附，木通，赤芍，半夏，腹皮，青皮，陈皮，桑皮，苏子，甘草

蠲痹汤（《医学心悟》），羌活，独活，桂枝，秦艽，海风藤，桑枝，当归，川芎，乳香，木香，甘草

附录二　中医病名索引
附录三　西医病名索引
附录四　参考书目索引
附录五　医家信息索引
附录六　中医内科临证歌诀